# मनोविज्ञान, शिक्षा एवं अन्य सामाजिक विज्ञानों में सांख्यिकी

## (STATISTICS IN PSYCHOLOGY, EDUCATION AND OTHER SOCIAL SCIENCES)

**डॉ॰ मुहम्मद सुलैमान**

अवकाशप्राप्त प्रोफेसर एवं अध्यक्ष

स्नातकोत्तर मनोविज्ञान विभाग

कॉलेज ऑफ कॉमर्स, पटना

(मगध विश्वविद्यालय, बोध गया)



**मोतीलाल बनारसीदास**

दिल्ली, मुम्बई, चेन्नई, कोलकाता,

बंगलूरू, वाराणसी, पटना

*षष्ठ्म पुनर्मुद्रण: दिल्ली, 2018*
*षष्ठम् संशोधित एवं परिवर्धित संस्करण: 2009*



ISBN: 978-81-208-2741-7 (सजिल्द)
ISBN: 978-81-208-2767-7 (अजिल्द)

**मोतीलाल बनारसीदास**

41 यू.ए. बंगलो रोड, जवाहर नगर, दिल्ली 110 007
236, नाइंथ मेन, III ब्लॉक, जयनगर, बंगलूरू 560 011
1-बी, ज्योति स्टुडियो कम्पाउन्ड, केन्नेडी ब्रिज, नाना चौक, मुम्बई 400 007
203 रायपेट्टा हाई रोड, मैलापोर, चेन्नई 600 004
8 कैमेक स्ट्रीट, कोलकाता 700 017
अशोक राजपथ, पटना 800 004
चौक, वाराणसी 221 001

आर.पी. जैन के द्वारा एन ए बी प्रिंटिंग यूनिट,
ए-44, नारायणा, फेज़-1, नई दिल्ली 110 028 में मुद्रित
एवं जे.पी. जैन द्वारा मोतीलाल बनारसीदास
41 यू.ए., बंगलो रोड, जवाहर नगर, दिल्ली-110 007 के लिए प्रकाशित

# समपर्ण

सांख्यिकी के प्रवीण एवं अधिकारी विद्वान

आदरणीय गुरुवर प्रोफेसर **अज़ीमुर्रहमान**

सेवानिवृत्त प्रोफेसर एवं अध्यक्ष

मनोविज्ञान विभाग तथा प्राचार्य

एल० एस० कॉलेज

बी० आर० ए० बिहार विश्वविद्यालय, मुजफ्फरपुर

को असीम श्रद्धा से समर्पित

जिनकी दुआओं से पुस्तक लिखने की प्रेरणा मिली।

—**मुहम्मद सुलैमान**

# सातवाँ संशोधित संस्करण

प्रस्तुत संस्करण में 'सांख्यिकी के मूल तत्त्व' का नाम बदल कर 'मनोविज्ञान, शिक्षा एवं अन्य सामाजिक विज्ञानों में सांख्यिकी' कर दिया गया है। इस नवीन संस्करण की कुछ मुख्य विशेषताएँ निम्नलिखित हैं:—

1. यह पुस्तक यू॰ जी॰ सी॰ पाठ्यक्रम ( UGC Curriculum-2001 ) के बिल्कुल अनुकूल तैयार की गयी है। अतः अब यह पुस्तक बिहार राज्य के साथ-साथ भारत के अन्य राज्यों के विश्वविद्यालयों के मनोविज्ञान ( Psychology ), समाजशास्त्र ( Sociology ), शिक्षा ( Education ), गृहविज्ञान ( Home Science ) तथा अर्थशास्त्र ( Economics ) एवं कॉमर्स ( Commerce ) के विद्यार्थियों के लिए काफी उपयुक्त एवं उपयोगी बन गयी है।

2. यह पुस्तक 19 अध्यायों पर आधारित है। इनमें एक अध्याय है : सांख्यिकी विश्लेषण में परिकलक का उपयोग : सामाजिक विज्ञानों के लिए सांख्यिकी पैकेज, एस॰ पी॰ एस॰ एस॰ ( Use of Computer in Statistical Analysis : Statistical Package in Social Sciences, SPSS )। यह एक नवीन अध्याय है जो विद्यार्थियों की नवीनतम आवश्यकता ( latest requirement ) की पूर्त्ति करने में सक्षम है और इस अर्थ में फिलहाल यह एक अपूर्व पुस्तक है। इस संशोधित संस्करण मे एक नया अध्याय ''सामाजिक विज्ञानों में प्रदत्त संग्रहण के स्रोत या विधियाँ'' जोड़ दिया गया है। इसके अतिरिक्त अन्य अध्यायों को भी संशोधित करके यथास्थान आवश्यक सामग्रियों को जोड़ दिया गया है।

3. यह पुस्तक एम॰ ए॰ ( M.A. ), एम॰ एड॰ ( M. Ed. ), बी॰ ए॰ ऑनर्स एवं पास ( B. A. Hons. and Pass ), तथा बी॰ एड॰ ( B. Ed ) के साथ-साथ बी॰बी॰ए॰ ( BBA ), एम॰बी॰ए॰ ( MBA ), बी॰सी॰ए॰ ( BCA ), एम॰सी॰ए॰ ( MCA ), आई॰एस॰एम॰ ( ISM ) एच॰ आर॰ डी॰ (HRD) आदि विद्यार्थियों के सांख्यिकी-विषय से सम्बद्ध सभी आवश्यकताओं को पूरा करने में सक्षम है।

4. इस पुस्तक की एक खास विशेषता यह है कि प्रत्येक अध्याय में परिकलन पक्ष ( Calculation aspect ) के साथ-साथ सैद्धांतिक पक्ष ( Theoretical aspect ) पर भी पूरा ध्यान दिया गया है। विभिन्न वर्गों की परीक्षाओं में परिकलन के साथ-साथ सांख्यिकी के सैद्धांतिक पक्षों पर भी पर्याप्त संख्या मेंप्रश्न पूछे जाते हैं। इसका एक कारण यह है कि कुछ परीक्षार्थी कई कारणों से परिकलन से सम्बद्ध प्रश्नों का समाधान नहीं कर पाते हैं। ऐसे परीक्षार्थी प्रधानतः सैद्धांतिक प्रश्नों पर ही निर्भर करते हैं। अतएव, ऐसे परीक्षार्थियों की सफलता के लिए यह पुस्तक अत्यधिक उपयोगी है।

5. पुस्तक के प्रत्येक अध्याय के अन्त में विभिन्न विश्वविद्यालयों में पूछे गए 2009 तक के प्रश्नों के साथ-साथ सम्भावित निबन्धात्मक प्रश्न ( Essay Type Questions ) तथा वस्तुनिष्ठ प्रश्न ( Objective Questions ) पर्याप्त संख्या में दिए गए हैं ताकि परीक्षार्थियों को अपनी परीक्षाओं की तैयारी करने में सुविधा हो।
6. सांख्यिकी के तकनीकी शब्दों ( technical terms ) के हिन्दी रूपान्तरण के साथ-साथ ब्रैकेट में उनके अंग्रेजी शब्द भी दिए गए हैं ताकि विद्यार्थियों को कठिन तकनीकी शब्दों को समझने में आसानी हो।
7. पुस्तक की भाषा को सीधा, सरल एवं बोधगम्य बनाने का हर संभव प्रयास किया गया है ताकि विद्यार्थियों को सांख्यिकी जैसे नीरस एवं गूढ़ विषय को समझने में कठिनाई महसूस न हो। सच पूछिए तो इस पुस्तक की यह एक मूल उपलब्धि है।

इस पुस्तक को तैयार करने में जिन विद्वानों की पुस्तकों की सहायता ली गयी है तथा जिन मित्रों एवं छात्र-छात्राओं ने अपने-अपने सुझाव दिए हैं, उन सबों के प्रति मैं आभार प्रकट करता हूँ। श्री कमलाशंकर सिंह, मोतीलाल बनारसीदास, पटना के प्रति मैं अत्यधिक आभारी हूँ, जिनकी कृपा से यह पुस्तक इस आकर्षक रूप में प्रकाशित हो पायी। पुस्तक में यदि कोई त्रुटियाँ या कमी दीख पड़े तो कृपया मुझे अवगत कराने का कष्ट करेंगे।

**—मुहम्मद सुलैमान**

# विषय-सूची
## ( CONTENTS )

**अध्याय** **पृ० सं०**

❑

अध्याय-1

# विषय-प्रवेश : अर्थ, स्वरूप एवं कार्यक्षेत्र
# (INTRODUCTION : MEANING, NATURE AND SCOPE)

## सांख्यिकी का अर्थ एवं स्वरूप
## (Meaning and Nature of Statistics)

'स्टैटिसटिक्स' (Statistics) शब्द की उत्पत्ति लैटिन शब्द 'स्टेटस' (Status) या इटालियन शब्द 'स्टैटिसटा' (Statista) या जरमन शब्द 'स्टैटिसटिक' (Statistik) अथवा फ्रेन्च शब्द 'स्टैटिसटिक' (Statistique) से हुई है। इनमें से प्रत्येक शब्द का अर्थ है राजनीतिक स्थिति (political state)। प्राचीन काल में सांख्यिकी का उपयोग आयु (age) तथा लिंग (sex) पर आधारित जनसंख्या (population) तथा राष्ट्र के धन एवं सम्पत्ति से सम्बन्धित प्रदत्त (data) के संग्रह (collection) के लिए किया जाता था। लेकिन, क्रमश: इसका क्षेत्र व्यापक होता गया और इसका उपयोग भिन्न-भिन्न क्षेत्रों में होने लगा। परिणामत: इसकी परिभाषाएँ (definitions) बदलती गयीं और इसका स्वरूप (nature) जटिल होता गया।

भिन्न-भिन्न विद्वानों ने 'स्टैटिसटिक्स' शब्द को भिन्न-भिन्न रूपों में परिभाषित किया है। आज इसकी सैकड़ों परिभाषाएँ उपलब्ध हैं, जिनसे इस शब्द के विभिन्न पक्षों या विमाओं (dimensions) पर प्रकाश पड़ता है। विद्वानों के बीच विभिन्नता के मुख्य तीन कारण हैं :-

(i) सांख्यिकी (statistics) की उपयोगिता का क्षेत्र शनैः-शनैः बढ़ता गया, जिसके कारण विभिन्न लोगों ने इसका उपयोग विभिन्न संदर्भों (perspectives) में किया।

(ii) संख्यिकी के बढ़ते हुए क्षेत्र को समाहित करने के उद्देश्य से परिभाषाओं में परिवर्त्तन लाना आश्यक हो चला।

(iii) सांख्यिकी शब्द का उपयोग बहुवचन (plural sense) तथा एकवचन (singular sense) में किए जाने के कारण इसकी परिभाषा में विभिन्नता आवश्यक बन गयी।

वर्तमान समय में 'सांख्यिकी' शब्द का उपयोग दो अर्थों में किया जाता है। हम यहाँ इस शब्द की व्याख्या दोनों अर्थों में करना चाहेंगे।

### (क) संख्यात्मक प्रदत्त के रूप में सांख्यिकी *(Statistics as Numerical Data)*

बहुवचन के अर्थ (plural sense) में सांख्यिकी का तात्पर्य *ऐसे प्रदत्त (data) से है, जिन्हें संख्या (number) के रूप मे व्यक्त किया जा सके।* दूसरे शब्दों में, *संख्यात्मक प्रदत्त (numerical data) को सांख्यिकी कहते हैं।*

**बाउली** (Bowely) के अनुसार, *"सांख्यिकी का अथ अनुसंधान के किसी विभाग में ऐसे तथ्यों का संख्यात्मक कथन है, जो एक दूसरे से सम्बन्धित होते हैं।"*[1]

1. "Statistics are numerical statements of facts in any department of enquiry placed in relation to each other." — Bowely

**यूल** तथा **केण्डल** ( Yule & Kendall ) ने भी इसी अर्थ में सांख्यिकी शब्द की परिभाषा देते हुए कहा—*''सांख्यिकी से हमारा तात्पर्य ऐसे मात्रात्मक प्रदत्त से है, जो स्पष्टत: अनेक कारणों से प्रभावित होते हैं।''*[1]

इसी तरह **रेबर** तथा **रेबर** ( Reber & Reber, 2001 ) के अनुसार, ''साधारण अर्थ में *सांख्यिकी का तात्पर्य ऐसे संख्याओं से है जो तथ्यों के प्रदत्त के रूप में होती हैं।''*[2]

**मैक नेमर** ( Mc. Nemar, 1962 ) ने कहा है कि, *जो प्रदत्त ( data ) प्रतिदर्श ( sample ) के आधार पर प्राप्त किए जाते हैं, उन्हें सांख्यिकी कहते हैं और जो प्रदत्त जनसंख्या ( population ) के आधार पर प्राप्त किए जाते हैं, उन्हें प्राचल ( parameter ) कहते हैं।* जैसे–मान लें कि एक शोधकर्ता ( researcher ) यह जानना चाहता है कि बिहार तथा पंजाब के 16 वर्ष की लड़कियों की औसत ऊँचाई कितनी है। इस काम को वह दो तरह से कर सकता है । एक तो यह कि वह दोनों राज्यों की 16 वर्षीय सभी लड़कियों की ऊँचाई को मापे तथा औसत ऊँचाई ज्ञात करे। दूसरा तरीका यह हो सकता है कि वह दोनों राज्यों के केवल एक-एक हजार लड़कियों की ऊँचाई माप कर औसत ऊँचाई ज्ञात करे। पहली अवस्था में जो संख्यात्मक मूल्य ( numerical value ) प्राप्त होगा उसे प्राचल ( parameter ) तथा दूसरी अवस्था में प्राप्त संख्यात्मक मूल्य को सांख्यिकी कहा जाएगा।

**विश्लेषण *( Analysis )***

उपर्युक्त परिभाषाओं के विश्लेषण से सांख्यिकी के स्वरूप ( nature ) के सम्बन्ध में निम्नलिखित बातें स्पष्ट होती हैं :-

**1. बहुवचन के अर्थ में *( In plural sense )***—यहाँ सांख्यिकी शब्द का व्यवहार बहुवचन के अर्थ ( plural sense ) में किया गया है। उपर्युक्त सभी परिभाषाओं में इस शब्द का व्यवहार एकवचन में नहीं, बल्कि बहुवचन में किया गया है।

**2. संख्यात्मक प्रदत्त *( Numerical data )***—यहाँ सांख्यिकी शब्द का व्यवहार संख्यात्मक प्रदत्त ( numerical data ) के अर्थ में किया गया है। संख्यात्मक प्रदत्त का अर्थ वे आँकड़े हैं जिन्हें संख्या ( number ) या मात्रा ( quantity ) के रूप में व्यक्त किया जा सके। जैसे–बिहार में हरिजनों की कितनी जनसंख्या है और उनमें पुरुष, स्त्री, लड़के, लड़कियाँ तथा बूढ़े की अलग-अलग संख्या कितनी है, आदि आँकड़ों को संख्यात्मक प्रदत्त कहा जाएगा।

**3. कारणों की बहुलता *( Multiplicity of causes )***—विशेष रूप से **यूल** एवं **केण्डल** ( Yule & Kendall ) ने प्रदत्त के कारणों की बहुलता पर बल दिया है। उनके अनुसार सांख्यिकी का अर्थ वे प्रदत्त या आँकड़े हैं, जो विविध कारणों के परिणाम होते हैं। सांख्यिकी की यह विशेषता खासकर समाजशास्त्र ( Sociology ), अर्थशास्त्र ( Economics ) तथा व्यापार-संगठन ( Business Organization ) में देखी जाती है। जैसे–किसी वस्तु के मूल्य पर कई कारकों यथा आपूर्त्ति ( supply ), माँग ( demand ), आयात ( imports ), निर्यात ( exports ), आदि का निश्चित प्रभाव पड़ता है।

**4. तथ्यों की समष्टि *( Aggregate of facts )***—सांख्यिकी का सम्बन्ध तथ्यों की समष्टि या संग्रह से है। इसका सम्बन्ध व्यक्तिगत घटना से नहीं है। किसी एक व्यक्ति की

---

1. "By statistics we mean quantitative data affected to a marked exten' by multiplicity of causes." — Yule & Kendall
2. "Loosely, in popular usage, Statistics refer to numbers used to represent facts or data". — Reber & Reber, 2001, p. 708

शारीरिक ऊँचाई अथवा किसी एक वस्तु के मूल्य को सांख्यिकी नहीं कहेंगे। अत: सांख्यिकी केवल ऐसे तथ्यों को कहेंगे जो पृथक ( isolated ) नहीं हों बल्कि संकलन से सम्बद्ध हों तथा तुलनीय ( comparable ) हों।

5. **शुद्धता का परिगणन या आकलन** *( Enumeration or estimation of accuracy )*—सांख्यिकी की एक विशेषता यह भी है कि प्रदत्त या आँकड़े की शुद्धता का परिगणन अथवा आँकलन सम्भव हो। विशेष रूप से **मैक नेमक** ( Mc Nemak, 1962 ) ने सांख्यिकी की इस विशेषता पर अधिक बल दिया है। उनके अनुसार प्राचल ( parameter ) में जितनी शुद्धता होती है, उतनी शुद्धता सांख्यिकी में सम्भव नहीं है। किन्तु इस बात का आँकलन किया जा सकता है कि प्राप्त सांख्यिकी में किस हद तक शुद्धता है अर्थात उसमें अशुद्धता की कितनी मात्रा है।

## ( ख ) विज्ञान की एक शाखा के रूप में सांख्यिकी *( Statistics as a Branch of Science )*

विज्ञान ( Science ) की एक शाखा के रूप मं सांख्यिकी का उपयोग एकवचन के अर्थ ( singular sense ) में किया जाता है। यह विज्ञान की एक ऐसी शाखा है, जिसके अन्तर्गत संख्यात्मक प्रदत्त ( numerical data ) का संग्रह किया जाता है, उनका वर्गीकरण ( classification ) किया जाता है तथा उनकी तुलनात्मक व्याख्या की जाती है। कई विद्वानों ने सांख्यिकी की परिभाषा इसी आधार पर दी है।

**लोबीन** ( Lovin ) के अनुसार, *"सांख्यिकी वह विज्ञान है जो घटना के विवरण, व्याख्या एवं तुलना के लिए आधार के रूप मं संख्यात्मक तथ्यों के वर्गीकरण तथा टेबुलेशन का अध्ययन करता है।"*[1]

**सेलिगमैन** *( Selligman )* ने भी इसी अर्थ में सांख्यिकी शब्द को परिभाषित किया है। उसके अनुसार, *"सांख्यिकी वह विज्ञान है जो किसी अनुसंधान पर प्रकाश डालने के उद्देश्य से संख्यात्मक आँकड़ों को संग्रह करने, वर्गीकरण करने, प्रस्तुत करने, तुलना करने तथा व्याख्या करने की विधियों का अध्ययन करता है।"*[2]

**क्रॉक्सटन एवं काउडेन** *( Croxton & Cowden )* द्वारा दी गयी परिभाषा और भी अधिक स्पष्ट तथा समग्र है। उनके अनुसार, *"संख्यात्मक प्रदत्त के संग्रह ( collection ), प्रस्तुतीकरण ( presentation ), विश्लेषण ( analysis ) तथा व्याख्या ( interpretation ) के विज्ञान को सांख्यिकी कहते है।"*[3]

इसी प्रकार **रेबर तथा रेबर** ( Reber & Reber, 2001 ) ने सांख्यिकी की जो परिभाषा दी है, वह भी काफी स्पष्ट, सरल तथा संतोषप्रद है। उनके अनुसार, *"सामान्य रूप से, सांख्यिकी शुद्ध एवं व्यावहारिक गणित की एक शाखा है जो प्रदत्त को संग्रह करने, वर्गीकरण करने तथा विश्लेषण करने से सम्बन्ध रखती है।"*[4]

---

1. "Statistics is the science which deals with classification, and tabulation of numerical facts as the basis for explanation, description and comparison of phenomenon". — Lovin
2. "Statistics is the science which deals with the methods of collecting, classifying, presenting, comparing and interpreting numerical data collected to throw some light on any sphere of enquiry." — Selligman
3. "Statistics may be defined as the science of collection, presentation, analysis and intepretation of numerical data." — Croxtonand Cowden.
4. "Statistics very generally, is the branch of mathematics, pure and applied, which deals with collecting, classifying and analyzing data". — Reber & Reber, 2001. p. 708.

**विश्लेषण** *( Analysis )*

उपर्युक्त परिभाषाओं के विश्लेषण से सांख्यिकी के स्वरूप ( nature ) के सम्बन्ध में निम्नलिखित बातों का उल्लेख मिलता है :-

1. **एकवचन के अर्थ में** *( In singular sense )*—उपर्युक्त सभी परिभाषाओं में सांख्यिकी शब्द का उपयोग एकवचन के अर्थ में किया गया है। स्मरण रखना चाहिए कि पहले अर्थ में सांख्यिकी शब्द का व्यवहार बहुवचन में किया गया, जिसकी व्याख्या पहले की जा चुकी है।

2. **विज्ञान की एक शाखा** *( A branch of Science )*—उपर्युक्त परिभाषाओं के विश्लेषण से स्पष्ट है कि यहाँ सांख्यिकी का उपयोग विज्ञान कीएक शाखा ( branch ) के रूप में किया गया है। विज्ञान की कई शाखाएँ हैं, जिनमे कुछ शुद्ध विज्ञान ( pure sciences ) या मौलिक विज्ञान ( basic sciences ) हैं और कुछ व्यावहारिक विज्ञान ( applied sciences ) हैं। सांख्यिकी एक ही साथ शुद्ध विज्ञान (मौलिक विज्ञान) तथा व्यावहारिक विज्ञान दोनों है। कारण, इसमें दोनों तरह के विज्ञानों की विशेषताएँ पायी जाती हैं।

3. **संख्यात्मक प्रदत्त** *( Numerical data )*—सांख्यिकी का सम्बन्ध संख्यात्मक प्रदत्त से है। विज्ञान या गणित की इस शाखा के अन्तर्गत ऐसे आँकड़ों से बहस किया जाता है, जिन्हें मात्रा ( quantity ) के रूप में व्यक्त करना सम्भव होता है। इसका सम्बन्ध मात्रात्मक प्रदत्त ( quantitative data ) से होता है, गुणात्मक प्रदत्त ( qualitative data ) से नहीं।

4. **प्रदत्त-संग्रह** *( Collection of data )*—सांख्यिकी में संख्यात्मक प्रदत्त का संग्रह किया जाता है। इस विज्ञान का मौलिक उद्देश्य मात्रात्मक प्रदत्त का संग्रह करना है। जैसाकि पहले लिखा जा चुका है, सांख्यिकी का सम्बन्ध ऐसे तथ्यों ( facts ) या प्रदत्त ( data ) से होता है, जो समष्टि ( aggregate ) से सम्बन्धित ( related ) होते हैं और जिनका तुलनात्मक अध्ययन सम्भव होता है।

5. **वर्गीकरण** *( Classification )*—सांख्यिकी के अन्तर्गत संख्यात्मक प्रदत्त ( numerical data ) का केवल संग्रह ही नहीं किया जाता है, बलिक उन्हें विभिन्न वर्गों या श्रेणियों में विभाजित भी किया जाता है। वर्गीकरण के आधार अलग-अलग हो सकते हैं। जैसे–किसी जनसंख्या के सम्बन्ध में प्राप्त आँकड़ों को लिंग ( sex ), आयु ( age ), शिक्षा ( education ), आदि आधारों पर भिन्न-भिन्न वर्गों ( classes ) में विभाजित किया जा सकता है।

6. **विश्लेषण** *( Analysing )*—विज्ञान की एक शाखा ( branch ) के रूप में सांख्यिकी के अन्तर्गत प्राप्त संख्यात्मक प्रदत्त का विश्लेषण भी किया जाता है। किसी जनसंख्या ( population ) अथवा प्रतिदर्श ( sample ) के सम्बन्ध में जो आँकड़े प्राप्त होते हैं, किसी अपेक्षित कसौटी ( desired criterion ) के आधार पर उनका विश्लेषण किया जा सकता है। इसी विश्लेषण के आलोक में प्रदत्त का वर्गीकरण ( classification ) सम्भव होता है।

7. **व्याख्या** *( Interpretation )*—उपर्युक्त परिभाषाओं के विश्लेषण से यह भी स्पष्ट है कि विज्ञान की शाखा के रूप में सांख्यिकी प्राप्त प्रदत्त की व्याख्या भी प्रस्तुत करती है। **क्रॉक्सटन** एवं **काउडेन** ( Croxton & Cowden ) ने सांख्यिकी के इस पक्ष पर अधिक बल दिया है और कहा है कि सांख्यिकी एक ऐसा विज्ञान है, जो न केवल संख्यात्मक प्रदत्त (

numerical data ) का संग्रह करता है, विश्लेषण करता है या वर्गीकरण करता है, बल्कि उनकी विधिवत व्याख्या भी प्रस्तुत करता है।

इस प्रकार स्पष्ट हो जाता है कि सांख्यिकी को दो अर्थों में परिभाषित किया जाता है :- ( i ) संख्यात्मक प्रदत्त ( numerical data ) के अर्थ में तथा ( ii ) विज्ञान या गणित की शाखा ( branch ) के रूप में। इन दोनों अर्थों में सांख्यिकी का व्यवहार आज भी किया जाता है। किन्तु, दूसरे अर्थ में इसका व्यवहार अधिक किया जाता है। हम इस पुस्तक में सांख्यिकी का व्यवहार इसी दूसरे अर्थ में करेंगे।

## सांख्यिकी के प्रकार
## ( Types of Statistics )

सांख्यिकी को भिन्न-भिन्न आधारों पर कई प्रकारों में विभाजित किया जा सकता है। हम यहाँ कुछ मुख्य प्रकारों का वर्णन करना चाहेंगे।

### ( क ) कार्य के आधार पर *( On the Basis of Function )*

सांख्यिकी के कुछ निश्चित कार्य हैं, जिनकी व्याख्या आगे की जाएगी। इन कार्यों के स्वरूप ( nature ) के आधार पर सांख्यिकी को निम्नलिखित चार वर्गों में विभाजित किया गया है–

**1. वर्णनात्मक सांख्यिकी** *( Descriptive Statistics )*—वर्णनात्मक सांख्यिकी उसे कहते है, जिसका मुख्य कार्य संख्यात्मक प्रदत्त ( Numerical data ) का वर्णन करना होता है। इस प्रकार की सांख्यिकी में सांख्यिकीविद् ( statistician ) प्राप्त प्रदत्त का वर्णन करता है तथा उसके आधार पर किसी जनसंख्या ( population ) के सम्बन्ध में कोई सूचना प्राप्त करता है। **रेबर तथा रेबर** ( Reber & Reber, 2001 ) ने इसकी व्याख्या करते हुए कहा है, *''वर्णनात्मक सांख्यिकी उसे कहते हैं, जिसमें प्रदत्त के प्रतिदर्शों को वर्णन करने, संगठित तथा संक्षिप्त करने में सांख्यिकीय कार्य प्रणालियों का उपयोग किया जाता है।''*[1]

वर्णनात्मक सांख्यिकी के अनतर्गत केन्द्रीय प्रवृत्ति की माप ( measures of central tendency ), तथा विचलनशीलता की माप ( measures of central variability ) की गणना की जाती है। केन्द्रीय प्रवृत्ति की माप के अन्तर्गत माध्य ( Mean ), माध्यिका ( Median ) तथा बहुलक ( Mode ) की गणना की जाती है। इसी तरह विचलनशीलता की माप के अन्तर्गत प्रसार ( range ), चतुर्थक विचलन ( quartile deviation, QD ), औसत विचलन ( average deviation, AD ), तथा मानक विचलन ( standard deviation, SD ) की गणना की जाती है। मध्यमान से हमें इस बात का ज्ञान होता है कि किसी समूह, प्रतिदर्श ( sample ) या जनसंख्या ( population ) के सम्बन्ध में प्राप्त आँकड़ों या प्रदत्त का औसत मूल्य क्या है। माध्यिका से पता चलता है कि उसका मध्य बिन्दु ( middle point ) क्या है। इसी प्रकार बहुलक से इस बात की जानकारी होती है कि वह कौन-सा अंक ( score ) है जो सबसे अधिक बार घटित हुआ है। इन सबके आधार पर न केवल किसी समूह, प्रतिदर्श या जनसंख्या के सम्बन्ध में वर्णन करने में सुविधा होती है बल्कि कई समूहों, प्रतिदर्शों या जनसंख्याओं के बीच तुलनात्मक अध्ययन में भी मदद मिलती है।

---

1. **"Descriptive statistics is a general label for the use of statistical procedures to describe, organize and summarize samples of data". — Reber & Reber, 2001, p. 708**

इसी प्रकर विचलनशीलता ( variability ) की भिन्न-भिन्न मापों ( measures ) से हमें किसी समूह, प्रतिदर्श या जनसंख्या के सम्बन्ध में वर्णन करनें तथा दूसरे समूह, प्रतिदर्श या जनसंख्या के साथ तुलना करने में सुविधा होती है। प्रसार ( range ) से पता चलता है कि प्राप्त आँकड़े या प्रदत्त किस सीमा तक फैले हुए हैं। फैलाव या प्रसार जितना ही कम होता है, समूह को उतना ही अधिक संगत ( consistent ) तथा स्थिर ( stable ) माना जाता है। इसी प्रकार औसत विचलन ( AD ), मानक विचलन ( SD ), आदि से समूह की विचलनशीलता का ज्ञान होता है। इस आधार पर भिन्न-भिन्न समूहों का तुलनात्मक अध्ययन भी सम्भव होता है ।

**2. सहसम्बन्ध सांख्यिकी** *( Correlational Statistics )*—इस प्रकार की सांख्यिकी में प्राप्त प्रदत्त या आँकड़े ( data ) के बीच सहसम्बन्ध ( correlation ) निकाला जाता है। **रेबर** तथा **रेबर** ( Reber & Reber, 2001 ) के अनुसार, *"सहसम्बन्ध सांख्यिकी का अर्थ वे सभी सांख्यिकी कार्यप्रणालियाँ हैं, जो सहसम्बन्ध पर आधारित हैं।"*[1]

स्पष्ट है कि इस सांख्यिकी का मुख्य कार्य दो चरों ( variables ) या दो निरीक्षणों ( observations ) पर आधारित आँकड़ों के बीच सम्बन्ध निर्धारित करना है ।

इस प्रकार यह सांख्यिकी भी एक अर्थ में वर्णनात्मक सांख्यिकी ( descriptive statisties ) की तरह किसी समूह, प्रतिदर्श या जनसंख्या के सम्बन्ध में वर्णन करती है तथा कोई विशेष ज्ञान देती है। इसीलिए कुछ सांख्यिकीविदों ( statisticians ) ने इसे भी वर्णनात्मक सांख्यिकी की श्रेणी में रखा है।

**3. आनुमानिक सांख्यिकी** *( Inferential Statistics )*—इस प्रकार की सांख्यिकी का मुख्य कार्य जनसंख्या ( population ) के सम्बन्ध में अनुमान लगाना है। यहाँ प्रतिदर्श ( sample ) के आधार पर जो आँकड़े ( data ) प्राप्त होते हैं, उनके आलोक में जनसंख्या के सम्बन्ध में अनुमानित ज्ञान प्राप्त किया जाता है तथा देखा जाता है कि प्रतिदर्श अपनी जनसंख्या का प्रतिनिधित्व ( representation ) कहाँ तक कर पाता है। **रेबर** तथा **रेबर** ( Reber and Reber, 2001 ) के शब्दों में—*"आनुमानित सांख्यिकी का तात्पर्य उन सांख्किीय कार्यप्रणालियों से है, जिनके द्वारा अनुमान लगाए जाते हैं।"*[2]

स्पष्ट है कि *आनुमानिक सांख्यिकी में प्रतिदर्श ( sample ) के आधार पर जनसंख्या ( population ) के सम्बन्ध में अनुमान लगाया जाता है। इस सांख्यिकी को प्रतिचयन सांख्यिकी ( sampling statistics ) भी कहा जता है।*

**4. आगमनात्मक सांख्यिकी** *( Inductive Statistics )*—सांख्यिकी के इस प्रकार का मुख्य कार्य छोटी-छोटी घटनाओं के आधार पर सामान्य अनुमान ( general inference ) करना है। जैसे—हम देखते आए हैं कि जो मनुष्य जन्म लेता है, वह मरता है। राम मरता है, श्याम मरता है, नज्जू मरता है, अकबर मरता है, जौन मरता है, आदि। इसलिए हम एक सामान्य अनुमान लगाते हैं कि सभी मुनष्य मरणशील हैं ( All men are mortal ) । स्पष्ट है कि आनुमानिक सांख्यिकी ( inferential statistics ) की तरह आगमनात्मक सांख्यिकी में भी अनुमान लगाने का काम किया जाता है। इस कारण सांख्यिकीविदों ( statisticians ) ने इन दोनों प्रकारों में कोई मौलिक भेद नहीं माना है।

1. "Correlatioal statistics is a general label for all those statistical procedures which are based on correlations." — Reber & Reber, 2001. p. 708
2. "Inferential statistics is the use of statistical procedures for the making of inferences." — Ibid

## ( ख ) प्रदत्त वितरण पर आधारित ( *Based on Data Distribution* )

प्रदत्त या आँकड़ों ( data ) के वितरण ( distribution ) के आधार पर सांख्यिकी को निम्नलिखित दो वर्गों या श्रेणियों ( classes ) में विभाजित किया गया है—

(i) प्राचलिक सांख्यिकी ( Parametric Statistics ) तथा

(ii) अप्राचलिक सांख्यिकी ( Non-Parametric Statistics ) ।

इन दोनों प्रकार की सांख्यिकी विधियों ( statistical techniques ) का गहरा सम्बन्ध जनसंख्या ( population ) तथा प्रतिदर्श ( sample ) से होता है। अतः प्राचलिक तथा अप्राचलिक सांख्यिकी की व्याख्या से पहले जनसंख्या तथा प्रतिदर्श की संक्षिपत व्याख्या आवश्यक है।

### 1. जनसंख्या ( *Population or Universe* )

साधारण अर्थ में जनसंख्या का तात्पर्य व्यक्तियों की कुल संख्या से है। जैसे, भारत में कुल व्यक्तियों की संख्या सौ करोड़ दस लाख के लगभग है। अतः इसी संख्या को जनसंख्या कहेंगे। किन्तु सांख्यिकी मे इस शब्द (जनसंख्या) का व्यवहार व्यापक अर्थ में किया जाता है। सांख्यिकीय अर्थ ( statistical sense ) में जनसंख्या का तात्पर्य व्यक्तियों, वस्तुओं, निरीक्षणों ( observations ) या घटनाओं ( events ) की निश्चित संख्या से है। इस अर्थ में किसी कॉलेज में पढ़ने वाले कुल विद्यार्थियों की संख्या, किसी पुस्तकालय में उपलब्ध कुल पुस्तकों की संख्या अथवा किसी औद्योगिक संगठन ( industrial organization ) में एक वर्ष में होने वाली कुल दुर्घटनाओं ( accidents ) की संख्या को जनसंख्या कहेंगे।

**करलिंगर** ( Kerlinger, 2002 ) के अनुसार, *"जनसंख्या तथा विश्व का तात्पर्य व्यक्तियों, घटनाओं या वस्तुओं के किसी सुपरिभाषित समूह के सभी सदस्यों से है।"*[1]

इसी प्रकार **रेबर** तथा **रेबर** ( Reber & Reber, 2001 ) के अनुसार, *"सांख्यिकी में जनसंख्या का तात्पर्य उन विषयों की कुल संख्या से है जिनके सम्बन्ध में कोई विशेष कथन बनाया जा सकता है।"*[2]

स्पष्ट है कि जनसंख्या के साधारण अर्थ से इसका सांख्यिकीय अर्थ ( statistical meaning ) भिन्न है। अतः सांख्यिकीय अर्थ के दृष्टिकोण से जनसंख्या के तीन प्रकार हैं, जिन्हें ( i ) परिमित ( finite ), विद्यमान ( existing ) तथा ज्ञेय ( knowable ), ( ii ) परिमित ( finite ), विद्यमान किन्तु अज्ञेय तथा ( iii ) अपरिमित ( infinite ) कहते हैं। स्पष्ट है कि पहले प्रकार की जनसंख्या उसे कहते हैं जिसकी संख्या सीमित होती है तथा ज्ञात होती है। जैसे, किसी कॉलेज में पढ़ने वाले छात्रों की संख्या, आदि। दूसरे प्रकार की जनसंख्या का अर्थ वह जनसंख्या है, जिसकी संख्या सीमित किन्तु अज्ञात होती है। जैसे-प्रस्तुत पुस्तक क प्रकाशन के दिन भारत की जनसंख्या, आदि। तीसरे प्राकर की जनसंख्या वह है, जिसकी संख्या असीमित होती है। जैसे—कुल सम्भव सिक्का उछाल ( Coin flips ) की संख्या, आदि।

### 2. प्रतिदर्श ( Sample )

किसी जनसंख्या के ऐसे अंश या भाग को प्रतिदर्श कहते हैं, जो उस जनसंख्या का प्रतिनिधिक ( representative ) होता है। जैसे–मान लें कि कोई शोधकर्ता बिहार राज्य के 16 वर्षीय लड़कियों की औसत लम्बाई को जानना चाहता है। आसानी के लिए वह राज्य

1. "The term population and universe mean all the members of any well-defined class of people, events or objects." — **Kerlinger, 2002**
2. "In Statistics, population refers to the total number of cases about which a specific statement can be made." — **Reber & Reber, 2001, p. 548**

के सभी जिलों से सभी समुदायों की 2000 सोलह वर्षीय बालिकाओं की लम्बाई को माप कर कोई निष्कर्ष प्राप्त करता है। अत: यहाँ 2000 बालिकाओं को प्रतिदर्श कहेंगे। स्मरण रखना चाहिए कि प्रतिदर्श का चुनाव निष्पक्ष ( unbiased ) तथा यादृच्छिक रूप से ( randomly ) किया जाता है ताकि वह अपनी जनसंख्या का प्रतिनिधित्व ( representation ) कर सके।

**रेबर** तथा **रेबर** ( Reber & Reber, 2001 ) के शब्दों में, *''प्रतिदर्श किसी जनसंख्या का वह भाग है जिसका चुनाव कुछ इस तरह से किया जाता है कि उसे उस जनसंख्या का सामूहिक रूप से प्रतिनिधि समझा जाए।''*[1]

स्पष्ट है कि जनसंख्या की तुलना में प्रतिदर्श का क्षेत्र काफी सीमित होते हुए भी प्रतिदर्श अपनी जनसंख्या का प्रतिनिधित्व ( representation ) करता है। इसी आधार पर सांख्यिकी समस्याओं के समाधान में प्रतिदर्श का ही उपयोग किया जाता है और प्राप्त परिणामों ( results ) को जनसंख्या पर लागू किया जाता है। किसी जनसंख्या का उपयोग सीधे करके जब कोई सांख्यिकी मूल्य ( statistical value ) या सांख्यिकी सूचना ( statistical information ) अथवा प्रदत्त ( data ) प्राप्त किया जाता है तो इसे प्राचल ( parameter ) कहा जाता है और जब वही मूल्य प्रतिदर्श का उपयोग करके प्राप्त किया जाता है तो इसे सांख्यिकी मूल्य ( statistical value ) कहा जाता है। जैसे–यदि एक कॉलेज के सभी दस हजार छात्रों की बुद्धि को माप करके माध्य ( mean ) ज्ञात किया जाए तो इसे पारामीटर माध्य अर्थात् जनसंख्या माध्य ( population mean ) कहेंगे। इसके विपरीत दस हजार छात्रों ( जनसंख्या ) में से केवल 2000 छात्रों की बुद्धि को माप करके प्राप्त अंकों ( scores ) के आधार पर माध्य निकाला जाए तो इसे सांख्यिकी माध्य ( statistical mean ) अर्थात प्रतिदर्श माध्य ( sample mean ) कहेंगे। यहाँ यह ध्यान रखना चाहिए कि प्रतिदर्श माध्य में त्रुटि ( error ) की सम्भावना हमेशा बनी रहती है। प्रतिदर्श अपनी जनसंख्या का प्रतिनिधित्व जिस सीमा तक नहीं कर पाता है, उसी सीमा तक उसमें त्रुटि की सम्भावना रहती है। अत: यह निर्धारित करना आवश्यक हो जाता है कि प्रतिदर्श माध्य अपने वास्तविक माध्य ( true mean ) अर्थात जनसंख्या माध्य ( population mean ) से किस मात्रा में कम या अधिक है। इसका निर्धारण सांख्यिकी-विश्वसनीयता ( reliability of statistics ) के अन्तर्गत एक विशेष ढंग से किया जाता है, जिसका वर्णन विस्तार से अधाय-13 में किया गया है।

## प्राचलिक सांख्यिकी
## ( Parametric Statistics )

### प्राचलिक सांख्यिकी का अर्थ *( Meaning of Parametric Statistics )*

प्राचलिक का अर्थ वह सांख्यिकी है, जिसमें प्रतिदर्श प्रदत्त ( sample data ) का सम्बन्ध ऐसी जनसंख्या से होता है, जो प्रसामान्य वितरण ( normal distribution ) की अभिधारणा assumptions ) कपर आधारित होता है। **रेबर** तथा **रेबर** ( Reber & Reber, 2001 ) के अनुसार, *'प्राचलिक सांख्यिकी का तात्पर्य उन सांख्यिकीय कार्यप्रणालियों से है, जिनके लिए आवश्यक है कि विश्लेषण के अधीन प्रतिदर्श प्रदत्त ऐसी जनसंख्या के लिए गए हों, जिसमें प्रसामान्य वितरण की विशेषता उपलब्ध हो।''*[2]

---

1. "Sample is a part of a population selected (usually according to some procedure and with some purpose in mind) such that it is considered to be representative of the population as a whole". — Reber & Reber, 2001, p. 642
2. "Parametric statistics refers to a general label covering those statistical procedures that require that the sample data under analysis be drawn from a population with a known form most generally the normal distribution." — Reber & Reber, 2001, p. 507.

**पेटर स्ट्रेटोन** एवं **निक्की हेस** ( Peter Stration & Nicky Hayes, 1991 ) ने भी कहा है कि, *"प्राचलिक सांख्यिकी का तात्पर्य उन प्रविधियाँ से है जो इस मान्यता पर आधारित होती हैं कि मापन का सम्बन्ध किसी अन्तराल मापनी से है, तथा प्राप्तांक प्रसामान्य वितरण से लिए गए हैं।"*[1]

## प्राचलिक सांख्यिकी की विशेषताएँ, स्वरूप या अभिधारणाएँ ( *Characteristics, Nature or Assumptions of Parametric Statistics* )

प्राचलिक सांख्यिकी की उपर्युक्त परिभाषाओं ( definitions ) तथा उनके विश्लेषण ( analysis ) से इसके स्वरूप ( nature ) के सम्बन्ध में निम्नलिखित विशेषताएँ स्पष्ट होती हैं :–

1. **प्रसामान्य वितरण** ( *Normal distribution* )—प्राचलिक सांख्यिकी की एक मुख्य विशेषता यह है कि यहाँ प्रसामान्य वितरण की अभिधारणा ( assumption ) रहती है। विश्वास किया जाता है कि प्रतिदर्श आँकड़े ( sample data ) ऐसी जनसंख्या ( population ) पर आधारित हैं, जो प्रसामान्य रूप से वितरित ( normally distributed ) हैं। इसलिए इस सांख्यिकी को वितरणबद्ध सांख्यिकी ( distribution bound statistics ) भी कहते हैं। प्रसामान्य वितरण का अर्थ वह वितरण है जो इस विश्वास पर आधारित है कि जिस जनसंख्या से प्रतिदर्श का चयन किया गया है वह अपरिमित ( infinite ) है और सभी घटनाओं के घटित होने की सम्भावना ( probability ) समान ( equal ) है। विश्वास किया जाता है कि यह वितरण ( distribution ) $-\infty$ से $+\infty$ तक सभी मूल्यों के लिए सतत ( continuous ) है। यह भी विश्वास किया जाता है कि यह सुडौल ( symmetrical ) तथा एकबहुलक ( unimodal ) होता है, क्योंकि इसके माध्य ( Mean ), माध्यिका ( Median ) तथा बहुलक ( Mode ) एक ही ( the same ) होते हैं ( Reber and Reber, 2001 ).

2. **प्रतिदर्शों की स्वतंन्त्रता** ( *Independence of samples* )—प्राचलिक सांख्यिकी की एक विशेषता या अभिधारणा ( assumption ) यह है कि यहाँ प्रतिदर्शों का चयन स्वतन्त्र रूप से ( independently ) किया जाता है।

3. **एक ही प्रतिचयन विचलन** ( *The same sampling variance* )—इस प्रकार की सांख्यिकी की एक अभिधारणा यह भी है कि जब एक से अधिक जनसंख्याओं ( populations ) का प्रतिचयन ( sampling ) किया जाता है तो उन से एक ही विचलन ( the same variance ) होता है अथवा उनके विचलनों ( variances ) का अनुपात ( ratio ) ज्ञात होता है।

4. **अंकगणित प्रचालन** ( *Arithmetic operation* )–प्राचलिक सांख्यिकी इस विश्वास या अभिधारणा ( assumption ) पर आधारित है कि यहाँ प्रदत्त या आँकड़े ( data ) इस रूप में होते हैं कि उनके आधार पर सभी अंकगणित प्रचालनों ( arithmetic operations ) को कार्यान्वित किया जा सकता है। जैसे–जोड़, घटाव, गुणा ( multiplication ) आदि प्रचालनों को करना सम्भव होता है।

5. **यादृच्छिक प्रतिचयन-विधि** ( *Method of random sampling* )–प्राचलिक सांख्यिकी की एक शर्त ( condition ), अभिधारणा ( assumption ) या विशेषता यह है कि

---

1. "Parametric statistics refers to those statistical techniques that have been developed on the assumption that the data are of a certain type. In particular the measure should be an internal scale and the scores should be drawn from a normal distribution."
— Peter stratton & Nicky Hayes, 1991, p. 133

यहाँ जनसंख्या ( population ) से प्रतिदर्श ( sample ) के चयन ( selection ) की विधि का यादृच्छिक होना आवश्यक है। इसका अर्थ यह हुआ कि जनसंख्या से प्रतिदर्श के चयन पर शोधकर्ता ( researcher ) या प्रयोगकर्त्ता ( experimenter ) के पक्षपातों ( biases ) का कोई प्रभाव नहीं पड़ता है और प्रतिदर्श में जनसंख्या की सभी इकाइयों ( units ) को शामिल होने की समान सम्भावना ( equal probability ) रहती है।

*स्पष्ट है कि प्राचलिक सांख्यिकी में उपर्युक्त शर्तों ( conditions ), अभिधारणाओं ( assumptions ) या विशेषताओं ( characteristics ) का होना आवश्यक है। ये विशेषताएँ टी-परीक्षण ( t-test ), एफ-परीक्षण ( F-test ), आर-परीक्षण ( r-test ), आदि में उपलब्ध हैं। इसलिए इन्हें प्राचलिक सांख्यिकी ( parmetric statistics ) कहा जाता है।*

## प्राचलिक सांख्यिकी के लाभ, गुण या उपयोगिताएँ ( *Advantages, Merits or Uses of Parametric Statistics* )

प्राचलिक सांख्यिकी की उपर्युक्त विशेषताओं से इसकी उपयोगिता पर भी प्रकाश पड़ा है। इसकी उपयोगिताओं को निम्नलिखित प्रसंगों में देंख सकते हैं :–

( i ) प्राचलिक सांख्यिकी अथवा प्राचलिक सांख्यिकी विधियाँ ( parametric statistical devices ) काफी विश्वसनीय होती हैं। इनके आधार पर जो परिणाम प्राप्त होते हैं वे अधिक विश्वसनीय ( reliable ) होते हैं।

( ii ) **गैरेट** ( Garrett, 1981 ) के अनुसार दो माध्यों ( Means ) के बीच वास्तविक अन्तर ( true difference ) को निर्धारित करने में प्राचलिक प्रविधियाँ ( parametric techniques ) काफी सक्षम तथा सफल हैं। इसी प्रकार इन प्रविधियों की सहायता से किसी भी यथार्थ अन्तर को समुचित रूप से निर्धारित करना सम्भव होता है।

( iii ) **रेबर** ( Reber, 1995 ) के अनुसार प्राचलिक सांख्यिकी में सांख्यकीय शक्ति ( statistical power ) पायी जाती है। उनके अनुसार सांख्यिकीय रूप से सार्थक प्रभावों ( statistically significant effects ) को निर्धारित करने में प्राचलिक सांख्यिकी अधिक सक्षम है।

( iv ) प्राचलिक सांख्यिकी का एक गुण यह है कि जहाँ जनसंख्या ( population ) प्रसामान्य वितरण ( normal distribution ) की अभिधारणा ( assumption ) पर आधारित होती है, वहाँ केवल प्राचलिक प्रविधियों ( parametric techniques ) का उपयोग करना ही उचित होता है।

( v ) जब प्रतिदर्श ( sample ) का आकार ( size ) बड़ा होता है तो प्राचलिक सांख्यिकी का उपयोग आवश्यक बन जाता है। **गैरेट** ( Garrett, 1981 ) ने कहा है कि बड़े प्रतिदर्श की स्थिति में केवल प्राचलिक प्रविधियों का उपयोग अपेक्षित है।

( vi ) प्राचलिक सांख्यिकी में यथार्थता ( accuracy ) का गुण पाया जाता है। **गैरेट** ने स्पष्ट शब्दों में कहा है कि प्राचलिक प्रविधियों ( parametric techniques ) के आधार पर अधिक यथार्थ तथा शुद्ध परिणाम प्राप्त करना सम्भव होता है।

## प्राचलिक सांख्यिकी के अलाभ, अवगुण या सीमाएँ ( *Disadvantages, Abuses or Limitations of Parametric Statistics* )

प्राचलिक सांख्यिकी मे उपर्युक्त उपयोगिताओं ( uses ) के होते हुए भी

निम्नलिखित सीमाएँ हैं :–

(i) प्राचलिक सांख्यिकी के साथ एक कठिनाई (difficulty) यह है कि यह सांख्यिकी कठोर अभिधारणा (rigid assumption) से बधी हुई है। अत: यहाँ शोधकर्ता या प्रयोगकर्ता द्वारा इसके उपयोग में अभिधारणा के उल्लंघन (violation) की सम्भावना अधिक होती है।

(ii) प्राचलिक सांख्यिकी का क्षेत्र (scope) सीमित होता है। इसका उपयोग केवल उस परिस्थिति में किया जाता है, जहाँ जनसंख्या (population) में प्रसामान्य वितरण (normal distribution) की अभिधारणा उपलब्ध होती है। इसका उपयोग इसके अतिरिक्त किसी दूसरे क्षेत्र में नहीं किया जा सकता है।

(iii) जब प्रतिदर्श (sample) छोटा होता है तो ऐसी परिस्थिति में प्राचलिक सांख्यिकी का उपयोग उचित नही होता है। असल में छोटे प्रतिदर्श का आधार प्राय: प्रसामान्य वितरण नहीं होता है।

(iv) प्राचलिक प्रविधियों (parametric techniques) के उपयोग में समय अधिक लगता है तथा अधिक श्रम करना पड़ता है। इसके दो कारण हैं। एक तो यह कि यहाँ प्रतिदर्श बड़ा होता है और दूसरा कारण यह कि गणितीय परिकलन (mathematical calculation) काफी जटिल (complex) होता है।

(v) जब आँकड़े या प्रदत्त (data) कोटि (ranks or ratings) के रूप में होते हैं अथवा ऐसे होते हैं कि उन्हें केवल कोटि के रूप में ही व्यक्त करना सम्भव होता है, तो वहाँ प्राचलिक सांख्यिकी का उपयोग करना सम्भव नहीं होता है।

## अप्राचलिक सांख्यिकी
## (Non-Parametric Statistics)

अप्राचलिक सांख्यिकी का अर्थ वह सांख्यिकी हैं, जिसका सम्बन्ध ऐसें वितरण (distribution) से होता है, जो प्रसामान्य (normal) नहीं होता है। **चैपलिन** (Chaplin, 1975) के शब्दों में, ''*अप्राचलिक सांख्यिकी वास्तव में सांख्यिकी की वह शाखा है, जो ऐसे वितरणों से सम्बन्ध रखती है, जो प्रसामान्य नहीं है।*''[1]

स्पष्टत: अप्राचलिक सांख्यिकी वितरण के बन्धन से मुक्त होती है। इसीलिए, इसे वितरण मुक्त सांख्यिकी (distribution free statistics) भी कहते हैं। इसका यह अर्थ नहीं है कि यह अभिधारणा-मुक्त (assumption free) भी है। वास्तव में इसकी अपनी विशेष अभिधारणाएँ या शर्तें (conditions) हैं, जिनकी उपस्थिति इसके उपयोग के लिए आवश्यक है। **रेबर** तथा **रेबर** ( Reber & Reber, 2001 ) के शब्दों में, ''*अप्राचलि सांख्यिकी का अर्थ सांख्यिकीय कार्य-प्रणालियों का एक समूह है, जिसके द्वारा उन चरों के बीच सम्बन्ध को निर्धारित किया जाता है, जिनका उपयोग वितरणों के विशेष प्राचलों के सम्बन्ध में कोई अभिधारणा बनाए बिना ही किया जाता है। उल्लेखनीय है कि यद्यपि अप्राचलिक परीक्षण प्राय: वितरण-मुक्त होते हैं, किन्तु अभिधारणा-मुक्त नहीं; क्योंकि प्रत्येक कार्य-प्रणाली कुछ विशेष मापदण्ड (criteria) पर आधारित होती है।*''[2]

---

1. "Non-parametric statistics is the branch of statistics which deals with distributions which are not normal". — Chaplin, 1975, p. 347
2. "Non-parametric statistics is a class of statistical procedures for determining relations between variables which can be used without making assumptions about particular parameters of distributions. Note that although these non-parametricstatistical tests are often called distribution-free, they are not assumption-free, for each particular procedure is dependent on certain criteria". — Reber & Reber, 2001, p. 470

इसी तरह **पेटर सट्रेटोन** एवं **निक्की हेस** ( Peter Stratton & Nicky Hayes, 1991 ) ने कहा है कि, *"अप्राचलिक सांख्यिकी का तात्पर्य उन सांख्यिकीय प्रविधियों से है, जिनके लिए प्राप्तांको का संबंध अन्तराल-मापनी तथा प्रसामान्य वितरण के साथ होना आवश्यक नहीं है।"*[1]

## अप्राचलिक सांख्यिकी की विशेषताएँ, स्वरूप, शर्तें या अभिधारणाएँ ( *Characteristics, Nature, Conditions or Assumptions of Non-parametric Statistics* )

अप्राचलिक सांख्यिकी की उपर्युक्त परिभाषाओं ( definitions ) तथा उनके विश्लेषण ( analysis ) से इसकी निम्नलिखित विशेषताएँ स्पष्ट होती हैं :–

**1. वितरण-मुक्त** ( *Distribution-free* )—अप्राचलिक सांख्यिकी की सबसे बड़ी विशेषता यह है कि यहाँ जनसंख्या ( population ) में प्रसामान्य वितरण ( normal distribution ) का होना आवश्यक नहीं है। असल में इस सांख्यिकी का व्यवहार प्राय: वहाँ किया जाता है, जहाँ प्रसामान्य वितरण का अभाव होता है।

**2. निष्पक्ष अवलोकन** ( *Unbiased observation* )—इस सांख्यिकी की एक शर्त या अभिधारणा यह है कि अवलोकन अपक्षपाती हो। दूसरे शब्दों मे अवलोकन पर शोधकर्ता ( researcher ) की पूर्वधारणा, स्थिराकृति, अव्यक्त व्यक्तित्व ( implicit personality ), आदि पक्षपातों का प्रभाव नहीं पड़े।

**3. निरन्तरता-मुक्त** ( *Continuity-free* )—इस सांख्यिकी के लिए आँकड़े या प्रदत्त ( data ) में निरन्तरता की विशेषता का होना आवश्यक नहीं है। इसका व्यवहार ऐसी परिस्थिति में भी किया जाता है, जहाँ प्रदत्त या चरों में निरन्तरता का अभाव होता है।

**4. छोटा प्रतिदर्श** ( *Small sample* )—अप्राचलिक सांख्यिकी का व्यवहार वहाँ किया जाता है जहाँ प्रतिदर्श छोटा होता है। कारण, छोटे प्रतिदर्श में प्रसामान्य वितरण का अभाव पाया जाता है।

**5. क्रमसूचक प्रदत्त** ( Ordinal data )—इस सांख्यिकी की एक विशेषता यह भी है कि इसका प्रयोग प्राय: क्रमसूचक प्रदत्त पर किया जाता है। कुछ विशेष परिस्थितियों में इसका प्रयोग नामिक प्रदत्त ( nominal data ) पर भी पाया जाता है।

इस प्रकार स्पष्ट है कि अप्राचलिक सांख्यिकी की उपर्युक्त कई विशेषताएँ, शर्तें या अभिधारणाएँ हैं। इनके आलोक में काई-वर्ग ( $x^2$ ), स्पीयरमैन की कोटि अन्तर सहसंबंध विधि ( Spearman's Rank difference method of correlation ), केण्डल की कोटि-अन्तर विधि ( Kendall's Rank difference method ), मान विटनी यू-परीक्षण ( Mann Whitney U-Test ), आदि अप्राचलिक सांख्यिकी ( non-parametric statistics ) हैं।

## अप्राचलिक सांख्यिकी के लाभ या उपयोगिताएँ ( *Advantages or Uses of Non-Parametric Statistics* )

( i ) **व्यापक क्षेत्र** ( *Wider scope* )—अप्राचलिक सांख्यिकी के उपयोग के लिए कोई कठोर अभिधारणा ( rigid assumption ) नहीं है। अत: इसका उपयोग विभिन्न प्रतिदर्शों पर करना सम्भव है। इतनी व्यापकता प्राचलिक सांख्यिकी ( parametric statistics ) में नहीं है।

1. "Non-parametric statistics refers to statistical techniques which do not require that the data should fit requirements such as interval scaling and normal distribution."
— Peter stratton & Nicky Hayes, 1991, p. 121

(ii) **समय तथा श्रम की बचत** ( *Time and labour saving* )—अप्राचलिक सांख्यिकी में समय कम लगता है तथा श्रम कम करना पड़ता है। कारण, एक तो यहाँ प्रतिदर्श ( sample ) का आकार ( size ) छोटा या मध्यम होता है, और दूसरे यहाँ अधिक जटिल गणितीय परिकलन ( complex mathematical calculation ) की आवश्यकता नहीं होती हैं।

(iii) **सरलता तथा सहजता** ( *Simplicity and ease* )—सांख्यिकी का यह प्रकार प्राचलिक सांख्यिकी ( parametric statistics ) की तुलना में अधिक सरल तथा सहज होता है। कारण, यहाँ जो गणितीय परिकलन किया जाता है, वह अपेक्षाकृत सरल होता है।

(iv) **छोटा-प्रतिदर्श** ( *Small sample* )—इस प्रकार की सांख्यिकी का एक लाभ यह है कि जब प्रतिदर्श छोटा होता है तो इसके लिए केवल अप्राचलिक सांख्यिकी ( non-parametric statistics ) ही उपयुक्त होती है। **गैरेट** ( Garrett, *2007* ) ने कहा है कि छोटे प्रतिदर्श ( *N= 10 or less* ) के होने पर अप्राचलिक सांख्यिकी का व्यवहार अधिक अनुकूल होता है।

(v) **संदिग्ध सामान्य वितरण** ( *Doubtful normal distribution* )—**गैरेट** ( Garrett, 2007 ) के अनुसार इस सांख्यिकी का एक लाभ यह है कि जहाँ कहीं जनसंख्या ( population ) में प्रसामान्य वितरण संदिग्ध होता है, वहाँ प्राचलिक ( parametric ) की अपेक्षा अप्राचलिक ( non-parametric ) सांख्यिकी का व्यवहार अधिक उपयुक्त होता है।

(vi) **कोटि के रूप में आँकड़े** ( *Data in the form of ranks or ratings* )—जहाँ कहीं प्रदत्त या आँकड़े ( data ) ऐसे होते हैं कि उन्हें केवल कोटियों के रूप में ही व्यक्त किया जा सकता है, वहाँ अप्राचलिक सांख्यिकी का उपयोग करना आवश्यक होता है। ऐसी परिस्थिति में प्राचलिक सांख्यिकी का उपयोग उचित नहीं माना जाता है।

(vii) **अभिधारणाओं के उल्लंघन की न्यूनतम सम्भावना** ( *Least possibility of violation of assumptions* )—अप्राचलिक सांख्यिकी का एक गुण यह भी है कि यहाँ शोधकर्ता ( researcher ) द्वारा अभिधारणाओं के उल्लंघन की संभावना कम-से-कम होती है। कारण, यहाँ अभिधारणाएँ बहुत कम होती हैं। जनसंख्या ( population ) के सम्बन्ध में प्रसामान्य वितरण ( normal distribution ) की अभिधारणा का अभाव होता है।

## अप्राचलिक सांख्यिकी के अलाभ, अवगुण या सीमाएँ ( *Disadvantages, Abuses or Limitations* )

अप्राचलिक सांख्यिकी के केई गुणों तथा लाभों की व्याख्या ऊपर की गयी है। फिर भी इसमें निम्नलिखित दोष हैं, जिनके कारण इसकी उपयोगिता घट गयी है :

(i) अप्राचलिक सांख्यिकी का सबसे बड़ा दोष यह है कि किसी चर ( variable ) के सार्थक प्रभाव ( significant effect ) को निर्धारित करने में यह अधिक सक्षम नहीं है। **गैरेट** ( Garrett, 2007 ) ने भी इस विचार का समर्थन किया है।

(ii) **रेबर तथा रेबर** ( Reber & Reber, 2001 ) ने अप्राचलिक सांख्यिकी की सीमाओं ( limitations ) की चर्चा करते हुए कहा है कि यह सार्थक प्रभावों ( significant effects ) को निर्धारित करने में उतना सफल नहीं है, जितना कि प्राचलिक सांख्यिकी है।

(iii) **गैरेट** ( Garrett, 2007 ) ने कहा है कि यद्यपि अप्राचलिक सांख्यिकी सरल तथा सहज है, किन्तु इसमें पर्याप्त यथार्थता ( accuracy ) नहीं पायी जाती है।

(iv) **सीगेल** ( Siegel, 1956 ) के अनुसार अप्राचलिक सांख्यिकी में वह शक्ति ( power ) नहीं है जो किसी प्राचलिक सांख्यिकी में पायी जाती है।

(v) अप्राचलिक सांख्यिकी का एक दोष यह भी है कि इसका उपयोग उन परिस्थितियों मं नहीं करना चाहिए, जहाँ प्राचलिक सांख्यिकी का उपयोग सम्भव हो।

## प्राचलिक सांख्यिकी तथा अप्राचलिक सांख्यिकी में अन्तर या तुलना
### ( Differences or Comparison between Parametric Statistics and Non-Parametric Statistics )

प्राचलिक तथा अप्राचलिक सांख्यिकी की व्याख्या बिस्तार से ऊपर की जा चुकी है। हम यहाँ इन दोनों के तुलनात्मक अध्ययन ( comparative study ) के आधार पर इनके बीच अन्तरों ( differences ) को स्पष्ट करते हुए यह देखना चाहेंगे कि इनमें कौन अंधिक उपयोगी तथा लाभदायक है :–

**1. वितरण का स्वरूप** ( *Naturae of distribution* )—प्राचलिक तथा अप्राचलिक सांख्यिकी में एक़ मुख्य एवं मौलिक अन्तर यह है कि प्राचलिक सांख्यिकी वितरणवद्ध ( distribution bound ) होती है। इसके उपयोग के लिए यह अभिधारणा ( assumption ) आवश्यक है कि जिस जनसंख्या ( population ) से प्रतिदर्श ( sample ) का चयन किया गया है, उसमें प्रसामान्य वितरण हो। दूसरी ओर अप्राचलिक सांख्यिकी वितरणमुक्त ( distribution-free ) होती है। इसके उपयोग के लिए अनसंख्या में प्रसामान्य वितरण की कल्पना या अभिधारणा आवश्यक नहीं है।

**2. क्षेत्र** ( *Scope* )—उपयोगिता के क्षेत्र के आधार पर भी इन दोनों प्रकार की सांख्यिकी में अन्तर पाया जाता है। प्राचलिक सांख्यिकी अथवा प्राचलिक प्रतिधियों ( parametric techniques ) का व्यवहार केवल वहाँ किया जाता है जहाँ प्रसामान्य वितरण ( normal distribution ) की अभिधारणा उपलब्ध होती है। इसीलिए इसका क्षेत्र सीमित होता है। दूसरी ओर अप्राचलिक सांख्यिकी या अप्राचलिक प्रविधियों ( non-parametric techniques ) का क्षेत्र अधिक व्यापक तथा विस्तृत होता है। कारण, इसके उपयोग के लिए प्रसामान्य वितरण की शर्त आवश्ययक नहीं है।

**3. प्रतिदर्श का आकार** ( *Size of sample* )—प्रतिदर्श के आकार के दृष्टिकोण से भी दोनों में अन्तर पाया जाता है। प्राचलिक सांख्यिकी के लिए यह आवश्यक है कि प्रतिदर्श का आकार बड़ा हो। दूसरी ओर अप्राचलिक सांख्यिकी के लिए प्रतिदर्श को छोटा होना आवश्यक है।

**4. गणितीय परिकलना का स्वरूप** ( *Nature of mathematical calculation* )—सांख्यिकी के इन दोनों प्रकारों में गणितीय परिकलन के स्वरूप को लेकर भी अन्तर किया जा सकता है। प्राचलिक सांख्यिकी में जटिल गणितीय परिकलन की आवश्यकता होती है। इसके विपरीत अप्राचलिक सांख्यिकी में अपेक्षाकृत सरल गणितीय परिकलन से काम चल जाता है।

5. **समय तथा श्रम** ( *Time and labour* )—प्राचलिक प्रतिधियों ( parametric techniques ) के उपयोग में समय अधिक लगता है और अधिक कठिन श्रम करना पड़ता है। कारण, यहाँ प्रतिदर्श ( sample ) का आकार बड़ा होता है और गणितीय परिकलन ( mathematical calculation ) भी जटिल होता है। दूसरी ओर अप्राचलिक प्रविधियों ( non-parametric techniques ) में समय तथा श्रम की बचत ( saving ) होती है। कारण, यहाँ प्रतिदर्श छोटा होता है और गणितीय परिकलन अपेक्षाकृत सरल होता है

6. **प्रदत्त का स्वरूप** ( *Nature of data* )—सांख्यिकी के इन दोनों प्रकारों में प्रदत्त या आँकड़ों के स्वरूप से सम्बन्धित अन्तर भी है। जब दिए गए आँकड़े सतत ( continuous ) होते हैं, तो ऐसी हालत में प्राचलिक प्रविधियों ( parametric techniques ) का व्यवहार अधिक उचित होता है। इसी प्रकार जब प्रदत्त ऐसे होते हैं, जिन्हें कोटि ( ranks ) या श्रेणी ( ratings ) के रूप ( form ) में व्यक्त करना सम्भव नहीं हो तो वहाँ भी प्राचलिक प्रविधियों का उपयोग उचित होता है। इसके विपरीत जब प्रदत्त या आँकड़े को कोटि या श्रेणी में बदला जा सके, वहाँ अप्राचलिक प्रविधियों ( non-parametric techniques ) का व्यवहार अधिक उपयुक्त होता है। इसी प्रकर जब प्रदत्त असतत ( discontinuous ) होते हैं तो वहाँ भी अप्राचलिक प्रविधियों का उपयोग अपेक्षित होता है।

7. **अभिधारणा का बन्धन** ( *Bondage of assumption* ) — अभिधारणा के बन्धन के आधार पर भी सांख्यिकी के इन दोनों प्रकारों में अन्तर है। प्राचलिक सांख्यिकी में अभिधारणा का बंधन बहुत कठोर ( rigid ) तथा सबल ( strong ) है। यहाँ प्रसामान्य वितरण ( normal distribution ) का बन्धन इतना कठोर है कि इसके अभाव में प्राचलिक प्रविधियों का उपयोग संभव ही नहीं है। अप्राचलिक प्रविधियों का उपयोग प्रसामान्य वितरण के बन्धन से मुक्त है । इसका यह अर्थ नहीं है कि अप्राचलिक सांख्यिकी अभिधारणा-मुक्त ( assumption-free ) है। वास्तविकता यह है कि इस सांख्यिकी की भी अपनी अभिधारणा है, जिसकी चर्चा पृष्ठ 11-13 पर की गयी है। अन्तर केवल इतना है कि प्राचलिक सांख्यिकी की अभिधारणा में जहाँ कठोरता अधिक है, वहाँ अप्राचलिक सांख्यिकी की अभिधारणा में लचीलापन ( flexibility ) अधिक है।

8. **अभिधारणा के उल्लंघन का खतरा** ( *Danger for violation of assumptions* )— प्राचलिक सांख्यिकी में अभिधारणा के टूटने या उल्लंघन होने की सम्भावना अधिक होती है। कारण, यहाँ अभिधारणा बहुत कठोर होती है। दूसरी ओर अप्राचलिक सांख्यिकी में अभिधारणा के टूटने या उल्लंघन होने की सम्भावना बहुत कम होती है। कारण, यहाँ अभिधारणा बहुत कम होती है और उसमें भी लचीलापन पाया जाता है।

9. **परिणाम की यथार्थता** ( *Accuracy of results* ) — प्राप्त परिणाम की यथार्थता या शुद्धता ( accuracy ) के आधार पर भी प्राचलिक सांख्यिकी तथा अप्राचलिक सांख्यिकी में अन्तर है। प्राचलिक प्रविधियों ( parametric techniques ) के आधार पर जो परिणाम प्राप्त होता है वह अधिक यथार्थ तथा शुद्ध होता है। इसके विपरीत अप्राचलिक प्रविधियों ( non-parametric techniques ) के आधार पर जो परिणाम प्राप्त होता है, वह अपेक्षाकृत कम यथार्थ या कम शुद्ध होता है।

**गैरेट** ( Garrett, 2007 ) ने सांख्यिकी के इन दोनों प्रकारों की तुलनात्मक व्याख्या करते हुए कहा कि, *अप्राचलिक प्रविधियों ( non-parametric techniques ) की तुलना में प्राचलिक प्रविधियों ( parametric techniques ) की शक्ति अधिक है अर्थात वास्तविक अन्तर ( true difference ) की खोज ( detection ) में प्राचलिक प्रविधियाँ अधिक सफल हैं। अत: जहाँ प्राचलिक सांख्यिकी का उपयोग सम्भव हो, वहाँ अप्राचलिक सांख्यिकी का उपयोग नहीं किया जाना चाहिए।*[1]

**रेबर एवं रेबर** ( Reber & Reber, 2001 ) ने भी अप्राचलिक की अपेक्षा प्राचलिक सांख्यिकी को श्रेष्ठ ( superior ) माना है। उन्होंने कहा है कि, *नियमत: अप्राचलिक की तुलना में प्राचलिक कार्य-प्रणाली ( parametric procedure ) बेहतर या श्रेष्ठकर है; क्योंकि इसकी सांख्यिकी शक्ति अधिक होती है और यह सांख्यिकीय रूप से सार्थक अन्तरों को ढूँढ़ निकालने में अपेक्षाकृत अधिक सफल है।*[2]

इस प्रकार स्पष्ट हो जाता है कि प्राचलिक सांख्यिकी ( parametric statistics ) तथा अप्राचलिक सांख्यिकी ( non-parametric statistics ) के बीच उपर्युक्त कई अन्तर हैं।

## सांख्यिकी का क्षेत्र
### ( Scope or Fields of Statistics )

आरम्भ में सांख्यिकी का क्षेत्र बहुत सीमित था। इसे शासन-कला ( statecraft ) का विज्ञान समझा जाता था। विश्वास किया जाता था कि यह एक ऐसा विज्ञान है, जिसका उद्देश्य जन्म, मृत्यु, अपराध, सैनिकों की संख्या, जनसंख्या, आदि से सम्बन्धित सूचनाएँ ( informations ) प्राप्त करना है। लेकिन, कल्याण राज्य ( welfare state ) की धारणा के विकास के बाद सांख्यिकी का क्षेत्र सामाजिक तथा अर्थशास्त्रीय घटनाओं तक फैल गया। फिर सांख्यिकीय प्रविधियों ( statistical techniques ) में पर्याप्त विकास हो जाने के कारण आज इसका क्षेत्र और भी अधिक हो चला है। मानव जीवन का शायद ही कोई क्षेत्र ऐसा होगा, जहाँ सांख्यिकी का उपयोग नहीं होता है। पाठकों की सुविधा के विचार से हम सांख्यिकी के क्षेत्र को निम्नलिखित भागों में विभाजित कर सकते हैं :–

**1. राज्य** ( *State* )—सांख्यिकी का मौलिक तथा प्रारंभिक क्षेत्र राज्य रहा है। आज भी राज्य से सम्बन्धित विभिन्न सूचनाओं ( informations ) को प्राप्त करने में सांख्यिकीय प्रविधियों ( statistical techniques ) का उपयोग किया जाता है। किसी राज्य की जनसंख्या ( population ) तथा उसके वितरण ( distribution ) के सम्बन्ध में सरकार को इन प्रविधियों द्वारा ज़ानकारी मिलती है। इसी प्रकार जन्म, मृत्यु, विवाह, साम्प्रदायिक दंगे, जातिगत संघर्ष, आदि से सम्बन्धित सूचनाओं के संग्रह ( collection ), विश्लेषण तथा व्याख्या में विभिन्न सांख्यिकीय प्रविधियों का उपयोग किया जाता है।

---

1. "The non-parametric techniques do not have the power of parametric tests, that is, they are less able to detect a true difference when such is present. Non-parametric tests should not be used, therefore, when other more exact tests are applicable".
— Garrett, 2007

2. "As a rule, parametric procedures are to be preferred over non-parametric statistics (provided that the conditions hold) because they have greater statistical power and are more likely to detect statistically significant effects".
—Reber & Reber, 2001, p. 508.

**2. योजना एवं नीति** ( *Planning and Policy* )—सांख्यिकी का एक प्रधान क्षेत्र योजना एवं नीति है। विशेष रूप से वर्तमान समय में राज्य , व्यापार, अर्थशास्त्र, आदि क्षेत्रों में सांख्यिकी के बिना योजना एवं नीति का निर्माण करना सम्भव नहीं है। जैसे—यदि सरकार अगले वर्ष के लिए कोई योजना या नीति बनाना चाहती हो तो उसके लिए पिछले वर्ष की जनसंख्या के संघटन (आयु तथा लिंग के अनुसार) की जानकारी आवश्यक होगी। इसी प्रकार किसी भी संगठन ( organization ) में समुचित योजना तथा नीति के निर्माण के लिए सांख्यिकी का उपयोग आवश्यक हो जाता है।

**3. व्यापार एवं प्रबन्ध** ( *Business and Management* )—व्यापार तथा प्रबन्ध के क्षेत्र में सांख्यिकी का उपयोग व्यापक रूप से किया जाता है। उत्पादन ( production ), विपणन ( marketing ), बिक्री ( sale ), खरीद ( purchase ), आदि के समुचित संचालन के लिए सांख्यिकीय प्रविधियों ( statistical techniques ) का ज्ञान तथा उनका सही उपयोग आवश्यक है। समय तथा गति-अध्ययन ( time and motion study ), प्रशासन ( administration ), दुर्घटना-निरोध ( accident prevention ), व्यवसाय-मूल्यांकन ( job appraisal ), आदि में सांख्यिकी का उपयोग जरूरी है।

**4. मनोविज्ञान एवं शिक्षा** ( *Psychology and Education* )—सांख्यिकी का एक मुख्य क्षेत्र मनोविज्ञान तथा शिक्षा से सम्बन्धित है। भिन्न-भिन्न मनोवैज्ञानिक एवं शैक्षिक समस्याओं के समाधान के लिए सांख्यिकीय प्रविधियों का व्यवहार किया जाता है। मनोविज्ञान तथा शिक्षा में सांख्यिकी का महत्त्व इतना अधिक बढ़ गया है कि अब यह इसकी एक नयी शाखा बन गयी है, जिसको मनोमिति ( psychometry ) कहते हैं।

**5. समाज-विज्ञान एंव मानवविज्ञान** ( *Sociology and Anthropology* ) — सामाजिक विज्ञानों और विशेष रूप से समाज विज्ञान तथा मानव-विज्ञान में सांख्यिकी का व्यवहार व्यापक रूप से किया जाता है। इन विज्ञानों की विभिन्न समस्याओं से सम्बन्धित प्रदत्त ( data ) के संग्रह, विश्लेषण तथा व्याख्या के लिए सांख्यिकीय प्रविधियों का उपयोग करना आवश्यक है। उल्लेखनीय है कि यहाँ सांख्यिकी का व्यवहार प्रतिदर्श-प्रदत्त ( sample data ) तथा विज्ञान की एक शाखा दोनों रूपों में किया जाता है।

**6. जीवविज्ञान एवं चिकित्सा-विज्ञान** ( *Biology and Medical Sciences* ) — जीवविज्ञान तथा चिकित्सा-विज्ञान के क्षेत्र में भी सांख्यिकी का इस्तेमाल व्यापक रूप से किया जाता है। जीवविज्ञान के क्षेत्र में वंशपरम्परा ( heredity ) से सम्बन्धित आँकड़ों ( data ) के संग्रह ( collection ), विश्लेषण ( analysis ) तथा व्याख्या ( interpretation ) में साख्यिकी ने एक महत्त्वपूर्ण भूमिका अदा की है। चिकित्सा विज्ञान के क्षेत्र में भिन्न-भिन्न रोगों के आपतन ( incidence ) तथा कारण से सम्बन्धित आँकड़ों के संग्रह, विश्लेषण तथा व्याख्या में सांख्यिकी का व्यापक इस्तेमाल आज भी किया जाता है।

**7. लेखा-विद्या एवं लेखा-परीक्षण** ( ***Accountancy and Auditing*** ) — लेखा-विद्या के क्षेत्र में जटिल साख्यिकीय प्रविधियों का व्यवहार किया जाता है। प्रतिगमन-विश्लेषण ( regression analysis ) के सिद्धान्त का उपयोग इस क्षेत्र में विशेष रूप से महत्त्वपूर्ण है। इसी तरह लेखा-परीक्षण के क्षेत्र में साख्यिकीय प्रविधियों का उपयोग आवश्यक बन गया है।

विशेष रूप से इस क्षेत्र में प्रतिचयन-प्रविधियों ( sampling techniques ) का व्यवहार अधिक किया जाता है।

**8. उद्योग एवं बीमा** ( *Industry and Insurance* ) — औद्योगिक संगठनों ( industrial organizations ) में सांख्यिकी का महत्त्व विशेष रूप से प्रतिचयन-प्रविधि ( sampling techniques ) के रूप में देखा जाता है। भिन्न-भिन्न औद्योगिक समस्याओं के समाधान से उपलब्ध प्रदत्त ( data ) के संग्रह, विश्लेषण तथा व्याख्या के लिए सांख्यिकी की आवश्यकता होती है। इसी प्रकर बीमा के क्षेत्र में इसका इस्तेमाल किया जाता है । खासकर संभाव्यता-सिद्धान्त ( theory of probability ) का उपयोग बीमा के क्षेत्र में अधिक किया जाता है।

**9. ज्योतिष विज्ञान एंव भौतिक विज्ञान** ( *Astrology and Physics* ) — सांख्यिकी का एक महत्त्व ज्योतिष विज्ञान तथा भौतिक विज्ञान से सम्बन्धित है। ज्योतिष विद्या के क्षेत्र में शुरू से ही तारे तथा ग्रह ( planets ) की गति से सम्बन्धितं समस्याओं के समाधान में सांख्यिकी-प्रविधियों ( statistical techniques ) या उपकरणों ( tools ) का इस्तेमाल होता रहा है। इसी प्रकार भौतिकी या भौतिक विज्ञान ( physics ) में मात्रात्मक मापन ( quantitative measurement ) की शुद्धता ( accuracy ) को बढ़ाने के लिए सांख्यिकी का उपयोग किया जाता है।

**10. गणित** ( *Mathematics* ) — सांख्यिकी तथा गणित के बीच बहुत गहरा सम्बन्ध है। सच तो यह है कि सांख्यिकी गणति की एक शाखा है। इन दोनों के बीच गहरे सम्बन्ध का परिचय इस बात से मिलता है कि सांख्यिकी की एक नयी शाखा विकसित हो गयी है, जिसको गणितीय सांख्यिकी ( mathematical statistics ) कहते हैं।

स्पष्ट हुआ कि सांख्यिकी का क्षेत्र काफी व्यापक है और जीवन के भिन्न-भिन्न क्षेत्रों में हम इससे लाभान्वित हो रहे हैं।

## सांख्यिकीय के लाभ, महत्त्व या उपयोगिताएँ
### ( Advantages, Importance, Utility or Uses )

सांख्यिकी के भिन्न-भिन्न क्षेत्रों का उल्लेख ऊपर किया गया है, जिससे इसके लाभ, उपयोगिताएँ या महत्त्व बहुत कुछ स्पष्ट हो गए हैं। फिर भी, हम पाठकों की सुविधा को ध्यान में रखते हुए सांख्यिकी के लाभों, उपयोगिताओं या महत्त्व को निम्नलिखित भागों में विभाजित कर सकते हैं :–

**1. दैनिक उपयोगिता** ( *Daily use* ) — सांख्यिकी से तात्कालिक तथा व्यावहारिक लाभ मिलता है। मानसिक परीक्षणों ( mental tests ) के स्केलिंग ( scaling ), उनकी विश्वसनीयता ( reliability ) तथा वैधता ( validity ) के निर्धारण, एकांश-विश्लेषण ( item analysis ), कारक-विश्लेषण ( factor analysis ), आदि में मनोवैज्ञानिकों तथा शिक्षाशास्त्रियों ( educators ) को सांख्यिकी से काफी लाभ मिलता है। इसी प्रकार व्यापार तथा प्रबन्ध ( management ) के क्षेत्र में उत्पादन, बिक्री, खरीद, लाभ, हानि, आदि से सम्बन्धित दैनिक उपयोगिता प्राप्त करने में सांख्यिकी से सहायता मिलती है। समाज-विज्ञान, मानव-विज्ञान, आदि सामाजिक विज्ञानों ( social sciences ) के क्षेत्र मे भी सांख्यिकी से तात्कालिक तथा व्यावहारिक लाभ मिलते हैं ।

**2. व्यावहारिक समस्या समाधान** ( *Practical problem solving* ) — सांख्यिकी से भिन्न-भिन्न व्यावहारिक समस्याओं के समाधान में बड़ी सहायता मिलती है। जैसे-अमुक समूह के किन सदस्यों का मनोबल सबसे अधिक नीचा है, अमुक परीक्षा में कैसे सुधाार लाया जा सकता है, क्या यह विधि उस विधि से अधिक विश्‍वसनीय ( reliable ) है, क्या यह चर ( variable ) उस चर से किसी भी रूप से सम्बद्ध है, आदि व्यावहारिक समस्याओं के समाधान में सांख्यिकी-प्रविधियाँ ( statistical techniques ) सहायक होती हैं।

**3. सैद्धान्तिक शोध** ( *Theoretical reseach* ) — व्यावहारिक विज्ञानों ( behavioural sciences ), सामाजिक विज्ञानों ( social sciences ), भौतिक विज्ञानों ( physical sciences ), आदि के अन्तर्गत सैद्धान्तिक अनुसन्धानों को समुचित रूप से संचालित करने में सांख्यिकी की भूमिका काफी महत्त्वपूर्ण है। शिक्षा, मनोविज्ञान, समाज-विज्ञान ( sociology ) तथा अर्थशास्त्र ( economics ) के विभिन्न सिद्धान्तों के परीक्षण में सांख्यिकीय प्रविधियों ( statistical techniques ) का उपयोग व्यापक रूप से किया जाता है ।

**4. समग्र शोध** ( *Comprehensive research* ) — समग्र शोध के लिए यह आवश्यक है कि शोधकर्ता ( researchers ) या अनुसन्धानकर्ता ( investigators ) सैद्धान्तिक तथा व्यावहारिक शोधों ( theoretical and practical researches ) के विवरणों ( reports ) को अच्छी तरह समझ सकें और यह तभी सम्भव है जबकि वे सांख्यिकी के विशेष पदों ( terms ) के अर्थ से अवगत हों तथा इस बात की जानकारी रखते हों कि किस सांख्यिकीय प्रविधि का उपयोग किस परिस्थिति तथा किस उद्देश्य के लिए करना उपयुक्त है। स्पष्टत: सांख्यिकी के समुचित ज्ञान के बिना समग्र रूप से शोधकार्य करना सम्भव नहीं है।

**5. भविष्य योजना** ( *Future planning* ) —व्यापार, अर्थशास्त्र या सरकारी स्तर पर भविष्य योजना के निर्माण में सांख्यिकी से बड़ी सहायता मिलती है। जैसे—पंचवर्षीय योजना ( Five year plan ) बनाने के लिए देश के अगले पाँच वर्षों की जनसंख्या की समग्र जानकारी सरकार के लिए **आवश्यक** होगी ताकि इसके विभिन्न पक्षों यथा कृषि, उद्योग, शिक्षा, आदि का समुचित विकास किया जा सके और यह सब कुछ सांख्यिकी के बिना सम्भव नहीं है। इसी प्रकार किसी भी संगठन ( organization ) में भविष्य-योजना के निर्माण के लिए सांख्यिकी का उपयोग आवश्यक है।

**6. कर्मचारी प्रशासन** ( *Personnel administration* )—सांख्यिकी का महत्त्व कर्मचारी प्रशासन में भी देखा जा सकता है। एक सफल प्रशासक के लिए यह आवश्यक है कि वह मजदूरी ( wages ), निर्वाह-व्यय ( cost of living ), प्रोत्साहन-योजना ( incentive plans ) उत्पादन पर श्रमिक अशांति ( labour unrest ) के प्रभाव, आदि से सम्बन्धित आँकड़ों ( statistical data ) से वह अच्छी तरह अवगत हो।

**7. बिक्री नियंत्रण** ( *Sales control* )—सांख्यिकी का महत्त्व बिक्री नियंत्रण के संदर्भ में भी देखा जाता है। बाजार-अध्ययनों ( market studies ), उपभोक्ता पसन्द अध्ययनों ( consumer preference studies ), व्यापार वाहिका अध्ययनों ( trade channel studies ), आदि से सम्बद्ध सांख्यिकी प्रदत्त ( statistical data ) के आलोक में ही बिक्री नियंत्रण सही तौर पर सम्भव हो पाता है।

**8. युद्ध नियंत्रण** ***( War control )***—युद्ध को सफलतापूर्वक नियंत्रित करने में सांख्यिकी की उपयोगिता देखी जाती है। युद्ध का सामना करने के लिए शत्रु की सैनिक शक्ति अर्थात् मानव शक्ति ( man power ), सैनिक टैंक ( military tanks ), युद्ध हवाई जहाज, मिसाईल ( missiles ), गोला-बारूद आदि से सम्बन्धित सांख्यिकीय प्रदत्त ( statistical data ) की जानकारी आवश्यक है। इसके बिना किसी युद्ध का सामना करना व्यावहारिक रूप से असम्भव है।

**9. आनन्द** ***( Enjoyment )***—**डाउनी एवं हीथ** ( Downie & Heath, 1959, 1970 ) के अनुसार सांख्यिकी का एक महत्त्व यह भी है कि इससे यदाकदा आनन्द का भी अनुभव होता है। कुछ लोगों को प्रदत्त ( data ) के संग्रह तथा विश्लेषण करने में ही आनन्द मिलता है। विशेष रूप से अव्यवस्थित सूचनाओं को एक व्यवस्थित रूप देने में खुशी का अनुभव होता है। जब व्यक्ति किसी ऐसी पहेली के समाधान में सफल हो जाता है जिसका एक सामाजिक महत्त्व हो, तो वह अधिक रोमांच ( thrill ) तथा आनन्द का अनुभव करता है।

## सांख्यिकी के अलाभ या सीमाएँ या दुरुपयोग
## ( Disadvantages or Limitations or Abuses of Statistics )

सांख्यिकी के लाभों, उपयोगिताओं या महत्त्व का उल्लेख ऊपर किया गया है। फिर भी, इसके साथ कुछ कठिनाइयाँ हैं और इसके गलत इस्तेमाल से कई तरह के खतरे ( dangers ) उत्पन्न हो सकते हैं। सांख्यिकी तथा सांख्यिकीविद् ( statistician ) का नाम इस हद तक बदनाम हो चुका है कि सांख्यिकीविदों तथा झूठों को समान समझा जाता है। संक्षेप में सांख्यिकी की सीमाओं, अलाभों या दुरुपयोगों को निम्नलिखित प्रसंगों में देखा जा सकता है :—

**1. सांख्यिकीय अनुमान यथार्थ नहीं होते हैं** ***( Statistical inferences are not exact )***—सांख्यिकी के साथ एक बड़ी कठिनाई या सीमा ( limitation ) यह है कि इस पर आधारित अनुमान गणित अथवा भौतिक विज्ञान ( physics ) के नियमों पर आधारित अनुमान की तरह यथार्थ नहीं होते हैं । वास्तविकता यह है कि सांख्यिकीय नियम यथार्थ रूप में औसत पर लागू होते हैं। जैसे-मान लिया जाए कि सम्भाव्यता-नियम ( law of probability ) के आधार पर किसी सिक्का को एक बार उछालने में चित ( head ) तथा पट ( tail ) के ऊपर होने की सम्भावना बराबर-बराबर अर्थात 1/2 है। इस नियम के आधार पर यदि सिक्का को 20 बार उछाला जाए तो चित तथा पट को 10-10 बार ऊपर आना चाहिए। लेकिन, ऐसा नहीं भी हो सकता है। हाँ, यदि सिक्के को अनिश्चित सीमा तक उछाला जाए तो औसत चित तथा पट के ऊपर आने की सम्भावना बराबर-बराबर होगी।

**2. सांख्यिकी प्राचल की तरह विश्वसनीय नहीं है** ***( Statistics are not as reliable as parameters )***— प्रतिदर्श ( sample ) के आधार पर प्राप्त सूचनाओं ( informations ) को सांख्यिकी ( statistics ) कहते हैं। इसके विपरीत जनसंख्या ( population ) के आधार पर प्राप्त सूचनाओं को प्राचल ( parameters ) कहते हैं। स्पष्टत: प्राचल की तुलना में सांख्यिकी का कम विश्वसनीय ( less reliable ) होना स्वाभाविक है।

प्रतिदर्श अपनी जनसंख्या का जितना ही अधिक प्रतिनिधित्व ( representation ) कर पाता है, सांख्यिकी उतना ही अधिक प्राचल के निकट हो पाती है। सांख्यिकी अपने प्राचल से कितना दूर या नजदीक है अर्थात् वह कितना विश्वसनीय है, इसे एक विशेष सांख्यिकीय विधि द्वारा निर्धारित किया जाता है।

**3. सांख्यिकी वैयक्तिक विषयों का अध्ययन नहीं कर पाती है** ( *Statistics fails to study individual cases* )—सांख्यिकी की एक कठिनाई यह भी है कि यह ऐसे विषयों या घटनाओं का अध्ययन करने में असमर्थ है, जिनका सम्बन्ध समूह या समष्टि ( aggregate ) से न हो तथा जिनका तुलनात्मक अध्ययन सम्भव नहीं हो। अत: किसी संगठन या उद्योग की किसी एक वस्तु के मूल्य, किसी एक वस्तु से लाभ या किसी एक वस्तु की बिक्री की गणना सांख्यिकी के अन्तर्गत नहीं की जा सकती है। कारण, ये आँकड़े असम्बद्ध तथा अतुलनीय हैं। हाँ, उस संगठन या उद्योग की उन वस्तुओं के मूल्यों, लाभों, उत्पादों, आदि से सम्बन्धित कई महीनों या वर्षों के आँकड़ों को सांख्यिकी कहेंगे; क्योंकि उनका तुलनात्मक अध्ययन सम्भव है।

**4. सांख्यिकी गुणात्मक विषयों का अध्ययन नहीं कर पाती है** ( *Statistics fails to study qualitative affairs* )—सांख्यिकी का सम्बन्ध किसी चीज की मात्रा ( quantity ) से है, उसके गुण ( quality ) से नहीं। अत: ऐसे विषय या घटनाएँ जिन्हें मात्रात्मक रूप से व्यक्त करना सम्भव नहीं है, उनका अध्ययन सांख्यिकी के बस की बात नहीं है। भारत की जनसंख्या पाकिस्तान की जनसंख्या से बेहतर है, पहले की अपेक्षा आज लोग झूठ अधिक बोलते हैं, आजकल असुरक्षा का भाव बहुत बढ़ गया है, आदि सूचनाओं से सांख्यिकी का कोई सम्बन्ध नहीं है। सांख्यिकी की यह एक बहुत बड़ी कमजोरी ( weakness ) है। कारण, जीवन के विभिन्न क्षेत्रों में मात्रात्मक सूचनाओं के साथ-साथ गुणात्मक सूचनाओं का भी महत्त्वपूर्ण स्थान है।

**5. सांख्यिकी में दुरुपयोग का खतरा रहता है** ( *Statistics has dangers of abuse or misuse* )—सांख्यिकी की उपयोगिता इसलिए भी घट जाती है कि यहाँ सांख्यिकीय प्रविधियों ( statistical techniques ) अथवा सांख्यिकीय कार्यप्रणालियों ( procedures ) के गलत व्यवहार का खतरा बना रहता है। इस प्रसंग में निम्नलिखित बातें महत्त्वपूर्ण है :—

( i ) सांख्यिकीय नियमों के उपयोग के लिए निपुण सांख्यिकीविदों ( expert statisticians ) की आवश्यकता होती है। इनके अभाव में सांख्यिकीय प्रविधियों या नियमों के गलत इस्तेमाल की पूरी सम्भावना रहती है।

( ii ) प्रत्येक सांख्यिकीय प्रविधि के उपयोग के लिए कुछ निश्चित अभिधारणाएँ, ( assumptions ) या शर्तें ( conditions ) होती हैं। अनुभवहीन लोग इन अभिधारणाओं या शर्तों को ध्यान में रखे बिना ही सांख्यिकीय प्रविधियों का इस्तेमाल करने लगते हैं। फलत: गलत परिणाम या निष्कर्ष प्राप्त हो जाता है।

( iii ) कभी-कभी सांख्यिकीविद् ( statisticians ) सांख्यिकीय नियम को यथार्थ ( exact ) मान लेने की भूल कर बैठते हैं, जिससे वे गलत निष्कर्ष प्राप्त कर लेते हैं। मान लें कि एक सर्जन ( surgeon ) द्वारा केवल 50% ऑपरेशन सफल होता है। आज उस सर्जन को चार

रोगियों का ऑपरेशन करना है। अब तक उसने दो रोगियों का ऑपरेशन सफलतापूर्वक किया है। इससे निष्कर्ष निकला कि अब शेष दो रोगियों का ऑपरेशन सफल नहीं होगा। लेकिन, यह निष्कर्ष गलत है, क्योंकि सांख्यिकी के नियम यथार्थ नहीं होते हैं। अत: यह भी सम्भव है कि आज का चारों ऑपरेशन सफल हो।

(iv) कभी-कभी अपर्याप्त सूचनाओं के आधार पर कोई निष्कर्ष निकाल लिया जाता है, जिससे वह गलत तथा भ्रामक हो जाता है। जैसे—सूचना मिली कि सर्जन-A तथा सर्जन-B द्वारा एक माह में किए गए ऑपरेशनों में क्रमश: 3 तथा 7 रोगियों की मृत्यु हो गयी। इस आधार पर निष्कर्ष निकाला जा सकता है कि B की अपेक्षा A अधिक सफल सर्जन है। किन्तु यह निष्कर्ष गलत होगा। कारण, यहाँ एक महत्त्वपूर्ण सूचना का अभाव है। हमें यह नहीं मालूम है कि उन दोनों सर्जन ने अलग-अलग कितने रोगियों का ऑपरेशन किया था। अत: जब तक ऑपरेशन किए गए रोगियों की संख्या मालूम नहीं होती तब तक सही निष्कर्ष प्राप्त नहीं हो सकता।

(v) कभी-कभी भ्रष्ठ और स्वार्थी लोग जान बूझकर सांख्यिकीय आँकड़ों (statistical data) तथा सांख्यिकीय प्रविधियों (statistical techniques) का उपयोग गलत ढंग से करके अपने लक्ष्य या उद्देश्य को प्राप्त कर लेते हैं।

इस प्रकार स्पष्ट हो जाता है कि *सांख्यिकीय प्रदत्त तथा प्रविधियाँ अपने आप मे निर्दोष हैं और इसका उपयोग करने वाले दोषी हैं। अत: सांख्यिकी के दुरुपयोग (misuse) से उत्पन्न खतरों का उत्तरदायित्व सांख्यिकी पर नहीं है, बलिक उन लोगों पर है जो सांख्यिकीय प्रविधियों का गलत इस्तेमाल करते हैं तथा सांख्यिकीय प्रदत्त की गलत व्याख्या करते हैं।*

## मनोविज्ञान, शिक्षा तथा अन्य सामाजिक विज्ञानों में मापन
## (Measurement in Psychology, Education and Other Social Sciences)

### मापन का अर्थ *(Meaning of Measurement)*

मनोविज्ञान, शिक्षा, समाजशास्त्र (Sociology), अर्थशास्त्र (Economics) आदि समाज- विज्ञानों में मापन का महत्त्व काफी बढ़ गया है। मापन का तात्पर्य नियमों के अनुसार अंकों को निर्धारित करने की प्रक्रिया से है। **एस0 एस0 स्टीवेन्स** (S.S. Stevens, 1951) के अनुसार, *"मापन का अर्थ है नियमों के अनुसार वस्तुओं या घटनाओं को अंक प्रदान करना।"*[1] **चैपलिन** (Chaplin, 1975) तथा **रेबर** तथा **रेबर** (Reber & Reber, 2001) ने भी इस विचार से सहमति जाहिर की है।

### मापन स्तर *(Levels of Measurement)*

**स्टीवेन्स** (Stevens, 1951) के अनुसार मापने के चार स्तर हैं और इन चारों स्तरों में अंकों (numerals) को प्रदान करने के नियम (rules) तथा प्रत्येक के लिए सांख्यिकीय विधि याँ अलग-अलग हैं। यहाँ हम मापन के चार स्तरों का वर्णन अलग-अलग करना चाहेंगे जो निम्नलिखित हैं :—

**1. नामिक या वर्गात्मक मापनी** *(Nominal or Categorical Scale)*—नामिक पद का शब्दिक अर्थ है नाम देना, वर्गीकरण करना अथवा पद संज्ञा देना। यहाँ मूल उद्देश्य

1. **"Measurement means assignment of numerals to objects or events according to rules."— S. S. Stevens, 1951.**

है एक वस्तु को दूसरी वस्तु या वस्तुओं से केवल नाम के द्वारा अलग करना या पहचान करना। जैसे–हिन्दू, मुस्लिम, सिख तथा ईसाई नामों के सहारे व्यक्तियों को चार भिन्न समूहों या वर्गों में विभाजित करके पहचान की जाती है। इसी तरह प्राणी ( organism ) का वर्गीकरण मनुष्य तथा पशु में, मनुष्य का वर्गीकरण पुरुष तथा स्त्री में, त्रिभुज ( triangle ), का वर्गीकरण विभिन्न प्रतीकों में आदि वर्गात्मक मापनी के उदाहरण हैं ।

नामिक मापनी वास्तव में सबसे निम्न सतर की मापनी है । इसमें किसी भी प्रकार की सांख्यिकीय गणना ( statistical calculation ) जैसे जोड़, घटाव, गुणा या भाग का उपयोग नहीं होता है। इसमें केवल वस्तुओं या समूहों की पहचान करने वाले अंकों, प्रतीकों ( symbols ) या चिह्नों ( signs ) का उपयोग किया जाता है। नामिक मापनी में बहुलक ( mode ), आसंग-गुणांक ( co-efficient of contingency ) आदि सांख्यिकी का उपयोग किया जाता है। नामिक मापनी से बहुत ही साधारण, सतही तथा स्थूल स्वरूप का मापन सम्भव होता है ।

**2. क्रमसूचक मापनी या कोटि-अन्तर मापनी** ( *Ordinal Scale or Ranking Scale* )—क्रम-सूचक मापनी का तात्पर्य उस मापनी से है, जिसमें गुणों या विशेषताओं ( properties ) का मापन एक विशेष क्रम ( order ) में किया जाता है। जैसे–सामाजिक आर्थिक स्थिति ( socio-economic status, SES ) के आधार पर किसी राष्ट्र या समाज के व्यक्तियों को तीन वर्गों ( classes ) अर्थात उच्च ( high ), मध्य ( middle ) तथा निम्न ( low ) में विभाजित किया जा सकता है। इसी प्रकार शारीरिक लम्बाई के आधार पर व्यक्तियों को लम्बा, औसत तथा नाटा में विभाजित करना, छात्रों को उनके प्राप्तांकों के आधार पर प्रथम श्रेणी, द्वितीय श्रेणी तथा तृतीय श्रेणी में वर्गीकरण करना, आदि क्रमसूचक मापनी के उदाहरण हैं ।

क्रमसूचक मापनी की पहली विशेषता यह है कि इसमें जो वर्गीकरण किया जाता है, उसका प्रत्येक वर्ग दूसरे वर्ग से किसी विशेष गुण या विशेषता के आधार पर कुछ नीचे अथवा कुछ ऊपर होता है। जैसे–सामाजिक आर्थिक स्थिति में मध्य वर्ग का व्यक्ति उच्च वर्ग के व्यक्तियों से नीचे है और निम्न वर्ग के लोगों से ऊपर है। इसी तरह उच्च वर्ग का व्यक्ति सामाजिक आर्थिक स्थिति में सबसे ऊपर है तथा निम्न वर्ग का व्यक्ति सबसे नीचे है। इस मापनी की दूसरी विशेषता यह है कि वर्गों ( classes ) अथवा कोटियों ( ranks ) के बीच दूरी ( distrance ) अथवा अन्तर ( difference ) हमेशा समान या बराबर नहीं होता है। जैसे–मान लें कि मनोविज्ञान की परीक्षा में तीन छात्रों के प्राप्तांक क्रमश: 85, 80 तथा 55 हैं। इन प्राप्तांकों के आधार पर उन्हें क्रमश: कोटि 1, 2 तथा 3 दिया गया। यहाँ कोटि 1 तथा कोटि 2 में एक का अन्तर है। इसी प्रकार कोटि 2 तथा कोटि 3 में भी एक का अन्तर है। लेकिन पहले तथा दूसरे प्राप्तांकों के बीच अन्तर (85-80) 5 का है जबकि दूसरे तथा तीसरे प्राप्तांकों के बीच अन्तर (80-55) 25 का है। इससे स्पष्ट होता है कि कोटि तथा प्राप्तांक के बीच समान दूरी या अन्तर नहीं है। इस कारण ऐसी मापनी पर गणितीय परिकलन ( mathematical calculation ) हमेशा सही नहीं होता है। स्पष्ट है कि क्रम-सूचक मापनी दो वर्गों या व्यक्तियों के बीच के अन्तर को बतलाने में सक्षम है। परन्तु अन्तर की मात्रा को बतलाने में अक्षम है। फिर भी इस मापनी का उपयोग अप्राचलिक-सांख्यिकी ( non-parametric statistics ) जैसे कोटि अन्तर महसम्बन्ध विधि ( rank difference correlation method ), केन्डल संगति गुणांक ( Kendall co-efficient of concordance ) आदि में किया जाता है।

**3. अन्तराल मापनी** ( *Interval Scale* )—अन्तराल मापनी को परिभाषित करते हुए **रेबर** तथा **रेबर** ( Reber & Reber, 2001 ) ने कहा है, *"अन्तराल मापनी वह मापनी है जो प्रेक्षित परिणामों के बीच अन्तरों के सम्बन्ध में सुनिश्चित कथनों को परावर्तित करती है अर्थात् मापन के अन्तराल का अलग-अलग उल्लेख किया जाता है।"*[1] इस परिभाषा से स्पष्ट है कि अन्तराल मापनी से विभिन्न कथनों ( statements ) या वस्तुओं के बीच की दूरी अथवा अन्तर की जानकारी मिलती है। यहाँ मापन की इकाई ज्ञात रहने के साथ-साथ स्थिर भी रहती है, जो क्रमिक वस्तुओं पर समान रूप से लागू होती है। जैसे–तापमान मापनी ( temperature-measurement scale ) वास्तव में अन्तराल मापनी है, जिसपर $40^0$ तथा $30^0$ के बीच अन्तराल वही होता है, जो $20^0$ तथा $10^0$ के बीच है। लेकिन अन्तराल के निश्चित होने के बावजूद मापन में प्रयुक्त संख्याएँ ( used numbers in measurement ) स्वेच्छाचारी ( arbitrary ) होती हैं अर्थात् इस मापनी पर शून्य बिन्दु ( zero point ) वास्तविक शून्य ( true zero ) नहीं होता है। इस आधार पर यह मापनी अनुपात मापनी ( ratio scale ) से भिन्न है, क्योंकि अनुपात मापनी पर शून्य बिन्दु वास्तविक शून्य होता है। अतः अन्तराल मापनी से सापेक्ष माप तो सम्भव होता है, परन्तु निरपेक्ष मापन सम्भव नहीं हो पाता है। इस मापनी पर प्रयुक्त होने वाली सांख्यिकी के उदाहरण हैं : माध्य ( mean ), मानक विचलन ( standard deviation ), टी-परीक्षण ( t-test ), आर-परीक्षण ( r-test ) आदि ।

**4. अनुपात मानी** ( *Ratio Scale* )—अनुपात मापनी अन्य मापनियों अर्थात् नामिक मापनी ( nominal scale ), क्रमसूचक मापनी ( ordinal scale ) तथा अन्तराल मापनी ( interval scale ) की अपेक्षा अधिक श्रेष्ठ तथा उच्च स्तरीय है। इस मापनी की चर्चा करते हुए **रेबर** तथा **रेबर** ( Reber & Reber, 2001 ) ने कहा है, *"अनुपात मापनी वह मापनी है, जिसमें मापन पर मपित किए जाने वाले प्रेक्षणों की मात्रा के अनुपातों को अभिव्यक्त किया जा सकता है।"*[2]

प्राकृतिक विज्ञानों में मापन की अधिकांश मापनियों में यह विशेषता पायी जाती है। जैसे–वजन की मापनी में यह विशेषता देखी जा सकती है, जिसके अनुसार 10 ग्राम की एक वस्तु 5 ग्राम की दूसरी वस्तु से दो गुणा अधिक भारी है। अनुपात मापनी का मौलिक गुण वास्तविक शून्य बिन्दु ( true zero point ) का उपस्थित होना है। इसी गुण के बल पर यह मापनी अन्य मापनियों की अपेक्षा अधिक प्रभावशाली है और इसका उपयोग गणितीय तथा सांख्यिकीय प्रचालनों ( mathematical and statistical operations ) में किया जाता है। मनोवैज्ञानिक मापन में इस मापनी का उपयोग अपेक्षाकृत बहुत कम किया जाता है।

---

1. "Interval scale is a scale that reflects precise statements about the differences between observed magnitudes, i.e. the interval of measurement is specified."
— Reber & Reber, 2001, p. 646

2. "Ratio scale is a scale of measurement on which ratios of magnitude of those observations being scaled can be expressed." — Ibid.

## मनोवैज्ञानिक मापन तथा भौतिक मापन के बीच अन्तर
## ( Differences between Psychological and Physical Measurement )

मनोवैज्ञानिक मापन तथा भौतिक मापन के बीच अन्तर निम्नवत है :—

(1) मनोवैज्ञानिक मापन के आधार पर मनोवैज्ञानिक घटनाओं ( psychological phenomena ) का आकलन किया जाता है जबकि भौतिक मापन के आधार पर भौतिक घटनाओं का आकलन किया है। मनोवैज्ञानिक मापन का सम्बन्ध मनोवृत्ति, रुचि, उपलब्धि, मूल्य आदि से है जो मनोवैज्ञानिक घटनाएँ हैं। दूसरी ओर शारीरिक मापन का सम्बन्ध शारीरिक भार का अधिक या कम होना, शरीर के ताप का अधिक या कम होना आदि भौतिक घटनाएँ हैं।

(2) मनोवैज्ञानिक घटनाओं का मापन अप्रत्यक्ष रूप से ( indirectly ) किया जाता है जबकि भौतिक घटनाओं का मापन प्रत्यक्ष रूप से ( directly ) किया जाता है। जैसे–मनोवृत्ति की दिशा एवं मात्रा एक मनोवैज्ञानिक घटना है, जिसका मापन केवल अप्रत्यक्ष रूप से ही सम्भव है। दूसरी ओर शारीरिक वजन या ताप ( temperature ) आदि भौतिक घटनाएँ हैं, जिनका मापन प्रत्यक्ष रूप से सम्भव है।

(3) मनोवैज्ञानिक मापन में वस्तुनिष्ठता ( objectivity ) की कमी पायी जाती है जबकि भौतिक मापन वस्तुनिष्ठ होता है। इसीलिए मनोवैज्ञानिक घटना को बार-बार मापने पर परिणाम हमेशा समान नहीं होता है जबकि भौतिक घटना को बार-बार मापने पर परिणाम सदा समान होता है।

(4) मनोवैज्ञानिक मापन के लिए जिन मापनियों ( scales ) का उपयोग किया जाता है, वे मापनियाँ पूरी तरह मानकीकृत ( standardized ) नहीं होती हैं। दूसरी ओर भौतिक मापन के लिए जिन उपकरणों का उपयोग किया जाता है वे मानकीकृत ( standardized ) होते हैं।

(5) मनोवैज्ञानिक मापन पूरी तरह विश्वसनीय ( reliable ) नहीं होता है जबकि भौतिक मापन विश्वसनीय ( reliable ) होता है।

(6) मनोवैज्ञानिक मापन की तुलना में भौतिक मापन में यथार्थता या वैधता ( validity ) अधिक पायी जाती है।

(7) मनोवैज्ञानिक मापन से किसी मनोवैज्ञानिक घटना का वास्तविक मापन केवल आंशिक रूप में होता है जबकि भौतिक मापन से किसी भौतिक घटना का वास्तविक मापन पूर्ण रूप से सम्भव होता है।

## मापन तथा मूल्यांकन में अन्तर
## ( Differences Between Measurement and Evaluation )

**रेबर** तथा **रेबर** ( Reber & Reber, 2001 ) ने मूल्यांकन की परिभाषा देते हुए कहा है, *"सामान्यत: किसी चीज के मूल्य या महत्त्व को निर्धारित करने की प्रक्रिया को मूल्यांकन कहते है।"*[1] इसी प्रकार **चैपलिन** ( Chaplin, 1975 ) के अनुसार, *"मूल्यांकन का तात्पर्य किसी घटना, प्राप्तांक या परीक्षण-परिणाम के परस्पर महत्त्व के निर्धारण तथा तुलना से है।"*[2]

---

1. "Generally evaluation refers to the determining of value or worth of something."
— Reber & Reber, 2001, p. 252

2. "Evaluation refers to a comparsion and determination of the relative importance of a phenomenon, score or test result." — Chaplin, 1975, p. 182

प्रस्तुत परिभाषाओं के आलोक में मापन तथा मूल्यांकन में निम्नलिखित मुख्य अन्तर हैं :—

(i) मापन से किसी घटना ( phenomenon ) के मात्रात्मक मापन ( quantitative measurement ) का बोध होता है जबकि मूलयांकन से किसी घटना, प्राप्तांक या परीक्षण के मात्रात्मक मापन के साथ-साथ गुणात्मक मापन ( qualitative measurement ) का भी बोध होता है।

(ii) मापन की प्रक्रिया की अपेक्षा मूल्यांकन की प्रक्रिया अधिक विस्तृत तथा समग्र होती है।

(iii) मापन की अपेक्षा मूल्यांकन अधिक कठिन तथा जटिल प्रक्रिया है। कारण, मापन में केवल एक ही परीक्षण का उपयोग होता है जबकि मूल्यांकन में एक से अधिक परीक्षणों का उपयोग किया जाता है।

(iv) मापन से केवल इतना पता चलता है कि किसी वस्तु या घटना की मात्रा कितनी है जबकि मूल्यांकन से इसके साथ-साथ यहाँ भी पता चलता है कि वह वस्तु या घटना कितनी सफल है।

## मापन की उपयोगिताएँ ( *Uses of Measurement* )

मनोविज्ञान, शिक्षा तथा अन्य सामाजिक विज्ञानों में मापन की निम्नलिखित कई उपयोगिताएँ हैं :—

**1. शोधकार्य के लिए** ( *For research work* )—सामाजिक विज्ञानों अथवा व्यवहारपरक विज्ञानों में किए जाने वाले शोधों में मापन की आवश्यकता होती है। मनोवैज्ञानिक शोध में स्वतन्त्रत चर ( independent variable ) तथा आश्रित चर ( dependent variable ) के बीच सम्बन्ध को निर्धारित करने के लिए मापन का उपयोग करना आवश्यक होता है। यह मापन जिस हद तक वैज्ञानिक होता है, उसी सीमा तक शोध के परिणाम सही हो पाते हैं।

**2. निरूपण या निदान के लिए** ( *For diagnosis* )—लक्षणों के आधार पर रोग की पहचान करने की प्रक्रिया को निरूपण या निदान कहते हैं। इस प्रक्रिया की सफलता मापन की उपयुक्तता पर निर्भर करती है। रोगों के लक्षणों को समझाने के लिए कई तरह के परीक्षणों का उपयोग करना आवश्यक होता है।

**3. वर्गीकरण के लिए** ( *For classification* )—छात्रों का वर्गीकरण उनकी शैक्षिक उपलब्धियों ( academic achievements ) के आधार पर, कर्मचारियों का वर्गीकरण उनकी कार्य-कुशलता ( work efficiency ) के आधार पर, तथा रोगियों का वर्गीकरण उनके लक्षणों एवं कारणों के आधार पर करने में मापन से मदद मिलती है। आवश्यकता के अनुसार परीक्षण या परीक्षणों का उपयोग किया जाता है।

**4. तुलनात्मक अध्ययन के लिए** ( *For comparative study* )—मापन का महत्त्व यह भी है कि इसके द्वारा किसी विशेष मापदण्ड ( criterion ) के आधार पर तुलनात्मक अध्ययन करना सम्भव होता है। जैसे–बौद्धिक स्तर के आधार पर मन्द बुद्धि तथा उच्च बुद्धि के बालकों के तुलनात्मक अध्ययन के लिए बुद्धि-परीक्षण द्वारा बुद्धि का मापन आवश्यक होता है।

**5. भविष्यवाणी करने के लिए** ( *For making prediction* )—मापन से भविष्यवाणी करने में भी सुविधा होती है। बुद्धि के आधार जब छात्रों को उच्च तथा निम्न श्रेणियों में वर्गीकृत किया जाता है तो यह भविष्यवाणी करना सम्भव होता है कि उच्च बौद्धिक स्तर के छात्रों की शैक्षिक उपलब्धि निम्न बौद्धिक स्तर के छात्रों से बेहतर होगी।

इस प्रकार स्पष्ट है कि मापन की कई उपयोगिताएँ हैं।

## विश्वविद्यालय प्रश्न
## UNIVERSITY QUESTIONS
### निबन्धात्मक प्रश्न
( *Essay Type Questions* )

1. *सांख्यिकी की परिभाषा दें तथा इसके क्षेत्र को स्पष्ट करें।*
   *Difine the term 'Statistics' and explain its scope or field.*
2. *सांख्यिकी की उपयोगिताओं तथा इसकी सीमाओं का विवेचन करें।*
   *Discuss the uses and limitations of statistics.* *[ M.A.Sociology, 2008 P.U. ]*
3. *प्राचलिक सांख्यिकी से आप क्या समझते है ? इसके गुणों तथा सीमाओं का वर्णन करें।*
   *What do you mean by parametric statistics ? Describe its merits and limitations.*
4. *अप्राचलिक सांख्यिकी से आप क्या समझते हैं ? इसके लाभों, गुणों तथा सीमाओं का वर्णन करें।*
   *What do you mean by non-parametric statistics ? Describe its advantages, merits and limitations.* *[ M.A.NOU, 2008 ]*
5. *प्राचलिक तथा अप्राचलिक सांख्यिकी में अन्तर बताएँ। इनमें से कौन श्रेष्ठ है और क्यों ?*
   *Distinguish between parametric and non-parametric statistics. Which of the two is superior and why ?* *[ M.A. M.U. 1995, 2002, 2005, M.A. V.K.U, 2005 ]*
   *[ M.A. 2008, P.U. M.A.Soc. P.U., 2008 ]*
6. *सांख्यिकी की उपयोगिताओं तथा दुरुपयोगों का विवेचन करें।*
   *Discuss the uses and abuse or misuses of statistics.*
   *[ M.A., B.U, 1995, 1997, M.U. 2001, 2007 ]*
7. *''सांख्यिकी के खतरों का उत्तरदायित्व सांख्यिकीय प्रविधियों पर नहीं है, बल्कि उनका उपयोग करने वाले व्यक्तियों पर है।'' विवेचना करें।*
   *"The responsibility for the dangers of statistics is not upon statistical techniques, but upon those using them." Discuss.*
8. *अप्राचलिक सांख्यिकी की अभिधारणाएँ क्या हैं ? यह प्राचलिक सांख्यिकी से कैसे भिन्न है ? स्पष्ट करें।*
   *What are the assumptions of non-parametric statistics ? How does it differe from parametric statistics ? Explain.* *[ M.A. 2002, V.B.U., M.A., 2002, 2005, JPU ]*
9. *मापन क्या है ? इसके विभिन्न स्तरों का वर्णन करें।*
   *What is measurement ? Describe its different levels.*
   *[ M.A., M.U., 2002, B.U, 2007 ]*

10. *निम्नलिखित पर टिप्पणियाँ लिखें–*

*Write notes on the following :*

*( a ) सांख्यिकी के प्रकार ( Types of statistics )*

*( b ) मापन की उपयोगिताएँ ( Uses of measurement )*

*( c ) मनोवैज्ञानिक तथा भौतिक मापन में अन्तर ( Differences between Psychgological and Physical measurement )*

11. *मनोमिति में जनसंख्या प्रत्यय की विवेचना करें। प्राचल ( पैरामीटर) और सांख्यिकी किस प्रकार सम्बन्धित हैं ?*

*Discuss the concept of population in psychometrics. How are parameters and statistics related ?* *[ M.A., 2002, M.U. ]*

12. *'सांख्यिकी' पद की परिभाषा दें। सांख्यिकी की उपयोगिताओं एवं दुरुपयोगों का विवेचन करें।*

*Define the term 'Statistics'. Discuss the uses and abuses of Statistics.*

*[ M.A. Part II 2005, VKU, 2006, B.U. ]*

13. *'सांख्यिकी' की परिभाषा दें तथा सामाजिक शोध में इसके महत्त्व की विवचेना करें।*

*Define 'Statistics' and discuss its importance in social research.*

*[ M.A. ( Soc ) 2006, P.U. ]*

14. *सामाजिक सांख्यिकी से आप क्या समझते हैं ? सामाजिक शोध में इसके उपयोग एवं दुरुपयोग की चर्चा करें।*

*What do you mean by Social Statistics ? Discuss its uses and misuses in social research.* *[M.A. ( Soc. ) 2005, P.U.]*

15. *निम्नलिखित में से किन्हीं दो पर संक्षिप्त टिप्पणियाँ लिखें :*

*(क) सामाजिक विज्ञान में औसत विचलन की उपयोगिताएँ।*

*(ख) सह-सम्बन्ध के प्रकार*

*(ग) मानक विचलन की उपयोगिताएँ*

*(घ) सांख्यिकी के संदेश*

*Write short notes on any two of the following :—*

*( a ) Uses of Average Deviation in social science.*

*( b ) Types of correlation*

*( c ) Uses of standard Deviation*

*( d ) Perspectives of Statistics.*

16. *अप्राचलिक सांख्यिकी से आप क्या समझते हैं ? इसकी मुख्य विशेषताओं का वर्णन करें।*

*What do you mean by non-parametric statistics ? Describe its main characteristics.*

17. *मापन से आप क्या समझते हैं ? मनोविज्ञान में सांख्यिकी के विशेषताओं का वर्णन कीजिए।*

*What do you mean by measurement ? Discuss the applications of statistics in Psychology.* *[ M.A. 2008, Mithila U. ]*

## वस्तुनिष्ठ प्रश्न
### ( Objective Questions )

1. साँख्यिकी की निम्नलिखित परिभाषाओं में कौन सबसे अधिक उपयुक्त है ?
   (क) साँख्यिकी अनुसंधान के किसी विभाग में ऐसे तथ्यों का संख्यात्मक कथन है, जो एक दूसरे से सम्बद्ध होते हैं।
   (ख) साँख्यिकी का अर्थ ऐसे मात्रात्मक प्रदत्त हैं जो अनेक कारणों से प्रभावित होते हैं।
   (ग) साँख्यिकी का तात्पर्य ऐसी संख्याओं से है जो तथ्यों के प्रदत्त के रूप में होते हैं।
   (घ) संख्यात्मक प्रदत्त के संग्रह, प्रस्तुतीकरण, विश्लेषण तथा व्याख्या के विज्ञान को साँख्यिकी कहते हैं।
2. कार्य के आधार पर निम्नलिखित में से कौन साँख्यिकी का प्रकार नहीं है ?
   (क) वर्णात्मक साँख्यिकी ( *descriptive statistics* )
   (ख) आनुमानिक साँख्यिकी ( *inferential statistics* )
   (ग) आगमनात्मक साँख्यिकी ( *inductive statistics* )
   (घ) प्राचलिक साँख्यिकी ( *parametric statistics* )
3. निम्नलिखित में से कौन एक अच्छे प्रतिदर्श ( *good sample* ) की पहचान है ?
   (क) प्रतिदर्श का समघात ( *homogeneous* ) होना
   (ख) प्रतिदर्श का विषम ( *heterogeneous* ) होना
   (ग) जनसंख्या ( *population* ) के प्रतिदर्श का प्रतिदर्शक ( *representative* ) होना
   (घ) उपर्युक्त सभी
4. प्राचलिक साँख्यिकी ( *parametric statistics* ) की सबसे मूल अभिधारणा ( *basic postulate* ) है–
   (क) प्रसामान्य वितरण ( *normal distribution* )
   (ख) प्रतिदर्श की स्वतन्त्रता ( *independence of sample* )
   (ग) समान प्रतिचयन विचलन ( *same sampling variance* )
   (घ) यादृच्छिक प्रतिचयन विधि ( *Random sampling method* )
5. अप्राचलिक साँख्यिकी की सबसे बड़ी पहचान क्या है ?
   (क) छोटा प्रतिदर्श ( *small sample* )
   (ख) वितरणमुक्त साँख्यिकी ( *distribution free statistics* )
   (ग) क्रमसूचक प्रदत्त ( *ordinal data* )
   (घ) इनमें से कोई नहीं
6. निम्नलिखित में से कौन अप्राचलिक साँख्यिकी नहीं है ?
   (क) काई-वर्ग परीक्षण ( *chi-square test* )
   (ख) टी-परीक्षण ( *t-test* )
   (ग) यू-परीक्षण ( *U-test* )
   (घ) डब्ल्यू-परीक्षण ( *W-test* )

7. सांख्यिकी के उपयोग का क्षेत्र ( scope ) है–
(क) मनोविज्ञान तथा शिक्षा (ख) समाजशास्त्र ( sociology )
(ग) अर्थशास्त्र तथा कामर्स (घ) ये सभी

8. सांख्यिकी का दोष ( defect ) क्या है ?
(क) सांख्यिकीय अनुमान यथार्थ ( exact ) नहीं होता है।
(ख) सांख्यिकी से गुणात्मक विषयों का अध्ययन नहीं हो पाता है।
(ग) सांख्यिकी से वैयक्तिक अध्ययन सम्भव नहीं होता है।
(घ) उपर्युक्त सभी

9. मापन ( measurement ) की निम्नलिखित मापनियों ( scales ) में सबसे अधिक वैज्ञानिक मापनी कौन है ?
(क) अनुपात मापनी ( ratio scale )
(ख) अन्तराल मापनी ( interval scale )
(ग) क्रमसूचक मापनी ( ordinal scale )
(घ) नामिक मापनी ( nominal scale )

10. मापन ( measurement ) तथा मूल्यांकन ( evaluation ) में मुख्य अन्तर निम्नलिखित में से कौन है ?
(क) मापन की अपेक्षा मूल्यांकन की प्रक्रिया अधिक जटिल होती है।
(ख) मापन का क्षेत्र मूल्यांकन के क्षेत्र से अधिक सीमित होता है।
(ग) मापन से किसी घटना का केवल मात्रात्मक ज्ञान होता है जबकि मूल्यांकन से मात्रात्मक तथा गुणात्मक ज्ञान एक ही साथ मिलते हैं।
(घ) मापन की अपेक्षा मूल्यांकन अधिक लाभप्रद होता है।

11. निरपेक्ष या यथार्थ शून्य प्रयुक्त होता है :–
*An absolute or true Zero point is used in the :—*
(क) नामिक मापनी में ( Nominal Scale )
(ख) क्रमिक मापनी में ( Ordinal Scale )
(ग) अन्तराल मापनी में ( Interval Scale )
(घ) अनुपात मापनी में ( Ratio Scale )

12. सांख्यिकी संबंधित है :–
*Statistics is related to :*
(क) अंकों से ( Digits ) (ख) शब्दों से ( Words )
(ग) रेखाओं से ( Lines ) (घ) इनमें से सभी ( All of these )

## ANSWERS

**1.** (घ), **2.** (घ), **3.** (घ), **4.** (क), **5.** (ख), **6.** (ख), **7.** (घ), **8.** (क), **9.** (क), **10.** (ग), **11.** (ख), **12.** (क)।

✦

*अध्याय-2*

# सामाजिक विज्ञानों में प्रदत्त संग्रहण के स्त्रोत या विधियाँ

# (SOURCESOR METHODS OF DATA COLLECTION IN SOCIAL SCIENCES)

---

## आँकड़े या प्रदत्त का अर्थ

## (Meaning of Data)

आँकड़ा या प्रदत्त (datum) के बहुवचन को आँकड़े या प्रदत्त (data) कहा जाता है। प्रश्न है कि आँकड़ा या प्रदत्त का तात्पर्य क्या है। साधारण अर्थ में किसी सूचना (information) को प्रदत्त कहा जाता है। इस सूचना के प्राप्त होने के स्त्रोत (source) या विधि कुछ भी हो सकती है। अत: किसी भी स्त्रोत या विधि द्वारा प्राप्त होने वाली सूचना या सूचनाओं को प्रदत्त कहा जाता है। **रेवर** एवं **रेबर** (Reber & Reber, 2001) ने इसी अर्थ में आँकड़ा या प्रदत्त की परिभाषा देते हुए कहा है कि *''किसी प्रयोग या अध्ययन में प्राप्त प्रमाण या तथ्यों के समूह को प्रदत्त कहते हैं।''*[1]

जैसे–शिक्षक अपने वर्ग में छात्र तथा छात्राओं के व्यवहारों का निरीक्षण या प्रेक्षण (observation) करके यह सूचना प्राप्त कर सकते हैं कि लड़के अधिक अनुशासित व्यवहहार करते हैं अथवा लड़कियाँ। इस प्रेक्षण विधि (observation method) से प्राप्त इसी सूचना को प्रदत्त कहेंगे।

## प्रदत्त या आँकड़ा के प्रकार

## (Types of Data)

मुख्य रूप से प्रदत्त के दो प्रकार हैं :—

(क) प्राथमिक प्रदत्त (Primary data) तथा

(ख) द्वितीयक प्रदत्त (Secondary data)

## (क) प्राथमिक प्रदत्त

## (Primary Data)

### अर्थ *(Meaning)*

प्राथमिक प्रदत्त का तात्पर्य ऐसे प्रदत्त से है जो नये सिरे से तथा पहली बार एकत्र किये जाते हैं। इस तरह ऐसे प्रदत्त अपने स्वरूप में मौलिक होते हैं। ऐसे प्रदत्त प्रथम बार एकत्र किए जाते हैं। **कोठारी** (Kothari, 2005) के शब्दों में, *''प्राथमिक प्रदत्त वैसे प्रदत्त को कहते*

---

[1] "Data refer to the body of evidence or facts gathered in an expertment or study".

Reber, A.S. & Reber E., 2001, P 175.

*हैं जो नये सिरे से पहली बार एकत्र किये जाते हैं और इस तरह वे अपने स्वरूप में मौलिक होते हैं।"*[1] जैसे–किसी प्रयोज्य ( subject ) पर प्रयोग करके उसकी स्मृति ( memory ) के सम्बन्ध प्रयोगकर्ता द्वारा प्राप्त आँकड़े या प्रदत्त ( data ) वस्तुतः प्राथमिक प्रदत्त के उदाहरण हैं। इसी तरह प्रेक्षण ( observation ), साक्षात्कार ( interview ), प्रश्नावली ( questionnaire ) आदि के माध्यम से प्राप्त सूचनाओं को प्राथमिक प्रदत्त कहते हैं। हम यहाँ इन विधियों का उल्लेख करना चाहेंगे।

## प्राथमिक प्रदत्त या आँकड़े के संग्रहण की विधियाँ
## ( Methods of Collecting Primary Data )

प्राथमिक प्रदत्त या आँकड़ों के संग्रहण ( collection ) के लिए निम्नलिखित विधियों का उपयोग किया जाता है :–

### 1. प्रेक्षण विधि
### ( Observation Method )

प्राथमिक प्रदत्त के संग्रहण के लिए प्रेक्षण विधि का उपयोग सामान्यतः सबसे अधिक किया जाता है। इस विधि में सूचनाएँ ( informations ) अनुसंधानकर्ता ( investigator ) के द्वारा प्रत्यक्ष रूप से प्राप्त की जाती है। यहाँ प्रतिक्रिया करने वाले ( respondent ) से कुछ पूछ-ताछ नहीं किया जाता है। इससे लाभ यह होता है कि आत्मनिष्ठ पक्षपात या पूर्वाग्रह ( subjective bias ) का कोई प्रभाव प्रेक्षण पर नहीं पड़ता है।

प्रेक्षण के दो प्रकार हाते हैं जिन्हें संरचित प्रेक्षण ( structured observation ) तथा असंरचित प्रेक्षण ( unstructured observation ) कहा जाता है। संरचित प्रेक्षण उस प्रेक्षण को कहते हैं जिसमें प्रेक्षण की जाने वाली इकाइयों ( units to be observed ) को सावधानीपूर्वक परिभाषित कर लिया जाता है, प्रेक्षित सूचना को दर्ज करने की शैली को निर्धारित कर लिया जाता है, प्रेक्षण की मानकीकृत स्थितियाँ ( standardized conditions ) होती हैं तथा प्रेक्षण-प्रासंगिक प्रदत्त का चयन कर लिया जाता है। दूसरी ओर असंरचित प्रेक्षण उसे कहते हैं जिसमें इन सारी विशेषताओं या मापदण्डों ( criteria ) का अभाव होता है। वर्णनात्मक अध्ययनों के लिए संरचित प्रेक्षण अधिक उपयुक्त होता है जबकि अन्वेषणात्मक अध्ययन में असंरचित प्रेक्षण अपेक्षाकृत अधिक उपयुक्त होता है।

प्रेक्षण विधि को पुनः दो प्रकारों में विभाजित किया गया है, जिन्हें सहभागी प्रेक्षण ( participant observation ) तथा असहभागी प्रेक्षण ( non-participant observation ) कहा जाता है। इनका उपयोग सामाजिक विज्ञानों यथा समाज शास्त्र में अधिक किया जाता है। जब निरीक्षक ( observer ) अपने आप को उस समूह का सदस्य मान कर समूह के सदस्यों के व्यवहारों का अध्ययन करता है तो इसे सहभागी प्रेक्षण कहा जाता है। दूसरी ओर जब निरीक्षक अपने आप को उस समूह से अलग मान कर उसके सदस्यों के व्यवहारों का निरीक्षण करता हो तो इसे असहभागी प्रेक्षण ( non-participant observation ) कहा जाता है। दूसरे शब्दों में, सहभागी प्रेक्षण में प्रेक्षक ( observer ) अपनी पहचान ( identification ) छिपा कर प्रेक्षण करता है। असहभागी प्रेक्षण में वह अपनी पहचान छिपाता नहीं है।

---

1. The primary data are those which are collected afresh and for the first time, and thus happen to be origianl in character." —Kothari, C.R., 2005

इन दोनों प्रेक्षण के अपने-अपने गुण-दोष होते हैं। **सहभागी प्रेक्षण के गुण हैं :–**

(i) इसमें किसी समूह या समूह के सदस्यों के स्वाभाविक व्यवहार को मापने में शोध कर्ता सफल होता है।

(ii) इसमें शोधाकर्ता समूह के सदस्यों के अवांछित व्यवहारों को समझने में भी सफल होता है।

(iii) इस प्रेक्षण से प्रश्नावली ( questionnaie ) या अनुसूची ( schedule ) से प्राप्त सूचनाओं की सत्यता की जाँच करने में भी शोधकर्ता सफल होता है। **लेकिन इस तरह के प्रेक्षण के कुछ अवगूण भी हैं :–**

(i) समूह के साथ आत्मीकरण ( identification ) स्थापित हो जाने पर शोधक का प्रेक्षण स्वाभाविक नहीं हो पाता है बल्कि पक्षपाती बन जाता है।

(ii) शोधक को अपनी पहचान को छिपाने के क्रम में नाना प्रकार की परिशानियों का सामना करना पड़ता है।

(iii) इसमें श्रम अधिक करना पड़ता है तथा समय भी अधिक लगता है।

(iv) इसका उपयोग सभी परिस्थितियों में करना सम्भव नहीं हो पाता है।

लेकिन, असहभागी प्रेक्षण ( non-participant observation ) इन सभी अवगुणों या दोषों से मुक्त होता है। फिर असहभागी प्रेक्षण के द्वारा किसी समूह के सदस्यों के सम्बन्ध में सही सूचनओं को प्राप्त करना कठिन बन जाता है। कारण, वे शोधकर्ता के सामने अपने वास्तविक व्यवहारों को छिपाने का हर सम्भव प्रयास करते हैं। अत: आवश्यकता के अनुसार सहभागी प्रेक्षण तथा असहभागी प्रेक्षण का उपयोग साथ-साथ करने का प्रयास करना अपेक्षित होता है।

प्रेक्षण ( observation ) को पुन: दो भागों में विभाजित किया गया है, जिन्हें नियंत्रित प्रेक्षण ( controlled observation ) तथा अनियंत्रित प्रेक्षण ( uncontrolled observation ) कहा जाता है। जब स्वाभाविक वातावरण ( natural setting ) में प्रेक्षण किया जाता है तो इसे अनियन्त्रित प्रेक्षण कहा जाता है और जब प्रयोगात्मक कार्यविधि के साथ पूर्वनिधारित योजनाओं ( pre-arranged plans ) के अनुकूल प्रेक्षण होता है तो इसे नियंत्रित प्रेक्षण ( controlled observation ) कहा जाता है। अनियन्त्रित प्रेक्षण में किसी तरह के परिशुद्धता यंत्रों ( precision instruments ) का उपयोग नहीं किया जाता है। इस तरह के प्रेक्षण का उद्देश्य व्यवहार की स्वाभाविकता ( naturalness ) तथा पूर्णता ( completeness ) को पूरा करना होता है। दूसरी ओर नियन्त्रित प्रेक्षण ( controlled observation ) का उद्देश्य यांत्रिक उपकरणों ( mechanical instruments ) का उपयोग कर निश्चित प्रदत्त ( formalized data ) को हासिल करना है। इस तरह के प्रदत्त अनियन्त्रित प्रेक्षण द्वारा सम्भव नहीं हो पाता है। इस तरह के प्रेक्षण का गंभीर दोष आत्मगत व्याख्या ( subjective interpretation ) है। इस तरह के प्रेक्षण का उपयोग सामान्यत: अन्वेषणात्मक शोधों ( exploratory researches ) में किया जाता है जबकि नियंत्रित प्रेक्षण का उपयोग प्रयोगात्मक शोधों ( experimental researches ) में किया जाता है। अत: आवश्यकता के अनुकूल इन दोनों तरह के प्रेक्षणों का उपयोग करके प्रदत्त ( data ) का संग्रह ( collection ) किया जाता है।

## 2. साक्षात्कार विधि
## ( Interview Method )

प्राथमिक प्रदत्त ( primary data ) को प्राप्त करने की दूसरी विधि साक्षात्कार विधि है। इस विधि का उपयोग वैयक्तिक साक्षात्कार ( personal interview ) तथा टेलीफोन साक्षात्कार

( telephone interview ) के रूप में करके प्राथमिक प्रदत्त एकत्र किए जा सकते हैं जो निम्नलिखित हैं :–

(i) **व्यक्तिगत साक्षात्कार** *( Personal Interview )*–व्यक्तिगत साक्षात्कार का अर्थ वह साक्षात्कार है जिसमें एक व्यक्ति ( person ) जिसे साक्षात्कारकर्ता ( interviewer ) कहा जाता है, वह दूसरे व्यक्ति या व्यक्तियों से आमने-सामने सम्पर्क स्थापित करके प्रश्न पूछता है और उनके द्वारा किए गए उत्तरों के रूप में सूचनाएँ ( informations ) प्राप्त करता है। इस तरह की सूचनाएँ प्राय: संरचित तरीके से प्राप्त की जाती हैं। इसलिए इसे संरचित साक्षात्कार ( structured interview ) कहा जाता है। इस तरह के साक्षात्कार में साक्षात्कारकर्ता ( interviewer ) पूर्व-निर्धारित प्रश्नों का उपयोग करता है तथा मानकीकृत प्रविधियों ( standardized techniques ) के द्वारा दिए गए उत्तरों को दर्ज करता है। इस प्रकार संरचित साक्षात्कार में साक्षात्कारकर्ता दृढ़ कार्यप्रणाली के तहत साक्षात्कार देने वाले ( interviewee ) से पूर्व-निर्धारित आकार एवं क्रम के अनुसार प्रश्न पूछता है और उनके द्वारा दिए गए उत्तर को जमा करता है। इस प्रकार संरचित साक्षात्कार में दृढ़ता ( rigidity ) पायी जाती है और लचीलापन ( flexibility ) की कमी होती है। इसके विपरीत असंरचित साक्षात्कार ( unstructured interview ) मे पूर्वनिर्धारित प्रश्नों तथा मानकीकृत प्रविधियों ( standardized techniques ) का अभाव होता है। इसमें लचीलापन ( flexibility ) अधिक पायी जाती है। इसमें साक्षात्कारकर्ता का अनुभवी तथा निपुण होना आवश्यक है। फिर भी यह साक्षात्कार अन्वेषणात्मक ( exploratory ) अथवा सूत्रबद्ध ( formulative ) शोध अध्ययनों में सूचना-संग्रहण की केन्द्रीय प्रविधि होती है। लेकिन, वर्णनात्मक अध्ययनों ( descriptive studies ) में संरचित साक्षात्कार का उपयोग अधिक वांछित होता है। कारण, यह अधिक किफायती ( economical ) होता है, सामान्यीकरण ( generalization ) के लिए सूरक्षित आधार होता है और साक्षात्कार में अपेक्षाकृत बहुत थोड़े कौशल ( skill ) की आवश्यकता होती है। इसके अतिरिक्त साक्षात्कार के अन्य कई प्रकार हैं, जिनका उपयोग आवश्यकता के अनुकूल किया जाता है। वे हैं केन्द्रित साक्षात्कार ( focussed interview ), नैदानिक साक्षात्कार ( clinical interview ), अनेदेशक साक्षात्कार ( non-directive interview )।

### साक्षात्कार के गुण *( Merits of Interview )*

प्राथमिक प्रदत्त को प्राप्त करने में साक्षात्कार विधि काफी उपयोगी विधि है। इसके विविध प्रकारों के होते हुए इस साक्षात्कार विधि के निम्नलिखित गुण हैं :–

(i) साक्षात्कार के माध्यम से अधिक-से-अधिक सूचनाओं को गहराई के साथ हासिल करना सम्भव होता है।

(ii) साक्षात्कार के माध्यम से सूचना देने वाले अर्थात साक्षात्कार देने वाले के विरोध को दूर किया जा सकता है।

(iii) साक्षात्कार में लचीलापन ( flexibility ) का गुण पाया जाना है। विशेष रूप से असंरचित साक्षात्कार में यह स्पष्ट रूप से देखा जाता है।

(iv) शाब्दिक प्रश्नों के प्रति दिए गए शाब्दिक उत्तरों ( verbal answers ) को प्रेक्षण-विधि द्वारा अंकित किया जा सकता है।

(v) इस विधि द्वारा व्यक्तिगत सूचना भी प्राप्त की जा सकती है।

(vi) साक्षात्कारकर्ता सूचनादाता के सम्बन्ध में सम्पूरक सूचनाओं ( supplementary informations ) भी प्राप्त कर सकता है ।

(vii) सुसरंचित साक्षात्कार में आवश्यकता अनुसार प्रश्नों के स्वरूप एवं संख्या में परिवर्तन भी किया जा सकता है ।

**साक्षात्कार के अवगुण या सीमाएँ *( Demerits or Limitations of Interview )***

कई गुणों या लाभों ( advantages ) के होते हुए भी साक्षात्कार में निम्नलिखित अवगुण, सीमाएँ अलाभ ( disadvantages ) हैं :–

(i) साक्षात्कार में प्रदत्त ( data ) को प्राप्त करने में समय अधिक लगता है । विशेष रूप से वैयक्तिक साक्षात्कार में अधिक समय नष्ट होता है ।

(ii) साक्षात्कार में खर्च अधिक होता है । विशेष रूप से अधिक विस्तृत प्रतिदर्श की स्थिति में यह विधि प्रदत्त संग्रह में खर्चीला सिद्ध होती है ।

(iii) साक्षात्कारकर्ता के व्यक्तिगत पक्षपात ( personal bias ) के कारण प्राप्त प्रदत्त ( obtained data ) विश्वसनीय नहीं होता है ।

(iv) प्रदत्त संग्रह की यह विधि अधिक मँहगी विधि है । इसमें खर्च अधिक होता है, क्योंकि प्रदत्त संग्रह का कार्य लम्बे समय तक चलता है । विशेष रूप से वैयक्तिक साक्षात्कार पर यह बात अधिक लागू होती है ।

(v) इस विधि में अस्वाभाविकता ( unnaturalism ) का दोष पाया जाता है । साक्षात्कारकर्ता की उपस्थिति में साक्षात्कार देने वाला स्वाभाविक ढ़ंग से उत्तर नहीं दे पाता है ।

(vi) प्रभावी साक्षात्कार के लिए साक्षात्कार लेने वाले तथा साक्षात्कार देने वाले के बीच रागात्मक सन्बन्ध होना आवश्यक है । लेकिन इस विधि में व्यावहारिक रूप से यह बहुत कठिन होता है ।

## ( 3 ) प्रश्नावली विधि
## ( Questionnaire Method )

प्राथमिक प्रदत्त संग्रहण ( primary data collection ) की एक विधि प्रश्नावली ( questionnaire ) है । प्रश्नावली में अनेक प्रश्न मुद्रित ( printed ) अथवा टंकित ( typed ) रहते हैं, जिनका सम्बन्ध किसी शोध-समस्या से रहता है । उत्तर देने वाले ( respondents ) अपनी इच्छा से उन प्रश्नों के उत्तर देते हैं । प्रदत्त संग्रहण के लिए इस विधि का उपयोग प्राय: शोध कार्यकर्ता ( research workers ), निजी संगठन ( private organization ), सार्वजनकि संगठन ( public organization ), सरकारी संगठन ( Government organizations ) अथवा निजी व्यक्ति करते हैं तथा आवश्यक सूचनाएँ एकत्र करते हैं । प्रश्नावली डाक के द्वारा भी उत्तर देने वालों ( respondents ) के पास भेजा जाता है और वे प्रश्नावली के प्रश्नों के उत्तर लिख देने के बाद डाक द्वारा प्रश्नावली को वापस करते हैं । ऐसी प्रश्नावली को डाक-प्रश्नावली ( mailed questionnaire ) कहा जाता है । प्रश्नावली बनाते समय इसके मुख्य तीन पक्षों ( aspects ) को ध्यान में रखना आवश्यक होता है–(क) सामान्य आकार ( general form ), (ख) प्रश्न-क्रम ( question sequence ) तथा (ग) प्रश्न

सूत्रीकरण एवं वाक्य रचना ( question formation and wording )। सामान्य आकार का अर्थ यह है कि प्रश्नावली या तो संरचित ( structured ) होती है या असंरचित ( unstructured )। संरचित प्रश्नावली वह प्रश्नावली है जिसमें निश्चित मूर्त ( concrete ) एवं पूर्वनिर्धारित प्रश्न होते हैं और सभी उत्तरदाताओं को समान रूप में ही प्रश्नों का सेट दिया जाता है। असंरचित प्रश्नावली में ये विशेषताएँ नहीं होती हैं। अतः असंरचित प्रश्नावली की अपेक्षा संरचित प्रश्नावली से प्राप्त सूचनाएँ अधिक विश्वसनीय ( reliable ) तथा वैध ( valid ) होती हैं। प्रश्न-क्रम का अर्थ यह है कि ( i ) सभी प्रश्न तर्कसंगत हों, ( ii ) सरल प्रश्न प्रश्नावली के आरंभ में हों, ( iii ) शुरू के कुछ प्रश्न अधिक महत्त्वपूर्ण हों ताकि सूचनादाताओं की मनोवृत्ति को प्रभावित कर सकें तथा ( iv ) प्रश्नों का क्रम सामान्य से विशिष्ट की ओर हो। प्रश्न सूत्रीकरण एवं वाक्य-रचना का अर्थ यह है कि शोधकर्ता को इस बात का ध्यान रखना चाहिए कि प्रत्येक प्रश्न स्पष्ट तथा संगत हो तथा पक्षपात से मुक्त हो। इसके अतिरिक्त प्रश्न की भाषा स्पष्ट हो कि सूचनादाता ( respondents ) को प्रश्नों का उत्तर देने में सुविधा हो और वह सहज रूप में उत्तर दे सके।

### गुण ( *Merits* )

प्रदत्त संग्रहण ( data collection ) के एक उपकरण के रूप में प्रश्नावली के निम्नलिखित गुण हैं :-

( i ) प्रदत्त संग्रहण की यह विधि बड़ी जनसंख्या ( population ) के लिए भी कम खर्चीला ( less costly ) है। इस आधार पर यह साक्षात्कार प्रेक्षण से बेहतर है।

( ii ) यह विधि व्यापक रूप से फैली हुई जनसंख्या के लिए अधिक उपयुक्त है। इस आधार भी यह प्रेक्षण या साक्षात्कार से बेहतर है।

( iii ) इस विधि में सूचनादाता ( respondents ) प्रश्नों का उत्तर स्वयं अपने शब्दों में देता है। इसलिए यहाँ शोधकर्ता के पक्षपात का कोई प्रभाव सूचना पर नहीं पड़ता है। इस दृष्टिकोण से भी यह विधि साक्षात्कार से बेहतर है।

( iv ) इस विधि में सूचनादाता को प्रत्येक प्रश्ना के उत्तर को अच्छी तरह पढ़ने तथा सोच-समझकर उत्तर का पूरा समय मिलता है। इसलिए उसके द्वारा दी गयी सूचना साक्षात्कार द्वारा प्राप्त सूचना से अधिक वैध ( valid ) होती है।

( v ) प्रश्नावली के द्वारा बड़ी जनसंख्या तक भी पहुँचना सम्भव होता है। यह गुण साक्षात्कार या प्रेक्षण-विधि में नहीं है।

( vi ) प्रश्नावली के द्वारा ऐसे सूचनादाताओं ( respondents ) से भी सूचनाएँ प्राप्त की जा सकती हैं, जिनके पास आसानी से पहुँचना सम्भव नहीं हो। ऐसी हलत में डाक-प्रश्नावली का उपयोग किया जाता है। इस आधार भी यह विधि प्रेक्षण या साक्षात्कार से अधिक उपयोगी है।

### अवगुण या सीमाएँ ( *Demerits or Limitations* )

प्रश्नावली के कई गुणों या लाभों ( advantages ) का उल्लेख ऊपर किया गया है। फिर भी इस विधि में कई अवगुण या अलाभ ( disadvantages ) हैं जो निम्नलिखित हैं :-

( i ) प्रश्नावली का उपयोग केवल ऐसे लोगों पर सम्भव होता है जो शिक्षित तथा सहयोगी ( co-operative ) होते हैं। यह दोष साक्षात्कार में नहीं है।

(ii) प्रश्नावली को सूचनादाताओं के बीच वितरित कर देने के बाद शोधकर्ता का नियंत्रण उन पर नहीं रह पाता है। कारण, प्रश्नावली भरते समय शोधकर्ता वहाँ उपस्थित नहीं रह पाता है।

(iii) प्रश्नावली भरते समय इस बात की सम्भावना बनी रहती है कि सूचनादाता कुछ प्रश्नों के उत्तर न दें। ऐसी स्थिति में वह प्रश्नावली रद्द हो जाती है।

(iv) प्रश्नावली भरते समय इस बात की भी सम्भावना बनी रहीत है कि सूचनादाता एक दूसरे से पूछ-ताछ करके प्रश्नों के उत्तर दे।

(v) प्रश्नावली भरते समय इस बात की भी सम्भावना बनी रहती है कि सूचनादाता अस्पष्ट प्रश्नों के उत्तर न दे।

(vi) डाक-प्रश्नावली में इस बात की संभावना बनी रहती है कि सूचनादाता प्रश्नावली को वापस नहीं भेजे।

अत: इन त्रुटियों से बचाव के लिए यह आवश्यक है कि इस विधि को उपयोग करने के पूर्व पायलट अध्ययन (pilot study) या पायलट सर्वे (pilot survey) के द्वारा प्रश्नावली की जाँच की ली जाए ताकि विश्वसनीय एवं वैध सूचनाओं को प्राप्त करना सम्भव हो सके।

## (4) अनुसूची-विधि
## (Schedule Method)

प्राथमिक प्रदत्त के संग्रहण के लिए अनुसूची-विधि का उपयोग भी किया जाता है। अनुसूची का तात्पर्य प्रश्नों के एक समूह से है जो एक उपचारत (proforma) पर मुद्रित होते हैं।[1] परिगणक (enumerator) इन प्रश्नों के सेट के साथ उत्तर देने वाले (respondents) के पास जाते हैं तथा प्रश्नों को पूछ-पूछ कर उनके द्वारा दिए गए उत्तरों को खाली जगह पर लिखते हैं। ऐसे परिगणकों की नियुक्ति इसी उद्देश्य से की जाती है। वे अनुसूची में दिए गए प्रश्नों के क्रम से ही प्रश्न पूछ-पूछ कर उत्तर लिखते हैं। कुछ विशेष परिस्थितियों में उत्तरदाता (respondents) परिगणक (enumerators) की सहायता से स्वयं प्रश्नों के उत्तर लिखते हैं। परिगणक उन्हें अनुसंधान के उद्देश्यों एवं लक्ष्यों से अवगत करा देते हैं तथा प्रश्नों को समझने में सहायता करते हैं। इस तरह परिगणक का प्रशिक्षित तथा निपुण होना आवश्यक होता है। उनका ईमानदार होना, बुद्धिमान होना तथा प्रशिक्षित होना आवश्यक होता है ताकि प्रश्नों के उत्तर समुचित रूप से उत्तरदाताओं (respondents) से प्राप्त किया जा सके और शोध या अनुसंधान का लक्ष्य प्राप्त हो सके।

## प्रश्नावली तथा अनुसूची के बीच अन्तर
## (Differences between Questionare and Schedule)

प्रश्नावली तथा अनुसूची दोनों ही प्राथमिक प्रदत्त संग्रह (primary data collection) की विधियाँ हैं। दोनों के बीच काफी समानताएँ भी हैं। व्यावहारिक दृष्टिकोण से इन दोनों

1 "Schedules refer to a proforma containing a set of questions." Kothari, C.R. 2005

विधियों को कुछ लोग समान मानते हैं। लेकिन वास्तविकता यह है कि इन दोनों विधियों के बीच निम्नलिखित मुख्य अन्तर हैं :–

(1) प्रश्नावली को उत्तरदाता (respondents) स्वयं ही भरता है, किसी अन्य व्यक्ति की सहायता नहीं लेता है। दूसरी ओर अनुसूची को परिगणक (enumarator) अनुसूची से क्रमश: प्रश्नों को उत्तरदाता (respondents) से पूछ-पूछ कर लिखता है। कभी-कभी आवश्यकता अनुसार परिगणक की सहायता से उत्तरदाता अनुसूची के प्रश्नों के उत्तरों को लिखता है।

(2) प्रश्नावली को डाक द्वारा सूचनादाताओं (informants) या उत्तरदाताओं (respondents) के पास भेजा जाता है और वे प्रश्नावली को भर कर शोधकर्ता के पास वापस भेज देते हैं। दूसरी ओर अनुसूची में ऐसा नहीं होता है। दूसरे शब्दों में, डाक द्वारा अनुसूची को उत्तरदाता (respondents) के पास भेज कर सूचनाएँ प्राप्त नहीं की जाती हैं।

(3) प्रश्नावली से प्रदत्त (data) प्राप्त करना अधिक खर्चीला (expensive) नहीं होता है। यहाँ केवल प्रश्नावली बनाने तथा डाक द्वारा सूचनादाता के पास भेजने में ही खर्च होता है। इसके विपरीत अनुसूची अधिक बहुमूल्य (expensive) विधि है। कारण, परिगणक (enumerators) की नियुक्ति करने में उन्हें प्रशिक्षण (training) देने में काफी खर्च करना पड़ता है। अनुसूचियों को तैयार करने में अच्छा-खासा खर्च करना पड़ता है।

(4) प्रश्नावली में सूचनादाता (respondents) कुछ प्रश्नों का उत्तर नहीं देते हैं, जिसके कारण वे प्रश्नावली रद्द हो जाती हैं। इसी तरह डाक प्रश्नावली कभी-कभी शोधकर्ता के पास वापस नहीं आती है। इस प्रकार शोधकर्ता की कठिनाई बढ़ जाती है और कार्य विलंबित हो जाता है। लेकिन, यह कठिनाई अनुसूची में नहीं होती है। कारण, यहाँ परिगणक (enumerator) स्वयं प्रश्नों के उत्तर सूचनादाताओं से पूछ कर स्वयं लिखते हैं।

(5) प्रश्नावली मे उत्तरदाता की पहचान नहीं रहती है जबकि अनुसूची में उत्तरदाता की पहचान रहती है।

(6) प्रश्नावली में वैयक्तिक सम्पर्क सम्भव नहीं हो पाता है। लेकिन, अनुसूची में सूचनादाताओं के साथ व्यक्तिगत सम्पर्क सम्भव होता है।

(7) प्रश्नावली विधि का उपयोग तभी सम्भव होता है जबकि सूचनादाता (respondents) शिक्षित तथा सहयोगी (co-operative) होते हैं। दूसरी ओर अनुसूची द्वारा अशिक्षित व्यक्तियों से भी सूचनाएँ प्राप्त करना सम्भव होता है।

(8) प्रश्नावली द्वारा दूर-दूर से सूचनाएँ प्राप्त करना सम्भव होता है। कारण, यहाँ डाक प्रश्नावली का उपयोग सम्भव है। लेकिन, अनुसूची द्वारा दूर-दूर से सूचना प्राप्त करना सम्भव नहीं है। कारण, परिगणक (enumarators) अधिक दूर नहीं जा पाते हैं।

(9) प्रश्नावली के द्वारा गलत तथा आंशिक सूचनाओं के प्राप्त होने की सम्भावना अधिक रहती है। दूसरी ओर अनुसूची में इसकी सम्भावना नहीं रहती है।

(10) प्रश्नावली विधि की सफलता प्रश्नावली के गुण पर अधिक निर्भर करती है।

लेकिन अनुसूची की सफलता परिगणक ( enumarator ) की ईमान्दारी तथा योग्यता पर निर्भर करती है ।

( 11 ) प्रश्नावली में सूचनादाताओं के ध्यान को आकर्षित करने के लिए प्रश्नों की भौतिक प्रतीती का आकर्षक होना बहुत आवश्यक है जबकि अनुसूची में ऐसा नहीं है ।

( 12 ) अनुसूची के साथ प्रेक्षण-विधि ( observation method ) का भी उपयोग किया जा सकता है । लेकिन, प्रश्नावली द्वारा प्रदत्त संग्रह ( data collection ) करते समय प्रेक्षण विधि का उपयोग सम्भव नहीं है ।

इस प्रकार स्पष्ट है कि प्रश्नावली तथा अनुसूची के बीच उपर्युक्त कई अन्तर हैं ।

## प्राथमिक प्रदत्त संग्रहण की अन्य विधियाँ
## ( Other Methods of Primary Data Collection )

प्राथमिक प्रदत्त के संग्रहण के लिए कई अन्य विधियों का उपयोग विशेष रूप से आधुनिक समय में बड़े-बड़े व्यावसायिक संगठनों के द्वारा होने लगा है । ऐसी विधियों में निम्नलिखत मुख्य हैं :–

1. **आश्वासन कार्ड** *( Warranty cards )*–आश्वासन कार्ड सामान्यतः पोस्टल कार्ड के आकार का होता है जिसका उपयोग उपभोगताओं के व्यापारी ( dealers ) करते हैं तथा अपने उत्पादन के सम्बन्ध में सूचनाएँ एकत्र करते हैं । अपेक्षित सूचनाएँ वारंटी कार्ड पर प्रश्नों के रूप में छपी होती हैं । वारंटी कार्ड को पैकेज में उत्पादन के साथ रख कर उपभोक्ता को इस कार्ड को भरने तथा डाक द्वारा व्यापारी ( dealer ) को वापस भेज देने के अनुरोध के साथ भेज दिया जाता है । इस प्रकार अपेक्षित सूचनाएँ या प्रदत्त प्राप्त हो जाते हैं ।

2. **वितरक भण्डार लेखा-परीक्षा** *( Distributor-Store audit )*–इस विधि का उपयोग वितरकों ( distributors ) तथा निर्माता ( manufacturers ) अपने विक्रेता ( salesmen ) के माध्यम से नियमित अंतराल पर करते हैं । इस आधार पर वे मौसमी विक्रय प्रतिरूप ( purchasing pattern ) आदि से सम्बद्ध सूचनाओं को प्राप्त करने में सफल होते हैं ।

3. **यांत्रिक उपायों का इस्तेमाल** *( Use of mechanical devices )*–अप्रत्यक्ष रूप से सूचनाओं ( informations ) या प्रदत्त ( data ) के संग्रहण ( collection ) के लिए यांत्रिक उपायों का इस्तेमाल व्यापक रूप से होता रहा है । आँख कैमरा ( eye camera ), साइकोगैलवैनोमीटर ( psychogalvanometer ), चलचित्र कैमरा ( Motion Picture Camera ), ऑडियोमीटर ( audiometer ) आदि यांत्रिक उपायों ( mechanical measures ) का उपयोग बड़े-बड़े आधुनिक व्यवसाइयों के द्वारा अधिकांशतः विकसित देशों में अपेक्षित सूचनाओं को एकत्र करने के लिए किया जाता है ।

4. **प्रक्षेपीय प्रविधियाँ** *( Projective techniques )*–प्रक्षेपीय प्रविधि को अप्रत्यक्ष साक्षात्कार प्रविधि ( indirect interviewing technique ) भी कभी कभी कहा जाता है । प्रक्षेपीय प्रविधि में व्यक्ति अचेतन रूप से अपने प्रेरकों, इच्छाओं या अभिप्रायों को व्यक्त कर देता है । इस तरह शोधकर्ता अपने अध्ययन से सम्बन्धित उनके भावों ( feelings ) मनोवृत्तियों ( attitudes ), मूल्यों ( values ) आदि से सम्बद्ध सूचनाएँ अप्रत्यक्ष रूप से प्राप्त

कर लेते हैं। प्रक्षेपीय प्रविधि के अनेक प्रकार हैं जिनमें मुख्य हैं शब्द साहचर्य परीक्षण ( word association test, WAT ), वाक्य पूर्ति परीक्षण ( sentence completion test, SCT ), रोशार्क परीक्षण ( Rorschach test, RT ), थैमैटिक एपरसेपशन परीक्षण ( thematic apperception test, TAT ), होल्जमैन इंक-ब्लॉट परीक्षण ( Holtzman inkblot test, HIT ) आदि। आवश्यकता के अनुसार इन प्रक्षेपीय प्रविधियों का उपयोग करके प्राथमिक प्रदत्त का संग्रहण किया जाता है।

5. **घटक-विश्लेषण** *( Content analysis )*–इस विधि के द्वारा लिखित सामग्रियों के संघटकों का विश्लेषण किया जाता है तथा आवश्यक प्रदत्त या सूचनाएँ प्राप्त की जाती हैं। जैसे–पुस्तक, पत्रिका ( magazine ), समाचार-पत्र तथा अन्य वाचिक सामग्रियों के संघटकों का विश्लेषण करके आवश्यक प्रदत्त ( data ) या सूचनाओं ( informations ) को एकत्र किया जाता है। 1940 से पहले लिखित सामग्रियों ( documentary materials ) का मात्रात्मक विश्लेषण ( quantitative analysis ) के आधार पर प्रदत्त एकत्र किए जाते थे। लेकिन, विशेष रूप से 1950 से लिखित प्रमाणें ( documents ) का अधिकांशत: गुणात्मक विश्लेषण ( qualitative analysis ) के आधार पर भी प्रदत्त या सूचनाएँ एकत्र की जाती हैं।

इस प्रकार स्पष्ट हुआ कि प्राथमिक प्रदत्त ( primary data ) के संग्रहण के लिए उपर्युक्त विधियों का आवश्यकता के अनुसार उपयोग किया जाता है।

## ( ख ) द्वितीयक प्रदत्त
## ( Secondary Data )

### द्वितीयक प्रदत्त का अर्थ *( Meaning of Secondary Data )*

द्वितीयक प्रदत्त का अर्थ वह प्रदत्त है जो पहले से ही उपलब्ध होता है। दूसरे शोधकर्ताओं के द्वारा पहले से ही उपलब्ध होते हैं। नया शोधकर्ता अपने शोध में आवश्यकता अनुसार उन्हीं प्रदत्त का उपयोग करके अपनी समस्या का समाधान करता है। द्वितीयक प्रदत्त के दो प्रकार होते हैं, जिन्हें प्रकाशित प्रदत्त ( published data ) तथा अप्रकाशित प्रदत्त ( unpublished data ) कहा जाता है। प्रकाशित प्रदत्त सामान्यत: कई स्रोतों ( sources ) से प्राप्त होते हैं यथा ( i ) केन्द्रीय राज्य सरकारों के प्रकाशन ( publications ), ( ii ) विदेशी सरकारों के विभिन्न प्रकाशन, ( iii ) तकनीकी तथा व्यापारी पत्रिकाएँ ( journals ), ( iv ) पुस्तक, मैगजीन तथा समाचार पत्र, ( v ) व्यवसाय तथा उद्योग, बैंक आदि से सम्बद्ध विविध संस्थाओं की रिपोर्ट एवं प्रकाशन, ( vi ) विभिन्न क्षेत्रों में शोध विद्वानों, विश्वविद्यालयों, अर्थशास्त्रियों आदि द्वारा तैयार की गयीं रिपोर्ट तथा ( vii ) प्रकाशित सूचनाओं के स्रोत के रूप में सार्वजनिक अभिलेख ( *public records ) तथा संख्यिकीय ऐतिहासिक प्रलेख ( statistical historical records ) इत्यादि। अप्रकाशित स्रोतों ( unpublished sources ) के अन्तर्गत डायरी ( diary ), पत्र ( letters ) आदि के माध्यम से द्वितीयक प्रदत्त प्राप्त किए जाते हैं।

द्वितीयक प्रदत्त के उपयोग में लाने के पहले उनकी जाँच कर लेना आवश्यक होता है। कारण, ऐसे प्रदत्त शोध-समस्या के लिए अनुकूल नहीं भी हो सकते हैं अथवा वे अपर्याप्त होते समझे जाते हैं। **कोठारी** ( Kothari, 2005 ) के अनुसार द्वितीयक प्रदत्त को उपयोग में

लाने के पहले ही शोधकर्ता को चाहिए कि निम्नलिखित कसौटियों ( criteria ) पर उनकी जाँच कर लें :–

( i ) **प्रदत्त की विश्वसनीयता** *( Reliability of data )*–प्रदत्त की विश्वसनीयता की जाँच कई आधारों पर की जा सकती है। जैसे–( i ) किस व्यक्ति ने प्रदत्त का संग्रहण किया। ( ii ) प्रदत्त के स्रोत क्या थे। ( iv ) प्रदत्त का संग्रहण उपयुक्त विधि से किया गया या नहीं। ( v ) किस समय प्रदत्त का संग्रहण किया गया। ( vi ) प्रदत्त संग्रहण को पक्षपात ( bias ) से मुक्त रखा गया नहीं।

( ii ) **प्रदत्त की अनुकूलता** *( Suitability of data )*–शोधकर्ता को यह बात ध्यान में रखना चाहिए कि संग्रहण किये गये प्रदत्त उसके शोध के लिए अनुकूल है या नहीं। कारण, जो प्रदत्त एक शोध समस्या के संदर्भ में उपयुक्त हैं, वे दूसरे शोध के संदर्भ में उपयुक्त नहीं भी हो सकते हैं।

( iii ) **प्रदत्त की उपयुक्तता** *( Adequacy of data )*–इस बात की जाँच करना भी आवश्यक है कि प्राप्त प्रदत्त का परिशुद्धता स्तर ( accuracy level ) वर्तमान शोध के लिए पर्याप्त है या नहीं। कारण, शोध के स्वरूप के अनुकूल परिशुद्धता-स्तर में भिन्नता हो सकती है। इसी तरह यदि प्रदत्त का आधार वर्तमान शोध के क्षेत्र से भिन्न क्षेत्र या क्षेत्रों से हो तो भी ऐसे प्रदत्त को अनुकूल नहीं माना जायगा।

अत: उपर्युक्त कसौटियों ( criteria ) के आधार पर द्वितीयक प्रदत्त का आँकलन आवश्यक होता है।

## द्वितीयक प्रदत्त संग्रहण की विधियाँ
## ( Methods of Secondary Data Collection )

द्वितीयक प्रदत्त के संगहण के लिए निम्नलिखित विधियों का उपयोग किया जाता है :–

### ( क ) व्यक्ति अध्ययन विधि
### ( Case Study Method )

द्वितीयक प्रदत्त के संग्रहण के लिए व्यक्ति अध्ययन विधि का उपयोग व्यापक रूप से किया जाता है। इस विधि द्वारा व्यक्ति के सम्पूर्ण जीवन काल में घटित घटनाओं के आलोक में आवश्यक सूचनाएँ प्राप्त की जाती हैं। इसी तर्क के आधार ( rationale ) के आलोक में इस विधि को व्यक्ति इतिहास विधि ( Case history method ) भी कहा जाता है। इस विधि के द्वारा किसी व्यक्ति, संस्था अथवा समूह के सम्बन्ध में अतीत से लेकर वर्तमान तक की घटनाओं का विश्लेक्षण करके आवश्यक सूचनाएँ या प्रदत्त ( data ) का संग्रहण किया जाता है। संग्रहित प्रदत्त व्यक्ति, समूह, परिवार, संस्था या सम्पूर्ण समुदाय ( community ) के अतीत तथा वर्तमान की स्थितायों से सम्बद्ध होते हैं। **रॉबिन्स** ( Robbins, 2004 ) ने इसकी परिभाषा देते हुए कहा है कि *"व्यक्ति अध्ययन विधि में प्रेक्षण तथा अभिलेख एवं लिखित प्रमाणों के माध्यम से प्रदत्त प्राप्त किए जाते हैं।*

**व्यक्ति अध्ययन विधि की विशेषताएँ** ***( Characteristics of Case Study Method )***

व्यक्ति अध्ययन विधि की निम्नलिखित विशेषताएँ हैं, जिनके आधार यह सर्वे विधि

1. The primary source of information in case studies is obtained through observation and review of records and documents." Robbins, S.P., 2004

( survey method ), साक्षात्कार विधि आदि से भिन्न है :-

(i) इस विधि में शोधकर्ता अपनी आवश्यकता के अनुसार एक अथवा एक से अधिक सामाजिक इकाइयों ( social units ) का उपयोग अपने अनुसंधान में कर सकता है।

(ii) इस विधि में चयनित इकाई का गहण अध्ययन अतीत ( past ) से वर्तमान ( present ) तक किया जाता है, जिससे अध्ययन काफी गहन हो सकता है।

(iii) इस विधि में सामाजिक इकाई-आकलन संगठित रूप से किया जाता है।

(iv) इस विधि की एक विशेषता यह है कि इसका स्वरूप मात्रात्मक ( quantitative ) तथा गुणात्मक ( qualitative ) दोनों होता है। इसके द्वारा प्राप्त सूचना मात्रात्मक के साथ-साथ गुणात्मक भी होती है। कारण, यहाँ जीवन के विभिन्न पक्षों से सूचनाएँ सम्बद्ध होती हैं।

(v) इसमें कारण-कारकों ( causal factors ) के पारस्परिक सम्बन्ध को जानने का भी प्रयास किया जाता है।

अपनी इन विशेषताओं के अलोक में व्यक्ति अध्ययन विधि अर्थात व्यक्ति इतिहास विधि प्रदत्त संग्रहण की अन्य विधियों से स्पष्टत: भिन्न है।

## व्यक्ति अध्ययन विधि का मूल्यांकन ( Evaluation of Case Study Method )

प्रदत्त संग्रहण की एक विधि के रूप में व्यक्ति अध्ययन विधि के मूल्यांकन से इसके कई लाभें ( advantages ) या गुणों ( merits ) तथा अलाभों ( disadvantages ) या अवगुणों ( demerits ) का पता चलता है।

### लाभ या गुण *( Advantages or Merits )*

**कोठारी** ( Kothari, 2005 ) ने व्यक्ति अध्ययन विधि के निम्नलिखित गुणों या लाभों का उल्लेख किया है :-

(i) समग्र अध्ययन *( exhaustive study )*–इस विधि का सबसे बड़ा गुण यह है कि इसके द्वारा किसी सामाजिक इकाई ( Social Unit ) का समग्र एवं सम्पूर्ण अध्ययन सम्भव होता है। इससे उस सामाजिक इकाई को पूरी तरह समझने में सुविधा होती है। **कुली** ( Cooley, 2002 ) ने इसी आधार पर इस विधि की सराहना की है।

(ii) इस विधि की सहायता से किसी व्यक्ति के व्यक्तिगत अनुभवों के विवरण को प्राप्त करना सम्भव होता है जो किसी दूरी विधि से सम्भव नहीं है। इस आधार पर व्यक्ति व्यवहार-प्रतिरूप ( behaviour pattern ) के पीछे निहित शक्तियों या प्रेरणाओं को समझने में सुविधा होती है।

(iii) इसके आधार पर शोधकर्ता को किसी सामाजिक इकाई के स्वाभाविक स्वरूप को खोज निकालने तथा सामाजिक कारकों के साथ उसके सम्बन्ध को समझने में सुविधा होती है। इस आधार पर भी यह एक अपूर्व विधि है।

(iv) समाजशास्त्र ( Sociology ) के क्षेत्र में विशेष रूप से यह विधि अधिक उपयोगी है। कारण, यह विधि सामाजिक इकाइयों ( social units ) के गहन अध्ययन ( intensive study ) को सरल बना देती है।

( v ) इस विधि की एक उपयोगिता यह है कि यह शोधकर्ता ( researcher ) को प्रश्नावली ( questionnaire ) अथवा अनुसूची ( schedule ) के निर्माण में मदद करती है।

( vi ) व्यक्ति अध्ययन विधि का एक लाभ यह भी है कि इसके उपयोग से गहन साक्षात्कार ( depth interview ), प्रश्नावली, लिखित प्रमाण ( documents ), व्यक्तियों के अध्ययन प्रतिवेदन आदि अनेक शोध विधियों का उपयोग सम्भव बन जाता है।

( vii ) यह विधि किसी सामाजिक इकाई के अतीत ( past ) को अच्छी तरह समझने का एक आधार या साधन ( means ) है। इससे सामाजिक इकाई का ऐतिहासिक विश्लेषण ( historical analysis ) सम्भव होता है। साथ ही वर्तमान परिवेश में सुधार या प्रगति के लिए अनुकूल उपायों ( measures ) अपनाने का सुझाव भी इस प्रविधि से मिलता है।

( viii ) सामाजिक परिवर्तन ( social change ) तथा सामाजिक परिवर्तन के प्रति विरोध ( resistance to social change ) को समझाने में भी शोधकर्ता को इस विधि से मदद मिलती है।

( ix ) इस विधि का एक लाभ यह भी है कि इससे शोधकर्ता को अनेक प्रबन्धन समस्याओं ( management problems ) तथा अन्य व्यावहारिक व्यक्ति समस्याओं ( practical case problems ) के समाधान में मदद मिलती है।

**सीमाएँ या अवगुण *( Limitations or Demerits )***

व्यक्ति अध्ययन विधि में कई लाभों या गुणों के होते हुए भी निम्नलिखित सीमाएँ या अवगुण हैं :–

( i ) व्यक्ति अध्ययन विधि के द्वारा जो सूचनाएँ या प्रदत्त प्राप्त किए जाते हैं वे प्रयोज्य ( subject ) द्वारा अपने शब्दों में बतलाए गए इतिहास पर आधारित होते हैं। शोधकर्ता इसी इतिहास के आलोक में अपने शोध को आगे बढ़ाता है। इसलिए व्यक्ति अध्ययनों ( case studies ) से प्राप्त सूचना ( information ) तुलनीय ( comparable ) नहीं होती है।

( ii ) इस विधि में सूचना को प्राप्त करने के क्रम में शोधकर्ता की आत्मनिष्ठता ( subjectivity ) के प्रभाव के कारण वास्तविक सूचना को प्राप्त करना सम्भव नहीं हो पाता है।

( iii ) व्यक्ति अध्ययन विधि में सूचना को प्राप्त करने के लिए किसी निर्धारित नियम या नियमों का उपयोग नहीं किया जाता है। इसलिए, प्राप्त सूचना के गलत सामान्यीकरण ( false generalization ) का खतरा सदा बना रहता है।

( iv ) इस विधि से सूचना को प्राप्त करने में समय तथा श्रम अधिक खर्च होता है। यहाँ सामाजिक इकाई ( social unit ) या सामाजिक इकाइयों के ऐतिहासिक पृष्ठभूमि का अध्ययन करना आवश्यक होता है, जिसमें समय तथा श्रम के साथ-साथ मुद्रा का भी अधिक खर्च होता है।

( v ) व्यक्ति अध्ययन विधि का उपयोग केवल सीमित क्षेत्र में ही सम्भव होता है। एक बड़े समाज की स्थिति में इसका उपयोग सम्भव नहीं हो पाता है।

( vi ) इस विधि का एक बड़ा अवगुण अनुसंधानकर्त्ता की प्रतिक्रिया ( response ) है। वह प्राय: इस भ्रम का शिकार होता है कि उसे सामाजिक इकाई का पूर्ण ज्ञान है और इसका

उत्तर देने के लिए वह पूरी तरह सक्षम है। शोधकर्ता के इस भ्रम के कारण प्राप्त प्रदत्त सही नहीं हो पाता है।

**निष्कर्ष *( Conclusions )***

उपर्युक्त सीमाओं के बावजूद व्यक्ति-अध्ययन विधि द्वितीयक प्रदत्त ( secondary data ) के संग्रहरण की एक उपयोगी विधि है और इसका उपयोग व्यापक रूप से किया जाता है। कारण, इसकी सीमाओं या अवगुणों को शोधकर्ता अपनी सतर्कता एवं सावधानी से बहुत हद तक दूर कर सकता है।

## द्वितीयक प्रदत्त के अन्य स्रोत
## ( Other Sources of Secondary Data )

**( क ) प्रकाशित प्रदत्त के स्रोत** *( Sources of published data )*— द्वितीयक प्रदत्त के दो प्रकार हैं, जिन्हें प्रकाशित प्रदत्त तथा अप्रकाशित प्रदत्त कहा जाता है। प्रकाशित प्रदत्त के संग्रहण के लिए देश तथा विदेश के विभिन्न स्रोतों का उपयोग किया जाता है। इस प्रकार के स्रोतों के अन्तर्गत पुस्तक ( books ), समाचारपत्र ( news papers ), जर्नल ( journals ), पत्रिका ( magazines ) आदि की गणना की जाती है। स्वदेश एवं विदेश में इन स्रोतों के माध्यम से प्रकाशित द्वितीयक प्रदत्त व्यापक रूप से प्राप्त किए जाते हैं।

**( ख ) अप्रकाशित प्रदत्त के स्रोत** *( Sources of unpublished data )* : अप्रकाशित प्रदत्त की हासिल करने के लिए कई तरह के स्रोतों का उपयोग किया जाता है जिनमें डायरी ( diaries ), पत्र ( letters ), अप्रकाशित जीवनी ( unpublished biography ) आत्मकथा ( autobiography ) आदि मुख्य हैं। इन स्रोतों के आधार पर अप्रकाशित प्रदत्त को प्राप्त किया जा सकता है।

उपर्युक्त स्रोतों के माध्यम से द्वितीयक प्रदत्त का संग्रहण ( collection ) किया जाता है। द्वितीयक प्रदत्त को उपयोग करते समय शोधकर्ता को सतर्क रहना चाहिए। कारण, शोधकर्ता जिस समस्या के समाधान हेतु द्वितीयक प्रदत्त का उपयोग करना चाहता है, उस प्रसंग में ऐसे प्रदत्त अनुपयुक्त या प्रतिकूल हो सकते हैं। इसी दृष्टिकोण से कोठारी ( Kothari, 2005 ) ने ऐसे प्रदत्त के उपयोग में लाते समय शोधकर्ता को सावधानी बरतने की सलाह दी है।

## प्राथमिक प्रदत्त तथा द्वितीयक प्रदत्त के बीच अन्तर
## ( Differences between Primary Data and Secondary Data )

प्राथमिक प्रदत्त तथा द्वितीयक प्रदत्त के अर्थ, स्वरूप, विधि लाभ तथा हानि आदि का उल्लेख विस्तार से ऊपर किया गया है; जिससे इन दोनों प्रकार के प्रदत्त के बीच अन्तर पर भी प्रकाश पड़ता है। फिर भी पाठकों की सुविधा के लिए प्राथमिक प्रदत्त तथा द्वितीयक प्रदत्त के बीच अन्तरों को निम्नलिखित रूपों में प्रस्तुत करना अपेक्षित है :–

( 1 ) प्राथमिक प्रदत्त ऐसे प्रदत्त को कहते हैं जो नये सिरे से तथा पहली बार एकत्र किए जाते हैं। इस अर्थ में वे मौलिक ( original ) होते हैं।[1]

दूसरी ओर द्वितीयक प्रदत्त वे प्रदत्त हैं जो किसी दूसरे व्यक्ति के द्वारा पहले से ही संग्रहित किए जा चुके होते हैं और वे सांख्कीय प्रक्रिया से गुजर चुके होते हैं।[2]

---

1. "The primary data are those which are collected a fresh and for the first time, and thus happen to be original in character." Kothari, C.R. (2005)
2. The secondary data are those which have already been collected by someone else and which have already passed through the statistical process. Ibid.

(2) प्राथमिक प्रदत्त में मौलिकता (orginality) की विशेषता अनिवार्य होती है जबकि द्वितीयक प्रदत्त में मौलिकता का अभाव होता है। यहाँ प्रदत्त संग्रहण का कार्य मात्र संचयन (compilation) होता है।

(3) प्राथमिक प्रदत्त तथा द्वितीय क प्रदत्त के बीच एक मुख्य अन्तर प्रदत्त संग्रहण विधि से सम्बद्ध है। प्राथमिक प्रदत्त के संग्रहण के लिए प्रेक्षण विधि (Observation method), प्रश्नावली विधि (Questionnarie method), अनुसूची विधि (Schedule method), घटक विश्लेषण विधि (Content analysis method), प्रक्षेपण परीक्षण (Projective test) आदि का उपयोग किया जाता है। दूसरी ओर द्वितीयक प्रदत्त संग्रहण के लिए व्यक्ति-अध्ययन विधि (case study method), पत्रिका (journals), पुस्तक (books), समाचार पत्र (news papers) तथा व्यापार एवं उद्योग से सम्बद्ध विभिन्न संस्थाओं के रिपोर्ट तथा प्रकाशनों का उपयोग किया जाता है।

(4) बॉवलेय (Bowley) के अनुसार प्राथमिक प्रदत्त अधिक वैध (valid) होता है जबकि द्वितीयक प्रदत्त की वैधता (validity) संदिग्ध होती है।

(5) प्राथमिक प्रदत्त की विश्वसनीय (reliability) काफी संतोषजनक होती है। विभिन्न परिस्थितियों में प्राथमिक प्रदत्त में एक बड़ी हद तक स्थिरता या समानता पायी जाती है। इसके विपरीत द्वितीयक प्रदत्त में विभिन्न परिस्थितियों में स्थिरता नही बल्कि विविधता पायी जाती है।

(6) प्राथमिक प्रदत्त जो एक शोध के लिए अनुकूल होते हैं, वे उसी तरह के अन्य शोधों के लिए भी अनुकूल होते हैं। इसके विपरीत द्वितीयक प्रदत्त जो एक अनुसंधान के लिए अनुकूल होते हैं, वे दूसरे अनुसंधानों के लिए प्रतिकूल हो सकते हैं।

(7) प्राथमिक प्रदत्त में परिशुद्धता (accuracy) अधिक पायी जाती है। दूसरी ओर द्वितीयक प्रदत्त में परिशुद्धता अपेक्षाकृत कम पायी जाती है।

(8) जो प्रदत्त पहले से ही उपलब्ध होते हैं अर्थात द्वितीयक प्रदत्त वे बहुत ही जोखिमी (risky) होते हैं। इसके विपरीत जो प्रदत्त शोधकर्ता मौलिक रूप से स्वयं पहली बार प्राप्त करता है वे जोखिमी नहीं होते हैं।

(9) प्राथमिक प्रदत्त तथा द्वितीयक प्रदत्त दोनों के संग्रहण में सावधानी बरतना आवश्यक होता है। लेकिन, प्राथमिक प्रदत्त की अपेक्षा द्वितीयक प्रदत्त के संदर्भ में शोधकर्ता को अधिक सावधानी बरतने की आवश्यकता होती है। कारण, पहले से उपलब्ध प्रदत्त का उपयोग करना बहुत जोखिम भरा (risky) होता है।

(10) प्राथमिक प्रदत्त का अंग्रहण प्रयोगात्मक शोध में प्रयोगों के आधार पर किया जाता है। लेकिन अप्रयोगात्मक शोध में प्राथमिक प्रदत्त का संग्रहण प्रेक्षण, साक्षात्कार या प्रत्यक्ष संचार के माध्यम से किया जाता है। दूसरी ओर द्वितीयक प्रदत्त का संग्रहण अप्रत्यक्ष रूप से किया जाता है।

# विश्वविद्यालय प्रश्न
# UNIVERSITY QUESTIONS

## निबन्धात्मक प्रश्न
## ( *Essay Type Questions* )

1. द्वैतीयक आँकड़े के स्रोत तथा प्राथमिक आँकड़े के महत्त्व की विवेचना करें।
   *Discuss the sources of secondary data and importance of primary data.*
   *[M.A. Soc. 2008, P.U.]*
2. प्रदत्त से आप क्या समझते हैं ? प्राथमिक प्रदत्त तथा द्वितीयक प्रदत्त के बीच अन्तर करें।
   *What do you mean by data ? Distinguish between secondary and primary data.*
   *[M.A. Soc. 2007, P.U.]*
3. आँकड़े के संग्रहण की एक विधि के रूप में साक्षात्कार के गुणों तथा सीमाओं को स्पष्ट करें।
   *Explain the merits and limitations of interview as a method of data collection.*
4. द्वितीयक प्रदत्त के संग्रहण के उपयोग होने वाली किन्हीं दो विधियों से अपना परिचय दें।
   *Show your acqainance with any two methods used for collecting secondary data.*
5. प्राथमिक प्रदत्त से आप क्या समझते हैं ? इस तरह के प्रदत्त के संग्रहण की किन्हीं दो विधियों पर प्रकाश डालें।
   *What you mean by primary data ? Throw light on any two methods used for collecting primary data.*
6. प्रश्नावली क्या है ? यह अनुसूची से कैसे भिन्न है ? स्पष्ट करें।
   *What is questionnaire ? How does it differ from schedule ? Explain.*
7. प्रदत्त संग्रहण की एक विधि के रूप में प्रश्नावली के लाभों तथा सीमाओं का विवेचन करें।
   *Discuss the advantages and limitations of questionaire as a method of data collection.*
8. अनुसूची क्या है ? इसके गुणों तथा दोषों का वर्णन करें।
   *What is schedule ? Describe its merits and demerits.*
9. द्वितीयक आँकड़े के संग्रहण के स्रोत के रूप में व्यक्ति अध्ययन विधि का मूल्यांकन करें।
   *Evaluate case study method as a source of collecting secondary data.*
10. प्रकाशित आँकड़ों के स्रोतों का मूल्यांकन करें।
    *Evaluate the sources of published data.*
11. द्वितीयक प्रदत्त से आप क्या समझते हैं ? द्वितीयक प्रदत्त के संग्रहण में क्या सावधानी बरतना चाहिए ?
    *What do you mean by secondary data ? What precautions should be taken in collecting secondary data ?*
12. प्रदत्त संग्रहण की एक विधि के रूप में प्रेक्षण के गुणों तथा सीमाओं का विवेचन करें।
    *Discuss the merits and limitations of observation as a method of data collection.*
13. द्वितीयक प्रदत्त की वैधता को जाँचने की कसौटियों का विवेचन करें।
    *Discuss the criteria of estimating the validity of secondary data.*
    *[M.A., 2005, B.U.]*

## वस्तुनिष्ठ प्रश्न
## ( Objective Questions )

1. *निम्नलिखित में से कौन द्वितीयक प्रदत्त के संग्रहण का एक स्रोत है ?*

   *Which one of the following is a source of collecting secondary data ?*

   *(a) साक्षात्कार ( Interview )*
   *(b) प्रश्नावली ( Questionnaire )*
   *(c) प्रेक्षण ( Observation )*
   *(d) इनमें से कोई नहीं ( None of these )*

2. *साक्षात्कार एक स्रोत हैं :*

   *Interview is a source of :*

   *(a) प्राथमिक प्रदत्त ( Primary data ) का*
   *(b) द्वितीयक प्रदत्त ( Secondary data ) का*
   *(c) 'a' तथा 'b' दोनों ( Both a and b )*
   *(d) उपर्युक्त में से कोई नहीं ( None of the above )*

3. *निम्नलिखित में से कौन द्वितीयक आँकड़े का स्रोत है ?*

   *Which one of the following is a source of secondary data ?*

   *(a) व्यक्ति अध्ययन विधि ( Case study method )*
   *(b) अनुसूची ( Schedule )*
   *(c) प्रेक्षण ( Observation )*
   *(d) उपर्युक्त में से कोई नहीं ( None of the above )*

4. *निम्नलिखित में से कौन प्रकाशित प्रदत्त का स्रोत नहीं है ?*

   *Which one of the following is not a source of published data ?*

   *(a) पुस्तक ( Books )*
   *(b) समाचार पत्र ( News Paper )*
   *(c) मैगाजीन ( Magazine )*
   *(d) इनमें से कोई नहीं ( None of these )*

5. *निम्नलिखित में से कौन अप्रकाशित प्रदत्त का स्रोत है ?*

   *Which one of the following is a source of unpublished data ?*

   *(a) पत्र ( Letters )*
   *(b) समाचार पत्र ( News Paper )*
   *(c) बैंक के रिकार्ड (Records of the Bank )*
   *(d) इनमें से कोई नहीं ( None of these )*

6. *घटक-विश्लेषण स्रोत है :*

   *Content analysis is a source of :*

   *(a) प्राथमिक प्रदत्त का ( Primary data )*
   *(b) द्वितीयक प्रदत्त का ( Secondary data )*
   *(c) 'a' तथा 'b' दोनों ( Both a and b )*
   *(d) इनमें से कोई नहीं ( None of the above )*

7. *प्रक्षेपी प्रविधियाँ स्रोत हैं :*

*Projective techniques are sources of :*

*( a ) प्राथमिक प्रदत्त ( Primary data )*

*( b ) द्वितीयक प्रदत्त ( Secondary data )*

*( c ) 'a' तथा 'b' दोनों ( a and b both )*

*( d ) इनमें से कोई नहीं ( None of these )*

## ANSWERS

**1.** (d), **2.** (a), **3.** (a), 4. (d), **5.** (a), **6.** (b), **7.** (c)

✦

*अध्याय-3*

# मूलतत्त्वों का सर्वेक्षण
## ( REVIEW OF FUNDAMENTALS )

प्रस्तुत अध्याय में अंकगणित ( arithmetic ) तथा बीजगणित ( algebra ) के नियमों का सर्वेक्षण किया जाएगा और सांख्यिकी प्रतीकों ( statistical symbols ) तथा सूत्र ( formula ) के विभिन्न रूप का उल्लेख किया जाएगा। इन सबों की जानकारी से हिसाब बनाते समय अशुद्धियों ( errors ) से बचने तथा सांख्यिकीय प्रविधियों ( statistical techniques ) को समूचित रूप से उपयोग करने में मदद मिलेगी।

## अंकगणित का सर्वेक्षण
### ( Survey of Arithmetic )

इस संदर्भ में निम्नलिखित बातों की जानाकरी आवश्यक है :-

**दशमलव का उपयोग कैसे किया जाए ?** ***( How to use Decimal ? )***

दशमलव का उपयोग निम्नलिखित प्रसंगों में किया जाता है :—

**1. जोड़ तथा घटाव** *( Addition and Substraction )*—दशमलवों को जोड़ते तथा घटाते समय अंकों या संख्याओं ( numbers ) को ऊपर-नीचे करके इस तरह लिखना चाहिए कि सभी दशमलव एक सीध में आमने-सामने हों। जैसे—मान लें कि 2·076, 139·56 तथा 55·9 को जोड़ना है तो इन्हें इस प्रकार लिखा जाएगा :-

$$\begin{array}{r}
2\cdot076\\
139\cdot56\phantom{0}\\
55\cdot9\phantom{00}\\
\hline
197\cdot536
\end{array}$$

इसी प्रकार मान लें कि 125·1076 में से 21·76 घटाना है। इसका समाधान इस प्रकार किया जाएगा :-

$$\begin{array}{r}
125\cdot1067\\
21\cdot76\phantom{00}\\
\hline
103\cdot3467
\end{array}$$

**2. दशमलव का गुणा** *( Decimal Multiplication )*—दशमलव का गुणा साधारण गुणा की तरह ही किया जाता है। लेकिन, गुणा कर लेने के बाद दोनों संख्याओं यानी वह संख्या जिससे गुणा किया गया है तथा वह संख्या जिसमें गुणा किया गया है, के दशमलव स्थानों को (दाहिनी ओर से) गिनकर गुणनफल में (दाहिनी ओर से) उतने ही स्थानों (यानी

अंकों) के बाद दशमलव लगा दिया जाता है। जैसे—

$$\begin{array}{r} 1{\cdot}053 \\ \times{\cdot}03 \\ \hline {\cdot}03159 \end{array} \qquad \begin{array}{r} {\cdot}00005 \\ \times{\cdot}3 \\ \hline {\cdot}000015 \end{array} \qquad \begin{array}{r} 1{\cdot}3 \\ \times1{\cdot}3 \\ \hline 1{\cdot}69 \end{array} \qquad \begin{array}{r} {\cdot}1 \\ \times{\cdot}1 \\ \hline {\cdot}01 \end{array}$$

**3. दशमलव का भाग** ( *Decimal Division* )—दशमलव का भाग कई तरह से किया जा सकता है। लेकिन, सबसे आसान तरीका यह है कि भाज्य ( dividend ) तथा भाजक ( divider ) दोनों संख्याओं में दशमलव से दाहिनी ओर की संख्या बराबर हो तो दोनों में से दशमलव को हटाकर साधारण भाग की तरह काम किया जाता है और यदि संख्या बराबर नहीं हो तो शून्य ( zero ) देकर बराबर कर लिया जाता है और फिर दोनों संख्याओं में से दशमलव को हटा कर साधारण भाग किया जाता है। जैसे—

(क) $\frac{{\cdot}75}{{\cdot}25} = \frac{75}{25} = 3$ (ख) $\frac{{\cdot}012}{{\cdot}4} = \frac{{\cdot}012}{{\cdot}400} = \frac{12}{400} = {\cdot}03$

**4. ऋणात्मक संख्याओं का जोड़** ( *Addition of Negative Numbers* )—

(क) जब दो या दो से अधिक ऐसी संख्याओं को जोड़ना हो जो ऋणात्मक हों तो उन्हें साधारण रूप से एक साथ जोड़ दिया जाता है और योगफल ( sum total ) के पहले घटाव का चिह्न ( – ) लगा दिया जाता है जैसे—

$$(-5)+(-7)+(-3) = -15$$

(ख) जब दो ऐसी संख्याओं को जोड़ना हो, जिनमें एक ऋणात्मक संख्या तथा दूसरी धनात्मक संख्या ( positive number ) हो तो बड़ी संख्या में से छोटी संख्या को घटा लिया जाता है तथा बड़ी संख्या का जो चिह्न होता है, उसे शेषफल ( remainder ) के सामने लिख दिया जाता है जैसे—

$$\begin{array}{r} -5 \\ 7 \\ \hline 2 \end{array} \qquad \begin{array}{r} -21 \\ 27 \\ \hline 6 \end{array} \qquad \begin{array}{r} -70 \\ 55 \\ \hline -15 \end{array} \qquad \begin{array}{r} 29 \\ -40 \\ \hline -11 \end{array}$$

(ग) यदि दो से अधिक सकारात्मक ( positive ) तथा ऋणात्मक ( negative ) संख्याओं को जोड़ना होता है तो सभी धनात्मक संख्याओं को एक साथ तथा सभी ऋणात्मक संख्याओं को एक साथ जोड़ दिया जाता है। फिर बड़ी संख्या में से छोटी संख्या को घटा लिया जाता है और शेषफल के सामने बड़ी संख्या के चिह्न को लिख दिया जाता है। जैसे—

$$(-3)+(-7)+(5)+(6)+(-8)+(9) = 20-18 = 2$$

**5. ऋणात्मक संख्याओं का घटाव** ( *Substraction of Negative Numbers* )—जब किसी संख्या (ऋणात्मक या धनात्मक) में से किसी ऋणात्मक संख्या को घटाना होता है तो ऋणात्मक संख्या के चिह्न ( sign ) को बदल दिया जाता है अर्थात इसे ऋण ( minus ) से धन ( plus ) कर दिया जाता है और उसे पहली संख्या में जोड़ दिया जाता है। जैसे—

$$\begin{array}{r} 13 \\ -(-8) \\ \hline 21 \end{array} \qquad \begin{array}{r} -\ 21 \\ -(-7) \\ \hline -\ 14 \end{array} \qquad \begin{array}{r} -5{\cdot}55 \\ -(-7{\cdot}33) \\ \hline 1{\cdot}78 \end{array}$$

**6. ऋणात्मक संख्याओं का गुणा** *( Multiplication of Negative Numbers )*—जब दो संख्याओं का चिह्न ( sign ) हो अर्थात् दोनों धन ( plus ) या दोनों ऋण ( minus ) हों तो दोनों संख्याओं का गुणनफल धनात्मक ( positive ) होगा । लेकिन, जब एक संख्या का चिह्न धन तथा दूसरी संख्या का चिह्न ऋण हो तो दोनों संख्याओं का गुणनफल ऋणात्मक ( negative ) होगा । जैसे—

$$\begin{array}{r} 5 \\ \times 3 \\ \hline 15 \end{array} \qquad \begin{array}{r} -5 \\ \times(-3) \\ \hline 15 \end{array} \qquad \begin{array}{r} 5 \\ \times(-3) \\ \hline -15 \end{array} \qquad \begin{array}{r} -5 \\ \times 3 \\ \hline -15 \end{array}$$

**7. ऋणात्मक संख्याओं का भाग** *( Division of Negative Numbers )*—जब भाज्य ( dividend ) तथा भाजक ( divider ) दोनों के चिह्न ( signs ) समान हों अर्थात् दोनों धन ( plus ) या दोनों ऋण ( minus ) हों तो भागफल धनात्मक ( positive ) होगा और यदि दोनों के चिह्न भिन्न हों तो भागफल ऋणात्मक ( negative ) होगा । जैसे—

( i ) $8 \div 4 = 2$, ( ii ) $-8 \div -4 = 2$

( iii ) $8 \div -4 = -2$ ( iv ) $-8 \div 4 = -2$

**8. वर्गमूल** *( Square Root )*—एपेंडिक्स-ए ( Appendix-A ) में 1 से 1000 तक पूर्ण संख्याओं का वर्गमूल दिया गया है, जिससे विद्यार्थी लाभ उठा सकते हैं । लेकिन बहुत सारी संख्याएँ पूर्ण ( whole ) नहीं होती है, जिनका वर्गमूल सीधे एपेंडिक्स से निकालना सम्भव नहीं है । इसके लिए विद्यार्थियों को अंकगणित का सहारा लेने चाहिए ।

**9. घातांक** *( Exponents )*—प्रारंभिक सांख्यिकी में घातांक का व्यवहार बहुत कम होता है । फिर भी विद्यार्थियों को यह जानना चाहिए कि घातांक क्या है और इसका अर्थ क्या है ? जैसे—$2^3$ में 3 घातांक है और इसका अर्थ है $2 \times 2 \times 2$, इसी तरह $3^4$ में 4 घातांक है और इसका अर्थ है $3 \times 3 \times 3 \times 3$

**10. शून्य का उपयोग** *( Use of Zero )*

(क) किसी भी अंक या संख्या को शून्य से गुणा करने पर गुणनफल भी शून्य होगा । जैसे :–

( i ) $2 \times 0 = 0$, ( ii ) $25 \times 755 \times 0 = 0$,

( iii ) $(\cdot 7) \times (3{\cdot}75) \times (0) \times (3{\cdot}789) = 0$

(ख) किसी संख्या में से शून्य घटाने पर शेषफल वही संख्या होगी और शून्य में से किसी संख्या को घटाने पर शेषफल शून्य नहीं होगा, बल्कि घटायी गयी संख्या होगी और उसका चिह्न ( sign ) बदल जाएगा । जैसे :–

$$\begin{array}{r} 7 \\ -0 \\ \hline 7 \end{array} \qquad \begin{array}{r} -7 \\ -0 \\ \hline -7 \end{array} \qquad \begin{array}{r} 0 \\ -(7) \\ \hline -7 \end{array} \qquad \begin{array}{r} 0 \\ -(-7) \\ \hline 7 \end{array}$$

(ग) किसी संख्या में शून्य जोड़ने पर योगफल वहीं संख्या होगी । इसी प्रकार शून्य में किसी संख्या को जोड़ने पर योगफल वही संख्या होगी । जैसे :–

$$\begin{array}{r} 7 \\ +0 \\ \hline 7 \end{array} \qquad \begin{array}{r} 0 \\ +7 \\ \hline 7 \end{array} \qquad \begin{array}{r} \cdot 75 \\ +0 \\ \hline \cdot 75 \end{array} \qquad \begin{array}{r} 0 \\ +\cdot 75 \\ \hline \cdot 75 \end{array}$$

(घ) शून्य को किसी भी संख्या से भाग देने पर भागफल शून्य होगा। लेकिन किसी संख्या को शून्य से भाग देने पर भागफल शून्य नहीं होगा, बल्कि अनन्त (infinite) होगा। जैसे :–

$$0 \div 7 = 0, 0 \div 2{\cdot}75 = 0, 7 \div 0 = \infty, 2{\cdot}75 \div 0 = \infty$$

**11. संख्याओं का पूर्णांक करना** (*Rounding of Numbers*)—संख्याओं के पूर्णांक करने का अर्थ यह है कि (i) दशमलव को हटाकर पूर्ण संख्या कर दिया जाए, (ii) दशमलव को पूर्ण संख्या के बाद एक संख्या तक रखा जाए अथवा (iii) दो संख्याओं तक रखा जाए। जैसे :–

(i) 7·3 = 7
7·7 = 8

(ii) 7·71 = 7·7
7·58 = 7·6

(iii) 7·188 = 7·19
·724 = ·72

मनोविज्ञान, समाजशास्त्र (Sociology) तथा शिक्षा (Education) में सामान्यत: दशमलव के दो अंकों (digits) तक पूर्णांकन किया जाता है। इसके लिए निम्नलिखित नियम हैं :—

(i) जब दशमलव के बाद अंतिम अंक (digit) 5 से अधिक हो तो उसके सटे पहले वाले अंक में 1 जोड़ दिया जाता है। जैसे, 7·217 को दो अंकों तक पूर्णांक करने पर 7·22 होगा। यहाँ दशमलव के बाद का अंतिम अंक 7 है जो 5 से अधिक है। इसलिए इसके पहले वाले अंक यानी 1 में एक जोड़ दिया गया है।

(ii) जब दशमलव के बाद का अंतिम अंक 5 से कम है तो उसे सीधे हटा देना चाहिए। जैसे, 7·213 को दो अंकों तक पूर्णांकन करने पर 7·21 होगा। यहाँ अन्तिम अंक 3 है जो 5 से कम है। इसलिए, इसे हटा दिया गया है।

(iii) जब दशमलव के बाद अन्तिम अंक ठीक 5 हो तो यहाँ दो उपनियमों (sub-rules) पर अमल करना चाहिए। (क) जब 5 के पहले वाला अंक विषम (odd) हो तो विषम अंक में एक जोड़ देना चाहिए। जैसे, 7·435 के दो अंकों तक पूर्णांकन करने से 7·44 होगा। (ख) जब 5 के पहले वाला अंक सामांकी (even) हो तो 5 सीधे हटा देना चाहिए। जैसे, 7·445 हो तो इसे 7·44 ही रहने देना चाहिए।

स्मरण रखना चाहिए कि संख्याओं के पूर्णांकन से दो लाभ होते हैं। एक तो यह कि हिसाब बनाना आसान बन जाता है और दूसरा यह कि हिसाब में शुद्धता (accuracy) की सम्भावना बढ़ जाती है।

## सांख्यिकीय प्रतीक (*Statistical Symbol*)

सांख्यिकी में अनेक प्रतीकों का व्यवहार किया जाता है, जिनकी जानकारी विद्यार्थियों को होना आवश्यक है। लेकिन, इन प्रतीकों के उपयोग में पूर्ण अनुपालन (absolute conformity) नहीं पाया जाता है और उनका सांकेतिक उपयोग लेखक के अनुसार बदल सकता है।

**1.** $\Sigma$ इस प्रतीक को सिगमा (Sigma) कहते हैं। इसका अर्थ है संकलन, जोड़ (summation), योगफल (the sum of)। इस प्रतीक का व्यवहार इसी अर्थ में व्यापक रूप से किया जाता है।

2. f : बारंबारता ( frequency )

3. N : बारंबारता की कुल संख्या ( total number of frequencies ) या प्राप्तांकों ( scores ) या किसी भी चीज की कुल संख्या ( total no. of cases ) ।

4. X : असमूहित आँकड़ों ( ungrouped data ) में X का अर्थ है प्राप्तांक ( score ) और समूहित आँकड़ों ( grouped data ) में इसका अर्थ है मध्य बिन्दु ( mid-point ) ।

5. $\overline{X}$ : माध्य ( Mean ) है ।

6. $x$ : इसका अर्थ है किसी प्राप्तांक ( score ) या मध्य बिन्दु से वास्तविक माध्य ( actual mean ) का विचलन ( deviation ) । अत: $x$ = X – Actual Mean, कुछ लोग $x$ के बदले d का व्यवहार करते हैं ।

7. $x'$ : इसका अर्थ है किसी प्राप्तांक या मध्य बिन्दु से अनुमानित माध्य ( Assumed Mean ) का विचलन । अत: $x'$ = X – assumed mean । कुछ लोग $x'$ के स्थान पर d' का व्यवहार करते हैं ।

8. / टैली ( tally )

9. σ मानक विचलन ( SD )

10. σ मानक त्रुटि ( SE )

11. √‾ : वर्गमूल ( Square root )

12. Mo : बहुलक ( Mode )

13. Mdn : माध्यिका ( Median )

14. F : एफ-अनुपात ( F-ratio )

15. Fr : फ्रिडमैन प्रसरण विश्लेषण

16. Q : चतुर्थक विचलन ( Quartile Deviation, QD )

17. Z : मानक प्राप्तांक ( Standard Score )

18. t : टी-अनुपात ( t-ratio )

19. W : केण्डल संगतिगुणांक Kendall ( Co-efficient of concordance )

20. Kw : क्रुशकल-वालिस परीक्षण ( Kruskal-Wallis test )

21. r : पियरसन आर ( Pearson r )

22. rp : स्पीयरमैन कोटि अंतर सहसम्बन्ध

23. P : स्पीयरमैन कोटि अन्तर सहसम्बन्ध ( Spearman rank difference correlation )

24. rbis : द्विपंक्तिक सहसम्बन्ध ( Biserial correlation )

25. rbpis : अंकद्विपंक्तिक सहसम्बन्ध ( Point biserial correlation )

26. φ : फाई गुणांक ( Phi-coefficient )

27. C : आसंग गुणांक ( Coefficient of contingency )

**28.** R : बहुसहसम्बन्ध ( Multiple Correlation )
**29.** U : मान-विटनी यू-परीक्षण ( Mann-Whitney U-Test )
**30.** T : चिह्न कोटि परीक्षण ( Sign Rank Test )
**31.** H : क्रुस्कल वालिस परीक्षण ( Kruskal Wallis H Test )
**32.** ANOVA : प्रसरण विश्लेषण ( Analysis of Variance )
**33.** $\chi^2$ : फाई-वर्ग
**34.** $X = Y$ : X बराबर है Y के
**35.** $X \neq Y$ : X बराबर नहीं है Y के
**36.** $X < Y$ : X कम है Y से
**37.** $X > Y$ : X अधिक है Y से
**38.** $X \leq Y$ : X कम है या बराबर है Y से
**39.** $X \geq Y$ : X अधिक है या बराबर है Y से

## मुख्य सूत्र
## ( IMPORTANT FORMULA )

**1.** माध्य या मध्यमान ( Mean ) : $\overline{X} = \frac{\Sigma X}{N}$

$$\overline{X} = \frac{fX}{N}$$

$$\overline{X} = AM + Ci$$

**2.** माध्यिका ( Median ) : $Mdn = L + \left(\frac{\frac{N}{2} - F}{fm}\right)i$

$$Mdn = U - \left(\frac{\frac{N}{2} - F}{fm}\right)i$$

**3.** बहुलक ( Mode ) : Mo = 3 Mdn – 2 Mean

$$Mo = L + \left(\frac{fm^1}{fm_1 + fm_2}\right)i$$

**4.** प्रसार ( Range ) : ( Highest score – Lowest score ) + 1

**5.** चतुर्थक ( Quartile ) : $Q = \frac{Q_3 - Q_1}{2}$

6. प्रथम चतुर्थक ( First quartile ) : $Q_1 = L + \left( \frac{\frac{N}{4} - fm}{fq} \right) i$

7. तृतीय चतुर्थक ( Third quartile ) : $Q_3 = L + \left( \frac{\frac{3N}{4} - fm}{fq} \right) i$

8. शतमक ( Percentile ) : $Pp = L + \left( \frac{PN - F}{fp} \right) i$

9. औसत विचलन ( Average Deviation ) : $AD = \frac{\Sigma |x|}{N}$, $AD = \frac{\Sigma |fx|}{N}$

10. मानक विचलन ( Standard Deviation ) : $SD = \sqrt{\frac{\Sigma x^2}{N}}$

$$SD = \sqrt{\frac{\Sigma fx^2}{N}}$$

$$SD = i \sqrt{\frac{\Sigma fx'^2}{N} - C^2}$$

$$SD = \frac{1}{N} \sqrt{N\Sigma x^2 - (\Sigma x)^2}$$

11. जेड प्राप्तांक ( Z score ) : $\frac{X - \overline{X}}{\sigma}$

12. विचलन ( Variance ) : $V = \frac{\Sigma x^2}{N}$

13. पियरसन आर ( Pearson r ) : $r = \frac{\Sigma xy}{N\sigma x \, \sigma y}$

$$r = \frac{\Sigma xy}{\sqrt{(\Sigma x^2) \times (\Sigma y^2)}}$$

$$r = \frac{\frac{\Sigma x^1 y^1}{N} - CxCy}{\sigma x' \, \sigma y'}$$

$$r = \frac{N\Sigma xy - \Sigma x \Sigma y}{\sqrt{[N\Sigma x^2 - (\Sigma x)^2] \, [N\Sigma y^2 - (\Sigma y)^2]}}.$$

**14.** द्विपंक्ति सहसम्बन्ध ( Biserial r ) : $rbis = \frac{Mp - Mq}{\sigma t} \times \frac{Pq}{u}$

**15.** अंकद्विपंक्तिक सहसम्बन्ध ( Point biserial r ) : $rpbis = \frac{Mp - Mq}{\sigma t} \times \sqrt{Pq}$

**16.** टेटराकौरिक सहसम्बन्ध ( Tetrachoric r ) : $rt = \cos\left[\frac{180° \times \sqrt{BC}}{\sqrt{AD} \times \sqrt{BC}}\right]$

$$rt = \frac{AD}{BC}$$

**17.** आसंक गुणांक ( Co-efficient contingency ) : $C = \sqrt{\frac{S - N}{S}}$

**18.** फाई-गुणांक ( Phi-coefficient ) : $\phi = \frac{AD - BC}{(A + B)\ (C + D)\ (B + D)\ (A + C)}$

$$\phi = \frac{ad - bc}{\sqrt{Pq\, p'q'}}$$

**19.** स्पीयरमैन कोटि अंतर सहसम्बनध ( Spearman Rank difference correlation )—

$$= 1 - \frac{6 \times \Sigma D^2}{N(N^2 - 1)}$$

**20.** काई वर्ग ( chi-square ) : $\chi^2 = \frac{\Sigma(fo - fe)^2}{fe}$

$$\chi^2 = \frac{N(AD - BC)^2}{(A + B)(C + D)(A + C)(B + D)}$$

**21.** टी-अनुपात ( t-ration ) : $t = \frac{obt.diff.}{SE_D}$

**22.** मानक त्रुटि ( Standard error )—

$$SE = \frac{SD}{\sqrt{N - 1}} \quad \text{या} \quad SE = \frac{SD}{\sqrt{N}}$$

**23.** मध्यमान अंतर की मानक त्रुटि ( Standard error of Mean difference )—

$$SE_D \text{ or } \sigma_D = \sqrt{(SE_{M_1})^2 + (SE_{M_2})^2}$$

$$\sigma_D = \sqrt{(\sigma_{M_1})^2 + (\sigma_{M_2})^2 \times (1 - r^2)}$$

**24.** एफ-अनुपात ( F-ratio ) : $F = \frac{\text{Larger variance}}{\text{smaller variance}}$

**25.** केण्डल टाऊ ( Kendall's tau ) : $T = \dfrac{2S}{N(N-1)}$

**26.** केण्डल संगति गुणांक ( Kendall's Coefficient of Concordance )—

$$W = \frac{12 \times \Sigma D^2}{m^2 (N)(N^2 - 1)}$$

**27.** मान विटनी-यू परीक्षण ( Mann-Whitney U test )—

$$U = N_1 N_2 + \frac{N_1 (N_1 + 1)}{2} - \Sigma R_1$$

$$U = N_1 N_2 + \frac{N_2 (N_2 + 1)}{2} - \Sigma R_2$$

**28.** क्रुस्कल वालिस एच परीक्षण ( Kruskal Walls H test )—

$$H = \frac{12}{\Sigma N (\Sigma N + 1)} \Sigma \frac{R^2}{n} - 3 ( \Sigma N + 1 )$$

**29.** फ्रीडमैन द्विमार्गी प्रसरण विश्लेषण ( Friedman's Two-way Analysis of Variance )—

$$\chi_r^2 = \frac{12}{Nn(n+1)} \Sigma R^2 - 3N ( n + 1 )$$

**30.** प्रतिगमन समीकरण ( Regression equation ) : $\bar{y} = r \dfrac{\sigma_y}{\sigma_x} ( X )$

$$\bar{x} = r \frac{\sigma_x}{\sigma_y} ( Y )$$

## वस्तुनिष्ठ प्रश्न

### ( Objective Questions )

*1.* *1·3 × 1·3 बराबर होता है—*

*(क) 1·69* *(ख) 1·60* *(ग) 2·53* *(घ) इनमें से कोई नहीं*

*2.* *·1 × ·1 बराबर होता है—*

*(क) ·10* *(ख) ·20* *(ग) ·02* *(घ) ·01*

*3.* *( – 3·53 ) + ( – 3·071 ) बराबर है—*

*(क) 6·601* *(ख) – 0·459* *(ग) + 0·459* *(घ) इनमें से कोई नहीं*

*4.* *निम्नलिखित संख्याओं के पूर्णांक ( rounding of numbers ) में कौन सही नहीं है—*

*(क) 7·3 = 7* *(ख) 7·53 = 8* *(ग) 9·56 = 10* *(घ) 10·71 = 11*

*5.* *निम्नलिखित में कौन गलत है ?*

*7* *– 7* *0* *0*

*(क)* $\frac{-0}{7}$ *(ख)* $\frac{-0}{-7}$ *(ग)* $\frac{-7}{-7}$ *(घ)* $\frac{-(-7)}{+7}$

6. निम्नलिखित कौन सही है ?

(क) $\begin{array}{r} 5 \\ \times 3 \\ \hline 15 \end{array}$ (ख) $\begin{array}{r} -5 \\ \times(-3) \\ \hline -15 \end{array}$ (ग) $\begin{array}{r} 5 \\ \times(-3) \\ \hline -15 \end{array}$ (घ) $\begin{array}{r} -5 \\ \times 3 \\ \hline -15 \end{array}$

7. निम्नलिखित में कौन सही नहीं है ?

(क) $-6 \div -3 = 2$ (ख) $-8 \div 4 = -2$

(ग) $8 \div -4 = 2$ (घ) $8 \div 4 = 2$

8. निम्नलिखित में कौन SD का सूत्र नहीं है ?

(क) $\sqrt{\frac{\Sigma x^2}{N}}$ (ख) $\sqrt{\frac{\Sigma fx^2}{N}}$

(ग) $i\sqrt{\frac{\Sigma fx'^2}{N}-c^2}$ (घ) $\frac{|\Sigma fx|}{N}$

9. फाई-गुणांक ( phi-efficient ) का प्रतीक ( symbol ) है—

(क) $\phi$ (ख) $F$ (ग) $P$ (घ) $H$

10. rt प्रतीक ( symbol ) है—

(क) टी-अनुपात ( t-ratio ) का

(ख) टेटराकोटिक सहसम्बन्ध ( tetrachortic co-efficient ) का

(ग) केण्डल टाऊ ( Kendal tau ) का

(घ) इनमें से किसी का नहीं

11. टी ( T ) प्रतीक है—

(क) चिह्नकोटि परीक्षण ( Sign Rank Test ) का

(ख) आसंक गुणांक ( Co-efficient of contingency ) का

(ग) फाई-गुणांक ( Phi-coefficient ) का

(घ) इनमें से किसी का नहीं

12. Z का अर्थ है—

(क) मानक प्राप्तांक ( Standard score )

(ख) चतुर्थक विचलन ( Quartile deviation )

(ग) शततमक ( Percentile )

(घ) सहसम्बन्ध ( Correlation )

## ANSWERS

**1.** (क), **2.** (घ), **3.** (क), **4.** (ख), **5.** (घ), **6.** (ख), **7.** (ग), **8.** (घ), **9.** (क), **10.** (ख), **11.** (क), **12.** (क)।

✦

*अध्याय-4*

# बारंबारता-वितरण

# ( FREQUENCY DISTRIBUTION )

## प्राप्तांक का अर्थ

## ( Meaning of Score )

सांख्यिकी में 'प्राप्तांक' शब्द का व्यवहार अक्सर किया जाता है। अत: यह जान लेना लाभदायक होगा कि स्कोर या प्राप्तांक ( score ) का क्या अर्थ है।

साधारण अर्थ में किसी अंक को प्राप्तांक कहते हैं। जैसे, 5 छात्रों ने मनोविज्ञान की परीक्षा में क्रमश: 85, 95, 60, 55 तथा 75 अंक प्राप्त किए। अत: इन अंकों को स्कोर या प्राप्तांक कहा जाएगा। लेकिन, सांख्यिकी ( statistics ) में प्राप्तांक का अर्थ थोड़ा भिन्न है। यहाँ प्राप्तांक का अर्थ वह अंक है, जिसका प्रसार ( range ) .5 ऊपर तथा ·5 नीचे तक होता है। जैसे, 60 प्राप्तांक का अर्थ है 59.5 से 60.5 तक का मान ( value )। इसे इस प्रकार व्यक्त किया जा सकता है। 59.5, 59.6, 59.7, 59.8, 59.9, 60, 60.1, 60.2, 60.3, 60.4 तथा 60.5, स्पष्ट है कि 59.5 से 60.5 के बीच पड़ने वाली सभी संख्यात्मक मानों का बोध 60 प्राप्तांक से होता है। इसलिए **रेबर** तथा **रेबर** ( Reber & Reber, 2001 ) ने इसकी व्याख्या करते हुए कहा है कि, *''प्राप्तांक का तात्पर्य विशिष्ट प्रतिक्रिया से है, जहाँ प्रतिक्रिया शब्द का अर्थ किसी विषय की किसी भी परिमेय क्रिया को सम्मिलित करना है।''*[1]

## प्राप्तांक के प्रकार

## ( Types of Score )

प्राप्तांक ( score ) को भिन्न-भिन्न आधारों पर कई प्रकारों में विभाजित किया जा सकता है, जो निम्नलिखित है :—

**1. सतत प्राप्तांक** *( Continuous Score )*—सतत प्राप्तांक उस प्राप्तांक को कहते है, जिसको विभिन्न मापन-इकाइयों ( measuring units ) में व्यक्त करना सम्भव होता है। इन इकाइयों में रिक्ति ( gap ) नहीं होती, बल्कि निरन्तरता ( continuity ) होती है।[2]

इस प्रकार के प्राप्तांक या चर ( variable ) को एक सतत रेखा ( continuum ) पर व्यक्त करना सम्भव होता है। जैसे-ऊँचाई ( height ), वजन ( weight ), समय ( time ),

---

1. "Score refers to an individual response, where the term response is meant to encompass any measurable act of a subject." — Reber & Reber, 2001
2. A continuous score is that score which can be expressed in fractional measuring units. The two units do not have genuine gap between themselves. — Author

बुद्धि ( intelligence ), आदि से सम्बन्धित प्राप्तांक को सतत प्राप्तांक कहा जाएगा। इसे एक उदाहरण द्वारा और भी स्पष्ट किया जा सकता है। मान लें कि किसी व्यक्ति की शारीरिक ऊँचाई 65" पायी गयी। यह प्राप्तांक अर्थात 65" वास्तव में सतत प्राप्तांक है। कारण, उसकी ऊँचाई पहले 64" रही होगी और तब 65" हुई होगी। लेकिन, उसकी ऊँचाई 64" से 65" एकाएक नहीं हुई होगी, बल्कि निरन्तर छोटी-छोटी इकाइयों अर्थात 64.1, 64.2, 64.3, 64.4, 64.5, 64.6, 64.7, 64.8 तथा 64.9 से होता हुआ वह 65'' तक पहुँचा होगा। इसी तरह वह 65" से 66" तक कई भिन्नात्मक इकाइयों ( fractional units ) से होकर पहुँच सकता है। यही विशेषता वजन, समय, बुद्धि, आदि चरों से सम्बन्धित प्राप्तांक में देखी जा सकती है। मनोविज्ञान, समाजशास्त्र ( sociology ), तथा शिक्षा के क्षेत्र में इसी प्रकार के सतत प्राप्तांकों का व्यवहार अधिक देखा जाता है।

**2. असतत प्राप्तांक** ( *Discontinuous or Discrete Score* )—यह प्राप्तांक वास्तव में सतत प्राप्तांक के ठीक उल्टा स्वरूप का होता है। अत: असतत प्राप्तांक वह प्राप्तांक है, जिसकी मापन-इकाई ( measuring unit ) पूर्ण ( whole ) होती है। इसे भिन्नात्मक इकाइयों ( fractional units ) में व्यक्त करना सम्भव नहीं होता है। यहाँ दो पूर्ण इकाइयों के बीच वास्तविक रिक्ति ( geunine gap ) होती है।[1] जैसे–किसी परिवार में सदस्यों की संख्या, किसी गाँव में पुरुषों तथा महिलाओं की संख्या, किसी शहर में प्रतिमाह जन्म ( birth ) तथा मृत्यु ( death ) की संख्या, आदि से सम्बन्धित प्राप्तांक असतत होंगे। कारण, इन्हें खण्ड ( fraction ) में व्यक्त करना सम्भव नहीं है। व्यवहारपरक विज्ञानों ( behavioural sciences ) तथा सामाजिक विज्ञानों ( social sciences ) में आवश्यकता के अनुसार असतत प्राप्तांकों का भी व्यवहार किया जाता है।

**3. मूल प्राप्तांक** ( *Raw Score* )—मूलत: निरीक्षित मूल्य ( originally observed value ) या प्राप्त मूल्य ( obtained value ) को मूल प्राप्तांक कहते हैं। यह प्राप्तांक किसी भी रूपान्तरण ( transformation ) से मुक्त होता है।[2]

**4. मानक प्राप्तांक** ( *Standard Score* )—मानक प्राप्तांक को जेड-प्रापतांक ( Z-score ) तथा सिगमा-प्राप्तांक ( sigma score ) कहते हैं । मानक विचलन ( SD ) पर आधारित व्युत्पन्न प्राप्तांक ( derived score ) को मानक प्राप्तांक, जेड-प्राप्तांक या सिगमा-प्राप्तांक कहते हैं ।[3]

**5. वास्तविक प्राप्तांक** ( *True Score* )—*जनसंख्या ( population ) के सांख्यिकीय मूल्य को वास्तविक प्राप्तांक कहते हैं।*[4] यह मूल्य या प्राप्तांक वास्त में अज्ञात ( unknown ) होता है। प्रतिदर्श ( sample ) के आधार पर जो प्राप्तांक या मूल्य प्राप्त होते हैं, उनके मध्यमान ( mean ) के आलोक म इसकी मानक त्रुटि ( standard error, SE ) की सीमा

---

1. Discontinuous or discrete score is that score which cannot be expressed in fractional units. The units are whole having genuine gap betweeen themselves. — Author
2. "Raw score is the orginally observed and recorded value : a score that has not been subjected to any transformation or statistical analysis." — Reber & Reber, 2001, p. 653.
3. "Standard score is generally any derived score that is based on the standard deviation. More specifically, and more commonly called a Z-score'. — Ibid. p. 654.
4. "True score is the value of a population statistics." — Ibid, p. 654

के भीतर वास्तविक प्राप्तांक का अनुमान लगाया जाता है। इसकी पूरी व्याख्या आगे "सांख्यिकी की विश्वसनीयता" के अध्याय में की गयी है।

## बारंबरता का अर्थ
## (Meaning of Frequency)

किसी घटना के घटने की संख्या को बारंबारता (frequency) कहते हैं। मान लें कि भारत के विभिन्न भागों में 7 बार भूकम्प हुए। अत: हम कहेंगे कि भारत मं 2003 में घटित होने वाले भूकम्प की बारंबारता 7 है। इसी प्रकार यदि एक परीक्षा में 50 लड़के प्रथम श्रेणी में, 30 लड़के द्वितीय श्रेणी में तथा 10 लड़के तृतीय श्रेणी में उत्तीर्ण होते हैं तो हम कहेंगे कि प्रथम, द्वितीय तथा तृतीय श्रेणियों में उत्तीर्ण होने वाले लड़कों की बारंबारता क्रमश: 50, 30 तथा 10 है। **चैपलिन** (Chaplin, 1975) ने बारंबारता की परिभाषा देते हुए कहा है, *"कोई प्राप्तांक या घटना जितनी बार घटती है, उसकी संख्या को बारंबारता कहते हैं।"*[1]

## बारंबारता वितरण क्या है ?
## (What is Frequency Distribution ?)

*बारंबारता-वितरण* वह *प्रविधि* (technique) या *विधि* (method) है, *जिसके द्वारा बारंबारता को संख्या (number) के रूप में प्रस्तुत किया जाता है।*[2] यहाँ प्राप्तांकों (scores) के प्रसार (range) अथवा वर्ग (classes) के अनुसार बारंबारता (frequency) का वितरण (distribution) किया जाता है, जिससे पता चलता है कि किस वर्ग में घटना की कितनी संख्या अर्थात् कितनी बारंबारता है। **चैपलिन** (Chaplin, 1975) के शब्दों में, *"बारंबारता वितरण से प्राप्तांकों के दिए गए वर्गान्तर या प्रसार में पड़ने वाली घटनाओं की संख्या का बोध होता है।"*[3] बारंबारता वितरण को दिखने वाली तालिका (table) को बारंबारता-वितरण सारणी या तालिका (frequency distribution table) कहते हैं।

**रेबर** तथा **रेबर** (Reber & Reber, 2001) ने बारंबारता वितरण को परिभाषित करते हुए कहा है कि, *"बारंबारता वितरण का तात्पर्य वर्गों या श्रेणियों के अनुसार प्राप्तांकों के घटित होने की बारंबारता के सूचीकरण पर आधारित वितरण से है।"*[4]

अत: सुविधा के अनुसार अथवा आवश्यकता के अनुसार बारंबारताओं (frequencies) को विभिन्न वर्गों (classes) अथवा श्रेणियों (categories) में वितरित करने वाली सारणी को बारंबारता-वितरण कहा जाता है। इस प्रकार बारंबारताओं का योगफल ही N (प्राप्तांकों की कुल संख्या) होता है। इस आधार पर बारंबारता वितरण वास्तव में सम्भाव्यता वितरण (probability distribution) से भिन्न होता है, क्योंकि यहाँ सम्भाव्यताओं का योगफल सदा 1.00 होता है।

---

1. "Frequency is the number of times a score or phenomenon occurs." — Chaplin, 1975
2. Frequency distribution is a technique for representing frequency numerically. — Author
3. "Frequency distribution shows the number of cases falling within a given class interval or range of scores." — Chaplin, 1975. p. 207
4. "Frequency distribution refers to any distribution based on listing of the frequency of occurrence of the scores according to classes or categories." — Reber & Reber, 2001, p. 211

## बारंबारता-वितरण की आवश्यकता या महत्त्व
## ( Need or Importance or Advantage of Frequency Distribution )

प्रश्न है कि बारंबारता-वितरण क्यों किया जाता है। इससे किस आवश्यकता या आश्यकताओं की पूर्ति होती है? दूसरे शब्दों में, बारंबारता-वितरण का क्या महत्त्व या उपयोगिता ( utility ) हैं ? इन प्रश्नों के उत्तरों से सम्बन्धित निम्नलिखित बातें उल्लेखनीय हैं :-

(i) बारंबारता-वितरण की एक पहली उपयोगिता यह है कि इससे प्राप्तांक ( scores ) संगठित बन जाते हैं। जब तक प्राप्तांक अपने मूल आँकड़ों ( raw data ) के रूप में होते हैं तब तक वे असंगठित रहते हैं । और जब उन्हें बारंबारता-वितरण सारणी ( frequency distribution table ) में सजा दिया जाता है तो वे संगठित बन जाते हैं।

(ii) बारंबारता-वितरण की दूसरी उपयोगिता यह है कि इससे प्राप्तांक अधिक अर्थपूर्ण तथा सार्थक बन जाते हैं। जब तक प्राप्तांक अपने मूल रूप ( raw form ) में होते हैं, तब तक वे अधिक स्पष्ट, सार्थक तथा अर्थपूर्ण नहीं होते हैं। लेकिन, जब उन्हें बारंबारता वितरण सारणी में बदल दिया जाता है तो वे अधिक, सार्थक तथा अर्थपूर्ण बन जाते हैं ।

(iii) बारंबारता-वितरण की तीसरी उपयोगिता यह है कि इससे मूल आँकड़ों का स्वरूप स्पष्ट हो जाता है। जब तक आँकड़े मूल रूप में होते हैं तब तक उनका स्वरूप अस्पष्ट रहता है। लेकिन जब उन्हें बारंबारता-वितरण के रूप में उन्हें सजा दिया जाता है तो उनका स्वरूप बिल्कुल स्पष्ट हो जाता है ।

(iv) बारंबारता-वितरण का चौथा महत्त्व यह है कि इससे किसी वर्ग या समूह के सदस्यों के तुलनात्मक अध्ययन में मदद मिलती है। जैसे, मान लें कि एक विद्यालय के 100 छात्रों के परीक्षा-प्राप्तांक हमारे सामने हैं । इन प्राप्तांकों के आधार पर छात्रों का तुलनात्मक मूल्यांकन कठिन है। लेकिन इन प्राप्तांकों को प्रथम, द्वितीय तथा तृतीय श्रेणियों में उत्तीर्ण छात्रों के आधार पर व्यवस्थित कर दिया जाए तो छात्रों की शैक्षिक-उपलब्धि ( academic achievement ) का तुलनात्मक अध्ययन आसान बन जाएगा ।

(v) बारंबारता-विपरण का पाँचवाँ महत्त्व यह है कि इसकी सहायता से विभिन्न समूहों के तुलनात्मक अध्ययन में सहायता मिलती है। जैसे—दो विद्यालयों के छात्रों द्वारा मैट्रिक की परीक्षा में प्राप्त अंकों ( marks ) को दो अलग-अलग बारंबारता-वितरण में व्यवस्थित करके उनके शैक्षिक उपलब्धियों ( academic achievements ) का तुलनात्मक अध्ययन किया जा सकता है।

इस प्रकार स्पष्ट है कि बारंबारता-वितरण के उपर्युक्त कई लाभ ( advantages ) या उपयोगिताएँ हैं।

## बारंबारता वितरण सारणी कैसे बनायी जाए ?
## ( How to make Frequency Distribution Table ? )

बारंबारता-वितरण तालिका कैसे बनायी जाती है, इसके पहले यह जान लेना आवश्यक है कि बारंबारता-तवतरण के मुख्य तीन प्रकार हैं। इनमें से प्रत्येक के बनाने का तरीका

अलग-अलग है। ये तीन प्रकार निम्नलिखित है :–

(क) निरपेक्ष बारंबारता-वितरण ( Absolute Frequency Distribution )

(ख) संचयी बारंबारता वितरण ( Cumulative Frequency Distribution )

(ग) समानुपाती बारंबारता वितरण ( Proportionate Frequency Distribution )

बारंबारता-वितरण के इन तीनों का वर्णन हम अलग-अलग करना चाहेंगे।

## (क) निरपेक्ष बारंबारता-वितरण
## ( Absolute Frequency Distribution )

बारंबारता वितरण का यह ऐसा प्रकार है जिसके द्वारा बारंबारता को संख्या के रूप में प्रस्तुत किया जाता है । इसकी कई विशेषताएँ हैं :—

(i) यह काफी सरल बारंबारता-वितरण है।

(ii) इससे पता चलता है कि एक वर्गान्तर में कोई प्राप्तांक कितनी बार आया है।

(iii) यहाँ सभी बारंबारताओं ( frequencies ) का योगफल N (प्राप्तांकों की कुल संख्या) के बराबर होता है। लेकिन, इसकी त्रुटि यह है कि इससे यह पता नहीं चल पाता है कि किसी वर्गान्तर में पड़ने वाली बारंबारता N के किस अनुपात ( proportion ) या प्रतिशत ( percentage ) में है । फिर भी मनोविज्ञान, आदि व्यवहारपरक विद्वानों ( behavioural sciences ) में इसी बारंबारता-वितरण विधि का व्यवहार अधिक होता है।

अब हम एक उदाहरण द्वारा यह बतलाने का प्रयास करेंगे कि निरपेक्ष बारंबारता वितरण का निर्माण कैसे किया जाता है । इसके लिए निम्नलिखित तीन विधियों ( methods ) का व्यवहार किया जा सकता है :—

### 1. अपवर्जक अथवा व्यावर्तक विधि ( *Exclusive Method* )

(i) **जब प्राप्तांकों का प्रसार कम होता है** ( ***When the range of scores is limited*** )

मान लें कि 15 छात्रों द्वारा बुद्धि-परीक्षण पर प्राप्त आँकड़े (बु० ल० में) निम्नलिखित हैं :–

100, 96, 98, 102, 99, 97, 101, 103, 99, 100, 104, 98, 97, 100 तथा 101

यहाँ प्राप्तांकों का प्रसार 96 से 104 तक अर्थात् 9 है। अत: यहाँ बारंबारता-वितरण का सरल तरीका यह है कि सबसे पहले दिए गए प्राप्तांकों के उच्चतम प्राप्तांक ( highest score ) तथा न्यूनतम प्राप्तांक ( lowest score ) का पता लगाया जाता है और उन्हें आरोही क्रम ( ascending order ) अर्थात न्यूनतम से उच्चतम की ओर सजा दिया जाता है। जैसे— उपर्युक्त उदाहरण में न्यूनतम प्राप्तांक 96 है और उच्चतम प्राप्तांक 104 है । इन सभी प्राप्तांकों को 96, 97, 98, 99, 100, 101, 102, 103 तथा 104 के क्रम में सजा दिया जाता है। फिर यह देखा लिया जाता है कि प्रत्येक प्राप्तांक समूचे वितरण मं कितनी बार आया है। उसको गिनकर उसके सामने लिख दिया जाता है। उन आधार पर उपर्युक्त उदाहरण

मं दिए गए प्राप्तांकों को इस प्रकार सजाया जा सकता है—

**टेबल** 1

| *प्राप्तांक* ( *Scores* ) | *बारंबारता* ( *Frequency* ) |
|---|---|
| 104 | 1 |
| 103 | 1 |
| 102 | 1 |
| 101 | 2 |
| 100 | 3 |
| 99 | 2 |
| 98 | 2 |
| 97 | 2 |
| 96 | 1 |
| | N = 15 |

आसान होते हुए भी इस विधि की उपयोगिता सीमित है। कारण, जब प्राप्तांकों ( scores ) का प्रसार अधिक होता है तो इसके द्वारा बारंबारता-वितरण न केवल कठिन होता है बल्कि व्यवहारिक रूप से असंभव भी।

( ii ) **जब प्राप्तांकों का प्रसार अधिक होता है** ( ***When the range of scores is large*** )

ऐसी हालत में प्राप्तांकों को वर्गों ( classes ) में समूहन ( grouping ) करके बारंबारता-वितरण बनाया जाता है। मान लें कि 50 छात्रों के प्राप्तांक ( scores ) एक उपलब्धि-परीक्षण ( achievement test ) पर निम्नलिखित पाए गए :–

| | | | | | | | | | |
|---|---|---|---|---|---|---|---|---|---|
| 60 | 55 | 79 | 75 | 45 | 32 | 35 | 51 | 60 | 64 |
| 65 | 70 | 50 | 74 | 80 | 30 | 59 | 55 | 73 | 54 |
| 62 | 56 | 54 | 51 | 44 | 44 | 39 | 53 | 59 | 44 |
| 68 | 59 | 43 | 52 | 69 | 47 | 49 | 49 | 55 | 57 |
| 61 | 68 | 56 | 73 | 59 | 37 | 65 | 48 | 47 | 64 |

इन प्राप्तांकों को बारंबारता-वितरण में सजाने के लिए निम्नलिखित चरणों ( steps ) पर ध्यान दें :–

( i ) **प्राप्तांकों का प्रसार** ( *Range of the scores* )—सबसे पहले दिए गए प्राप्तांकों का प्रसार निकाला जाता है। इसके लिए उच्चतम प्राप्तांक ( highest score, H ) में से न्यूनतम प्राप्तांक ( lowest score, L ) को घटा लिया जाता है तथा उसमें 1 जोड़ दिया जाता है। जैसे—प्रस्तुत उदाहरण में 80 उच्चतम तथा 30 न्यूनतम प्राप्तांक हैं। इसलिए यहाँ प्रसार = ( H-L ) + 1 = ( 80 - 30 ) + 1 = 50 + 1 = 51

( ii ) **वर्गान्तर** ( *Class interval* )—दूसरे चरण मं वर्गान्तर की संख्या तय की जाती है। इसका अर्थ यह है कि बारंबारता-वितरण में वर्गों की संख्या कितनी हो, इसके लिए कोई कठोर नियम नहीं है। लेकिन , ***गैरेट*** ( Garrett, 1981 ) के अनुसार 9 से 16 तक वर्गान्तर संख्या को आदर्श माना जाता है। लेकिन, इससे कम या अधिक वर्गान्तर-संख्या होने पर, उसे गलत नहीं माना जाएगा।

( iii ) **वर्गान्तर का आकार** ( *Size of class interval* )—इसका अर्थ यह है एक वर्गान्तर की लम्बाई ( length ) कितनी हो। दूसरे शब्दों में, एक वर्गान्तर में जितने प्राप्तांक

होते हैं, उसे वर्गान्तर का आकार ( size ) या लम्बाई ( length ) कहते हैं। इसका प्रतीक i अक्षर होता है । किस अंक या प्राप्तांक ( score ) को i रखा जाए, इसको तय करते समय दो बातों को ध्यान में रखा जाता है। एक बात तो यह कि विषम (फुटकर) संख्या ( odd number ) जैसे 1, 3, 5, 7, 9, 11 आदि में से किसी एक को i माना जाए। समांक संख्या ( even number ) जैसे, 2, 4, 6, 8, 10 आदि में से किसी अंक को i रखने पर भी हिसाब सही होगा। अन्तर केवल इतना है कि फुटकर संख्या रखने पर दशमलव ( decimal ) जल्दी नहीं आता है, इसलिए हिसाब बनाने में थोड़ी सुविधा होती है। (ख) उस विषम संख्या को i रखना चाहिए, जिससे प्रसार ( range ) में भाग देने पर भागफल 9 से 16 के बीच हो। जैसे—प्रस्तुत उदाहरण में प्रसार 51 है। यहाँ 5 का i रखने पर पर वर्गान्तर की संख्या $11\left(\frac{51}{5}=10+1=11\right)$ होगी, 3 रखने पर $17\left(\frac{51}{3}\right)$ होगी और 7 रखने पर $8\left(\frac{51}{7}=7+1=8\right)$ होगी। अत: यहाँ 5 का आकार ( i ) रखना अधिक उचित है। स्मरण रखना चाहिए कि प्रसार में i से भाग देने पर जो शेष बचता है उसे एक माना जाता है तथा उसे भागफल में जोड़ दिया जाता है यही योगफल वर्गान्तर की संख्या होती है ।

( iv ) **वर्गान्तर की शुरूआत** ( *Beginning of the class interval )*—वर्गान्तर को शुरू करने का अच्छा तरीका यह है कि दिए गए प्राप्तांकों में से न्यूनतम प्राप्तांक ( lowest score ) या उससे नीचे किसी प्राप्तांक से आरंभ किया जाए और उच्चतम प्राप्तांक ( highest score ) या उससे अधिक निकटतम प्राप्तांक पर इसे समाप्त कर दिया जाए। प्रस्तुत उदाहरण में न्यूनतम प्राप्तांक से आरंभ करने पर पहला वर्गान्तर 30-34 होगा और अंतिम (ग्यारहवाँ) वर्गान्तर 80-84 होगा। ध्यान रहे कि 30-34 में 5 अंक अर्थात् 30, 31, 32, 33 तथा 34 शामिल हैं। यही बात सभी वर्गान्तरों में देखी जा सकती है। पहला वर्गान्तर बना लेने के बाद दोनों ओर i ( यहाँ i =5 ) को तब तक जोड़ा जाता है जब तक कि उच्चतम प्राप्तांक नहीं मिल जाता है। अब नीचे की तालिका-2 पर ध्यान दें :–

**टेबुल 2**

| 1<br>**वर्गान्तर**<br>( class Intervals ) | 2<br>**टैली**<br>( Tallies ) | 3<br>**बारंबारता**<br>( Frequencies,f ) |
|---|---|---|
| 80-84 | I | 1 |
| 75-79 | II | 2 |
| 70-74 | IIII | 4 |
| 65-69 | ~~IIII~~ | 5 |
| 60-64 | ~~IIII~~ I | 6 |
| 55-59 | ~~IIII~~ ~~IIII~~ | 10 |
| 50-54 | ~~IIII~~ II | 7 |
| 45-49 | ~~IIII~~ I | 6 |
| 40-44 | IIII | 4 |
| 35-39 | III | 3 |
| 30-34 | II | 2 |
| | | N = 50 |

(v) **टैली** (*Tally*)—वर्गान्तर बना लेने के बाद टैली लगायी जाती है। प्रस्तुत उदाहरण में पहला प्राप्तांक 60 है जो 60-64 वाले वर्गान्तर में आता है। इसीलिए कॉलम-2 में इस वर्गान्तर के सामने एक टैली चिह्न (1) लगा दिया गया। दूसरा प्राप्तांक 65 है जो 65-69 वाले वर्गान्तर में आता है। इसलिए इस वर्गान्तर के सामने टैली वाले खाने में एक टैली-चिह्न लगा दिया गया। इसी प्रकार सभी प्राप्तांकों का टैली-चिह्न क्रमशः लगा दिया गया। स्मरण रहे कि चार टेली (IIII) के बाद पाँचवीं टैली लिखने के लिए उन्हीं चार टैलियों को तिरछे काट दिया जाता है जैसा कि टेबुल 2 के कॉलम 2 से स्पष्ट है।

(vi) **बारम्बारता** (*Frequency*)—जब टैली-चिह्न लगाना समाप्त हो जाता है तो बारंबारता (*f*) वाले कॉलम में प्रत्येक वर्गान्तर के सामने टैली की संख्या को बारंबारता (frequency) के रूप लिख लिया जाता है, जैसा कि टेबुल-2 के कॉलम 3 में दिखलाया गया है। बारंबारता की कुल संख्या N के बराबर होती है।

इस प्रकार स्पष्ट हुआ कि बारंबारता-वितरण में उपर्युक्त 6 चरण (steps) शामिल होते हैं।

## 2. समावेश-विधि (*Inclusive Method*)

इस विधि के द्वारा भी बारंबारता-वितरण किया जा सकता है। यहाँ भी बारंबारता-वितरण बनाने में वे सभी 6 चरण (steps) शामिल होते हैं, जिनका वर्णन ऊपर व्यावर्तक विधि (exclusive method) में किया गया है। अन्तर केवल यह है कि व्यावर्तक विधि के वर्गान्तर 30-40 को समावेश विधि में 30-35 तथा 35-39 को 35-40 के रूप में लिखा जाता है। इसी आधार पर दूसरे सभी वर्गान्तर बनाए जाते हैं। ध्यान रखना चाहिए कि जिस प्रकार 30-34 में पाँच अंक अर्थात् 30, 31, 32, 33 तथा 34 निहित हैं, उसी तरह 30-35 में भी यही सब प्राप्तांक निहित होते हैं। 35 की गिनती नहीं की जाती है। इसी प्रकार 35-40 में 35, 36, 37, 38 तथा 39 में निहित माने जाते हैं और 40 की गिनती नहीं की जाती है। यही बात अन्य सभी वर्गान्तरों के साथ होती है। उदाहरण के लिए टेबुल-2 के बारंबारता वितरण के समावेश-विधि द्वारा इस प्रकार प्रस्तुत किया जाएगा :–

**टेबुल 3**

| 1<br>वर्गान्तर<br>(Class intervals) | 2<br>टैली<br>(Tallies) | 3<br>बारंबारता<br>(Frequencies, f) |
|---|---|---|
| 80-85 | I | 1 |
| 75-80 | II | 2 |
| 70-75 | IIII | 4 |
| 65-70 | ~~IIII~~ | 5 |
| 60-65 | ~~IIII~~ I | 6 |
| 55-60 | ~~IIII~~ ~~IIII~~ | 10 |
| 50-55 | ~~IIII~~ II | 7 |
| 45-50 | ~~IIII~~ I | 6 |
| 40-45 | IIII | 4 |
| 35-40 | III | 3 |
| 30-35 | II | 2 |
| | | N = 50 |

### 3. यथार्थ विधि ( *Exact Method* )

बारंबारता-वितरण ( frequency distribution ) के लिए इस विधि का भी व्यवहार किया जा सकता है । इस विधि में वर्गान्तर की निम्न सीमा ( lower limit ) तथा उच्च सीमा ( upper limit ) को स्पष्ट रूप से लिख दिया जाता है । 30-34 वर्गान्तर की निम्न सीमा 30 तथा उच्च सीमा 34 है । निम्न सीमा लिखते समय .5 घटा कर लिखा जाता है तथा उच्च सीमा लिखते समय .5 बढ़ाकर लिखा जाता है । अत: यहाँ 30-34 न लिख कर 29.5-34.5 लिखा जाता है । लेकिन 30-34 वर्गान्तर में जो 5 प्राप्तांक अर्थात 30, 31, 32, 33 तथा 34 शामिल हैं, वही सब 29.5–34.5 वर्गान्तर में भी निहित हैं । अन्तर केवल इतना है कि 30–34 वर्गान्तर में निम्न तथा उच्च सीमाएँ स्पष्ट नहीं होती है जबकि 29.5-34.5 वर्गान्तर में वे स्पष्ट होती है । इसी आधार पर दूसरे सभी वर्गान्तरों को बनाया जाता है । इस विधि द्वारा टेबुल–2 के बारंबारता-वितरण को इस प्रकार प्रस्तुत किया जाएगा–

**टेबुल 4**

| 1<br>वर्गान्तर<br>( Class Intervals ) | 2<br>टैली<br>( Tallies ) | 3<br>बारंबारता<br>( Frequencies, f ) |
|---|---|---|
| 79.5–845 | I | 1 |
| 74.5–79.5 | II | 2 |
| 69.5-74.5 | IIII | 4 |
| 64.5-69.5 | IIII | 5 |
| 59.5-64.5 | ~~IIII~~ I | 6 |
| 54.5-59.5 | ~~IIII~~ ~~IIII~~ | 10 |
| 49.5-54.5 | ~~IIII~~ II | 7 |
| 44.5-49.5 | ~~IIII~~ I | 6 |
| 39.5-44.5 | IIII | 4 |
| 34.5-39.5 | III | 3 |
| 29.5-34.5 | II | 2 |
| | | N = 50 |

**नोट :**

बारंबारता वितरण की उपर्युक्त तीनों विधियों में कोई मौलिक अन्तर नहीं है । लेकिन, इतना अवश्य है कि तीसरी विधि अधिक यथार्थ या वास्तविक है । व्यवहार में पहली विधि का उपयोग अधिक होता है । कारण, यह अधिक सरल है तथा इसमें गलती होने की सम्भावना कम रहती है । अत: आगे इसी विधि का व्यवहार किया जाएगा ।

## ( ख ) संचयी बारंबारता वितरण
## ( Cumulative Frequency Distribution )

इस प्रकार के वितरण के लिए दिए गए प्राप्तांकों ( scores ) को निरपेक्ष बारंबारता-वितरण ( absolute frequency distribution ) में यथार्थ विधि ( exact method ) द्वारा व्यवस्थित कर लिया जाता है । इसके बाद प्रत्येक वर्गान्तर ( class interval ) की संचयी बारंबारता

( cumulative f ) को निर्धारित किया जाता है । टेबुल-4 के बारंबारता-वितरण को निम्नलिखित तरीके से संचय बारंबारता वितरण में बदला जा सकता है :–

**टेबुल 5**

| 1<br>वर्गान्तर<br>( Class intervals ) | 2<br>टैली<br>( Tallies ) | 3<br>बारंबारता<br>( Frequencies, f ) | 4<br>संचयी बारंबारता<br>( Cum. freq., cf ) |
|---|---|---|---|
| 79.5 – 84.5 | I | 1 | 50 |
| 74.5 – 79.5 | II | 2 | 49 |
| 69.5 – 74.5 | IIII | 4 | 47 |
| 64.5 – 69.5 | 𝍸 | 5 | 43 |
| 59.5 – 54.5 | 𝍸 I | 6 | 38 |
| 54.5 – 59.5 | 𝍸 𝍸 | 10 | 32 |
| 49.5 – 54.5 | 𝍸 II | 7 | 22 |
| 44.5 – 49.5 | 𝍸 I | 6 | 15 |
| 39.5 – 44.5 | IIII | 4 | 9 |
| 34.5 – 39.5 | III | 3 | 5 |
| 29.5 – 34.5 | II | 2 | 2 |
| | | N = 50 | |

यहाँ संचयी बारंबारता सबसे निचला वर्गान्तर से शुरू किया जाता है तथा क्रमश: सबसे ऊपरी वर्गान्तर तक निकाला जाता है । पहले वर्गान्तर में जितना f होता है, उसे cum. f वाले खाना में उतना ही लिख दिया जाता है । फिर दूसरे के cf वाले खाना में लिखा जाता है । जैसे, यहाँ पहले वर्गान्तर में f की संख्या 2 है । इसलिए उस वर्गान्तर का cf भी 2 हुआ, जिसे cf वाले खाने में लिखा गया । दूसरे वर्गान्तर में f की संख्या 3 है जिसमें पहले वर्गान्तर के cf यानी 2 जोड़ दिया गया तो 5 cf हुआ, जिसको दूसरे वर्गान्तर के cf वाले खाना में लिखा गया । इसी प्रकार दूसरे सभी वर्गान्तरों के cf को निकाला गया । यह बात याद रखना चाहिए कि सबसे ऊपर वाले वर्गान्तर का cf उतना ही होगा जितना कि N है । यदि ऐसा नहीं हो तो समझना चाहिए कि कहीं भूल हो गयी है और इसको फिर से जाँच ( check ) करनी चाहिए ।

## ( ग ) समानुपाती बारंबारता वितरण
### ( Proportionate Frequency Distribution )

यहाँ निरपेक्ष बारंबरता-विरतण ( absolute frequency distribution ) की तरह ही दिए गए आँकड़ों ( data ) या प्राप्तांकों ( scores ) का वितरण किया जाता है । इसके बाद प्रत्येक वर्गान्तर की बारंबारता की समानुपाती बारंबारता को निकाला जाता है । इससे पता चलता है कि प्रत्येक वर्गान्तर में पड़ने वाली बारंबारता अपने N ( बारंबारता की कुल संख्या) के किस अनुपात में है । इसी प्रकार प्रत्येक वर्गान्तर में पड़ने वाली समानुपाती बारंबारता की प्रतिशत बारंबारता ( percentage frequency ) को भी निकाला जा सकता है । टेबुल–2 के

निरपेक्ष बारंबारता-वितरण को समानुपाती या प्रतिशत बारंबारता-वितरण में इस प्रकार दिखलाया जा सकता है :-

**टेबुल 6**

| 1<br>वर्गान्तर<br>( Class Intervals ) | 2<br>बारंबारता<br>( Frequency, f ) | 3<br>समानपाती बारंबारता<br>( Proportionate f ) | 4<br>प्रतिशत बारंबारता<br>( % f ) |
|---|---|---|---|
| 80 – 84 | 1 | .02 | 2.0 |
| 75 – 79 | 2 | .04 | 4.0 |
| 70 – 74 | 4 | .08 | 8.0 |
| 65 – 69 | 5 | .10 | 10.0 |
| 60 – 64 | 6 | .12 | 12.0 |
| 55 – 59 | 10 | .20 | 20.0 |
| 50 – 54 | 7 | .14 | 14.0 |
| 45 – 49 | 6 | .12 | 12.0 |
| 40 – 44 | 4 | .08 | 8.0 |
| 35 – 39 | 3 | .06 | 6.0 |
| 30 – 34 | 2 | .04 | 4.0 |
| | N = 50 | 1.00 | 100.0% |

समानुपातिक बारंबारता निकालने का तरीका यह है कि वर्गान्तर के $f$ को N से भाग दे दिया जाता है । अत: समानुपाती ( proportionate ) = $\frac{f}{N}$ जैसे–वर्गान्तर 30-34 में f की संख्या 2 है, जिसको N यानी 50 से भाग देने पर .04 भागफल हुआ । अत: यही इस वर्गान्तर की समानुपाती बारंबारता हुई । इसी प्रकार दूसरे सभी वर्गान्तरों की समानुपाती बारंबारता निकाली गयी जो समानुपातिक बारंबारता वाले खाना ( कॉलम 3 ) से स्पष्ट है । प्रतिशत बारंबारता निकालने का तरीका यह है कि समानुपाती बारंबारता को 100 से गुणा कर दिया जाता है । जैसे, वर्गान्तर 30–34 की समानुपाती बारंबारता .04 है जिसको 100 से गुणा करने पर 4% प्राप्त हुआ । इसी प्रकार दूसरे सभी वर्गान्तरों की प्रतिशत-बारंबारता निकाली गयी, जो प्रतिशत-बारंबारता वाले खाना ( कॉलम 4 ) से स्पष्ट है । समानुपाती या प्रतिशत-बारंबारता वितरण को सापेक्ष बारंबारता-वितरण ( relative frequency distribution ) भी कहते हैं ।

**आरोही तथा अवरोही अनुक्रम** *( Ascending and Descending Series )*— बारंबारता-वितरण के सम्बन्ध में यह बात भी उल्लेखनीय है कि यह वितरण आरोही ( ascending ) तथा अवरोही ( descending ) दोनों अनुक्रमों ( series ) में हो सकता है । एक तरीका या विधि यह है कि वर्गान्तर ( class interval ) को नीचे से बढ़ते अनुक्रम में सजा दिया जाता है । जैसे—30–34, 35–39, 40–44 आदि अथवा 30–35, 35–40, 40–45 आदि अथवा 29.5–34.5, 34.5–39.5, 39.5–44.5 आदि । इस तरह के बारांबारता वितरण मनोविज्ञान में अधिक प्रचलित हैं ।

दूसरी ओर वर्गान्तर को घटते हुए अनुक्रम में भी सजाया जा सकता है। जैसे—टेबुल-2 के वर्गान्तर को नीचे से 80–84, 75–79, 70–74 आदि, टेबुल–3 के वर्गान्तर को 80 –85, 75–80, 70–75 आदि तथा टेबुल-4 के वर्गान्तर को 79.5–84.5, 74.5–79.5, 69.5–74.5 आदि में सजाया जा सकता है। इस तरह से वितरण समाजशास्त्र ( sociology ), अर्थशास्त्र ( economics ), कॉमर्स ( commerce ) आदि में अधिक उपयोग किए जाते हैं। यह बात स्मरण रखना चाहिए बारंबारता-वितरण चाहे आरोही हो या अवरोही हो परिणाम ( result ) में कोई अन्तर नहीं होगा।

## विश्वविद्यालय प्रश्न
## UNIVERSITY QUESTIONS

### निबन्धात्मक प्रश्न
### ( *Essay Type Questions* )

***1.*** *द्वितीयक प्रदत्त से आप क्या समझते हैं ? इनके उपयोग करने के पहले क्या सावधानियाँ बरतनी चाहिए ?*

***What do you mean by secondary data ? What precautions are necessary before using them ?*** *[ B.A. Part II Hons. 1992, M.U. ]*

***2.*** *मनोविज्ञान की परीक्षा में 35 छात्रों द्वारा प्राप्त आँकड़े ( scores ) निम्नलिखित हैं—*

| | | | | | | |
|---|---|---|---|---|---|---|
| *60* | *50* | *43* | *44* | *68* | *57* | *53* |
| *45* | *55* | *79* | *55* | *72* | *58* | *52* |
| *47* | *35* | *71* | *59* | *64* | *59* | *65* |
| *46* | *38* | *62* | *54* | *40* | *63* | *67* |
| *36* | *69* | *51* | *74* | *39* | *52* | *55* |

*उपर्युक्त आँकड़ें के आधार पर निरपेक्ष बारंबारता-वितरण ( absolute frequency distribution ), व्यावर्तक विधि ( exclusive method ), समावेश-विधि ( inclusive method ) अथवा यथार्थ विधि ( exact method ) के द्वारा बनाएँ। वर्गान्तर का आकार ( i ) 5 रखें।*

*[ M.A. Soc., 2008, P.U. ]*

***3.*** *निम्नलिखित आँकड़ों को बारंबारता-वितरण टेबुल ( frequency distribution table ) में सजाइए। पहला वर्गान्तर 60 से शुरू कीजिए और वर्गान्तर का आकार ( i ) 3 रखिए।*

| | | | | |
|---|---|---|---|---|
| *71* | *74* | *78* | *67* | *71* |
| *80* | *77* | *64* | *87* | *74* |
| *68* | *82* | *77* | *77* | *71* |
| *82* | *71* | *62* | *71* | *72* |
| *61* | *66* | *85* | *68* | *63* |

***4.*** *20 छात्राओं द्वारा गृहविज्ञान ( home science ) में प्राप्त निम्नलिखित अंकों ( scores ) को बारंबारता-वितरण सारणी में सजाएँ—*

| | | | | |
|---|---|---|---|---|
| *58* | *60* | *67* | *65* | *59* |
| *68* | *65* | *55* | *58* | *60* |
| *51* | *57* | *52* | *51* | *62* |
| *61* | *59* | *53* | *67* | *64* |

5. नीचे दिए गए आँकड़ों को तालिकाबद्ध ( *tabulate* ) करें तथा इनका सापेक्ष बारंबारता-वितरण ( *relative frequency distribution* ) भी प्रस्तुत करें—

| | | | | | | | | | |
|---|---|---|---|---|---|---|---|---|---|
| 164 | 160 | 151 | 165 | 155 | 179 | 175 | 145 | 132 | 135 |
| 154 | 173 | 155 | 160 | 170 | 150 | 174 | 180 | 130 | 159 |
| 144 | 159 | 153 | 162 | 156 | 154 | 151 | 144 | 144 | 129 |
| 157 | 155 | 149 | 168 | 159 | 143 | 152 | 169 | 147 | 149 |
| 164 | 174 | 148 | 161 | 168 | 156 | 173 | 159 | 154 | 165 |

6. एक वस्तुनिष्ठ परीक्षण ( *objective test* ) पर 40 विद्यार्थियों की जाँच की गयी और निम्नलिखित आँकड़े प्राप्त किए गए :–

| | | | | | | | |
|---|---|---|---|---|---|---|---|
| 17 | 10 | 66 | 20 | 35 | 58 | 13 | 31 |
| 19 | 70 | 11 | 30 | 45 | 56 | 23 | 41 |
| 16 | 65 | 25 | 40 | 52 | 53 | 33 | 51 |
| 25 | 44 | 41 | 50 | 67 | 45 | 63 | 61 |
| 37 | 57 | 61 | 60 | 71 | 39 | 73 | 71 |

उपर्युक्त आँकड़ों के आधार पर समानुपाती बारंबारता-वितरण सारणी बनाएँ।

7. प्रश्न 5 के आँकड़ों को संचयी बारंबारता-वितरण सारणी ( *cumulative frequency distribution table* ) में सजाएँ।

8. निम्नलिखित में से किन्हीं तीन पर टिप्पणियाँ लिखें—
*Write notes on any three of the following—*
(क) प्राप्तांक का स्वरूप ( *Nature of score* )
(ख) बारंबारता-वितरण का प्रकार ( *Type of frequency distribution* )
(ग) बारंबारता-वितरण तालिका की उपयोगिताएँ ( *Uses of frequency distribution table* )
(घ) संचयी बारंबारता-वितरण ( *Cumulative frequency distribution* )

9. बारंबारता-वितरण का क्या अर्थ है ? बारंबारता-वितरण टेबुल के लाभों का वर्णन करें।
*What is meant by frequency distribution ? Describe the uses of frequency distribution table.*

10. निम्नलिखित प्राप्तांकों ( *scores* ) का व्यावर्तक विधि ( *exclusive method* ) द्वारा बारंबारता वितरण टेबुल ( *frequency distribution table* ) बनाएँ।

| | | | | | |
|---|---|---|---|---|---|
| 17 | 40 | 39 | 27 | 37 | 15 |
| 29 | 41 | 30 | 20 | 47 | 25 |
| 31 | 43 | 35 | 21 | 57 | 35 |
| 39 | 45 | 34 | 23 | 27 | 45 |
| 50 | 47 | 37 | 25 | 17 | 55 |

11. 100 छात्रों ने मनोविज्ञान के एक परीक्षण ( *test* ) पर निम्नलिखित प्राप्तांक ( *scores* ) पाए—

| | | | | | | | | | |
|---|---|---|---|---|---|---|---|---|---|
| 85 | 87 | 40 | 55 | 60 | 81 | 90 | 68 | 59 | 81 |
| 45 | 60 | 45 | 59 | 75 | 55 | 88 | 78 | 58 | 46 |
| 75 | 67 | 69 | 60 | 74 | 58 | 41 | 84 | 60 | 60 |
| 65 | 57 | 79 | 64 | 68 | 58 | 43 | 85 | 60 | 54 |
| 69 | 61 | 45 | 74 | 67 | 64 | 46 | 60 | 78 | 67 |

| | | | | | | | | | |
|---|---|---|---|---|---|---|---|---|---|
| 74 | 59 | 48 | 84 | 59 | 84 | 50 | 63 | 77 | 78 |
| 59 | 80 | 66 | 94 | 61 | 82 | 52 | 75 | 80 | 83 |
| 64 | 91 | 69 | 53 | 71 | 81 | 62 | 69 | 55 | 70 |
| 51 | 70 | 85 | 49 | 73 | 77 | 68 | 68 | 48 | 60 |
| 73 | 47 | 87 | 68 | 76 | 78 | 72 | 67 | 58 | 65 |

*वर्गान्तर का आकार ( size of class interval ) अर्थात i 5 मानते हुए उपर्युक्त प्राप्तांकों ( scores ) को अपवर्जक विधि ( exclusive method ) द्वारा बारंबारता-वितरण में सारणीकरण करें।*

## वस्तुनिष्ठ प्रश्न
## ( Objective Type Questions )

1. *बारंबारता का अर्थ है :*
   *(क) प्राप्तांक ( scores )* *(ख) प्राप्तांक के घटित होने की संख्या*
   *(ग) प्राप्तांक का गुण* *(घ) इनमें से कोई नहीं*
2. *निरपेक्ष बारंबारता वितरण ( absolute frequency distribution ) के लिए निम्नलिखित विधियों में कौन उपयुक्त नहीं है ?*
   *(क) अपवर्जक विधि ( Exclusive Method )*
   *(ख) समावेशित विधि ( Inclusive Method )*
   *(ग) यथार्थ विधि ( Exact Method )* *(घ) इनमें से कोई नहीं*
3. *निम्नलिखित में से कौन प्रसार ( range ) का सूत्र ( formula ) है ?*
   *(क) ( H–L ) + 1* *(ख) ( H + L ) – 1*
   *(ग) ( H–L )* *(घ) इनमें से कोई नहीं*
4. *वर्गान्तर ( class-interval ) के आकार ( size ) का प्रतीक ( symbol ) है :*
   *(क) y* *(ख) x* *(ग) i* *(घ) p*

**ANSWERS**

**1.** (ख), **2.** (घ), **3.** (क), **4.** (ग)।

✦

अध्याय-5

# ग्राफीय चित्रण : स्वरूप एवं प्रकार

# ( GRAPHIC REPRESENTATION : NATURE AND TYPE )

---

## ग्राफीय चित्रण का अर्थ एवं स्वरूप

## ( Meaning and Nature of Graphic Representation )

ग्राफीय चित्रण का अर्थ है आँकड़ों या प्राप्तांकों को ग्राफ के माध्यम से प्रदर्शित करना। यह प्रदर्शन वक्र ( curve ) अथवा रेखाचित्र ( figure ) के रूप में हो सकता है। वक्र या रेखाचित्र से आँकड़ों से सम्बद्ध चरों के बीच सम्बन्ध का स्वरूप स्पष्ट हो जाता है। **रेबर** तथा **रेबर** ( Reber & Reber, 2001 ) ने इसी अर्थ में ग्राफीय चित्रण को परिभाषित करते हुए कहा है, "*सांख्यिकीय, नैदानिक या प्रयोगात्मक आँकड़ों के वास्तविक चित्रण को ग्राफ कहते हैं, जो ऐसी रेखाओं, वक्रों या आकारों के रूप में होता है, जो चरों के बीच सम्बन्धों को प्रतिबन्धित करते हैं।*"[1]

इस परिभाषा के विश्लेषण से ग्राफ के स्वरूप के सम्बन्ध में चार बातें स्पष्ट होती हैं :-

( i ) ग्राफ आँकड़ों ( data ) का वास्तविक चित्रण करता है।

( ii ) ग्राफ द्वारा चित्रित होने वाले आँकड़े सांख्यिकीय, नैदानिक या प्रयोगात्मक हो सकते हैं।

( iii ) ग्राफ कभी रेखाओं के रूप में, कभी वक्रों ( curves ) के रूप में और कभी-आकृतियों ( figures ) के रूप में हो सकता है।

( iv ) ग्राफ के इन तीनों रूप अर्थात रेखा, वक्र तथा आकार सम्बद्ध चरों के बीच सम्बन्ध को प्रतिबिम्बित करते हैं।

**ग्राफ के लाभ** ***( Advantages of Graph or Graphic Representation )***

( i ) ग्राफ द्वारा बारंबारता वितरण ( frequency distribution ) को सहज रूप से समझना सम्भव होता है।

( ii ) दो अथवा अधिक चरों ( variables ) के बीच सम्बन्धों को समझने में सुविधा होती है।

( iii ) ग्राफ के माध्यम से आँकड़ों या प्रदत्त ( data ) के स्वरूप को समझने में आसानी होती है।

( iv ) ग्राफ के माध्यम से किसी आश्रित चर ( dependent variable ) पर स्वतन्त्र चर

---

1. "The graph is the actual representation of the data, be they statistical, clinical or experimental, in terms of lines, curves or figures that reflect the relationship between the variables." — Reber & Reber, 2001, p. 306.

( independent variable ) का प्रभाव ( effect ) का प्रदर्शित करने में सुविधा होती है। इसके अतिरिक्त दो या अधिक समूहों या अवस्थाओं ( conditions ) का तुलनात्मक अध्ययन ग्राफ के माध्यम से किया जाता है।

( v ) ग्राफ के माध्यम से माध्यिका ( Mdn ), बहुलक ( Mo ), शततमक ( percentiles ) आदि सांख्यिकीय मापों की जानकारपी हासिल की जा सकती है।

**ग्राफ की सीमाएँ *( Limitations )***

ग्राफ के कई लाभों का उल्लेख ऊपर किया गया है। फिर भी इसकी अपनी सीमाएँ हैं :–

( i ) ग्राफ बनाने के कुछ निश्चित नियम होते हैं। इन नियमों की जानकारी नहीं रखने वाले लोग सही रूप में ग्राफ बनाने में सक्षम नहीं होते हैं।

( ii ) ग्राफ के कई प्रकार या रूप होते हैं जो समस्या के स्वरूप के अनुकूल-व्यवहार किए जाते हैं। अतः किस परिस्थिति में किस प्रकार के ग्राफ का उपयोग किया जाए, यह निर्धारित करना बहुत कठिन होता है।

( iii ) ग्राफ में आंकिक शुद्धता पूर्ण रूप से सम्भव नहीं हो पाती है।

( iv ) एक ही आधार पर दो चरों से सम्बद्ध बनाए गए दो अलग-अलग ग्राफ के स्वरूप में अस्थिरता के कारण भ्रामक प्रभाव देखे जाते हैं।

## ग्राफ के प्रकार तथा ग्राफीय विधियाँ
## ( Types of Graph and Graphic Methods )

बारंबारता-वितरण ( frequency distribution ) को ग्राफ के द्वारा प्रदर्शित करने की कई विधियाँ हैं। इस दृष्टिकोण से ग्राफ के मुख्य प्रकार निम्नलिखित हैं :–

( 1 ) बारंबारता-बहुभुज ( Frequency Polygon )
( 2 ) आयत-चित्र ( Histogram )
( 3 ) दण्ड-आरेख ( Bar Diagram )
( 4 ) संचयी बारंबारता वक्र ( Cumulative Frequency Curve )
( 5 ) संचयी बारंबारता प्रतिशत वक्र अथवा तोरण ( Cumulative frequency percentage curve or Ogive )

ग्राफ के उपर्युक्त प्रकारों में से प्रथम चार प्रकारों का उल्लेख इस अध्याय में किया जाएगा और शेष पाँचवें प्रकार का वर्णन छठे अध्याय में किया जाएगा।

## ( 1 ) बारंबारता-बहुभुज
## ( Frequency Polygon )

बारंबारता-वितरण प्रस्तुत करने की एक सरल विधि बारंबारता-बहुभुज है।[1] बहुभुज का अर्थ है अनेक कोणों वाला चित्र[2]। यह टेढ़ा-मेढ़ा होता है; क्योंकि बारंबारता-वितरण जिस तरह का होता है, उसी तरह का वक्र ( curve ) खींचा जाता है। इसमें दो रेखाएँ ( lines ) होती हैं–पड़ी रेखा ( horizontal line ) तथा खड़ी रेखा ( vertical line )। पड़ी रेखा को ऐबसिसा ( abscissa ) तथा खड़ी रेखा को ऑर्डिनेट ( ordinate ) कहते हैं। इसी प्रकार

---

1. "Frequency polygon is a way of pictorically presenting a frequency distribution." —Reber & Reber, 2001, p. 286
2. "Polygon means many angled figure." — Garrett, 2007 p.10

ऐबसिसा को X-ऐक्सिस ( X-axis ) तथा ऑर्डिनेट को Y-ऐक्सिस ( Y-axis ) कहते हैं। दोनों रेखाएँ अर्थात् X तथा Y रेखाएँ जिस बिन्दु पर आपस में मिलती हैं, उस बिन्दु को O ( ओ ) ( Origin ) कहते हैं।

**बारंबारता-बहुभुज बनाने के नियम** ***( Rules of Making Frequency Polygon )***

1. **ऐबसिसा तथा ऑर्डिनेट बनाना** *( Making abscissa and ordinate )*—सबसे पहले ग्राफ-पेपर की निचली सतह पर बायीं ओर से दाहिनी ओर एक पड़ी रेखा तथा उसी बिन्दु से नीचे से ऊपर एक खड़ी रेखा खींचना चाहिए। जिस बिन्दु से ये दोनों रेखाएँ आरम्भ की गयी हैं वहाँ पर O, पड़ी-रेखा के दाहिने छोर पर X तथा खड़ी रेखा के ऊपरी छोर पर Y लिखना चाहिए। अब इस तरह का आकार बन जाएगा—

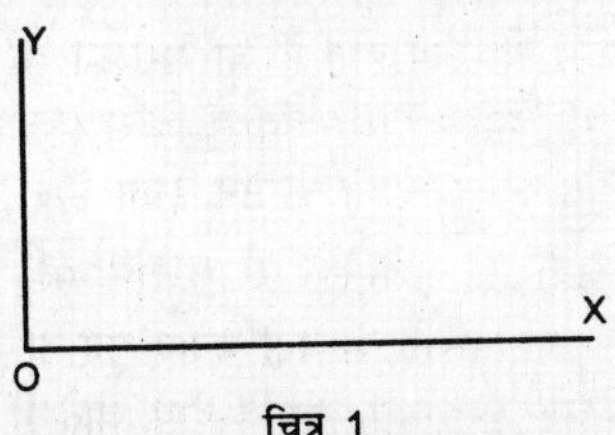


चित्र 1

2. **आधार-रेखा पर बिन्दुओं को अंकित करना** *( Labeling the Points on the Baseline )*—इस चरण ( step ) में आधार-रेखा यानी X-ऐक्सिस पर वर्गान्तरों ( class intervals ) को अंकित किया जाता है। इसके कई तरीके हैं। एक तरीका यह है कि दिए गए वर्गान्तरों में दो अतिरिक्त वर्गान्तर जोड़ दिए जाते हैं—एक सबसे नीचे और दूसरा सबसे ऊपर। दोनों अतिरिक्त वर्गान्तरों में शून्य बारंबारता होती है। दूसरा तरीका यह है कि दिए गए वर्गान्तरों को ही आधार-रेखा पर अंकित करते हैं, अतिरिक्त वर्गान्तर नहीं जोड़ा जाता है। प्रस्तुत उदाहरण में इस दूसरे तरीका का उपयोग किया गया है। इस तरीका में भी आसानी के लिए मध्य-बिन्दुओं ( mid-points ) को लिखना चाहिए। आवश्यकता के अनुसार ग्राफ पेपर के 5 या 2 छोटे वर्गों को एक मध्य बिन्दु माना जाता है। प्रस्तुत उदाहरण में 2 छोटे वर्गों को एक मध्य बिन्दु के बराबर माना गया है। जैसे :–

**टेबुल 7**

| वर्गान्तर ( Class Intervals ) | बारंबारता ( f ) | मध्य बिन्दु ( Mid Points ) |
|---|---|---|
| 80 – 84 | 1 | 82 |
| 75 – 79 | 2 | 77 |
| 70 – 74 | 4 | 72 |
| 65 – 69 | 5 | 67 |
| 60 – 64 | 6 | 62 |
| 55 – 59 | 10 | 57 |
| 50 – 54 | 7 | 52 |
| 45 – 49 | 6 | 47 |
| 40 – 44 | 4 | 42 |
| 35 – 39 | 3 | 37 |
| 30 – 34 | 2 | 32 |
| | N = 50 | |

**3. आधार-रेखा पर मध्य बिन्दुओं को अंकित करना** *( Plotting mid-points on the base line )*—OX रेखा अर्थात X-ऐक्सिस पर बराबर-बराबर दूरी पर O से X की ओर नीचे से शुरू करके सभी मध्यबिन्दुओं को लिख दिया जाता है। सामान्यतः ग्राफ पेपर की 5 या 2 इकाइयाँ ( units ) यानी छोटे वर्गों ( small squares) को एक मध्यबिन्दु मान लिया जाता है। ऐसा करने से सुविधा अधिक होती है। प्रस्तुत उदाहरण में 2 छोटे वर्गों को एक मध्यबिन्दु माना गया है। स्मरण रखना चाहिए कि OX पर यदि वर्गान्तर को लिखना हो तो एक प्राप्तांक 2 छोटे वर्गों के बराबर होगा।

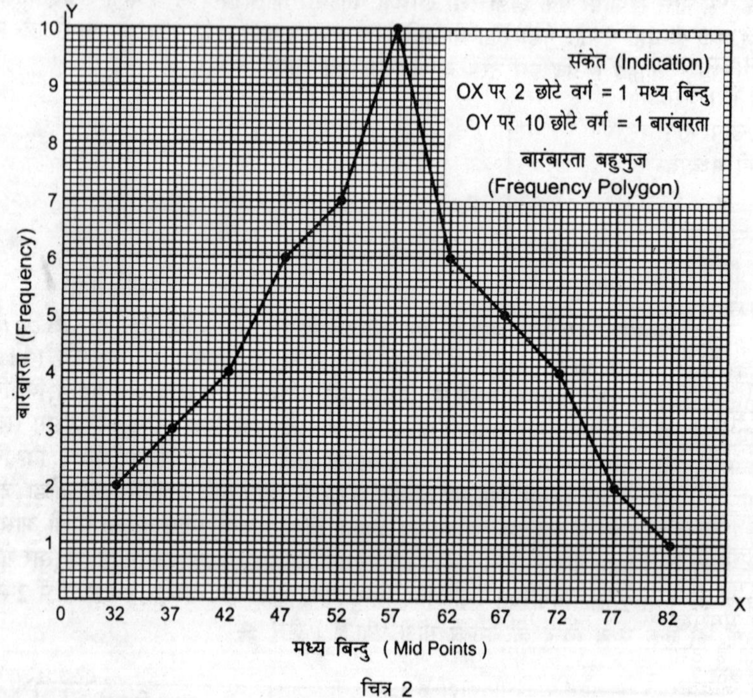


चित्र 2

**4. ऑर्डिनेट पर बारंबारता अंकित करना** *( Plotting frequency on ordinate )*—ऑर्डिनेट या Y-ऐक्सिस पर बारंबारता को अंकित कर दिया जाता है। दिए गए बारंबारता-वितरण में जितना उच्चतम बारंबारता ( highest frequency ) होती है, उतने ही भागों में ऑर्डिनेट को बाँट दिया जाता है। प्रस्तुत उदाहरण में इसे 10 भागों में विभाजित किया गया है, क्योंकि यहाँ अधिकतम बारंबारता 10 है। आवश्यकता के अनुसार 5 या 10 छोटे वर्गों को एक f के बराबर माना जाता है। प्रस्तुत उदाहरण में 10 छोटे वर्गों को एक f के बराबर माना गया है।

**5. बारंबारता-बहुभुज की विमाएँ** *( Dimensions of frequency Polygon )*—ऊपर इस बात की चर्चा की गयी है कि X-ऐक्सिस तथा Y-ऐक्सि पर क्रमशः मध्य-बिन्दुओं ( mid points ) तथा बारम्बारताओं ( frequencies ) को लिखा जाता है। लेकिन, प्रश्न है कि ग्राफ-पेपर की कितनी इकाइयों अथवा छोटे वर्गों ( small squares ) को एक मध्यबिन्दु या एक f माना जाए। इस सम्बन्ध में **गैरेट** ( Garrett, 1981 ), आदि सांख्यिकीविदों ( statisticians ) का विचार है कि 75% नियम के अनुकूल बहुभुज की ऊँचाई ( height )

तथा चौड़ाई ( width ) को निर्धारित करना चाहिए। यदि ऊँचाई ( Y-ऐक्सिस ) 75मि० मी० हो तो उसकी चौड़ाई ( X-ऐक्सिस ) 100 मि०मी० होनी चाहिए । इसमें थोड़ी कमी-बेशी भी हो सकती है। जैसे, ऊँचाई तथा चौड़ाई का अनुपात 60% से 80% तक हो तो भी काम चल सकता है, किन्तु इससे अधिक नहीं । इस नियम पर अमल करने से लाभ यह होता है कि बहुभुज का आकार संतुलित तथा सुडौल हो पाता है । प्रस्तुत बहुभुज का निर्माण 75% नियम के आधार पर किया गया है ।

**6. प्रत्येक मध्यबिन्दु पर बारंबारता को अंकित करना** *( Plotting frequency at every mid point )*—OX पर अंकित प्रत्येक मध्यबिन्दु की जो बारंबारता ( f ) होती है, उसे उस मध्यबिन्दु के ठीक ऊपर OY की ओर बढ़कर अपेक्षित f के सामने एक बिन्दु लगा देते हैं । जैसे—प्रस्तुत उदाहरण में 32 मध्यबिन्दु की बारंबारता 2 है । इसलिए इस मध्यबिन्दु के ऊपर OY पर अंकित f संख्या 2 के सामने एक बिन्दु लगा दिया गया है । इसी प्रकार दूसरे सभी मध्यबिन्दुओं की बारंबारता को देख-देख कर अलग-अलग बिन्दु लगा दिया जाता है ।

**7. बिन्दुओं को मिला देना** *( Connecting all the points )*—अन्त में स्केल तथा पेन्सिल की सहायता से सभी बिन्दुाअें को सीधी रेखा से मिला दिया जाता है । इस प्रकार जो चित्र ( figure ) बनता है, उसे ही बारंबारता-बहुभुज कहते हैं ।

## बारंबारता-बहुभुज का समरेखण *( Smoothing the Frequency Polygon )*

बारंबारता-बहुभुज के समरेखण का अर्थ या उद्देश्य बहुभुज ( polygon ) की अनियमितता ( irregularities ) को दूर करके इसे नियमित तथा सुडौल बनाना है । दो परिस्थितियों में बहुभुज अनियमित तथा विषम बन जाता है—( i ) जब N छोटा होता है तथा ( ii ) जब बारंबारता का वितरण अनियमित होता है ।

समरेखित बहुभुज ( smoothed polygon ) बनाने का तरीका वही होता है, जो बारंबारता-बहुभुज ( frequency polygon ) बनाने का होता है । अन्तर केवल इतना है कि बारंबारता बहुभुज में Y-ऐक्सिस पर बारंबारता ( f ) को लिखा जाता है जबकि समरेखित बहुभुज में Y-ऐक्सिस पर समरेखित बारंबारता ( smoothed f ) को लिखा जाता है । बारंबारता को समरेखित करने का तरीका यह है कि जिस वर्गान्तर की बारंबारता को समरेखित करना होता है उसी बारंबारता में उसके ठीक ऊपर तथा ठीक नीचे के वर्गान्तरों की बारंबारताओं को जोड़कर 3 से भाग दे दिया जाता है । जो भागफल होता है, वही उस वर्गान्तर की समरेखित बारंबारता होती है । जैसे—मान लें कि टेबुल 7 के 60-64 वर्गान्तर की बारंबारता को समरेखित करना है । इसमें 6 बारंबारता है और इसके ऊपर तथा नीचे क्रमशः 5 तथा 10 बारंबारताएँ हैं । अतः $\frac{5+6+10}{3} = 7$ को 60–64 वर्गान्तर के लिए समरेखित बारंबारता माना जाएगा । इसी प्रकार सभी वर्गान्तरों की बारंबारताओं की समरेखित बारंबारताओं को निकालकर समरेखीय बहुभुज बनाया जाएगा ।

## ( 2 ) आयत-चित्र
### ( Histogram )

आयत-चित्र या हिस्टोग्राम एक ग्राफीय विधि है, जिसके द्वारा बारंबारता-वितरण को दिखलाया जाता है । इसके द्वारा प्रत्येक वर्गान्तर ( class interval ) की बारंबारता ( frequency ) को उस वर्गान्तर के ऊपर एक आयत ( rectangle ) बनाकर दिखलाया जाता है । इसी कारण इसे आयत-चित्र कहते हैं। **चैपलिन** ( Chaplin, 1975 ) के शब्दों में, "*हिस्टोग्राम*

*बारंबारता-वितरण का वह ग्राफीय प्रकार है, जिसमें प्रत्येक वर्ग की बारंबारता का प्रतिनिधित्व एक दण्ड आरेख द्वारा होता है, जिसकी ऊँचाई उस वर्ग की बारंबारता के समानुपाती होती है।"*[1]

उपर्युक्त बातों से स्पष्ट होता है कि आयत-चित्र तथा बारंबारता बहुभुज ( frequency polygon ) के बीच कुछ समानताएँ तथा कुछ भिन्नताएँ हैं। समानता यह है कि दोनों ग्राफीय विधि हैं, जिनके द्वारा बारंबारता-वितरण को दिखलाया जाता है। दूसरी समानता यह है कि दोनों के X-ऐक्सिस पर मध्यबिन्दु ( mid points ) तथा Y-ऐक्सिस पर बारंबारता ( f ) लिखे जाते हैं। लेकिन, दोनों में पहला अन्तर यह है कि बारंबारता-बहुभुज में बारंबारताओं को वर्गान्तर के मध्य-बिन्दु पर दिखलाया जाता है जबकि आयतचित्र (हिस्टोग्राम) में बारंबारताओं को पूरे वर्गान्तर के रूप में दिखलाया जाता है। दूसरा अन्तर यह है कि आयत-चित्र में प्रत्येक वर्गान्तर की बारंबारता आयत के रूप में होती है, जिसका आधार उस वर्गान्तर का आकार ( size ) होता है और जिसकी ऊँचाई उस वर्गान्तर की बारंबारता के समानुपाती ( proportional ) होती है। लेकिन यह विशेषता बारंबारता-बहुभुज में नहीं पायी जाती है। तीसरा अन्तर यह है कि उपयोगिता ( utility ) की दृष्टि से बारंबारता-बहुभुज की अपेक्षा आयत-चित्र (हिस्टोग्राम) अधिक लाभदायक है, क्योंकि इसके आधार पर बारंबारता-वितरण का स्वरूप अधिक स्पष्ट हो जाता है। लेकिन, दो या अधिक बारंबारता-वितरणों का तुलनात्मक अध्ययन केवल बारंबारता बहुभुज से ही सम्भव है, हिस्टोग्राम से नहीं। कारण, भिन्न-भिन्न वितरणों के बहुभुज एक ही ग्राफ पर बनाए जा सकते हैं, किन्तु हिस्टोग्राम में यह सम्भव नहीं है।

उदाहरण के लिए टेबुल-7 के बारंबारता-वितरण से बनाए गए निम्नलिखित हिस्टोग्राम पर ध्यान देने से उपर्युक्त बातें स्पष्ट हो जाती हैं :–

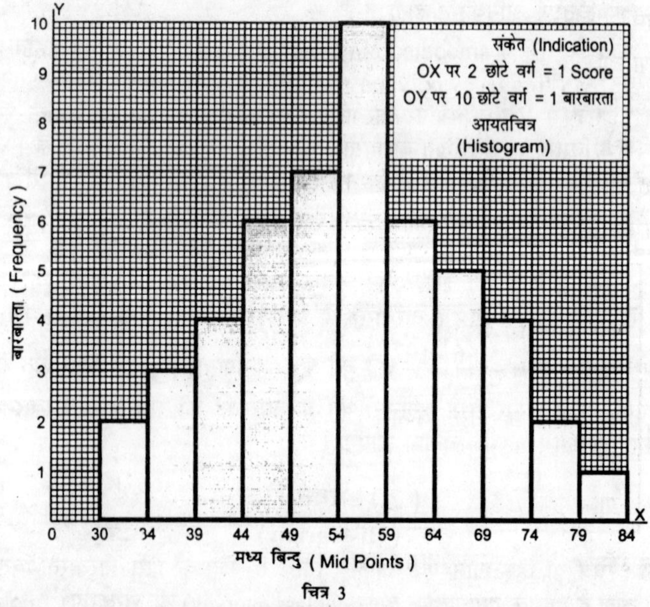


चित्र 3

1. "Histogram is a graphic form of the frequency distribution in which the number of cases within each class is represented by a vertical bar whose height is proportional to the number of cases within the class." — Chaplin, 1975, p. 236

हिस्टोग्राम बनाने का तरीका वही है जो बारंबारता-बहुभुज बनाने का है। यहाँ भी वही सब चरण ( steps ) शामिल होते हैं, जिनका उल्लेख बहुभुज बनाते समय पृष्ठ 53–56 पर किया जा चुका है। अतः उन चरणों को पुनः दुहराने की आवश्यकता नहीं है। केवल इतना ध्यान रखना चाहिए कि यहाँ बिन्दुओं को इस तरह मिलाया जाए कि प्रत्येक वर्गान्तर की बारंबारता आयत के रूप में हो जाए और उस आयत की ऊँचाई तथा उस वर्गान्तर की बारंबारता समानुपातिक हो जाए।

## ( 3 ) दण्ड-आरेख

### ( Bar Diagram, Bar Chart or Bar Graph )

*दण्ड-आरेख या दण्ड चार्ट ( bar chart ) वह ग्राफीय विधि है, जिसमें प्राप्तांकों को समान चौड़ाई किन्तु विभिन्न लम्बाइयों के छोटे-छोटे आयतों ( rectangles ) के द्वारा दिखलाया जाता है।*[1] इस अर्थ में दण्ड-ग्राफ बारंबारता-बहुभुज ( frequency polygon ) तथा आयत-चित्र ( histogram ) के समान है; क्योंकि ये तीनों वस्तुतः बारंबारता-वितरण ( frequency distributions ) को दिखाने की विधियाँ हैं। लेकिन, यह बहुभुज से इस अर्थ में भिन्न है कि बहुभुज में बारंबारता को वर्गान्तर के मध्यबिन्दु पर दिखलाया जाता है जबकि दण्ड आरेख में आयत के रूप में दिखलाया जाता है। इसी तरह यह (दण्ड आरेख) हिस्टोग्राम से इस अर्थ में भिन्न है कि यद्यपि दोनों में बारंबारता को आयत के रूप में दिखलाया जाता है, फिर भी हिस्टोग्राम में भिन्न-भिन्न आयतों ( rectangles ) के बीच जगह नहीं छोड़ी जाती है, जबकि दण्ड आरेख (बार डायग्राम) में उनके बीच बराबर-बराबर जगह छोड़ दी जाती है। यदि जगह नहीं छोड़ा जाए और दण्डों ( bars ) को सतत ( continuous ) बना दिए जाएँ तो वह हिस्टोग्राम हो जाएगा। उदाहरण–द्वितीय पंचवर्षीय योजना में अर्थ-व्यवस्था के विभिन्न विभागों के लिए सरकार के व्यय (करोड़ रुपयों में) निम्नलिखित हैं :—

| विभाग | व्यय ( करोड़ रु० में ) |
|---|---|
| परिवहन तथा संचार | 410 |
| सिंचाई तथा शक्ति | 270 |
| कृषि तथा सामूहिक विकास | 190 |
| उद्योग | 150 |
| ग्राम सेवाएँ | 110 |

इन आँकड़ों को हम चित्र द्वारा दिखला सकते हैं, जैसा कि चित्र-4 में दिखाया गया है।

1, "Bar diagram or chart is a graphic method of representing scores or magnitudes by means of narrow rectangles of uniform width but different lengths."

—Chaplin, 1975, p. 53

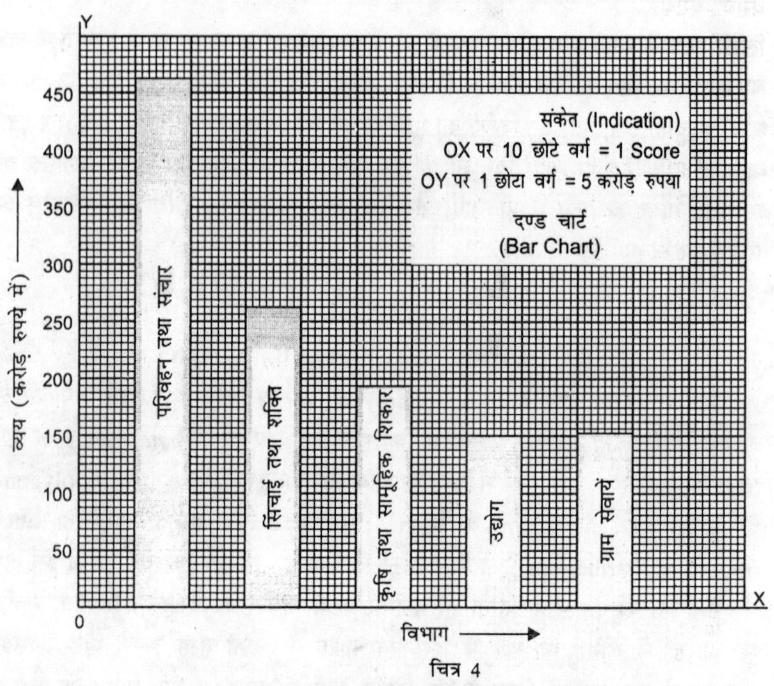


चित्र 4

## ( 4 ) संचयी बारंबारता वक्र

## ( Cumulative Frequency Curve )

यह एक ग्राफीय विधि है, जिसके द्वारा प्राप्तांकों की श्रृंखलाओं ( series ) को संचयी रूप से जोड़ कर दिखलाया जाता है । दूसरे शब्दों में, संचयी बारंबारता वक्र प्राप्तांकों की श्रृंखला की बारंबारताओं के योग का वह ग्राफीय प्रस्तुतीकरण है, जिसमें उन्हें आकार ( magnitude ) के क्रम में व्यवस्थित कर दिया जाता है ।[1]

संचयी बारंबारता वक्र बनाने के लिए प्रत्येक वर्गान्तर ( class interval ) की बारंबारता को संचयी बारंबारता ( cumulative frequency, cf ) में बदलना आवश्यक होता है । इसकी पूरी व्याख्या पृष्ठ 67–68 पर की जा चुकी है । यह वक्र भी बारंबारता-वितरण बहुभुज ( polygon ) की तरह बनाया जाता है । अन्तर केवल इतना है कि बहुभुज बनाते समय OX पर वर्गान्तर के मध्य-बिन्दु ( mid points ) अथवा पूरा वर्गान्तर की बराबर-बराबर दूरी पर लिखे जाते हैं जबकि संचयी वक्र बनाते समय OX पर वर्गान्तर की उच्च सीमाओं ( upper limits ) को लिखा जाता है । इसी तरह बहुभुज में OY पर वर्गान्तर की बारंबारताओं को

1. "Cumulative frequency curve is a graphic representation of the sums of the frequencies of a series of scores which have been arranged in order of magnitude."
—Chaplin, 1975, p. 126

बराबर-बराबर दूरी पर लिखा जाता है जबकि संचयी वक्र में OY पर संचयी बारंबारताओं को लिखा जाता है। उदाहरण के लिए टेबुल–5 में दिए गए आँकड़ों के आधार पर एक संचयी बारंबारता-वक्र बनाया गया है जो चित्र 5 से स्पष्ट है।

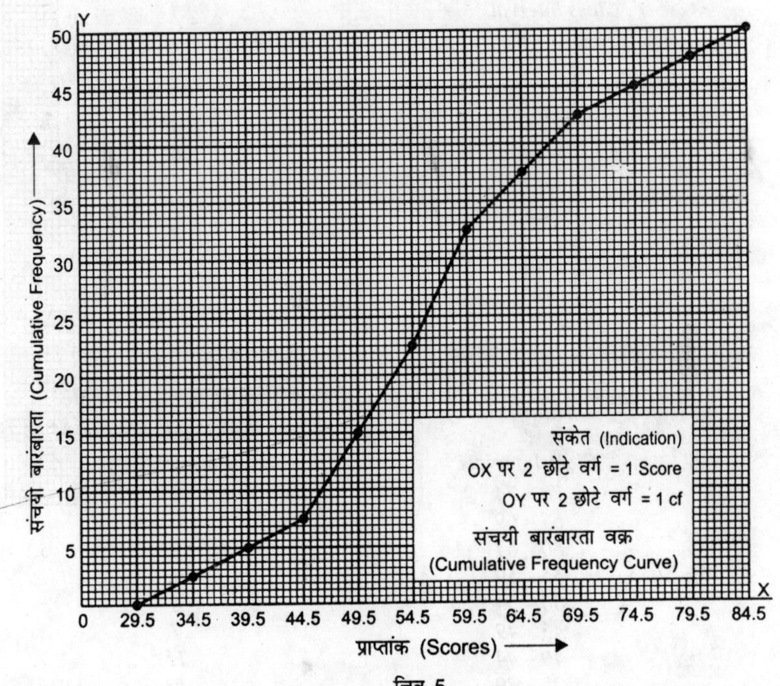


चित्र 5

## विश्वविद्यालय प्रश्न

## UNIVERSITY QUESTIONS

### निबन्धात्मक प्रश्न

### *( Essay Type Questions )*

1. *ग्राफीय चित्रण क्या है ? इसके लाभों तथा अलाभों का वर्णन करें।*
   *What is graphic representation ? Describes its advantages and disadvantages.*
   *[ M.A. 2006, VMF, M.A. Soc. 2008, P.U. ]*
2. *ग्राफीय चित्रण की परिभाषा दें तथा इसके मुख्य प्रकारों का वर्णन करें।*
   *Define graphic representation and describe its main types.*
3. *निम्नलिखित आवृत्ति तालिका से आवृत्ति स्तम्भाकार बनाइए–[ B.A. Pass, 2001, M.U. ]*

*आवृत्ति तालिका*

*FREQUENCY TABLE*

| वर्गान्तर *Class Interval* | आवृत्ति *f* |
|---|---|
| 50 – 54 | 1 |
| 45 – 49 | 2 |
| 40 – 44 | 3 |
| 35 – 39 | 4 |
| 30 – 34 | 6 |
| 25 – 29 | 4 |
| 20 – 24 | 4 |
| 15 – 19 | 3 |
| 10 – 14 | 2 |
| 5 – 9 | 1 |
| | N = 30 |

4. *निम्नलिखित बारंबारता तालिका से बारंबारता-बहुभुज या आयत-चित्र बनाएँ।*

*Plot frequency polygon or Histogram of the following frequency table.*

*[ B.A. Pass, M.U. 1998 ]*

| *Class Intervals* | *Frequencies* |
|---|---|
| 70 – 74 | 1 |
| 65 – 69 | 2 |
| 60 – 64 | 2 |
| 55 – 59 | 4 |
| 50 – 54 | 6 |
| 45 – 49 | 7 |
| 40 – 44 | 15 |
| 35 – 39 | 13 |
| 30 – 34 | 11 |
| 25 – 29 | 8 |
| 20 – 24 | 4 |
| 15 – 19 | 3 |
| 10 – 14 | 3 |
| 5 – 9 | 1 |
| | N = 80 |

5. *अभ्यास 3 की बारंबारता-सारणी से आयतचित्र ( histogram ) बनाएँ।*

6. *निम्नलिखित प्राप्तांक विभाजन के आधार पर पोलिगॉन वक्र तैयार करें।*

*Plot frequency polygon on the basis of the following distribution of socres ?*

*[ B.A. Part II Hons. M.U., 1991 ]*

| x | 10–14 | 15–19 | 20–24 | 25–29 | 30–34 | 35–39 | 40–44 | 45–49 | 50–54 |
|---|---|---|---|---|---|---|---|---|---|
| f | 2 | 8 | 6 | 12 | 7 | 6 | 4 | 3 | 2 |

7. *आवृत्ति-वितरण क्या है ? इसके निर्माण की विभिन्न विधियों का उल्लेख करें।*

*What is frequency distribution ? Describe its different methods.*

*[ B.A. II Hons. 2005, P.U. ]*

8. *निम्नलिखित प्राप्तांकों ( scores ) के बारंबारता-वितरण ( frequency distribution ) में सजाएँ तथा उनसे बारंबारता बहुभुज ( polygon ) तथा आयत चित्र ( histogram ) बनाएँ।*

| | | | |
|---|---|---|---|
| 71 | 60 | 53 | 51 |
| 70 | 61 | 53 | 51 |
| 69 | 57 | 53 | 50 |
| 67 | 59 | 54 | 49 |
| 69 | 59 | 54 | 40 |
| 65 | 58 | 51 | 39 |
| 65 | 55 | 51 | 35 |
| 63 | 55 | 52 | 29 |

9. *अभ्यास संख्या 8 के आँकड़ों से एक बारंबारता-बहुभुज बनाएँ और इसका समरेखण ( smoothing ) भी करें।*

10. *निम्नलिखित को बारंबारता-तालिका ( frequency table ) में सजाएँ तथा उनसे एक बारम्बारता-बहुभुज ( polygon ) बनाएँ :* *[ B.A. II, Hons., 1995, 2001, M.U., ]*

11. *प्रश्न संख्या 3 में दी गयी बारंबारता-सारणी ( frequency distribution table ) के आधार पर एक ही आधार-रेखा ( base line ) पर बारंबारता-बहुभुज ( polygon ) तथा आयतचित्र ( histogram ) बनाएँ।*

12. *100 अनियमित रूप से नियुक्त श्रमिकों ( labours ) की दैनिक मजदूरी का वितरण निम्नलिखित है :–*

| ( रुपयों में) | श्रमिकों की संख्या |
|---|---|
| 15–17 | 7 |
| 13–15 | 10 |
| 11–13 | 22 |
| 9–11 | 50 |
| 7–9 | 7 |
| 5–7 | 4 |

*उपर्युक्त आँकड़ों के आधार पर संचयी बारंबारता वक्र ( cumulative frequency curve ) बनाएँ।*

13. *निम्नलिखित बारंबारता-सारणी ( frequency table ) से बारंबारता-बहुभुज ( frequency polygon ) तैयार करें।*

| वर्गान्तर ( Class Intervals ) | बारंबारता ( Frequency ) |
|---|---|
| 90 – 94 | 1 |
| 85 – 89 | 1 |
| 80 – 84 | 2 |
| 75 – 79 | 4 |
| 70 – 74 | 6 |
| 65 – 69 | 7 |
| 60 – 64 | 14 |
| 55 – 59 | 4 |
| 50 – 54 | 6 |
| 45 – 49 | 6 |
| 40 – 44 | 5 |
| 35 – 39 | 3 |
| 30 – 34 | 1 |
| | N = 60 |

**14.** किसी कॉलेज में पढ़ने वाली छात्राओं की संख्या विभिन्न विषयों में निम्नलिखित है :–

| विषय ( Subjects ) | छात्राओं की संख्या ( No. of girls ) |
|---|---|
| मनोविज्ञान | 450 |
| इतिहास | 300 |
| गृहविज्ञान | 700 |
| अंग्रेजी | 400 |
| समाजशास्त्र | 600 |
| संस्कृत | 100 |
| हिन्दी | 350 |

उपर्युक्त आँकड़ों के आधार पर दण्ड-आरेख ( bar diagram ) बनाएँ।

**संकेत**—आँकड़ों को दण्ड-आरेख द्वारा दिखलाने के पहले इन्हें घटती हुई क्रम ( descending order ) में सजा लेना चाहिए।

**15.** बारम्बारता बहुभुज तथा आयतचित्र में भेद करें।
निम्नलिखित प्राप्तांकों से आयतचित्र तैयार करें।

*Distinguish between frequency polygon and histogram. Prepare a histogram from the scores given below :* [ B.A. II Hons. 2008, Mithila U. ]

| | | | | | | | | | |
|---|---|---|---|---|---|---|---|---|---|
| 60 | 50 | 52 | 55 | 30 | 35 | 38 | 40 | 42 | 45 |
| 49 | 48 | 50 | 50 | 52 | 54 | 61 | 65 | 67 | 69 |
| 70 | 32 | 34 | 43 | 45 | 48 | 50 | 51 | 62 | 51 |

**16.** नीचे दिए गए आँकड़ों के आधार पर संचयी आवृत्ति ग्राफ तैयार करें।

*Prepare a cumulative frequency graph on the basis of the data given below.*
[ B.A. III ( G ) 2002, L.N.M.U. ]

| Class Interval | Frequency |
|---|---|
| 101 – 110 | 5 |
| 91 – 100 | 10 |
| 81 – 90 | 20 |
| 71 – 80 | 30 |
| 61 – 70 | 23 |
| 51 – 60 | 8 |
| 41 – 50 | 4 |

**17.** निम्नलिखित प्राप्तांकों को बारम्बारता वितरण तालिका में सजायें तथा एक बारम्बारता बहुभुज बनायें।

*Arrange the following scores in a frequency distribution table and plot a polygon.*
[ B.A. Part II Hons. 2008, P.U. ]

| | | | | | | | | | |
|---|---|---|---|---|---|---|---|---|---|
| 60 | 55 | 79 | 75 | 45 | 32 | 35 | 51 | 60 | 64 |
| 65 | 70 | 50 | 74 | 80 | 30 | 59 | 55 | 73 | 54 |
| 62 | 56 | 54 | 51 | 44 | 44 | 39 | 53 | 59 | 44 |
| 68 | 59 | 43 | 52 | 69 | 47 | 49 | 49 | 55 | 57 |
| 61 | 68 | 56 | 73 | 59 | 37 | 65 | 48 | 47 | 64 |

*18. नीचे दिये गये प्राप्तांकों से एक आवृत्ति बहुभुज तैयार करें।*

*Prepare a Frequency Polygon from the sources given below :*

*[ B.A. II Hons. 2004, VKU ]*

| *C.I.* | *Frequency* |
|---|---|
| *40 – 44* | *2* |
| *35 –39* | *3* |
| *30 – 34* | *3* |
| *25 – 29* | *9* |
| *20 – 24* | *12* |
| *15 – 19* | *7* |
| *10 – 14* | *3* |
| *05 – 09* | *1* |
| | *N = 40* |

*19. निम्नलिखित आँकड़े से आयत-चित्र तैयार करें।*

*Plot a histogram from the following data :* *[ M.A. Sociology 2008, P.U. ]*

| *CI* | *f* |
|---|---|
| *70-74* | *1* |
| *65-69* | *2* |
| *60-64* | *2* |
| *55-59* | *4* |
| *50-54* | *6* |
| *45-49* | *7* |
| *40-44* | *15* |
| *35-39* | *13* |
| *30-34* | *11* |
| *25-29* | *8* |
| *20-24* | *4* |
| *15-19* | *3* |
| *10-14* | *3* |
| *5-9* | *1* |

*20. नीचे दिए गए आँकड़ों के आधार पर बारंबारता बहुभुज तथा आयत-चित्र एक ही आधार-रेखा पर तैयार करें।*

*Plot a frequency polygon and a histogram at the same base line from the data given below :* *[ M.A. (Soc.) 2006, P.U. ]*

| *Class intervals* <br> *वर्गान्तर* | *Frequency* <br> *बारंबारता* |
|---|---|
| *70–74* | *5* |
| *65–69* | *10* |
| *60–64* | *15* |
| *55–59* | *20* |
| *50–54* | *25* |
| *45–49* | *40* |
| *40–44* | *25* |
| *35–39* | *20* |
| *30–34* | *15* |
| *25–29* | *10* |
| *20–24* | *5* |

21. *निम्नांकित प्राप्तांकों सक एक आयतचित्र तैयार करें।*
*Prepare a histogram from the scores given below.* *[ B.a. Hons. R.U., 2008 ]*

| | | | | | | | | | |
|---|---|---|---|---|---|---|---|---|---|
| 48 | 38 | 51 | 42 | 51 | 70 | 50 | 34 | 55 | 45 |
| 54 | 61 | 65 | 67 | 69 | 49 | 48 | 50 | 50 | 52 |
| 35 | 50 | 40 | 62 | 51 | 60 | 32 | 52 | 43 | 30 |

## वस्तुनिष्ठ प्रश्न
## ( Objective Questions )

1. *निम्नलिखित में से कौन ग्राफीय विधि है ?*
   (क) बारंबारता बहुभुज ( *Frequency Polygon* )
   (ख) आयत चित्रण ( *Histogram* )
   (ग) दण्ड आरेख ( *Bar Diagram* )
   (घ) उपर्युक्त सभी
2. *बारंबारता-बहुभुज तथा आयत चित्र में मुख्य अन्तर है—*
   (क) बारंबारता बहुभुज में बारंबारताओं को वर्गान्तर के मध्य बिन्दु पर दिखलाया जाता है जबकि आयत चित्र में बारंबारताओं को पूरे वर्गान्तर के साथ में दिखलाया जाता है।
   (ख) बारंबारता बहुभुज सरल हो जाता है जबकि आयत चित्र जटिल होता है।
   (ग) बारंबारता बहुभुज क्षेत्र व्यापक होता है जबकि आयत चित्र का क्षेत्र सीमित होता है।
   (घ) बारंबारता बहुभुज अधिक उपयोगी होता है जबकि आयत चित्र कम उपयोगी होता है।
3. *जेड प्राप्तांक (Z-score) का अर्थ है :*
   (क) सतत प्राप्तांक ( *continuous score* )
   (ख) असतत प्राप्तांक ( *discontinuous score* )
   (ग) वास्तविक प्राप्तांक ( *true score* )
   (घ) मूल प्राप्तांक ( *Raw score* )
4. *S वक्र समान है :*
   *The S curve is similar to :*
   (क) बहुभुज के ( *Polygon* )
   (ख) हिस्टोग्राम ( *Histogram* )
   (ग) ओगाईभ ( *Ogive* )
   (घ) इनमें से कोई नहीं ( *None of these* )

**ANSWERS**

**1.** (क), **2.** (घ), **3.** (ग), 4. (घ)

✦

*अध्याय-6*

# संचयी बारंबारता प्रतिशत वक्र ( तोरण ) तथा शततमक

# ( CUMULATIVE FREQUENCY PERCENTAGE CURVE OR OGIVE AND PERCENTILE )

---

## संचयी बारंबारता प्रतिशत वक्र ( तोरण ) का अर्थ एवं स्वरूप

## ( Meaning and Nature of Cumulative Frequency Percentage Curve or Ogive )

### तोरण का अर्थ *( Meaning of Ogive )*

तोरण को संचयी बारंबारता प्रतिशत वक्र ( cumulative frequency percentage curve ) भी कहते हैं । **चैपलिन** ( Chaplin, 1975 ) के अनुसार *तोरण बारंबारता-वितरण को दिखलाने की वह ग्राफीय विधि है, जिसमें ग्राफ का आकार अंग्रेजी के S अक्षर के समान होता है ।* **रेबर** तथा **रेबर** ( Reber & Reber, 2001 ) ने भी इस विचार का समर्थन किया है और कहा है कि *तोरण का तात्पर्य S रूपी वक्र से है, जो संचयी अनुपातों या बारंबारताओं में किसी प्रसामान्य वक्र ( normal curve ) के रूपान्तरण का परिणाम होता है ।*[1]

### स्वरूप या विशेषताएँ *( Nature or Features or Characteristics )*

तोरण की कुछ खास विशेषताएँ हैं, जिनके कारण यह बारंबारता-बहुभुज ( polygon ), आयत चित्र, संचयी बारंबारता वक्र ( cumulative frequency curve), आदि ग्राफीय विधियों ( graphic methods ) से भिन्न है। इसके स्वरूप के सम्बन्ध में निम्नलिखित बातें उल्लेखनीय हैं :–

( i ) तोरण ( ogive ) बनाते समय OX पर वर्गान्तर ( class interval ) की वास्तविक उच्च सीमा ( upper limit ) को लिखते हैं । बराबर-बराबर दूरी पर सभी वर्गान्तरों की निम्न सीमा ( lower limit ) को लिख देते हैं । बराबर-बराबर दूरी पर सभी वर्गान्तरों की निम्न सीमा ( lower limit ) को लिख दते हैं, जैसा कि चित्र 6 से स्पष्ट है (यह चित्र टेबुल 8 के आँकड़ों पर आधारित है) । अपनी इस विशेषता के कारण यह बहुभुज ( polygon ) तथा हिस्टोग्राम से भिन्न, किन्तु संचयी बारंबारता वक्र से अभिन्न है । कारण, बहुभुज तथा हिस्टोग्राम के OX पर मध्यबिन्दु या वर्गान्तर लिखे जाते हैं जबकि संचयी बारंबारता वक्र के OX पर उच्च सीमाएँ लिखी जाती हैं ।

---

1. "Ogive specifically is an elongated S-shaped curve which results from the transformation of a normal curve into cumulative proportions of frequencies."
—Reber & Reber, 2001, p. 482

**टेबुल 8**

| वर्गान्तर ( class intervals ) | बारंबारता ( frequency ) | संचयी बारंबारता ( cf ) | संचयी प्रतिशत बारंबारता ( cum. percnet. f) |
|---|---|---|---|
| 79.5 – 84.5 | 1 | 50 | 100 |
| 74.5 – 79.5 | 2 | 49 | 98 |
| 69.5 – 74.5 | 4 | 47 | 94 |
| 64.5 – 69.5 | 5 | 43 | 86 |
| 59.5 – 64.5 | 6 | 38 | 76 |
| 54.5 – 59.5 | 10 | 32 | 64 |
| 49.5 – 54.5 | 7 | 22 | 44 |
| 44.5 – 49.5 | 6 | 15 | 30 |
| 39.5 – 44.5 | 4 | 9 | 18 |
| 34.5 – 39.5 | 3 | 5 | 10 |
| 29.5 – 34.5 | 2 | 2 | 4 |
| | N = 50 | | |

$$\text{Rate} = \frac{100}{N} = \frac{100}{50} = 2$$

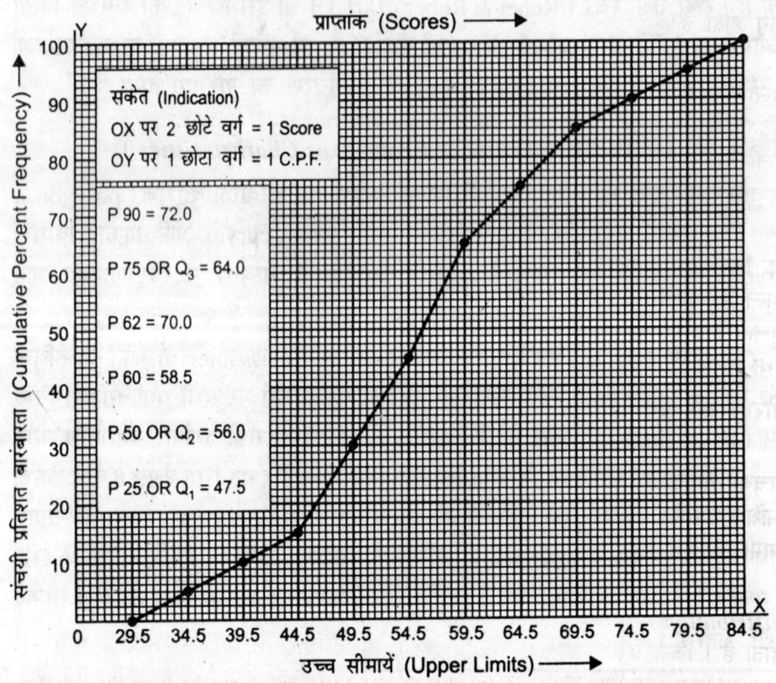


चित्र 6

( ii ) तोरण के निर्माण ( construction ) की दूसरी विशेषता यह है कि यहाँ OY पर 10 से 100 तक बराबर-बराबर दूरी पर संचयी प्रतिशत बारंबारताओं ( cumulative percentage frequencies ) को लिखा जाता है, जैसाकि चित्र–6 से स्पष्ट है। इसके लिए बारंबारता को पहले संचयी बारंबारता ( cf ) में बदल दिया जाता है। ( देखें पृष्ठ 68 )। फिर संचयी बारंबारता को प्रतिशत बारंबारता में बदल दिया जाता है। इसके लिए पहले रेट ( rate ) निकाल लिया जाता है। इसका सूत्र ( formula ) है कि Rate $= \frac{100}{50} = 2$ फिर प्रत्येक वर्गान्तर की संचयी बारंबारता को इस मूल्य यानी 2 से गुणा कर दने पर संचयी प्रतिशत बारंबारता निकल जाती है। यदि सबसे ऊपर वाले वर्गान्तर की संचयी प्रतिशत बारंबारता 100 हो जाए तो समझना चाहिए कि यह ठीक निकल पायी है। यदि ऐसा न हो तो इसकी जाँच कर लेनी चाहिए; क्योंकि हर हाल में ऊपर 100 या लगभग 100 आना चाहिए। इस विशेषता के आधार पर यह दूसरी सभी ग्राफीय विधियों से भिन्न है। कारण, बहुभुज ( polygon ) या आयतचित्र ( histogram ) तथा संचयी बारंबारता वक्र ( cumulative frequency curve ) में OY पर क्रमश: बारंबारता ( f ) तथा संचयी बारंबारता ( cf ) लिखी जाती है, प्रतिशत बारंबारता ( cpf ) नहीं।

( iii ) तोरण ( ogive ) में OX रेखा तथा OY रेखा की लम्बाई को क्रमश: 100 तथा 75 के अनुपात में रखने का यथासम्भव प्रयास किया जाता है। इस विशेषता के आधार पर यह दूसरी ग्राफीय विधियों के समान है। कारण, यह नियम बहुभुज, हिस्टोग्राम, आदि पर भी लागू होता है।

( iv ) तोरण को आलेखित ( plotting ) करते समय OX पर प्रत्येक वर्गान्तर की वास्तविक उच्च सीमा ( exact upper limit ) के ऊपरी सीध में उस वर्गान्तर की संचयी प्रतिशत बारंबारता के अनुसार OY पर प्रतिशत को देखकर उसे मिलाते हुए एक बिन्दु दिया जाता है। इस तरह से सभी वर्गान्तरों की उच्च सीमाओं के ऊपर बिन्दु दे कर उन सभी बिन्दुओं को स्केल की सहायता से मिला दिया जाता है।

( v ) तोरण का आकार ( shape ) वास्तव में अंग्रेजी के S अक्षर की तरह होता है, जैसा कि चित्र-6 से स्पष्ट है। इस आधार पर भी यह बहुभुज, आयतचित्र, दण्ड चार्ट, आदि से भिन्न है। फिर भी इसका आकार संचयी बारंबारता वक्र के आकार से बहुत कुछ मिलता-जुलता है। स्मरण रखना चाहिए कि यदि N का आकार 100 हो तो संचयी बारंबारता वक्र तथा तोरण दोनों एकदम समान होगा।

## तोरण की उपयोगिताएँ *( Uses or Application of Ogive )*

यों तो सभी ग्राफीय विधियाँ अपने-अपने तौर पर उपयोगी हैं, किन्तु इनमें तोरण अर्थात् संचयी बारंबारता प्रतिशत वक्र ( cumulative frequency percentage curve ) सबसे अधिक उपयोगी है। इसके उपयोग ( applications ) या उपयोगिताओं ( uses ) को निम्नलिखित भागों में विभाजित किया जा सकता है :—

**1. बारंबारता-वितरण का प्रस्तुतीकरण** *( Representation of frequency distribution )*—तोरण की एक उपयोगिता यह है कि इससे बारंबारता के वितरण का बोध होता है। जिस प्रकार बहुभुज ( polygon ), आयतचित्र ( histogram ), दण्ड चार्ट ( bar chart ) तथा संचयी बारंबारता वक्र ( cumulative frequency curve ) अपने-अपने ढंग से बारंबारता-वितरण को प्रस्तुत करते हैं, उसी प्रकार तोरण भी एक विशेष ढ़ंग से बारंबारता–वितरण को दिखलाता है।

**2. शततमक का निर्धारण** *( Determination of percentiles )*—तोरण की एक बहुत बड़ी उपयोगिता यह है कि इसके आधार पर बहुत आसानी से शततमक ( percentile ) की जानकारी हो जाती है। शततमक किसे कहते हैं, इसका स्वरूप क्या है, आदि बातों की व्याख्या आगे पृष्ठ 92 पर की जाएगी। यहाँ केवल यह बतलाना है कि तोरण के आधार पर शततमक कैसे निकाला जाता है। जिस मूल्य का शततमक निकालना होता है उसे तोरण के Y-ऐक्सिस पर देखकर वहाँ से वक्र ( curve ) की ओर एक सीधी रेखा खीचते हैं जो वक्र को किसी बिन्दु पर काटती है। उस बिन्दु से X-ऐक्सिस की ओर एक दूसरी सीधी रेखा खींचते हैं, जो आधार-रेखा को किसी बिन्दु पर काटती है। उस बिन्दु का जो मूल्य होता है, वही शततमक होता है। जैसे, मान लें कि टेबुल 8 में आलेखित शततमक में से तोरण की सहायता से $P_{50}$ यानी $Q_2$ के मूल्य ( value ) को निर्धारित करना है। जैसाकि चित्र 6 से स्पष्ट है, Y-ऐक्सिस पर अंकित $P_{50}$ से आधार रेखा के समानान्तर वक्र की ओर एक रेखा खींची गयी है जो वक्र को एक विशेष बिन्दु B पर काटती है, फिर वहाँ से X-ऐक्सिस ( आधार-रेखा) की ओर दूसरी सीधी रेखा खींची गयी है, जो इसे 54.5 से चार छोटे वर्ग आगे के बिन्दु पर काटती है। चूँकि OX पर दो छोटे वर्ग को एक स्कोर माना गया है। इसलिए चार छोटे वर्ग के दो स्कोर हुए। इसे 54.5 में जोड़ देने पर $54.5 + 2 = 56.5$ स्कोर हुए। अत: $P_{50}$ का मूल्य 56.5 हुआ। इसी तरह $P_{75}$ यानी $Q_3$ निर्धारित करने के लिए OY के 75 शततक से आधार-रेखा के समानान्तर वक्र की ओर एक रेखा खींची गयी जो इसे D स्थान पर काटती है। वहाँ से आधार-रेखा की ओर एक सीधी रेखा खींची गयी है जो इसे 64.5 से एक छोटा वर्ग पीछे काटती है। यहाँ एक छोटा वर्ग .5 स्कोर के बराबर हुआ। इसलिए $P_{75}$ का मूल्य ( $64.5 - .5 = 64$ ) 64 हुआ। इसी तरह $P_{25}$ यानी $Q_1$, $P_{60}$ तथा $P_{90}$ के मूल्य क्रमश: 47.5, 58.5 तथा 72 पाए गए। इसी प्रकार आवश्यकता के अनुसार भिन्न-भिन्न शततमकों ( percentiles ) को निर्धारित किया जा सकता है।

**3. शततमक कोटि का निर्धारण** *( Determination of percentile ranks )*—तोरण की एक उपयोगिता यह भी है कि इसके द्वारा बहुत आसानी से शततमक कोटि को निर्धारित करना सम्भव होता है। शततमक कोटि किसे कहते हैं तथा इसका स्वरूप क्या है, इसकी व्याख्या आगे पृष्ठ 95 पर की गयी है। यहाँ केवल यह बतलाना है कि तोरण द्वारा PR (शततमक कोटि) कैसे निकाला जाता है। स्मरण रखना चाहिए कि शततमक ( percentile ) निर्धारित करने के लिए OY रेखा से आरंभ किया जाता है, जबकि PR निकालने के लिए OX रेखा से आरंभ किया जाता है और OY के किसी खास बिन्दु पर पहुँचा जाता है। जैसे, मान लिया जाए कि टेबुल आठ के आँकड़ों पर आधारित चित्र-6 के तोरण की सहायता से स्कोर 62 का PR निकालना है। इसके लिए आधार-रेखा के 62 प्राप्तांक से OY के समानांतर ऊपर की ओर एक रेखा खींची गयी जो ठीक शततमक 70 पर काटती है। अत: प्राप्तांक 62 का PR वास्तव में 70 हुआ। इसी तरह किसी भी प्राप्तांक ( score ) का PR इस ग्राफ के द्वारा निर्धारित किया जा सकता है।

**4. माध्यिका, चतुर्थक तथा दशमक का निर्धारण** *( Determination of median, quartiles and deciles )*—तोरण के आधार पर माध्यिका, चतुर्थक तथा दशमक को निकालना भी सम्भव होता है। परिकलन ( calculation ) की अपेक्षा तोरण से इनका निर्धारण बहुत आसानी से किया जा सकता है।

**5. समूह की तुलना** *( Comparison of groups )*—दो या अधिक समूहों के प्राप्तांकों ( scores ) के आधार पर एक ही आधार-रेखा ( base line ) पर दो या अधिक तोरण बनाकर उन समूहों की उपलब्धियों ( achievements ) या स्वरूप का तुलनात्मक अध्ययन करना सम्भव होता है। जैसे–मान लें कि 200 लड़के तथा 200 लड़कियों की जाँच अंकगणितीय योग्यता परीक्षण *( arithmetic reasoning test )* पर की गयी और प्राप्त आँकड़े (टेबुल 9) के आधार पर तोरण बनाए गए (देखें चित्र-7)।

**टेबुल 9**

| Score | Boys *f* | *cf* | *cf* % | Girls *f* | *cf* | *cf* % |
|---|---|---|---|---|---|---|
| 60 – 64 | 0 | 200 | 100.0 | 0 | 200 | 100.0 |
| 55 – 59 | 2 | 200 | 100.0 | 1 | 200 | 100.0 |
| 50 – 54 | 25 | 198 | 99.0 | 0 | 199 | 99.5 |
| 45 – 49 | 48 | 173 | 86.5 | 9 | 199 | 99.5 |
| 40 – 44 | 47 | 125 | 62.5 | 27 | 190 | 95.0 |
| 35 – 39 | 19 | 78 | 39.0 | 44 | 163 | 81.5 |
| 30 – 34 | 26 | 59 | 29.5 | 43 | 119 | 59.5 |
| 25 – 29 | 15 | 33 | 16.5 | 40 | 76 | 38.0 |
| 20 – 24 | 9 | 18 | 9.0 | 10 | 36 | 18.0 |
| 15 – 19 | 7 | 9 | 4.5 | 20 | 26 | 13.0 |
| 10 – 14 | 2 | 2 | 1.0 | 1 | 6 | 3.0 |
| 5 – 9 | 0 | 0 | 0 | 2 | 5 | 2.5 |
| 0 – 4 | 0 | 0 | 0 | 3 | 3 | 1.5 |
| | N = 200 | | | N = 200 | | |

$$\text{Rate} = \frac{\mathbf{100}}{\mathbf{N}} = \frac{\mathbf{100}}{\mathbf{200}} = .5$$

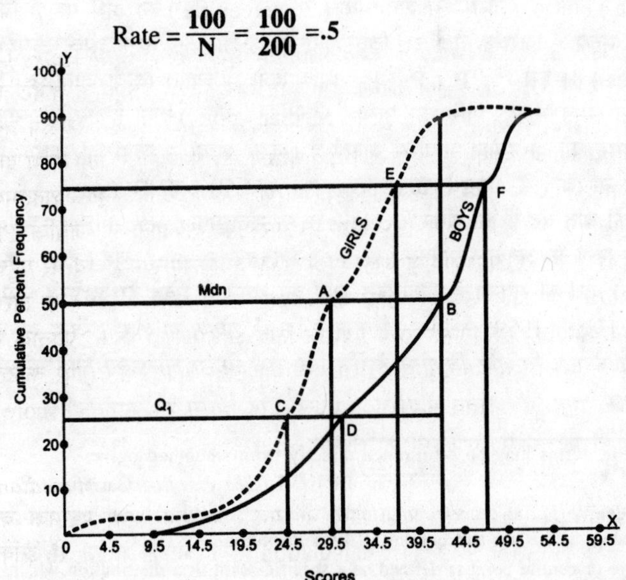


चित्र 7

यहाँ लड़के तथा लड़कियों की उपलब्धियों की तुलना प्रस्तुत तोरणों ( ogives ) के आधार पर आसानी से की जा सकती है । ( i ) चित्र–7 से स्पष्ट है कि लड़के की माध्यिका ( Median ) 42 तथा लड़कियों की 32 है । इन दोनों मापों के बीच अन्तर को AB रेखा से दिखलाया गया है । लड़के की माध्यिका यानी B से ऊपर रेखा को लड़कियों के तोरण तक बढ़ाने पर पता चलता है कि लगभग 88% लड़कियाँ लड़कों की माध्यिका से नीचे हैं । दूसरी ओर लड़कियों की माध्यिका यानी A से लड़कों के तोरण की ओर रेखा को बढ़ाने पर पता चलता है कि लगभग 76% लड़के लड़कियों की माध्यिका से ऊपर और केवल 24% नीचे हैं । स्पष्टत: लड़कियों की अपेक्षा लड़कों की उपलब्धि अधिक है । इसी प्रकार $Q_1$ तथा $Q_3$ से लड़कों की श्रेष्ठता का बोध होता है ।

**6. शततमक मानक** *( Percentile norms )*—तोरण के आधार पर शततमक मानकों को आसानी से निर्धारित किया जा सकता है । लेकिन, इसके लिए समरेखित तोरण की आवश्यकता होती है । **गैरेट** ( Garrett, 2007 ने कहा है, *"शततमक मानकों का निर्धारण प्रत्यक्ष रूप से समरेखित तोरणों के आधार पर किया जा सकता है ।"*[1] लेकिन, गणना ( calculation ) की अपेक्षा तोरण के आधार पर प्राप्त शततमक मानक की शुद्धता कम होती है ।[2]

## शततमक तथा शततमक कोटियाँ
## ( Percentiles and Percentile Ranks, PR )

### शततमक क्या है ? *( What is Percentile ? )*

शततमक ( percentile ) या शतांश ( centile ) का अर्थ प्राप्तांकों के वितरण ( distribution of scores ) में वह बिन्दु है, जिसके नीचे प्राप्तांकों का एक विशेष प्रतिशत ( percentage ) होता है । जैसे—36 शततमक ( 36 percentile ) का अर्थ यह है कि यह ऐसा बिन्दु या मूल्य है जिसके नीचे उस वितरण या समूह के 36% तथा उसके ऊपर 64% केसेज ( cases ) हैं। इसे $P_{36}$, $P_{50}$, $P_{60}$, $P_{90}$ आदि रूपों में व्यक्त किया जाता है । किसी भी वितरण या समूह में $P_{50}$ माध्यिका मूल्य ( Median value ) होता है, क्योंकि यह उस वितरण या समूह को दो समान भागों में बाँटता है । दूसरे शब्दों में कहा जा सकता है कि $P_{50}$ वह मूल्य या बिन्दु है, जिसके ऊपर 50% तथा नीचे 50% केसेज ( cases ) हैं । यहाँ स्मरण रखने की बात यह है कि शतांश ( centiles ) या शततमक ( percentiles ) से वितरण या समूह के स्वरूप के अनुकूल प्राप्तांक ( score ), व्यक्ति ( people ), चूहे ( rats ) या श्रेणी ( grades ) का बोध हो सकता है । उपर्युक्त बातों को ध्यान में रखते हुए **डाउनी** तथा **हीथ** ( Downie & Heath, 1959 ) ने ठीक ही कहा है कि, *"शतांश या शतांश बिन्दु का तात्पर्य किसी वितरण में उस विशिष्ट बिन्दु से है, जिसके नीचे किसी चीज का निश्चित प्रतिशत होता है ।"*[3]

---

1. "Percentile norms may be determined directly from smoothed ogives."
— Garrett, 2007. p. 65

2. ".....percentile norms read from an ogive are not strictly accurate but the error is slight except at the top and bottom of the distribution." — Ibid

3. "A centile or centile point is defined as a specific point in a distribution which has a given percent of the cases below it." — Downie & Heath, 1959

## शततमक कैसे निकाला जाता है ? *(How Percentiles are Obtained ) ?*

शततमक निकालने की निम्नवत दो विधियाँ हैं :–

**1. ग्राफीय विधि *( Graphic Method )***

ग्राफीय विधि के कई प्रकार हैं, जिनमें एक मुख्य प्रकार तोरण ( Ogive ) या संचयी बारंबारता प्रतिशत वक्र ( cumulative frequency percentage curve ) है। इस वक्र (तोरण) की सहायता से प्रत्यक्ष रूप से ( directly ) भिन्न-भिन्न शततमकों ( percentiles ) को निर्धारित किया जाता है। इसकी पूरी व्याख्या पृष्ठ 89-90 पर की जा चुकी है।

**2. परिकलन-विधि *( Calculation Method )***

शततमक ( percentiles ) अथवा शतांश ( centiles ) के परिकलन करने की विधि वही है जो माध्यिका ( Median ) के लिए है। इसका सूत्र ( formula ) इस प्रकार है :–

$$P_p = L + \left(\frac{PN - F}{f_p}\right) \times i \qquad \text{—सूत्र 1}$$

यहाँ, P = वितरण के किसी विशिष्ट प्रतिशत ( % ) का शततमक ( percentile ) जैसे 10%, 35% आदि।

L = जिस वर्गान्तर पर $P_p$ गिरता है, उसकी वास्तविक निम्न सीमा ( exact lower limit )।

PN = N या बारंबारता ( f ) का वह भाग जिसे नीचे से ऊपर की ओर $P_p$ तक पहुँचने के लिए गिना जाता है।

F = जिस वर्गान्तर ( class interval ) में $P_p$ निहित हाता है, उसके ठीक नीचे के वर्गान्तर की संचयी बारंबारता ( comulative frequency ) का योगफल।

$f_p$ = उस वर्गान्तर की बारंबारता, जिसमें $P_p$ निहित होता है।

i = वर्गान्तर का आकार ( size )

किसी भी शततमक ( percentile ) को निकालने के लिए सबसे पहले PN निकाला जाता है, जिसका सूत्र ( formula ) इस प्रकार है :–

$$PN = \frac{P}{100} \times N \qquad \text{— सूत्र 2}$$

यहाँ, P = वह शततमक जिसको निकालना है

N = कुल प्राप्तांकों या बारंबारताओं की संख्या,

उदाहरण—मान लें कि टेबुल 8 के आँकड़ों से $P_{25}$, $P_{50}$, $P_{75}$ तथा $P_{90}$ निकालना है।

(i) $P_{25}$ या $Q_1$

$$\text{यहाँ } PN = \frac{25}{100} \times 50 = \frac{25}{2} = 12.5$$

$$\text{अब } P_{25} = 44.5 + \left(\frac{12.5 - 9}{6}\right) \times 5 \qquad \text{(सूत्र 1 के अनुसार)}$$

$$= 44.5 + \left(\frac{3.5}{6}\right) \times 5 = 44.5 + \frac{17.5}{6} = 44.5 + 2.916 = 47.416 \text{ or } 47.42$$

(ii) $P_{50}$ या $Q_2$

$$PN = \frac{50}{100} \times 50 = \frac{50}{2} = 25$$

अब $P_{50} = 54.5 + \left(\frac{25-22}{10}\right) \times 5$

$$= 54.5 + \frac{3}{10} \times 5 = 54.5 + \frac{3}{2} = 54.5 + 1.5 = 56.0$$

(iii) $P_{60}$

$$PN = \frac{60}{100} \times 50 = \frac{60}{2} = 30$$

अब $P_{60} = 54.5 + \left(\frac{30-22}{10}\right) \times 5$

$$= 54.5 + \frac{8}{10} \times 5 = 54.5 + \frac{8}{2} = 54.5 + 4 = 58.5$$

(iv) $P_{75}$ or $Q_3$

$$PN = \frac{75}{100} \times 50 = \frac{75}{2} = 37.5$$

अब $P_{75} = 59.5 + \left(\frac{37.5-32}{6}\right) \times 5$

$$= 59.5 + \frac{5.5}{6} \times 5 = 59.5 + \frac{27.5}{6} = 59.5 + 4.58 = 64.08$$

(v) $P_{90}$

$$PN = \frac{90}{100} \times 50 = \frac{90}{2} = 45$$

अब $P_{90} = 69.5 + \left(\frac{45-43}{4}\right) \times 5$

$$= 69.5 + \frac{2}{4} \times 5 = 69.5 + \frac{10}{4} = 69.5 + 2.5 = 72$$

इसी तरह किसी भी शतमतक को परिकलन-विधि ( calculation method ) द्वारा निकाला जा सकता है। स्मरण रखना चाहिए कि परिकलन-विधि तथा ग्राफीय विधि से निकाले गए शततमक मूल्य में कोई अन्तर नहीं होता है।

जैसे–टेबुल 8 के आँकड़ों से ग्राफ द्वारा पृष्ठ 87-88 पर तथा परिकलन द्वारा पृष्ठ 92-93 पर $P_{25}$, $P_{50}$, $P_{60}$, $P_{75}$, तथा $P_{90}$, निकाले गए हैं, जो निम्नलिखित हैं :–

| $P_P$ | | | ग्राफ द्वारा | परिकलन द्वारा |
|---|---|---|---|---|
| $P_{25}$ | or | $Q_1$ | 47.5 | 47.42 |
| $P_{50}$ | or | $Q_2$ | 56.0 | 56.0 |
| $P_{60}$ | | | 58.5 | 58.5 |
| $P_{75}$ | or | $Q_3$ | 64 | 64.08 |
| $P_{90}$ | | | 72 | 72 |

# शततमक कोटियाँ
## ( Percentile Ranks, PR )

### शततमक कोटि क्या है ? *( What is Percentile Rank, PR ? )*

शततमक कोटि का अर्थ 100 के स्केल पर वह स्थिति या पोजिशन है जिसके लिए कोई एक विशेष प्राप्तांक ( score ) अधिकृत हो सकता है । **डाउनी** तथा **हीथ** ( Downie & Heath, 1959 ) के अनुसार, *"किसी प्राप्तांक की शतांश कोटि ( शततमक कोटि ) से किसी वितरण में केसेज के उस प्रतिशत का बोध होता है जिसने उल्लेखित प्राप्तांक से ठीक नीचे प्राप्तांक प्राप्त किया हो ।"*[1]

शततमक कोटि का स्वरूप वास्तव में शततमक ( percentile ) अथवा शततमक बिन्दु ( percentile point ) के ठीक विपरीत है । जिस प्रक्रिया के द्वारा शततमक निकाला जाता है ठीक इसके विपरीत प्रक्रिया द्वारा शततमक कोटि निकाली जाती है । इसकी व्याख्या पृष्ठ 92 पर की जा चुकी है ।

यहाँ हम देखने का प्रयास करेंगे कि परिकलन-विधि ( Calculation method ) के द्वारा PR कैसे निकाला जाता है । इसके लिए निम्नलिखित सूत्र का उपयोग किया जाता है :–

$$\text{PR (X)} = \frac{100}{N}\left[F + \frac{(X-L)}{i} f\right] \qquad \text{—सूत्र 3}$$

यहाँ PR = शततमक कोटि ( percentile rank ),

X = वह प्राप्तांक जिसका PR निकालना है,

N = बारंबारताओं की कुल संख्या,

F = जिस वर्गान्तर ( class interval ) पर X पड़ता है, उसके ठीक नीचे के वर्गान्तर की संचयी बारंबारता ( cumulative frequency ),

L = जिस वर्गान्तर पर X पड़ता है, उसकी वास्तविक निचली सीमा ( exact lower limit ),

f = जिस वर्गान्तर पर X पड़ता है उसकी बारंबारता,

i = वर्गान्तर का आकर ( size of the class interval ) ।

**उदाहरण**–मान लें कि टेबुल-8 के अनुसार प्राप्तांक 62 का PR निकालना है । यह प्राप्तांक वर्गान्तर 59.5 – 64.5 में पड़ रहा है । अत: यहाँ

$$L = 59.5,\ F = 32,\ f = 6,\ N = 50 \text{ तथा } i = 5$$

$$\text{PR 62} = \frac{100}{50}\left[32 + \frac{(62-59.5)}{6}\right] \times 5$$

$$= \frac{100}{50}\left[32 + \frac{2.5}{6} \times 5\right]$$

$$= 2\left[32 + \frac{12.5}{6}\right] = 2 \times (32 + 2.08)$$

$$= 2 \times 34.08 = 68.16$$

1. "A centile rank (Percentile rank) of a score denotes the percent of the cases in a distribution that scored lower than the score mentioned."

— Downie & Heath, 1959

इसी तरह किसी भी प्राप्तांक के PR को परिकलन ( calculation ) द्वारा निकाला जा सकता है ।

लेकिन, कुछ विशेष परिस्थिति में सूत्र-3 का उपयोग करना सम्भव नहीं होता है । उदाहरण के लिए जब व्यक्तियों या वस्तुओं को किसी शीलगुण के आधार पर 1, 2, 3 के क्रम में व्यक्त किया जा सकता हो तो PR निकालने के लिए इस सूत्र से काम नहीं चलेगा । मान लें कि 75 विक्रेताओं ( salesmen ) को 1 से 15 की कोटियों में बिक्री योग्यता के आधार पर मैनेजर द्वारा कोटिबद्ध किया गया । यहाँ PR निकालने के लिए निम्नलिखित सूत्र का उपयोग किया जाएगा :—

$$PR = 100 - \frac{(100R - 50)}{N} \qquad \text{—सूत्र-4}$$

यहाँ, R = वह कोटि ( Rank ) जिसका PR निकालना है ।

N = व्यक्तियों की कुल संख्या ।

मान लें कि उस विक्रेता का PR निकालना है जिसने मैनेजर द्वारा प्रथम कोटि प्राप्त की है । तो $PR = 100 - \frac{(100 \times 1 - 50)}{15} = 100 - \frac{50}{15}$

$$= 100 - 3.33 = 96.67 = 97$$

इसी तरह मान लें कि उस विक्रेता का PR निकालना है जिसने मैनेजर द्वारा 15 वाँ क्रम प्राप्त किया है ।

यहाँ, $PR = 100 - \frac{(100 \times 15 - 50)}{15} = 100 - \frac{(1500 - 50)}{15}$

$$= 100 - \frac{1450}{15} = 100 - 96.66 = 3.34 \text{ या } 3$$

अत: आवश्यकता के अनुसार सूत्र-3 या सूत्र-4 का उपयोग करके किसी भी प्राप्तांक ( score ) अथवा कोटि ( rank ) का PR निकाला जा सकता है ।

## विश्वविद्यालय प्रश्न

## UNIVERSITY QUESTIONS

### निबन्धात्मक प्रश्न

### *( Essay Type Questions )*

1. *तोरण ( ogive ) क्या है ? इसकी विशेषताओं ( characteristics ) तथा उपयोगों ( applications ) की व्याख्या करें ।*
2. *संचयी बारंबारता-प्रतिशत वक्र ( cumulative frequency percentage curve ) किसे कहते हैं ? यह किस प्रकार निम्नलिखित ग्राफीय विधियों से भिन्न तथा अभिन्न है ?*

   *( i ) बारंबारता-बहुभुज ( frequency polygon ),*

   *( ii ) संचयी बारंबारता-वक्र ( cumulative frequency curve ) ।*
3. *आकाशीय सम्बन्धों ( spatial relations ) के एक परीक्षण ( test ) पर दो समूहों के प्राप्तांक ( scores ) निम्नलिखित हैं :—*

| प्राप्तांक ( Scores ) | समूह क ( Group A ) f | समूह ख ( Group B ) f |
|---|---|---|
| 60 – 63 | 1 | 1 |
| 56 – 59 | 3 | 0 |
| 52 – 55 | 7 | 4 |
| 48 – 51 | 11 | 5 |
| 44 – 47 | 17 | 7 |
| 40 – 43 | 20 | 11 |
| 36 – 39 | 15 | 16 |
| 32 – 35 | 10 | 18 |
| 28 – 31 | 7 | 13 |
| 24 – 27 | 5 | 9 |
| 20 – 23 | 3 | 8 |
| 16 – 19 | 0 | 6 |
| 12 – 15 | 1 | 2 |
| | 100 | 100 |

एक ही आधार-रेखा ( base line ) पर दोनों समूहों की बारंबारताओं से तोरण ( ogives ) बनाएँ। यह भी बताएँ कि कौन-सा समूह आकाशीय सम्बन्धों ( spatial relations ) की योग्यता में बेहतर है ?

4. प्रश्न संख्या 3 के समूह-क ( group-A ) के आँकड़ों ( data ) के आधार पर तोरण वक्र ( ogive curve ) बनाकर उसकी सहायता से $P_{20}$, $Q_1$, Median, $P_{80}$, $Q_3$ तथा $P_{90}$ निकालें।
5. प्रश्न 3 में समूह-क ( group-A ) के लिए निम्नलिखित शततमक ( percentiles ) बिना ग्राफ के निकालें।

$$P_{25}, P_{50}, P_{75}, P_{85} \text{ तथा } P_{92}$$

6. प्रश्न 3 के समूह-ख ( group-B ) के लिए ग्राफीय विधि ( graphic method ) तथा परिकलन-विधि ( calculation method ) से $C_{10}$, $C_{20}$, $Q_1$, $Q_2$, $Q_3$, $C_{30}$ तथा $C_{90}$ ज्ञात करें।
7. निम्नलिखित प्राप्तांकों ( scores ) के आधार पर तोरण ( ogive ) का निर्माण करें। [ B.A. Hons., 2002, P.U. ]

| | | | | | |
|---|---|---|---|---|---|
| 45 | 79 | 58 | 60 | 95 | 75 |
| 47 | 47 | 62 | 66 | 87 | 64 |
| 63 | 59 | 64 | 69 | 42 | 65 |
| 75 | 63 | 69 | 68 | 69 | 26 |
| 77 | 58 | 73 | 72 | 68 | 67 |
| 53 | 61 | 65 | 83 | 62 | 66 |
| 38 | 56 | 58 | 76 | 70 | 60 |

8. प्रश्न 3 के समूह-क ( group-A ) के आँकड़े के आधार पर ग्राफीय विधि ( graphic method ) तथा परिकलन विधि ( calculation method ) से प्राप्तांक 27, 35, 45 तथा 60 का PR निकालें।
9. प्रश्न 7 के आँकड़ों के आधार पर बिना ग्राफ के प्राप्तांक 39, 44, 55 तथा 70 का PR निकालें।

10. नीचे दिए गए प्राप्तांकों से ओगाएव बनाएँ तथा $P_{60}$, $Q_1$ एवं $P_{90}$ की परिगणना करें।

80 65 50 59 60 48 66 67 [ B.A. II Hons, 1994, N.M.U. ]
65 71 70 65 57 77 72 70
72 54 66 64 88 63 55 60
50 79 72 75 76 70 64 56
84 46 55 54 58 58 50 61

11. निम्नलिखित पर टिप्पणियाँ लिखें—
(क) तोरण की उपयोगिताएँ, ( Uses of ogive )
(ख) शततमक मानक ( Percentile norms )
(ग) शततमक कोटि ( Centile ranks )

12. तोरण क्या है ? इसकी विशेषताएँ तथा उपयोगों का वर्णन करें।
[ M.A. ( Soc. ) 2006, P.U. ]

13. *Following is the table score of an inventory of students. Calculate its percentile rank of $P_{35}$, $P_{60}$ and $P_{85}$*

185 166 176 145 161 191 177 164 171 174 147
178 176 142 170 158 171 167 180 178 173 148
168 187 181 172 165 169 173 184 197 181 151
161 153 172 162 179 188 179 [ B.A. II Hons. 2009, P.U.]

## ANSWERS

4. $P_{20} = 33.5$, $Q_1 = 34.7$, Median ( $P_{50}$ ) = 41.4,
$P_{60} = 43.5$ $Q_3$ ( $P_{75}$ ) = 46.75, $P_{90} = 52.3$
5. $P_{25} = 35.1$, $P_{50} = 41.3$, $P_{75} = 46.79$,
$P_{85} = 50.05$, $P_{92} = 53.21$
6. $C_{10} = 19.5$, $C_{20} = 25.28$, $Q_1 = 27.5$, $Q_2 = 34.17$, $Q_3 = 40.6$,
$C_{30} = 29.04$, $C_{90} = 47.5$ ( calculations )
8. PR of 27 = 9, PR of 35 = 26,
PR of 45 = 68, PR of 60 = 99
9. PR of 39 = 4, PR of 44 = 9,
PR of 55 = 21, PR of 70 = 75
10. $P_{60} = 67.5$, $P_{25}$ ( $Q_1$ ) = 56.5, $P_{90} = 76.5$
13. $P_{35} = 161.50$, $P_{60} = 174.83$, $P_{65} = 183.79$

## वस्तुनिष्ठ प्रश्न

### ( *Objective Type Questions* )

1. किस ग्राफीय विधि में आधार-रेखा ( base line ) पर वर्गान्तर की वास्तविक उच्च सीमा ( upper limit ) को लिखा जाता है ?
(क) तोरण ( ogive ) में
(ख) संचयी बारंबारता वक्र ( cumulative frequency curve ) में
(ग) हिस्टोग्रम में (घ) इनमें से कोई नहीं

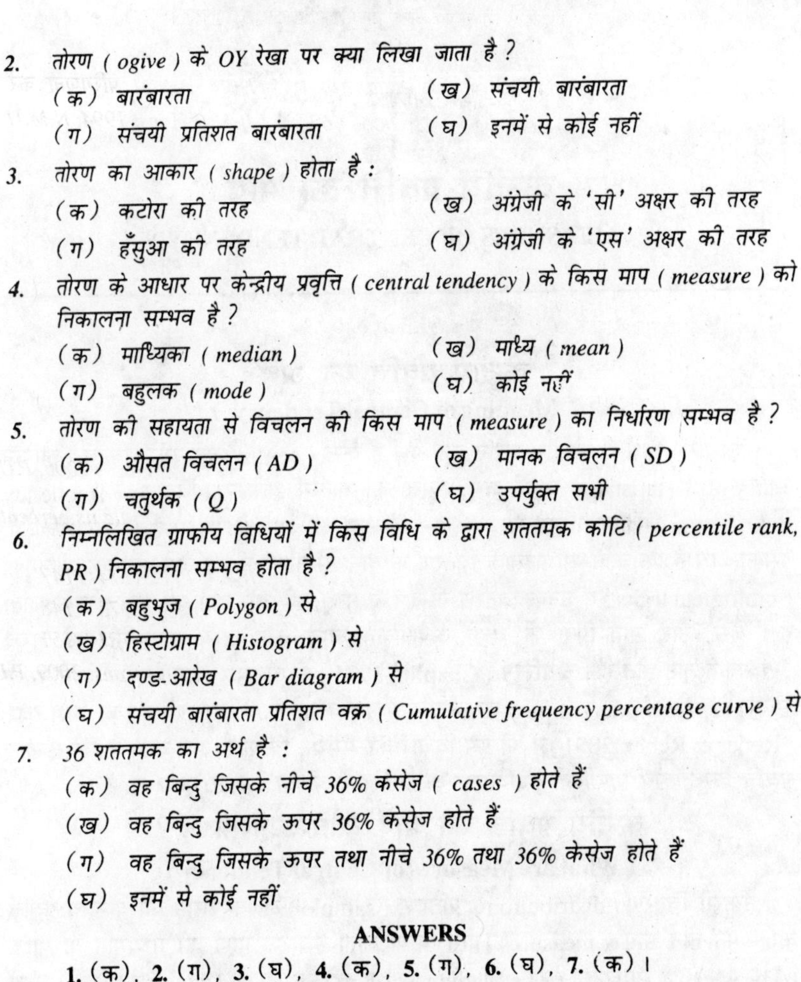

2. तोरण ( *ogive* ) के *OY* रेखा पर क्या लिखा जाता है ?
   (क) बारंबारता (ख) संचयी बारंबारता
   (ग) संचयी प्रतिशत बारंबारता (घ) इनमें से कोई नहीं

3. तोरण का आकार ( *shape* ) होता है :
   (क) कटोरा की तरह (ख) अंग्रेजी के 'सी' अक्षर की तरह
   (ग) हँसुआ की तरह (घ) अंग्रेजी के 'एस' अक्षर की तरह

4. तोरण के आधार पर केन्द्रीय प्रवृत्ति ( *central tendency* ) के किस माप ( *measure* ) को निकालना सम्भव है ?
   (क) माध्यिका ( *median* ) (ख) माध्य ( *mean* )
   (ग) बहुलक ( *mode* ) (घ) कोई नहीं

5. तोरण की सहायता से विचलन की किस माप ( *measure* ) का निर्धारण सम्भव है ?
   (क) औसत विचलन ( *AD* ) (ख) मानक विचलन ( *SD* )
   (ग) चतुर्थक ( *Q* ) (घ) उपर्युक्त सभी

6. निम्नलिखित ग्राफीय विधियों में किस विधि के द्वारा शततमक कोटि ( *percentile rank, PR* ) निकालना सम्भव होता है ?
   (क) बहुभुज ( *Polygon* ) से
   (ख) हिस्टोग्राम ( *Histogram* ) से
   (ग) दण्ड-आरेख ( *Bar diagram* ) से
   (घ) संचयी बारंबारता प्रतिशत वक्र ( *Cumulative frequency percentage curve* ) से

7. 36 शततमक का अर्थ है :
   (क) वह बिन्दु जिसके नीचे 36% केसेज ( *cases* ) होते हैं
   (ख) वह बिन्दु जिसके ऊपर 36% केसेज होते हैं
   (ग) वह बिन्दु जिसके ऊपर तथा नीचे 36% तथा 36% केसेज होते हैं
   (घ) इनमें से कोई नहीं

**ANSWERS**

**1.** (क), **2.** (ग), **3.** (घ), **4.** (क), **5.** (ग), **6.** (घ), **7.** (क)।

✦

*अध्याय-7*

# केन्द्रीय प्रवृत्ति की माप

# ( MEASURES OF CENTRAL TENDENCY )

## केन्द्रीय प्रवृत्ति का अर्थ

## ( Meaning of Central Tendency )

साधारण अर्थ में केन्द्रीय प्रवृत्ति का अर्थ है केन्द्र ( centre ) की ओर झुकाव। लेकिन सांख्यिकी ( statistics ) में केन्द्रीय प्रवृत्ति का तात्पर्य बारंबारता-वितरण ( frequency distribution ) में किसी प्राप्तांक ( score ) में केन्द्र की ओर झुकाव से है। दूसरे शब्दों में, इसका अर्थ है कि कौन-सा प्राप्तांक वितरण के केन्द्र से नजदीक है। जैसे–जैविक शीलगुणों ( biological traits ) में उनके वितरण केन्द्र (औसत) की ओर होने की प्रवृत्ति पायी जाती है। जैसे, नाटे माता-पिता के बच्चे अपेक्षाकृत लम्बे तथा लम्बे माता-पिता के बच्चे अपेक्षाकृत नाटे होते हैं। **चैपलिन** ( Chaplin, 1975 ) के अनुसार, *प्राप्तांकों के प्रातिनिधक मूल्य ( representative value ) को केन्द्रीय प्रवृत्ति कहते हैं।*[1] इसी प्रकार **रेबर** तथा **रेबर** ( Reber & Reber, 2001 ) ने भी इस विचार का समर्थन किया है और कहा है कि *केन्द्रीय प्रवृत्ति का तात्पर्य प्राप्तांकों के वितरण के प्रतिरूपों अथवा औसत मूल्य से है।*[2]

## केन्द्रीय प्रवृत्ति की मापें कौन-कौन-सी हैं ?

## ( What are Measures of Central Tendency )

किसी वितरण ( distribution ), प्रतिदर्श ( sample ) अथवा समूह की केन्द्रीय प्रवृत्ति का मापन तीन मापों ( measures ) द्वारा किया जाता है। इन मापों को मध्यमान या माध्य ( The Mean ), माध्यिका ( The Median ) तथा बहुलक ( The Mode ) कहते हैं। तीनों की अलग-अलग व्याख्या यहाँ आवश्यक है।

## माध्य ( मध्यमान )

### ( The Mean )

माध्य या मध्यमान केन्द्रीय प्रवृत्ति की एक माप है। इसके मुख्य तीन प्रकार हैं–जिन्हें अंकगणितीय माध्य ( arithmetic mean ), हरात्मक माध्य ( harmonic mean ) तथा ज्यामितीय माध्य ( geometric mean ) कहते हैं। लेकिन हमारा सम्बन्ध यहाँ केवल

1. "Central tendency refers to the representative value of the distribution of scores."
—Chaplin, 1975, p. 82

2. "Central tendency—an index of central tendency is a way of describing the typical or average value of any distribution of scores." —Reber & Reber, 2001, p. 112

अंगणितीय माध्य से है । अतः हम यहाँ इस माध्य के अर्थ, विशेषता, उपयोगिता तथा इसके परिकलन ( calculation ) के तरीकों का उल्लेख करेंगे ।

## अंकगणितीय माध्य *( Arithmetic Mean )*

साधारण अर्थ में किसी चीज के औसत को माध्य या मध्यमान कहते हैं । प्राप्तांकों के योगफल को उनकी कुल संख्या ( N ) से भाग देने पर जो भागफल होता है उसे ही अंकगणीतय मध्यमान कहते हैं । मान लिया जाए कि 5 छात्रों ने एक बुद्धि-परीक्षण पर 100, 105, 95, 90 तथा 80 अंक प्राप्त किए । इन सभी प्राप्तांकों का योगफल ( 100 + 105 + 95 + 90 + 80 = 470 ) 470 हुआ । अब इस योगफल को सभी प्राप्तांकों की कुल संख्या यानी 5 से भाग देने पर 94 $\left(\frac{470}{5}\right)$ आता है । अतः पाँचों विद्यार्थियों के प्राप्तांकों का अंकगणितीय मध्यमान 94 हुआ । **रेबर** तथा **रेबर** ( Reber & Reber, 2001 ) ने भी इसी अर्थ में इस मध्यमान को परिभाषित किया है और कहा है, *"अंकगणितीय मध्यमान का अर्थ मूल्यों या प्राप्तांकों के योगफल का उनकी संख्या द्वारा भागफल है ।"*[1]

## माध्य की विशेषताएँ *( Properties of the Mean )*

माध्य के परिकलन के पहले इसकी विभिन्न विशेषताओं का संक्षिप्त उल्लेख आवश्यक है :—

( i ) माध्य की एक विशेषता यह है कि बारंबारता-वितरण ( frequency distribution ) के केन्द्र ( centre ) की ओर निर्देश करता है । यह ऐसे मूल्य को बतलाता है जो वितरण के माध्य या उसके आसपास होता है । जब वितरण बिल्कुल संतुलित ( balanced ) होता है तो माध्य वितरण के ठीक केन्द्र में होता है । वितरण में असंतुलन जितना ही अधिक होता है माध्य उतना ही अधिक केन्द्र से दूर होता है ।

( ii ) माध्य की एक विशेषता यह भी है कि इससे पता चलता है कि वितरण प्रसामान्य ( normal ) है या नहीं । प्रसामान्य वितरण होने पर माध्य ठीक केन्द्र में होता है और माध्य ( Mean ), माध्यिका ( Median ) तथा बहुलक ( Mode ) में कोई अन्तर नहीं होता है । इसकी पूरी व्याख्या प्रसामान्य वितरण के अध्याय में आगे की जाएगी ।

( iii ) वितरण के किसी भी प्राप्तांक में परिवर्तन होने पर माध्य में भी परिवर्तन देखा जाता है । उपर्युक्त उदाहरण में 100, 105, 95, 90 तथा 80 का माध्य 94 है । यदि इनमें 80 को 75 कर दिया जाए तो माध्य 93 हो जाएगा और यदि 90 को 95 कर दें तो माध्य 95 हो जाएगा । इसी प्रकार किसी एक प्राप्तांक को हटा देने पर माध्य का मूल्य बदल जाता है ।

( iv ) माध्य की एक विशेषता यह भी है कि यह किसी वितरण का संतुलन-बिन्दु होता है । इससे कोई प्राप्तांक ऊपर हो तो इसे धनात्मक विचलन ( positive deviation ) कहेंगे तथा यदि कोई प्राप्तांक इससे नीचे हो तो इसे ऋणात्मक

---

1. "Arithmetic mean is the sum of a set of values or scores divided by the number of values or scores."
—Reber & Reber, 2001, p. 418

विचलन ( negative deviation ) कहा जाएगा । जैसे—100, 105, 95, 90 तथा 85 का माध्य 95 है । यहाँ प्राप्तांक 100 तथा 105 वास्तव में माध्य से ऊपर हैं । इसलिए यहाँ 100 – 95 = 5 तथा 105 – 95 = 10 धनात्मक विचलन हुए । इसी तरह 90 तथा 85 प्राप्तांक ( scores ) माध्य से नीचे हैं । अत: यहाँ 90 – 95 = –5 तथा 85 – 95 = – 10 ऋणात्मक विचलन हुए । प्राप्तांक 95 ठीक माध्य के बराबर है । इसलिए यहाँ विचलन शून्य हुआ ।

( v ) सामान्य परिस्थितियों में माध्यिका ( Median ) तथा बहुलक ( Mode ) की तुलना में माध्य में प्रतिदर्श स्थिरता ( sampling stability ) अधिक पायी जाती है । इसका मुख्य कारण यह है कि प्रतिदर्श के घटने-बढ़ने का अधिक प्रभाव माध्य पर नहीं पड़ता है ।

## माध्य की उपयोगिताएँ या गुण ( *Uses or Merits of the Mean* )

बारंबारता-वितरण की केन्द्रीय प्रवृत्ति की माप के रूप में माध्य की कई उपयोगिताएँ हैं :–

( i ) माध्य से किसी समूह या वितरण के औसत ( average ) का बोध होता है । इससे समूह या वितरण के मानदण्ड ( standard ) का संकेत मिलता है ।

( ii ) माध्य से किसी समूह या वितरण के संतुलन का भी संकेत मिलता है । जब किसी समूह या वितरण के माध्य, माध्यिका तथा बहुलक में थोड़ा अन्तर होता है तो इससे पता चलता है कि वह समूह या वितरण अधिक संतुलित है । लेकिन इन तीनों मापों ( measure ) में अन्तर जितना ही अधिक होता है उस समूह या वितरण के उतना ही अधिक असंतुलित होने का संकेत मिलता है । जब तीनों के बीच अन्तर शून्य होता है तो वह वितरण बिल्कुल संतुलित तथा सुडौल ( symmetrical ) होता है । इसे प्रसामान्य वितरण कहते हैं । स्पष्ट है कि माध्य से किसी वितरण या समूह के स्वरूप को समझने में आसानी होती है ।

( iii ) माध्य की एक उपयोगिता यह भी है कि इसके आधार पर दो या अधिक समूहों या वितरणों का तुलनात्मक अध्ययन करना सम्भव होता है । किसी वर्ग के सभी लड़कों तथा लड़कियों के प्राप्तांकों ( scores ) के माध्य अलग-अलग निकाले जाएँ तो इससे पता चल सकता है कि उपलब्धि के दृष्टिकोण से लड़कियों तथा लड़कों में श्रेष्ठ कौन है ।

( iv ) माध्य की उपयोगिता दूसरी कई सांख्यिकी ( statistics ) को निकालने के सम्बन्ध में देखी जाती है । जैसे—मानक विचलन ( SD ), औसत विचलन ( AD ), टी – परीक्षण ( t–test ), सहसम्बन्ध ( correlation ), आदि के परिकलन में माध्य सहायक होता है ।

( v ) **गैरेट** ( Garrett, 1981 ) **के अनुसार केन्द्रीय प्रवृत्ति की तीनों मापों अर्थात माध्य, माध्यिका तथा बहुलक में माध्य में सबसे अधिक स्थिरता** ( stability ) **पायी जाती है । अत: जहाँ कहीं केन्द्रीय प्रवृत्ति की स्थिर माप** ( stable measure ) **की आवश्यकता होती है वहाँ माध्य का उपयोग करना अधिक उपयोगी होता है ।**

## माध्य के दोष या सीमाएँ (*Demerits or Limitations of the Mean*)

माध्य के कई गुणों या लाभों (advantages) की चर्चा ऊपर की गयी है। फिर भी इसमें निम्नलिखित दोष, सीमाएँ या अलाभ (disadvantages) हैं :–

(i) इसका सबसे गंभीर दोष यह है कि अन्त के निरीक्षणों (extreme observations) का गहरा प्रभाव माध्य पर पड़ता है। जैसे—9, 13, 37, 45, 65 में 9 तथा 13 को 37 से कम प्राप्तांकों में बदल दिया जाए अथवा 45 तथा 65 को 37 से अधिक प्राप्तांकों में बदल दिया जाए तो माध्यिका पर कोई प्रभाव नहीं पड़ेगा, किन्तु माध्य बदल जाएगा।

(ii) माध्य का निर्धारण न तो निरीक्षण (inspection) से सम्भव है और न ग्राफ़ीय विधि (graphic method) से ही।

(iii) ऐसी गुणात्मक विशेषताएँ, जिनका मात्रात्मक मापन सम्भव नहीं हो पाता है, उनका अध्ययन माध्य से नहीं हो पाता है, जबकि माध्यिका से सम्भव हो जाता है। जैसे—ईमानदारी, सुन्दरता, आदि का अध्ययन।

(iv) यदि किसी श्रृंख्ला (series) का एक निरीक्षण (observation) या प्राप्तांक (score) लापता हो या खोया हो या अस्पष्ट (illegible) हो तो उस शृंखला का माध्य निकालना सम्भव नहीं होगा। हाँ, उस निरीक्षण या प्राप्तांक को छोड़कर शेष का माध्य निकाला जा सकता है।

(v) माध्य के साथ एक कठिनाई यह है कि यदि आँकड़ों (data) की पूरी जानकारी न हो तो उनके माध्य से गलत निष्कर्ष प्राप्त हो सकता है। जैसे—मान लें कि राम ने पहली जाँच परीक्षा में 45, दूसरी में 50 तथा तीसरी में 55 अंक पाए। श्याम ने इन परीक्षाओं में क्रमशः 55, 50 तथा 45 अंक पाए। अतः अन्त में दोनों ने औसत अंक 50 पाया। इस आधार पर निष्कर्ष निकला कि राम तथा श्याम की उपलब्धियाँ समान रहीं। लेकिन, यह निष्कर्ष गलत है, क्योंकि राम की क्रमशः उन्नति हुई है जबकि श्याम की अवनति हुई है।

## अंकगणितीय माध्य का परिकलन
## (Calculation of the Arithmetic Mean)

माध्य के अर्थ तथा इसकी विशेषताओं को हम जान चुके हैं। हम यह भी जान चुके हैं कि इसका उपयोग भिन्न-भिन्न परिस्थितियों में किया जाता है। अब देखना यह है कि माध्य कैसे निकाला जा सकता है। यह बात स्मरण रखना चाहिए कि माध्य दो परिस्थितियों में निकाला जाता है जो निम्न हैं :—

### (क) असमूहित आँकड़ों का माध्य (*The Mean from Ungrouped Data*)

असमूहित आँकड़ों का अर्थ यह है कि वे अलग-अलग प्राप्तांक के रूप में हों, बारंबारता सारणी (frequency table) के रूप में न हों। ऐसे आँकड़ों (data) या प्राप्तांकों (scores) के माध्य को निकालने का तरीका यह है कि अलग-अलग प्राप्तांकों को एक साथ जोड़ दिया जाता है और उनकी कुल संख्या (N) से भाग दिया जाता है। जो भागफल होता

है वही माध्य होता है। इसका सूत्र निम्नलिखित है :–

$$M = \frac{\Sigma X}{N}$$

यहाँ, M = माध्य ( mean ), Σ = कुल योग ( sum of ),
X = प्राप्तांक ( scores ), N = प्राप्तांकों की संख्या ( number of scores )।

**उदाहरण**—मनोविज्ञान की परीक्षा में 10 छात्रों के प्राप्तांक निम्नलिखित हैं :—
45, 55, 35, 60, 70, 52, 45, 62, 67, 68.

ये सभी असमूहित प्राप्तांक हैं। माध्य निकालने के लिए इन सभी प्राप्तांकों को जोड़कर कुल संख्या ( N ) यानी 10 से भाग देने पर जो भागफल होगा वही माध्य होगा। सुविधा के लिए प्राप्तांकों को निम्नलिखित तरीके से एक टेबुल में सजाया जा सकता है :—

**टेबुल 10**

| छात्रों की संख्या | प्राप्तांक ( X ) |
|---|---|
| 1 | 45 |
| 2 | 55 |
| 3 | 35 |
| 4 | 60 |
| 5 | 70 |
| 6 | 52 |
| 7 | 45 |
| 8 | 62 |
| 9 | 67 |
| 10 | 68 |
| | ΣX = 559 |

$M = \frac{\Sigma X}{N} = \frac{559}{10} = 55.9$ **उत्तर**

इसी तरह सभी परिस्थितियों में असमूहित या अव्यवस्थित आँकड़ों अथवा प्राप्तांकों का माध्य निकाला जा सकता है।

स्मरण रखना चाहिए कि असमूहित या अव्यवस्थित आँकड़ों का छोटा N होता है। यदि N काफी बड़ा हो तो आँकड़ों या प्राप्तांकों को समूहित या व्यवस्थित करके माध्य निकालना चाहिए।

## ( ख ) समूहित आँकड़ों का माध्य *( Mean from Grouped Data )*

समूहित या व्यवस्थित आँकड़ों या प्राप्तांकों का अर्थ वे आँकड़े या प्राप्तांक हैं जिन्हें बारंबारता-वितरण सारणी ( frequency distribution table ) के रूप में सजा दिया जाता है। उल्लेखनीय है कि जब N काफी बड़ा होता है तो प्राप्तांकों को बारंबारता-वितरण सारणी में सजा कर माध्य निकालना आवश्यक हो जाता है। समूहित या अवस्थित आँकड़ों से माध्य निकालने की दो विधियाँ हैं :—

### 1. लम्बी विधि *( Long Method )*

लम्बी विधि को वास्तविक माध्य विधि ( actual mean method ) भी कहते हैं। कारण, यहाँ सीधे वास्तविक माध्य निकाला जाता है। इस विधि से माध्य निकालने का सूत्र

( Formula ) निम्नलिखित है :—

$$M = \frac{\Sigma fX}{N}$$ सूत्र–6

यहाँ M = माध्य ( Mean ),
Σ = कुल योग ( Sum of ),
f = बारंबारता ( Frequency ),
X = वर्गान्तर का मध्यबिन्दु ( Midpoint of the class interval ),
N = कुल बारंबारताओं की संख्या ।

वर्गान्तर के मध्यबिन्दु को निकालने के सम्बन्ध में पहले भी चर्चा की जा चुकी है। फिर भी विद्यार्थियों की सुविधा के लिए उसे यहाँ भी दुहरा देना आवश्यक है। तरीका यह है कि वर्गान्तर के दोनों सीमाओं अर्थात उच्च सीमा ( upper limit ) तथा निम्न सीमा ( lower limit ) को जोड़कर दो से भाग दे दिया जाता है, जो भागफल होता है वही मध्यबिन्दु होता है। जैसे, मान लें कि किसी वर्गान्तर की उच्च सीमा 144 तथा निम्न सीमा 140 है तो इस वर्गान्तर का मध्यबिन्दु $\left(\frac{140+144}{2}\right)$ 142 होगा। इसी तरह वर्गान्तर 59.5 – 64.5 का मध्यबिन्दु $\left(\frac{59.5+64.5}{2}\right)$ 62 होगा। इसी तरीके से मध्यबिन्दु निकाला जाता है। अब लंबी विधि ( long method ) से माध्य ज्ञात करने में निहित चरणों ( steps ) को स्पष्ट करने के लिए निम्नलिखित उदाहरण पर ध्यान दें—

**उदाहरण**—टेबुल 11 में विश्वविद्यालय के 60 विद्यार्थियों द्वारा उपलब्ध-परीक्षण ( achievement test ) पर लाए गए प्राप्तांक ( scores ) दिए गए हैं। इनके आधार पर माध्य निकालें—

**टेबुल 11**

| वर्गान्तर ( Class Interval ) c.i | मध्यबिन्दु ( Midpoint ) X | बारंबारता f | बारंबारता तथा मध्यबिन्दु का गुणनफल ( fX ) |
|---|---|---|---|
| 57 – 59 | 58 | 1 | 58 |
| 54 – 56 | 55 | 1 | 55 |
| 51 – 53 | 52 | 6 | 312 |
| 48 – 50 | 49 | 12 | 588 |
| 45 – 47 | 46 | 7 | 322 |
| 42 – 44 | 43 | 9 | 387 |
| 39 – 41 | 40 | 8 | 320 |
| 36 – 38 | 37 | 5 | 185 |
| 33 – 35 | 34 | 4 | 136 |
| 30 – 32 | 31 | 6 | 186 |
| 27 – 29 | 28 | 0 | 0 |
| 24 – 26 | 25 | 1 | 25 |
| | | N = 60 | Σ fX = 2574 |

$$\text{Mean} = \frac{2574}{60} = 42.90 \text{ उत्तर ।}$$

यहाँ माध्य को ज्ञात करने में निम्नलिखित चरण निहित पाए गए :—

(i) सबसे पहले प्रथम खाना या कॉलम ( column ) में वर्गान्तर ( class intervals ) लिखे जाते हैं जैसा कि उपर्युक्त टेबुल-11 से स्पष्ट है ।

(ii) उसके बाद दूसरे खाना या कॉलम में प्रत्येक वर्गान्तर के सामने उसके मध्यबिन्दु को लिखा जाता है जिसके लिए प्रतीक के रूप में X को कॉलम के ऊपर लिख दिया जाता है ।

(iii) फिर कॉलम तीन में प्रत्येक वर्गान्तर की बारंबारता को उसके सामने लिख दिया जाता है । यहाँ प्रतीक के रूप में f को इस कॉलम के ऊपर लिख दिया जाता है ।

(iv) अन्त में कॉलम चार में प्रत्येक मध्यबिन्दु को उसके सामने की बारंबारता ( f ) से गुण कर दिया जाता है । इसे fX से इंगित करते हैं ।

(v) फिर प्रत्येक मध्यबिन्दु तथा बारंबारता के गुणनफल को एक साथ जोड़ दिया जाता है और बारंबारता की कुल संख्या ( N ) से भाग दे दिया जाता है । जो भागफल होता है वही माध्य होता है ।

यहाँ यह बात स्मरण रखना चाहिए कि यदि आँकड़े या प्राप्तांक बारंबारता वितरण-सारणी ( frequency distribution table ) के रूप में समूहित न हों तो छात्रों को चाहिए कि पहले उन आँकड़ों या प्राप्तांकों को बारंबारता-वितरण सारणी के रूप में व्यवस्थित कर लें और तब उपर्युक्त तरीकों से माध्य ज्ञात करें ।

## 2. लघु विधि ( *Short Method* )

माध्य ( Mean ) निकालने की दूसरी विधि को लघु विधि कहते हैं । इसे लघु विधि इसलिए कहते हैं कि इसके द्वारा माध्य ज्ञात करने में अधिक सुविधा होती है, समय कम लगता है तथा श्रम कम करना पड़ता है । ऊपर से देखने में लम्बी विधि ( long method ) आसान लगती है । लेकिन, वास्तविकता यह है कि विशेष रूप से दो परिस्थितियों में लम्बी विधि की तुलना में लघु विधि अधिक सरल तथा सुविधाजनक होती है—(क) जब वर्गान्तरों का आकार ( i ) सम संख्या ( even number ) होता है तो उनके मध्यबिन्दु ( midpoints ) दशमलव ( decimal ) में हो जाते हैं । जैसे, 40–45 वर्गान्तर का आकार ( i ) 6 है, जो सम संख्या है । इस वर्गान्तर का मध्यबिन्दु 42.5 होगा । ऐसे मध्यबिन्दुओं को बारंबारता ( frequency ) से गुणा करने, उन्हें जोड़ने तथा N से भाग देने में कठिनाई होती है और हिसाब के गलत होने का खतरा बढ़ जाता है । लेकिन, लघु विधि से माध्य ज्ञात करते समय यह कठिनाई नहीं होती है । (ख) जब प्राप्तांक बड़े-बड़े यथा 375, 395, 405 आदि होते हैं तथा बारंबारता भी बड़ी-बड़ी यथा 20, 21, 17 आदि होती हैं तो मध्यबिन्दुओं को बारंबारता से गुणा करने, गुणनफलों को जोड़ने तथा योगफल को N से भाग देने में भी अधिक कठिनाई महसूस होती है तथा गलती होने की सम्भावना बढ़ जाती है । लेकिन, यह कठिनाई लघु विधि में नहीं होती है ।

लघु विधि को कल्पित माध्य विधि ( assumed mean method ) भी कहते हैं । कारण, यहाँ एक माना हुआ माध्य के आधार पर वास्तविक माध्य निकाला जाता है । इसे कूटबद्ध प्राप्तांक विधि ( coded score method ) भी कहते हैं । इस विधि में माध्य ( Mean )

निकालने का सूत्र ( formula ) निम्नलिखित है :—

$M = AM + Ci$ सूत्र–7

यहाँ M = माध्य ( Mean )

AM = कल्पित माध्य ( Assumed Mean )

C = शुद्धि ( Correction )

i = वर्गान्तर का आकार या लम्बाई ( Size or length of class interval )

शुद्धि यानी C को इस प्रकार निकाला जाता है :—

$$C = \frac{\Sigma fx'}{N}$$

यहाँ C = शुद्धि ( Correction ), Σ = कुल योग ( Sum of )

$fx'$ = बारंबारता तथा कल्पित माध्य ( AM ) से विचलन ( deviation ) का गुणनफल।

N = बारंबारत की कुल संख्या।

अब हम एक उदाहरण द्वारा यह देखने का प्रयास करेंगे कि लघु विधि द्वारा माध्य ( Mean ) कैसे निकाला जाता है और इसमें कौन-कौन से चरण ( steps ) शामिल होते हैं। मान लें कि टेबुल-11 के आँकड़ों ( data ) से लघु विधि द्वारा माध्य ज्ञात करना है। चूँकि इस टेबुल के आँकड़े या प्राप्तांक पहले से ही व्यवस्थित या समूहित ( grouped ) है, इसलिए, उन्हें उसी रूप में टेबुल-12 में लिखकर माध्य निकाला जाएगा। यदि आँकड़े या प्राप्तांक अव्यवस्थित या असमूहित ( ungrouped ) होते तो पहले उन्हें व्यवस्थित या समूहित कर लिया जाता और तब आगे का काम होता।

**टेबुल 12**

| 1 वर्गान्तर ( Class intervals ) | 2 मध्यबिन्दु ( Midpoints ) | 3 बारंबारता ( Frequency ) | 4 कल्पित मध्यमान से विचलन ( Deviation from AM )e | 5 विचलन तथा बारंबारता का गुणनफल |
|---|---|---|---|---|
| c. i | X | $f$ | $x'$ | $fx'$ |
| 57 – 59 | 58 | 1 | 5 | 5 |
| 54 – 56 | 55 | 1 | 4 | 4 |
| 51 – 53 | 52 | 6 | 3 | 18 |
| 48 – 50 | 49 | 12 | 2 | 24 |
| 45 – 47 | 46 | 7 | 1 | 7 |
| | | | | + 58 |
| AM 42 – 44 | 43 | 9 | 0 | 0 |
| 39 – 41 | 40 | 8 | – 1 | – 8 |
| 36 – 38 | 37 | 5 | – 2 | – 10 |
| 33 – 35 | 34 | 4 | – 3 | – 12 |
| 30 – 32 | 31 | 6 | – 4 | – 24 |
| 27 – 29 | 28 | 0 | – 5 | 0 |
| 24 – 26 | 25 | 1 | – 6 | – 6 |
| | | N = 60 | | – 60 |

$$\Sigma fx' = 58 - 60 = -2$$

अब $M = AM + ci$ (सूत्र –7 के अनुसार)

$$AM = 43$$

$$c = \frac{\Sigma fx'}{N} = \frac{-2}{60} = -.03$$

$$i = 3$$

$$\therefore \text{Means} = 43 + (-.03 \times 3)$$

$$= 43 + (-.09) = 43 - .09 = 42.91, \text{ उत्तर}$$

उपर्युक्त उदाहरण पर ध्यान देने से पता चलेगा कि लघु विधि ( short method ) से माध्य ( Mean ) निकालने मे निम्नलिखित चरण ( steps ) या अवस्थाएँ ( stages ) निहित होती हैं :–

1. पहले चरण में दिए गए प्राप्तांकों ( scores ) को कुछ निश्चित वर्गान्तरों ( class intervals ) में सजा दिया जाता है। इसका तरीका पृष्ठ 66–67 पर बतलाया जा चुका है। यदि वर्गान्तर पहले से बना रहता है तो उसे उसी रूप में प्रथम कॉलम या खाना में लिख दिया जाता है, जैसा कि टेबुल-12 के प्रथम खाना से स्पष्ट है। इस कॉलम के सिरे पर प्राप्तांक ( scores ) या वर्गान्तर ( c.i ) लिख दिया जाता है।

2. कॉलम 2 में प्रत्येक वर्गान्तर के मध्यबिन्दु ( mid point ) को उसके सामने लिख दिया जाता है। इस कॉलम के ऊपर X प्रतीक के रूप में लिख दिया जाता है। मध्यबिन्दु निकालने का तरीका पहले ही पृष्ठ 105 पर बतलाया जा चुका है।

3. कॉलम 3 में प्रत्येक वर्गान्तर ( class interval ) में पड़नेवाली बारंबारता ( frequency ) को उसके सामने लिख दिया जाता है। इस कॉलम के ऊपर $f$ प्रतीक के रूप में लिख दिया जाता है।

4. कॉलम या खाना 4 में कल्पित माध्य ( AM ) से प्रत्येक मध्यबिन्दु या प्राप्तांक के विचलन को लिखा जाता है और इसे $x'$ अथवा $d'$ से नामांकित किया जाता है। यहाँ यह प्रश्न उठना स्वाभाविक है कि कल्पित माध्य ( AM ) कहाँ पर माना जाए। इसके लिए कोई कठोर नियम नहीं है। कहीं पर या किसी भी मध्यबिन्दु को माध्य मान लेने पर वास्तविक माध्य ( actual mean ) निकल जाएगा। लेकिन, हिसाब बनाने की सुविधा को ध्यान में रखते हुए तीन बातों को याद रखना लाभप्रद होगा। पहली बात यह कि उस वर्गान्तर के मध्यबिन्दु को AM, माना जाए जो वितरण के ठीक बीच में पड़ता हो। यदि बीच नहीं मिलता हो तो मध्य से एक वर्गान्तर नीचे या ऊपर के वर्गान्तर के मध्यबिन्दु को AM मान लेना चाहिए। इससे हिसाब बनाने में काफी सुविधा होगी। दूसरी बात यह कि जिस वर्गान्तर में सबसे अधिक बारंबारता हो उसी के मध्यबिन्दु को AM माना जाए। तीसरी बात यह कि यदि वर्गान्तर की संख्या ऐसी हो कि कोई भी वर्गान्तर वितरण के ठीक बीच में नहीं पड़ता हो तो थोड़ा ऊपर या थोड़ा नीचे हटकर उस वर्गान्तर में कल्पित माध्य माना जाए, जिसमें अधिक बारंबारता हो। प्रस्तुत उदाहरण में इसी नियम को अपनाया गया है। यहाँ वर्गान्तरों की संख्या 12 है। इसलिए ठीक बीच का वर्गान्तर मिलना सम्भव नहीं है। ऐसी हालत में या तो ऊपर से या नीचे से 6 वर्गान्तरों को छोड़कर सातवें वर्गान्तर में ही AM माना जा सकता है। लेकिन,

ऊपर से 6 वर्गान्तर के बाद सातवें वर्गान्तर की तुलना में नीचे से 6 वर्गान्तर को छोड़कर सातवें वर्गान्तर में बारंबारता अधिक है। इसीलिए, इसमें AM माना गया है। यहाँ 43 को AM माना गया है।

AM निर्धारित कर लेने के बाद विचलन वाले खाना यानी कॉलम 4 में उस कल्पित माध्य के सामने 0 ( zero ) लिख दिया जाता है। इसके ठीक ऊपर वाले वर्गान्तर के सामने 0 के ऊपर 1, उसके ठीक बाद वाले वर्गान्तर के सामने 2, उसके बाद वाले वर्गान्तर के सामने 3, आदि लिखते जाते हैं जब तक कि सबसे ऊपर वाला वर्गान्तर नहीं मिल जाता है। कल्पित माध्य के ऊपर वाले वर्गान्तरों के विचलन + चिह्न ( plus sign ) से इंगित करते हैं। ठीक इसी तरह कल्पित माध्य ( AM ) से नीचे वाले वर्गान्तरों के सामने कॉलम 4 में 0 के नीचे क्रमशः –1, –2, –3 आदि तब तक लिखते हैं, जब तक कि सबसे निचले वर्गान्तर तक नहीं पहुँच जाते हैं। जैसे—टेबुल-12 में 43 को AM माना गया है। इसलिए कॉलम 4 में उसके सामने 0 लिखा गया है। उसके ऊपर 46, 49, 52, 55 तथा 58 के सामने क्रमशः 1, 2, 3, 4 तथा 5 लिखा गया है। इसी प्रकार 43 से नीचे 40, 37, 34, 31, 28 तथा 25 के सामने कॉलम 4 में 0 के नीचे क्रमशः –1, –2, –3, –4, –5 और –6 लिखा गया है।

5. कॉलम 5 में प्रत्येक वर्गान्तर की बारंबारता ( $f$ ) को विचलन ( deviation ) से गुणा कर दिया जाता है। गुणनफल को $fx'$ से दिखलाया जाता है। जैसे, टेबुल–12 में कॉलम 3 में पहली बारंबारता 1 है और कॉलम 4 में उसके सामने विचलन 5 है। इसलिए कॉलम 5 में इन दोनों का गुणनफल ( $1 \times 5$ ) 5 लिखा गया है। इसी तरह दूसरे सभी वर्गान्तरों की बारंबारता को उसके सामने के विचलन से गुणा करके कॉलम 5 में क्रमशः लिखा गया है।

0 से नीचे भी इसी प्रकार प्रत्येक वर्गान्तर की बारंबारता को उसके सामने वाले विचलन ( deviation ) से गुणा करके कॉलम 5 में क्रमशः लिखा जाता है। किन्तु यहाँ – ( minus ) का चिह्न लगा दिया जाता है। यह बात टेबुल–12 के कॉलम 5 से बिल्कुल स्पष्ट है।

6. कॉलम 5 के 0 से ऊपर वाले सभी $fx'$ को एक साथ जोड़ दिया जाता है तथा + चिह्न ( plus sign ) के साथ योगफल को लिख दिया जाता है। इसी तरह 0 से नीचे के सभी $fx'$ को एक साथ जोड़ दिया जाता है तथा – चिह्न ( minus sign ) के साथ उसे लिख दिया जाता है। फिर जो अधिक होता है, उसमें से कम को घटा लिया जाता है। उपर्युक्त उदाहरण में 0 से ऊपर के $fx'$ का योगफल 58 है तथा 0 से नीचे $fx'$ का योगफल – 60 है। इसलिए $\Sigma fx'$ ( 58 – 60 ) – 2 हुआ।

7. अन्त में $\Sigma fx'$ को N से भाग देकर शुद्धि ( c ) को निकाला जाता है। फिर उसे वर्गान्तर के आकार ( i ) से गुणा कर दिया जाता है। जो गुणनफल होता है, वही c.i होता है। इसके बाद सूत्र–7 के आधार मध्य निकाल दिया जाता है।

## माध्यिका
## ( The Median )

### माध्यिका क्या है ? *( What is Median, Mdn ? )*

केन्द्रीय प्रवृत्ति की दूसरी माप को माध्यिका कहते हैं। इसे प्रतीक के रूप में Mdn कहते हैं। माध्यिका का अर्थ किसी वितरण ( distribution ) में वह बिन्दु है जिसके ऊपर

50% तथा नीचे 50% प्राप्तांक होते हैं। **डाउनी** तथा **हीथ** ( Downie & Heath, 1959, 1970 ) के शब्दों में *"माध्यिका किसी वितरण में वह बिन्दु है, जिसकी दोनों ओर बराबर-बराबर प्राप्तांक होते हैं।"*[1] इसी प्रकार **रेबर** तथा **रेबर** ( Reber & Reber, 2001 ) के अनुसार, *"आकार के अनुसार व्यवस्थित प्राप्तांकों के वितरण में मध्य प्राप्तांक को माध्यिका कहते हैं।"*[2] इसे एक उदाहरण द्वारा और भी स्पष्ट किया जा सकता है। मान लें कि इतिहास में 7 छात्रों के प्राप्तांक इस प्रकार हैं—60, 45, 55, 65, 70, 48, 59, अब इन प्राप्तांकों को बढ़ते हुए क्रम में इस प्रकार व्यवस्थित किया जा सकता है—45, 48, 55, 59, 60, 65 तथा 70, इनमें 59 ऐसा प्राप्तांक है, जिसके नीचे तीन प्राप्तांक यानी 55, 48 तथा 45 हैं तथा ऊपर भी तीन प्राप्तांक यानी 60, 65 तथा 70 हैं। अतः 59 को माध्यिका माना जाएगा। कारण, यही ऐसा बिन्दु है जिसके ऊपर तथा नीचे बराबर-बराबर प्राप्तांक हैं।

## माध्यिका की विशेषताएँ *( Properties of the Median )*

माध्यिका के परिकलन ( calculation ) के पहले इसकी विशेषताओं को जान लेना लाभदायक होगा।

( i ) माध्यिका ( Mdn ) की एक विशेषता यह है कि यह माध्य ( Mean ) की तरह केन्द्र की ओर निर्देश करता है। इसलिए दोनों को केन्द्रीय प्रवृत्ति की माप ( measures ) कहा जाता है। इस विशेषता के आधार पर ये दोनों अभिन्न हैं।

( ii ) माध्यिका की एक विशेषता यह भी है कि यह वितरण के उस बिन्दु को इंगित करती है, जिसके ऊपर तथा नीचे बराबर-बराबर प्राप्तांक होते हैं। इस आधार पर यह माध्य ( Mean ) से भिन्न है। कारण, माध्य से केवल औसत ( average ) का बोध होता है।

( iii ) वितरण के किसी प्राप्तांक ( score ) में परिवर्तन होने पर भी माध्यिका में कोई परिवतर्न नहीं होता है। जैसे–4, 5, 6, 7 तथा 8 में 6 माध्यिका है। कारण, यहाँ वही ऐसा प्राप्तांक है, जिसके नीचे दो प्राप्तांक ( 4 तथा 5 ) है तथा ऊपर भी दो प्राप्तांक ( 7 तथा 8 ) हैं। अब 8 को 50 कर देने पर भी माध्यिका 6 की होगी। अपनी इस विशेषता के कारण माध्यिका माध्य से भिन्न हो जाती है। कारण, वितरण के किसी प्राप्तांक में परिवर्तन कर देने पर माध्य बदल जाएगा। जैसे–4, 5, 6, 7 तथा 8 का माध्य 6 है और 8 को 50 कर देने पर माध्य 14.4 हो जाएगा।

( iv ) माध्यिका की एक विशेषता यह भी है कि यह केवल उस बिन्दु या प्राप्तांक को बतलाती है जिसके ऊपर तथा नीचे बराबर-बराबर प्राप्तांक होते हैं। लेकिन, यह प्राप्तांकों की दूरी को महत्त्व नहीं देती है। जैसे–10, 25, 33, 35 तथा 39 में 33 माध्यिका है और इसके नीचे के दोनों प्राप्तांकों ( 10 और 25 ) में 15 का अन्तर है जबकि इसके उपर के दोनों प्राप्तांकों ( 35 तथा 39 ) के बीच केवल 4 का अन्तर है। इतना अधिक असंतुलन माध्य ( Mean ) में नहीं है। अतः इस आधार पर भी ये दोनों माप ( measures ) एक दूसरे से भिन्न हैं।

---

1. "The median is defined as the point in a distribution with an equal number of cases on each side of it." —Downie & Heath, 1959, 1970, p. 48.
2. "Median is the middle most score in a distribution of scores ordered according to the magnitude." —Reber & Reber, 2001, p. 421.

(v) **गैरेट** (Garrett, 1981) के अनुसार इसमें *प्रतिदर्श विचलन (sampling fluctuation) कम पाया जाता है। लेकिन, माध्य (Mean) की तुलना में यह विचलन माध्यिका में अधिक पाया जाता है।*

**माध्यिका की उपयोगिताएँ *(Uses of the Median)***

इस केन्द्रीय प्रवृत्ति की निम्नलिखित कई उपयोगिताएँ हैं :—

(i) माध्यिका की एक उपयोगिता यह है कि इसके आधार पर किसी वितरण के वास्तविक मध्यबिन्दु (exact midpoint) को निर्धारित करना सम्भव होता है। अतः जब कभी किसी वितरण के मध्य-बिन्दु को निर्धारित करना होता है, तो माध्यिका निकालने की आवश्यकता होती है।

(ii) मुक्तोत्तर वितरण (open-ended distribution) की केन्द्रीय प्रवृत्ति को निर्धारित करने का सबसे उपयोगी तरीका माध्यिका है।

(iii) माध्यिका से इस बात का ज्ञान हो जाता है कि कौन-सा प्राप्तांक केन्द्रीय प्रवृत्ति को प्रभावित कर रहा है और उसका स्थान (location) क्या है?

(iv) माध्यिका ही एक ऐसा औसत (average) है, जिसका उपयोग गुणात्मक विशेषताओं के मापन के लिए किया जा सकता है। जैसे—औसत बुद्धि, औसत सुन्दरता, आदि का पता लगाना।

**माध्यिका के दोष या सीमाएँ *(Defects or Limitations of the Median)***

कई उपयोगिताओं (uses) या लाभों (advantages) के बावजूद माध्यिका की निम्नलिखित त्रुटियाँ (errors) या सीमाएँ हैं :—

(i) असमूहित आँकड़ों (ungrouped data) के लिए जब निरीक्षणों या प्राप्तांकों की संख्या समांक (even number) हो तो वास्तविक माध्यिका निकालना सम्भव नहीं हो पाता है। कारण, मध्य के दो प्राप्तांकों का औसत निकाल देने पर वास्तविक माध्यिका, प्राप्त नहीं हो पाती है। उन दो प्राप्तांकों के बीच कोई भी मूल्य माध्यिका हो सकती है।

(ii) चूँकि माध्यिका स्थितीय औसत (positional average) है, इसलिए यह वितरण के प्रत्येक एकांश (item) पर आधारित नहीं होती है।

(iii) जिस तरह माध्य (Mean) इससे अधिक गणितीय निरूपण में सहायक होता है, उस तरह माध्यिका (Mdn) सहायक नहीं होती है। यदि दो समूहों के आकार (sizes) तथा माध्यिका मूल्य (median values) ज्ञात हों तो इसके आधार पर सम्मिलित समूह की माध्यिका परिकलन सम्भव नहीं है। लेकिन, माध्य के साथ यह कठिनाई नहीं है।

(iv) माध्य (Mean) की तुलना में माध्यिका (Mdn) में स्थिरता (stability) कम पायी जाती है।

(v) विशेष 'रूप' से छोटे प्रतिदर्शों (small samples) की स्थिति में माध्य की तुलना में माध्यिका पर प्रतिदर्श के घटाव-बढ़ाव (fluctuation of sampling) का प्रभाव अधिक पड़ता है।

## माध्यिका परिकलन ( *Calculation of the Median* )

माध्यिका के अर्थ तथा विशेषताओं से हम परिचित हो चुके हैं। अब देखना यह है कि इसका परिकलन ( calculation ) कैसे किया जाता है। माध्यिका को निम्नलिखित दो परिस्थितियों में निकाला जाता है :—

### 1. असमूहित आँकड़ों से माध्यिका ( *The Median from Ungrouped Data* )

असमूहित या अव्यवस्थित आँकड़ों का अर्थ वे प्रदत्त ( scores ) हैं जो वितरण-सारणी ( frequency distribution table ) के रूप में सजाए नहीं होते हैं। ऐसा तब होता है जबकि N छोटा होता है। ऐसी हालत में दिए गए आँकड़ों को बढ़ते हुए क्रम ( increasing order ) या घटते हुए क्रम ( decreasing order ) में व्यवस्थित कर लिया जाता है तथा बीच वाले अंक को माध्यिका मान लिया जाता है। जैसे—मान लें कि 17, 37, 29, 21 तथा 55 की माध्यिका निकालना है। अब इसे बढ़ते हुए क्रम यथा 17, 21, 29, 37 तथा 55 अथवा घटते हुए क्रम 55, 37, 29, 21 तथा 17 में सजाने पर बीच वाला अंक यानी 29 माध्यिका होगी।

असमूहित आँकड़ों से माध्यिका निकालने का सूत्र इस प्रकार है :–

$$\text{Mdn} = \frac{(N+1)}{2} \text{ the number} \qquad \text{—सूत्र–9}$$

यहाँ, Mdn = माध्यिका ( median ), N = आँकड़ों या प्राप्तांकों की कुल संख्या।

उपर्युक्त उदाहरण से माध्यिका इस सूत्र से निकलाने पर,

$$\text{Mdn} = \frac{5+1}{2} = \frac{6}{2} = 3 \text{ the number}$$

स्मरण रखना चाहिए कि इस सूत्र से माध्यिका के वास्तविक मूल्य ( actual value ) का पता नहीं चलता है, बल्कि केवल पोजीशन ( position ) का पता चलता है। केवल यह पता चलता है कि माध्यिका अव्यवस्थित आँकड़ों में कहाँ पर होगी। जैसे—उपर्युक्त उदाहरण में सूत्र–9 से पता चलता है कि माध्यिका तीसरी पोजीशन में है जहाँ 29 प्राप्तांक है। अत: माध्यिका का वास्तविक मूल्य 29 होगा।

कभी-कभी दिए गए आँकड़ों की संख्या ( N ) विषम ( odd ) नहीं होती बल्कि समांक ( even ) होती है। जैसे–31, 37, 20, 40, 39 तथा 50 की संख्या ( N ) समांक ( 6 ) है। ऐसी हालत में पहले की तरह आँकड़ों को बढ़ते हुए क्रम या घटते हुए क्रम में व्यवस्थित कर लिया जाता है। जैसे—बढ़ते हुए क्रम में 20, 31, 37, 39, 40 तथा 50 अथवा घटते हुए क्रम में 50, 40, 39, 37, 31 तथा 20 होगा। अब बीच वाले दो अंकों को जोड़कर आधा कर देने पर माध्यिका का वास्तविक मूल्य निकल जाएगा। यहाँ 37 + 39 (बीच वाले दो अंक) = 76 जिसका आधा 38 होगा और यही मूल्य माध्यिका होगी। सूत्र–9 के अनुसार :–

$$\text{Mdn} = \frac{6+1}{2} = \frac{7}{3} = 3.5 \text{ the number}$$

यहाँ माध्यिका 3rd अथवा 4th संख्या के बीच ( 3.5 ) में पड़ रही है। अत: माध्यिका न तो 3rd पोजीशन में होगी और न 4th पोजीशन में, बल्कि इन दोनों के बीच में होगी। उपर्युक्त अव्यवस्थित आँकड़ों में 3rd पोजीशन में 37 तथा 4th पोजीशन में 39 है। इन दोनों के बीच में $\frac{37+39}{2} = \frac{76}{2} = 38$ है जिसे माध्यिका कहेंगे। इसी तरह आँकड़ों की संख्या समांक ( even ) होने पर अव्यवस्थित आँकड़ों से माध्यिका निकाली जाती है।

## 2. समूहित आँकड़ों से माध्यिका ( *The Median from Grouped Data* )

जब N बड़ा होता है तो आँकड़ों को व्यवस्थित या समूहित करके माध्यिका निकाली जाती है। समूहित या व्यवस्थित आँकड़ों का अर्थ ऐसे आँकड़ों से है जिन्हें बारंबारता वितरण-सारणी ( frequency distribution table ) में सजा दिया जाता है। ऐसी हालत में माध्यिका निकालने का सूत्र निम्नलिखित है :–

$$\text{Mdn} = L + \left(\frac{\frac{N}{2} - F}{fm}\right) \times i \qquad \text{—सूत्र–10}$$

यहाँ Mdn = माध्यिका ( Median )

L = उस वर्गान्तर की वास्तविक निम्न सीमा ( exact lower limit ) जिसमें माध्यिका पड़ती है।

$\frac{N}{2}$ = प्राप्तांकों की कुल संख्या का आधा,

F = जिस वर्गान्तर में माध्यिका पड़ती है उसके नीचे के सभी वर्गान्तरों की बारम्बारताओं का योगफल

fm = जिस वर्गान्तर में माध्यिका पड़ती है उसकी बारंबारता,

i = वर्गान्तर की लम्बाई या आकार ( size of the interval ) ।

**उदाहरण**—समूहित आँकड़े ( grouped data ) से माध्यिका निकालने में कई चरण ( steps ) शामिल होते हैं। इसे समझने के लिए निम्नलिखित टेबुल–13 के आँकड़ों पर ध्यान दें —

**टेबुल 13**

| | 1<br>वर्गान्तर<br>( Class interval ) | 2<br>बारंबारता<br>( Frequency ) |
|---|---|---|
| | 55 – 59 | 1 |
| | 50 – 54 | 1 |
| | 45 – 49 | 0 |
| | 40 – 44 | 2 |
| | 35 – 39 | 3 |
| | 30 – 34 | 7 |
| Mdn | 25 – 29 | 17 |
| | 20 – 24 | 6 |
| | 15 -- 19 | 7 |
| | 10 – 14 | 0 |
| | 5 – 9 | 4 |
| | 0 – 4 | 2 |
| | | N = 50 |

अब, $\text{Mdn} = L + \left(\frac{\frac{N}{2} - F}{fm}\right) \times i$ (सूत्र 10 के अनुसार)

इस सूत्र के अनुसार, $\frac{N}{2} = \frac{50}{2} = 25$

$L = 24.5$

$F = 19$

$fm = 17$

$i = 5$

अत: $\text{Median} = 24.5 + \left(\frac{25-19}{17}\right) \times 5 = 24.5 + \frac{6}{17} \times 5$

$= 24.5 + \frac{30}{17} = 24.5 + 1.76 = 26.26$, उत्तर।

इसी तरह किसी भी बारम्बारता-वितरण सारणी ( frequency distribution table ) से माध्यिका निकाली जा सकती है। उपर्युक्त सूत्र ( formula ) से माध्यिका निकालते समय निम्नलिखित बातों या चरणों ( steps ) पर ध्यान दिया जाता है :–

1. जब आँकड़े समूहित होते हैं यानी बारम्बारता-वितरण सारणी के रूप में होते हैं तो सबसे पहले $\frac{N}{2}$ निकाला जाता है। जैसे, ऊपर के उदाहरण में $N = 50$ है, जिसका आधा $\frac{50}{2} = 25$ निकाला गया है। आधा निकाल लेने के बाद यह देखा जाता है कि नीचे से ऊपर की ओर बारम्बारता को जोड़ने पर किस वर्गान्तर में वह (आधा) पूरा होता है। जिस वर्गान्तर में वह पूरा होता है उसे याददाश्त के लिए लकीरों से घेर देते हैं। जैसे, उपर्युक्त उदाहरण में नीचे से ऊपर की ओर बारम्बारता को जोड़ने पर 25 से 29 वाले वर्गान्तर में $\frac{N}{2}$ यानी 25 पूरा होता है। इसलिए इस वर्गान्तर को दो लकीरों से घेर दिया गया है। स्मरण रखना चाहिए कि $\frac{N}{2}$ को बारम्बारता वाले खाना में नीचे से ऊपर की ओर गिन कर तब तक जोड़ा जाता है जब तक कि ठीक $\frac{N}{2}$ अथवा उससे अधिक मूल्य नहीं मिल जाता है। जैसे, प्रस्तुत उदाहरण में 25 – 29 वर्गान्तर तक बारंबारता की संख्या $2 + 4 + 0 + 7 + 6 + 17 = 36$ होती है जिसमें 25 शामिल है। इसीलिए यह मान लिया गया है कि माध्यिका यानी $\frac{N}{2}$ इसीलिए 25 – 29 वर्गान्तर में पड़ता है।

2. जिस वर्गान्तर में $\frac{N}{2}$ पड़ता है उसकी वास्तविक निम्न सीमा को निकाल लेते हैं और L के प्रतीक के रूप में उसे लिखते हैं। जैसे—प्रस्तुत उदाहरण में माध्यिका यानी $\frac{N}{2} = 25$ वस्तुत: 25–29 वर्गान्तर में पड़ता है। इसीलिए 24.5, जो इस वर्गान्तर की वास्तविक निम्न सीमा है, को L माना गया है।

3. तीसरे चरण में F का पता लगाया जाता है । इसका पता लगाने के लिए जिस वर्गान्तर में $\frac{N}{2}$ पड़ता है उसके नीचे के सभी वर्गान्तरों की बारंबारताओं ( frequencies ) को जोड़ दिया जाता है । यही योगफल F कहलाता है । इस उदाहरण में माध्यिका यानी $\frac{N}{2}$ वास्तव में 25–29 वर्गान्तर में पड़ता है । इसलिए इसके नीचे के सभी वर्गान्तरों की बारंबारताओं को गिन लिया गया है जिसका योगफल 19 ( 6 + 7 + 0 + 4 + 2 ) पाया गया है जिसको F माना गया है ।

4. चौथे चरण में fm ज्ञात किया जाता है, जिस वर्गान्तर में माध्यिका यानी $\frac{N}{2}$ पड़ता है, उसकी बारम्बारता को fm माना जाता है । इस उदाहरण में $\frac{N}{2}$ वस्तुत: 25–29 वर्गान्तर में पड़ रहा है और इस वर्गान्तर में बारंबारता की संख्या 17 है । अत: 17 को fm माना गया है ।

5. अन्त में वर्गान्तर की लम्बाई या आकार ( i ) ज्ञात किया जाता है । प्रस्तुत उदाहरण में प्रत्येक वर्गान्तर का आकार 5 है । इसलिए 5 को ही i माना गया है ।

सभी मान ( values ) निकाल लेने के बाद सूत्र–10 की सहायता से माध्यिका ज्ञात की जाती है, जैसा कि ऊपर के उदाहरण से स्पष्ट है ।

## समूहित आँकड़ों से माध्यिका ज्ञात करने का दूसरा सूत्र ( *Second Formula for Median from Grouped Data* )

बारम्बारता वितरण सारणी से माध्यिका ज्ञात करने का दूसरा सूत्र भी है जो निम्नलिखित है :—

$$\text{Mdn} = U - \left( \frac{\frac{N}{2} - F}{fm} \right) i \qquad \text{— सूत्र–11}$$

यहाँ Mdn = माध्यिका ( Median )

U = उस वर्गान्तर की वास्तविक उच्च सीमा ( exact upper limit ) जिसमें माध्यिका यानी $\frac{N}{2}$ पड़ता है,

$\frac{N}{2}$ = प्राप्तांकों यानी बारंबारताओं की कुल संख्या का आधा,

F = जिस वर्गान्तर में $\frac{N}{2}$ पड़ता हो उसके ऊपर के सभी वर्गान्तरों की बारंबारताओं का योगफल,

fm = जिस वर्गान्तर में $\frac{N}{2}$ या माध्यिका पड़ती है, उसकी बारंबारता,

i = वर्गान्तर की लम्बाई या आकार । अब इस सूत्र के द्वारा टेबुल–13 के

आँकड़ों की माध्यिका इस प्रकार ज्ञात की जाएगी—

$$\frac{N}{2} = \frac{50}{2} = 25$$
$$U = 29.5$$
$$F = 14$$
$$fm = 17$$
$$i = 5$$

अत: $\text{Median} = 29.5 - \left(\frac{25-14}{17}\right) \times 5$

$$= 29.5 - \left(\frac{11}{7}\right) \times 5 = 29.5 - \frac{55}{17}$$
$$= 29.5 - 3.24 = 26.26$$

यहाँ यह कह देना आवश्यक है कि माध्यिका चाहे पहले सूत्र से निकाली जाए या दूसरे सूत्र से निकाली जाए, दोनों अवस्थाओं में माध्यिका मूल्य समान होगा। उपर्युकत उदाहरण में टेबुल–13 के आँकड़ों की माध्यिका प्रथम सूत्र तथा द्वितीय सूत्र से ज्ञात करने पर क्रमश: 26.26 तथा 26.26 पाई गई। इन दोनों मूल्यों में कोई अन्तर नहीं है।

कभी-कभी वर्गान्तर ( class intervals ) के बदले केवल प्राप्तांक ( scores ) अलग-अलग दिए गए रहते हैं तथा प्रत्येक के सामने बारंबारता ( f ) दी गयी रहती है, जैसा कि नीचे टेबुल–14 से स्पष्ट है। ऐसी हालत में भी सूत्र–10 तथा सूत्र–11 से ही माध्यिका निकाली जाती है।

**टेबुल 14**

| | प्राप्तांक ( score ) | बारंबारता ( f ) |
|---|---|---|
| | 9 | 1 |
| | 8 | 1 |
| | 7 | 2 |
| | 6 | 4 |
| Mdn | 5 | 5 |
| | 4 | 3 |
| | 3 | 2 |
| | 2 | 0 |
| | 1 | 2 |
| | | N = 20 |

$$\text{Median} = L + \left(\frac{\frac{N}{2} - F}{fm}\right) i$$ (सूत्र 10 के अनुसार)

$L = 5 = 4.5$ $\therefore$ $\text{Median} = 4.5 + \left(\frac{10-7}{5}\right) \times 1$

$N = \frac{20}{2} = 10$ $\qquad$ $= 4.5 + \frac{3}{5} \times 1$

$F = 7$ $\qquad$ $= 4.5 + \frac{3}{5}$

$fm = 5$ $\qquad$ $= 4.5 + .6$

$i = 1$ $\qquad$ $= 5.1$

## बहुलक
## ( The Mode )

बहुलक का अर्थ वितरण का वह प्राप्तांक या अंक है जो सबसे अधिक बार आया हो। जैसे—15, 11, 20, 11, 17, 11, 21, 15, 12 तथा 11 में 11 को बहुलक माना जाएगा। कारण, 11 ही ऐसा अंक है जो वितरण में सबसे अधिक बार आया है। समूहित या व्यवस्थित आँकड़ों की स्थिति में बहुलक का अर्थ उस वर्गान्तर का मध्यबिन्दु है, जिसमें अधिकतम बारंबारता हो। **रेबर** तथा **रेबर** ( Reber & Reber, 2001 ) ने इसकी परिभाषा देते हुए कहा है कि *"सांख्यिकी में बहुलक प्राप्तांकों के वितरण की केन्द्रीय प्रवृत्ति की वह माप है जिससे उस वर्गान्तर के मध्यबिन्दु का बोध होता है, जिसमें अधिकतम बारंबारता होती है।"*[1]

### बहुलक की विशेषताएँ ( *Properties of the Mode* )

(i) बहुलक की एक विशेषता यह है कि असमूहित आँकड़ों की हालत में इससे उस अंक का बोध होता है जो सबसे अधिक बार आता है।

(ii) बहुलक की एक विशेषता यह भी है कि समूहित आँकड़ों की स्थिति में इसमें उस वर्गान्तर का बोध होता है जिसमें अधिकतम बारंबारता होती है।

(iii) बहुलक को $M_0$ के प्रतीक के रूप में व्यक्त किया जाता है।

(iv) बहुलक के दो प्रकार हैं जिन्हें अवास्तविक बहुलक ( crude mode ) तथा वास्तविक बहुलक ( true mode ) कहते हैं। जो बहुलक आँकड़ों के मात्र निरीक्षण के आधार पर निकाला जाता है उसे अवास्तविक बहुलक कहते हैं। दूसरी ओर जो बहुलक सूत्र ( formula ) के आधार पर निकाला जाता है, उसे परिकलित बहुलक ( calculated mode ) या वास्तविक बहुलक कहते हैं।

### बहुलक की उपयोगिताएँ या गुण ( *Uses or Merits of the Mode* )

केन्द्रीय प्रवृत्ति की तीन मापों ( measures ) में बहुलक की उपयोगिता सबसे अधिक सीमित है। माध्य ( Mean ) तथा माध्यिका ( Median ) की तरह यह उपयोगी नहीं है। फिर भी इससे कुछ लाभ अवश्य होता है।

(i) जब कभी असमूहित आँकड़ों में उस अंक को जानना हो जो सबसे अधिक बार आया हो तो इसके लिए केवल बहुलक ही लाभप्रद होता है।

---

1. "Mode, in statistics, is a measure of central tendency of a distribution of scores given by the score of the midpoint of the class interval of scores with the highest frequency."
— Reber & Reber, 2001, p. 440

(ii) जब आँकड़े समूहित हों और उस वर्गान्तर के मध्यबिन्दु को जानना हो जिसमें अधिकतम बारंबारता हो तो बहुलक का उपयोग (application) आवश्यक बन जाता है।

(iii) बारंबारता द्विबहुलकी (bimodal) अथवा बहुबहुलकी (multimodal) हो तो बहुलक का मूल्य माध्य तथा माध्यिका से अधिक हो जाता है।

(iv) जब बहुत थोड़े समय में केन्द्रीय प्रवृत्ति का एक स्थूल अन्दाज लेना हो तो इसका व्यवहार आवश्यक बन जाता है।

(v) बहुलक दूरतम निरीक्षणों से प्रभावित नहीं होता है। इस आधार पर यह माध्य से बेहतर है।

## बहुलक के दोष या सीमाएँ (*Defects or Limitations of the Mode*)

कई उपयोगिताओं के होते हुए भी बहुलक की कई सीमाएँ या त्रुटियाँ हैं :—

(i) बहुलक की कठोर परिभाषा (rigid definition) सम्भव नहीं है।

(ii) चूँकि बहुलक से अधिकतम बारंबारता (maximum frequency) का बोध होता है, इसलिए यह शृंखला (series) के सभी निरीक्षणों (observations) पर आधारित नहीं होता है।

(iii) बहुलक से आगे के गणितीय निरूपण (mathematical treatment) में कोई लाभ नहीं होता है।

(iv) माध्य (Mean) तथा माध्यिका (Mdn) की अपेक्षा बहुलक (Mode) पर प्रतिदर्श (sample) के घट-बढ़ (fluctuation) का प्रभाव अधिक पड़ता है।

(v) जो स्थिरता (stability) माध्य (Mean) में पायी जाती है, वह माध्यिका (Mdn) या बहुलक (Mode) में नहीं पायी जाती है।

## बहुलक का परिकलन (*Calculation of the Mode*)

बहुलक निम्नलिखित दो परिस्थितियों में परिकलित (calculate) किया जाता है :–

### 1. असमूहित आँकड़ों से बहुलक (*The mode from ungrouped data*)

असमूहित आँकड़ों से बहुलक बहुत आसानी से निकाल लिया जाता है। केवल आँकड़ों को देखकर बहुलक निकालना सम्भव हो जाता है। इसीलिए ऐसे बहुलक को अवास्तविक बहुलक (crude mode) कहा जाता है। जैसे–मान लें कि 15, 13, 18, 25, 20, 18, 22, 18, 23 तथा 28 से बहुलक ज्ञात करना है। यहाँ इन आँकड़ों को मात्र देखने से ही ज्ञात हो जाता है कि 18 एक ऐसा अंक है जो अधिक बार आया है। अतः यही बहुलक हुआ। ऐसे प्राप्तांक के सेट को एकबहुलकी (unimodal) कहते हैं। कभी-कभी दिए गए असमूहित अंकों में एक से अधिक अंक समान संख्या में घटित हो सकते हैं। जैसे–13, 15, 19, 13, 18, 15, 29, 21, 13, 15 में 13 तथा 15 ऐसे अंक है जो तीन-तीन बार घटित हुए हैं। ऐसी हालत में दोनों अंकों के औसत को बहुलक (mode) कहेंगे। जैसे–यहाँ बहुलक $= \frac{13+15}{2} = \frac{28}{2} = 14$ होगा। ऐसे प्राप्तांकों के सेट को द्विबहुलकी (bimodal) कहते हैं। कभी-कभी त्रिबहुलकी (trimodal) तथा बहु-बहुलकी (multimodal) का उदाहरण मिलता है।

कभी-कभी दिए गए प्राप्तांकों ( scores ) में प्रत्येक प्राप्तांक ( score ) केवल एक बार ही आता है । जैसे—1, 7, 8, 10, 12, 14, 17, 23, 24 में प्रत्येक अंक एक बार घटित हुआ है । ऐसी हालत में बहुलक ज्ञात करना कोई अर्थ नहीं रखता है । प्राय: ऐसा तब होता है जबकि प्राप्तांकों ( scores ) की संख्या ( N ) छोटी होती है ।

## 2. समूहित आँकड़ों से बहुलक *( The mode from grouped data )*

जब समूहित आँकड़े होते हैं तो आवश्यकता के अनुसार अवास्तविक बहुलक ( crude mode ) तथा वास्तविक बहुलक ( true mode ) दोनों निकाले जा सकते हैं । अवास्तविक बहुलक केवल निरीक्षण के आधार पर निकाला जा सकता है । जिस वर्गान्तर में अधिकतम बारम्बारता होती है, उसके मध्यबिन्दु को बहुलक मान लिया जाता है । नीचे टेबुल–15 में वर्गान्तर 60–64 में सबसे अधिक बारम्बारता ( 10 ) है । अत: इसी वर्गान्तर के मध्यबिन्दु यानी 62 को बहुलक माना जाएगा ।

**टेबुल 15**

| वर्गान्तर *( Class-Intervals )* | बारम्बारता *( frequency )* | मध्यबिन्दु *X* | *fX* |
|---|---|---|---|
| 85 – 89 | 1 | 87 | 87 |
| 80 – 84 | 2 | 82 | 164 |
| 75 – 79 | 4 | 77 | 308 |
| 70 – 74 | 6 | 72 | 432 |
| 65 – 69 | 6 | 67 | 402 |
| 60 – 64 | 10 | 62 | 620 |
| 55 – 59 | 5 | 57 | 285 |
| 50 – 54 | 5 | 52 | 260 |
| 45 – 49 | 3 | 47 | 141 |
| 40 – 44 | 2 | 42 | 84 |
| 35 – 39 | 0 | 37 | 00 |
| 30 – 34 | 1 | 32 | 32 |
| | N = 45 | | ΣfX = 2815 |

समूहित आँकड़ों यानी बारंबारता-वितरण सारणी से बहुलक ( true mode ) निकालने का सूत्र इस प्रकार है :–

$$M_0 = 3 \text{ Median} - 2 \text{ Median}$$ — सूत्र–12

यहाँ सूत्र–12 के अनुसार बहुलक के परिकलन ( calculation ) के लिए माध्य ( Mean ) तथा माध्यिका ( Median ) का परिकलन आवश्यक है । अत: हम यहाँ पहले इन दोनों मापों ( measures ) को निकालेंगे ।

$$\text{Mean} = \frac{\Sigma fX}{N} = \frac{2815}{45} = 62.5$$ (सूत्र 5 के अनुसार)

$$\text{Median} = L + \left(\frac{\frac{N}{2} - F}{fm}\right) \times i$$ (सूत्र 10 के अनुसार)

$$\frac{N}{2} = \frac{45}{2} = 22.5$$

$$= 59.5 + \left(\frac{22.5-16}{10}\right) \times 5$$

$$= 59.5 + \frac{6.5}{10} \times 5$$

$$= 59.5 + \frac{32.5}{10} = 59.5 + 3.25 = 62.75$$

अब, Mode = 3 Median – 2 Mean

$= 3 \times 62.75 - 2 \times 62.75$

$= 188.25 - 125.10$

$= 63.15$

इसी तरह किसी भी वितरण के बहुलक को निर्धारित किया जा सकता है।

## बहुलक के परिकलन का दूसरा सूत्र ( *Second Formula of mode* )

कभी-कभी बहुलक को निकालने के लिए माध्य ( Mean ) तथा माध्यिका ( Median ) निकालने की आवश्यकता नहीं होती है। सीधे बहुलक ( Mode ) निकाल लिया जाता है। इसके लिए सूत्र निम्नलिखित है :–

$$M_0 = L + \left(\frac{fm_1}{fm_1 + fm_2}\right) \times i$$ — सूत्र–13

यहाँ $M_0$ = बहुलक ( Mode )

$L$ = उस वर्गान्तर की वास्तविक निम्न सीमा ( exact lower limit ), जिसमें अधिकतम बारम्बारता हो,

$fm_1$ = जिस वर्गान्तर में अधिकतम बारंबारता होती है उसके ठीक ऊपर वाले वर्गान्तर की बारंबारता,

$fm_2$ = जिस वर्गान्तर में सबसे अधिक बारंबारता होती है उसके ठीक नीचे वाले वर्गान्तर की बारंबारता,

$i$ = वर्गान्तर का आकार या लम्बाई ( size or length of class interval )।

अब टेबुल 15 के आँकड़ों से इस सूत्र के आधार पर बहुलक इस प्रकार निकाला जाएगा :–

$$M_0 = L + \left(\frac{fm_1}{fm_1 + fm_2}\right) \times i$$ (सूत्र–13 के अनुसार)

$L = 59.5, \quad fm_1 = 6, \quad fm_2 = 5, \quad i = 5$

इसलिए बहुलक $= 59.5 + \left(\frac{6}{6+5}\right) \times 5$

$$= 59.5 + \frac{6}{11} \times 5$$

$$= 59.5 + \frac{30}{11}$$

$= 59.5 + 2.73 = 62.23$, उत्तर

## विश्वविद्यालय प्रश्न
## UNIVERSITY QUESTIONS
### निबन्धात्मक प्रश्न
### ( *Essay Type Questions* )

1. *माध्य की परिभाषा दें तथा इसके गुणों तथा दोषों की व्याख्या करें।*
2. *माध्य की क्या विशेषताएँ हैं? यहा माध्यिका ( median ) से कैसे भिन्न है?*

   *[ B.A. Hons. II, V.K.S.U., 2002 ]*
3. *"प्राप्तांकों की केन्द्रीय प्रवृत्ति का सबसे सामान्य माप माध्य है।" विवेचना करें।*
4. *केन्द्रीय प्रवृत्ति से क्या समझते हैं? इसकी कौन-कौन-सी मापें ( measures ) हैं? किस माप को आप अधिक स्थिर ( stable ) तथा उपयोगी ( useful ) मानते हैं? कारण सहित उत्तर दें।*
5. *माध्यिका ( Median ) की परिभाषा दें तथा इसके गुणों एवं दोषों की चर्चा करें।*

   *[ M.A. 2007, P.U. ]*
6. *माध्यिका की कौन-कौन-सी विशेषताएँ हैं? यह माध्य ( Mean ) तथा बहुलक ( Mode ) से कैसे भिन्न है?*
7. *किन परिस्थितियों में माध्यिका ( Median ) केन्द्रीय प्रवृत्ति ( central tendency ) की दूसरी मापों ( measures ) से अधिक उपयोगी एवं उचित प्रमाणित होती है?*
8. *बहुलक की परिभाषा दें तथा केन्द्रीय प्रवृत्ति की माप के रूप में इसके गुणों तथा दोषों को लिखें।*
9. *यह बतलाएँ कि किन परिस्थितियों में बहुलक केन्द्रीय प्रवृत्ति की दूसरी मापों से अधिक आवश्यक बन जाती है।*
10. *निम्नलिखित कथन ( statements ) केन्द्रीय प्रवृत्ति की किस माप पर लागू होते हैं?*
    - *( i ) वह माप जिसे बारंबारता से मुक्तोत्तर प्राप्तांक ( open end score ) के साथ परिकलित की जा सकती है।*
    - *( ii ) वह माप जहाँ सभी एकांशों पर परिकलन ( calculation ) करते समय विचार किया जाता है।*
    - *( iii ) केन्द्रीय प्रवृत्ति की वह माप जो दूरतम एकांशों ( extreme items ) से प्रभावित नहीं होती है।*
    - *( iv ) केन्द्रीय प्रवृत्ति की वह माप जो बारंबारता-वितरण की अधिकतम बारंबारतावाले वर्गान्तर के मध्यबिन्दु को बतलाती है।*
    - *( v ) वह माप जो किसी वितरण के उस अंक को इंगित करती है जो अत्यधिक आवृत्तिक ( most frequent ) होता है।*
11. *माध्य की विश्वसनीयता एवं सार्थकता के अर्थ की विवेचना करें।*

    *Discuss the meaning of reliability and significance of mean.*

    *[ B.A. Part-II Hons. 2008, P.U. ]*

12. *निम्नलिखित आँकड़ों के माध्य तथा माध्यिका ज्ञात करें।*

*Find out the Mean and the Median of the following data :*

*[ B.A. Hons, M.U., 1988, 1991, 1999, 2001, B.A. Part II Hons. Bhag. U. 2008 ]*

| *Class intervals* | *Frequencies* |
|---|---|
| 60 – 64 | 2 |
| 55 – 59 | 3 |
| 50 – 54 | 5 |
| 45 – 49 | 6 |
| 40 – 44 | 7 |
| 35 – 39 | 10 |
| 30 – 34 | 5 |
| 25 – 29 | 6 |
| 20 – 24 | 4 |
| 15 – 19 | 2 |
| | $N = 50$ |

13. *केन्द्रीय प्रवृत्ति की मापों से क्या अभिप्राय है? विभिन्न प्रकार के माध्यों के गुण-दोषों की विवेचना कीजिए।[ B.A. Hons. M.U., 1997, P.U. 2003 ]*

14. *निम्नलिखित वितरण से बहुलक ( Mode ) ज्ञात करें :*

| *Class Internal* वर्गान्तर | *Frequency* आवृत्ति |
|---|---|
| 90 – 94 | 2 |
| 85 – 89 | 1 |
| 80 – 84 | 3 |
| 75 – 79 | 4 |
| 70 – 74 | 16 |
| 65 – 69 | 5 |
| 60 – 64 | 3 |
| 55 – 59 | 4 |
| 50 – 54 | 1 |
| 45 – 49 | 1 |

15. *निम्नलिखित प्राप्तांकों को बारंबारता तालिका ( frequency table ) में सजाएँ और उनका माध्य ( mean ), मध्यांक ( median ) एवं बहुलक ( mode ) निकालें।*

*[ B.A. Hons. 1996, 2002, M.U. ]*

| | | | | |
|---|---|---|---|---|
| 30 | 36 | 33 | 34 | 37 |
| 35 | 41 | 38 | 39 | 42 |
| 40 | 46 | 43 | 44 | 47 |
| 45 | 51 | 48 | 49 | 52 |
| 50 | 56 | 53 | 54 | 39 |
| 55 | 60 | 58 | 36 | 38 |

16. *निम्न समंकों के आधार पर माध्य ( mean ), मध्यांक ( median ) एवं भूयिष्ठक ( mode ) को बतलाइए। [ B.A. Part II Hons. M.U., 1998, B.U. 2002]*

| *Age* अवस्था | 20–25 | 25–30 | 30–35 | 35–40 | 40–45 | 45–50 | 50–55 | 55–60 |
|---|---|---|---|---|---|---|---|---|
| *Frequency* बारंबारता | 50 | 70 | 100 | 180 | 150 | 120 | 70 | 60 |

17. निम्नलिखित प्राप्तांकों से माध्य ( *Mean* ) तथा माध्यिका की गणना कीजिए ।

[ *B.A. Hons, M.U., 1994, M.A. Sociology, 2008, P.U.* ]

| प्राप्तांक *Scores* | आवृत्ति *Frequency* |
|---|---|
| 170 – 179 | 7 |
| 160 – 169 | 12 |
| 150 – 159 | 18 |
| 140 – 149 | 30 |
| 130 – 139 | 17 |
| 120 – 129 | 12 |
| 110 – 119 | 4 |
| | N = 100 |

18. नीचे बी. एड. कक्षा के 20 छात्रों के शिक्षा-मनोविज्ञान में आए प्राप्तांक ( *scores* ) दिए गए हैं । इन्हें आवृत्ति वितरण ( *frequency distribution* ) में सारणीबद्ध ( *tabulate* ) कीजिए और माध्य ( *mean* ) ज्ञात कीजिए । [ *B.A. Hons, M.U., 1997, M.A. NOU., 2008* ]

| | | | | | | | | | |
|---|---|---|---|---|---|---|---|---|---|
| 40 | 60 | 30 | 40 | 38 | 32 | 70 | 69 | 48 | 63 |
| 56 | 59 | 60 | 61 | 58 | 24 | 55 | 73 | 72 | 78 |

19. निम्नलिखित आँकड़े का माध्य ( *mean* ) ज्ञात कीजिए ।

[ *B.A. Hons, P.U. 1988* ]

| संख्या *Scores* | आवृत्ति *Frequency* |
|---|---|
| 60 – 64 | 3 |
| 55 – 59 | 5 |
| 50 – 54 | 9 |
| 45 – 49 | 13 |
| 40 – 44 | 6 |
| 35 – 39 | 4 |

20. निम्नलिखित प्राप्तांकों के आधार पर एस० डी० या माध्यिका ( *median* ) ज्ञात करें ।

[ *M.A. ( Soc. ) 2008, P.U.* ]

| *Scores* | *f* |
|---|---|
| 100 – 109 | 5 |
| 90 – 99 | 9 |
| 80 – 89 | 14 |
| 70 – 79 | 19 |
| 60 – 69 | 21 |
| 50 – 59 | 30 |
| 40 – 49 | 25 |
| 30 – 39 | 15 |
| 20 – 29 | 10 |
| 10 – 19 | 8 |
| 0 – 09 | 6 |
| | N = 162 |

**21.** *निम्नलिखित में से किन्हीं दो पर संक्षिप्त टिप्पणियाँ लिखें।*

*[ B.A. Part II Hons. 1999, M.U. ]*

*( a ) Census (संगणना)*  *( b ) Geometric Mean (ज्यामितिक माध्य)*

*( c ) Fisher's Ideal Index Number (फीशर का आदर्श सूचकांक)*

**22.** *नीचे दिए गए बारंबारता वितरण ( frequency distribution ) सारणी से केन्द्रीय प्रवृत्ति ( central tendency ) के तीनों मापों ( measures ) का परिकलन ( calculation ) करें।*

| वर्गान्तर ( Scores ) | बारंबारता ( frequency ) |
|---|---|
| 100 – 104 | 1 |
| 95 – 99 | 1 |
| 90 – 94 | 2 |
| 85 – 89 | 7 |
| 80 – 84 | 8 |
| 75 – 79 | 5 |
| 70 – 74 | 4 |
| 65 – 69 | 3 |
| 60 – 64 | 4 |
| 55 – 59 | 4 |
| 50 – 54 | 0 |
| 45 – 49 | 1 |
| | N = 40 |

**23.** *24 छात्रों द्वारा एक मनोवैज्ञानिक परीक्षण पर लाए गए प्राप्तांक निम्नलिखित हैं—*

| | | | |
|---|---|---|---|
| 98 | 115 | 122 | 99 |
| 111 | 99 | 113 | 101 |
| 108 | 103 | 95 | 89 |
| 100 | 101 | 104 | 107 |
| 96 | 114 | 116 | 113 |
| 103 | 90 | 100 | 102 |

*उपर्युक्त आँकड़ों को बारंबारता-वितरण सारणी में सजाएँ तथा माध्य ( mean ), माध्यिका ( median ) अथवा बहुलक ( mode ) ज्ञात करें।*

**24.** *निम्नलिखित बारंबारता-वितरण से माध्य ( mean ), माध्यिका ( median ) तथा अवास्तविक बहुलक ( crude mode ) निकालें। मध्यमान निकालने के लिए लघुविधि ( short method ) का व्यवहार करें।*

| वर्गान्तर ( class intervals ) | बारंबारता ( frequency ) |
|---|---|
| 90 – 94 | 1 |
| 85 – 89 | 2 |
| 80 – 84 | 5 |
| 75 – 79 | 7 |
| 70 – 74 | 8 |
| 65 – 69 | 12 |
| 60 – 64 | 10 |
| 55 – 59 | 9 |
| 50 – 54 | 7 |
| 45 – 49 | 5 |
| 40 – 44 | 4 |
| | N = 70 |

25. निम्नलिखित बारंबारता-वितरण सारणी ( *frequency distribution table* ) से लम्बी विधि तथा छोटी विधि ( *long method and short method* ) दोनों से माध्य ( *mean* ) निकालें और देखें कि दोनों के परिणाम में कोई अंतर है या नहीं।

| वर्गान्तर ( *class intervals* ) | मध्यबिन्दु ( *midpoint* ) | बारंबारता ( *frequency* ) |
|---|---|---|
| 53 – 55 | 54 | 1 |
| 50 – 52 | 51 | 1 |
| 47 – 49 | 48 | 5 |
| 44 – 46 | 45 | 9 |
| 41 – 43 | 42 | 6 |
| 38 – 40 | 39 | 8 |
| 35 – 37 | 36 | 10 |
| 32 – 34 | 33 | 7 |
| 29 – 31 | 30 | 5 |
| 26 – 28 | 27 | 7 |
| 23 – 25 | 24 | 0 |
| 20 – 22 | 21 | 1 |
| | | N = 60 |

26. निम्नलिखित बारंबारता वितरण से माध्य ( *mean* ), माध्यिका ( *median* ) तथा बहुलक ( *mode* ) ज्ञात करें।

| वर्गान्तर | बारंबारता |
|---|---|
| 119.5 – 122.5 | 1 |
| 116.5 – 119.5 | 2 |
| 113.5 – 116.5 | 3 |
| 110.5 – 113.5 | 4 |
| 107.5 – 110.5 | 5 |
| 104.5 – 107.5 | 10 |
| 101.5 – 104.5 | 5 |
| 98.5 – 101.5 | 4 |
| 95.5 – 98.5 | 3 |
| 92.5 – 95.2 | 2 |
| 89.5 – 92.5 | 1 |
| | N = 40 |

27. निम्नलिखित असमूहित आँकड़ों ( *ungrouped data* ) से माध्य ( *mean* ), माध्यिका ( *median* ) तथा अवास्तविक बहुलक ( *crude mode* ) ज्ञात करें।

( i ) 20, 16, 18, 30, 34, 37, 16.

( ii ) 2, 5, 7, 10, 10, 10, 17.

( iii ) 115, 117, 127, 137, 127, 127, 137, 140, 135, 145.

( iv ) 3, 5, 0, 7, 9, 5.

( v ) 2.5, 2.7, 0.5, 6.7, 1.3, 2.5, 4.5.

( vi ) 13.75, 17.09, 21.20, 13.75, 18.29, 20.30

**28.** नीचे दिए गए बारंबारता वितरण से प्रत्यक्ष विधि ( *direct method* ) द्वारा वास्तविक बहुलक ( *true mode* ) तथा अवास्तविक बहुलक ( *crude mode* ) ज्ञात करें।

| वर्गान्तर ( *Class intervals* ) | बारंबारता ( *Frequency* ) |
|---|---|
| 180 – 189 | 7 |
| 170 – 179 | 15 |
| 160 – 169 | 17 |
| 150 – 159 | 30 |
| 140 – 149 | 20 |
| 130 – 139 | 25 |
| 120 – 129 | 6 |
| | N = 120 |

**29.** निम्नलिखित तथ्यों से माध्य एवं मानक विचलन ज्ञात करें।
*Find the mean and standard deviation from the following data.*

[ *M.A. ( Soc. ) 2005, P.U.* ]

| *Students* | *Marks obtained* |
|---|---|
| 1 | 12 |
| 2 | 35 |
| 3 | 40 |
| 4 | 30 |
| 5 | 28 |
| 6 | 20 |
| 7 | 19 |
| 8 | 10 |
| 9 | 10 |
| 10 | 16 |

**30.** निम्नलिखित बारंबारता वितरण से माध्य ( *mean* ), माध्यिका ( *median* ) तथा बहुलक ( *mode* ) निकालें।

| प्राप्तांक ( *Scores* ) | बारंबारता ( *Frequency* ) |
|---|---|
| 50 | 1 |
| 49 | 0 |
| 48 | 2 |
| 47 | 6 |
| 46 | 7 |
| 45 | 9 |
| 44 | 9 |
| 43 | 10 |
| 42 | 7 |
| 41 | 5 |
| 40 | 4 |
| | N = 60 |

31. 20 छात्रों द्वारा समाज-शास्त्र में प्राप्त अंक नीचे दिए गए हैं। इन अंकों को बारंबारता-वितरण में सारणीबद्ध करें और किसी उपयुक्त विधि का उपयोग कर माध्यिका ज्ञात करें।

*Following are the marks obtained by 20 students in Sociology. Tabulate the marks in a frequency distribution and find out Median using any suitable method.*
*[ M.A. ( Soc. ), 2006, P.U. ]*

| *Marks* | 40 | 60 | 30 | 40 | 38 | 32 | 70 | 69 | 48 | 63 |
|---|---|---|---|---|---|---|---|---|---|---|
| अंक | 56 | 59 | 60 | 61 | 58 | 24 | 55 | 73 | 72 | 78 |

32. निम्नलिखित आँकड़ों से बहुलांक प्राप्त करें।

*Find out mode of the following data—* *[ M.A. ( Sco. ), 2005, P.U. ]*

| प्राप्तांक *Socres* | आवृत्ति *Frequency* |
|---|---|
| 70 – 74 | 2 |
| 65 – 69 | 1 |
| 60 – 64 | 3 |
| 55 – 59 | 4 |
| 50 – 54 | 16 |
| 45 – 49 | 5 |
| 40 – 44 | 3 |
| 35 – 39 | 4 |
| 30 – 34 | 1 |
| 25 – 29 | 1 |

33. वेश्लर बुद्धि मापनी ( *Wechsler intelligence scale* ) पर चौथे वर्ग के 24 बच्चों की बुद्धिलब्धि ( *IQ* ) निम्नलिखित हैं :–

| | | | |
|---|---|---|---|
| 97 | 114 | 121 | 98 |
| 110 | 98 | 112 | 100 |
| 107 | 102 | 94 | 88 |
| 99 | 100 | 103 | 106 |
| 95 | 113 | 115 | 112 |
| 102 | 89 | 99 | 101 |

(क) इस वर्ग के लिए माध्य बुद्धिलब्धि तथा माध्यिका बुद्धिलब्धि क्या है ?

(ख) क्या माध्य तथा माध्यिका के ज्ञात हो जाने पर आप यह बतला सकते हैं कि प्राप्तांक सामान्य रूप से वितरित ( *normally distributed* ) है ?

34. निम्नलिखित पर टिप्पणियाँ लिखें ( *Write notes on the following* )

( *i* ) प्रसार ( *Range* ), ( *ii* ) अवास्तविक बहुलक ( *Crude Mode* ),

( *iii* ) वास्तविक बहुलक ( *True Mode* )

( *iv* ) माध्यिका के उपयोग ( *Applications of Median* )।

35. निम्नलिखित प्राप्तांकों से माध्य तथा माध्यिका निकालें।

*Calculate mean and median of the following class intervals.*

*[ B.A. II Hons. V.K.S.U., 1998, P.U. 2000 ]*

| *Class interval* | *f* |
|---|---|
| *28 – 29* | *2* |
| *26 – 27* | *2* |
| *24 – 25* | *3* |
| *22 – 23* | *8* |
| *20 – 21* | *6* |
| *18 – 19* | *4* |
| *16 – 17* | *3* |
| *14 – 15* | *2* |

**36.** *निम्नलिखित प्राप्तांकों के माध्य तथा माध्यिका निकालें।*

*[ B.A. II Hons., 2002 , P.U. ]*

| | | | | | | | | | |
|---|---|---|---|---|---|---|---|---|---|
| *60* | *50* | *52* | *55* | *30* | *35* | *38* | *40* | *42* | *45* |
| *49* | *48* | *50* | *50* | *52* | *54* | *61* | *65* | *67* | *69* |
| *70* | *32* | *34* | *43* | *45* | *48* | *50* | *53* | *62* | *51* |

**37.** *एक आदर्श माध्य के क्या गुण हैं ? इन गुणों के आधार पर समान्तर माध्य, माध्यिका ओर बहुलक के गुण एवं दोषों की विवेचना करें।*

*Discuss – What awre the essentials of an ideal average ? In the light of these requisites discuss the merits and demierits of arithmetic mean, median & mode.*

*[ M.A. NOU. 2008 ]*

## ANSWERS

**12.** Mean = 38.90, Median = 38.50

**14.** Mode = 71.72

**15.** Mean 44.17, Median = 43.5, Mode = 42.16

**16.** Mean = 40.31, Md = 39.5, Mode = 37.88

**17.** Mean = 145.5, Median = 145.17

**18.** Mean = 55

**19.** Mean = 48.75

**20.** Median = 55.17

**22.** Mean = 76.125, Median = 78.50, Mode = 82.40

**23.** Mean = 104.08, Median = 102.62, Mode = 99.01.

**24.** Mean ( Long method ) = 64.14, Median = 64.50, True Mode = 64.68, Curde Mode = 67, Mean ( Short method ) = 64.55

**25.** Mean by Long method = 37.55, Mean by Short method = 37.35

**26.** Mean = 106, Mdn = 106, Mode = 106

**27.** ( i ) Mean = 24.43, Median = 20, Mode = 16.

( ii ) Mean = 8.71, Median = 10, Mode = 10.

( iii ) Mean = 130.7, Median = 131, Mode = 127.

( iv ) Mean = 4.83, Median = 5, Mode = 5.

( v ) Mean = 2.96, Median = 2.5, Mode = 2.5.

( vi ) Mean = 17.40, Median = 17.69, Mode = 13.75.

**28.** Crude Mode = 154.5, True mode = 150.9

**29.** Mean = 44, Median = 43.94, Mode = 43.82.

**30.** Mean = 103.12, Median = 101.38

Mean = 21.30, Median = 21.50

**31.** Median = 53·25

**32.** Mode = 52·87

**33.** Mean = 103·25, Median = 103·25

**35.** Mean = 21·30, Median = 21·50

**36.** Mean = 50·00

Median = 50·61

## वस्तुनिष्ठ प्रश्न

### ( Objective Questions )

*1.* निम्नलिखित में से कौन केन्द्रीय प्रवृत्ति ( *central tendency* ) की माप ( *measure* ) नहीं है ?

(क) प्रसार ( *range* ) (ख) बहुलक ( *mode* )

(ग) माध्य ( *mean* ) (घ) माध्यिका ( *median* )

*2.* केन्द्रीय प्रवृत्ति की किस माप ( *measure* ) पर प्रतिदर्श के घट-बढ़ ( *fluctuation* ) का प्रभाव सबसे अधिक पड़ता है ?

(क) माध्य ( *mean* ) (ख) माध्यिका ( *median* )

(ग) बहुलक ( *mode* ) (घ) इनमें से कोई नहीं

*3.* क्रूड बहुलक ( *crude mode* ) वह है जिसे :

(क) परिकलन ( *calculation* ) के आधार पर निकाला जाता है।

(ख) आँकड़ों के निरीक्षण ( *observation* ) से निकाला जाता है।

(ग) माध्य ( *mean* ) तथा माध्यिका ( *Mdn* ) के आधार पर निकाला जाता है।

(घ) इनमें से कोई नहीं

*4.* निम्नलिखित में से कौन स्थितीय औसत ( *positional average* ) का सूचक है ?

(क) बहुलक ( *Mo* ) (ख) माध्यिका ( *Mdn* )

(ग) माध्य ( *Mean* ) (घ) इनमें से कोई नहीं

*5.* बारंबारता वितरण ( *frequency distribution* ) जब बिल्कुल संतुलित तथा सुडौल ( *symmetrical* ) होता है तो माध्य ( *mean* ), माध्यिका ( *median* ) तथा बहुलक ( *mode* ) के बीच अन्तर

(क) शून्य होता है (ख) बहुत कम होता है

(ग) बहुत अधिक होता है (घ) इनमे से कोई नहीं

*6.* निम्नलिखित में से कौन माध्य ( *Mean* ) का सूत्र ( *formula* ) नहीं है ?

(क) $\frac{\Sigma X}{N}$ (ख) $\frac{\Sigma fX}{N}$

(ग) $AM + \frac{\Sigma fx}{N} \times i$ (घ) $\frac{\Sigma x'}{N}$

*7.* किसी प्रसामान्य वितरण ( *normal distribution* ) में माध्यिका 125 हो तो बहुलक क्या होगा ?

(क) 150 (ख) 110

(ग) 145 (घ) इनमें से कोई नही

*8.* *जहाँ केन्द्रीय प्रवृत्ति की स्थिर माप ( stable measure ) की आवश्यकता हो तो उपयोग करना चाहिए।*
(क) माध्य (ख) माध्यिका
(ग) बहुलक (घ) ये सभी

*9.* *मुक्तोत्तर वितरण ( open-ended distribution ) की केन्द्रीय प्रवृत्ति को निर्धारित करने हेतु निम्नलिखित में से किसका उपयोग करना चाहिए ?*
(क) माध्य ( Mean ) (ख) माध्यिका ( Median )
(ग) बहुलक ( Mode ) (घ) इनमें से कोई नहीं

*10.* *प्रसरण ( Variance ) का प्रयोग किया जाता है*
(क) अनुमानित सांख्यिकी ( Inferential Statistics ) में
(ख) केन्द्रीय प्रवृत्ति ( Central Tendency ) में
(ग) सह-सम्बन्ध ( Correlation ) में
(घ) इनमें से कोई नहीं ( None of these )

*11.* *प्रसरण विश्लेषण विधि प्रयुक्त होती है :*
(क) जब दो से अधिक मध्यमानों की तुलना कानी होती है :
(ख) जब मध्यमान स्वतंत्र हो
(ग) जब मध्यमान आश्रित हो
(घ) इनमें से कोई नहीं

*12.* *निम्नलिखित में से कौन केन्द्रीय प्रवृत्ति की माप नहीं है ?*
(क) माध्यिका ( median ) (ख) बहुलक ( Mode )
(ग) मानक विचलन ( S.D. ) (घ) इनमें से कोई नहीं

*13.* *प्रतिदर्श के सभी निरीक्षणों में यदि एक नित्य जोड़ दी जाती है, तो :*
(क) प्रमाणिक विचलन में कोई परिवर्तन नहीं होता
(ख) मध्यमान में कोई परिवर्तन नहीं होता
(ग) माध्यिका में कोई परिवर्तन नहीं होता
(घ) प्रमाणिक विचलन में परिवर्तन हो जाता है

*14.* *निम्नलिखित में कौन केन्द्रीय प्रवृति का माप नहीं है ?*
(क) मध्यमान ( Mean ) (ख) माध्यिका ( Median )
(ग) बहुलक ( Mode ) (घ) मानक विचलन ( S.D. )

*15.* *निम्नलिखित कथनों मं कौन गलत है ?*
(क) किसी प्राप्तांक-वितरण का मानक विचलन इसके मध्यमान से बड़ा हो सकता है
(ख) बहुलक केन्द्रीय प्रवृत्ति की एक माप है
(ग) काई-वर्ग परीक्षण एक प्राचलिक परीक्षण है
(घ) कोटि अन्तर सहसम्बध को चारलेस एडवर्ड स्पीयरमैन ( Charles Edward Spearman ) ने विकसित किया।

## ANSWERS

**1.** (क), **2.** (ग), **3.** (ख), **4.** (ख), **5.** (क), **6.** (घ), **7.** (ग), **8.** (क), **9.** (ख), **10.** (ख), **11.** (घ), **12.** (ग), **13.** (घ), **14.** (घ), **15.** (ग)

✦

*अध्याय-8*

# विचलन की माप

# ( MEASURES OF VARIABILITY OR DEVIATION )

## विचलन का अर्थ

## ( Meaning of Variability or Deviation )

विचलन या विचलनशीलता का अर्थ है फैलाव ( spread ) तथा बिखराव ( scatteredness ) । इसका अर्थ यह है कि किसी वितरण ( distribution ) में प्राप्तांक ( scores ) कितने फैले हुए या बिखरे हुए हैं । इसे इस प्रकार भी कहा जा सकता है कि इसका अर्थ है कि किसी समूह या प्रतिदर्श ( sample ) के प्राप्तांकों ( scores ) में भिन्नता की मात्रा कितनी है । दूसरे शब्दों में, *विचलनशीलता का अर्थ यह है कि किसी समूह में कोई व्यक्तिगत प्राप्तांक ( individual score ) समूह के औसत-प्राप्तांक ( average score ) या मध्यमान से किस सीमा तक भिन्न है । यह भिन्नता जितना ही अधिक होती है, विचलनशीलता उतना ही ज्यादा समझा जाता है ।* जैसे–मान लें कि 7 वर्षीय बच्चों के दो समूहों की बुद्धि की जाँच एक मानक बुद्धि-परीक्षण ( standard intelligence test ) पर की गयी और दोनों की औसत बुद्धिलब्धि ( average intelligence quotient, 1Q ) 103 पायी गयी । यह भी पाया गया कि पहले समूह में बच्चों की बुद्धिलब्धि कम-से-कम 94 तथा अधिक-से-अधिक 114 थी । दूसरे समूह में बच्चों की बुद्धि-लब्धि का प्रसार ( range ) 74 से 134-तक थी । स्पष्ट है कि पहले सभूह में व्यक्तिगत प्राप्तांक तथा औसत प्राप्तांक में भिन्नता कम है । यहाँ भिन्नता का प्रसार (114-94 ) 20 है जबकि दूसरे समूह में भिन्नता का प्रसार ( 134-74 ) 60 है । अत: हम कहेंगे कि पहले समूह की अपेक्षा दूसरे समूह में विचलनशीलता ( dispersion ) या परिवर्तनशीलता ( variability ) अधिक है ।

विचलनशीलता को परिभाषित करने का प्रयास मनोवैज्ञानिकों ने किया है । **बाउली** ( Bowley ) के अनुसार, *''एकांशों की विभिन्नता ( variation ) की माप को विचलनशीलता कहते हैं ।''* **ब्रूक्स** एवं **डिक** ( Brooks & Dick ) के अनुसार, *''विचलनशीलता या फैलाव का अर्थ केन्द्रीय मान के सम्बन्ध में चरों के बिखराव या विभिन्नता की मात्रा है ।''*[1] लेकिन, **रेबर** तथा **रेबर** ( Reber & Reber, 2001 ) की परिभाषा अधिक नवीन तथा समग्र एवं संतोषजनक है । उनके अनुसार, *''विचलनशीलता का अर्थ किसी प्रतिदर्श में प्राप्तांकों के बीच भिन्नता अथवा प्रतिदर्श के माध्य तथा प्राप्तांकों के बीच भिन्नता की मात्रा है ।''*[2]

---

1. "Dispersion or spread is the degree of the scatter or variation of the variables about a central value." — Brooks & Dick
2. "Variability is a degree to which the scores in a sample differe from each other or, as more commonly expressed, differ from the mean of the sample." — Reber & Reber, 2001, p. 783.

विचलनशीलता के दो प्रकार हैं, जिन्हें निरपेक्ष ( absolute ) तथा सापेक्ष ( relative ) विचलनशीलता कहते हैं। दो वितरणों ( distributions ) के तुलनात्मक अध्ययन में सापेक्ष विचलनशीलता की माप ( measure ) अधिक सहायक होती है।

## विचलन की उपयोगिता *( Utility or Variability )*

केन्द्रीय विश्लनशीलता या विचलन के अर्थ को हम जान चुके हैं। अब प्रश्न है कि इस जानकारी से क्या लाभ होता है। इस प्रश्न के उत्तर में कहना है कि इससे किसी समूह, प्रतिदर्श या वितरण के स्वरूप के सम्बन्ध में जानकारी मिलती है। विशेष रूप से हम इसके आधार पर यह जान पाते हैं कि समूह संगत है या असंगत, समजातीय ( homogeneous ) है या विषमजातीय ( heterogeneous ) है। इस बात की जानकारी केन्द्रीय प्रवृत्ति ( central tendency ) से सम्भव नहीं है। जैसे–ऊपर के उदाहरण में बच्चों के दोनों समूहों के सम्बन्ध में केन्द्रीय प्रवृत्ति से पता चला कि दोनों की औसत बुद्धिलब्धि ( average IQ ) समान यानी 103 है। अत: इस आधार पर भविष्यवाणी ( prediction ) की जा सकती है कि दोनों समूहों के बच्चों की उपलब्धि स्कूल में तथा स्कूल से बाहर संज्ञानात्मक कार्यों ( cognitive functions ) में समान होगी। लेकिन, यह भविष्यवाणी केवल केन्द्रीय प्रवृत्ति पर आधारित होने के कारण गलत हो सकती है। कारण, उपर्युक्त दोनों समूहों में विचलन ( dispersion ) या परिवर्तनशीलता ( variability ) में निश्चित अन्तर है। बुद्धि-लब्धि ( IQ ) के दृष्टिकोण से पहला समूह दूसरे समूह से अधिक समजातीय ( homogeneous ) है। अत: इस बात की सम्भावना अधिक है कि पहला समूह किसी संज्ञानात्मक कार्य में अध्यापन से अधिक लाभान्वित होगा, क्योंकि इस समूह के बच्चे नए विचारों को समान रूप से तथा समान गति से सीख सकेंगे। दूसरी ओर दूसरे समूह के बच्चों में नए विचारों को सीखने की गति में काफी अन्तर होगा, जिससे उनका निष्पादन अपेक्षाकृत घटिया होगा। **सिम्पसन** तथा **काफ्का** ( Simpson and Kafka ) ने स्पष्ट शब्दों में कहा है कि, *''केन्द्रीय प्रवृत्ति से किसी वितरण, प्रतिदर्श या समूह के स्वरूप के सम्बन्ध में केवल आंशिक जानकारी मिलती है। अत: पूरी जानकारी के लिए केन्द्रीय विचलनशीलता का ज्ञान भी आवश्यक है।''*[1]

## विचलन का मापन कैसे किया जाता है ?
### ( How Variability or Deviation is Measured ? )

किसी वितरण, प्रतिदर्श या समूह के विचलन का मापन चार मापों ( measures ) द्वारा किया जाता है। इन मापों को प्रसार ( Range, R ), चतुर्थक ( Quartile deviation, QD or Q), औसत विचलन ( Average Deviation, AD ) तथा मानक विचलन ( Standard Deviation, SD ) तथा प्रसरण ( Variance ) कहते हैं। इन सबकी अलग-अलग व्याख्या आवश्यक है।

---

1. "An average does not tell the full story. It is hardly representative of a mass unless we know the manner in which the individual items scatter around it."

— **Simpson & Kafka.**

# ( क ) प्रसार

## ( Range )

## प्रसार क्या है ? ( What is Range ? )

विचलनशीलता की मापों ( measures ) में प्रसार सबसे अधिक सरल माप है । प्रसार का अर्थ किसी वितरण ( distribution ), प्रतिदर्श ( sample ) या समूह की विचलनशीलता की अधिकतम सीमा तथा न्यूनतम सीमा के बीच दूरी है। **रेबर** तथा **रेबर** ( Reber & Reber, 2001 ) के अनुसार, *"प्रसार का तात्पर्य किसी वितरण में उच्चतम तथा निम्नतम प्राप्तांकों के बीच दूरी या अन्तराल से है ।"*[1] **गुप्ता** ( Gupta , 1981, 1990 ) ने भी इसी अर्थ में प्रसार की परिभाषा दी है । उनके अनुसार, *"वितरण के अधिकतम तथा न्यूनतम निरीक्षणों के बीच अन्तर को प्रसार कहते हैं ।"*[2]

सूत्र ( formula ) के रूप में प्रसार को इस प्रकार प्रस्तुत कर सकते हैं :–

प्रसार = उच्चतम प्राप्तांक – निम्नतम प्राप्तांक ( R = H – L ) —सूत्र–14

यहाँ, R = Range (प्रसार), H = Highest (उच्चतम), L = Lowest (निम्नतम)

## प्रसार का परिकलन *( Calculation of the Range )*

जब असमूहित आँकड़े ( ungrouped data ) होते हैं तो उच्चतम प्राप्तांक ( highest score ) में से निम्नतम प्राप्तांक ( lowest score ) को घटा लेने पर जो शेष बचता है, यही प्रसार होता है। जैसे—मान लें कि एक मनोवैज्ञानिक परीक्षण पर 10 छात्रों के प्राप्तांक निम्नलिखित हैं :–

45, 54, 65, 75, 40, 50, 60, 70, 60, 65

यहाँ अधिकतम या उच्चतम प्राप्तांक 75 है न्यूनतम या निम्नतम प्राप्तांक 40 है । अत: सूत्र–14 के अनुसार 75–40 = 35 प्रसार होगा ।

लेकिन, समूहित आँकड़ों ( grouped data ) की स्थिति में प्रसार निकालने का तरीका यह है कि उच्चतम वर्ग ( highest class ) की उच्च सीमा ( upper limit ) में से निम्नतम वर्ग ( lowest class ) की निम्न सीमा ( lowest limit ) को घटा लिया जाता है । जैसे, टेबुल–2 के बारंबारता-वितरण में उच्चतम वर्ग 80–84 है, जिसकी वास्तविक उच्च सीमा 84.5 है, और 30-34 निम्नतम वर्ग है, जिसकी निम्न सीमा ( exact lower limit ) 29.5 है । अत: यहाँ प्रसार 84.5 – 29.5 = 55 होगा ।

## प्रसार के गुण या उपयोगिताएँ *( Merits or Uses of Range )*

( i ) प्रसार किसी वितरण, प्रतिदर्श या समूह की विचलनशीलता को मापने की एक बहुत सरल तथा आसान विधि है ।

---

2. *"Range refers to the interval or distance between the highest and the lowest scores in a distribution."* — Reber & Reber, 2001, p. 597

1. *"Range is the difference between the greatest ( maximum ) and the smallest ( minimum ) observations of the distribution."* — Gupta, 1981, 1990.

(ii) प्रसार का परिकलन ( calculation ) बहुत सरल है। इसमें किसी तरह की गणितीय जटिलता ( mathematical complexity ) नहीं पायी जाती है।

(iii) प्रसार को दृढ़ रूप से ( rigidly) परिभाषाति करना सम्भव है। इसकी परिभाषा में लचीलापन नहीं है।

(iv) प्रसार का व्यवहार दैनिक जीवन में विभिन्न समस्याओं के समाधान में किया जाता है।

(v) प्रसार का उपयोग ( application ) ऐसे क्षेत्रों में अधिक किया जाता है, जहाँ आँकड़ों में सीमित भिन्नता ( variation ) होती है।

**प्रसार के दोष तथा सीमाएँ *( Demerits and Limitations of Range )***

कई गुणों के होते हुए भी प्रसार में कई अवगुण हैं और इसकी उपयोगिता काफी सीमित हैं :—

(i) विचलनशीलता ( dispersion ) या परिवर्तनशीलता ( variability ) की माप ( measure ) के रूप में प्रसार विश्वसनीय ( reliable ) नहीं है। कारण, यह सभी प्राप्तांकों ( scores ) या निरीक्षणों ( observations ) पर आधारित नहीं होता है, बल्कि केवल दो प्राप्तांकों ( या निरीक्षणों )— एक सबसे बड़ा तथा दूसरा सबसे छोटा, पर आधारित होता है।

(ii) प्रसार प्रतिदर्श के घट-बढ़ ( sampling fluctuations ) से यह अधिक प्रभावित होता है। इसका मूल्य प्रतिदर्श के अनुकूल बदलता रहता है।

(iii) वितरण ( distribution ) के भीतर के मूल्यों की परिवर्तनशीलता या विचलनशीलता को मापने में प्रसार बिल्कुल असफल है। वितरण के अधिकतम तथा न्यूनतम मूल्यों को छोड़ कर बीच वाले मूल्यों में कमी-बेशी कर देने पर प्रसार में कोई परिवर्तन नहीं होता है।

(iv) मुक्तोत्तर वर्गों ( open end classes ) की स्थिति में विचलनशीलता की माप की हैसियत से प्रसार का उपयोग सम्भव नहीं होता है।

(v) **रेबर** तथा **रेबर** ( Reber and Reber, 2001 ) के अनुसार प्रसार विचलनशीलता की मात्रा काम-चलाऊ माप ( rough measure ) है, यथार्थ माप ( genuine measure ) नहीं है।

## ( ख ) चतुर्थक विचलन या अर्द्धअन्तर-चतुर्थक प्रसार
## ( Quartile Deviation or Semi Interquartile Rank )

**चतुर्थक विचलन क्या है ? *( What is Quartile Deviation ? )***

*प्रतिदर्श ( sample ) अथवा समूह की विचलनशीलता ( dispersion ), विचलन ( deviation) या परिवर्तनशीलता ( variability ) के मापन की दूसरी विधि को चतुर्थक विचलन ( QD or Q ) कहते हैं। किसी वितरण के 75% तथा 25% प्राप्तांकों ( scores )*

*के बीच अन्तर ( difference ) के आधा ( half ) को चतुर्थक कहते हैं ।*[1] शततमक ( percentile ) के अर्थ में 75th तथा 25th शततमक के बीच अन्तर के आधा को चतुर्थक विचलन कहेंगे । वितरण में 75th शततमक वह बिन्दु है, जिसके नीचे 75% प्राप्तांक होते हैं और 25th शततमक वह बिन्दु है, जिसके नीचे 25% प्राप्तांक होते हैं । अत: किसी वितरण की एक चौथाई ( 25th percentile ) को पहला चतुर्थक ( $Q_1$ ) तथा तीन चौथाई ( 75th percentile ) को तीसरा चतुर्थक ( $Q_3$ ) तथा दो चौथाई ( 50th percentile ) को दूसरा चतुर्थक ( $Q_2$ ) अथवा माध्यिका ( Median ) कहेंगे । इसी आधार पर **रेबर** तथा **रेबर** ( Reber & Reber, 2001 ) ने कहा है, *"चतुर्थक विचलन का तात्पर्य तृतीय तथा प्रथम चतुर्थकों के बीच अन्तर के आधा से है ।"*[2]

चतुर्थक विचलन ( QD or Q ) को अर्ध अन्तर-चतुर्थक प्रसार भी कहते हैं । कारण, वितरण के तृतीय चतुर्थक ( $Q_3$ ) तथा प्रथम चतुर्थक ( $Q_1$ ) के बीच अन्तर ( difference ) को अन्तर-चतुर्थक प्रसार ( interquartile range ) कहा जाता है और चूँकि विचलन इस अन्तर का आधा होता है, इसलिए, इसे अर्ध अन्तर-चतुर्थक प्रसार ( semi interquartile range ) भी कहा जाता है । सूत्र ( formula ) के रूप में इसे इस प्रकार व्यक्त कर सकते हैं :–

$$Q = \frac{Q_3 - Q_1}{2} \qquad \text{— सूत्र–15}$$

यहाँ Q = चतुर्थक विचलन ( Quartile deviation ),

$Q_3$ = तीसरा चतुर्थक ( 3rd Quartile or 75th Percentile ),

$Q_1$ = पहला चतुर्थक ( 1st Quartile or 25th Percentile ) ।

## चतुर्थक विचलन का परिकलन *( Calculation of Quartile Deviation, QD or Q )*

उपर्युक्त सूत्र ( formula ) से स्पष्ट है कि चतुर्थक विचलन ( Q ) निकालने के लिए $Q_1$ तथा $Q_3$ निकालना आवश्यक है । अत: $Q_1$ तथा $Q_3$ निकालने के लिए निम्नलिखित सूत्र का व्यवहार किया जाता है :—

$$Q_1 = L + \left( \frac{\frac{N}{4} - F}{fq} \right) \times i \qquad \text{— सूत्र–16}$$

यहाँ, $\frac{N}{4}$ = कुल बारंबारता का चौथाई भाग,

L = जिस वर्गान्तर ( class interval ) में $\frac{N}{4}$ पड़ता है, उसकी वास्तविक निम्न सीमा ( exact lower limit),

---

1. Quartile deviation is the half of the difference between 75% and 25% of cases in a given distribution. — Author
2. "Quartile deviation refers to one-half of the difference between the third and first quartiles." — Reber & Reber, 2001, p. 593

F = जिस वर्गान्तर में $\frac{N}{4}$ पड़ता है, उसके नीचे के सभी वर्गान्तरों की बारंबारताओं का योगफल,

fq = जिस वर्गान्तर में $\frac{N}{4}$ पड़ता है, उसकी बारंबारता,

i = वर्गान्तर की लम्बाई या आकार ( Length or size of the class interval ) ।

अब $Q_3$ के लिए सूत्र है—

$$Q_3 = L + \left( \frac{\frac{3N}{4} - F}{fq} \right) \times i$$

यहाँ $\frac{3N}{4}$ = बारम्बारता की कुल संख्या (N) की तीन चौथाई,

L = जिस वर्गान्तर में $\frac{3N}{4}$ पड़ता है, उसकी वास्तविक निम्न सीमा ( exact lower limit ).

F = जिस वर्गान्तर में $\frac{3N}{4}$ पड़ता है, उसके नीचे के सभी वर्गान्तरों की बारम्बारताओं का योगफल,

fq = जिस वर्गान्तर में $\frac{3N}{4}$ पड़ता है, उसकी बारम्बारता,

i = वर्गान्तर का आकार या लम्बाई ।

**उदाहरण**—इतिहास के 40 छात्रों द्वारा जाँच-परीक्षण ( test examination ) में प्राप्त अंकों को टेबुल–16 के बारम्बारता-वितरण ( frequency distribution ) में दिखलाया गया है। मान लें कि इसके आधार पर चतुर्थक विचलन ( QD or Q ) निकालना है।

**टेबुल 16**

| | वर्गान्तर ( Class Intervals ) | बारम्बारता ( Frequency ) |
|---|---|---|
| | 70 – 74 | 2 |
| | 65 – 69 | 3 |
| | 60 – 64 | 5 |
| $Q_3$ | 55 – 59 | 7 |
| | 50 – 54 | 6 |
| | 45 – 49 | 5 |
| $Q_1$ | 40 – 44 | 6 |
| | 35 – 39 | 4 |
| | 30 – 34 | 2 |
| | | N = 40 |

जैसा कि हम पहले लिख चुके हैं कि Q निकालने के लिए $Q_1$ तथा $Q_3$ निकालना होगा। अतः टेबुल–16 से पहले $Q_1$, फिर $Q_3$ और तब अन्त में Q ज्ञात करेंगे।

(i) $Q_1 = L + \left(\frac{\frac{N}{4} - F}{fq}\right) \times i$ — सूत्र–16 के अनुसार

सबसे पहले $\frac{N}{4}$ निकाला जाता है। प्रस्तुत उदाहरण में N चालीस (40) है। इसलिए $\frac{40}{4} = 10$ हुआ। इसके बाद वितरण की बारम्बारता (f) को नीचे से ऊपर की ओर गिनकर तब तक जोड़ते जाते हैं, जब तक कि $\frac{N}{4}$ पूरा नहीं हो जाता है। जैसे, इस उदाहरण में नीचे से बारम्बारता को जोड़ने पर $\frac{N}{4}$ यानी 10 वर्गान्तर 40–44 की बारम्बारता 6 में पड़ता है, जैसा कि उस वर्गान्तर तथा बारम्बारता को दो रेखाओं से घेर कर बतलाया गया है।[1]

अब सूत्र–16 के अनुसार $Q_1$ का मान इस प्रकार होगा :–

$$\frac{N}{4} = \frac{40}{4} = 10$$
$$L = 39.5$$
$$F = 6$$
$$fq = 6$$
$$i = 5$$

$$\therefore \quad Q_1 = 39.5 + \left(\frac{10-6}{6}\right) \times 5$$
$$= 39.5 + \frac{4}{6} \times 5$$
$$= 39.5 + \frac{20}{6}$$
$$= 39.5 + 3.33 = 42.83$$

$Q_1$ निकालने के बाद $Q_3$ निकालना आवश्यक होता है। इसके लिए $\frac{3N}{4}$ सबसे पहले निकाला जाता है। प्रस्तुत उदाहरण में $\frac{3N}{4} = \frac{3 \times 40}{4} = \frac{120}{4} = 30$, अब $\frac{3N}{4}$ निकाल लेने के बाद बारंबारता को नीचे से ऊपर की ओर तब तक गिनती करते हैं, जब तक कि $\frac{3N}{4}$ यानी 30 वर्गान्तर 55 – 59 में पड़ता है, जिसमें बारंबारता की संख्या 7 है, जैसा कि उस वर्गान्तर तथा बारंबारता को दो रेखाओं से घेर कर दिखलाया गया है।[2] अब सूत्र–7 के अनुसार $Q_3$ इस प्रकार निकाला जाएगा—

---

1. बारंबारता को नीचे से गिनती करके जोड़ने पर योगफल ठीक $\frac{N}{4}$ के बराबर हो सकता है या उससे अधिक हो सकता है, कम नहीं। यहाँ पर वर्गान्तर 40-44 तक $\frac{N}{4}$ यानी 10 बारंबारता से दो अधिक बारंबारता है।

2. बारंबारता को नीचे से गिन कर जोड़ने पर योगफल ठीक $\frac{N}{4}$ के बराबर अथवा उससे अधिक हो सकता है, लेकिन उससे कम नहीं होना चाहिए। यहाँ गिनती करने पर वर्गान्तर 55-59 तक बारंबारता का योगफल यानी 30 के बराबर है।

$$\frac{3N}{4} = \frac{3 \times 40}{4} = 30$$

$$L = 54.5$$

$$F = 23$$

$$fq = 7$$

$$i = 5$$

$$\therefore \quad Q_3 = 54.5 + \left(\frac{30-23}{7}\right) \times 5$$

$$= 54.5 + \frac{7}{7} \times 5 = 54.5 + 5 = 59.5$$

$$\therefore \quad Q = \frac{Q_3 - Q_1}{2} = \frac{59.5 - 42.83}{2}$$

$$= \frac{16.67}{2} = 8.33$$

Q के सम्बन्ध में एक बात उल्लेखनीय यह है कि यदि बारंबारता-वितरण अर्थात् समूहित आँकड़े (grouped data) से Q निकालना हो तो ऊपर बतलाए गए तरीकों से इसे निकालना चाहिए। लेकिन, यदि दिए गए आँकड़े असमूहित (ungrouped) हों तो उन्हें पहले बारंबारता-वितरण के रूप में समूहित कर लेना चाहिए और तब ठीक उसी तरह से Q निकालना चाहिए जैसा कि ऊपर बतलाया गया है।

## चतुर्थक विचलन का गुण या उपयोगिता *(Merits or Uses of Quartile Deviation, Q)*

(i) चतुर्थक विचलन (QD) विचलनशीलता (dispersion) की बहुत सरल माप है, जिसे बहुत आसानी से परिकलित (calculate) किया जा सकता है।

(ii) प्रसार (range) की तुलना में चतुर्थक (Q) अधिक उपयोगी है। कारण, प्रसार केवल दो प्राप्तांकों (scores) या निरीक्षणों (observations) पर आधारित होता है जबकि चतुर्थक (Q) 50% प्राप्तांकों या निरीक्षणों का उपयोग करता है।

(iii) जब केन्द्रीय प्रवृत्ति (central tendency) की माप (measure) के रूप में माध्यिका (Median) का व्यवहार किया जाता है तो ऐसी हालत में विचलनशीलता (variability or deviation) की माप के रूप में चतुर्थक (Q) सबसे अधिक विश्वसनीय (reliable) सिद्ध होता है (Downie and Heath, 1959)।

(iv) दूरतम प्राप्तांकों (extreme scores) या निरीक्षण का प्रभाव चतुर्थक पर नहीं पड़ता है। कारण, वितरण के शुरू के 25% तथा अन्त के 25% प्राप्तांकों की गणना यहाँ नहीं की जाती है।

(v) मुक्तोत्तर वितरण (open end distribution) की स्थिति में विचलनशीलता की माप (measure of deviation) के रूप में चतुर्थक विचलन (Q) अधिक विश्वसनीय (dependable) होता है।

## चतुर्थक विचलन का दोष या सीमाएँ *(Demerits or Limitations of Quartile Deviation Q)*

(i) **डाउनी तथा हीथ** (Downie & Heath, 1959) के अनुसार विचलन (Q) वास्तव में विचलनशीलता (variability) की विश्वसनीय माप नहीं है। कारण यह है

कि यह वितरण के सभी प्राप्तांकों पर आधारित नहीं होता है। यहाँ वितरण के शुरू के 25% तथा अन्त के 25% प्राप्तांकों पर विचार नहीं किया जाता है।

(ii) चतुर्थक विचलन (Q) पर प्रतिदर्श के घट-बढ़ (fluctuation of sampling) का गहरा प्रभाव पड़ता है।

(iii) चतुर्थक विचलन का एक दोष यह भी है कि इसका उपयोग आगे गणितीय निरूपण (mathematical treatment) में करना उचित नहीं है।

(iv) चूँकि चतुर्थक विचलन (Q) माध्यिका (Mdn) से सम्बन्धित है, इसलिए इसका उपयोग दूसरी परिस्थितियों में उचित नहीं होता है।

## (ग) औसत-विचलन या माध्य विचलन

## (Average Deviation, AD or Mean Deviation, MD)

### औसत-विचलन क्या है ? *(What is Average Deviation, AD ?)*

किसी वितरण (distribution) या प्रतिदर्श के माध्य (mean) से व्यक्तिगत प्राप्तांकों (individual scores) के विचलनों (deviations) के औसत (average) को औसत विचलन (AD) कहते हैं। इसे माध्य विचलन (mean deviation, MD) भी कहा जाता है। **रेबर** तथा **रेबर** (Reber & Reber, 2001) के शब्दों में, *"औसत विचलन का तात्पर्य प्रत्येक प्राप्तांक तथा माध्य के बीच अन्तरों के अंकगणितीय माध्य से है।"*[1]

औसत विचलन की परिचालक परिभाषा (operational definition) दी जा सकती है कि किसी वितरण के माध्य से प्रत्येक प्राप्तांक के विचलन के योगफल को प्राप्तांकों की कुल संख्या (N) से भाग देने पर जो भागफल होता है, उसे औसत विचलन या माध्य विचलन (mean deviation) कहते हैं। यहाँ विचलन के चिह्नों (signs) की उपेक्षा करके सभी विचलनों को एक साथ जोड़ दिया जाता है तथा N से भाग दे दिया जाता है। इस प्रकार जो मूल्य प्राप्त होता है, वही औसत विचलन (AD) अथवा माध्य विचलन (MD) कहलाता है। **क्लार्क** आदि (Clark et. al. 2007) के शब्दों में, *"औसत विचलन का अर्थ किसी वितरण में माध्य या माध्यिका से प्राप्तांकों के विचलनों के औसत परिमाण से है, जिसमें विचलनों के चिह्नों की उपेक्षा कर दी जाती है।"*[2]

### औसत विचलन की विशेषताएँ *(Properties of Average Deviation)*

औसत विचलन की परिभाषा से इसकी विशेषताएँ स्पष्ट हो जाती हैं :—

(i) औसत-विचलन (AD) का सम्बन्ध माध्य से प्रत्येक प्राप्तांक के विचलन के औसत से है। औसत-विचलन माध्य (Mean), माध्यिका (Mdn) तथा बहुलक (Mode) तीनों से निकाला जाता है। लेकिन, बहुलक की दृढ़ परिभाषा (rigid definition) सम्भव

---

1. "Average deviation refers to the arithmetic mean of the differences between each score and the mean." — Reber & Reber, 2001, p. 197
2. "Average deviation is the average amount of scatter of the items in a distribution, ignoring the signs of the deviations." — Clark et al. 2007

नहीं होने के कारण इससे औसत विचलन ज्ञात करना उचित नहीं है। माध्य से बेहतर माध्यिका से औसत विचलन ज्ञात करना है, क्योंकि ऐसा करने से ही इसकी मात्रा कम होती है। लेकिन, केन्द्रीय प्रवृत्तिकी माप के रूप में अधिक परिचलित होने के कारण अधिकांशत: माध्य से ही औसत विचलन निकाला जाता है।

(ii) इसकी एक मुख्य विशेषता यह है कि यहाँ माध्य से प्रत्येक प्राप्तांक के विचलन को निर्धारित कर लेने के बाद औसत निकालने के लिए सभी विचलनों को एक साथ जोड़ दिया जाता है। जोड़ते समय विचलन के चिह्नों (signs) पर विचार नहीं करते हैं अर्थात ऋण (minus) तथा धन- (plus) चिह्न वाले सभी विचलनों को एक ही साथ जोड़ दिया जाता है। यदि ऐसा नहीं किया जाए तो AD या MD निकालना संभव ही नहीं होगा, क्योंकि किसी भी वितरण में माध्य (mean) से प्राप्तांकों के विचलनों (deviations) का योगफल – तथा + चिह्नों पर विचार करते हुए औसत विचलन (AD) निकाला जाए तो वह सदा शून्य (zero) होगा। सम्भवत: ऋण तथा धन-चिह्नों की उपेक्षा करने के पीछे यही तर्कधार (rationale) है।

**(i) औसत-विचलन का परिकलन** ***(Calculation of the Average Deviation, AD)***

औसत-विचलन (AD) अथवा माध्य-विचलन (MD) निम्नलिखित दो परिस्थितियों में अलग-अलग सूत्र (formula) द्वारा निकाला जाता है :—

$$AD = \frac{\Sigma |x|}{N}$$ — सूत्र–18

यहाँ, AD = औसत-विचलन (Average deviation)।

$x$ = यहा छोटा एक्स (small x) है, जिसका अर्थ वास्तविक माध्य (actual mean) से प्रत्येक प्राप्तांक का विचलन या अन्तर (difference)[2] है।

|| = इन दोनों दण्डों (bars) का अर्थ यह दिखलाना है कि यहाँ विचलनों को जोड़ते समय ऋण (–) तथा धन (+) चिह्नों पर ध्यान नहीं दिया गया है।

Σ = यह योगफल (sum of) का चिह्न है।

छोटा एक्स ($x$) निकालने का सूत्र (formula) निम्नलिखित है :—

$$x = X - M$$ — सूत्र–19

यहाँ X (बड़ा एक्स) = प्राप्तांक (score)

M = प्राप्तांकों का माध्य (mean)

**उदाहरण**—मान लें कि 10, 15, 25, 11, 15, 13, 17, 19, 23, 22 का AD निकालना है। इसे इस प्रकार ज्ञात किया जाएगा—

---

1. अवास्तविक यानी कल्पित माध्य (assumed mean) से प्राप्तांक के विचलन (deviation) को x' (छोटा एक्स पर डैश) द्वारा इंगित किया जाता है। बड़ा एक्स (X) का मतलब प्राप्तांक (score) या मध्य बिन्दु (mid point) होता है।

**टेबुल 17**

| प्राप्तांक (scores) X | विचलन (X – Mean) $x$ |
|---|---|
| 10 | – 7 |
| 15 | – 2 |
| 25 | 8 |
| 11 | – 6 |
| 15 | – 2 |
| 13 | – 4 |
| 17 | 0 |
| 19 | 2 |
| 23 | 6 |
| 22 | 5 |
| $\Sigma X = 170$ | $\Sigma x = 42$ |

$$\text{Mean} = \frac{\Sigma X}{N} = \frac{170}{10} = 17$$

अब $AD = \frac{\Sigma |x|}{N} = \frac{42}{10} = 4.2$ उत्तर ।

**नोट** — यहाँ प्रत्येक प्राप्तांक (X) में से इसके माध्य (Mean) को घटा-घटा कर विचलन निकाला गया है और विचलनों को जोड़ते समय ऋण (–) तथा धन (+) चिह्नों पर ध्यान नहीं दिया गया है, अर्थात् सबको एक साथ जोड़ दिया गया है ।

**(ii) समूहित प्राप्तांकों से औसत विचलन** ***(Average Deviation from Grouped Data)***—जब दिए गए आँकड़े बारंबारता-वितरण सारणी (frequency distribution table) में समूहित होते हैं अथवा आँकड़ों या प्राप्तांकों की संख्या (N) बड़ी होती है तो उन्हें बारंबारता-वितरण में सारणी में सजा दिया जाता है और सूत्र–20 का उपयोग करके औसत विचलन (AD) निकाला जाता है :—

$$AD = \frac{\Sigma |fx|}{N} \quad \text{— सूत्र–20}$$

यहाँ AD = औसत-विचलन (Average deviation)

$fx$ = मध्यबिन्दु (X) से माध्य के विचलन तथा प्रत्येक वर्गान्तर (class interval) की बारंबारता (f) का गुणनफल ।

|| = इसका अर्थ यह है कि विचलनों को जोड़ते समय ऋण (–) तथा धन (+) चिह्नों (signs) पर ध्यान नहीं दिया गया है,

Σ = योगफल (sum of),

N = कुल बारंबारताओं की संख्या ।

अब इसे एक उदाहरण से समझें । मान लें कि टेबुल–18 के आँकड़ों से AD ज्ञात करना है :—

**टेबुल 18**

| 1<br>वर्गान्तर<br>( Class intervals ) | 2<br>मध्यबिन्दु<br>( Mid points )<br>X | 3<br>बारंबारता<br>( Frequency )<br>f | 4<br>fX | 5<br>X–M<br>$x$ | 6<br>$fx$ |
|---|---|---|---|---|---|
| 80 – 84 | 82 | 1 | 82 | 25 | 25 |
| 75 – 79 | 77 | 2 | 154 | 20 | 40 |
| 70 – 74 | 72 | 3 | 216 | 15 | 45 |
| 65 – 69 | 67 | 4 | 268 | 10 | 40 |
| 60 – 64 | 62 | 5 | 310 | 5 | 25 |
| 55 – 59 | 57 | 10 | 570 | 0 | 00 |
| 50 – 54 | 52 | 5 | 260 | – 5 | – 25 |
| 45 – 49 | 47 | 4 | 188 | – 10 | – 40 |
| 40 – 44 | 42 | 3 | 126 | – 15 | – 45 |
| 35 – 39 | 37 | 2 | 74 | – 20 | – 40 |
| 30 – 34 | 32 | 1 | 32 | – 25 | – 25 |
| | | N = 40 | 2280<br>ΣfX | | 350<br>Σf$x$ |

$$\text{Mean} = \frac{\Sigma fx}{N} = \frac{2280}{40} = 57$$

अब $$AD = \frac{\Sigma\,|\,fx\,|}{N} = \frac{350}{40} = 8.75,$$ उत्तर

उपर्युक्त उदाहरण से स्पष्ट है कि AD निकालने में कई चरण ( steps ) शामिल होते हैं :–

(i) सबसे पहले लम्बी विधि ( long method ) द्वारा माध्य ( Mean ) निकाला जाता है। प्रस्तुत उदाहरण में 57 माध्य पाया गया।

(ii) इसके बाद प्रत्येक मध्यबिन्दु ( mid point ) से माध्य को घटा-घटा कर (X–M) $x$ कॉलम में लिखा जाता है, जैसा कि टेबुल–18 के कॉलम 5 में दिखलाया गया है।

(iii) इसके बाद प्रत्येक विचलन को उसके वर्गान्तर की बारंबारता ( frequency ) से गुणा करके गुणनफल को f$x$ में क्रमशः लिखा जाता है, जैसा कि ऊपर टेबुल–18 के कॉलम 6 में दिखलाया गया है।

(iv) इसके बाद ( – ) तथा ( + ) चिह्नों ( signs ) पर ध्यान दिए बिना ही सभी विचलनों ( deviations ) को एक साथ जोड़ दिया जाता है और इसे Σf$x$ कहते हैं। जैसे, प्रस्तुत उदाहरण में f$x$ 350 पाया गया है। इसके बाद सूत्र–20 के आधार पर AD का मान निकाल लिया जाता है, जैसा कि ऊपर के उदाहरण से स्पष्ट है, जिसमें 8.75 AD मापा गया है।

# ( घ ) मानक विचलन
## ( Standard Deviation, SD )

**मानक विचलन क्या है ? *( What is Standard Deviation, SD ? )***

केन्द्रीय विचलन ( Central deviation ) अथवा केन्द्रीय विचलनशीलता ( central dispersion ) या विचलन ( variability ) की मापों ( measures ) में मानक विचलन ( SD ) सबसे अधिक स्थिर ( stable ) तथा विश्वसनीय ( reliable ) माप है। इसका उपयोग सांख्यिकी में सबसे अधिक किया जाता है। मानक विचलन ( SD ) का प्रतीक σ ( small sigma ) है, जो ग्रीक वर्णमाला ( Greek alphabet ) का एक अक्षर है, जिसका उल्लेख सबसे पहले **कार्ल पियरसन** ( Karl Pearson ) ने 1893 में विचलनशीलता की एक माप के रूप में किया। कभी-कभी σ को इसका प्रतीक माना जाता है।

*मानक विचलन का अर्थ किसी वितरण में माध्य ( mean ) से व्यक्तिगत प्राप्तांकों ( individual scores ) के विचलनों ( deviations ) के वर्गों ( squares ) के माध्य का वर्गमूल ( square root ) है।*[1] इस परिभाषा के आलोक में मानक विचलन का मौलिक सूत्र ( fundamental formula ) इस प्रकार है :–

$$\sigma\,(\text{SD}) = \sqrt{\frac{\Sigma x^2}{N}} \qquad \text{— सूत्र–21}$$

**मानक विचलन की विशेषताएँ *( Properties of Standard Deviation )***

मानक विचलन ( σ ) की कुछ खास विशेषताएँ हैं, जिनके आधार पर मानक विचलन तथा औसत-विचलन के बीच निम्नलिखित अन्तर स्पष्ट हो जाते हैं :—

( i ) किसी वितरण में विचलनशीलता ( dispersion ) की यथार्थ माप ( genuine measure ) को मानक विचलन ( σ ) कहते हैं। इस अर्थ में यह औसत विचलन ( AD ) से भिन्न है, कारण, औसत विचलन किसी वितरण की विचलनशीलता की काम-चलाऊ माप ( rough measure ) है।

( ii ) मानक विचलन का क्षेत्र काफी व्यापक है। इसका व्यवहार भिन्न-भिन्न सांख्यिकीय कार्यों ( statistical works ) में किया जाता है। इस आधार पर भी यह औसत विचलन से भिन्न है। कारण, औसत-विचलन का क्षेत्र बहुत सीमित है और आजकल सांख्यिकीय कार्य में इसका उपयोग शायद ही होता है।

( iii ) मानक विचलन की एक विशेषता यह है कि यहाँ चिह्नों ( signs ) की कठिनाई से बचने के लिए अलग-अलग विचलनों ( separate deviations ) का वर्ग ( square ) कर दिया जाता है। इस आधार पर भी यह औसत-विचलन ( AD ) से भिन्न है। कारण, औसत-विचलन में चिह्नों की कठिनाई से बचने का कोई उपाय नहीं है। इसलिए, चिह्नों पर ध्यान नहीं दिया जाता है और सभी विचलनों को धन ( positive ) मानकर आगे का काम किया जाता है।

---

1. Standard deviation is the square root of the arithmetic mean of the squares of the deviations of the individual scores from their arithmetic mean. — Author

(iv) मानक विचलन में विचलन हमेशा माध्य ( mean ) से लिया जाता है, माध्यिका ( median ) या बहुलक ( mode ) से नहीं। अपनी इस विशेषता के कारण भी यह औसत विचलन से भिन्न है। कारण, औसत-विचलन माध्य के साथ-साथ माध्यिका और कभी-कभी बहुलक से भी लिया जाता है।

(v) मानक विचलन का प्रतीक ( symbol ) ग्रीक सिगमा ( σ ) है। लेकिन, औसत–विचलन के लिए इस तरह का कोई प्रतीक नहीं है।

**मानक विचलन के गुण या उपयोगिताएँ *( Merits or Uses of Standard Deviation )***

(i) केन्द्रीय विचलनशीलता ( dispersion ) की माप ( measure ) के रूप में मानक विचलन ( SD ) सबसे अधिक विश्वसनीय ( dependable ) है।

(ii) मानक विचलन को दृढ़ रूप में (rigidly ) परिभाषित करना संभव होता है। यह गुण औसत-विचलन ( AD ) में नहीं पाया जाता है।

(iii) मानक विचलन किसी वितरण के सभी प्राप्तांकों ( scores ) या निरीक्षणों ( observations ) पर आधारित होता है। इस गुण के कारण यह प्रसार ( Range ) तथा चतुर्थक विचलन ( QD ) से बेहतर, श्रेष्ठकर तथा अधिक विश्वसनीय है।

(iv) मानक विचलन विचलनों ( deviations ) के चिह्नों ( signs ) की कठिनाई से मुक्त है। औसत-विचलन ( AD ) की सबसे बड़ी त्रुटि यह है कि यहाँ विचलनों के चिह्नों पर ध्यान दिए बिना ही सभी को धन ( positive ) मानकर एक ही साथ जोड़ दिया जाता है। मानक विचलन इस त्रुटि से मुक्त है, क्योंकि यहाँ विचलन के वर्ग ( square ) करने से चिह्नों की कठिनाई स्वतः समाप्त हो जाती है।

(v) मानक विचलन पर प्रतिदर्श के घट-बढ़ (fluctuations of sampling ) का प्रभाव बहुत कम पड़ता है।

## मानक विचलन के दोष या सीमाएँ *( Demerits or Limitations Standard Deviation )*

मानक विचलन के अनेक गुणों के होते हुए भी कुछ त्रुटियाँ भी पायी जाती हैं :—

(i) मानक विचलन ( SD ) वितरण के शुरू तथा अन्त के एकांशों ( items ) या मूल्यों ( values ) पर अधिक बल देता है और बहुलकता एकांशों या मूल्यों पर कम बल देता है।

(ii) मनोविज्ञान, शिक्षा तथा समाजशास्त्र ( sociology ) की अपेक्षा अर्थशास्त्र ( economics), व्यापार ( business ), आदि क्षेत्रों में मानक विचलन की उपयोगिता सीमित है।

(iii) मानक विचलन का गणितीय परिकलन ( mathematical calculation ) अपेक्षाकृत कठिन है। इसलिए, अगणित-व्यक्तियों ( non-mathematical persons ) के लिए मानक विचलन को समझना तथा परिकलित करना सचमुच कठिन बन जाता है।

मानक विचलन ( SD ) में जिन त्रुटियों का वर्णन किया गया है, वे सभी सतही हैं। वास्तविकता यह है कि यह एक बहुत उपयोगी विचलनशीलता-माप ( dispersion measure ) है, जिसका उपयोग ( application ) वैषम्य ( skewness), ककुदता ( kurtosis ), सहसम्बन्ध ( correlation ), प्रतिगमन एवं भविष्यकथन ( regression and prediction ), सार्थकता के परीक्षण ( test of significance ), आदि क्षेत्रों में सबसे अधिक विश्वसनीय विचलनशीलता-माप के रूप में किया जाता है।

**गैरेट** ( Garrett, 2007 ) के अनुसार, *विचलनशीलता या परिवर्तनशीलता ( varibility ) की सबसे अधिक स्थिर ( stable ) तथा विश्वसनीय माप मानक विचलन है, जिसका उपयोग प्रयोगात्मक कार्य तथा शोध-अध्ययन में आवश्यक रूप से किया जाता है ।* [1] डाउनी तथा हीथ ( Downie & Heath, 1979 ) ने भी इस विचार का समर्थन किया है । [2]

## मानक विचलन का परिकलन
## ( Calculation of Standard Deviation, SD )

मानक विचलन का परिकलन निम्नलिखित दो परिस्थितियों में किया जाता है :—

### ( क ) असमूहित आँकड़ों से मानक विचलन *( SD from Ungrouped Data )*

अव्यवस्थित या असमूहित आँकड़ों से SD निकालने के लिए लम्बी विधि ( long method ) तथा लघु विधि ( short method ) में से किसी भी विधि का व्यवहार आवश्यकता के अनुसार किया जा सकता है । हम यहाँ एक-एक करके दोनों विधियों का व्यवहार करेंगे ।

( i ) **लम्बी विधि *( Long Method)***

इस विधि द्वारा असमूहित आँकड़ों से SD निकालने का सूत्र ( formula ) निम्नलिखित है :–

$$\text{SD or } \sigma = \sqrt{\frac{\Sigma x^2}{N}} \qquad \text{— सूत्र–21}$$

यहाँ, SD or σ = मानक विचलन ( standard deviation ),

$x^2$ = माध्य ( mean ) से प्राप्तांक के विचलन का वर्ग ( square ),

Σ = योगफल ( sum of ),

N = प्राप्तांकों की संख्या,

√ = वर्गमूल का चिह्न ( sign of square root ) ।

**उदाहरण** — एक परीक्षण पर 10 छात्रों द्वारा लाए गए प्राप्तांक ( scores ) इस प्रकार हैं–11, 7, 9, 3, 4, 6, 13, 10, 15 तथा 5, इन आँकड़ों से SD ज्ञात करने के लिए निम्नलिखित बातों पर ध्यान देना चाहिए :—

( i ) सबसे पहले आँकड़ों को ऊपर से नीचे तक क्रमशः लिख दें और उसके ऊपर प्राप्तांक ( scores ) अथवा *X* लिख दें, जैसा कि तालिका–19 के कॉलम एक से स्पष्ट है ।

( ii ) इसके बाद सूत्र $\left(\frac{\Sigma X}{N}\right)$ के आधार पर माध्य निकालें ।

( iii ) इसके बाद माध्य ( mean ) को प्रत्येक प्राप्तांक से घटा-घटा कर लिखें और उसके ऊपर छोटा एक्स ( *x* ) लिख दें, जैसा कि टेबुल–19 के कॉलम दो से स्पष्ट है ।

---

1. "The standard deviation or SD is the most stable index of variability and is customarily employed in experimental work and research studies." — Garrett, 2007, p.49
2. "Of all the measures of variability, the standard deviation is by far the most widely ecountered, mainly because it is used in so many other statistical operations." — Downie & Heath, 1979

(iv) अब प्रत्येक विचलन (deviation, $x$) का वर्ग (square) करके अलग-अलग लिख दें जैसा कि टेबुल–19 के कॉलम तीन से स्पष्ट है।

(v) सभी वर्गों (squares) को जोड़ दें और सूत्र–21 की सहायता से SD ज्ञात करें।

**टेबुल 19**

| 1<br>प्राप्तांक<br>$X$ | 2<br>विचलन<br>$(X-M)$<br>$x$ | 3<br>विचलन का<br>वर्ग<br>$x^2$ |
|---|---|---|
| 11 | 2.7 | 7.29 |
| 7 | – 1.3 | 1.69 |
| 9 | .7 | .49 |
| 3 | – 5.3 | 28.09 |
| 4 | – 4.3 | 18.49 |
| 6 | – 2.3 | 5.29 |
| 13 | 4.7 | 22.09 |
| 10 | 1.7 | 2.89 |
| 15 | 6.7 | 44.89 |
| 5 | – 3.3 | 10.89 |
| $\Sigma X = 83$ | | $\Sigma x^2 = 142.10$ |

जैसे— $\text{Mean} = \frac{\Sigma X}{N} = \frac{83}{10} = 8.3$

$$\sigma\,(\text{or SD}) = \sqrt{\frac{\Sigma x^2}{N}} = \sqrt{\frac{142.10}{10}}$$

$$= \sqrt{14.210} = 3.77, \text{ उत्तर}$$

असमूहित आँकड़ों (ungrouped data) से SD निकालने का एक दूसरा भी सूत्र (formula) है, जो निम्नलिखित है :—

$$\sigma\,(\text{or SD}) = \frac{1}{N}\sqrt{N\,\Sigma X^2 - (\Sigma X)^2} \qquad \text{— सूत्र–22}$$

अथवा, $$\sigma = \sqrt{\frac{N\,\Sigma X^2 - (\Sigma X)^2}{N^2}}$$

इस सूत्र से टेबुल–19 के आँकड़ों से SD इस प्रकार निकाला जाएगा :–

| प्राप्तांक $X$ | प्राप्तांक का वर्ग $X^2$ |
|---|---|
| 11 | 121 |
| 7 | 49 |
| 9 | 81 |
| 3 | 9 |
| 4 | 16 |
| 6 | 36 |
| 13 | 169 |
| 10 | 100 |
| 15 | 225 |
| 5 | 25 |
| $\Sigma X = 83$ | $\Sigma X^2 = 831$ |

$$\therefore \quad \sigma = \sqrt{\frac{N\Sigma X^2 - (\Sigma X)^2}{N^2}} = \sqrt{\frac{10(831) - (83)^2}{10^2}} = \sqrt{\frac{8310 - 6889}{100}}$$

$$= \sqrt{\frac{1421}{100}} = \sqrt{14.21} = 3.77, \text{ उत्तर}$$

**नोट** — विद्यार्थी उपर्युक्त सूत्रों में से अपनी सुविधा के अनुसार किसी भी सूत्र का उपयोग कर सकते हैं।

**( ii ) लघु-विधि ( *Short Method* )**

लघु-विधि के द्वारा असमूहित आँकड़ों से SD निकालने में ऐसी स्थिति में अधिक सुविधा होती है जबकि माध्य ( Mean ) दशमलव ( decimal ) में आ गया हो। इसके लिए निम्नलिखित सूत्र है :—

$$\sigma = \sqrt{\frac{\Sigma x'^2}{N} - c^2} \qquad \text{— सूत्र–23}$$

यहाँ, $\sigma$ = मानक विचलन ( standard deviation ),

$x'^2$ = कल्पित माध्य से प्राप्तांक ( score ) के विचलन ( deviation ) का वर्ग ( square ),

N = प्राप्तांकों की संख्या,

C = शुद्धि ( correction )।

लघु-विधि ( short method ) से SD निकालने में भी वही सब चरण ( steps ) शामिल होते हैं, जिनका वर्णन लम्बी विधि ( long method ) के संदर्भ में ऊपर किया गया है। अन्तर केवल इतना है कि यहाँ माध्य ( Mean ) निकालने के बाद प्राय: पूर्ण अंक ( whole number ) को माध्य मान लिया जाता है और दशमलव के बाद ( दाहिनी ओर ) के अंक को शुद्धि ( C ) मान लिया जाता है। यदि दशमलव नहीं होता है तो C को शून्य ( zero ) के बराबर माना जाता है। अत: यहाँ विचलन कल्पित माध्य ( assumed mean ) से होता

है, जिसको दर्शाने के लिए $x$ के $x'$ या d' लिखा जाता है। नीचे टेबुल के आँकड़ों के आधार पर इसी तरह से SD निकाला गया है।

**टेबुल 20**

| $X$ | (X–AM) $x'$ | $x'^2$ |
|---|---|---|
| 11 | 3 | 9 |
| 7 | – 1 | 1 |
| 9 | 1 | 1 |
| 3 | – 5 | 25 |
| 4 | – 4 | 16 |
| 6 | – 2 | 4 |
| 13 | 5 | 25 |
| 10 | 2 | 4 |
| 15 | 7 | 49 |
| 5 | – 3 | 9 |
| $\Sigma X = 83$ | | $\Sigma x'^2 = 143$ |

$$\text{Mean} = \frac{\Sigma X}{N} = \frac{83}{10} = 8.3$$

अब $AM = 8$

$c = .3$

$$\therefore \quad \sigma = \sqrt{\frac{\Sigma x'^2}{N} - c^2} = \sqrt{\frac{143}{10} - (.3)^2}$$

$$= \sqrt{14.3 - .09} \doteq \sqrt{14.21} = 3.77$$

## ( ख ) समूहित आँकड़ों से मानक विचलन ( *The Standard Deviation from Grouped Data* )

व्यवस्थित या समूहित आँकड़ों से SD निकालने के लिए भी लम्बी-विधि ( long method ) तथा लघु-विधि ( short method ) दोनों का व्यवहार किया जाता है :—

### ( i ) लम्बी विधि ( *Long Method* )

समूहित आँकड़ों से लम्बी विधि द्वारा SD ज्ञात करने के लिए निम्नलिखित सूत्र ( formula ) का व्यवहार किया जाता है :—

$$\sigma \text{ (or SD) } \sqrt{\frac{\Sigma fx^2}{N}} \qquad \text{— सूत्र–24}$$

यहाँ, $\sigma$ = मानक विचलन ( Standard deviation ),

$fx^2$ = वास्तविक माध्य ( Actual mean ) का मध्यबिन्दु ( midpoint ) से विचलन के वर्ग तथा उसकी बारंबारता ( f ) का गुणनफल

$\Sigma$ = योगफल ( The sum of ),

N = बारंबारताओं की कुल संख्या।

लम्बी-विधि द्वारा समूहित आँकड़ों ( grouped data ) से SD निकालने के लिए निम्नलिखित बातों पर ध्यान देना चाहिए :–

(i) यदि आँकड़े पहले से ही बारंबारता-वितरण ( frequency distribution ) में समूहित हों तो सबसे पहले प्रत्येक वर्गान्तर ( class interval ) के मध्यबिन्दु ( midpoint ) को निकाल लें। यदि समूहित न हों तो पहले समूहित कर लें और तब मध्यबिन्दु निकालें।

(ii) प्रत्येक मध्यबिन्दु को उस वर्गान्तर की बारंबारता ( f ) से गुणा करके $fX$ के खाना में लिख दें। अब सभी को जोड़कर $\Sigma fX$ निकालें तथा N से भाग देकर वास्तविक माध्य ( actual mean ) निकाल लें।

(iii) इसके बाद प्रत्येक मध्यबिन्दु से वास्तविक माध्य को घटा-घटाकर विचलन निकालें तथा $x$ ( छोटा एक्स ) वाले खाना में लिख दें।

(iv) प्रत्येक $x$ के मान ( value ) का वर्ग ( square ) कर दें तथा $x^2$ वाले खाना में लिख दें।

(v) इसके बाद प्रत्येक $x^2$ के मान को उसकी बारंबारता ( f ) से गुणा कर दें तथा गुणनफल को $fx^2$ वाले खाने में लिख दें।

(vi) सभी $fx^2$ को एक साथ जोड़ दें और इस प्रकार $\Sigma fx^2$ निकल जाएगा। इसके बाद ऊपर दिए गए सूत्र–24 के आधार पर SD निकाल लें।

**उदाहरण** — मान लें कि 50 छात्रों के तर्कशास्त्र ( logic ) के प्राप्तांकों का वितरण निम्नलिखित है, जिसके आधार पर लम्बी-विधि द्वारा SD निकालना है :—

**टेबुल 21**

| 1 | 2 | 3 | 4 | 5 | 6 | 7 |
|---|---|---|---|---|---|---|
| वर्गान्तर ( Class intervals) | बारंबारता f | मध्यबिन्दु $X$ | $fX$ | $(X–M)$ $x$ | $x^2$ | $fx^2$ |
| 90 – 94 | 3 | 92 | 276 | 20.6 | 424.36 | 1273.08 |
| 85 – 89 | 5 | 87 | 435 | 15.6 | 243.36 | 1216.80 |
| 80 – 84 | 4 | 82 | 328 | 10.6 | 112.36 | 449.44 |
| 75 – 79 | 5 | 77 | 385 | 5.6 | 31.36 | 156.80 |
| 70 – 74 | 12 | 72 | 864 | .6 | .36 | 4.32 |
| 65 – 69 | 6 | 67 | 402 | –4.4 | 19.36 | 116.6 |
| 60 – 64 | 7 | 62 | 434 | –9.4 | 88.36 | 618.52 |
| 55 – 59 | 6 | 57 | 342 | –14.4 | 207.36 | 1244.16 |
| 50 – 54 | 2 | 52 | 104 | –19.4 | 376.36 | 752.72 |
| | N = 50 | | $\Sigma fX = 3570$ | | | $\Sigma fx^2 = 5832.00$ |

$$\text{Mean} = \frac{\Sigma fX}{N} = \frac{3570}{50} = 71.4$$

$$\sigma\,(\text{or SD}) = \sqrt{\frac{\Sigma fx^2}{N}} = \sqrt{\frac{5832}{50}}$$

$$= \sqrt{116.64} = 10.8,\ \text{उत्तर}$$

(ii) **लघु-विधि *(Short Method)***

समूहित आँकड़ों से लघुविधि द्वारा SD निकालने का सूत्र (formula) निम्नलिखित है :–

$$\sigma = i\sqrt{\frac{\Sigma fx'^2}{N} - c^2} \qquad \text{— सूत्र–25}$$

$$\text{अथवा, SD} = i\sqrt{\frac{\Sigma fx'^2}{N} - \left(\frac{\Sigma fx'}{N}\right)^2}$$

यहाँ $\sigma$ = मानक विचलन (standard deviation),

$i$ = वर्गान्तर के आकार या लम्बाई (size or length of class interval),

$fx'^2$ = कल्पित माध्य (Assumed Mean) से मध्यबिन्दु के विचलन (deviation) के वर्ग (square) तथा उसकी बारंबारता (f) के गुणनफल,

$\Sigma$ = योगफल (sum of),

C = शुद्धि (correction) ।

इसको निकालने का सूत्र है— $C = \frac{\Sigma fx'}{N}$, सूत्र के अनुसार लघु-विधि द्वारा समूहित आँकड़ों से SD ज्ञात करने के लिए निम्नलिखित बातों या चरणों (steps) पर ध्यान देना चाहिए :—

(i) सबसे पहले वितरण में ठीक बीच वाला या सबसे अधिक बारंबारता वाला अथवा उसके थोड़ा ऊपर या नीचे के मध्यबिन्दु को कल्पित माध्य[1] (Assumed Mean) मान लें ।

(ii) इसके बाद जिस वर्गान्तर या मध्यबिन्दु में माध्य माना गया है (AM) उसके सामने $x'$ वाले खाने में 0 (शून्य) लिख दें तथा नीचे के वर्गान्तरों या मध्यबिन्दुओं का विचलन निकालें ।

(iii) इसके बाद $x'$ के मान (value) को उसकी बारंबारता (f) से गुणा कर दें तथा $fx'$ वाले खाना में लिख दें, जैसा कि टेबुल–22 के कॉलम 5 में दिखलाया गया है ।

(iv) फिर प्रत्येक $fx'$ को $x'$ से गुणा करके $fx'^2$ वाले खाना में लिख दें, जैसा कि टेबुल–22 के कॉलम 6 में दिखलाया गया है ।

(v) सभी $fx'^2$ को जोड़कर $\Sigma fx'^2$ निकालें ।

1. कल्पित माध्य कहाँ माना जाए, इसकी पूरी व्याख्या पहले ही पृष्ठ 108 पर की जा चुकी है ।

(vi) सभी धन (plus) चिह्न वाले f$x'$ को एक साथ तथा ऋण (minus) चिह्न वाले f$x'$ को एक साथ जोड़ दें। बड़ी संख्या में से छोटी संख्या को घटा लें तथा बड़ी संख्या का चिह्न आगे में दे दें। यही $\Sigma fx'$ होगा जिसको N से भाग देने पर भागफल C कहलाएगा।

(vii) इसके बाद ऊपर दिए गए सूत्र–25 के आधार पर SD निकाल लें।

**उदाहरण** — उपर्युक्त बातों को अच्छी तरह समझने के लिए टेबुल–21 के आँकड़े से ही लघु-विधि द्वारा SD ज्ञात करने के लिए निम्नलिखित उदाहरण पर ध्यान दें :—

**टेबुल 22**

| | 1 | 2 | 3 | 4 | 5 | 6 |
|---|---|---|---|---|---|---|
| | वर्गान्तर (Class intervals) | बारंबारता f | मध्यबिन्दु $X$ | विचलन ($X$–AM) | $fx'$ | $fx'^2$ |
| | 90 – 94 | 3 | 92 | 4 | 12 | 48 |
| | 85 – 89 | 5 | 87 | 3 | 15 | 45 |
| | 80 – 84 | 4 | 82 | 2 | 8 | 16 |
| | 75 – 79 | 5 | 77 | 1 | 5 | 5 |
| | | | | | + 40 | |
| AM | 70 – 74 | 12 | 72 | 0 | 0 | 0 |
| | 65 – 69 | 6 | 67 | – 1 | – 6 | 6 |
| | 60 – 64 | 7 | 62 | – 2 | – 14 | 28 |
| | 55 – 59 | 6 | 57 | – 3 | – 18 | 54 |
| | 50 – 54 | 2 | 52 | – 4 | – 8 | 32 |
| | | N = 50 | | | – 46 | $\Sigma fx'^2 = 234$ |
| | | | | | + 40 | |
| | | | | | $\Sigma fx' = -6$ | |

अब $SD = i\sqrt{\frac{\Sigma fx'^2}{N} - c^2}$ (सूत्र–25 के अनुसार)

यानी $= i\sqrt{\frac{\Sigma fx'^2}{N} - \left(\frac{\Sigma fx'}{N}\right)^2}$

$$= 5\sqrt{\frac{234}{50} - \left(\frac{-6}{50}\right)^2} = 5\sqrt{4.68 - (-.12)^2}$$

$$= 5\sqrt{4.68 - (.014)}$$

$$= 5\sqrt{4.67} = 5 \times 2.16 = 10.80$$

**नोट** — विद्यार्थी अपनी सुविधा के अनुसार समूहित आँकड़ों से किसी भी विधि द्वारा SD निकाल सकते हैं। लेकिन, लघुविधि (short method) से SD निकालने पर गुणा तथा भाग करना आसान बन जाता है। इसलिए हिसाब के सही होने की सम्भावना अपेक्षाकृत अधिक होती है।

## प्रसरण
## ( Variance )

प्रसरण वास्तव में विचलन ( deviation ) या विचलनशीलता ( dispersion ) या परिवर्तनशीलता ( variability ) को मापने की एक विधि है। इसका उपयोग आनुमानिक सांख्यिकी ( inferential statistics ) में अधिक किया जाता है। वर्णनात्मक सांख्यिकी ( descriptive statistics ) में इसका व्यवहार बहुत कम किया जाता है। माध्य ( Mean ) से प्राप्तांकों के विचलन ( deviations ) के वर्गों ( squares ) के औसत को प्रसरण कहते हैं। सूत्र ( formula ) के रूप में इसे इस प्रकार प्रस्तुत किया जाएगा :—

$$\text{Variance} = \frac{\Sigma x^2}{N}$$ — सूत्र–26

इस सूत्र से स्पष्ट है कि यदि Variance का वर्गमूल ( square root ) निकाल दिया जाये तो SD निकल जायेगा। अत: $SD = \sqrt{\text{Variance}}$ अथवा Variance = $SD^2$ जैसे टेबुल–22 से SD का मूल्य 10.8 ज्ञात हुआ है। इससे Variance निकालना चाहें तो वह $(10.8)^2$ अर्थात 116.64 होगा। अब इस प्रसरण मूल्य ( 116.64 ) के आधार पर SD निकालना चाहें तो इसका वर्गमूल निकाल दें तो SD निकल जायेगा अर्थात् $\sqrt{116.64} = 10.8$

## विश्वविद्यालय प्रश्न
## UNIVERSITY QUESTION
### निबंधात्मक प्रश्न
### *( Essay Type Questions )*

1. *विचलन ( deviation ) क्या है ? इसकी उपयोगिताओं ( uses ) पर प्रकाश डालें।*
2. *परिवर्तनशीलता ( variability ) की क्या विशेषताएँ ( properties ) हैं ? क्या केन्द्रीय प्रवृत्ति ( Central tendency ) तथा केन्द्रीय परिवर्तनशीलता एक-दूसरे के विरोधी ( antagonistic ) हैं ? कारण सहित उत्तर दें।*
3. *विचलनशीलता ( dispersion ) का मापन कैसे किया जाता है ? एक वैज्ञानिक माप की आवश्यक शर्तों ( conditions ) या विशेषताओं ( requisites ) की व्याख्या करें ?*
4. *प्रसार ( Range ) किसे कहते हैं ? प्रसार के लाभों ( advantages ) तथा अलाभों ( disadvantages ) का वर्णन करें।*
5. *चतुर्थक विचलन ( Q ) से क्या समझते हैं ? किन परिस्थितियों में इसका व्यवहार उपयोगी होता है ? विचलनशीलता ( dispersion ) की एक माप के रूप में इसके गुणों ( merits ) तथा सीमाओं ( limitations ) का उल्लेख करें।*
6. *निम्नलिखित समंकों से प्रमाण विचलन ज्ञात कीजिए।*

*[ B.A. Part II, Hons. 1992, M.U. ]*

| *वर्ग* | *10 – 20* | *20 – 30* | *30 – 40* | *40 – 50* | *50 – 60* | *60 – 70* | *70 – 80* |
|---|---|---|---|---|---|---|---|
| *आवृत्ति* | *5* | *12* | *15* | *20* | *10* | *4* | *2* |

7. निम्नलिखित बारंबारता वितरण का एस०डी० ज्ञात करें।

[ B.A. Pass, 1990 ( Subs. ), M.U. ]

| Scores | f |
|---|---|
| 60 – 64 | 3 |
| 55 – 59 | 5 |
| 50 – 54 | 6 |
| 45 – 49 | 10 |
| 40 – 44 | 15 |
| 35 – 39 | 11 |
| 30 – 34 | 10 |
| 25 – 29 | 5 |
| 20 – 24 | 1 |
| | N = 66 |

8. लब्धांकों के निम्नलिखित वितरण में यह ज्ञात करें कि माध्य ( Mean ) एवं मानक विचलन ( SD ) कितना विश्वसनीय है।

| Class Interval | f |
|---|---|
| 52 – 55 | 6 |
| 48 – 51 | 8 |
| 44 – 47 | 20 |
| 40 – 43 | 30 |
| 36 – 39 | 16 |
| 32 – 35 | 10 |
| 28 – 31 | 8 |
| 24 – 27 | 2 |

9. निम्नांकित प्राप्तांकों को एक आवृत्ति वितरण-सारणी में सजाकर माध्य तथा प्रामाणिक विचलन निकालें। [ B.A. Subs, 1995, M.U. ]

| | | | | | | | |
|---|---|---|---|---|---|---|---|
| 56 | 53 | 73 | 49 | 47 | 71 | 56 | 56 |
| 80 | 36 | 39 | 60 | 43 | 51 | 61 | 56 |
| 58 | 76 | 79 | 64 | 52 | 66 | 61 | 51 |
| 55 | 67 | 72 | 57 | 63 | 63 | 51 | 46 |
| 30 | 44 | 68 | 54 | 58 | 58 | 46 | 66 |

10. केन्द्रीय वृत्तियों के मापों की व्याख्या करें तथा प्रश्न सं० 6 में दिए गए प्राप्तांकों का प्रमाण विचलन निकालें। [ B.A. II Hons. 2002 Mithila U. ]

11. निम्नलिखित पर टिप्पणियाँ लिखें—

(क) प्रसार की प्रासंगिकता ( Relevance of the range ),

(ख) चतुर्थक विचलन की उपयोगिता ( Utility of quartile deviation or Q ),

(ग) मानक विचलन का तर्कआधार ( Rationale of standard deviation, SD ) तथा

(घ) औसत-विचलन की विशेषताएँ ( Properties of average deviation )

12. औसत विचलन ( AD ) अथवा माध्य विचलन ( MD ) से क्या समझते हैं। इसकी विशेषताएँ ( properties ) की व्याख्या करें।

13. परिवर्तनशीलता ( variability ) की माप के रूप में औसत विचलन ( AD ) के गुणों तथा दोषों ( defects ) का वर्णन करें।

14. मानक विचलन ( SD ) से आप क्या समझते हैं? इसकी विशेषताओं ( properties ) तथा तर्कआधार ( rationale ) से अपना परिचय दें।

15. विचलनशीलता ( dispersion ) की माप ( measure ) की हैसियत से मानक विचलन ( SD ) के गुणों ( merits ) तथा अवगुणों ( demerits ) की विवेचना करें।

16. औसत विचलन ( AD ) तथा मानक विचलन ( SD ) के बीच समानताओं ( similarities ) तथा भिन्नताओं ( differences ) की व्याख्या करें।

अथवा

औसत विचलन ( AD ) तथा मानक विचलन ( SD ) का तुलनात्मक मूल्यांकन ( comparative estimation ) प्रस्तुत करें।

17. केन्द्रीय विचलनशीलता ( central variability ) क्या है? इसकी विभिन्न मापों ( measures ) का तुलनात्मक मूल्यांकन ( evaluation ) प्रस्तुत करें।

18. टिप्पणियाँ ( notes ) लिखें—

(i) प्रसार ( Range ) तथा (ii) प्रसरण ( Variance )।

19. निम्नलिखित प्राप्तांकों ( scores ) से औसत विचलन ( AD ) तथा मानक विचलन ( SD ) ज्ञात करें— 11, 12, 13, 15, 11, 12, 10, 7, 2, 3, 7, 5.

20. मानक विचलन ( SD ) क्या है? निम्नलिखित आँकड़ों से औसत विचलन ( AD ) तथा मानक विचलन ( SD ) निकालें।

| प्राप्तांक ( Scores ) | बारंबारता ( f ) |
|---|---|
| 75 – 79 | 3 |
| 70 – 74 | 4 |
| 65 – 69 | 3 |
| 60 – 64 | 5 |
| 55 – 59 | 8 |
| 50 – 54 | 12 |
| 45 – 49 | 15 |
| 40 – 44 | 10 |
| 35 – 39 | 8 |
| 30 – 34 | 5 |
| 25 – 29 | 4 |
| 20 – 24 | 3 |
| | N = 80 |

21. प्रश्न 20 के बारंबारता-वितरण से चतुर्थक विचलन ( QD ) ज्ञात करें।

[ B.A. Hons. II, P.U, 2000 ]

22. एक उपलब्धि परीक्षण ( *achievement test* ) पर प्राप्त 50 विद्यार्थियों के प्राप्तांक ( *scores* ) निम्नलिखित हैं :— *[ B.A. II Hons, 2008 P.U. ]*

| | | | | | | | | | |
|---|---|---|---|---|---|---|---|---|---|
| 65 | 55 | 79 | 75 | 45 | 32 | 35 | 51 | 60 | 64 |
| 60 | 70 | 50 | 74 | 80 | 30 | 59 | 55 | 73 | 54 |
| 62 | 56 | 54 | 51 | 44 | 44 | 39 | 53 | 59 | 44 |
| 68 | 59 | 43 | 52 | 69 | 47 | 49 | 49 | 55 | 57 |
| 61 | 68 | 56 | 73 | 59 | 37 | 65 | 48 | 47 | 63 |

उपर्युक्त प्राप्तांकों को बारंबारता-वितरण सारणी ( *frequency distribution table* ) में सजा कर $\sigma$ ( *SD* ) ज्ञात करें।

23. प्रश्न 22 के आँकड़ों से मध्यमान ( *Mean* ) तथा औसत विचलन ( *AD* ) निकालें।

24. प्रश्न 22 के प्राप्तांकों के आधार पर माध्यिका ( *Median* ) तथा चतुर्थक विचलन ( *Q* ) ज्ञात करें।

25. निम्नलिखित बारंबारता-वितरण सारणी ( *frequency distribution table* ) से SD निकालें— *[ B.A. II, Hons. B.U. 2001 ]*

| प्राप्तांक | बारंबारता |
|---|---|
| 80 – 84 | 1 |
| 75 – 79 | 2 |
| 70 – 74 | 6 |
| 65 – 69 | 3 |
| 60 – 64 | 5 |
| 55 – 59 | 12 |
| 50 – 54 | 10 |
| 45 – 49 | 12 |
| 40 – 44 | 3 |
| 35 – 39 | 4 |
| 30 – 34 | 6 |
| | N = 64 |

26. नीचे प्राप्तांकों के आधार पर चतुर्थक विचलन ( *Q* ) तथा मानक विचलन ( *SD* ) ज्ञात करें— *[ M.A. Sociology 2008, P.U. ]*

| वर्गान्तर | बारंबारता |
|---|---|
| 100 – 109 | 8 |
| 90 – 90 | 2 |
| 80 – 89 | 7 |
| 70 – 79 | 8 |
| 60 – 69 | 12 |
| 50 – 59 | 18 |
| 40 – 49 | 6 |
| 30 – 39 | 3 |
| 20 – 29 | 4 |
| 10 – 19 | 2 |
| | N = 70 |

27. 30 छात्राओं ने समाजशास्त्र ( sociology ) की परीक्षा में निम्नलिखित अंक प्राप्त किए—

| | | | | |
|---|---|---|---|---|
| 60 | 65 | 78 | 84 | 96 |
| 75 | 66 | 74 | 78 | 85 |
| 78 | 94 | 73 | 60 | 74 |
| 75 | 74 | 77 | 80 | 78 |
| 64 | 68 | 78 | 79 | 84 |
| 65 | 78 | 77 | 63 | 87 |

इन आँकड़ों से माध्य ( Mean ) तथा मानक विचलन ( SD ) निकालें।

28. निम्न आँकड़ों से औसत विचलन निकालें—

*Calculate AD of the following scores—* *[ B.A. II, Hons. 1998, 2004, P.U. ]*

| Scores | f |
|---|---|
| 70 – 79 | 6 |
| 60 – 69 | 7 |
| 50 – 59 | 8 |
| 40 – 49 | 12 |
| 30 – 39 | 7 |
| 20 – 29 | 4 |
| 10 – 19 | 6 |
| | N = 50 |

29. निम्न आँकड़ों से औसत विचलन की गणना कीजिए—

*Calculate average deviation from the following data—*

*[ B.A. III ( Gen ) LNMU, 2002, M.A. Sociology, 2008 P.U. ]*

| Class interval वर्ग-अन्तराल | Frequency बारम्बारता |
|---|---|
| 91 – 95 | 3 |
| 86 – 90 | 6 |
| 81 – 85 | 7 |
| 76 – 80 | 14 |
| 71 – 75 | 8 |
| 66 – 70 | 7 |
| 61 – 65 | 5 |
| | N = 50 |

30. निम्नांकित आँकड़ों से प्रामाणिक विचलन ज्ञात कीजिए—

*Calculate standard deviation from the following data—*

*[ B.A. III ( Gen ) 2002, L.N.M.U. ]*

| Class interval वर्ग अन्तराल | Frequency बारम्बारता |
|---|---|
| 101 – 110 | 5 |
| 91 – 100 | 10 |
| 81 – 90 | 20 |
| 71 – 80 | 30 |
| 61 – 70 | 23 |
| 51 – 60 | 8 |
| 41 – 50 | 4 |
| | N = 100 |

31. नीचे दिए गए प्रदत्त से मानक विचलन निकालें।
*Calculate standard deviation from the data given below—*

*[ B.A. II 2002, Hons. P.U. ]*

| | | | | | | | | | |
|---|---|---|---|---|---|---|---|---|---|
| 60 | 50 | 52 | 55 | 32 | 35 | 38 | 40 | 42 | 45 |
| 49 | 48 | 50 | 50 | 52 | 54 | 61 | 65 | 67 | 69 |
| 70 | 32 | 34 | 43 | 45 | 48 | 50 | 51 | 62 | 51 |

32. *Distinguish between AD and SD. Calculate AD of the following scores—*

*[ B.A. II Hons. 2003, B.U. ]*

| *Class interval* | *f* |
|---|---|
| 189 – 195 | 10 |
| 182 – 188 | 8 |
| 175 – 181 | 14 |
| 168 – 174 | 16 |
| 161 – 167 | 10 |
| 154 – 160 | 13 |
| 147 – 153 | 17 |
| 140 – 146 | 19 |

33. निम्नलिखित बारंबारता-वितरण टेबुल के आधार पर चतुर्थक विचलन की गणना करें।
*Compute quartile deviation from the following frequency distribution table :*

*[ M.A ( Soc.), 2006, P.U. ]*

| वर्गान्तर<br>*Class intervals* | बारंबारता<br>*Frequency* |
|---|---|
| 60 – 69 | 3 |
| 50 – 59 | 6 |
| 40 – 49 | 12 |
| 30 – 39 | 25 |
| 20 – 29 | 13 |
| 10 – 19 | 6 |
| 0 – 9 | 5 |

34. निम्नलिखित आँकड़ों से एक आवृत्ति सारणी बनाएँ तथा औसत विचलन की गणना करें।
*Arrange the following data in frequency table and calculate A.D.*

*[ B.A. II Hons., 2005, P.U. ]*

| | | | | | | | | | |
|---|---|---|---|---|---|---|---|---|---|
| 14 | 18 | 16 | 19 | 13 | 18 | 21 | 23 | 32 | 23 |
| 27 | 24 | 23 | 13 | 10 | 14 | 13 | 09 | 08 | 30 |
| 16 | 16 | 12 | 18 | 29 | 12 | 21 | 20 | 16 | 14 |
| 05 | 11 | 19 | 13 | 10 | 16 | 08 | 14 | 29 | 16 |

35. प्रसामान्यता के विचलन के मानदण्ड क्या हैं ? उनमें से किन्हीं दो मानदण्डों का वर्णन करें।
*What are the measures of deviation from normality ? Describe any two of them.*

*[ B.A. Hons. 2008, B.U. ]*

36. *Calculate quartile deviation (Q) from the distribution given below :*
*[ B.A. II Hons, 2009, P.U. ]*

| *Score* | *Frequency* |
|---|---|
| *90-99* | *2* |
| *80-89* | *12* |
| *70-79* | *22* |
| *60-69* | *20* |
| *50-59* | *14* |
| *40-49* | *4* |
| *30-39* | *1* |
| *N* | *75* |

37. *प्रश्न संख्या 6 में दिये गये प्राप्तांकों का माध्य तथा मानक विचलन की गणना करें।*
*Calculate mean and SD of the scores of questions No. 6, written above.*
*[B.A. II Hons, 2009, P.U. ]*

## ANSWERS

6. SD = 13.46
7. SD = 9.15
8. SD = 6.44
9. SD = 10.64
10. SD = 13.46
19. AD = 3.50, SD = 3.96
20. AD = 10.47, SD = 13.25
21. Q = 8.44
22. SD = 11.85
23. Mean = 55.8, AD = 9.54
24. Median = 56, Q = 8.33
25. SD = 12.37
26. σ = 22.83, Q = 14
27. Mean = 75.70, SD = 8.95
28. AD = 14.83
29. AD = 6.68
30. SD = 14
31. SD = 9.80
32. AD = 13.8, SD = 15.96
33. Q (quartile Deviation) = 8.96
34. AD = 5.04
36. Q = 9
37. SD = 13.46

## वस्तुनिष्ठ प्रश्न
### ( Objective Questions )

1. *निम्नलिखित में से कौन विचलन की सबसे अधिक यथार्थ माप ( exact measure ) है ?*
   (क) *मानक विचलन ( SD )* (ख) *औसत विचलन ( AD )*
   (ग) *प्रसार ( Range )* (घ) *चतुर्थक ( Quartile, Q )*
2. *माध्यिका ( Median ) निम्नलिखि में से किसके तुल्यांक ( equivalent ) है ?*
   (क) $Q$ (ख) $Q_1$ (ग) $Q_2$ (घ) $Q_3$
3. *निम्नलिखित में से कौन विचलनशीलता ( variability ) की यथार्थ आप ( genuine measure ) नहीं है ?*
   (क) *SD* (ख) *AD* (ग) *Range* (घ) *QD*

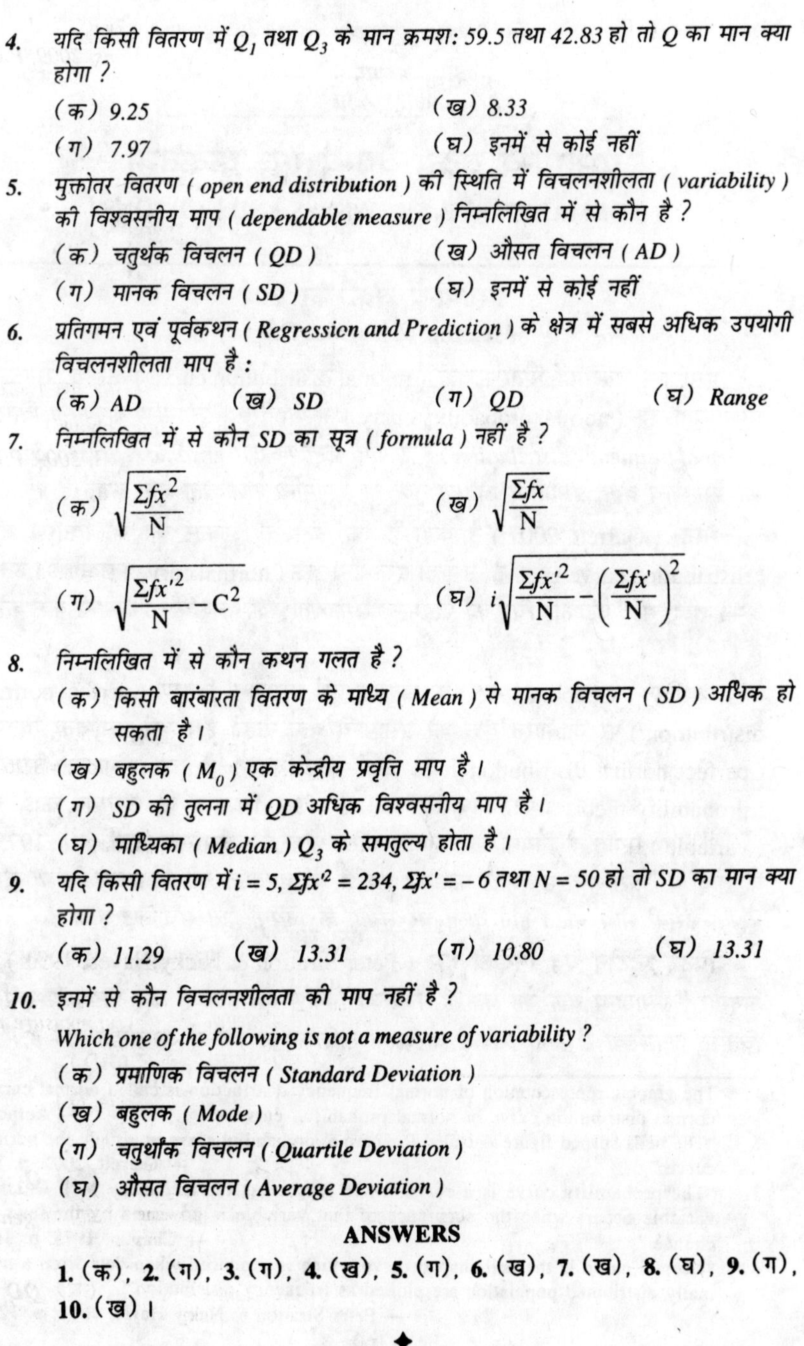

4. *यदि किसी वितरण में $Q_1$ तथा $Q_3$ के मान क्रमश: 59.5 तथा 42.83 हो तो Q का मान क्या होगा ?*

(क) 9.25 (ख) 8.33

(ग) 7.97 (घ) इनमें से कोई नहीं

5. *मुक्तोतर वितरण ( open end distribution ) की स्थिति में विचलनशीलता ( variability ) की विश्वसनीय माप ( dependable measure ) निम्नलिखित में से कौन है ?*

(क) चतुर्थक विचलन ( QD ) (ख) औसत विचलन ( AD )

(ग) मानक विचलन ( SD ) (घ) इनमें से कोई नहीं

6. *प्रतिगमन एवं पूर्वकथन ( Regression and Prediction ) के क्षेत्र में सबसे अधिक उपयोगी विचलनशीलता माप है :*

(क) AD (ख) SD (ग) QD (घ) Range

7. *निम्नलिखित में से कौन SD का सूत्र ( formula ) नहीं है ?*

(क) $\sqrt{\frac{\Sigma fx^2}{N}}$ (ख) $\sqrt{\frac{\Sigma fx}{N}}$

(ग) $\sqrt{\frac{\Sigma fx'^2}{N} - C^2}$ (घ) $i\sqrt{\frac{\Sigma fx'^2}{N} - \left(\frac{\Sigma fx'}{N}\right)^2}$

8. *निम्नलिखित में से कौन कथन गलत है ?*

(क) किसी बारंबारता वितरण के माध्य ( Mean ) से मानक विचलन ( SD ) अधिक हो सकता है ।

(ख) बहुलक ( $M_0$ ) एक केन्द्रीय प्रवृत्ति माप है ।

(ग) SD की तुलना में QD अधिक विश्वसनीय माप है ।

(घ) माध्यिका ( Median ) $Q_3$ के समतुल्य होता है ।

9. *यदि किसी वितरण में $i = 5$, $\Sigma fx'^2 = 234$, $\Sigma fx' = -6$ तथा $N = 50$ हो तो SD का मान क्या होगा ?*

(क) 11.29 (ख) 13.31 (ग) 10.80 (घ) 13.31

10. *इनमें से कौन विचलनशीलता की माप नहीं है ?*

*Which one of the following is not a measure of variability ?*

(क) प्रमाणिक विचलन ( Standard Deviation )

(ख) बहुलक ( Mode )

(ग) चतुर्थांक विचलन ( Quartile Deviation )

(घ) औसत विचलन ( Average Deviation )

## ANSWERS

**1.** (क), **2.** (ग), **3.** (ग), **4.** (ख), **5.** (ग), **6.** (ख), **7.** (ख), **8.** (घ), **9.** (ग), **10.** (ख) ।

✦

अध्याय 9

# प्रसामान्य वक्र, वैषम्य एवं ककुदता

# ( NORMAL CURVE, SKEWNESS AND KURTONS )

## प्रसामान्य वक्र का अर्थ

## ( Meaning of Normal Curve )

प्रसामान्य वक्र को वितरण वक्र ( normal distribution curve ) अथवा प्रसामान्य सम्भाव्यता वक्र ( normal probability curve ) भी कहते हैं । *प्रसामान्य बारंबारता वितरण ( normal frequency distribution ) के ग्राफीय प्रस्तुतीकरण ( graphic representation ) को प्रसामान्य वक्र, प्रसामान्य वितरण वक्र या प्रसामान्य संभाव्यता वक्र कहते हैं ।*[1]

**गैरेट** ( Garrett, 2007 ) ने कहा है कि घंटी के आकार का जो वितरण वक्र ( distribution curve ) होता है, उसे ही प्रसामान्य वक्र ( normal curve ) कहते हैं । उनके अपने शब्दों में, " *घंटाकार चित्र को प्रसामान्य संभाव्यता वक्र या केवल प्रसामान्य वक्र कहते हैं ।*"[2]

**चैपलिन** ( Chaplin, 1975 ) के अनुसार पूर्ण प्रसामान्य वितरण ( perfect normal distribution ) पर आधारित वक्र को प्रसामान्य वक्र कहते हैं । पूर्ण प्रसामान्य वितरण ( perfect normal distribution ) का अर्थ वह वितरण है, जो संभाव्यता-सिद्धान्त ( probability theory ) पर आधारित होता है। इस सिद्धान्त के अनुसार कोई चर ( variable ) संयोग के नियमों के अनुकूल घटित होता है । **चैपलिन** ( Chaplin, 1975 ) के शब्दों में, " *प्रसामान्य संभाव्यता वक्र वह वक्र है, जो बारंबारता को इस प्रकार चित्रित करता है कि उसके साथ घटित होने वाला चर संयोग के नियमों द्वारा संचालित होता है ।*"[3]

**पिटर स्ट्रेटोन** एवं **निक्की हेस** ( Peter Stratton & Nicky Hayes, 1991 ) के अनुसार, " *प्रसामान्य वक्र वह वक्र है, जिसका निर्माण तब होता है जब प्रसामान्य रूप से वितरित जनसंख्या से प्राप्त आँकड़े बारंबारता तालिका के रूप में आलेखित होते हैं ।*"[4]

---

1. The graphic representation of normal frequency distribution is called normal curve, normal distribution curve or normal probability curve. — Author.
2. "The bells shaped figure is called the normal probability curve or simply the normal curve." — Garrett, 2007. p. 89
3. "The probability curve is a curve which represents the frequency with which a variable occurs when the occurence of that variable is governed by the laws of chance." — Chaplin, 1975, p. 348
4. "Normal curve is the bell-shaped curve which is produced when data from a normally distributed population are plotted as frequency distribution." — Peter Stratton & Nicky Hayes, 1991, p. 122.

प्रसामान्य वक्र को गौसियन वक्र ( Gaussian curve ) भी कहते हैं। कारण, **कार्ल फ्रेडरिक गौस** ( Karl Friedrich Gauss ) ने इस वक्र का उपयोग नक्षत्रशास्त्र की समस्याओं के समाधान में सफलतापूर्वक किया।

## प्रसामान्य वक्र के गुण या विशेषताएँ *( Properties or Characteristics of Normal Curve )*

प्रसामान्य वक्र अथवा प्रसामान्य संभाव्यता वक्र ( normal probability curve ) की कुछ खास विशेषताएँ या गुण हैं, जिनके आधार पर वह दूसरे प्रकार के वक्रों से भिन्न हो जाता है। निम्नलिखित गुण या विशेषताएँ महत्त्वपूर्ण हैं :—

**( i ) घंटाकार चित्र** *( Bell-Shapped figure )*— प्रसामान्य वक्र देखने में घंटी के आकार का होता है। इसीलिए, **गैरेट** ( Garrett, 2007 ) ने घंटाकार चित्र को प्रसामान्य संभाव्यता वक्र ( normal probability curve ) कहा है ( देखें चित्र–8 )। लेकिन **रेबर** तथा **रेबर** ( Reber & Reber, 2001 ) ने कहा है कि **घंटाकार होना प्रसामान्य वक्र का आवश्यक गुण नहीं है, क्योंकि प्रत्येक घंटाकार वक्र प्रसामान्य वितरण नहीं होता है।**

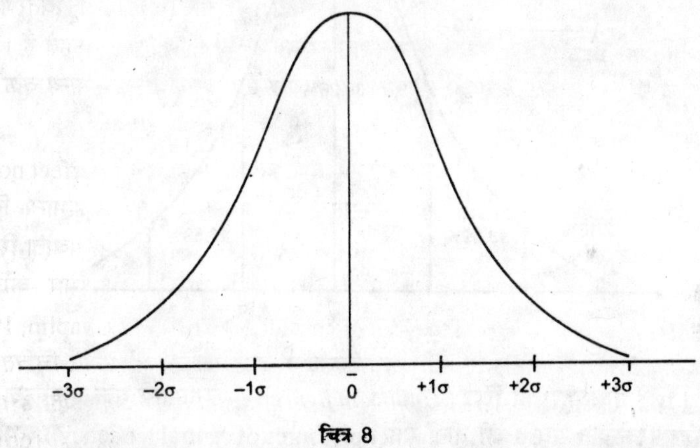


चित्र 8

**( ii ) द्विपक्षी सुडौलपन** *( Bilateral symmetry )*— इस वक्र की एक मुख्य विशेषता यह है कि इसके मध्य या केन्द्र से दाहिने वाला भाग ( right half ) तथा इसके बाएँ वाला भाग ( left half ) एक-दूसरे के बिल्कुल समान होते हैं। दोनों एक-दूसरे के समानुपाती ( proportionate ) होते हैं। यह बात चित्र-8 से स्पष्ट हो जाती है। वितरण ( distribution ) की अधिकांश संख्या ( number ) मध्य ( middle ) यानी केन्द्र ( centre ) में होती है। मध्यबिन्दु या केन्द्र से जैसे-जैसे दाहिनी ओर बढ़ते जाते हैं, वितरण की संख्या घटती जाती है। इसीलिए वक्र एक विशेष अनुपात में गिरता जाता है। इसी तरह केन्द्र से बायीं ओर बढ़ने पर ठीक उसी अनुपात में वितरण की संख्या घटती जाती है। इसीलिए, इधर भी उसी अनुपात से वक्र गिरता जाता है। इसी आधार पर प्रसामान्य वक्र के दोनों अर्धों ( both halves ) को सम्मित या सुडौल ( symmetrical ) माना जाता है।

जैसे — चित्र–9 देखें। वक्र के केन्द्र ( माध्य, $\overline{X}$ ) में दोनों ओर एक मानक विचलन ( $\pm 1\sigma$ ) तक 68.26% केसेज हैं। फिर दोनों ओर 1 σ तथा 2 σ के बीच ठीक 13.59% तथा 13.59% केसेज हैं। इसी प्रकार दोनों तरफ 2 σ तथा 3 σ के बीच ठीक 2.15% तथा 2.15% केसेज हैं। इसी कारण यह बिल्कुल सुडौल, समानुपाती तथा संतुलित होता है ( देखें चित्र–9 )।

( iii ) **अनन्तस्पर्शी** *( Asymptote )* — प्रसामान्य वक्र की एक विशेषता यह भी है कि यह वक्र अनन्तस्पर्शी होता है। इसका अर्थ यह है कि वक्र केन्द्र की दोनों ओर गिरते-गिरते अपनी आधार-रेखा ( base line ) तक पहुँचता है, किन्तु वह उस आधार-रेखा को स्पर्श नहीं करता है, अर्थात उससे मिलना नहीं है। जैसे 8-9 चित्र को देखने से पता चलता है कि वक्र किसी भी छोर पर आधार-रेखा से सटा हुआ या मिला हुआ नहीं है। गणित की भाषा में कहना चाहें तो कह सकते हैं कि वह अपनी आधार-रेखा से अनन्त ( infinite ) पर मिलता है।

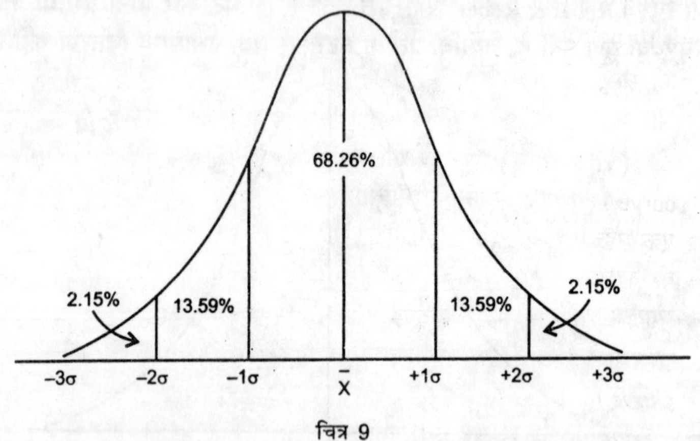


चित्र 9

( iv ) **एकबहुलकी चित्र** *( Unimodal figure )* — प्रसामान्य वक्र एकबहुलकी चित्र है, जिसमें केन्द्रीय प्रवृत्ति की तीनों माप ( measures of central tendency ) अर्थात माध्य ( Mean ), माध्यिका ( Median ) तथा बहुलक ( Mode ) ठीक केन्द्र में होते हैं। इसीलिए इन तीनों में शून्य अन्तर ( zero difference ) होता है। इसलिए, वक्र संतुलित ( balanced ) तथा सुडौल ( symmetrical ) दीख पड़ता है।

( v ) **प्रसामान्य वक्र के क्षेत्र** *( Areas under the normal curve )* — विश्वास किया जाता है कि प्रसामान्य वक्र के अन्तर्गत कुल क्षेत्र 10,000 होता है। इस आधार पर कुल क्षेत्र के भिन्नात्मक भागों ( fractional parts ) का परिकलन ( calculation ) बहुत आसानी से सम्भव होता है। जैसे — टेबुल–A ( पृष्ठ 176 ) से स्पष्ट है कि माध्य ( mean ) तथा 1.38 $\sigma\left(\frac{x}{\sigma} = 13.8\right)$ के बीच वक्र के कुल क्षेत्र का 41.62% केसेज ( cases ) पाए जाते हैं। इसी प्रकार माध्य तथा किसी भी मानक बिन्दु ( σ point ) के बीच प्रतिशत ( percentage ) को परिकलित किया जा सकता है।

**( vi ) प्रसामान्य वक्र के स्थिरांकों** ( constants ) **के बीच सम्बन्ध** *( relationship among the constants of the normal curve )* — जैसा कि ऊपर लिखा जा चुका है, प्रसामान्य वक्र में केन्द्रीय प्रवृत्ति की माप ( measures of central tendency ) अर्थात माध्य ( Mean ), माध्यिका ( Median ) तथा बहुलक ( Mode ) वितरण के ठीक मध्यबिन्दु ( midpoint ) पर गिरते हैं और संख्यात्मक रूप से तीनों बराबर होते हैं। जहाँ तक केन्द्रीय विचलनशीलता ( variability or dispersion ) की मापों का प्रश्न है, उनका भिन्नात्मक स्थिर सम्बन्ध वक्र के कुल क्षेत्र से होता है। वक्र की आधार-रेखा ( base line ) 6 मानक विचलनों ( SD or σ ) में विभाजित होती है यानी 3 σ माध्य ( Mean ) से ऊपर ( दाहिनी ओर ) तथा 3 σ माध्य से नीचे ( बायीं ओर )। जैसा कि टेबुल–A से स्पष्ट है कि 1 σ माध्य से ऊपर तथा 1 σ माध्य से नीचे के बीच अर्थात् ± 1 σ के बीच मध्य दो-तिहाई ( 68.26% ) केसेज गिरते हैं। इसी प्रकार माध्य तथा ± 2 σ के बीच वितरण का 95.44% अर्थात् 95% और माध्य तथा ± 3 σ के बीच वितरण का 99.7% यानी 100% केसेज गिरते हैं। दूसरे शब्दों में कहा जा सकता है कि किसी विषय के माध्य तथा ± 1 σ के बीच होने की सम्भावना 100 में 68 है, माध्य तथा + 2 σ के बीच होने की सम्भावना 100 में 95 है और माध्य तथा + 3 σ के बीच होने की सम्भावना 100 में 99.7 अर्थात् 100 है।

**( vii ) व्यावहारिक उपयोगिता** *( Practical utility )* — प्रसामान्य वक ( normal curve ) अथवा प्रसामान्य सम्भाव्यता वक्र ( normal probability curve ) के सम्बन्ध में एक महत्त्वपूर्ण बात यह भी है कि इससे कई तरह के व्यावहारिक लाभ होते हैं। इस वक्र के आलोक में कई जटिल समस्याओं का समाधान करना सम्भव होता है। इसकी पूरी व्याख्या इस वक्र की उपयोगिता के प्रसंग में शीघ्र ही की जाएगी।

## प्रसामान्य वक्र की उपयोगिताएँ या उपयोग *( Uses or Applications of Normal Curve )*

प्रसामान्य वक्र अथवा प्रसामान्य सम्भाव्यता वक्र ( normal probability curve ) की उपयोगिताओं अथवा उपयोगों को निम्नलिखित भागों में विभाजित किया जा सकता है :–

**1. दो सीमाओं के भीतर के केसेज के प्रतिशत का निर्धारण** *( Determination of percentages of cases between given limits )*

इस वक्र का एक उपयोग या लाभ यह है कि इसके आधार पर प्रसामान्य वितरण ( normal distribution ) में यदि दो सीमाएँ ( limits ) दी गयी हों तो उनके बीच के प्राप्तांकों ( scores ) अथवा केसेज ( cases ) के प्रतिशत ( percentage ) को निर्धारित किया जा सकता है। इसको एक उदाहरण से समझें।

**उदाहरण** — प्राप्तांक ( scores ) के एक प्रसामान्य वितरण ( normal distribution ) में माध्य ( Mean ) 16 है तथा मानक विचलन ( σ ) 4 है। प्रश्न है कि 12 तथा 20 के बीच कितने प्रतिशत केसेज ( cases ) होंगे ?

**समाधान** *( Solution )* — इस तरह की समस्या के समाधान का तरीका यह है कि दिए गए दोनों प्राप्तांकों ( scores ) को माध्य ( Mean ) से अलग-अलग घटा लें और जो शेष

बचे उसको अलग-अलग सिग्मा प्राप्तांक ( σ scores ) या Z scores में बदल दें। फिर टेबुल–A ( पृष्ठ 176 ) के आधार पर दोनों के जेड प्राप्तांकों ( Z scores ) के प्रतिशत निकालें तथा दोनों प्रतिशत को जोड़ दें।[1]

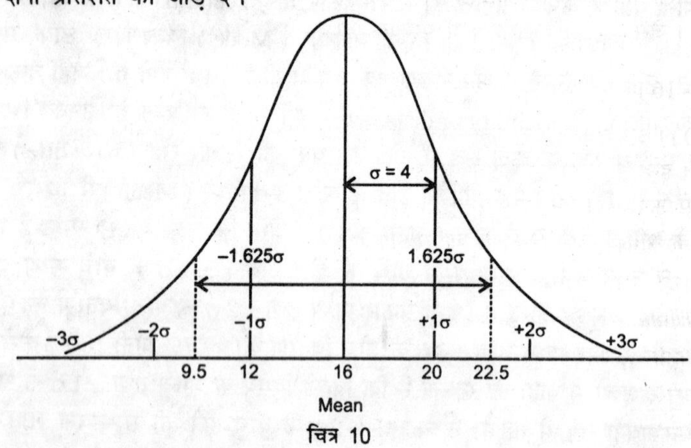


चित्र 10

वही उत्तर होगा। जैसे — प्रस्तुत समस्या में प्राप्तांक 20 माध्य ( Mean ) से ( 20–16 ) 4 बिन्दु ऊपर है और प्राप्तांक 12 माध्य से ( 12–16 ) 4 बिन्दु नीचे है। जेड प्राप्तांक ( Z score ) में बदलने पर प्राप्तांक 20 माध्य से 1 σ $\left(\frac{4}{4} = 1\,\sigma\right)$ ऊपर है तथा प्राप्तांक 12 माध्य से 1 σ $\left(\frac{4}{4} = 1\,\sigma\right)$ नीचे हैं ( देखे चित्र 10 )।

प्रसामान्य वितरण में माध्य ( M ) तथा ± 1 σ के बीच 68.26% केसेज होते हैं। अत: प्रस्तुत वितरण में 20 तथा 12 के बीच 68.26% प्राप्तांक हैं। इसी प्रकार किसी भी दो सीमाओं ( limits ) के बीच पड़ने वाले प्रतिशत को निर्धारित किया जा सकता है।

### 2. दी गयी सीमा के ऊपर गिरने वाले केसेज के प्रतिशत का निर्धारण

*( Determination of the percentage of cases above the given limit )*

प्रसामान्य वक्र की सहायता से प्रसामान्य वितरण में किसी दी गयी सीमा के ऊपर गिरने वाले केसेज ( cases ) के प्रतिशत को निर्धारित किया जा सकता है। इसे निम्नलिखित उदाहरण समझें।

**समस्या** *( Problem )* — प्रसामान्य वितरण में माध्य ( M ) तथा मानक विचलन ( SD ) क्रमश: 16 तथा 4 हों तो प्राप्तांक 22 के ऊपर कितने प्रतिशत केसेज होंगे ?

**समाधान** *( Solution )* — इस प्रकार की समस्या के समाधान का तरीका यह है कि दिए गए प्राप्तांक ( score ) की उच्च सीमा ( upper limit ) में से माध्य ( Mean ) को घटा लिया जाता है और जो शेष बचता है उसे जेड प्राप्तांक ( Z score ) में बदल लिया जाता है। इसकी विधि है $Z = \frac{X - M}{SD} = \frac{x}{SD}$। इसके बाद Z मूल्य का प्रतिशत टेबुल–A के आधार

1. सिग्मा प्राप्तांक ( σ score ) तथा Z प्राप्तांक पर्यायवाची हैं।

पर निकाला जाता है और उसे 50 में से घटा लिया जाता है। जो शेष बचता है वही उत्तर होता है। जैसे — प्रस्तुत समस्या में प्राप्तांक 22 की उच्च सीमा 22.5 है जो माध्य से 6.5 (22.5 – 16) ऊपर है। इसे σ यानी Z score में बदलने पर 1.625 σ $\left(\frac{6.5}{4}\right)$ होगा। (देखें चित्र 10)। अब टेबुल–A से पता चलता है कि माध्य तथा 1.625 σ के बीच 44.79% केसेज होते हैं। इन्हें 50% में से घटाने पर 5.21% (50 – 44.79) बचता है। अत: 5% केसेज के 22 से ऊपर होने की सम्भावना है। इसी प्रकार किसी भी दिए गए प्राप्तांक के ऊपर के केसेज के प्रतिशत को निकाला जा सकता है।

### 3. दी गयी सीमा के नीचे पड़ने वाले केसेज के प्रतिशत का निर्धारण (*Determination of the percentage of cases below the given limit*)

प्रसामान्य वितरण (normal distribution) में किसी दी गयी सीमा (limit) के नीचे पड़ने वाले केसेज (cases) के प्रतिशत (percentage) को भी प्रसामान्य वक्र के आधार पर निर्धारित करना सम्भव होता है। इसे निम्नलिखित उदाहरण से स्पष्ट किया जा सकता है :—

**समस्या** (*Problem*) — प्रसामान्य वितरण में माध्य (M) 16 तथा मानक विचलन (SD) 4 हो तो प्राप्तांक 10 के नीचे कितने केसेज (cases) होंगे ?

**समाधान** (*Solution*) — इस प्रकार की समस्या के समाधान का तरीका यह है कि दिए गए प्राप्तांक की निम्न सीमा (lower limit) को माध्य (Mean) में से घटा दिया जाता है और जो शेष बचता है, उसको मानक विचलन (SD) से भाग देकर Z मूल्य निकाला जाता है। फिर टेबुल–A (पृष्ठ 176) के आधार पर Z मूल्य का प्रतिशत (percentage) निकाला जाता है और इसे 50% में से घटा लिया जाता है। जो शेष बचता है, वही उत्तर होता है।

जैसे–प्रस्तुत समस्या में प्राप्तांक 10 की निम्न सीमा (lower limit) 9.5 है जो माध्य से (9.5 – 16) 6.5 नीचे है। इसका Z मूल्य या Z प्राप्तांक 1.625 $\left(\frac{6.5}{4} = 1.625\right)$ है (देखें चित्र 10)। इसका प्रतिशत 44.79% (टेबुल–A) है। इस प्रतिशत को 50% से घटाने पर 5.21 (50 – 44.79) होता है। अत: प्रस्तुत वितरण में प्राप्तांक 10 के नीचे 5% केसेज पड़ते हैं। दूसरे शब्दों में इस वितरण में किसी प्राप्तांक के 10 से नीचे होने की सम्भावना (chance) 100 में 5 है।

### 4. दिए गए केसेज के प्रतिशत के आधार पर उनकी सीमाओं का निर्धारण (*Determination of the limits of a given percentage of cases*)

किसी प्रसामान्य वितरण में यदि केसेज के प्रतिशत मालूम हों तो उनकी उच्च सीमा (upper limit) तथा निम्न सीमा (lower limit) को प्रसामान्य वक्र की सहायता से निधरित किया जा सकता है। इसे एक उदाहरण द्वारा स्पष्ट किया जा सकता है।

**समस्या** (*Problem*) — एक प्रसामान्य वितरण में माध्य (M) तथा मानक विचलन (SD) क्रमश: 20 तथा 5 है। यह बतलाएँ कि किन सीमाओं (limits) के बीच मध्य 75% केसेज (middle 75% cases) होंगे ?

**समाधान** *( Solution )* — इस तरह की समस्या के समाधान का तरीका यह है कि दिए गए प्रतिशत ( percentage ) को दो भागों में बाँट दिया जाता है। फिर टेबुल–A से दोनों के Z प्राप्तांक निकाले जाते हैं। Z प्राप्तांक को मानक विचलन ( σ ) से गुणा कर दिया जाता है। जो गुणनफल होता है उसे माध्य में जोड़ दिया जाता है और जो योगफल होता है वही उच्च सीमा ( upper limit ) होती है। फिर गुणनफल को माध्य से घटा लिया जाता है। जो शेष बचता है, वही निम्न सीमा ( lower limit ) होती है। इन्हीं दो सीमाओं के भीतर मध्य केसेज पड़ते हैं।

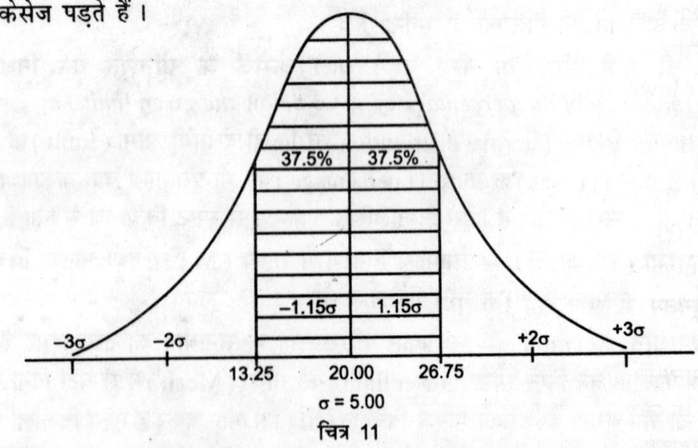

σ = 5.00
चित्र 11

जैसे–प्रस्तुत समस्या में 75% केसेज मध्यम में होने के कारण आधा ( 37.5% ) अपने माध्य ( mean ) के ऊपर तथा आधा ( 37.5% ) अपने माध्य के नीचे पड़ते हैं। टेबुल–A ( पृष्ठ–176 ) से पता चलता है कि 37.5% का Z मूल्य 1.15 है। इसका अर्थ यह हुआ कि मध्य 75% केसेज माध्य तथा 1.15 Z मूल्य के बीच पड़ता है। अब 1.15 Z मूल्य को प्राप्तांक ( score ) में बदलने पर 6.75 ( 1.15 × 5 ) हुआ। अत: मध्य 75% केसेज 20 ± 6.75 के बीच पड़ते हैं। दूसरे शब्दों में, 75% केसेज 26.75 और 13.25 के बीच पड़ते हैं ( देखें चित्र 11 )। इसी प्रकार मध्य के किसी भी प्रतिशत की सीमाओं को निर्धारित किया जा सकता है।

**5. उच्चतम प्रतिशत का निर्धारण** *( Determination of the highest percentage of cases )*

प्रसामान्य वितरण वक्र के आधार पर उच्चतम किसी भी प्रतिशत की सिमाओं को निकाला जा सकता है। इसे एक उदाहरण द्वारा स्पष्ट करना अधिक सही होगा।

**समस्या** *( Problem )* — एक प्रसामान्य वितरण में माध्यिका ( Median ) तथा चतुर्थक विचलन ( Q or PE ) क्रमश: 100 तथा 10 है। प्रश्न है कि उच्चतम 20% किन सीमाओं ( limits ) के बीच होगा ?

**समाधान** *( Solution )* — इस प्रकार की समस्या के समाधान के लिए सबसे पहले Q या PE को मानक विचलन ( SD ) में बदल देना चाहिए। हम जानते हैं कि σ = 1.4826 PE अथवा 1.4826 Q होता है। अत: 1.4826 को Q या PE मूल्य से गुणा करने पर मानक

विचलन का मूल्य निकल जाता है। इसके बाद दिए गए प्रतिशत को 50% में से घटा दिया जाता है। जो बचता है उसका Z मूल्य टेबुल–A ( जो इस अध्याय के अन्त में है ) से निकाला जाता है। फिर मानक विचलन को Z मूल्य से गुणा कर दिया जाता है और गुणनफल को माध्यिका में जोड़ दिया जाता है। जो योगफल होता है, वही दिए गए प्रतिशत की निम्न सीमा ( lower limit ) होती है और वितरण में जो अधिकतम प्राप्तांक ( highest score ) होता है ( चाहे वह जितना भी हो ) उसे उच्च सीमा ( upper limit ) माना जाता है।

जैसे–प्रस्तुत समस्या में PE या Q 10 है। इसलिए मानक विचलन ( σ ) = 1.4826 × 10 = 14.83, हुआ। चूँकि प्रसामान्य वक्र के मध्यबिन्दु से दाहिनी तथा बायीं ओर 50–50 प्रतिशत केसेज ( cases ) होते हैं। इसलिए माध्यिका ( Median ) तथा उच्चतम 20% की निम्नसीमा ( lower limit ) के बीच 30% ( 50–20 ) केसेज पड़ेंगे। अब टेबुल–A से पता चलता है कि 30% केसेज का Z मूल्य .84 है। चूँकि प्रस्तुत वितरण का मानक विचलन ( SD ) 14.83 है, जिसमें .84 से गुणा करने पर ( 14.83 × .84 ) 12.46 प्राप्तांक मिले। इसका अर्थ यह हुआ कि उच्चतम 20% की निम्न सीमा माध्यिका से 12.46 ऊपर है यानी 112.46 ( 100 + 12.46 ) है। इसकी उच्च सीमा ( upper limit ) वितरण का उच्चतम प्राप्तांक ( highest score ) है, जो कुछ भी हो सकता है।

**6. न्यूनतम प्रतिशत का निर्धारण** *( Determination of the lowest percentage of cases )*

प्रसामान्य वितरण की अभिधारणा ( assumption ) होने पर प्रसामान्य वक्र की सहायता से वितरण के न्यूनतम प्रतिशत की सीमाओं ( limits ) को निर्धारित करना सम्भव होता है। इसे एक उदाहरण की सहायता से स्पष्ट किया जा सकता है।

**समस्या** *( Problem )*— एक प्रसामान्य वितरण में माध्यिका ( Median ) 100 हो और चतुर्थक विचलन ( Q or PE ) 10 हो तो न्यूनतम 10 प्रतिशत ( lowest 10% ) किन सीमाओं ( limits ) के बीच होगा ?

**समाधान** *( Solution )*— इस तरह की समस्या के समाधान के लिए पहले Q या PE को SD में बदल दिया जाता है। इसको बदलने का सूत्र है SD = 1.4826 PE, दिए गए न्यूनतम प्रतिशत की बायीं ओर ( left side ) के 50% से घटा लिया जाता है। जो शेष बचता है उसका Z मूल्य टेबुल–A ( पृष्ठ 176 ) की सहायता से निकाला जाता है। फिर वितरण के मानक विचलन ( σ ) से Z मूल्य में गुणा किया जाता है। गुणनफल को माध्यिका में से घटा लिया जाता है। जो शेष बचता है वही न्यूनतम प्रतिशत की उच्च सीमा ( upper limit ) होती है और वितरण का जो सबसे छोटा प्राप्तांक होता है, वही उसकी निम्न सीमा ( lower limit ) होती है।

जैसे–प्रस्तुत उदाहरण में Q या PE 10 है, जिसको σ में बदलने पर 14.826 ( 1.4826 × 10 ) या 14.83 मानक विचलन हुआ। न्यूनतम 10% को 50% में से घटाने पर 40% बचा, जिसका Z प्राप्तांक ( टेबुल–A से ) 1.28 है। अब इस Z प्राप्तांक को वितरण के SD से गुणा करने पर ( 1.28 × 10 ) 12.8 प्राप्तांक हुआ, जिसको वितरण की माध्यिका ( Mdn ) से घटाने पर ( 100 – 12.8 ) 87.2 प्राप्तांक मिला जो वितरण के न्यूनतम 10% की उच्च सीमा है और इसकी निम्न सीमा वितरण का वह प्राप्तांक है जो सबसे छोटा है।

**7. दो वितरणों या समूहों की तुलना** *( Comparison of two distributions or groups )*

प्रसामान्य वक्र ( normal curve ) का एक उपयोग ( application ) यह है कि इसके आधार पर दो वितरणों अथवा दो समूहों की तुलना अतिव्यापी ( overlapping ) के रूप में करना सम्भव होता है। दूसरे शब्दों में, यह निश्चय करना सम्भव होता है कि कौन-सा वितरण या समूह अधिक उत्तम या श्रेष्ठ ( superior ) होता है। इसे एक उदाहरण द्वारा स्पष्ट किया जा सकता है।

**समस्या** *( Problem )* — एक उपलब्धि-परीक्षण ( achievement test ) पर 200 लड़कों तथा 150 लड़कियों के आँकड़े निम्नलिखित हैं :—

| | माध्य ( Mean ) | माध्यिका ( Median ) | मानक विचलन ( SD ) |
|---|---|---|---|
| लड़के ( Boys ) | 60.67 | 60.87 | 4 |
| लड़कियाँ ( Girls ) | 65.68 | 65.66 | 7 |

अब यह बताएँ कि लड़के तथा लड़कियों के वितरण को प्रसामान्य ( normal ) मान लेने पर लड़कियों की माध्यिका ( Mdn ) से कितने प्रतिशत लड़के ऊपर हैं ?

इस समस्या का समाधान टेबुल–A ( जो इस अध्याय के अन्त में है ) की सहायता से किया जा सकता है। लड़कियों की माध्यिका ( Mdn ) लड़कों के माध्य ( Mean ) ( 65.66 – 60.67 ) से 4.99 प्राप्तांक ऊपर है। इसे यानी 4.99 को लड़कों के मानक विचलन ( SD ) अर्थात 4 से भाग देने पर स्पष्ट होता है कि लड़कियों की माध्यिका लड़कों के माध्य से $\left(\frac{4.99}{4}\right)$ 1.25 Z प्राप्तांक ऊपर है। टेबुल–A से पता चलता है कि माध्य तथा 1.25 Z प्राप्तांक के बीच वितरण का 39.44% पड़ता है। अत: लड़कों का 10.56% ( 50% – 39.44% ) लड़कियों की माध्यिका से ऊपर है। इसी आधार पर इस प्रकार की अन्य समस्याओं का समाधान किया जा सकता है।

**8. परीक्षण प्रश्नों या समस्याओं की सापेक्ष कठिनाई का निर्धारण** *( Determination of the relative difficulty of test questions or problems )*

प्रसामान्य वितरण वक्र ( normal distribution curve ) के आधार पर जाँच प्रश्नों या समस्याओं की पारस्परिक कठिनाइयों को निर्धारित करना सम्भव होता है। दूसरे शब्दों में, यह निर्धारित करना सम्भव होता है कि कौन-सा प्रश्न या समस्या सबसे अधिक, उससे कम या सबसे कम कठिन है। जैसे–एक जाँच समस्या का समाधान किसी वर्ग के 10% लड़कों ने, दूसरी समस्या का समाधान 20% लड़कों ने तथा तीसरी समस्या का समाधान 30% लड़कों ने किया। यदि उन समस्याओं से ऐसी योग्यता की जाँच होती हो जो प्रसामान्य रूप से वितरित हो तो उन तीनों समस्याओं की सापेक्ष कठिनाई क्या होगी ? इस समस्या का समाधान भी टेबुल–A ( देखें पृष्ठ 176 ) की सहायता से प्रसामान्य वक्र के आधार पर सम्भव होता है।

**समस्या** *( Problem )* — कॉलेज के 100 विद्यार्थियों की जाँच एक उपलब्धि-परीक्षण ( achievement test ) के आधार पर की गयी। अब उन विद्यार्थियों को उनकी योग्यता के अनुसार पाँच उपसमूहों अर्थात् A, B, C, D तथा E में विभाजित करना है। प्रश्न है कि यदि

उस योग्यता में प्रसामान्य वितरण ( normal distribution ) की अभिधारणा ( assumption ) को मान लिया जाए तो किस उपसमूह में विद्यार्थियों की कितनी संख्या में होनी चाहिए ?

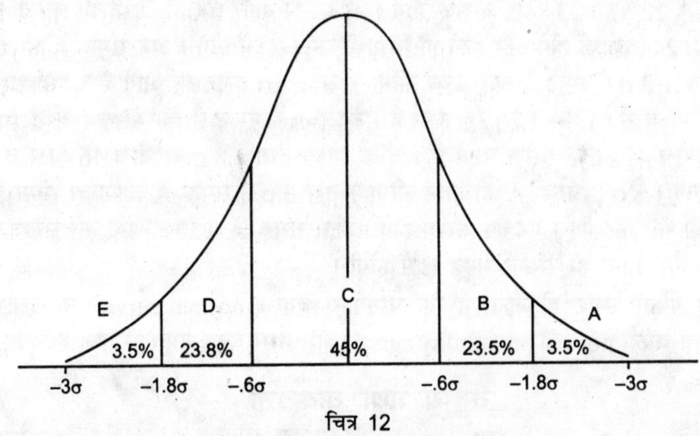


चित्र 12

**समाधान** *( Solution )* — इस प्रकार की समस्या के समाधान का सरल तरीका यह है कि उपसमूहों ( sub-groups ) की संख्या से 6 को भाग दिया जाता है ( चूँकि प्रसामान्य वक्र की आधार-रेखा 6 σ में विभाजित होता है ) । जो भागफल होता है, वही प्रत्येक उपसमूह का Z प्राप्तांक या सिग्मा मूल्य ( σ value ) होता है । फिर टेबुल–A ( जो इस अध्याय के अन्त में है ) की सहायता से उस Z प्राप्तांक यानी सिग्मा मूल्य को प्रतिशत में निकाल लिया जाता है । अन्त में N के अनुपात में उस प्रतिशत को कर देने पर प्रत्येक उपसमूह में पड़ने वाले व्यक्तियों, वस्तुओ या एकांशों की संख्या निकल जाती है ।

जैसे–प्रस्तुत उदाहरण में 5 उपसमूह अर्थात A, B, C, D तथा E है ( देखें चित्र–12 ) । चूँकि प्रसामान्य वितरणों वक्र की आधार-रेखा ( base line ) – 3 σ तक होती है अर्थात यह 6 σ तक फैली होती है, इसलिए प्रत्येक समूह का सिग्मा मूल्य ( σ value ) या Z मूल्य $\left(\frac{6}{5}\right)$ 1.2 होगा । अब बीच वाला उपसमूह अर्थात C समूह का आधा भाग वक्र के केन्द्र की दाहिनी ओर तथा आधा बायीं ओर होगा । सिग्मा या Z मूल्य के अर्थ में वह समूह .6 σ $\left(\frac{1.2}{2}\right)$ दाहिनी ओर तथा .6 σ $\left(\frac{1.2}{2}\right)$ बायीं ओर होगा ( देखें चित्र–12 ) ।

टेबुल–A से पता चलता है कि माध्य ( केन्द्र ) तथा + .6 σ के बीच 22.57% केसेज होते हैं । इसी प्रकार माध्य तथा – .6 σ के बीच 22.57% केसेज होते हैं । अतः समूह–C में कुल संख्या ( 22.57 + 22.57 ) 45.14% केसेज होंगे । यहाँ विद्यार्थियों की संख्या ( N ) 100 है । इसलिए समूह C में 45 विद्यार्थी होंगे । अब समूह–B को देखें । यह समूह . 6 σ ( समूह–C की उच्च सीमा ) से 1.2 σ आगे । इसलिए यह केन्द्र या माध्य से ( .6 + 1.2 ) 1.8 σ आगे या ऊपर है । टेबुल–A से पता चलता है कि माध्य ( केन्द्र ) तथा 1.8 σ के

बीच 46.41% केसेज पड़ते हैं। चूँकि माध्य तथा .6 σ के बीच 22.57% केसेज पड़ते हैं, इसलिए .6 σ ( समूह–B की निम्न सीमा ) तथा 1.8 σ ( समूह–B की उच्चसीमा ) के बीच ( 46.41 – 22.57 ) 23.84% केसेज होंगे। चूँकि N यहाँ 100 है, इसलिए समूह–B में 23.84 या 24 विद्यार्थी होंगे और इतने ही विद्यार्थी समूह–D में होगे। अब समूह–A को देंखे। यह समूह 1.8 σ ( समूह–B की उच्च सीमा ) से 1.2 σ ऊपर या आगे है। इसलिए यह केन्द्र या माध्य से ( 1.8 + 1.2 ) 3 σ ऊपर है। टेबुल–A से स्पष्ट है कि माध्य ( केन्द्र ) तथा 3 σ के बीच 49.86% केसेज पड़ते हैं। चूँकि माध्य तथा 1.8 σ के बीच 46.41% केसेज है, इसलिए 1.8 σ ( समूह–A की निम्न सीमा ) तथा 3 σ ( समूह–A की उच्च सीमा ) के बीच ( 49.86 – 46.41 ) 3.45% केसेज होंगे। अतः समूह–A में विद्यार्थियों की संख्या 4 या 3 होगी, और इतनी ही संख्या समूह E में होगी।

इस प्रकार स्पष्ट हो जाता है कि प्रसामान्य वक्र ( normal curve ) या प्रसामान्य सम्भाव्यता वक्र ( normal probability curve ) वास्तव में बहुत उपयोगी तथा लाभप्रद है।

## वैषम्य तथा ककुदता

### ( Skewness and Kurtosis )

प्रसामान्य वक्र ( normal curve ) अथवा प्रसामान्य सम्भाव्यता वक्र ( normal probability curve ) की कई विशेषताओं की व्याख्या ऊपर की गयी है। लेकिन, प्रसामान्य वितरण शुद्ध रूप में केवल गणितीय नियम ( mathematical rule ) से संचालित होता है, वस्तुतः होता नहीं है। यह केवल प्रसामान्य वितरण के निकट ( approximate ) होता है। *अतः पूर्ण प्रसामान्य वितरण वक्र से यदि कोई वितरण वक्र भिन्न हो तो इस भिन्नता को प्रसामान्य वितरण से विचलन ( deviation ) या अपसरण ( divergence ) कहते हैं। इस विचलन या अपसरण को निर्धारित करने की दो मापें ( measures ) हैं, जिन्हें वैषम्य ( skewness ) तथा ककुदता ( kurtosis ) कहते हैं।* इन दोनों मापों से इस बात का ज्ञान होता है कि कोई वितरण प्रसामान्य वितरण से किस प्रकार तथा किस मात्रा में विचलित या भिन्न है। इन दोनों की व्याख्या हम अलग-अलग करेंगे। यह भी स्मरकण रखना चाहिए कि बारंबारता-विचलन की विशेषताओं की दो मापों अर्थात केन्द्रीय प्रवृत्ति ( central tendency ) तथा विचलनशीलता ( dispersion ) की व्याख्या अध्याय 7–8 में की जा चुकी है। शेष दो मापों यानी वैषम्य तथा ककुदता की व्याख्या यहाँ की जा रही है।

## वैषम्य

### ( Skewness, Sk )

प्रसामान्य वक्र बिल्कुल संतुलित ( balanced ) तथा सुडौल ( symmetrical ) होता है और इसके दोनों अर्ध ( halves ) पूरी तरह समानुपातिक ( porportionate ) होते हैं और माध्य ( mean ), माध्यिका ( median ) तथा बहुलक ( mode ) बराबर होते हैं। लेकिन, कभी-कभी वक्र पूरी तरह संतुलित तथा सुडौल ( symmetrical ) नहीं हो पाता है, बल्कि दाहिनी या बायीं ओर झुक जाता है। इसी झुकाव को वैषम्य ( skewness ) कहते हैं।

वैषम्य ( skewness ) का शब्दिक अर्थ ( literal meaning ) है सुडौलपन का अभाव ( lack of symmetry )। **चैपिलन** ( Chaplin, 1975 ) के अनुसार, "*किसी बारंबारता-वक्र*

*के एक ओर से दूसरी ओर अधिक फैलाव को वैषम्य कहते हैं, जिसके परिणामस्वरूप वक्र की चोटी दूसरी ओर की अपेक्षा एक ओर अधिक उठ जाती है ।"*[1] इसी प्रकार **रेबर** तथा **रेबर** ( Reber & Reber, 2001 ) के अनुसार, " *पूर्ण सुडौलपन से किसी बारंबारता-वितरण के वक्र के विचलन की मात्रा को वैषम्य कहते हैं ।"*[2]

वैषम्य की उपर्युक्त परिभाषाओं से विषम वितरण ( skewed distribution ) की कई विशेषताएँ स्पष्ट होती हैं :—

( i ) विषम वितरण में वक्र या तो दाहिनी ओर या बायीं ओर अधिक झुका रहता है । यह वक्र असंतुलित होता है । दूसरे शब्दों में, इस वक्र के दोनों भाग बराबर नहीं होते हैं ।

( ii ) वक्र के किसी एक ओर अधिक प्रसार या फैलाव हो जाने के कारण इसकी चोटी ( peak ) किसी एक ओर अधिक उठ जाती है ।

( iii ) विषम वितरण में माध्य ( mean ) तथा माध्यिका ( median ) एक बिन्दु ( point ) पर नहीं पड़ते हैं, बल्कि अलग-अलग बिन्दु पर पड़ते हैं । स्मरण रहे कि प्रसामान्य वितरण ( normal distribution ) में माध्य तथा माध्यिका तथा बहुलक एक ही बिन्दु पर पड़ते हैं । तीनों में तनिक भी अन्तर नहीं होता है । अतः प्रसामान्य वितरण में वैषम्य ( skewness ) शून्य होता है । स्पष्टतः माध्य तथा माध्यिका में जितना ही अधिक अन्तर होता है, वैषम्य उतना ही अधिक होता है ।

( iv ) विषम वितरण की एक पहचान या विशेषता द्विबहुलकी ( bimodal ) या बहुबहुलकी ( multimodal ) है । स्मरण रहे कि प्रसामान्य वितरण एकबहुलकी ( unimodal ) होता है ।

## वैषम्य के प्रकार ( *Types of Skewness* )

**1. धनात्मक वैषम्य** ( *Positive Skewness* ) — *जब किसी वितरण में अधिकांश प्राप्तांक बायीं ओर ( to the left ) ढेर लग जाते हैं और दाहिनी ओर क्रमशः फैल जाते हैं तो इसे धनात्मक वैषम्य कहते हैं ।* [3]ऐसी हालत में माध्यिका ( median ) बायीं तरफ होती है और माध्य ( mean ) दाहिनी तरफ होता है ( देखें चित्र–13 ) ।

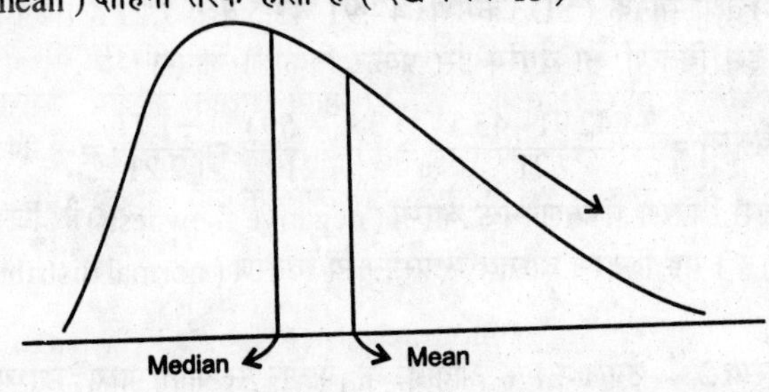


चित्र 13

1. "Skewness is the extension of a frequency curve further to one side than to another, with a consequent tendency to peak more on one side than on another." — Chaplin, 1975, p. 492
2. "Skewness is the degree to which the curve of a frequency distribution departs from perfect symmetry." — Reber & Reber, 2001, p. 682
3. "Distributions are said to be skewed positively, or to the right, when the scores are massed at the low ( the left ) end of the scale, and spread out gradually toward the high or right end." — Garrett, 2007, p. 100

**2. ऋणात्मक वैषम्य** *( Negative Skewness) — जब किसी वितरण में अधिकांश प्राप्तांक दाहिनी ओर ( to the right ) एकत्र हो जाते हैं और बायीं ओर क्रमशः फैल जाते हैं तो इसे ऋणात्मक वैषम्य कहते हैं।*[1] ऐसी हालत में माध्य ( mean ) बायीं ओर होता है और माध्यिका ( median ) दाहिनी ओर होती है ( देखें चित्र 14 )।

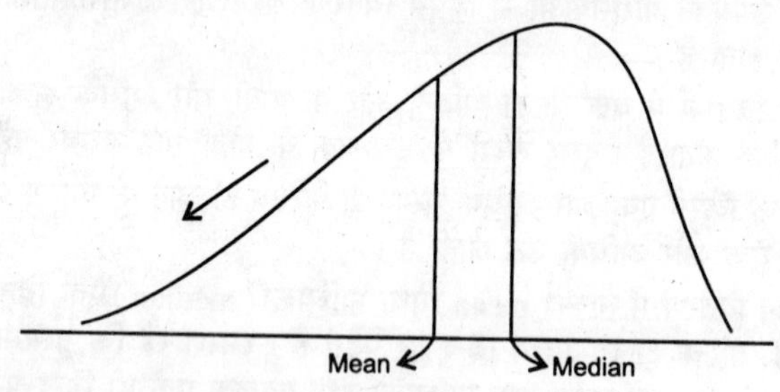


चित्र 14

## वैषम्य की मापें *( Measures of Skewness )*

वैषम्य की दो मापें ( measures ) हैं — (i) मानक विचलन ( SD ) तथा (ii) शततमक ( percentile )। इन दोनों मापों के आधार पर देखा जा सकता है कि किसी वितरण में वैषम्य की मात्रा कितनी है।

**( i ) मानक विचलन** ( SD ) के आधार पर वैषम्य ( Sk ) निर्धारित करने का सूत्र निम्नलिखित है :—

$$Sk = \frac{3\,(\text{Mean} - \text{Median})}{\sigma} \qquad \text{— सूत्र 27}$$

यहाँ Sk = वैषम्य ( Skewness ), σ = मानक विचलन ( SD )।

**उदाहरण 1** — टेबुल–13 के आँकड़ों ( data ) से प्राप्त माध्य ( Mean ), माध्यिका ( Median ) तथा मानक ( SD ) क्रमशः 42.91, 43.5 तथा 7.21 हैं। उपर्युक्त सूत्र–27 के आधार पर इस वितरण का वैषम्य इस प्रकार निकाला जाएगा :—

$$\text{वैषम्य} = \frac{3\,(42.91 - 43.5)}{7.21} = \frac{3 \times (-.59)}{7.21} = \frac{-1.77}{7.21} = -.24$$

अतः इस वितरण में ऋणात्मक वैषम्य ( negative skewness ) है, जिसकी मात्रा बहुत कम ( .24 ) है। यह वितरण वास्तव में प्रसामान्य वितरण ( normal distribution ) के बहुत निकट है।

**उदाहरण 2** — टेबुल–21 के आँकड़ों के आधार पर प्राप्त माध्य, माध्यिका तथा मानक विचलन क्रमशः 71.40, 71.17 तथा 10.8 हैं। सूत्र–27 के आधार पर इस वितरण का वैषम्य निम्नलिखित होगा :—

$$\text{वैषम्य} = \frac{3(71.4 - 71.17)}{10.8} = \frac{3 \times .23}{10.8} = \frac{.69}{10.8} = .064 \quad \text{( सूत्र–27 के अनुसार )}$$

1. "Distributions are said to be skewed negatively, or to the left, when scores are massed at the high end of the scale ( the right end ), and are spread out more gradually towards low end or left end." — Garrett, 2007, p. 100

अत: इस वितरण में धनात्मक वैषम्य ( positive skewness ) है जो वास्तव में नाममात्र ( .064 ) है। इसका अर्थ यह हुआ कि पहला वितरण ( टेबुल–13 ) की अपेक्षा दूसरा वितरण ( टेबुल–21 ) प्रसामान्य वितरण के अधिक निकट है।

( ii ) **शततमक** ( percentile ) के आधार पर वैषम्य ( skewness ) निकालने का सूत्र ( formula ) निम्नलिखित है :—

$$Sk = \frac{P_{90} + P_{10}}{2} - P_{50} \qquad \text{— सूत्र–28}$$

यहाँ, Sk = वैषम्य ( Skewness ), P = शततमक ( Percentile )।

**उदाहरण 1** — टेबुल–13 के आँकड़ों से प्राप्त $P_{10}$, $P_{50}$ तथा $P_{90}$ क्रमश: 32, 43.5 तथा 51.5 हैं। उपर्युक्त सूत्र–28 के अनुसार इस वितरण का वैषम्य निम्नलिखित होगा :—

$$\text{वैषम्य} = \frac{51.5 + 32}{2} - 43.5$$

$$= \frac{83.5}{2} - 43.5 = 41.75 - 43.5 = -1.75$$

अत: इस वितरण में ऋणात्मक वैषम्य ( negative skewness ) है, जिसकी मात्रा 1.75 है।

**उदाहरण 2** — टेबुल–21 के आँकड़ों पर आधारित $P_{10}$, $P_{50}$ तथा $P_{90}$ क्रमश: 57, 71.17 तथा 87.5 हैं। सूत्र–28 के अनुसार इस वितरण का वैषम्य निम्नलिखित होगा :—

$$\text{वैषम्य} = \frac{87.5 + 57}{2} - 71.17 = \frac{144.5}{2} - 71.17$$

$$= 72.25 - 71.17 = 1.08$$

अत: इस वितरण में धनात्मक वैषम्य ( positive skewness ) है, जिसकी मात्रा 1.08 है।

**नोट** — मानक विचलन ( SD ) तथा शततमक ( percentile ) के आधार पर निकाले गए वैषम्य ( skewness ) की दिशा ( धनात्मक या ऋणात्मक ) से समानता होते हुए भी मात्रा में अन्तर होता है, जैसा कि ऊपर के परिकलनों ( calculations ) से स्पष्ट है। **गैरेट** ( Garrett, 2007 ) के अनुसार दोनों के संख्यात्मक परिणामों ( numerical results ) में अन्तर होने का कारण यह है कि दोनों मापों का परिकलन दो भिन्न प्रसंग बिन्दुओं ( reference points ) से किया जाता है।

## ककुदता
## ( Kurtosis )

बारंबारता-वितरण ( frequency distribution ) की विशेषताओं को निर्धारित करने में तीन मापों ( measures ) की व्याख्या पहले हो चुकी है, जिन्हें केन्द्रीय प्रवृत्ति ( central tendency ), विचलनशीलता ( variability ) तथा वैषम्य ( skewness ) कहते हैं। लेकिन वितरण की पूर्ण व्याख्या के लिए एक और माप की आवश्यकता होती है, जिसे ककुदता ( kurtosis ) कहते हैं।

ककुदता ( kurtosis ) का अर्थ है नुकीलापन ( peakedness ) अथवा चिपटापन ( flatness ) । प्रसामान्य वितरण ( normal distribution ) की तुलना में यदि कोई बारंबारता-वितरण नुकीला ( peaked ) या चिपटा हो जाए तो इसे ककुदता कहेंगे । **गैरेट** ( Garrett, 2007 ) के शब्दों में, "*ककुदता शब्द का तात्पर्य प्रसामान्य की तुलना में किसी बारंबारता वितरण के नुकीलापन या चिपटापन से है ।*"[1]

इसी तरह **डॉ० मोहसिन** ( Dr. Mohsin, 1985 ) के अनुसार. "*किसी वक्र के चिपटापन या दीर्घाकरण को ककुदता कहते हैं ।*"[2]

## ककुदता के प्रकार ( *Types of Kurtosis* )

ककुदता के तीन प्रकार हैं, जो निम्नलिखित हैं :—

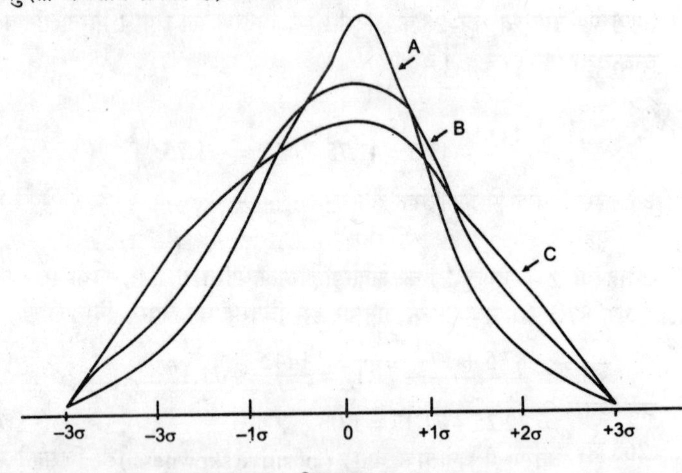


चित्र 15

**1. तुंग ककुदता** ( *Lepto kurtosis* ) — जब कोई बारंबारता-वितरण प्रसामान्य वितरण से अधिक नुकीला हो जाता है, तो इसे तुंग ककुदता कहते हैं । दूसरे शब्दों में, जब कोई वक्र प्रसामान्य वक्र ( normal curve ) से अधिक नुकीला बन जाता है यानी प्रसामान्य वक्र की ऊँचाई से अधिक ऊँचा हो जाता है, उसे तुंग ककुदी ( lepto kurtic ) कहते हैं । चित्र–15 में वक्र–A के रूप में इसे दिखलाया गया है, जो प्रसामान्य वक्र–B से अधिक नुकीला है । तुंग ककुदता ( lepto kurtosis ) को ऋणात्मक ककुदता ( negative kurtosis ) भी कहते हैं ।

**2. चिपिट ककुदता** ( *Platy kurtosis* ) — जब कोई वितरण प्रसामान्य वितरण की तुलना में अधिक चिपटा होता है तो इसे चिपिट ककुदता कहते हैं । दूसरे शब्दों में, वक्र जब प्रसामान्य वक्र की तुलना में अधिक चिपटा होता है, उसे चिपिट ककुदी ( platy kurtic )

---

1. "The term 'Kurtosis' refers to the peakedness or flatness of a frequency distribution as compared with the normal." — Garret, 2007., P. 101
2. "The flattering or elongation of a curve is called kurtosis." — Dr. Mohsin, 1998

कहते हैं। चित्र–15 में वक्र–C के रूप में इसे दिखलाया गया है जो प्रसामान्य वक्र–B से अधिक चिपटा है। चिपिट ककुदता को धनात्मक ककुदता ( positive kurtosis ) भी कहते हैं।

**3. मध्य ककुदता** *( Meso kurtosis )* — जो बारंबारता-वितरण ठीक प्रसामान्य वितरण के समान होता है, उसे मध्य ककुदता कहते हैं। दूसरे शब्दों में, जो वक्र प्रसामान्य वक्र के समान ऊँचा तथा चिपटा होता है, उसे मध्य ककुदी ( mesokurtic ) कहते हैं। संक्षेप में प्रसामान्य वितरण अर्थात प्रसामान्य वक्र को मध्य ककुदी कहते हैं। चित्र–15 में वक्र–B के रूप में इसे दिखलाया गया है। मध्य ककुदता ( meso kurtosis ) को प्रसामान्य ककुदता ( normal kurtosis ) भी कहते हैं।

## ककुदता का परिकलन *( Calculation of Kurtosis )*

ककुदता को निकालने का सूत्र ( formula ) निम्नलिखित है :—

$$Ku = \frac{Q}{(P_{90} - P_{10})}$$ — सूत्र–29

यहाँ Ku = ककुदता ( Kurtosis ),

Q = चतुर्थक विचलन ( Quartile deviation ),

P = शततमक ( Percentile )

इस सूत्र के आधार पर जब ककुदता का मूल्य .263 होता है तो समझा जाता है कि वह वितरण या वक्र प्रसामान्य या मध्य ककुदी ( meso kurtic ) है। जब ककुदता का मूल्य .263 से अधिक होता है तो इसका अर्थ यह है कि वह वितरण या वक्र चिपिट ककुदी ( platy kurtic ) है और जब ककुदता का मूल्य .263 से कम होता है तो इसका अर्थ यह है कि वह वितरण या वक्र तुंग ककुदी ( lepto kurtic ) है।

स्पष्ट है कि वैषम्य ( skewness ) की तरह ककुदता ( kurtosis ) बारंबारता-वितरण के विचलन की एक महत्त्वपूर्ण माप ( measure ) है। किन्तु दोनों के स्वरूप ( nature ) तथा कार्य ( function ) में अन्तर है। वैषम्य का काम यह दिखाना है कि कोई बारंबारता-वक्र ( frequency curve ) प्रसामान्य वक्र की तुलना में दाएँ या बाएँ फैला हुआ है या नहीं और यदि है तो किस मात्रा में है, दूसरी ओर ककुदता का कार्य यह बतलाना है कि कोई बारंबारता-वक्र प्रसामान्य वक्र की अपेक्षा नुकीला ( peaked ) या चिपटा ( flat ) है या नहीं और यदि है तो किस मात्रा में।

## प्रसामान्यता से विचलन क्यों ?
## ( Why Deviation from Normality ? )

प्रस्तुत विवरण से स्पष्ट है कि वैषम्य ( skewness ) तथा ककुदता ( kurtosis ) वास्तव में प्रसामान्यता या प्रसामान्य वितरण ( normal distribution ) के दो मुख्य विचलन

( deviations ) हैं । प्रश्न उठता है कि प्रसामान्यता अथवा प्रसामान्य वितरण से विचलन के क्या कारण हैं । इस प्रश्न के उत्तर में निम्नलिखित कारकों या कारणों का उल्लेख मिलता है :—

1. प्रसामान्यता या प्रसामान्य वितरण में विचलन का एक मुख्य कारण परीक्षण का अवैज्ञानिक होना है । परीक्षण ( test ) में जिस सीमा तक विश्वसनीयता ( reliability ) तथा वैधता ( validity ) की कमी होती है, वह परीक्षण उनती ही अधिक अवैज्ञानिक होता है तथा उसके आधार पर प्राप्त आँकड़ों में प्रसामान्यता की कमी रहती है अर्थात् विचलन ( deviation ) घटित होता है, जिसका मापना वैषम्य तथा ककुदता के रूप में किया जाता है ।
2. प्रसामान्यता से विचलन का दूसरा मुख्य कारण प्रतिदर्श ( sample ) का स्वरूप है । प्रतिदर्श जिस हद तक अपनी जनसंख्या ( population ) का प्रतिनिधित्व ( representation ) कम कर पाता है, प्रसामान्यता वितरण की सम्भावना उतनी ही अधिक होती है । दूसरे शब्दों में, प्रतिदर्श में अपनी जनसंख्या के प्रतिनिधित्व करने का गुण जितना ही कम होता है, प्रसागान्यता वितरण से विचलन की सम्भावना उतनी ही अधिक होती है, जिसकी अभिव्यक्ति वैषम्य तथा ककुदता के रूप में होती है ।
3. प्रसामान्यता से विचलन का एक कारण प्रतिदर्श का छोटा आकार ( small size ) है । जब प्रतिदर्श का आकार छोटा होता है तो प्राप्त आँकड़े में प्रसामान्यता की कमी होती है और वैषम्य या ककुदता के रूप विचलन दृष्टिगोचर होता है ।

अतः उपर्युक्त कारणों या कारकों को जिस हद तक नियंत्रित किया जाता है, उसी हद तक वितरण में प्रसामान्यता की सम्भावना अधिक होती है और वैषम्य एवं ककुदता की सम्भावना कम होती है ।

## टेबुल–A

**Example** — Between the mean and a point 1.38 σ $\left(\frac{x}{\sigma} = 1.38\right)$ are found 41.62% of the entire area under the curve.

| $\frac{x}{\sigma}$ | .00 | .01 | .02 | .03 | .04 | .05 | .06 | .07 | .08 | .09 |
|---|---|---|---|---|---|---|---|---|---|---|
| 0.0 | 0000 | 0040 | 0080 | 0120 | 0160 | 0199 | 0239 | 0279 | 0319 | 0359 |
| 0.1 | 0398 | 0438 | 0478 | 0517 | 0557 | 0596 | 0636 | 0675 | 0714 | 0753 |
| 0.2 | 0793 | 0832 | 0871 | 0910 | 0948 | 0987 | 1026 | 1064 | 1103 | 1141 |
| 0.3 | 1179 | 1217 | 1255 | 1293 | 1331 | 1368 | 1406 | 1443 | 1480 | 1517 |
| 0.4 | 1554 | 1591 | 1628 | 1664 | 1700 | 1736 | 1772 | 1808 | 1844 | 1879 |
| 0.5 | 1915 | 1950 | 1985 | 2019 | 2054 | 2088 | 2123 | 2157 | 2190 | 2224 |
| 0.6 | 2257 | 2291 | 2324 | 2357 | 2389 | 2422 | 2454 | 2486 | 2517 | 2549 |
| 0.7 | 2580 | 2611 | 2642 | 2673 | 2704 | 2734 | 2764 | 2794 | 2823 | 2852 |
| 0.8 | 2881 | 2910 | 2939 | 2967 | 2995 | 3023 | 3051 | 3078 | 3106 | 3133 |
| 0.9 | 3159 | 3186 | 3212 | 3238 | 3264 | 3290 | 3315 | 3340 | 3365 | 3389 |
| 1.0 | 3413 | 3438 | 3461 | 3485 | 3508 | 3531 | 3554 | 3577 | 3599 | 3621 |
| 1.1 | 3641 | 3665 | 3686 | 3708 | 3729 | 3749 | 3770 | 3790 | 3810 | 3830 |
| 1.2 | 3849 | 3869 | 3888 | 3907 | 3925 | 3944 | 3962 | 3980 | 3997 | 4015 |
| 1.3 | 4032 | 4049 | 4066 | 4082 | 4099 | 4115 | 4131 | 4147 | 4162 | 4177 |
| 1.4 | 4192 | 4207 | 4222 | 4236 | 4251 | 4265 | 42769 | 4292 | 4306 | 4319 |
| 1.5 | 4332 | 4345 | 4357 | 4370 | 4383 | 4394 | 4406 | 4418 | 4429 | 4441 |
| 1.6 | 4452 | 4463 | 4474 | 4484 | 4495 | 4505 | 4515 | 4525 | 4535 | 4545 |
| 1.7 | 4554 | 4564 | 4573 | 4582 | 4591 | 4599 | 4608 | 4616 | 4625 | 4633 |
| 1.8 | 4641 | 4649 | 4656 | 4664 | 4671 | 4678 | 4686 | 4693 | 4699 | 6706 |
| 1.9 | 4713 | 4719 | 4726 | 4732 | 4738 | 4774 | 4750 | 4756 | 4761 | 4767 |
| 2.0 | 4772 | 4778 | 4783 | 4788 | 4793 | 4798 | 4803 | 4808 | 4812 | 4817 |
| 2.1 | 4821 | 4826 | 4830 | 4834 | 4838 | 4842 | 4846 | 4850 | 4864 | 4857 |
| 2.2 | 4861 | 4864 | 4868 | 4871 | 4875 | 4878 | 4881 | 4884 | 4887 | 4890 |
| 2.3 | 4893 | 4896 | 4898 | 4901 | 4904 | 4906 | 4909 | 4911 | 4913 | 4916 |
| 2.4 | 4918 | 4920 | 4922 | 4925 | 4927 | 4929 | 4931 | 4932 | 4934 | 4936 |
| 2.5 | 4938 | 4940 | 4941 | 4943 | 4945 | 4946 | 4948 | 4949 | 4951 | 4952 |
| 2.6 | 4953 | 4955 | 4956 | 4957 | 4959 | 4960 | 4961 | 4962 | 4963 | 4964 |
| 2.7 | 4965 | 4966 | 4967 | 4968 | 4969 | 4970 | 4971 | 4972 | 4973 | 4974 |
| 2.8 | 4974 | 4975 | 4976 | 4977 | 4977 | 4978 | 4979 | 4979 | 4980 | 4981 |
| 2.9 | 4981 | 4982 | 4982 | 4983 | 4984 | 4984 | 4985 | 4985 | 4986 | 4986 |
| 3.0 | 4986.5 | 4986.9 | 4987.4 | 4987.8 | 4988.2 | 4988.6 | 4988.9 | 4989.3 | 4989.7 | 4990.0 |
| 3.1 | 4990.3 | 4990.6 | 4991.0 | 4991.3 | 4991.6 | 4991.8 | 4992.1 | 4992.4 | 4992.6 | 4992.9 |
| 3.2 | 4993.129 | | | | | | | | | |
| 3.3 | 4995.166 | | | | | | | | | |
| 3.4 | 4996.631 | | | | | | | | | |
| 3.5 | 4997.674 | | | | | | | | | |
| 3.6 | 4998.409 | | | | | | | | | |
| 3.7 | 4998.922 | | | | | | | | | |
| 3.8 | 4999.277 | | | | | | | | | |
| 3.9 | 4999.519 | | | | | | | | | |
| 4.0 | 4999.683 | | | | | | | | | |
| 4.5 | 4999.966 | | | | | | | | | |
| 5.0 | 4999.997133 | | | | | | | | | |

# विश्वविद्यालय प्रश्न
# UNIVERSITY QUESTIONS
## निबन्धात्मक प्रश्न
## ( *Essay Type Questions* )

1. *प्रसामान्य वक्र क्या है ? इसके स्वरूप की व्याख्या करें।*
*What is normal distribution curve ? Explain its nature.*
*[ B.A. II Hons., V.K.S.U., 1998, 2002, 2007, M.A., 2008, R.U. ]*

2. *प्रसामान्य संभाव्यता वक्र की कौन-कौन-सी विशेषताएँ हैं ? इसके उपयोगों या उपयोगिताओं की व्याख्या करें।*
*What are the properties or characteristics of a normal probability curve ? Discuss its applications or uses.*
*[ B.A. II Hons., P.U. 2007, M.A. PU, 2002, M.A., 2005, M.U. ]*
*[ P.U. 2005, M.A. 2008, NOU ]*

3. *प्रसामान्य संभाव्यता-वितरण की मुख्य विशेषताएं क्या हैं ? क्या प्रसामान्य संभाव्यता वितरण को पूरी तरह निर्धारित किया जा सकता है, यदि वितरण का माध्य तथा मानक विचलन ज्ञात हो ?*
*What are the main features of a normal distribution ? Can it be fully determined if the Mean and the SD of the distribution are known ?*

4. *संभाव्यता सिद्धान्त में प्रसामान्य वितरण का महत्त्व सबसे अधिक है। ऐसा क्यों ?*
*"In theory of probability the normal distribution is of greatest importance." Why ?*

5. *किसी बारंबारता-वितरण में प्रसामान्य वितरण ( normal distribution ) की अभिधारणा ( assumption ) को मानते हुए निम्नलिखित प्रश्नों के उत्तर दें :–*
   *( क ) माध्य ( Mean ) से ऊपर +,.5 σ तथा 1.76 σ इकाइयों के बीच कितने प्रतिशत केसेज होंगे ?*
   *What percentage of cases will fall between + .5σ and + 1.76 σ above the mean ?*
   *( ख ) माध्य से नीचे – .48 σ तथा माध्य से ऊपर + 1.56 σ के बीच कितने प्रतिशत केसेज होंगे ?*
   *What percentage of cases falls between a standard score of – .48 σ and one of + 1.5 σ ?*
   *( ग ) माध्य से ऊपर + 1 σ नीचे – 1 σ के बीच कितने प्रतिशत केसेज होंगे ?*
   *What percentage of cases will fall between + 1 σ and – 1 σ ?*

6. *किसी प्रसामान्य वितरण के माध्य ( Mean ), मानक विचलन ( SD ) तथा प्राप्तांकों की संख्या ( N ) क्रमश: 80, 16 तथा 510 है। इस वितरण में प्राप्तांकों का कितना प्रतिशत प्राप्तांक 110 के ऊपर होगा ?* *[ M.A. 2008, R.U. ]*
*In a normal distribution Mean, SD and N are 80, 16 and 51υ respectively. What percentage of scores in this distribution will fall on a raw score of 110 ?*

7. *किसी वितरण से सम्बन्धित सूचनाएँ ( informations ) निम्नलिखित हैं :—*
   *Mean = 11.35, SD = 3.03, N = 120*

वितरण में प्रसामान्यता ( noramlity in distribution ) की कल्पना करते हुए यह बताएँ कि प्राप्तांक 9 तथा प्राप्तांक 17 के बीच कितने प्रतिशत केसेज में पड़ते हैं ?

8. किसी प्रसामान्य वितरण के सम्बन्ध में निम्नलिखित सांख्यिकी ( Statistics ) प्राप्त हुए—
माध्य ( Mean ) = 12, मानक विचलन ( SD ) = 4
यह बतलाएँ कि (क) 8 और 16 के बीच कितने प्रतिशत केसेज ( cases ) पड़ते हैं ? (ख) प्राप्तांक 18 के ऊपर तथा प्राप्तांक 6 के नीचे कितने प्रतिशत केसेज ( cases ) पड़ते हैं ?

9. एक बारंबारता-वितरण में माध्य ( Mean ) तथा मानक विचलन ( SD ) क्रमशः 29.75 तथा 6.75 हैं। यदि इस वितरण में प्रसामान्यता ( Normality ) की अभिधारणा ( assumption ) को मान लिया जाए तो 22 तथा 26 प्राप्तांकों के बीच वितरण के कितने प्रतिशत केसेज ( cases ) होंगे।

10. एक प्रसामान्य वितरण का माध्य ( Mean ) 16 है तथा मानक विचलन 4 है। यह बताएँ कि मध्य 75% ( Middle 75% ) केसेज ( cases ) किन सीमाओं ( limits ) के बीच होंगे।

11. एक बारंबारता-वितरण में माध्यिका 150 है और चतुर्थक विचलन ( Q or PE ) 17 है। वितरण में प्रसामान्यता की कल्पना करते हुए यह बताएँ कि उच्चतम 20% ( highest 20% ) तथा न्यूनतम 10% ( lowest 10% ) किन सीमाओं के बीच होंगे।

12. किसी उपलब्धि-परीक्षण पर 100 लड़कों तथा 150 लड़कियों के जाँच की गयी और निम्नलिखित आँकड़े प्राप्त किए गए :—

| | लड़के ( Boys) | लड़कियाँ ( Girls ) |
|---|---|---|
| माध्य ( Mean ) | 65.15 | 66.23 |
| माध्यिका ( Median ) | 65.27 | 66.41 |
| मानक विचलन ( SD ) | 5.65 | 7.11 |

वितरण में प्रसामान्यता की कल्पना करते हुए यह बताएँ कि कितने प्रतिशत लड़के, लड़कियों के वितरण से ऊपर हैं ? [ M.A., M.U., 2001 ]

13. 200 विद्यार्थियों की जाँच एक मानक बुद्धि-परीक्षण ( Standard intelligence test ) पर की गयी। बौद्धिक योग्यता में प्रसामान्यता ( Normality ) की कल्पना करते हुए यदि विद्यार्थियों को A, B, C, D तथा E पाँच समूहों में विभाजित करना हो तो प्रत्येक समूह में विद्यार्थियों की कितनी-कितनी संख्या होगी ?

14. एक बारंबारता-वितरण के माध्य ( Mean ), माध्यिका ( Median ) तथा मानक विचलन ( SD ) क्रमशः 170.80, 172 तथा 12.63 हैं। इस वितरण का वैषम्य ( Skewness ) क्या होगा ?

15. किसी वितरण का $P_{10} = 47.00$, $P_{50} = 52.00$ तथा $P_{90} = 60.00$ हो तो इस वितरण का वैषम्य ( Skewness ) क्या होगा ?

16. एक वितरण का $P_{90}$ तथा $P_{10}$ क्रमशः 30 तथा 15 है और Q का मूल्य 10 है। इस वितरण की ककुदता ( Kurtosis ) क्या होगी ?

17. वैषम्य किसे कहते हैं ? इसकी कौन-कौन-सी विशेषताएँ ( properties ) हैं ?

18. ककुदता ( Kurtosis ) से क्या समझते हैं ? यह वैषम्य से कैसे भिन्न है ?

19. बारंबारता-वितरण ( frequency distribution ) की कौन-कौन-सी मापें ( measures ) हैं ? वैषम्य ( skewness ) तथा ककुदता ( kurtosis ) की व्याख्या मापों के रूप में करें।

20. एक प्रसामान्य वितरण के सम्बन्ध में निम्नलिखित सूचनाएँ उपलब्ध हुई हैं—

*N = 130, Mean = 42, SD = 8*

*यह बतलाएँ कि :*

*(क) 35 तथा 45, 50 तथा 55, 56 तथा 60 के बीच कितने लोग हैं।*

*(ख) माध्य ( Mean ) तथा 60, 38, 28 के बीच कितने प्रतिशत केसेज ( cases ) हैं ?*

*(ग) प्राप्तांक 50 के ऊपर तथा प्राप्तांक 35 के नीचे कितने लोग हैं ?*

**21.** *टिप्पणियाँ ( notes ) लिखें—*

*(i) धनात्मक वैषम्य ( positive skewness ),*

*(ii) धनात्मक ककुदता ( positive kurtosis ),*

*(iii) तुंग ककुदी वक्र ( lepto kurtic curve )*

**22.** *असामान्य वितरण के प्रमुख प्रकारों का वर्णन करें। ऐसे वितरण के क्या कारण है ?*
*[ B.A. Part II Hons. L.N.M.U., 1995 ]*

**23.** *असामान्य वक्र की व्याख्या करें तथा Kurtosis और Skewness का वर्णन करें।*
*[ B.A. Part II Hons. M.U., 1991 ]*

**24.** *प्रसामान्य वितरण वक्र से अपना परिचय दें तथा इसकी उपयोगिता का एक विवरण प्रस्तुत करें।*

*Show your acquaintance with normal distribution curve. Give a description of application of normal curve.* *[ M.A. P.U., 2000 ]*

**25.** *मनोवैज्ञानिक मापन में सामान्य संभाव्यता वक्र की उपयोगिताओं का वर्णन करें।*

*Describe the applications of normal probability curve in psychological measurements.* *[ M.A. TM Bh.U, 2002 ]*

**26.** *प्रसामान्य संभाव्यता वक्र से आप क्या समझते हैं ? प्रसामान्य संभाव्यता की उपयोगिताओं का वर्णन करें।*

*What do you understand by normal probability curve ? Describe the applications of normal probability curve.* *[ M.A. V.K.S.U., 2001, M.A. P.U., 2005 ]*

**27.** *क्या प्रसामान्य वितरण वास्तव में होता है ? मान लें कि एक बुद्धि-परीक्षण का उपयोग 200 कॉलेज विद्यार्थियों के एक समूह पर किया गया। परिमित बौद्धिक योग्यता के अनुसार इस समूह को पाँच उप-समूहों में विभाजित करने का निश्चय किया गया। बुद्धि-परीक्षण द्वारा मापी गयी योग्यता में प्रसामान्य वितरण की कल्पना करते हुए यह बताएँ कि इन पाँच उप-समूहों A, B, C, D तथा E में से प्रत्येक उप-समूह में विद्यार्थियों की कितनी संख्या होगी ?*

*Does normal distribution really exist ? Assume that an intelligence test was administered to a group of 200 college students. It was decided to classify the group into five sub-groups according to the measured intellectual ability. Assuming normal distribution in the ability measured by the intelligence test, how many students should be placed in each of the five sub-groups A, B, C, D and E ?*
*[ M.A. P.U., 2002 ]*

**28.** *एक प्रसामान्य प्राप्तांक-वितरण में मध्यमान मानक विचलन तथा प्राप्तांकों की संख्या 80, 16 तथा 510 हैं। इस वितरण में प्राप्तांकों का कितना प्रतिशत प्राप्तांक 110 के ऊपर होगा ?*

*In a normal distribution of score Mean, SD and N are 80, 16 and 510 respectively. What percentage of scores in this distribution will fall on a raw score of 110 ?*
*[ M.A. 2005, V.K.SU ]*

29. *वैषम्य एवं ककुदता में अन्तर करें। एक प्रसामान्य वितरण में माध्य = 20 तथा मानक विचलन = 5.00 है। 15 और 25 के बीच कितने प्रतिशत केसेज इस वितरण में आएंगे ?*
*Make a distinction between Skewness and Kurtosis. In a normal distribution Mean = 20 and SD = 5.00. What percentage of cases will fall in between 25 and 15 in this distribution ?* *[ M.A. 2006, P.U., 2009, R.U. ]*

30. *वैषम्य से आप क्या समझते हैं ? इसकी कौन-कौन-सी विशेषताएँ हैं ? ककुदता किस प्रकार वैषम्य से भिन्न है ?*
*What do you understand by Skewness ? What are its properties ? How Kurtosis differs from Skewness.* *[ B.A. Part-II Hons. 2009, P.U. ]*

31. *सामान्य वितरण से आप क्या समझते हैं ? इसके उपयोगों की व्याख्या करें।*
*What do you mean by Normal Distribution Curve ? Explain the applications of Normal Probability Curve.* *[ M.A. Part-II, 2005, V.K.U ]*

32. *एक उपलब्धि परीक्षण पर 200 लड़कों तथा 150 लड़कियों द्वारा निम्नलिखित आँकड़े प्राप्त किये गये हैं वितरण प्रसामान्यता को मानते हुए कितने प्रतिशत लड़के लड़कियों के माध्य से ऊपर हैं :—*
*The following data have been obtained on an achievement test by 200 boys and 150 girls. What percentage of boys are above the mean of the girls, assuming normality in distribution ?* *[ M.A. Part I-2004 P.U. ]*

| | मध्यमान *( Mean )* | माध्यिका *( Median )* | मानक विचलन *( SD )* |
|---|---|---|---|
| *लड़के ( Boys )* | *60.67* | *60.87* | *4* |
| *लड़कियाँ ( Girls )* | *65.68* | *65.66* | *7* |

33. *वैषम्य की परिभाषा दें। इसकी विशेषताओं तथा इसके प्रकार का वर्णन करें।*
*Define skewness. Mention its characteristics and types.*
*[ M.A. Part-I 2008, P.U. ]*

34. *गुणनफल-अघूर्ण सहसम्बन्ध विधि तथा अंतर-कोटि सहसंबंध विधि का तुलनात्मक आकलन उनकी अभिधारणाओं एवं उनके उपयोगों के दृष्टिकोण से प्रस्तुत करें।*
*Present a comparative estimate of Product Moment Correlation Method and Rank Difference Correlation Method in view of their assumptions and applications.*
*[ M.A. PU; 2005 ]*

## ANSWERS

5. (क) 26.93% = 27% (ख) 61.76 = 62%
(ग) 68.26 = 68%

6. 15.50 = 16%

7. 75%

8. (क) 68.26% = 68% (ख) 5.21% = 5%

9. 16.26% = 16%

10. 20.60 तथा 11.49 के बीच

11. उच्च्तम 20% तथा निम्न सीमा 171.71 होगी और इसकी निम्न सीमा वितरण का उच्चतम स्तर होगा। इसी तरह न्यूनतम 10% की उच्च सीमा 117.74 होगी इसकी निम्न सीमा वितरण का न्यूनतम स्कोर होगा जो कुछ भी हो सकता है।

12. 41%

13.

| A | B | C | D | E |
|---|---|---|---|---|
| 7 | 48 | 90 | 48 | 7 |

14. –.28

15. +1.5

16. .67
20. (क) 60 लोग (45.86%), 14 लोग (10.61%), 4 लोग (2.79%)
    (ख) +48.78%, –19.15, –45.9%
    (ग) 50 से ऊपर 19 लोग (14.46%) तथा 35 से नीचे 23 लोग (17.36%)
27. 7, 48, 90, 48 तथा 7
28. 5.2%
29. 68.26%
32. 10.56%
32. 15%

## वस्तुनिष्ठ प्रश्न

### (Objective Questions)

*1.* *निम्नलिखित कथनों में कौन प्रसामान्य वितरण ( normal distribution ) की विशेषता नहीं है ?*

*(क) प्रसामान्य वितरण की स्थिति में माध्य ( Mean ), माध्यिका ( Median ) तथा बहुलक ( Mode ) बिल्कुल समान होते हैं ।*

*(ख) प्रसामान्य वक्र ( Normal curve ) सदा अनन्तस्पर्शी ( asymptote ) होता है ।*

*(ग) सभी घंटाकार वक्र ( bell-shaped curve ) प्रसामान्य वक्र होते हैं ।*

*(घ) द्विपक्षी सुडौलपन ( bilateral symmetry ) प्रसामान्य वक्र की एक आवश्यक विशेषता है ।*

*2.* *वक्र प्रसामान्य वक्र पूरी तरह संतुलित न होकर दाहिनी ओर झुक जाता है तो इसे कहते हैं :–*

*(क) वैषम्य ( skewness )*

*(ख) धनात्मक वैषम्य ( positive skewness )*

*(ग) ऋणात्मक वैषम्य ( negative skewness )*

*(घ) ककुदता ( kurtosis )*

*3.* *प्रसामान्य वक्र के भीतर कुल क्षेत्र होता है :–*

*(क) 10,000* *(ख) 20,000*

*(ग) 15,000* *(घ) कोई नहीं*

*4.* *प्रसामान्य संभाव्यता वक्र ( normal probability curve ) की आधार रेखा ( base line ) विभाजित होती है ।*

*(क) 5 σ में* *(ख) 6 σ में*

*(ग) 9 σ में* *(घ) 3 σ में*

*5.* *प्रसामान्य संभाव्यता वक्र में ± 1 σ के बीच कितने प्रतिशत केसेज होते हैं ?*

*(क) 75%* *(ख) 71.25%*

*(ग) 50%* *(घ) 68.26%*

*6.* *प्रसामान्य वितरण वक्र में 1σ तथा 2 σ के बीच होने वाले केसेज ( cases ) का प्रतिशत ( % ) है :–*

*(क) 13.59%* *(ख) 12.35%*

*(ग) 24.29%* *(घ) 14.45%*

7. *200 छात्रों द्वारा एक उपलब्धि परीक्षण पर प्राप्त प्रदत्त ( data ) का माध्य ( Mean ) 65.23 पाया गया। प्रदत्त में प्रसामान्य वितरण को मानते हुए बहुलक ( Mode ) का मूल्य क्या होगा ?*
   (क) *63.41* (ख) *65.23*
   (ग) *61.44* (घ) *62.29*
8. *यदि किसी प्रसामान्य वितरण में माध्य, तथा मानक विचलन ( SD ) क्रमश: 16 तथा 4 हो तो 12 तथा 20 प्राप्तांक के बीच कितने प्रतिशत केसेज ( cases ) होंगे ?*
   (क) *68.26%* (ख) *45.27%*
   (ग) *71%* (घ) *61.75%*
9. *निम्नलिखित में से कौन वैषम्य ( skewness ) की माप ( measure ) है ?*
   (क) *चतुर्थक ( QD )* (ख) *शततमक ( Percentile )*
   (ग) *प्रसार ( Range )* (घ) *औसत विचलन ( SD )*
10. *प्रसामान्य वक्र का दूसरा नाम है :*
    (क) *तुंग ककुदता ( Lepto kurtosis )*
    (ख) *चिपिक ककुदता ( Platy kurtosis )*
    (ग) *मध्य ककुदता ( Meso kurtosis )*
    (घ) *इनमें से कोई नहीं*
11. *जब कोई वितरण पूर्णत: प्रसामान्य है, तो*
    (क) *मध्यमान माध्यिका से अधिक होता है*
    (ख) *माध्यिका मध्यमान से अधिक होता है*
    (ग) *मध्यमान माध्यिका से कम होता है*
    (घ) *मध्यमान और माध्यिका बराबर होते हैं*
12. *प्रसामान्य वितरण वक्र की मूलभूत विशेषता है :*
    (क) *एकबहुलकी ( Unimodal figure )*
    (ख) *घंटकार चित्र ( Bell-shaped figure )*
    (ग) *द्विपक्षी सुडौलपन ( Bilateral symmetry )*
    (घ) *अनन्तस्पर्शी वक्र ( Asymptote curve )*
13. *प्रसामान्य ककुदता का अर्थ है :*
    (क) *चिपिट ककुदता ( Platy Kurtosis )*
    (ख) *तुंत्र ककुदता ( Lepto Kurtosis )*
    (ग) *मध्य ककुदता ( Meso Kurtosis )*
    (घ) *धनात्मक वैषम्य ( Positive Skewness )*

## ANSWERS

**1.** (ग), **2.** (ग), **3.** (क), **4.** (ख), **5.** (घ), **6.** (क), **7.** (ख), **8.** (क), **9.** (ख), **10.** (ग), **11.** (घ), **12.** (क), **13.** (ग)।

✦

*अध्याय-10*

# प्रोडक्ट मोमेन्ट सहसम्बन्ध विधि
# ( PRODUCT MOMENT CORRELATION METHOD )

## सहसम्बन्ध का अर्थ
## ( Meaning of Correlation )

साधारण अर्थ में दो चरों ( variables ) के बीच सम्बन्ध को सहसम्बन्ध कहते हैं। लेकिन, सांख्यिकी में सहसम्बन्ध का अर्थ दो चरों के बीच ऐसा सम्बन्ध है कि एक चर में परिवर्तन होने पर दूसरे चर में भी परिवर्तन हो जाए। **चैपलिन** ( 1975 ) के शब्दों में, "*सहसम्बन्ध का तात्पर्य दो चरों के बीच ऐसे सहभागी परिवर्तन से है कि एक चर का परिवर्तन दूसरे चर के परिवर्तन से सम्बद्ध होता है।*"[1]

इसी प्रकार **रेबर** तथा **रेबर** ( Reber & Reber, 2001 ) के अनुसार, "*सांख्यिकी में सहसम्बन्ध का तात्पर्य दो ( या अधिक ) चरों के बीच वह सम्बन्ध है, जिसमें एक चर की मात्रा में नियमित वृद्धि के साथ-साथ दूसरे चर की मात्रा में नियमित वृद्धि या ह्रास होता है।*"[2]

उपर्युक्त परिभाषाओं से निम्नलिखित बातें स्पष्ट होती हैं :—

(i) सहसम्बन्ध दो ( या अधिक ) चरों के बीच एक विशेष सम्बन्ध है।

(ii) इस विशेष सम्बन्ध का तात्पर्य दो चरों के बीच सहभागी परिवर्तन ( concomitant variation ) से है।

(iii) सहभागी परिवर्तन का एक अर्थ यह है कि एक चर में वृद्धि होने पर दूसरे चर में भी वृद्धि हो अथवा एक चर में ह्रास ( decrement ) होने पर दूसरे चर में भी ह्रास हो।

(iv) सहभागी परिवर्तन का दूसरा अर्थ यह है कि एक चर में वृद्धि होने पर दूसरे चर में ह्रास हो अथवा एक चर में ह्रास होने पर दूसरे चर में वृद्धि हो।

**उदाहरण** — बुद्धि ( intelligence ) तथा उपलब्धि ( achievement ) के बीच ऐसा सम्बन्ध है कि बुद्धि में वृद्धि होने पर उपलब्धि में भी वृद्धि होती है। इसी प्रकार बुद्धि में ह्रास ( decrement ) होने पर उपलब्धि में भी ह्रास होता है। अतः इन दोनों चरों ( बुद्धि तथा उपलब्धि ) के बीच इस सम्बन्ध को सहसम्बन्ध कहेंगे। इसी प्रकार थकान ( fatigue )

1. "Correlation refers to a concomitant between two variables in such a way that change in one is associated with change in the other. — Chaplin, 1975, p. 118
2. "In statistics correlation refers to a relationship between two ( or more ) variables such that systematic increases in the magnitude of one variable are accompanied by systematic increases or decreases in the magnitude of the other." — Reber & Reber, 2001, p. 158

तथा उत्पादन ( production ) दो चर हैं, जिनके बीच कुछ ऐसा सम्बन्ध है कि थकान के बढ़ने पर उत्पादन घटता है और थकान के घटने पर उत्पादन बढ़ता है। अत: दोनों के बीच इस सम्बन्ध को भी सहसम्बन्ध कहा जाएगा।

## सहसम्बन्ध गुणांक का अर्थ
### ( Meaning of Co-efficient of Correlation )

सहसम्बन्ध गुणांक वह माप ( measure ) है, जिससे यह पता चलता है कि दो चरों ( variables ) के बीच सम्बन्ध की मात्रा ( magnitude ) कितनी है। इसकी चर्चा करते हुए **चैपलिन** ( Chaplin, 1975 ) ने कहा, "*सहसम्बन्ध गुणांक दो चरों के बीच सम्बन्ध की मात्रा का संख्यात्मक अभिसूचक है।*"[1]

**रेबर तथा रेबर** ( Reber & Reber, 2001 ) ने इसे और भी स्पष्ट करते हुए कहा है कि, "*सहसम्बन्ध गुणांक एक संख्या है, जिससे दो ( या कभी-कभी अधिक ) चरों के बीच सम्बन्ध की मात्रा तथा दिशा का बोध होता है।*"[2]

स्पष्ट है कि सहसम्बन्ध ( correlation ) तथा सहसम्बन्ध गुणांक ( correlation co-efficient ) के बीच थोड़ा अन्तर है। दो चरों के बीच के सम्बन्ध को सहसम्बन्ध कहते हैं और उस सम्बन्ध की मात्रा ( degree ) तथा दिशा ( direction ) अभिसूचक ( index ) को सहसम्बन्ध गुणांक कहते हैं। इसका प्रसाकर – 1.00 से + 1.00 तक होता है।

## सहसम्बन्ध के प्रकार
### ( Types of Correlation )

**( क ) रेखीय सहसम्बन्ध** *( Linear Correlation )* — जब दो चरों के बीच ऐसा सम्बन्ध हो कि दोनों में समान अनुपात में वृद्धि या ह्रास ( decrement ) हो तो इसे रेखीय सहसम्बन्ध ( linear correlation ) कहा जाएगा। इस तरह का सहसम्बन्ध होने पर प्रतिगमन रेखा ( regression line ) एक सरल रेखा ( straight line ) होती है। सहसम्बन्ध-गुणांक ( correlation coefficient ) निकालने की अधिकांश सांख्यिकीय प्रविधियाँ ( statistical techniques ) इसी रेखीय सहसम्बन्ध की अभिधारणा ( assumption ) पर आधारित हैं, जिनकी चर्चा इस पुस्तक में की जाएगी।

**( ख ) अरेखीय सहसम्बन्ध** *( Non-linear Correlation )* — इसे वक्ररेखीय सहसम्बन्ध ( curvilinear correlation ) और कभी-कभी वैषम्य सहसम्बन्ध ( skew correlation ) भी कहा जाता है ( Reber & Reber, 2001 )

जब दो चरों के बीच रेखीय सहसम्बन्ध नहीं होता है तो इसे अरेखीय सहसम्बन्ध कहा जाता है। आरेखीय अथवा वक्ररेखीय सहसम्बन्ध का अनुमान सहसम्बन्ध-अनुपात

---

1. "Correlation coefficient is a numerical index of the degree of relationship between two variables." — Chaplin, 1975, p. 118
2. "Correlation coefficient is a number that expresses the degree and direction of relationship between two ( or occasionally more ) variables." — Reber & Reber, 2001, p. 159

( correlation ratio ) से लगाया जाता है। इस अनुपात ( ratio ) से पता चल जाता है कि किस मात्रा में कोई सहसम्बन्ध अरेखीय है।

अरेखीय अथवा वक्ररेखीय सहसम्बन्ध में एक चर के बढ़ने पर दूसरा चर कुछ सीमा तक बढ़ता है और फिर घटने लगता है, यद्यपि पहला बढ़ता ही जाता है। इसी तरह एक चर के घटने पर दूसरा चर कुछ सीमा तक घट सकता है और फिर बढ़ सकता है, जबकि पहला चर घटता ही जाता है। इस प्रकार के सम्बन्ध को निकालने या मापने के लिए पीयरसन विधि ( Pearson method ) अथवा उस पर आधारित विधियाँ उपयुक्त नहीं हैं।

दो चरों के बीच सम्बन्ध की दिशा ( direction ) के आधार पर रेखीय सहसम्बन्ध ( linear correlation ) के निम्नलिखित तीन प्रकार हैं :—

**1. धनात्मक सहसम्बन्ध** *( Positive Correlation )* — धनात्मक सहसम्बन्ध दो चरों के बीच वह सहसम्बन्ध है, जहाँ एक चर में वृद्धि ( increment ) होने पर दूसरे चर में भी वृद्धि होती है और एक चर में ह्रास ( decrement ) होने पर दूसरे चर में भी ह्रास होता है। जैसे, बुद्धि के बढ़ने पर उपलब्धि भी बढ़ती है और बुद्धि के घटने पर उपलब्धि भी घटती है। अतः इन दोनों चरों ( बुद्धि तथा उपलब्धि ) के बीच ऐसे सम्बन्ध को धनात्मक सहसम्बन्ध कहेंगे। **चैपलिन** ( Chaplin, 1975 ) के अनुसार, "*धनात्मक सहसम्बन्ध बतलाते हैं कि एक चर की उच्च स्थिति दूसरे चर की उच्च स्थिति से सम्बद्ध है।*"[1]

इसी प्रकार **रेबर** तथा **रेबर** ( Reber & Reber, 2001 ) के अनुसार, "*धनात्मक सहसम्बन्ध वह सहसम्बन्ध है, जिसमें एक चर में वृद्धि होने पर दूसरे चर में भी वृद्धि होती है।*"[2]

जैसे — बुद्धि में वृद्धि होने पर उपलब्धि में भी वृद्धि होती है। अतः इन दोनों चरों ( बुद्धि तथा उपलब्धि ) के बीच इस सम्बन्ध को धनात्मक सहसम्बन्ध कहेंगे। इसी तरह अभ्यास तथा निष्पादन के बीच, चिन्ता तथा अनुपालन ( conformity ) अथवा सामाजिकता ( sociability ) तथा अनुपालन के बीच धनात्मक सहसम्बन्ध हैं। धनात्मक सहसम्बन्ध का प्रसार ( range ) + 0.00 से + 1.00 तक होता है। + 1.00 को पूर्ण धनात्मक सहसम्बन्ध ( perfect positive correlation ) कहते हैं। 0.00 तथा 1.00 के बीच धनात्मक सहसम्बन्ध के विभिन्न बिन्दु होते हैं। 0.00 से + .20 तक के सहसम्बन्ध को नगण्य ( negligible ) माना जाता है। + .21 से + .40 तक के सहसम्बन्ध को मध्य ( moderate ), + .41 से + .70 तक के सहसम्बन्ध को मध्य उच्च ( moderate high ), + .71 से .90 तक के सहसम्बन्ध को बहुत अधिक ( very high ) तथा + 1.00 को पूर्ण सहसम्बन्ध कहते हैं ( Chaplin, 1975 )।

**2. ऋणात्मक सहसम्बन्ध** *( Negative Correlation )* — दो चरों के बीच ऐसे सम्बन्ध को ऋणात्मक सहसम्बन्ध कहते हैं, जहाँ एक चर में वृद्धि होने पर दूसरे चर में ह्रास हो, और एक चर में ह्रास ( decrement ) होने पर दूसरे चर में वृद्धि हो। जैसे — थकान

1. "Positive correlations indicate that high standing on one variable is associated with high standing on the other variable." — Chaplin, 1975, p. 118
2. "Positive correlation is a correlation in which increases in one variable are associated with increase in the other." — Reber & Reber, 2001, p. 160

( fatigue ) के बढ़ने पर उत्पादन घटता है तथा थकान के घटने पर उत्पादन बढ़ता है । अतः इन दोनों चरों ( थकान तथा उत्पादन ) के बीच ऐसे सम्बन्ध को ऋणात्मक सहसम्बन्ध कहेंगे ।

**चैपलिन** ( Chaplin, 1975 ) के शब्दों में, "*ऋणात्मक सहसम्बन्ध वह सहसम्बन्ध है, जिसमें एक चर के बढ़ने पर दूसरा चर घटता है ।*"[1]

इसी तरह **रेबर** तथा **रेबर** ( Reber & Reber, 2001 ) के अनुसार, "*ऋणात्मक सहसम्बन्ध वह सम्बन्ध है, जिसमें एक चर के बढ़ने पर दूसरा चर घटता है ।*"[2]

जैसे — थकान तथा उत्पादन के बीच, अहम् शक्ति ( ego strength ) तथा अनुपालन ( conformity ) के बीच अथवा मनःस्नायु-विकृति ( neuroticism ) तथा उत्पादन के बीच ऋणात्मक सहसम्बन्ध पाया जाता है । इसका प्रसार ( range ) वास्तव में – 0.00 से – 1.00 तक होता है । – 1.00 को पूर्ण ऋणात्मक सहसम्बन्ध ( perfect negative correlation ) कहते हैं । – 1.00 से – 0.00 के बीच ऋणात्मक सहसम्बन्ध के भिन्न-भिन्न बिन्दु होते हैं । – 0.00 से – .20 तक नगण्य ( negligible ), – .21 से – .40 तक मध्यम, – .41 से – .70 तक मध्यम उच्च तथा – .71 या अधिक अत्यधिक उच्च ऋणात्मक सहसम्बन्ध कहलाते हैं ( Chaplin, 1975 ) ।

**3. शून्य सहसम्बन्ध** *( Zero Correlation )* — शून्य सहसम्बन्ध का अर्थ यह है कि दो चरों के बीच कोई रेखीय सम्बन्ध ( linear relationship ) नहीं है । एक चर में वृद्धि ( increment ) अथवा ह्रास ( decrement ) होने पर दूसरे चर में न तो वृद्धि और न ह्रास हो तो दोनों चरों के बीच ऐसे सम्बन्ध को शून्य सहसम्बन्ध कहा जाएगा । इसे शून्य ( zero ) द्वारा व्यक्त किया जाता है । शून्य सहसम्बन्ध से पता चलता है कि दोनों चर असम्बद्ध ( uncorrelated ) हैं, किन्तु इसका अर्थ यह नहीं है कि दोनों चर एक-दूसरे से स्वतंत्र ( independent ) हैं । उदाहरण के लिए उछाल प्रशिक्षण ( tossing training ) तथा पठन योग्यता ( reading ability ) के बीच ऐसा सहसम्बन्ध देखा जा सकता है ।

स्पष्ट है कि सहसम्बन्ध के तीन प्रकार हैं–धनात्मक, ऋणात्मक तथा शून्य । किन्तु शून्य सहसम्बन्ध को सहसम्बन्ध कहना ही अनुचित है । कारण, सहसम्बन्ध की परिभाषा के अनुसार दो चरों के बीच धनात्मक या ऋणात्मक सम्बन्ध होना आवश्यक है । अतः वास्तविक अर्थ में सहसम्बन्ध के केवल दो प्रकार हैं, जिन्हें धनात्मक सहसम्बन्ध तथा ऋणात्मक सहसम्बन्ध कहते हैं ।

## सहसम्बन्ध गुणांक निकालने की विधियाँ
## ( Methods for Calculating Coefficient of Correlation )

सहसम्बन्ध-गुणांक निर्धारित करने की कई विधियाँ हैं, जिनमें निम्नलिखित अधिक

1. "Negative correlations indicate that high standing on one vriable is associated with low standing on the other variable." — Chaplin, 1975, p. 118
2. "Negative correlation is a correlation in which increases in one variable are asociated with decreases in the other." — Reber & Reber, 2001, p. 159

प्रचलित तथा महत्त्वपूर्ण हैं :—

(क) प्रोडक्ट मोमेन्ट सहसम्बन्ध विधि ( The Product Moment Correlation Method ),

(ख) कोटि अन्तर-विधि ( The Rank Difference Correlation Method ),

(ग) द्विपंक्तिक सहसम्बन्ध विधि ( The Biserial Correlation Method ),

(घ) अंक-द्विपंक्तिक सहसम्बन्ध विधि ( The Point Biserial Correlation Method ),

(ङ) चतुष्कोष्टिक सहसम्बन्ध विधि ( The Tetrachoric Correlation Method ),

(च) फाई-गुणांक-विधि ( The Phi-Coefficient Method ),

(छ) असंगत गुणांक ( The Coefficient of Contingency ),

(ज) आंशिक सहसम्बन्ध विधि ( The Partial Correlation Method ), तथा

(झ) बहुसहसम्बन्ध विधि ( The Multiple Correlation Method ) ।

इस अध्याय में हम केवल प्रोडक्ट मोमेन्ट सहसम्बन्ध विधि के अर्थ ( meaning ), अभिधारणा ( assumptions ) तथा परिकलन ( calculation ) की व्याख्या अलग-अलग करेंगे ।

## प्रोडक्ट मोमेन्ट सहसम्बन्ध गुणांक
## ( The Product Moment Correlation Coefficient )

सहसम्बन्ध ( correlation ) के क्षेत्र में **कार्ल पीयरसन** ( Karl Pearson, 1867–1937 ) का नाम काफी महत्त्वपूर्ण है । वे ब्रिटेन के एक प्रसिद्ध जीवसांख्यिकीविद् ( biometrician ) तथा सांख्यिकीविद् ( statistician ) थे । उन्होंने दो चरों के बीच सहसम्बन्ध ( रेखीय सहसम्बन्ध ) को निर्धारित करने के लिए एक गणितीय विधि ( mathematical method ) बनाया जिसको गुणन-आधूर्ण सहसम्बन्ध विधि ( Product moment correlation method ) अथवा सहविचलन विधि ( Co-variance method ) कहते हैं । इसे पीयरसोनियन सहसम्बन्ध गुणांक ( Pearsonian correlation coefficient ) भी कहते हैं । इसे अनुपात विधि ( ratio method ) भी कहा जाता है । इसे r (X, Y) या rxy अथवा केवल r से सम्बोधित किया जाता है । r ज्ञात करने की चार विधियाँ हैं । इन विधियों के उल्लेख के पहले यह जान लेना आवश्यक है कि किन परिस्थितियों ( conditions ) में पीयरसन आर ( Pearson r ) निकाला जाता है ।

**प्रोडक्ट मोमेन्ट सहसम्बनध की अभिधारणाएँ या शर्तें** ***( Assumptions or Conditions of the Product Moment Correlation )***

प्रोडक्ट मोमेन्ट सहसम्बन्ध-विधि ( Product moment correlation method ) का व्यवहार सभी परिस्थतियों में करना उचित नहीं होता है । अत: विद्यार्थियों को इस बात की जानकारी होनी चाहिए कि किन परिस्थतियों में सहसम्बन्ध ज्ञात करने के लिए इस विधि का व्यवहार करना चाहिए और किन परिस्थितियों में नहीं करना चाहिए । इसके लिए **पीयरसन** ने निम्नलिखित अभिधारणाओं ( assumptions ) या शर्तों ( conditions ) का उल्लेख किया है :—

1. जब दो चरों ( variables ) के बीच रेखीय सम्बन्ध ( linear relationship ) होता है तो ऐसी परिस्थिति में **पीयरसन** r ज्ञात करना अधिक उपयुक्त होता है । अत: यदि दो चरों

के बीच अरेखीय ( non-linear ) अथवा वक्ररेखीय ( curvilinear ) सम्बन्ध हो तो ऐसी हालत में **पीयरसन** r नहीं निकालना चाहिए। रेखीय सम्बन्ध उस सम्बन्ध को कहते हैं, जिसकी व्याख्या ग्राफ पर सीधी रेखा द्वारा हो सके। अरेखीय या वक्ररेखीय सम्बन्ध उसे कहते हैं, जिसकी व्याख्या सरल रेखा द्वारा नहीं बल्कि वक्र रेखा द्वारा सम्भव होती है ( देखें पृष्ठ 185 )।

2. इस सहसम्बन्ध का उपयोग तब किया जाना चाहिए जबकि दोनों चर ( variables ) सतत ( continuous ) हों। जैसे — बुद्धि तथा उपलब्धि दो सतत चर हैं। अत: इन दोनों के बीच सहसम्बन्ध निर्धारित करने के लिए यह विधि अधिक उपयुक्त है। हम ऐसा भी कह सकते हैं कि जब दिए गए दोनों सेटों के प्राप्तांक ( scores ) सतत हों तो **पीयरसन** r निकालना चाहिए।

3. जब दोनों के निरीक्षणों ( observations ) की संख्या अधिक हो अर्थात जब N बड़ा हो तो **पीयरसन** r ज्ञात करना अधिक उपयुक्त होता है। **गैरेट** ( Garrett, 1981 ) के अनुसार जब निरीक्षणों की संख्या 30 या इससे अधिक होती है तो इसे बड़ा N कहते हैं। लेकिन, कुछ दूसरे सांख्यिकीविदों ( statisticians ) के अनुसार N यदि 10 से अधिक हो और अन्य शर्तें ( conditions ) पूरी हो रही हों, तो भी **पीयरसन** r ज्ञात करना उचित होता है।

4. जब दोनों चरों अर्थात् दोनों सेटों ( sets ) के प्राप्तांकों ( scores ) में प्रसामान्य वितरण ( normal distribution ) उपलब्ध होता है तो **पीयरसन** r ज्ञात करना अधिक उपयुक्त होता है। इस सम्बन्ध में कुछ सांख्यिकीविदों का विचार है कि प्रसामान्यता उपलब्ध नहीं भी होने पर **पीयरसन** r ज्ञात किया जा सकता है, यदि दूसरी सभी शर्तें या अभिधारणाएँ पूरी होती हों।

5. **पीयरसन** विधि का व्यवहार तब किया जाता है जबकि सहसम्बन्ध गुणांक ( coefficient of correlation ) को अत्यधिक शुद्धता के साथ जानने की आवश्यकता होती है। कारण, इस विधि से प्राप्त परिणाम अधिक शुद्ध होता है ( Garrett, 2007 )।

## प्रोडक्ट मोमेन्ट विधि की सीमाएँ *( Limitations )*

इस विधि का उपयोग ऐसी परिस्थिति में नहीं किया जाता है :—

( i ) जबकि चरों के बीच अरेखीय सहसम्बन्ध ( non-linear correlation ) होता है,

( ii ) जबकि दोनों के निरीक्षणों की संख्या यानी N बहुत छोटा होता है,

( iii ) जबकि दोनों चर अथवा दोनों सेटों के प्राप्तांक असतत ( discontinuous ) होते हैं,

( iv ) जबकि दोनों सेटों या किसी एक सेट के प्राप्तांक कोटि ( ranks ) या श्रेणी ( ratings ) के रूप में होते हैं तथा

( v ) जबकि सहसम्बन्ध गुणांक ( co-efficient of correlation ) शीघ्र निकालना होता है।

अब देखना यह है कि पीयरसन आर ( Pearson r ) भिन्न-भिन्न परिस्थितियों में कैसे

निकाला जाता है :—

**( 1 ) असमूहित आँकड़ों से r ज्ञात करना *( The Calculation or r from Ungrouped Data )***

जब दोनों वितरणों ( X तथा Y ) के आँकड़े या प्राप्तांक असमूहित या अव्यवस्थित होते हैं तो ऐसी हालत में निम्नलिखित दो विधियों से *r* ज्ञात किया जाता है।

**( क ) वास्तविक माध्य विधि *( Actual Mean Method )***

इस विधि द्वारा r निकालने के लिए दोनों वितरणों ( distributions ) में वास्तविक माध्य ( actual mean ) से विचलन ( deviations ) लिए जाते हैं। इसके लिए निम्नलिखित सूत्र ( formula ) का उपयोग किया जाता है—

$$r = \frac{\Sigma xy}{\sqrt{\Sigma x^2 \times \Sigma y^2}}$$ — सूत्र–30

अथवा $$r = \frac{\Sigma xy}{N\, \sigma x\, \sigma y}$$ — सूत्र–31

सूत्र–30 की व्याख्या निम्नलिखित है :—

r = दोनों वितरणों ( X तथा Y वितरण ) के बीच सहसम्बन्ध,

*x* ( छोटा एक्स ) = X-वितरण के वास्तविक माध्य से प्रत्येक प्राप्तांक ( score ) का विचलन ( deviation ),

*y* ( छोटा वाई ) = Y-वितरण के वास्तविक माध्य से प्रत्येक प्राप्तांक का विचलन,

$\Sigma xy$ = X तथा Y के विचलनों को गुणनफल ( multiplication ) का जोड़,

$\Sigma x^2$ = X-वितरण के विचलन ( deviation ) के वर्गों का जोड़,

$\Sigma y^2$ = Y-वितरण के विचलन के वर्गों का जोड़,

सूत्र–31 की व्याख्या निम्नलिखित है :—

r = X–वितरण तथा Y–वितरण के बीच सहसम्बन्ध

*x* = X–वितरण में वास्तविक माध्य से प्रत्येक प्राप्तांक का विचलन

*y* = Y–वितरण में वास्तविक माध्य से प्रत्येक प्राप्तांक का विचलन

$\Sigma xy$ = X तथा Y के विचलन के गुणनफल का जोड़,

$\sigma x$ = X वितरण में प्राप्तांकों का मानक विचलन

$\sigma y$ = Y–वितरण में प्राप्तांकों का मानक विचलन

N = केसेज ( cases ) की संख्या या युग्मों ( pairs ) की संख्या

**नोट** — सूत्र–31 की अपेक्षा सूत्र–30 अधिक सरल है और इसलिए इसमें गलती होने की सम्भावना कम होती है, क्योंकि इसमें मानक विचलन ( SD ) निकालने की आवश्यकता नहीं होती है।

**उदाहरण** — अब एक उदाहरण द्वारा इसे समझें। नीचे X–परीक्षण तथा Y–परीक्षण पर 12 छात्रों द्वारा प्राप्त आँकड़े ( data ) टेबुल–23 में दिए गए हैं। प्रश्न है कि इन दोनों चरों या वितरणों में कोई सहसम्बन्ध है या नहीं।

टेबुल 23

| I | II | III | IV | V | VI | VII |
|---|---|---|---|---|---|---|
| X | Y | $x$ $(X–M)$ | $y$ $(Y–M)$ | $x^2$ | $y^2$ | $xy$ |
| 11 | 20 | –.92 | 3 | .85 | 9 | –2.76 |
| 11 | 21 | –.92 | 4 | .85 | 16 | –3.68 |
| 13 | 23 | 1.08 | 6 | 1.17 | 36 | 6.48 |
| 15 | 23 | 3.08 | 6 | 9.49 | 36 | 18.48 |
| 7 | 10 | –4.92 | –7 | 24.21 | 49 | 34.44 |
| 9 | 9 | –2.92 | –8 | 8.53 | 64 | 23.36 |
| 13 | 15 | 1.08 | –2 | 1.17 | 4 | –2.16 |
| 11 | 15 | –.92 | –2 | .85 | 4 | 1.84 |
| 12 | 17 | 0.08 | 0 | .01 | 0 | 0 |
| 17 | 18 | 5.08 | 1 | 25.81 | 1 | 5.08 |
| 5 | 11 | –6.92 | –6 | 47.89 | 36 | 41.52 |
| 19 | 22 | 7.08 | 5 | 50.13 | 25 | 35.40 |
| $\Sigma X = 143$ | $\Sigma Y = 204$ | | | $\Sigma x^2 = 170.96$ | $\Sigma y^2 = 280$ | + 166.60 <br> – 8.60 <br> $\Sigma xy = 158.00$ |

$$\therefore \quad \text{Mean}_x = \frac{\Sigma X}{N} = \frac{143}{12} = 11.92$$

$$\text{Mean}_y = \frac{\Sigma Y}{N} = \frac{204}{12} = 17.00$$

$$\therefore \quad r = \frac{\Sigma xy}{\sqrt{\Sigma x^2 \times \Sigma y^2}}$$ — सूत्र–30 के अनुसार

$$= \frac{158}{\sqrt{170.96 \times 280}}$$

$$= \frac{158}{\sqrt{47868.8}} = \frac{158}{218.79} = 0.722 = .72$$

अब सूत्र–31 के अनुसार r इस प्रकार निकाला जाएगा—

$$r = \frac{\Sigma xy}{N\sigma x \sigma y}$$

$$\Sigma xy = 158$$

$$N = 12$$

$$\sigma x = \sqrt{\frac{\Sigma x^2}{N}} = \sqrt{\frac{170.96}{12}} = \sqrt{14.25} = 3.77$$

$$\sigma y = \sqrt{\frac{\Sigma y^2}{N}} = \sqrt{\frac{280}{12}} = \sqrt{23.33} = 4.83$$

$$\therefore \quad r = \frac{158}{12\ (3.77) \times (4.83)} = \frac{158}{12\ (18.21)} = \frac{158}{218.51} = 0.723 \text{ or } .72$$

$$df = N - 2 = 12 - 2 = 10$$

**सार्थकता-स्तर** ***( Level of Significance )***

r टेबुल ( पृष्ठ 205 ) के आधार पर,

. 05 के लिए कम-से-कम . 576 या . 58,

. 01 के लिए कम-से-कम . 708 या . 71

अत: प्राप्त r ( . 72 ) . 01 स्तर पर सार्थक है ।

**सहसम्बन्ध गुणांक के परिकलन में निहित चरण** ***( Steps Involved in the Calculation of r )***

1. पहले चरण में X तथा Y वितरणों के प्राप्तांकों को ऊपर से नीचे लिखा जाता है, जैसा कि टेबुल–23 के कॉलम 1 तथा कॉलम 2 से स्पष्ट है ।

2. दूसरे चरण ( step ) में X-वितरण तथा Y-वितरण के माध्यों को निकाला जाता है । ऊपर के उदाहरण में X-वितरण का माध्य 11.92 तथा Y-वितरण का माध्य 17 पाया गया ।

3. तीसरे चरण में छोटा एक्स ( $x$ ) निकाला जाता है । इसके लिए X-वितरण के माध्य से प्रत्येक प्राप्तांक के विचलन को निकाला जाता है । इसके लिए प्रत्येक प्राप्तांक से माध्य को घटा लिया जाता है, जैसा कि टेबुल–23 के कॉलम 3 से स्पष्ट है । पहला प्राप्तांक 11 है और माध्य 11.92 है । अत: 11 में से 11.92 को घटाने पर – .92 बचा जिसको $x$ के खाना यानी, कॉलम 3 में लिखा गया । इसी प्रकार दूसरे सभी प्राप्तांकों से माध्य को घटा-घटा कर क्रमश: लिखा गया ।

4. चौथे चरण में छोटा वाई ( $y$ ) निकाला जाता है । इसके लिए Y-वितरण के माध्य से प्रत्येक प्राप्तांक के विचलन को निकाला जाता है । यहाँ भी प्रत्येक प्राप्तांक से माध्य को घटा लिया जाता है, जैसा कि टेबुल–23 के कॉलम 4 से स्पष्ट है । यहाँ पहला प्राप्तांक 20 है और माध्य 17 है । अत: 20 में से 17 घटाने पर 3 बचा, जिसको $y$ के खाना यानी कॉलम 4 में लिखा गया । इसी प्रकार दूसरे सभी प्राप्तांकों से माध्य को घटा-घटा कर क्रमश: लिखा गया ।

5. पाँचवें चरण में X वितरण के प्रत्येक विचलन ( $x$ ) को वर्ग करके $x^2$ के खाना में लिखा जाता है, जैसा कि टेबुल–23 के कॉलम 5 से स्पष्ट है । पहला $x$ वास्तव में – .92 है, जिसका वर्ग .85 हुआ । इसी प्रकार सभी विचलनों का अलग-अलग वर्ग निकाला गया । सभी को जोड़कर $\Sigma x^2$ ज्ञात किया जाता है ।

6. छठे चरण में Y के वितरण के विचलनों का अलग-अलग वर्ग निकाला जाता है और $y^2$ के खाना में लिखा जाता है, जैसा कि टेबुल–23 के कॉलम 6 से स्पष्ट है । पहला $y$ का मान 3 है, जिसका वर्ग 9 हुआ । इसी तरह दूसरे सभी विचलनों का वर्ग निकाला गया । सभी को जोड़कर $\Sigma y^2$ ज्ञात किया जाता है ।

7. सातवें चरण में X-वितरण के विचलन ( $x$ ) तथा Y-वितरण के विचलन ( $y$ ) को गुणा करके, गुणनफल को $xy$ के खाना में लिखा जाता है, जैसा कि टेबुल–23 के कॉलम

7 से स्पष्ट है। सभी को जोड़कर $\Sigma xy$ ज्ञात किया जाता है। धन ( + ) मूल्यों को एक साथ तथा ऋण ( – ) मूल्यों को एक साथ जोड़कर धन मूल्यों में से ऋण मूल्यों को घटा लिया जाता है।

अन्त में सूत्र–30 के अनुसार r ज्ञात किया जाता है। यदि सूत्र–31 का व्यवहार करना होता है तो $\sigma x$ तथा $\sigma y$ निकाला जाता है। प्रस्तुत उदाहरण में दोनों सूत्रों से .72 सहसम्बन्ध गुणांक ( correlation coefficient ) पाया गया। इसकी सार्थकता ( significance ) निकालने के लिए df निकाला जाता है, जिसका सूत्र है df = ( N – 2 )। प्रस्तुत उदाहरण में ( 12 – 2 ) 10 df पाया गया। फिर r टेबुल, जो इस अध्याय के अन्त में ( पृष्ठ 205 ) है, के आधार पर देखा जाता है कि प्राप्त r किस स्तर ( level ) पर सार्थक है।

प्रस्तुत उदाहरण में प्राप्त r ( .72 ) .01 पर सार्थक है। कारण, r टेबुल से स्पष्ट है कि 10 df पर r को .01 स्तर पर सार्थक होने के लिए कम-से-कम .71 चाहिए और प्राप्त r .72 है। इसका अर्थ यह हुआ कि *X*-चर तथा Y-चर के बीच वास्तविक या सार्थक सम्बन्ध है। अत: यह शून्य परिकल्पना ( null hypothesis ) कि दोनों चरों के बीच कोई सार्थक सम्बन्ध नहीं है और दोनों स्वतंत्र चर ( independent variables ) हैं, यहाँ अस्वीकृत हो गयी और प्रमाणित हो गया कि दोनों चरों के बीच वास्तविक धनात्मक सहसम्बन्ध है। इसके सही होने की सम्भावना 99% है और गलत होने की सम्भावना केवल 1% है ( $P < .01$ )

### ( ख ) कल्पित माध्य विधि *( Assumed Mean Method )*

r ज्ञात करने की यह दूसरी विधि है। इस विधि में *X*-वितरण तथा Y-वितरण में कल्पित माध्य ( assumed mean ) से विचलन ( deviations ) लिए जाते हैं। असमूहित ( ungrouped ) तथा समूहित ( grouped ) दोनों तरह के आँकड़ों से r निकालने के लिए निम्नलिखित सूत्र का उपयोग किया जाता है :—

$$r = \frac{\frac{\Sigma x' y'}{N} - Cx\ Cy}{\sigma x \sigma y} \qquad \text{— सूत्र–32}$$

यहाँ,
- r = *X* तथा Y चरों ( variables ) के बीच सहसम्बन्ध,
- $x'$ = *X*-चर के प्राप्तांकों का कल्पित माध्य से विचलन ( deviation from assumed mean )
- $y'$ = Y-चर के प्राप्तांकों का कल्पित माध्य से विचलन ( deviatoin from assumed mean ),
- $\Sigma x'y'$ = दोनों विचलनों ( $x'$ तथा $y'$ ) के गुणनफल का जोड़,
- N = बारंबारता ( frequency ) की संख्या अर्थात दोनों युग्मों ( pairs ) की संख्या,
- $C_x$ = *X*-वितरण की शुद्धि ( correction of *X* ),
- $C_y$ = Y-वितरण की शुद्ध ( correction of Y ),
- $\sigma x$ = *X*-वितरण का मानक विचलन ( SD of *X* )
- $\sigma y$ = Y-वितरण का मानक विचलन ( SD of Y )

अब इसे एक उदाहरण से समझें। मान लें कि टेबुल–23 के असमूहित आँकड़ों के आधार पर $X$ तथा Y के बीच सूत्र–32 द्वारा सहसम्बन्ध गुणांक ( correlation coefficient ) ज्ञात करना है :–

**टेबुल 24**

| I | II | III | IV | V | VI | VII |
|---|---|---|---|---|---|---|
| $X$ | Y | $x'$ ($X$-$AM_x$) | $y'$ (Y-$AM_y$) | $x'^2$ | $y'^2$ | $x'y'$ |
| 11 | 20 | 0 | 3 | 0 | 9 | 0 |
| 11 | 21 | 0 | 4 | 0 | 16 | 0 |
| 13 | 23 | 2 | 6 | 4 | 36 | 12 |
| 15 | 23 | 4 | 6 | 16 | 36 | 24 |
| 7 | 10 | – 4 | – 7 | 16 | 49 | 28 |
| 9 | 9 | – 2 | – 8 | 4 | 64 | 16 |
| 13 | 15 | 2 | – 2 | 4 | 4 | – 4 |
| 11 | 15 | 0 | – 2 | 0 | 4 | 0 |
| 12 | 17 | 1 | 0 | 1 | 0 | 0 |
| 17 | 18 | 6 | 1 | 36 | 1 | 6 |
| 5 | 11 | – 6 | – 6 | 36 | 36 | 36 |
| 19 | 22 | 8 | 5 | 64 | 25 | 40 |
| $\Sigma X = 143$ | $\Sigma Y = 204$ | | | $\Sigma x'^2 = 181$ | $\Sigma y'^2 = 280$ | + 162 |
| | | | | | | – 4 |
| | | | | | | $\Sigma x'y' = 158$ |

$$Mean_x = \frac{\Sigma X}{N} = \frac{143}{12} = 11.92$$

अब माना कि :

$AM = 11, C_x = .92$

$$Mean_y = \frac{\Sigma Y}{N} = \frac{204}{12} = 17$$

अब माना कि :

$AM = 17$

$C_y = 0$

$$\sigma x = \sqrt{\frac{\Sigma x'^2}{N} - (Cx)^2} = \sqrt{\frac{181}{12} - (.92)^2}$$

$$= \sqrt{15.08 - .85} = \sqrt{14.23} = 3.77$$

$$\sigma y = \sqrt{\frac{\Sigma y'^2}{N} - (Cy)^2} = \sqrt{\frac{280}{12} - 0} = \sqrt{23.33} = 4.83$$

$$\therefore \quad r = \frac{\frac{\Sigma x'y'}{N} - CxCy}{\sigma x \sigma y} = \frac{\frac{158}{12} - .92 \times 0}{3.77 \times 4.83}$$

$$= \frac{13.17 - 0}{18.21} = \frac{13.17}{18.21} = .723 \text{ or } .72 \text{ Ans.}$$

$$df = N - 2 = 12 - 2 = 10$$

सार्थकता स्तर $< .01$

## परिकलन में निहित चरण *( Steps Involved in the Calculation of r )*

1. पहले चरण में $X$ चर तथा Y चर के आँकड़ों को ऊपर से नीचे की ओर लिख लिया जाता है, जैसा कि टेबुल–24 के कॉलम 1 तथा 2 में दिखलाया गया है।

2. दूसरे चरण में $X$-वितरण में अलग-अलग किसी प्राप्तांक ( score ) को माध्य मान लिया जाता है। प्राय: माध्य निकालकर पूर्ण अंक को माध्य मान लिया जाता है और जो शेष बचता है, उसको C ( correction ) मान लिया जाता है। कुछ नहीं शेष बचने पर O ( शून्य ) को C मान लिया जाता है। प्रस्तुत उदाहरण में $X$-वितरण में कल्पित माध्य ( AM ) 11 तथा शुद्धि ( C ) .92 तथा Y-वितरण में कल्पित माध्य 17 तथा शुद्धि 0 है।

3. तीसरे चरण में छोटा एक्स डैश ( $x'$ ) निकाला जाता है। इसके लिए $X$-वितरण के कल्पित माध्य ( AM ) को प्रत्येक प्राप्तांक से घटा-घटा कर $x'$ वाले खाना में लिखा जाता है, जैसा कि टेबुल–24 के कॉलम 3 में दिखाया गया है। यहाँ पहला प्राप्तांक 11 है, जिसमें से कल्पित माध्य यानी 11 घटाने पर शून्य बचा। इसलिए $x'$ के खाना में शून्य लिखा गया है। इसी प्रकार दूसरे सभी प्राप्तांकों के विचलनों को निकाला गया है।

4. चौथे चरण में छोटा वाई डैश ( $y'$ ) निकाला जाता है। इसके लिए Y-वितरण के कल्पित माध्य को प्रत्येक प्राप्तांक से घटा-घटाकर y' वाले खाना में लिखा जाता है, जैसा कि टेबुल–24 के कॉलम 4 में दिखलाया गया है। यहाँ पहला प्राप्तांक 20 है, जिसमें से कल्पित माध्य यानी 17 घटाने पर 3 बचा, जिसको y' वाले खाना में लिखा गया है। इसी प्रकार दूसरे सभी प्राप्तांकों के विचलनों को निकाला गया है।

5. पाँचवें चरण में $X$-वितरण के प्रत्येक विचलन ( $x'$ ) का वर्ग ( square ) निकाला जाता है, जैसा कि टेबुल–24 के कॉलम 5 से स्पष्ट है। पहला विचलन शून्य है जिसका वर्ग भी शून्य हुआ, जिसको ( $x'^2$ ) के खाना में यानी कॉलम 5 में लिखा गया है। इसी प्रकार दूसरे सभी विचलनों का अलग-अलग वर्ग निकाला गया है। सभी को जोड़कर $\Sigma x'^2$ निकाला जाता है।

6. छठे चरण में Y-वितरण के प्रत्येक विचलन ( y' ) का वर्ग निकाला जाता है, जैसा कि टेबुल–24 के कॉलम 6 से स्पष्ट है। पहला विचलन 3 है, जिसका वर्ग 9 हुआ, जिसको $y'^2$ वाले खाना यानी कॉलम 6 में लिखा गया है। इसी प्रकार दूसरे सभी विचलनों का वर्ग अलग-अलग निकाला गया है। सभी को जोड़कर $\Sigma y'^2$ ज्ञात किया जाता है।

7. सातवें चरण में $X$-वितरण के विचलन ( $x'$ ) तथा Y-वितरण के विचलन ( y' ) को गुणा करके गुणनफल को $x'y'$ वाले खाना में लिखा जाता है, जैसा कि टेबुल–24 के कॉलम 7 से स्पष्ट है। सभी को जोड़कर $\Sigma x'y'$ ज्ञात किया जाता है। यहाँ जोड़ते समय धन तथा ऋण को ध्यान में रखा जाता है।

अन्त में सूत्र–32 के आधार पर r ज्ञात किया जाता है। प्रस्तुत उदाहरण में $X$-चर तथा Y-चर के बीच .72 सहसम्बन्ध ( correlation ) पाया गया। यहाँ df 10 ( 12 – 2 ) है, क्योंकि

df = N – 2 होता है। r टेबुल (पृष्ठ 205) से पता चलता है कि 10 df के साथ .05 तथा .01 स्तरों पर r को सार्थक (significant) होने के लिए इसे कम-से-कम क्रमशः .58 तथा .71 होना चाहिए।

**परिणाम की व्याख्या** *(Interpretation of the results)* — यहाँ प्राप्त *r* .72 है। अतः यह .01 स्तर पर सार्थक है। इसका अर्थ यह हुआ कि दोनों चरों के बीच धनात्मक सहसम्बन्ध (positive correlation) है, जो .01 स्तर पर सार्थक है। अतः शून्य परिकल्पना (null hypothesis) अस्वीकृत (rejected) हो गयी और प्रमाणित हो गया कि दोनों चरों के बीच वास्तविक धनात्मक सहसम्बन्ध है। इस परिणाम (result) के सही होने की सम्भावना 99% है और गलत होने की सम्भावना केवल 1% है (P < .01)।

### (2) समूहित आँकड़ों, सहसम्बन्ध तालिका या विर्कण आरेख से r ज्ञात करना *(The calculation of r from Grouped data, correlation table or scatter diagram)*

जब N अधिक बड़ा होता है तो असमूहित या अव्यवस्थित रूप में दोनों चरों के बीच r ज्ञात करने की प्रक्रिया काफी लम्बी (lengthy) तथा कठिन (difficult) बन जाती है। इस कठिनाई से बचने के लिए आँकड़ों को दुतरफा बारंबारता-तालिका (two way frequency distribution) में सजा दिया जाता है। इस तालिका को सहसम्बन्ध तालिका (correlation table) अथवा विकर्णी आरेख (scatter diagram) कहा जाता है। इसे और भी स्पष्ट करने के लिए, एक उदाहरण पर ध्यान दें। नींचे 45 विद्यार्थियों की ऊँचाई तथा वजन क्रमशः इंच तथा पौंड में दिए गए हैं। इन्हें इस सहसम्बन्ध तालिका या विकर्ण आरेख (scatter diagram) में सजाना है।

| *X* ऊँचाई इंच में | Y वजन पाउण्ड में | *X* ऊँचाई इंच में | Y वजन पाउण्ड में | *X* ऊँचाई इंच में | Y वजन पाउण्ड में |
|---|---|---|---|---|---|
| 50 | 110 | 61 | 134 | 52 | 117 |
| 65 | 131 | 59 | 131 | 66 | 151 |
| 55 | ·120 | 63 | 137 | 55 | 100 |
| 57 | 120 | 76 | 177 | 68 | 119 |
| 70 | 150 | 73 | 167 | 76 | 168 |
| 55 | 133 | 69 | 161 | 63 | 105 |
| 61 | 135 | 51 | 113 | 62 | 103 |
| 75 | 171 | 53 | 117 | 57 | 102 |
| 71 | 161 | 54 | 120 | 58 | 111 |
| 60 | 148 | 59 | 127 | 63 | 113 |
| 69 | 157 | 62 | 147 | 69 | 151 |
| 57 | 145 | 63 | 155 | 74 | 120 |
| 59 | 143 | 69 | 169 | 56 | 165 |
| 63 | 151 | 67 | 157 | 55 | 165 |
| 62 | 150 | 71 | 170 | 52 | 170 |

## विकीर्ण आरेख बनाना *( Construction of Scatter Diagram )*

उपर्युक्त आँकड़ों से विकीर्ण आरेख ( scatter diagram or scatter gram ) के निर्माण ( construction ) के लिए सबसे पहले दोनों चरों ( *X* तथा Y ) के आँकड़ों को समूहित ( grouped ) करना होगा। माना कि *X* तथा Y के आँकड़ों को समूहित करने के लिए वर्गान्तर ( class interval ) के आकार ( i ) को क्रमशः 3 तथा 10 रखना है। दोनों चरों के वितरण-वर्गान्तर निम्नलिखित हैं :—

| *X* के आँकड़े का समूहन ( Grouping of *X* Scores ) वर्गान्तर ( class interval ) | Y के आँकड़ों का समूहन ( Grouping of Y Scores ) वर्गान्तर ( class interval ) |
|---|---|
| 74 – 76 | 170 – 179 |
| 71 – 73 | 160 – 169 |
| 68 – 70 | 150 – 159 |
| 65 – 67 | 140 – 149 |
| 62 – 64 | 130 – 139 |
| 59 – 61 | 120 – 129 |
| 56 – 58 | 110 – 119 |
| 53 – 55 | 100 – 109 |
| 50 – 52 | |

अब इन दोनों वितरणों के आधार पर एक विकर्ण आरेख बनाना है, जो 45 विद्यार्थियों की ऊँचाई ( *X*-variable ) तथा वजन ( Y-variable ) बतला सके। यह दुतरफा वितरण ( bivariate distribution ) होगा, जो निम्नलिखित है :—

**टेबुल 25**

ऊँचाई इंच में ( *X*-variable )

| वजन पाउण्ड में ( y-variable) | 50–52 | 53–55 | 56–58 | 59–61 | 62–64 | 65–67 | 68–70 | 71–73 | 74–76 | Total fy |
|---|---|---|---|---|---|---|---|---|---|---|
| 170 – 179 | /(1) | | | | | | | /(1) | //(2) | 4 |
| 160 – 169 | | /(1) | /(1) | | | | //(2) | //(2) | /(1) | 7 |
| 150 – 159 | | | | | ///(3) | //(2) | ///(3) | | | 8 |
| 140 – 149 | | | /(1) | //(2) | /(1) | | | | | 4 |
| 130 – 139 | | /(1) | | ///(3) | /(1) | /(1) | | | | 6 |
| 120 – 129 | | //(2) | /(1) | /(1) | | | | | /(1) | 5 |
| 110 – 119 | //(2) | /(1) | /(1) | | /(1) | | /(1) | | | 6 |
| 100 – 109 | /(1) | /(1) | /(1) | | //(2) | | | | | 5 |
| Total fX | 4 | 6 | 5 | 6 | 8 | 3 | 6 | 3 | 4 | 45 |

## विकीर्ण आरेख बनाने में निहित चरण *( Steps Involved in the Construction of a Scatter Diagram )*

1. पहले चरण में दोनों चरों ( variables ) के आँकड़ों को अलग-अलग वर्गान्तरों ( class intervals ) में सजा लिया जाता है। वर्गान्तर की लम्बाई ( i ) आवश्यकता के अनुसार रखा जाता है ताकि आरेख ( diagram ) सुडौल बन सके। प्रस्तुत उदाहरण में *X* तथा Y चरों के आँकड़ों के समूहन ( grouping ) में i क्रमशः 3 तथा 10 माने गए हैं।

2. दूसरे चरण में दोनों के वर्गान्तरों की संख्या के अनुसार आरेख ( diagram ) बना लिया जाता है। आरेख की बायीं ओर नीचे से ऊपर तक Y-चर के वर्गान्तरों को क्रमशः लिख दिया जाता है तथा आरेख के ऊपर के बायीं से दायीं ओर *X*-चर के वर्गान्तरों को लिख दिया जाता है। जैसे–प्रस्तुत उदाहरण में *X*-चर के आँकड़े यानी 45 विद्यार्थियों की शारीरिक ऊँचाई को 9 वर्गान्तरों के रूप में आरेख के ऊपर बायीं से दायीं ओर लिख दिया गया है। इसी तरह उन्हीं विद्यार्थियों के शारीरिक वजन को 8 वर्गान्तरों के रूप में आरेख की बायीं ओर नीचे से ऊपर तक लिख दिया गया है।

3. तीसरे चरण में दोनों चरों के प्राप्तांकों के युग्मों ( pairs ) के आधार पर टैली चिह्न ( tally mark ) लगाया जाता है। जैसे — प्रस्तुत उदाहरण में पहले विद्यार्थी की ऊँचाई का प्राप्तांक 50 है तथा वजन के प्राप्तांक 110 है। ऊँचाई के प्राप्तांक *X*-चर के वितरण में आते हैं, जो आरेख के ऊपर है तथा वजन के प्राप्तांक Y-चर के वितरण में आते हैं, जो आरेख की बायीं ओर है। प्राप्तांक 50 *X*-वितरण के पहले कॉलम ( बायीं ओर से ) में पड़ता है तथा प्राप्तांक 110 Y-वितरण के दूसरे कॉलम ( नीचे से ) में पड़ता है। इसलिए पहले कॉलम के दूसरे रो ( row ) वाले सेल ( cell ) में एक टैली चिह्न लगा दिया गया। दूसरे विद्यार्थी के वजन का प्राप्तांक 131 तथा ऊँचाई का प्राप्तांक 65 है। प्राप्तांक 65 *X*-वितरण के छठे कॉलम ( बायीं ओर से ) तथा प्राप्तांक 131 Y-वितरण के चौथे रो ( नीचे से ) में पड़ते हैं। इसलिए छठे कॉलम के चौथे रो के सेल में एक टैली चिह्न लगा दिया गया। इसी प्रकार एक-एक करके सभी विद्यार्थियों के प्राप्तांकों को टैली-चिह्न के रूप में सजा दिया गया।

4. टैली-चिह्न लगा देने के बाद उन्हें अंक ( digit ) के रूप में लिख दिया जाता है। प्रस्तुत उदाहरण में कॉलम 4 ( बायीं ओर से ) यानी वर्गान्तर 59–61 तथा रो 4 ( नीचे से ) यानी वर्गान्तर 130–139 के सेल ( cell ) में तीन टैली चिह्न हैं, जिन्हें 3 अंक के रूप में लिख दिया गया है। इसका अर्थ यह हुआ कि इस सेल में बारंबारता ( f ) 3 है यानी 3 विद्यार्थी ऐसे हैं, जिनकी ऊँचाई 59 से 61 इंच के बीच तथा वजन 130 से 139 पाउण्ड के बीच है। इसी तरह प्रत्येक सेल के टैली-चिह्न को अंक में लिख दिया गया है जिससे प्रत्येक सेल की बारंबारता ( f ) का बोध होता है।

5. अन्त में प्रत्येक रो ( row ) के सभी कॉलम ( columns ) की बारंबारता को जोड़कर आरेख की दाहिनी ओर fy वाले खाना में लिख दिया जाता है। जैसे–प्रस्तुत उदाहरण में पहला रो यानी वर्गान्तर 170–179 के पहले कॉलम ( बायीं ओर से ) में एक बारंबारता है, आठवें में भी एक है तथा नौवें में 2 है। इसलिए fy वाले खाना में ( 1 + 1 + 2 ) 4 लिख दिया गया है। इसी प्रकार दूसरे सभी रो के कॉलम की बारंबारता को जोड़ कर fy वाले खाना में लिख दिया गया है। इसके बाद प्रत्येक कॉलम के रो में पड़ने वाली बारंबारता ( f ) को जोड़कर आरेख के नीचे fx वाले खाना में लिख दिया जाता है। जैसे–प्रस्तुत उदाहरण में पहले कॉलम यानी वर्गान्तर 50–52 के पहले रो ( ऊपर से ) में एक, सातवें रो में 2 तथा आठवें रो में एक बारंबारता है। इसलिए इसके लिए fx वाले खाना में ( 1 + 2 + 1 ) 4 लिख दिया गया है। इसी तरह दूसरे सभी कॉलम के रो में पड़ने वाली बारंबारता को जोड़कर fx की संख्या वाले खाना में लिख दिया गया है। fx अथवा fy का जोड़ हमेशा N के बराबर होता है। जैसे–प्रस्तुत उदाहरण में विद्यार्थियों की संख्या अर्थात N 45 है। इसलिए, fx या fy की संख्या 45 है। ऐसा नहीं होने पर पूरी कार्य-प्रणाली ( procedure ) की जाँच आवश्यक होती है।

## विकीर्ण आरेख से r ज्ञात करना ( *The Calculation of r from the Scatter Diagram* )

**टेबुल 26**

( X-variable )

ऊँचाई इन्च में ( Height in inches )

( Y-variables ) वजन पाउण्ड में ( Weight in pounds )

| | 50–52 | 53–55 | 56–58 | 59–61 | 62–64 | 65–67 | 68–70 | 71–73 | 74–75 | I fy | II y | III fy′ | IV fy′² | V Σx′y′ + | − | = |
|---|---|---|---|---|---|---|---|---|---|---|---|---|---|---|---|---|
| 170–179 | (−12) 1 −12 | | | | | | | (9) 1 +9 | (24) 1 +24 | 4 | 3 | 12 | 36 | 33 | 12 | = 21 |
| 160–169 | | (−6) 1 +6 | (−4) 1 (−4) | | | | (4) 2 + 8 | (6) 2 + 12 | (8) 1 + 8 | 7 | 2 | 14 | 28 | 28 | 10 | = 18 |
| 150–159 | | | | | 3 | (2) 2 +2 | (6) 3 + 6 | | | 8 | 1 | 8 | 8 | 8 | 0 | = 8 |
| 140–149 | | | 1 | 2 | 1 | | | | | 4 | 0 | + 34<br>0 | 0 | 0 | 0 | = 0 |
| 130–139 | | (3) 1 +3 | | (1) 3 + 3 | 1 | (−1) 1 − 1 | | | | 6 | −1 | −6 | 6 | 6 | 1 | = 5 |
| 120–129 | | (6) 2 +12 | (4) 1 + 4 | (2) 1 + 2 | | | | | (−8) 1 − 8 | 5 | −2 | −10 | 20 | 18 | 8 | = 10 |
| 110–119 | (12) 2 +24 | (9) 1 + 9 | (6) 1 + 6 | | 1 | | (−6) 1 − 6 | | | 6 | −3 | −18 | 54 | 39 | 6 | = 33 |
| 100–109 | (16) 1 +16 | (12) 1 + 12 | (8) 1 + 8 | | 2 | | | | | 5 | −4 | −20 | 80 | 36 | 0 | = 36 |
| | | | | | | | | | | 45 | | −54<br>+34<br>Σfy′ = −20 | Σfy′² | = 232 | Σx′y′=131 | |

| Steps | | 50–52 | 53–55 | 56–58 | 59–61 | 62–64 | 65–67 | 68–70 | 71–73 | 74–75 | |
|---|---|---|---|---|---|---|---|---|---|---|---|
| I | fx | 4 | 6 | 5 | 6 | 8 | 3 | 6 | 3 | 4 | |
| II | x′ | −4 | −3 | −2 | −1 | 0 | 1 | 2 | 3 | 4 | |
| III. | fx′ | −16 | −18 | −10 | −6 | 0 | 3 | 12 | 9 | 16 | = +40−50=−10Σfx′ |
| IV | fx′² | 64 | 54 | 20 | 6 | 0 | 3 | 24 | 27 | 64 | = 262 fx′² |
| v | Σx′y′ | +40 | +36 | +18 | +5 | 0 | +2 | +14 | +21 | +32 | |
| | | −21 | − 6 | − 4 | − 0 | 0 | − 1 | − 6 | − 0 | − 8 | |
| | | = 28 | 30 | 14 | 5 | 0 | 1 | 8 | 21 | 24 | = 131Σx′y′ |

टेबुल 25 के विकर्ण आरेख से सूत्र–32 के आधार पर r इस प्रकार निकाला जाएगा—

$$r = \frac{\frac{\Sigma x'y'}{N} - CxCy}{\sigma x \sigma y}$$

$$cx = \frac{\Sigma fx'}{N} = \frac{-10}{45} = -.222 = -.22$$

$$cy = \frac{\Sigma fy'}{N} = \frac{-20}{45} = -.444 = .44$$

$$* \sigma x = \sqrt{\frac{\Sigma fx'^2}{N} - (cx)^2} = \sqrt{\frac{262}{45} - (-.22)^2}$$

$$= \sqrt{5.82 - .05} = \sqrt{5.77} = 2.40$$

$$* \sigma y = \sqrt{\frac{\Sigma fy'^2}{N} - (cy)^2} = \sqrt{\frac{232}{45} - (-.44)^2}$$

$$= \sqrt{5.16 - .19} = \sqrt{4.97} = 2.23$$

$$= \frac{\frac{\Sigma x'y'}{N} - cxcy}{\sigma x \sigma y} = \frac{\frac{131}{45} - (-.22 \times -.44)}{2.40 \times 2.23}$$

$$= \frac{2.91 - .10}{5.35} = \frac{2.81}{5.35} = 0.525 = .53 \text{ Ans.}$$

$$df = N - 2 = 45 - 2 = 43$$

r टेबुल ( जो इस अध्याय के अन्त में है ) से पता चलता है कि 43 df पर .05 स्तर तथा .01 स्तर पर r को सार्थक ( significant ) होने के लिए इसे कम-से-कम क्रमश: ·297 तथा .384 होना चाहिए। हमारा r यहाँ .525 या .53 है, जो स्पष्टत: .01 स्तर पर सार्थक है। अत: शून्य परिकल्पना ( null hypothesis ) अस्वीकृत ( rejected ) हो गयी अर्थात् *X* तथा Y चरों के बीच सार्थक धनात्मक सम्बन्ध प्रमाणित हो गया।

### विकीर्ण आरेख ( *Scatter diagram* ) से *r* ज्ञात करने में निहित चरण ( *Steps involved in calculating r from scatter diagram* )

1. पहले चरण में *X*-वितरण के मध्य वाले वर्गान्तर ( class interval ) या उसके नजदीक वाले वर्गान्तर में माध्य ( Mean ) मान लिया जाता है। जैसे, प्रस्तुत उदाहरण ( टेबुल 26 ) के *X*-वितरण के वर्गान्तर 72–74 तथा Y-वितरण के वर्गान्तर 140–149 में माध्य माना गया है। स्मरण रखना चाहिए कि वितरण के किसी भी वर्गान्तर में माध्य मान लेने पर हिसाब सही होगा। लेकिन, मध्य या उसके निकट के वर्गान्तर में मानने पर हिसाब बनाने में अधिक सुविधा होती है।

---

* विकीर्ण आरेख ( scatter diagram ) से मानक विचलन ( SD ) निकालते समय वर्गान्तर के आकार ( i ) से सूत्र को गुणा नहीं किया जाता है।

2. दूसरे चरण में $X$-वितरण के प्राप्तांकों के इस वितरण के कल्पित माध्य (Assumed mean) से विचलन (deviations) निकाला जाता है तथा $x'$ वाले खाना में लिखा जाता है। इसी प्रकार Y-वितरण के प्राप्तांकों का इस वितरण के कल्पित माध्य से विचलन निकाल कर y' वाले खाना में लिखा जाता है। इन दोनों वितरणों के कॉलम 2 ( टेबुल–26 ) से यह बात स्पष्ट है।

3. तीसरे चरण में $X$-वितरण के प्रत्येक विचलन ( $x'$ ) को इसकी बारंबारता ( f ) से गुणा करके गुणनफल $fx'$ वाले खाना में लिखा जाता है। इसी प्रकार Y-वितरण के प्रत्येक विचलन ( $y'$ ) को इसकी बारंबारता ( f ) से गुणा करके गुणनफल को $fy'$ वाले खाना में लिखा जाता है। दोनों वितरणों के कॉलम 3 ( टेबुल–26 ) से यह बात स्पष्ट है।

4. चौथे चरण में $fx'$ को $x'$ से तथा $fy'$ को $y'$ से अलग-अलग करके गुणनफल को क्रमशः $fx'^2$ तथा $fy'^2$ वाले खाना में लिखा जाता है। यह बात दोनों वितरणों के कॉलम 4 ( टेबुल–26 ) से स्पष्ट है।

5. पाँचवें चरण में तालिका के प्रत्येक सेल ( cell ) के $x'y'$ को निकाला जाता है। इसको निकालने का तरीका यह है कि वह सेल X के वितरण के कल्पित माध्य ( Assumed mean ) से जितना सेल दाएँ या बाएँ होता है, उतनी संख्या को Y-वितरण के कल्पित माध्य से जितना सेल ऊपर या नीचे वह सेल होता है, उनती संख्या से गुणा कर दिया जाता है तथा गुणनफल को ब्रैकेट में लिख दिया जाता है। X-वितरण की दायीं ओर उस सेल के होने पर + ( plus ) तथा बायीं ओर होने पर – ( minus ) का चिह्न लगा दिया जाता है। जैसे, टेबुल–26 के X-वितरण के नौवें कॉलम ( बायीं ओर से ) तथा Y-वितरण के पहले सेल ( ऊपर से ) को देखें। यह सेल X-वितरण के कल्पित माध्य से 4 घर ( उस सेल को लेकर ) दाहिनी ओर तथा Y-वितरण के कल्पित माध्य से 3 घर ( उस सेल को लेकर ) ऊपर है। इसलिए 4 तथा 3 का गुणनफल 12 हुआ जिसको ब्रैकेट में लिखा गया है। उस सेल में 2 बारंबारता ( f ) हैं जिससे 12 में गुणा करने पर गुणनफल 24 हुआ, जिसे 2 बारंबारता के नीचे लिखा गया है। अतः इस सेल का $x'y'$ 24 हुआ। इसी प्रकार X-वितरण के आठवें कॉलम तथा Y-वितरण के पहले रो ( row ) का $x'y'$ 24 हुआ। इसी तरह X-वितरण के पहले कॉलम ( बायीं ओर से ) तथा Y-वितरण के पहले रो ( ऊपर से ) को देखें। यह सेल X-वितरण के कल्पित माध्य से 4 घर ( उसके सहित ) बायीं ओर है ( $-4$ ) तथा Y-वितरण से 3 घर ऊपर ( $+3$ ) है। इसलिए दोनों ( $-4 \times 3$ ), का गुणनफल $-12$ हुआ जिसको ब्रैकेट में लिखा गया है। $-12$ को उस सेल की बारंबारता यानी 1 से गुणा किया गया और गुणनफल यानी $-12$ ( $-12 \times 1$ ) को उस बारंबारता के नीचे लिखा गया है। इसी प्रकार Y-वितरण को कल्पित माध्य से ऊपर के सभी सेलों ( जिनमें एक या अधिक बारंबारता हो ) के $x'y'$ को निकाला जाता है। Y-वितरण के कल्पित माध्य से नीचे के सेलों ( जिनमें एक या अधि क बारंबारता हो ) को $x'y'$ को निकाला जाता है। अन्तर केवल इतना है कि Y-वितरण के नीचे के सेल ( – ) तथा X-वितरण की दायीं ओर के सेल ( + ) के $x'y'$ को – ( minus ) चिह्न से सूचित किया जाता है जबकि Y-वितरण के नीचे के सेल ( – ) तथा X-वितरण की बायीं ओर के सेल ( – ) के $x'y'$ को + ( plus ) चिह्न से सूचित किया जाता है।

प्रत्येक सेल के $x'y'$ को निर्धारित करने के बाद सभी $+x'y'$ को एक साथ जोड़कर उस सेल के सामने $x'y'$ वाला खाना में + चिह्न के नीचे लिख दिया जाता है। इसी प्रकार उस सेल के $-x'y'$ को एक साथ जोड़कर उसी खाना में – चिह्न के नीचे लिख दिया जाता है और बड़ी संख्या में से छोटी संख्या को घटाकर – चिह्न के साथ लिख दिया जाता है तथा बड़ी संख्या का चिह्न लगा दिया जाता है। जैसे, $X$-वितरण के पहले कॉलम ( बायीं आरे से ) तथा पहले रो ( उपर से ) में $x'y'$ का मूल्य – 12 है, जिसको $\Sigma x'y'$ वाले खाना में – चिह्न नीचे लिख दिया गया है। देखें टेबुल–26 के दाहिने का कॉलम 5। फिर $X$-वितरण के आठवें कॉलम तथा Y-वितरण के प्रथम रो में $x'y' + 9$ है तथा उसके बाद वाले सेल में $x'y' + 24$ है। अत: दोनों को एक साथ जोड़ने पर + 33 हुआ जिसको $\Sigma x'y'$ के + चिह्न के नीचे लिखा गया है ( देखें टेबुल–26 के दाहिने कॉलम 5 )। फिर + 33 में से – 12 घटा कर + 21 बचा जिसको + के चिह्न के बाद लिखा गया है। इसी प्रकार दूसरे सभी रो ( rows ) के $\Sigma x'y'$ को निर्धारित किया जाता है। फिर धन (+) तथा (–) को ध्यान में रखते हुए सबको एक साथ जोड़ दिया जाता है। ठीक उसी प्रकार Y-वितरण के $\Sigma x'y'$ को निर्धारित किया जात है। ध्यान रखना चाहिए कि दोनों वितरणों का $\Sigma x'y'$ का मूल्य बराबर होता है। जैसे, प्रस्तुत उदाहरण में $X$-वितरण का $\Sigma x'y'$ तथा Y-वितरण का $\Sigma x'y'$ बराबर यानी 131 है। यदि ऐसा नहीं हो तो समझना चाहिए कि कहीं भूल हो गयी है और हिसाब दुहरा लेना चाहिए।

6. $\Sigma x'y'$ ज्ञात हो जाने के बाद दोनों वितरणों के मानक का विचलन ( SD ) को निर्धारित किया जाता है। $\sqrt{\frac{\Sigma fx'^2}{N} - (C_x)^2}$ के आधार पर $\sigma x$ तथा $\sqrt{\frac{\Sigma fy'^2}{N} - (c_y)^2}$ के आधार पर $\sigma y$ ज्ञात किया जाता है।

7. अन्त में सूत्र–32 के आधार पर r ज्ञात किया जाता है। ( देखें पृष्ठ 193 )।

## ( ग ) मूल प्राप्तांक विधि ( *Raw Score Method* )

इस विधि के द्वारा भी r ज्ञात किया जाता है। इस विधि की विशेषता यह है कि इसमें माध्य ( mean ) तथा मानक विचलन ( SD ) नहीं निकालना पड़ता है। इसलिए समय तथा श्रम की बचत हो सकती है। लेकिन, कठिनाई यह है कि यदि प्राप्तांक ( scores ) बड़े-बड़े हों तो बिना मशीन के हिसाब बनाना काफी कठिन बन जाता है। अत: इस विधि का उपयोग करना तभी फायदामन्द होता है जबकि मशीन उपलब्ध हो। इसके लिए निम्नलिखित सूत्र ( formula ) का उपयोग किया जाता है :–

$$r = \frac{N\Sigma XY - \Sigma X \Sigma Y}{\sqrt{[N\Sigma X^2 - (\Sigma X)^2][N\Sigma Y^2 - (\Sigma Y)^2]}} \qquad \text{— सूत्र–33}$$

यहाँ, r = $X$-चर तथा Y-चर के बीच सहसम्बन्ध,

N = प्राप्तांकों के युग्मों ( pairs ) की संख्या,
$\Sigma X$ = X-वितरण के प्राप्तांकों का जोड़,
$\Sigma Y$ = Y-वितरण के प्राप्तांकों का जोड़,
$\Sigma XY$ = X-तथा Y-वितरण के प्राप्तांकों के गुणनफल का जोड़,
$\Sigma X^2$ = X-वितरण के प्राप्तांकों के वर्ग ( squares ) का जोड़,
$\Sigma Y^2$ = Y-वितरण के प्राप्तांकों के वर्ग का जोड़,
$(\Sigma X)^2$ = X-वितरण के प्राप्तांकों के योगफल का वर्ग,
$(\Sigma Y)^2$ = Y-वितरण के प्राप्तांकों के योगफल का वर्ग।

**उदाहरण** — टेबुल–25 के आँकड़ों ( data ) से इस विधि के द्वारा r इस प्रकार ज्ञात किया जाएगा :–

| $X$ | $Y$ | $X^2$ | $Y^2$ | $XY$ |
|---|---|---|---|---|
| 11 | 20 | 121 | 400 | 220 |
| 11 | 21 | 121 | 441 | 231 |
| 13 | 23 | 169 | 529 | 299 |
| 15 | 23 | 225 | 529 | 345 |
| 7 | 10 | 49 | 100 | 70 |
| 9 | 9 | 81 | 81 | 81 |
| 13 | 15 | 169 | 225 | 195 |
| 11 | 15 | 121 | 225 | 165 |
| 12 | 17 | 144 | 289 | 204 |
| 17 | 18 | 289 | 324 | 306 |
| 5 | 11 | 25 | 121 | 55 |
| 19 | 22 | 361 | 484 | 418 |
| $\Sigma X = 143$ | $\Sigma Y = 204$ | $\Sigma X^2 = 1875$ | $\Sigma Y^2 = 3748$ | $XY = 2589$ |

अब
$$r = \frac{N\Sigma XY - \Sigma X\,\Sigma Y}{\sqrt{[N\Sigma X^2 - (\Sigma X)^2]\,[N\Sigma Y^2 - (\Sigma Y)^2]}}$$

$$= \frac{(12)\,(2589) - (143)\,(204)}{\sqrt{[(12)\,(1875) - (143)^2]\,[(12)\,(3748) - (204)^2]}}$$

$$= \frac{31068 - 29172}{(22500 - 20449)\,(44976 - 41616)}$$

$$= \frac{1896}{\sqrt{2051 \times 3360}}$$

$$= \frac{1896}{\sqrt{6889309}} = \frac{1896}{2624.75} = 0.722 = .72 \text{ Ans.}$$

$$df = N - 2 = 12 - 2 = 10$$

सार्थकता-स्तर ( level of significance ) < .01 ( r टेबुल पृष्ठ 205 पर देखें )।

r की सार्थकता की व्याख्या ( interpretation ) वही होगी जो पृष्ठ 199 पर की गयी है।

**चरण ( Steps )** — पहले तथा दूसरे चरण में X तथा Y के प्राप्तांकों को जोड़ कर क्रमश: $\Sigma X$ तथा $\Sigma Y$ निकाला जाता है। तीसरे चरण में X के प्रत्येक प्राप्तांक को वर्ग करके एक साथ जोड़कर $\Sigma X^2$ तथा चौथे चरण में Y के प्रत्येक प्राप्तांक को जोड़कर $\Sigma Y^2$ निकाला जाता है। पाँचवें चरण में X तथा Y के प्रत्येक प्राप्तांक को गुणा करके एक साथ जोड़कर $\Sigma XY$ निकाला जाता है। अन्त में सूत्र–33 के आधार पर मशीन की सहायता से r ज्ञात किया जाता है।

**( घ ) अन्तर-विधि *( Difference Method )***

r ज्ञात करने की चौथी विधि को अन्तर-विधि कहा जाता है। इस विधि की विशेषता यह है कि यहाँ विचलन ( deviation ) वास्तविक माध्य ( Actual Mean ) से लिया जाता है और यहाँ r ज्ञात करने के लिए मानक विचलन ( SD ) नहीं निकालना पड़ता है। इसका एक लाभ यह भी है कि यहाँ $\Sigma xy$ नहीं निकालना होता है। इसके लिए सूत्र ( formula ) इस प्रकार है—

$$r = \frac{\Sigma x^2 + \Sigma y^2 - d^2}{\sqrt[2]{\Sigma X^2 \times \Sigma Y^2}}$$ — सूत्र–34

यहाँ, r = X तथा Y चरों के बीच सहसम्बन्ध,

(छोटा एक्स) $x$ = X-वितरण के वास्तविक माध्य से प्रत्येक प्राप्तांक का विचलन ( deviation ),

(छोटा वाइ) y = Y-वितरण के वास्तविक माध्य से प्रत्येक प्राप्तांक का विचलन,

d = $x$ (छोटा एक्स) तथा y (छोटा वाइ) का अन्तर।

**उदाहरण** — टेबुल 25 के ही आँकड़ों के आधार पर अन्तर-विधि से r ज्ञात किया गया है, जो निम्नलिखित है :–

| *X* | Y | *x* ( *X*-M*x* ) | y ( Y-My) | d ( *x*-y ) | $x^2$ | $y^2$ | $d^2$ |
|---|---|---|---|---|---|---|---|
| 11 | 20 | – .92 | 3 | – 3.92 | .85 | 9 | 15.37 |
| 11 | 21 | – .92 | 4 | – 4.92 | 85 | 16 | 24.21 |
| 13 | 23 | 1.08 | 6 | – 4.92 | 1.17 | 36 | 24.21 |
| 15 | 23 | 3.08 | 6 | – 2.92 | 9.49 | 36 | 8.53 |
| 7 | 10 | – 4.92 | – 7 | 2.08 | 24.21 | 49 | 4.33 |
| 9 | 9 | – 2.92 | – 8 | 5.08 | 8.53 | 64 | 25.81 |
| 13 | 15 | 1.08 | – 2 | 3.08 | 1.17 | 4 | 9.49 |
| 11 | 15 | –.92 | – 2 | 1.08 | .85 | 4 | 1.17 |
| 12 | 17 | 0.08 | 0 | .08 | .01 | 0 | 0.1 |
| 17 | 18 | 5.08 | 1 | 4.08 | 25.81 | 1 | 16.65 |
| 5 | 11 | – 6.92 | – 6 | – .92 | 47.89 | 36 | .85 |
| 19 | 22 | 7.08 | 5 | 2.08 | 50.13 | 25 | 6.33 |
| $\Sigma X$=143 | $\Sigma Y$=204 | | | | 170.96 | 280 | 134.96 |

$$\text{Mean } x = \frac{\Sigma X}{N} = \frac{143}{12} = 11.92, \text{ Mean y} = \frac{\Sigma Y}{N} = \frac{204}{12} = 17$$

$$\Sigma x^2 = 170.96, \Sigma y^2 = 280, \Sigma d^2 = 134.96$$

अब $$r = \frac{\Sigma x^2 - \Sigma y^2 - \Sigma d^2}{2\sqrt{\Sigma x^2 \times y^2}} = \frac{170.96 + 280 - 134.96}{2\sqrt{170.96 \times 280}}$$

$$= \frac{450.96 - 134.96}{2\sqrt{47868.8}} = \frac{316.00}{2 \times 218.79} = \frac{316}{437.58}$$

$$= 0.726 = .72 \text{ या } .73$$

$$df = N - 2 = 12 - 2 = 10$$

सार्थकता स्तर < .01 ( r टेबुल 205 पर )।

यहाँ भी r की सार्थकता की व्याख्या उसी तरह की जाएगी, जिस तरह पृष्ठ 167 पर की गयी है।

**सहसम्बन्ध गुणांक की व्याख्या *( Interpretation of the Coefficient of Correlation )***

सहसम्बन्ध गुणांक ज्ञात हो जाने के बाद उनकी व्याख्या की जाती है। यहाँ तीन बातों की व्याख्या की जाती है। ( i ) पहली बात यह है कि दोनों चरों ( vairables ) के बीच सहसम्बन्ध है या नहीं। ( ii ) दूसरी बात यह है कि यदि सम्बन्ध है तो उसकी दिशा ( direction ) क्या है अर्थात धनात्मक सहसम्बन्ध ( positive correlation ) है अथवा ऋणात्मक सहसम्बन्ध ( negative correlation ) है। ( iii ) तीसरी बात यह है कि उसकी मात्रा क्या है अर्थात वह सार्थक ( significant ) है या असार्थक ( not significant, NS ) है। स्मरण रखना चाहिए कि r की सार्थकता की जाँच तीन तरीकों से की जाती है। इन्हें सहसम्बन्ध टेबुल ( r-table ), टी-परीक्षण (t-test) तथा जेड-परीक्षण ( z-test ) कहते हैं। लेकिन, इनमें पहला तरीका बहुत सरल है, जिसके द्वारा बहुत जल्दी तथा बहुत आसानी से r की सार्थकता की जाँच हो जाती है। यहाँ r-टेबुल ( जो इस अध्याय के अन्त में पृष्ठ 206 पर है ) की सहायता से .05 तथा .01 स्तरों पर r की सार्थकता की जाँच सम्भव होती है। अतः यही विधि या तरीका अधिक प्रचलित है।

### टेबुल B

पियरसन r की तालिका ( Table of Pearson r )

| df | ·05 | ·01 | df | ·05 | ·01 |
|---|---|---|---|---|---|
| 1 | ·997 | 1·000 | 38 | ·312 | ·403 |
| 2 | ·950 | ·990 | 40 | ·304 | ·393 |
| 3 | ·878 | ·959 | 42 | ·297 | ·384 |
| 4 | ·811 | ·917 | 44 | ·291 | ·376 |
| 5 | ·754 | ·874 | 46 | ·285 | ·368 |
| 6 | ·707 | ·834 | 48 | ·279 | ·361 |
| 7 | ·666 | ·798 | 50 | ·273 | ·354 |
| 8 | ·632 | ·765 | 55 | ·561 | ·339 |
| 9 | ·602 | ·735 | 60 | ·250 | ·325 |
| 10 | ·576 | ·708 | 65 | ·240 | ·313 |
| 11 | ·553 | ·684 | 70 | ·232 | ·302 |
| 12 | ·532 | ·661 | 75 | ·224 | ·292 |
| 13 | ·514 | ·641 | 80 | ·217 | ·283 |
| 14 | ·497 | ·623 | 85 | ·211 | ·275 |
| 15 | ·482 | ·606 | 90 | ·205 | ·267 |
| 16 | ·468 | ·590 | 95 | ·200 | ·260 |
| 17 | ·456 | ·575 | 100 | ·195 | ·254 |
| 18 | ·444 | ·561 | 120 | ·178 | ·232 |
| 19 | ·433 | ·549 | 125 | ·174 | ·228 |
| 20 | ·423 | ·537 | 150 | ·159 | ·208 |
| 21 | ·413 | ·526 | 200 | ·138 | ·181 |
| 22 | ·404 | ·515 | 300 | ·113 | ·148 |
| 23 | ·396 | ·505 | 400 | ·098 | ·128 |
| 24 | ·388 | ·496 | 500 | ·088 | ·115 |
| 25 | ·381 | ·487 | 1000 | ·062 | ·081 |
| 26 | ·374 | ·478 | | | |
| 27 | ·367 | ·470 | | | |
| 28 | ·361 | ·463 | | | |
| 29 | ·355 | ·456 | | | |
| 30 | ·349 | ·449 | | | |
| 32 | ·339 | ·436 | | | |
| 34 | ·329 | ·424 | | | |
| 36 | ·320 | ·413 | | | |

## विश्वविद्यालय प्रश्न
## UNIVERSITY QUESTIONS
### निबन्धात्मक प्रश्न
### *( Essay Type Questions )*

1. *सहसम्बन्ध क्या है ? इसके विभिन्न प्रकारों का वर्णन करें।*
   *What is Correlation ? Describe its various types.*
2. *उदाहरण के साथ धनात्मक तथा ऋणात्मक सहसम्बन्ध की व्याख्या करें। क्या शून्य सहसम्बन्ध को सहसम्बन्ध कहना सही है ?*
   *Explain positive and negative correlation with examples. Is it correct to call zero correlation as correlation ?*

3. *सहसम्बन्ध गुणांक निर्धारित करने की कौन-कौन-सी विधियाँ हैं ? प्रोडक्ट मोमेन्ट विधि की व्याख्या करें।*
*What are the methods of calculating correlation co-efficient ? Explain product moment method of correlation* *[ M.A. Sociology, 2008, P.U. ]*
4. *प्रोडक्ट मोमेन्ट सहसम्बन्ध प्रविधि की अभिधारणाओं तथा उपयोगिताओं की व्याख्या करें।*
*Explain the assumptions and uses of product moment correlation method.*
5. *सहसम्बन्ध की अनुपात-विधि के गुणों तथा सीमाओं का वर्णन करें।*
*Explain the merits and limitations of Ratio method of correlation.*
6. *अनुपात विधि ( Ratio method ) द्वारा निम्नलिखित प्राप्तांकों के दोनों सेटों ( two sets of scores ) के बीच सहसम्बन्ध ज्ञात करें—*

| प्रयोज्य ( subjects ) | X | Y |
|---|---|---|
| 1 | 15 | 21 |
| 2 | 17 | 20 |
| 3 | 21 | 23 |
| 4 | 19 | 20 |
| 5 | 17 | 18 |
| 6 | 23 | 23 |
| 7 | 12 | 16 |
| 8 | 15 | 17 |
| 9 | 10 | 14 |
| 10 | 11 | 14 |

7. *13 छात्राओं द्वारा संगीत ( music ) तथा गणित ( mathematics ) में प्राप्त अंक निम्नलिखित हैं :–*
*संगीत : 60, 59, 45, 40, 25, 55, 65, 20, 35, 37, 47, 55, 63.*
*गणित : 36, 37, 50, 41, 55, 33, 27, 47, 60, 49, 33, 25, 28.*
*(क) प्राप्तांकों के दोनों सेटों के बीच पीयरसन-विधि द्वारा सहसम्बन्ध ज्ञात करें।*
*(ख) क्या यह सहसम्बन्ध सार्थक ( significant ) है ? यदि हाँ तो किस स्तर ( level ) पर ?*
8. *10 विद्यार्थियों की जाँच बुद्धि-परीक्षण ( intellience test ) तथा उपलब्धि-परीक्षण ( achievement test ) पर की गई तथा निम्नलिखित प्राप्तांक ( scores ) पाए गए :–*
*बुद्धि परीक्षण : 100, 109, 80, 115, 85, 97, 91, 81, 77, 112*
*उपलब्धि परीक्षण : 35, 37, 30, 45, 33, 37, 38, 30, 27, 40*
*इन दोनों चरों ( बुद्धि तथा उपलब्धि ) के बीच वास्तविक माध्य विधि ( Actual mean method ) तथा कल्पित माध्य विधि ( Assumed mean method ) द्वारा r ज्ञात करें तथा इसकी व्याख्या ( interpretation ) करें।*
9. *प्रश्न 7 में दिए गए आँकड़ों के दोनों सेटों ( two sets of scores ) के आधार पर अन्तर-विधि ( difference method ) द्वारा r ज्ञात करें तथा प्राप्त परिणाम ( results ) की व्याख्या ( interpretation ) करें।*
10. *सहसम्बन्ध क्या है ? नीचे दिए गए X-परीक्षण तथा Y-परीक्षण पर पाए गए 15 परिक्षार्थियों*

के प्राप्तांकों के बीच r ज्ञात करें तथा उसकी सार्थकता ( significance ) को बतलाएँ।

| परीक्षार्थी | X-परीक्षण | Y-परीक्षण | परीक्षार्थी | X-परीक्षण | Y-परीक्षण |
|---|---|---|---|---|---|
| 1 | 11 | 13 | 9 | 2 | 8 |
| 2 | 3 | 10 | 10 | 10 | 3 |
| 3 | 7 | 11 | 11 | 2 | 18 |
| 4 | 5 | 9 | 12 | 13 | 11 |
| 5 | 9 | 10 | 13 | 15 | 14 |
| 6 | 12 | 7 | 14 | 19 | 15 |
| 7 | 14 | 17 | 15 | 11 | 10 |
| 8 | 17 | 14 | | | |

**11.** रेखीय सहसम्बन्ध ( linear correlation ) से क्या समझते हैं? निम्नलिखित आँकड़ों ( data ) के आधार पर रेखीय सहसम्बन्ध ज्ञात करें :–

X 4, 6, 7, 5, 10, 10, 12, 3, 6, 15, 11, 16, 8, 2, 1

Y 6, 8, 10, 7, 9, 15, 14, 7, 5, 12, 9, 17, 10, 4, 5

**12.** प्रश्न 11 में दिए गए आँकड़ों के आधार पर X तथा Y चरों के बीच मूल प्राप्तांक विधि ( Raw score method ) द्वारा r ज्ञात करें तथा उसकी सार्थकता की जाँच करें।

**13.** 7 छात्रों द्वारा दो परीक्षणों पर निम्नलिखित प्राप्तांक ( scores ) प्राप्त हुए :–

| छात्र | I | II | III | IV | V | VI | VII |
|---|---|---|---|---|---|---|---|
| X-परीक्षण | 7 | 9 | 11 | 13 | 14 | 13 | 19 |
| Y-परीक्षण | 11 | 13 | 15 | 17 | 19 | 17 | 19 |

उपर्युक्त आँकड़ों से r ज्ञात करें तथा परिणाम ( results ) की व्याख्या ( interpretation ) भी करें।

**14.** 15 व्यक्तियों के स्मृति विस्तार प्राप्तांकों ( memory span scores ) के निम्नलिखित दो सेटों ( sets ) के बीच r ज्ञात करें :–

परीक्षण I (अंक विस्तार) : 15, 14, 13, 12, 11, 11, 11, 10, 10, 10, 9, 9, 8, 7, 7

परीक्षण II (अक्षर-विस्तार) : 12, 14, 10, 8, 12, 9, 12, 8, 10, 9, 8, 7, 7, 8, 6

**15.** नीचे दिए गए दो प्राप्तांकों श्रृंखलाओं के बीच r निकालें तथा प्राप्त परिणाम की व्याख्या करें :– [ L.N.M.U.; 1994 ]

| X scores : | 74 | 65 | 44 | 80 | 55 | 72 | 66 | 57 | 54 | 60 |
|---|---|---|---|---|---|---|---|---|---|---|
| Y Scores : | 70 | 55 | 30 | 64 | 45 | 50 | 52 | 50 | 44 | 60 |

**16.** बारह विद्यार्थियों के प्राप्तांकों से गुणन आपूर्ण विधि से सहसम्बन्ध गुणांक प्राप्त करें :–

*Calculate coefficient of correlation by using product moment method from the following scores obtained by 12 students :* [ M.A. (Soc.) 2005, P.U. ]

| | 1 | 2 | 3 | 4 | 5 | 6 | 7 | 8 | 9 | 10 | 11 | 12 |
|---|---|---|---|---|---|---|---|---|---|---|---|---|
| Statistics सांख्यिकी | 50 | 54 | 56 | 59 | 60 | 62 | 61 | 55 | 67 | 71 | 61 | 64 |
| Psychology मनोविज्ञान | 22 | 30 | 34 | 28 | 26 | 30 | 32 | 30 | 28 | 34 | 36 | 30 |

*17.* *निम्नलिखित सहसम्बन्ध तालिका से सहसम्बन्ध गुणांक ( correlation coefficient ) ज्ञात करें :–*

*X-variable*

| *Y-variable* | *50-52* | *53-55* | *56-58* | *59-61* | *62-64* | *65-67* | *68-70* | *71-73* | *74-76* | *Total* |
|---|---|---|---|---|---|---|---|---|---|---|
| *170-179* | *1* | | | | | | | *1* | *2* | *4* |
| *160-169* | | *1* | *1* | | | | *2* | *2* | *1* | *7* |
| *150-159* | | | | | *3* | *2* | *3* | | | *8* |
| *140-149* | | | *1* | *2* | *1* | | | | | *4* |
| *130-139* | | *1* | | *3* | *1* | *1* | | | | *6* |
| *120-129* | | *2* | *1* | *1* | | | | | *1* | *5* |
| *110-119* | *2* | *1* | *1* | | *1* | | *1* | | | *6* |
| *100-109* | *1* | *1* | *1* | | *2* | | | | | *5* |
| *Total* | *4* | *6* | *5* | *6* | *8* | *3* | *6* | *3* | *4* | *45* |

*18.* *निम्नलिखित आँकड़े में r की गणना करें तथा उसकी सार्थकता की जाँच करें :–*
*Compute r in the following set of scores and test its significance :*

*[ M.A. 2008, Mithila, U. ]*

| *Subject no.* | *A* | *B* | *C* | *D* | *E* | *F* | *G* | *H* | *I* | *J* | *K* | *L* |
|---|---|---|---|---|---|---|---|---|---|---|---|---|
| *Score in X* | *30* | *12* | *15* | *18* | *24* | *17* | *16* | *11* | *18* | *26* | *38* | *42* |
| *Score in Y* | *40* | *36* | *32* | *50* | *52* | *60* | *48* | *36* | *42* | *54* | *60* | *62* |

*19.* *नीचे दी गयी सहसम्बन्ध तालिका ( correlation table ) से सहसम्बन्ध गुणांक ( coefficient of correlation ) ज्ञात करें—* *[ V.B.U. M.A.; 1995 ]*

*X-variable*

| *Y-variable* | *12–13* | *14–15* | *16–17* | *18–19* | *20–21* | *22–23* | *24–25* | *Total* |
|---|---|---|---|---|---|---|---|---|
| *35–37* | | | | | *1* | | *1* | *2* |
| *32–34* | | | | | *6* | *3* | | *9* |
| *29–31* | | *1* | *2* | *6* | *8* | *1* | | *18* |
| *26–28* | | *4* | *4* | *6* | *11* | *4* | *1* | *30* |
| *23–25* | *2* | *1* | *6* | *5* | *4* | *1* | | *19* |
| *20–22* | *3* | *2* | *1* | *1* | | | | *7* |
| *Total* | *5* | *8* | *13* | *18* | *30* | *9* | *2* | *85* |

*20.* *किन परिस्थितियों में r ज्ञात करने के लिए विकीर्ण आरेख ( scatter diagram ) का व्यवहार किया जाता है ? आनुमानिक आँकड़ों ( hypothetical data ) के आधार पर एक विकीर्ण आरेख बनाएँ ।*

*21.* *नीचे दिए गए आँकड़ों ( data ) के आधार पर पतियों ( husbands ) तथ पत्नियों ( wives ) की आयु के बीच पीयरसन का सहसम्बन्ध गुणांक ( Pearson's coefficient of correlation ) ज्ञात करें ।* *[ M.A., B.U., 2002 ]*

पतियों की आयु (वर्ष में)

| पतियों की आयु (वर्ष में) | *17–27* | *27–37* | *37–47* | *47–57* | *57–67* |
|---|---|---|---|---|---|
| *53–63* | | | | *4* | *2* |
| *43–53* | | | *4* | *16* | *5* |
| *33–43* | | *1* | *12* | *2* | |
| *23–33* | | *10* | *25* | *2* | |
| *13–23* | *5* | *9* | *3* | | |

**22.** *निम्नलिखित समंकों से कार्ल पियरसन सहसम्बन्ध गुणांक ज्ञात कीजिए :–*

*[ B.A. Part II Hons. M.U. 1992, M.A. NOU. 2008 ]*

*Age of husbands : 18, 19, 20, 21, 22, 23, 24, 25, 26, 27*
*Age of wives : 17, 17, 18, 18, 18, 19, 19, 20, 21, 22*

**23.** *नीचे 10 छात्रों के प्राप्तांक अंग्रेजी तथा हिन्दी के दिए गए हैं। इन प्राप्तांकों के बीच सहसम्बन्ध निकालें :–*

*Following are the marks obtained by 10 students in English and Hindi. Compute product moment r—* *[ B.A. Part II Hons. 1991, M.U. ]*

| | | | | | | | | | | |
|---|---|---|---|---|---|---|---|---|---|---|
| *English* | 35 | 40 | 32 | 38 | 45 | 47 | 51 | 63 | 65 | 45 |
| *Hindi* | 30 | 45 | 36 | 48 | 51 | 42 | 61 | 63 | 69 | 47 |

**24.** *40 विद्यार्थियों के बुद्धि–परीक्षण प्राप्तांक ( intelligence test scores ) तथा उपलब्धि परीक्षण प्राप्तांक ( achievement test scores ) निम्नलिखित हैं :*

| बुद्धि-परीक्षण प्राप्तांक | उपलब्धि-परीक्षण प्राप्तांक | बुद्धि-परीक्षण प्राप्तांक | उपलब्धि-परीक्षण प्राप्तांक |
|---|---|---|---|
| 100 | 45 | 80 | 35 |
| 97 | 40 | 89 | 38 |
| 101 | 45 | 113 | 51 |
| 111 | 47 | 123 | 57 |
| 111 | 48 | 103 | 47 |
| 117 | 58 | 98 | 43 |
| 87 | 37 | 95 | 42 |
| 90 | 37 | 96 | 42 |
| 95 | 41 | 120 | 57 |
| 105 | 48 | 120 | 55 |
| 130 | 62 | 106 | 50 |
| 125 | 58 | 86 | 35 |
| 120 | 56 | 96 | 40 |
| 87 | 36 | 116 | 58 |
| 99 | 44 | 112 | 49 |
| 101 | 46 | 108 | 49 |
| 100 | 43 | 88 | 37 |
| 107 | 50 | 98 | 39 |
| 110 | 55 | 108 | 52 |
| 110 | 57 | 128 | 60 |

*उपर्युक्त आँकड़ों से एक विकीर्ण आरेख ( scatter diagram ) या सहसम्बन्ध तालिका ( correlation table ) बनाएँ।*

25. नीचे 20 विद्यार्थियों के चिन्ता परीक्षण प्राप्तांक ( *Anxiety test scores* ) तथा उपलब्धि परीक्षण प्राप्तांक ( *Achievement test scores* ) दिए गए हैं—

| विद्यार्थी | चिन्ता परीक्षण प्राप्तांक | उपलब्धि परीक्षण | विद्यार्थी | चिन्ता परीक्षण प्राप्तांक | उपलब्धि परीक्षण |
|---|---|---|---|---|---|
| 1 | 13 | 55 | 11 | 10 | 60 |
| 2 | 17 | 50 | 12 | 31 | 45 |
| 3 | 60 | 31 | 13 | 21 | 49 |
| 4 | 62 | 30 | 14 | 41 | 31 |
| 5 | 40 | 48 | 15 | 58 | 20 |
| 6 | 11 | 58 | 16 | 17 | 47 |
| 7 | 7 | 68 | 17 | 28 | 39 |
| 8 | 27 | 38 | 18 | 12 | 58 |
| 9 | 51 | 25 | 19 | 42 | 44 |
| 10 | 37 | 41 | 20 | 52 | 40 |

उपर्युक्त आँकड़ों को सहसम्बन्ध तालिका ( *correlation table* ) अथवा विकीर्ण आरेख ( *scatter diagram* ) में सजाएँ तथा *r* ज्ञात करें और परिणाम ( *findings* ) की व्याख्या ( *interpretation* ) प्रस्तुत करें।

26. प्रोडक्ट मोमेन्ट विधि की अभिधारणाएँ क्या हैं ? इसके मुख्य प्रकारों का वर्णन करें। *What are the assumption of ave product moment correlation method ? Describe its main types.*

27. 10 प्रयोज्यों ने दो परीक्षणों पर निम्नलिखित अंक प्राप्त किए। इनके बीच सम्बन्ध दिखाएँ। *Following scores are obtained by 10 subjects on two test. Find out the relationship.*
*[ B.A. II Hons. V.K.S.U. 1997, M.A., 2002 ]*

| *Test I* | 35 | 40 | 32 | 38 | 45 | 47 | 51 | 63 | 65 | 45 |
|---|---|---|---|---|---|---|---|---|---|---|
| *Test II* | 30 | 45 | 36 | 48 | 51 | 42 | 61 | 63 | 69 | 47 |

28. परीक्षण प्राप्तांकों की विश्वसनीयता क्या है ? एक बुद्धि परीक्षण का निर्माण किया गया और उसका उपयोग लड़कों के एक समूह पर किया गया। वही परीक्षण छः सप्ताह के बाद फिर उसी समूह पर लगाया गया। प्राप्तांक नीचे दिए गए हैं। इस परीक्षण की विश्वसनीयता की जाँ करें।

*What is reliability of test scores ? An intelligence test was constructed and it was aministered to a group of boys. The same test was administered to the same group of boys after a gap of six weeks. The scores are given below. Determine the reliability coefficient of the intelligence test.* *[ M.A., T.M.B.H.U., 2001 ]*

*First administration : 36, 53, 20, 38, 48, 36, 43, 31, 25, 30*
*After six weeks : 20, 26, 15, 19, 27, 20, 26, 18, 18, 21*

संकेत : यहाँ *r* या *P* का उपयोग किया जाएगा।

29. प्राप्तांकों के निम्नलिखित दो सेटों के बीच *r* ज्ञात करें तथा अपने परिणाम की व्याख्या करें— *Find out r between the following two sets of scores and interpret your finding—*
*[ M.A. V.B.U., 2000, M.A. VMF, 2006, MA., 2007, PU ]*
*[ M.A. 2008 Mithila, U. M.A. 2009, R.U. ]*

*Set–I : 15, 14, 13, 12, 11, 11, 11, 10, 10, 10, 9, 9, 8, 7, 7*
*Set–II : 12, 14, 10, 8, 12, 9, 12, 8, 10, 9, 8, 7, 7, 8, 6*

**30.** *Twelve students were administered the tests of anxiety and insecurity and the following scores were obtained. Do you find correlation between the two sets of scores ? Apply product moment method.* *[ M.A. V.K.S.U., 1997; 2001 ]*

| *Students :* | *1* | *2* | *3* | *4* | *5* | *6* | *7* | *8* | *9* | *10* | *11* | *12* |
|---|---|---|---|---|---|---|---|---|---|---|---|---|
| *Anxiety Scores :* | *50* | *54* | *56* | *59* | *60* | *62* | *61* | *65* | *67* | *71* | *71* | *74* |
| *Insecurity Scores :* | *22* | *25* | *34* | *28* | *26* | *30* | *32* | *30* | *28* | *34* | *36* | *40* |

**31.** निम्नलिखित आँकड़ों का प्रोडक्ट मोमेन्ट सह-सम्बन्ध ज्ञात करें—

*Compute the Product Moment Correlation of the following sets of scores :*

*[ B.A. II Hons. 2005, P.U. ]*

| *X* | *9* | *15* | *6* | *17* | *10* | *15* | *17* | *12* |
|---|---|---|---|---|---|---|---|---|
| *Y* | *14* | *13* | *5* | *5* | *6* | *13* | *9* | *8* |

**32.** निम्नांकित प्राप्त प्रदत्तों के बीच *r (Product Moment)* सह-सम्बन्ध ज्ञात करें :

*Find out the Product Moment (r) between the following scores :*

*[B.A. II Hons. 2004, VKU ]*

| ***Students*** | ***Scores on Psychology*** | ***Scores on Botany*** |
|---|---|---|
| *A* | *35* | *30* |
| *B* | *40* | *35* |
| *C* | *50* | *40* |
| *D* | *45* | *35* |
| *E* | *40* | *40* |
| *F* | *39* | *41* |
| *G* | *53* | *43* |
| *H* | *54* | *51* |
| *I* | *43* | *52* |
| *J* | *41* | *50* |

*N = 10*

**33.** प्रोडक्ट मोमेन्ट सहसम्बन्ध विधि का उपयोग कर दो परीक्षणों के निम्नांकित प्राप्तांकों से सहसम्बन्ध गुणांक निकालें :

*Using Product Moment Correlation Method, compute corrleation coefficient from the following scores of two tests :* *[ M.A. Part-II 2005, VKU ]*

| ***परीक्षण–I Test–I*** | ***परीक्षण–II Test–II*** |
|---|---|
| *57* | *30* |
| *59* | *32* |
| *60* | *33* |
| *60* | *33* |
| *61* | *34* |
| *62* | *35* |
| *54* | *37* |
| *65* | *39* |
| *66* | *41* |
| *58* | *40* |

## ANSWERS

**6.** r = .919 or .92, df = 8, level of sig < .01
**7.** r = .27, df = 11, level of sig > .05
**8.** r = .905 or .91, df = 8, level of sig < .01
**9.** r = .27, df = 11, level of sig > .05
**10.** r = .376 or .38, df = 13, level of sig > .05
**11.** r = .229 or .23, df = 13, level of sig > .05
**12.** r = .23, df = 13, > .05
**13.** r = .918 or .92, df = 5, level of sig < .01
**14.** r = .78, df = 13, level of sig < .01
**15.** r = .67, df = 8, P < .01
**16.** *r* = .33, df = 11, P > .05
**17.** r = .48, df = 43, level of sig = < .01
**18.** r = .667 or .67, df = 10, level of sig = < .01
**19.** r = .54, df = 83, level of sig <.01
**21.** r = .79, df = 98, P < .01
**22.** r = .82, df = 8, level of sig < .01
**23.** r = .90, df = 8, p < .01
**24.** r = .77, df = 38, p < .01
**25.** r = –.62, df = 18, P < .01
**27.** r = .62, df = 8, P > .01
**28.** r = .51, df = 8, P < .01
**29.** r = .77, df = 13, P < .01
**30.** r = .78, df = 10, P < .01
**31.** r = –.90, df = 6, P < .01
**32.** r = .48, df = 8, P > .05
**33.** r = 0.50, df = 8 < .05

## वस्तुनिष्ठ प्रश्न
### ( Objective Questions )

*1.* *सहसम्बन्ध ( correlation ) का अर्थ है—*
*(क) दो चरों ( variables ) के बीच सम्बन्ध*
*(ख) दो चरों के बीच धनात्मक सम्बन्ध ( positive relationship )*
*(ग) दो चरों के बीच ऋणात्मक सम्बन्ध ( negative relationship )*
*(घ) दो चरों के बीच ऐसा सम्बन्ध जहाँ किसी भी एक चर मं परिवर्तन से दूसरे चर में भी परिवर्तन घटित हो।*

*2.* *सहसम्बन्ध की अधिकतम सीमा क्या है ?*
*(क) 1·00* *(ख) 0·80*
*(ग) 100·00* *(घ) ·99*

3. ऋणात्मक सहसम्बन्ध ( negative correlation ) का प्रसार ( range ) है :–

(क) –·001 से ·100 (ख) –1·00 से –0·00

(ग) –·90 से –·99 (घ) –1·00 से –100·00

4. मध्य सहसम्बन्ध ( moderate correlation ) का प्रसार निम्नलिखित में से कौन है ?

(क) 0·41 से 0·71 (ख) 0·40 से 0·60

(ग) 0·45 से 0·55 (घ) इनमें से कोई नहीं

5. अन्तर विधि ( difference method ) द्वारा सहसम्बन्ध ज्ञात करते समय निम्नलिखित में से किस सूत्र ( formula ) का उपयोग किया जाता है ?

(क) $\dfrac{N\Sigma xy - \Sigma x \Sigma y}{\sqrt{[N\Sigma x^2 - (\Sigma x)^2]\,[N\Sigma y^2 - (\Sigma y)^2]}}$

(ख) $\dfrac{\Sigma x^2 + \Sigma y^2 - d^2}{2\sqrt{\Sigma x^2 \times \Sigma y^2}}$

(ग) $\dfrac{\Sigma xy}{\sqrt{\Sigma x^2 \times \Sigma y^2}}$ (घ) $\dfrac{\Sigma x^2 \Sigma y - \text{cxcy}}{\sigma \times \sigma y}$

6. प्रोडक्ट मोमेन्ट सहसम्बन्ध का उल्लेख किस व्यक्ति ने किया ?

(क) स्पीयरमैन ( Spearman ) ने (ख) गैरेट ( Garrett ) ने

(ग) पीयरसन ( Pearson ) ने (घ) केन्डल ( Kendall ) ने

7. प्रोडक्ट मोमेन्ट सहसम्बन्ध विधि के उपयोग के लिए निम्नलिखित में से कौन आवश्यक नहीं है ?

(क) दो चरों के बीच रेखीय सम्बन्ध ( linear relationship ) होना।

(ख) दोनों चरों का सतत ( continuous ) होना।

(ग) दोनों सेटों ( sets ) के प्राप्तांक ( scores ) में प्रसामान्य वितरण ( normal distribution ) होना।

(घ) कम ही समय में सहसम्बन्ध गुणांक ज्ञात करने की बाध्यता होना।

8. किन्हीं दो चरों के बीच का सह-सम्बन्ध होगा :

(क) धनात्मक सह-सम्बन्ध ( Positive Correlation )

(ख) ऋणात्मक सह-सम्बन्ध ( Negative Correlation )

(ग) शून्य सह-सम्बन्ध ( Zero Correlation )

(घ) इनमें से कोई एक ( Any one of these )

9. तीन या अधिक चरों के बीच सहसम्बन्ध ज्ञात करने की विधि है :–

To find out correlation between three or more variables, the method is :

(क) आंशिक सहसम्बन्ध ( Partial Correlation )

(ख) चतुष्कोटिक सहसम्बन्ध ( Tetrachoric Correlation )

(ग) द्वि-पंक्तिक सहसम्बन्ध (Bi-serial Correlation )

(घ) फाई गुणांक ( Phi Coefficient )

*10.* *कार्ल पीयरसन द्वारा विकसित सहसम्बम्ध विधि को कहा जाता है :–*
*(क) कोटि अंतर सहसम्बन्ध विधि ( Rank difference correlation method )*
*(ख) प्रोडम्क्ट मोमेन्ट सहसम्बन्ध विधि ( Product moment correlation method )*
*(ग) द्विपंक्तिक सहसन्बन्ध विधि ( Biserial correlation method )*
*(घ) फाई-गुणांक विधि ( Phi-coefficient method )*

*11.* *निम्नलिखित में कौन सहसम्बन्ध की श्रेणी में नहीं आता ?*
*(क) चतुष्कोटिक 'r' ( Tetrachoric 'r' )*
*(ख) काय-स्क्वायर मूल्य ( Chi-square Value )*
*(ग) पियर्सन 'r' ( Pearson 'r' )*
*(घ) कोटि अन्तर ( Rank Difference )*

*12.* *दो चरों के बीच धनात्मक सहसम्बम्ध का प्रसार होता है :–*
*(क) +1.00 से –1.00 तक (+1.00 to –1.00 )*
*(ख) +0.00 से +1.00 तक ( +0.00 to + 1.00 )*
*(ग) +.50 से .75 तक ( +.50 to .75 )*
*(घ) +.80 से +1.00 तक ( +.80 to +1.00 )*

*13.* *शून्य परिकल्पना-अस्वीकृति जिस परिकल्पना की स्वीकृति की ओर ले जाती है उसे कहते हैं :–*
*The rejection of a null-hypothesis leads to the acceptance of a :*
*(क) वैकल्पिक परिकल्पना ( Aternative hypothesis )*
*(ख) द्विसपुच्छ परिकल्पना ( Two-tailed hypothesis )*
*(ग) इक्का सपुच्छ परिकल्पना ( One-tailed hypothesis )*
*(घ) धनात्मक परिकल्पना ( Positive hypothesis )*

*14.* *प्रोडक्ट मोमेन्ट सह-संबंध की अभिधारणा दी गयी है :–*
*The concept of product moment correlation is given by :*
*(क) स्पीयरमैन द्वारा ( Spearman)*
*(ख) पीयर्सन द्वारा ( Pearson )*
*(ग) गाल्टन द्वारा ( Galton )*
*(घ) इनमें से कोई नहीं ( None of them )*

## ANSWERS

**1.** (घ), **2.** (क), **3.** (ख), **4.** (क), **5.** (ख), **6.** (ग), **7.** (घ), **8.** (घ), **9.** (घ), **10.** (ख), **11.** (ख), **12.** (ख), **13.** (क), **14.** (ख)।

✦

अध्याय 11

# कोटि-अन्तर सहसम्बन्ध
# ( RANK DIFFERENCE CORRELATION )

पिछले अध्याय में पियरसन ( Pearson ) द्वारा प्रस्तुत प्रोडक्ट मोमेन्ट सहसम्बन्ध विधि ( Product moment correlation method ) का वर्णन किया गया है, जो प्राचलिक सांख्यिकीय विधि ( parametric statistical method ) है। प्रस्तुत अध्याय में सहसमबन्ध की तीन अप्राचलिक सांख्यिकीय विधियों ( non-parametric statistical methods ) का उल्लेख किया जाएगा, जो निम्नलिखित हैं :—

(क) स्पीयरमैन कोटि-अन्तर या कोटि-क्रम सहसमबन्ध विधि ( Spearman's Rank-Difference or Rank Order Correlation method, ρ )

(ख) केण्डल कोटि सहसम्बन्ध विधि, केण्डल-टाउ, टी ( Kendall's Rank Correlation method or Kendall's Tau, T )

(ग) केण्डल संगति गुणांक ( Kendall's Co-efficient of Concordance, W ) । अब प्रत्येक विधि का वर्णन अलग-अलग किया जाएगा।

## ( क ) स्पीयरमैन की कोटि अन्तर-सहसम्बन्ध विधि
## ( Spearman's Rank Difference Correlation Method )

कोटि अन्तर-सहसम्बन्ध विधि ( rank difference correlation method ) के कोटिक्रम सहसम्बन्ध विधि ( Rank order correlation method ) भी कहते हैं। यह एक अप्राचलिक सहसम्बन्ध प्रविधि ( non-parametric correlation technique ) है। इस विधि को **चार्ल्स एडवर्ड स्पीयरमैन** ( Charles Edward Spearman ) नामक एक ब्रिटिश मनोवैज्ञानिक ने विकसित किया। उन्होंने इस विधि को कार्ल पीयरसन विधि ( Karl Pearson's method ) की त्रुटि या कमजोरी को दूर करने के उद्देश्य से विकसित किया । **कार्ल पीयरसन** की सहसम्बन्ध-विधि में एक गंभीर दोष यह है कि दो या अधिक गुणात्मक शीलगुणों ( attributes ) या विशेषताओं ( characteristics ) के बीच सहसम्बन्ध इस विधि के आधार पर निकालना सम्भव नहीं हो पाता है। ईमानदारी ( honesty ), सुन्दरता ( beauty ), नैतिकता ( morality ), चरित्र ( character ) आदि गुणात्मक शीलगुण हैं, जिनके बीच सहसम्बन्ध का निर्धारण **पीयरसन**-विधि से सम्भव नहीं है। दूसरे शब्दों में ऐसे चर ( variables ) जिन्हें मात्रात्मक मापन ( quantitative measurement ) के रूप में व्यक्त करना सम्भव न हो, उनके बीच सहसम्बनध को निकालना पीयरसन-विधि से समभव नहीं होता है। इसी दोष को हटाने के विचार से **स्पीयरमैन** ( Spearman ) ने 1904 मे अन्तर-कोटि विधि या कोटि क्रम विधि को विकसित किया। इस विधि के द्वारा गुणात्मक शीलगुणों ( qualitative traits )

अर्थात ऐसे चर जिन्हें मात्रात्मक मापन में व्यक्त करना सम्भव न हो, उनके बीच भी सहसम्बन्ध निकालना सम्भव होता है। यहाँ दोनों चरों या शीलगुणों से सम्बन्धित प्राप्तांकों को कोटियों ( ranks ) में बदलकर उनके बीच सहसमबन्ध निकाला जाता है। इसीलिए **रेबर** तथा **रेबर** ( Reber & Reber, 2001 ) ने कहा है कि, "*कोटि क्रम सहसम्बन्ध वह सहसम्बन्ध है जो दो चरों से सम्बन्धित प्राप्तांकों की कोटियों पर आधारित होता है।*"[1]

कोटि-अन्तर सहसम्बन्ध या कोटिक्रम सहसम्बन्ध का प्रतीक ρ ( rho ) होता है। इसको ज्ञात करने का सूत्र ( formula ) निम्नलिखित है :—

$$\rho = 1 - \frac{6 \times \Sigma D^2}{N(N^2 - 1)}$$ —सूत्र 35

यहाँ, $\rho$ = कोटि-अन्तर सहसम्बन्ध ( rank difference correlation ),

$\Sigma D^2$ = पहले चर की कोटि ( $R_1$ ) तथा दूसरे चर की कोटि ( $R_2$ ) के अन्तर ( difference, D ) के वर्ग ( squares ) का जोड़,

N = कोटियों ( ranks ) अथवा प्राप्तांकों ( scores ) के जोड़े ( pairs ) की कुल संख्या।

ρ ज्ञात करने के तरीके तथा इसमें निहित चरों ( steps ) को बतलाने के पहले यह जान लेना आवश्यक है कि किन परिस्थितियों में इसका व्यवहार करना चाहिए और किन परिस्थितियों में नहीं करना चाहिए।

## कोटि-अन्तर विधि की शर्तें तथा अभिधारणाएँ ( *Conditions and Assumptions of Rank Difference Correlation* )

कोटि-अन्तर सहसम्बन्ध की निम्नलिखित शर्तें तथा अभिधारणाएँ हैं, जिनके आधार पर यह प्रोडक्ट मोमेन्ट सहसम्बन्ध से भिन्न हो जाता है :–

1. इस विधि का उपयोग उस परिस्थिति में करना अधिक उपयुक्त होता है जबकि N छोटा होता हैं। **गैरेट** ( Garrett, 1966, 1981 ) के अनुसार N यदि 30 या इससे कम हो तो इसे छोटा N कहेंगे और ऐसी हालत में कोटि-अन्तर सहसम्बन्ध का उपयोग अधिक उचित होगा, यदि अन्य शर्तें पूरी होती हों।

2. यदि दिए गए प्राप्तांक ( scores ) के दोनों या एक सेट कोटि ( rank ) अथवा श्रेणी ( rating ) के रूप में हो तो उनके बीच सहसम्बन्ध निकालने के लिए कोटि-अन्तर विधि का उपयोग करना चाहिए। ऐसी हालत में प्रोडक्ट मोमेन्ट सहसम्बन्ध ( product moment correlation ) नहीं निकालना चाहिए।

3. यदि दिए गए चर ( variables ) या प्राप्तांक ( scores ) ऐसे हों कि उन्हें मात्रात्मक मापन ( quantitative measurement ) के रूप में व्यक्त करना सम्भव न हो तो उनके बीच समबन्ध निकालने के लिए केवल कोटि-अन्तर विधि का व्यवहार करना चाहिए, प्रोडक्ट मोमेन्ट सहसम्बन्ध विधि का व्यवहार नहीं करना चाहिए। सुन्दरता ( beauty ), ईमानदारी ( honesty ), नैतिकता ( morality ) आदि इसी तरह के शीलगुण या चर हैं।

---

1. "Rank order correlation is that correlation which is based on the ranks of the scores on the two variables." — Reber & Reber, 2001, p. 160.

4. दिए गए प्राप्तांक जब असतत ( discontinuous ) होते हैं तो उनके बीच सहसम्बन्ध निकालने के लिए कोटि-अन्तर विधि का व्यवहार किया जाता है। जैसे, शिक्षण सम्बन्धी प्रयोग ( learning experiment ) में होनेवाली अशुद्धियों की संख्या ( number or errors ), आदि को असतत माप ( discrete or discontinuous measure ) या प्राप्तांक कहा जाएगा।

5. जब आँकड़े या प्राप्तांक ऐसे होते हैं, जिन्हें कोटि ( rank ) के रूप में आसानी से बदला जा सके तो वहाँ कोटि-अन्तर सहसम्बन्ध ( rank difference correlation ) निकाला जा सकता है।

## कोटि अन्तर-सहसम्बन्ध विधि के गुण या उपयोगिताएँ ( *Merits or Uses of Rank Difference Correlation Method* )

कोटि-अन्तर सहसम्बन्ध विधि की निम्नलिखित उपयोगिताएँ हैं, जिनके कारण यह विधि प्रोडक्ट मोमेन्ट सहसम्बन्ध से श्रेष्ठ होने का दावा कर सकती है :–

( i ) इस विधि की एक उपयोगिता यह है कि जब दोनों सेटों या एक सेट के प्राप्तांक कोटि के रूप में हो तो उनके बीच सहसम्बन्ध केवल कोटि-अन्तर सहसम्बन्ध विधि द्वारा निकाला जाएगा, प्रोडक्ट मोमेन्ट सहसम्बन्ध विधि द्वारा नहीं ।

( ii ) सुन्दरता, ईमानदारी, नैतिकता या इसी तरह के दूसरे चरों से सम्बन्धित प्राप्तांकों के बीच सहसम्बन्ध केवल कोटि-अन्तर विधि से निकाला जा सकता है, प्रोडक्ट मोमेन्ट विधि से नहीं। कारण, ऐसे चरों को मात्रात्मक मापन के रूप में व्यक्त करना सम्भव नहीं है।

( iii ) कोटि-अन्तर सहसम्बन्ध विधि काफी सरल विधि है। प्रोडक्ट मोमेन्ट विधि की अपेक्षा कोटि-अन्तर विधि से सहसम्बन्ध निकालने में समय कम लगता है तथा श्रम कम करना पड़ता है।

( iv ) जब N छोटा होता है अर्थात 30 से कम होता है तो कोटि-अन्तर विधि के द्वारा बहुत थोड़े समय में उतना ही सही सहसम्बम्ध ज्ञात करना सम्भव होता है, जितना कि एक लम्बे समय में प्रोडक्ट मोमेनट विधि द्वारा।[1]

( v ) जब कभी बहुत थोड़े समय में सहसम्बन्ध ज्ञात करना होता है, तो प्रोउक्ट मोमेन्ट विधि की तुलना में कोटि-अन्तर विधि को बेहतर माना जाता है।

## कोटि अन्तर सहसम्बन्ध विधि की सीमाएँ ( *Limitations of Rank Difference Correlation Method* )

कोटि-अन्तर विधि की कई उपयोगिताओं ( uses ) का वर्णन ऊपर किया गया है, फिर भी इस में निम्नलिखित दोष ( defects ) या सीमाएँ हैं :–

( i ) जब N बड़ा होता है अर्थात 30 से अधिक होता है तो कोटि-अन्तर विधि का व्यवहार करना उचित नहीं होता हैं। कारण, ऐसी हालत में परिकलन ( calculation ) काफी लम्बा ( lengthy ) हो जाता है, और कभी-कभी व्यावहारिक रूप से असम्भव भी। ऐसी परिस्थिति में प्रोडक्ट मोमेन्ट विधि उपयुक्त होती है।

---

1. "Whenever N is small, the rank difference method will give as adequate a result as that obtained by finding r, and p is much easier to compute." —Garrett, 2007, p. 372

(ii) कोटि-अन्तर विधि के आधार पर जो सहसम्बन्ध निकाला जाता है, वह उतना शुद्ध या सही नहीं होता है जितना कि प्रोडक्ट मोमेन्ट विधि के आधार पर निकाला गया सहसम्बन्ध होता है। विशेष रूप से यह बात तब देखी जाती है जबकि N बड़ा होता है अर्थात 30 से अधिक होता है।

(iii) यदि समय पर्याप्त हो और अधिक शुद्ध परिणाम की आवश्यकता हो तो कोटि-अन्तर विधि का व्यवहार नहीं करना चाहिए, बल्कि प्रोडक्ट मोमेन्ट विधि का व्यवहार करना चाहिए।

## ρ का परिकलन
## (Computation or Calculation of rho)

कोटि-अन्तर सहसम्बन्ध विधि द्वारा सहसम्बन्ध (ρ) निकालते समय विद्यार्थियों को यह बात ध्यान में रखना चाहिए कि दिए गए आँकड़े मूल प्राप्तांकों (raw scores) के रूप में हैं अथवा कोटियों (ranks) या श्रेणियों (grades) के रूप में। कारण, दोनों परिस्थितियों में ρ निकालने का तरीका भिन्न होता है, हालाँकि सूत्र (forrmula) वही रहता है।

### (क) मूल प्राप्तांकों से ρ निकालना *(Computation of ρ from Raw Scores)*

जब दिए गए आँकड़े मूल प्राप्तांकों के रूप में होते हैं तो ρ नीचे दिए गए तरीके से निकाला जाता है। जैसे–मान लें कि 10 छात्राओं के निम्नलिखित उपलब्धि-प्राप्तांकों (achievement scores) तथा बुद्धि-लब्धियों (I.Qs) के बीच ρ निकालना है :–

**टेबुल 27**

| 1 | 2 | 3 | 4 | 5 | 6 |
|---|---|---|---|---|---|
| बु० ल० (I.Q.) | उ० प्राप्तांक (Ach. scores) | Ranking of X | Ranking of Y | $(R_1 - R_2)$ | |
| X | Y | $R_1$ | $R_2$ | D | $D^2$ |
| 101 | 65 | 4 | 5.5 | - 1.5 | 2.25 |
| 100 | 65 | 6 | 5.5 | .5 | .25 |
| 120 | 69 | 1 | 3 | -2 | 4.00 |
| 105 | 75 | 3 | 1 | 2 | 4.00 |
| 98 | 60 | 8.5 | 9 | - .5 | .25 |
| 92 | 58 | 10 | 10 | 0 | 0.00 |
| 100 | 61 | 6 | 8 | - 2 | 4.00 |
| 98 | 67 | 8.5 | 4 | 4.5 | 20.25 |
| 115 | 71 | 2 | 2 | 0 | 0.00 |
| 100 | 64 | 6 | 7 | - 1 | 1.00 |
| | | | | $\Sigma D^2$ | = 36.00 |

अब, $\rho = 1 - \frac{6 \times \Sigma D^2}{N(N^2 - 1)}$

$$= 1 - \frac{6 \times 36}{10(10^2 - 1)} = 1 - \frac{216}{10(100-1)} = 1 - \frac{216}{10 \times 99}$$

$$= 1 - \frac{216}{990} = 1 - .218 = .782 \text{ or } .78,$$ उत्तर।

$$df = (N - 2) = 10 - 2 = 8$$

सार्थकता स्तर ( level of significance ) = > .01, < .05

इसका अर्थ यह हुआ कि बु० ल० तथा उपलब्धि प्राप्तांक के बीच धनात्मक सहसम्बन्ध है। अत: हमारी शून्य परिकल्पना ( null hypothesis ) .05 स्तर पर अस्वीकृत ( rejected ) हो गयी और प्रमाणित हो गया कि दोनों चरों के बीच सार्थक धनात्मक सहसम्बन्ध है (देखें टेबुल-C, पेज संख्या-227)

## ρ ज्ञात करने में निहित चरण ( *Steps Involved in Calculating ρ* )

ऊपर के उदाहरण पर ध्यान देने से पता चलता है कि ρ ज्ञात करने में निम्नलिखित चरण शामिल होते हैं—

1. सबसे पहले दोनों सेटों या चरों के प्राप्तांकों ( scores ) को ऊपर से नीचे उसी क्रम में लिख दिया जाता है, जिस क्रम में वे दिए गए होते हैं। पहले सेट या चर के ऊपर X तथा दूसरे सेट या चर के ऊपर Y लिख दिया जाता है।

2. दूसरे चरण में X के प्राप्तांकों का कोटिकरण ( ranking ) या श्रेणीकरण ( gradation ) किया जाता है। इसका तरीका यह है कि सबसे अधिक प्राप्तांक ( highest score ) को कोटि 1, उससे कम प्राप्तांक को कोटि 2, उससे कम प्राप्तांक को कोटि 3 और इसी तरह सबसे कम प्राप्तांक ( lowest score ) अंतिम कोटि दी जाती है। कभी-कभी दो या अधिक व्यक्तियों के प्राप्तांक बराबर-बराबर होते हैं। ऐसे प्राप्तांक को अंतर्वद्ध प्राप्ताक ( tied scores ) कहते हैं। ऐसे प्राप्तांक के कोटिकरण का तरीका यह है कि सभी अंतर्वद्ध प्राप्तांकों की अलग-अलग कोटि निकालकर उन्हें एक साथ जोड़ दिया जाता है और योगफल को अंतर्वद्ध प्राप्तांकों की संख्या ( number ) से भाग दे दिया जाता है। जो भागफल होता है, वही प्रत्येक अंतर्वद्ध प्राप्तांक की औसत कोटि ( average rank ) होती है। जैसे—टेबुल 27 में तीन छात्राओं के प्राप्तांक बराबर-बराबर यानी 100 हैं। इसके पहले 4 तक कोटि समाप्त हो चुकी है। इसलिए पहले 100 को 5th, दूसरे 100 को 6th तथा तीसरे 100 को 7th कोटि का औसत $\left(\frac{5+6+7}{3} = \frac{18}{3}\right)$6 हुआ। इसलिए प्रत्येक 100 के सामने $R_1$ वाले खाने में 6 लिख दिया गया है। इस प्रकार 7 तक कोटि हो जाने के बाद 8th कोटि के लिए दो प्राप्तांक यानी 98 तथा 98 है, जिनकी औसत कोटि $\left(\frac{8+9}{2} = \frac{17}{2}\right)$8.5 को दोनों के सामने $R_1$ वाले खाना में लिखा गया है। इस तरह X के प्राप्तांकों की कोटि को पूरा कर लिया जाता है। स्मरण रखना चाहिए कि जब आँकड़े अशुद्धि ( error ), चिन्ता ( anxiety ), मन: स्नायुविकृति ( neuroticism ) या इसी तरह के दूसरे अवांछित चरों से सम्बन्धित होते हैं तो कोटिकरण निम्नतम प्राप्तांक ( lowest secore ) से अधिकतम प्राप्तांक ( highest score ) की ओर होता है।

3. X के प्राप्तांकों को कोटि में बदल देने के बाद Y के प्राप्तांकों को कोटि में बदल कर $R_2$ वाले खाने में लिखा जाता है। यहाँ भी ठीक उसी तरह से कोटिकरण किया जाता है, जिस तरह X के प्राप्तांकों का कोटिकरण किया जाता है।

4. इसके बाद X के प्राप्तांकों की कोटि ( $R_1$ ) तथा Y के प्राप्तांकों की कोटि ( $R_2$ ) के बीच ( difference, D ) निकाला जाता है। इसके लिए $R_2$ को $R_1$ में से घटा कर D वाले खाने में + या – चिह्न के साथ लिखा जाता है, जैसा कि टेबुल-27 के कॉलम 5 स्पष्ट होता है।[1]

5. इसके बाद D कॉलम के प्रत्येक मूल्य का वर्ग ( square ) करके $D^2$ वाले खाने में लिखा जाता है, जो टेबुल-27 के कॉलम 6 से स्पष्ट होता है।

6. $D^2$ वाले खाने के सभी मूल्यों को जोड़ दिया जाता है। इसे $\sum D^2$ कहा जाता है।

7. अन्त में सूत्र-35 के आधार पर ρ ज्ञात किया जाता है। फिर N –2 के आधार पर df निकाला जाता है और टेबुल C (जो इस अध्याय के अन्त में है) की सहायता से ρ की सार्थकता के स्तर ( level of significance ) को निर्धारित किया जाता है ।

## ( ख ) कोटियों या श्रेणियों से ρ ज्ञात करना ( *Computing ρ from Ranks or Grades* )

जब दोनों सेटों या चरों के आँकड़े कोटिबद्ध ( ranked data ) होते हैं तो ऐसी हालत में X तथा Y के लिए फिर से कोटि नहीं निकाली जाती है, बलिक दी हुई कोटियों को ही क्रमश: $R_1$ तथा $R_2$ मान लिया जाता है और पहले की तरह D तथा $D^2$ निकाल कर ρ ज्ञात किया जाता है।

**उदाहरण**—एक सफल कार्यकारी ( executive ) के 7 शीलगुण आवश्यक माने गए। उनके क्रमिक महत्त्व को ध्यान में रखते हुए दो निर्णायकों ( judge X and Judge Y ) ने उनका कोटिकरण ( grading ) किया जो निम्नलिखित है। देखना यह है कि दोनों के निर्णय में कोई सम्बन्ध है या नहीं।

**टेबुल 28**

| | 1 | 2 | 3 | 4 |
|---|---|---|---|---|
| शीलगुण | judge X | judge Y | D | $D^2$ |
| ( traits ) | $R_1$ | $R_2$ | ( $R_1$ - $R_2$ ) | |
| A | 4 | 3.5 | .5 | .25 |
| B | 1 | 5 | – 4 | 16.00 |
| C | 7 | 6 | 1 | 1.00 |
| D | 6 | 7 | – 1 | 1.00 |
| E | 3 | 3.5 | –.5 | .25 |
| F | 2 | 1 | 1 | 1.00 |
| G | 5 | 2 | 3 | 9.00 |
| | | | | $\sum D^2 = 28.50$ |

अब, $\rho = 1 - \frac{1 \times \sum D^2}{N(N^2-1)}$

---

1. यहाँ + या – चिह्न का कोई महत्त्व नहीं है, क्योंकि इन अन्तरों का वर्ग कर देने पर धन तथा ऋण का मूल्य बराबर हो जाता है ।

$$= 1 - \frac{6 \times 28.50}{7(7^2 - 1)} = 1 - \frac{171.00}{7(49-1)}$$

$$= 1 - \frac{171}{7 \times 48} = 1 - \frac{171}{336} = 1 - .508$$

= .492 or .49, उत्तर।

df = N - 2 = 7 – 2 = 5

सार्थकता स्तर ( level of significance ) अर्थात् P > .05

**नोट**—कभी-कभी किसी एक चर के मूल आँकड़े ( raw scores ) तथा दूसरे चर के कोटिबद्ध आँकड़े ( ranked data ) दिए गए रहते हैं। ऐसी हालत में मूल आँकड़ों को कोटि में बदल कर आगे का परिकलन ( calculation ) करना चाहिए।

## ( ख ) केण्डल कोटि सहसम्बन्ध विधि या केण्डल टाऊ

### ( Kendall's Rank Correlation method or Kendall's Tau'T' )

दो चरों के बीच सहसम्बन्ध निकालने के लिए केण्डल ने एक अप्राचलिक प्रविधि ( nonparametric technique ) विकसित किया, जिसको केण्डल कोटि सहसम्बन्ध विधि या केण्डल टाऊ कहते हैं। इसका प्रतीक T होता है। केण्डल कोटि सहसम्बन्ध विधि तथा स्पीयरमैन कोटि-अन्तर सहसम्बन्ध विधि ( Spearman's Rank difference method ) की अभिधारणाओं ( assumptions ) में कोई मौलिक अन्तर नहीं है। अत: केण्डल आऊ का उपयोग उन सभी परिस्थितियों में किया जा सकता है जिन परिस्थितियों में स्पीयरमैन कोटि-अन्तर विधि का व्यवहार किया जाता है। एक अर्थ में केण्डल टाऊ या T स्पीयरमैन के ρ (रो) ( Spearman's rho ) से अधिक उपयोगी है, क्योंकि केण्डल-विधि से आंशिक सहसम्बन्ध गुणांक ( partial correlation coefficient ) निकालना सम्भव है, जबकि स्पीयरमैन विधि से सम्भव नहीं है। लेकिन, दूसरे अर्थ में स्पीयरमैन विधि बेहतर है, क्योंकि ρ ( rho ) की अपेक्षा टाऊं ( T ) निकालना अधिक कठिन है ( Downie and Heath, 1959 ) । केण्डल टाऊ या T ज्ञात करने का सूत्र निम्नलिखित है :–

$$T = \frac{2s}{N(N-1)}$$ —सूत्र 36

यहाँ T = केण्डल कोटि सहसम्बन्ध ( Kendall's tau ),

S= वास्तविक योगफल ( actual total ),

N= प्राप्तांकों की संख्या ( number of scores or cases )।

**उदाहरण**—10 विद्यार्थियों द्वारा मनोविज्ञान तथा समाजशास्त्र में प्राप्त अंक निम्नलिखित हैं। क्या प्राप्तांकों के दोनों सेटों के बीच कोई सार्थक सम्बन्ध है ?

| विद्यार्थी | A | B | C | D | E | F | G | H | I | J |
|---|---|---|---|---|---|---|---|---|---|---|
| मनोविज्ञान के अंक ( X ) | 60 | 45 | 70 | 69 | 40 | 50 | 80 | 81 | 55 | 53 |
| समाजशास्त्र के अंक ( Y ) | 57 | 48 | 58 | 68 | 46 | 65 | 58 | 67 | 54 | 49 |

**पहला चरण** ( *first step* )—ऊपर के आँकड़ों ( data ) से T ज्ञात करने के लिए सबसे हले X तथा Y के प्राप्तांकों को कोटि ( ranks ) में ठीक उसी तरह से बदल देना चाहिए,

जिस तरह से स्वीयरमैन कोटि-अन्तर विधि ( Spearman's rank difference method ) में बदला जाता है । अतः कोटिकरण ( ranking ) इस प्रकार होगा :—

| | A | B | C | D | E | F | G | H | I | J |
|---|---|---|---|---|---|---|---|---|---|---|
| X | 5 | 9 | 3 | 4 | 10 | 8 | 2 | 1 | 6 | 7 |
| Y | 6 | 9 | 4.5 | 1 | 10 | 3 | 4.5 | 2 | 7 | 8 |

**दूसरा चरण** ( *second step* )— कोटियों में प्राप्तांकों को बदल देने के बाद X कोटियों को स्वाभाविक ( natural order ) यानि 1, 2, 3 आदि में सजा दिया जाता है तथा उसी क्रम में Y की कोटियों को कर दिया जाता है। जैसे—

| | H | G | C | D | A | I | J | F | B | E |
|---|---|---|---|---|---|---|---|---|---|---|
| X | 1 | 2 | 3 | 4 | 5 | 6 | 7 | 8 | 9 | 10 |
| Y | 2 | 4.5 | 4.5 | 1 | 6 | 7 | 8 | 3 | 9 | 10 |

**तीसरा चरण** ( *third step* )—तीसरे चरण में S यानि वास्तविक योगफल निकाला जाता है। इसके लिए बायीं ओर से Y की प्रत्येक कोटि का S निकाला जाता है। यहाँ यह देखना होता है कि जिस कोटि का S निकालना है, उसकी दाहिनी ओर कौन-कौन कोटि बड़ी ( larger ) है और कौन छोटी ( smaller ) है। सभी बड़ी कोटियों की संख्या को घटाने पर जो शेष बचता है, वही उस कोटि का S होता है। यह + ( plus ) में भी हो सकता है तथा - ( minus ) में भी। इसी प्रकार y की प्रत्येक कोटि के S मूल्य को निकाल कर उन्हें एक साथ जोड़ दिया जाता है। कुल योगफल को वास्तविक योगफल ( actual total ) या S कहते हैं। जैसे ऊपर के उदाहरण में Y - चर की पहली कोटि (बायीं ओर से) 2 है। इस कोटि की दाहिनी ओर 8 कोटियाँ यानी 4.5, 4.5, 6, 7, 8, 3, 9, 10 बड़ी है और केवल एक कोटि यानी 1 इससे छोटी है। अतः पहली कोटि का S मूल्य (8–1) 7 हुआ। स्मरण रखना चाहिए कि अंतर्बद्ध कोटि ( tied rank ) की गिनती नहीं की जाती है। जैसे, यहाँ Y- चर की दूसरी कोटि 4.5 है और इसकी दाहिनी ओर 5 कोटियाँ (यानी 6, 7, 8, 9 तथा 10) बड़ी संख्या में है और 2 कोटियाँ (यानी 1 तथा 3) छोटी है, और 4.5 अंतर्बद्ध कोटि ( tied rank ) यानि समान या बराबर है। इसलिए इसकी गिनती नहीं की गयी है। अतः Y- चर की दूसरी कोटि का S मूल्य ( 5-2 ) 3 होगा। इसी प्रकार अन्य सभी कोटियों का S मूल्य निकाला गया है, जो निम्नलिखित हैं :–

$$S = (8-1) + (5-2) + (5-2) + (6-0) + (4-1) + (3-1) + (2-1) + (2-0) + (1-0)$$

$$= (7) + (3) + (3) + (6) + (3) + (2) + (1) + (2) + (1) = 28$$

अब $T = \dfrac{2S}{N(N-1)}$

$$= \frac{2 \times 28}{10(10-1)} = \frac{56}{10(9)} = \frac{56}{90} = .622,$$ उत्तर

T **की सार्थकता** ( *Significance of T* )—प्राप्त T का मूल्य सार्थक है या नहीं, इसके लिए T को Z में बदल दिया जाता है। यदि Z मूल्य 1.96 से कम होता है तो T को असार्थक

माना जाता है, 1.96 से 2.58 तक होता है तो T को .05 स्तर पर तथा 2.58 से अधिक होता है तो .01 स्तर पर सार्थक माना जाता है तथा शून्य परिकल्पना ( Ho ) को अस्वीकृत ( reject ) कर दिया जाता है। T को Z में बदलने का सूत्रं निम्नलिखित है :–

$$Z=\frac{T}{\sqrt{\frac{2(2N+5)}{9N(N-1)}}}$$

प्रस्तुत उदाहरण में T का मूल्य .62 पाया गया है, जिसको Z में इस प्रकार बदला जा सकता है—

$$Z=\frac{.62}{\sqrt{\frac{2[(2\times10)+5]}{9(10)(10-1)}}}=\frac{.62}{\sqrt{\frac{2(20)+5}{90\times9}}}$$

$$=\frac{.62}{\sqrt{\frac{2\times25}{810}}}=\frac{.62}{\sqrt{\frac{50}{810}}}=\frac{.62}{\sqrt{.062}}$$

$$=\frac{.62}{.25}=2.48$$

अत: Z मूल्य यहाँ .05 स्तर पर सार्थक है। इसलिए, मनोविज्ञान तथा समाजशास्त्र में 10 विद्यार्थियों की उपलब्धियों के बीच धनात्मक सार्थक सहसमबन्ध ( positive significant correlation ) है। शून्य परिकल्पना ( null hypothesis ) .05 स्तर पर अस्वीकृत हो गयी ।

## 3. केण्डल संगति गुणांक
## ( Kendall's Coefficient of Concordance : W )

यह एक अप्राचलिक विधि ( non-parametric correlation method ) है, जिसे **केण्डल** ( Kendall ) ने विकसित किया । इसका व्यवहार कोटियों ( ranks ) के तीन या अधिक सेटों ( sets ) के बीच सहसम्बन्ध निकालने के लिए किया जाता है। इसे प्रतीक के रूप में W कहते हैं। कोटियों की संख्या तीन या अधिक होने पर भी **स्पीयरमैन कोटि-अन्तर विधि** ( Spearman's Rank difference method ) का व्यवहार किया जा सकता है। यदि सेटों की संख्या 3 हो तो पहले तथा दूसरे के बीच, पहले तथा तीसरे के बीच और दूसरे तथा तीसरे सेटों के बीच ρ निकाल कर जो औसत ρ आएगा वही वास्तविक ρ होगा। लेकिन, इसमें समय अधिक लगेगा तथा अधिक श्रम करना होगा। यह कठिनाई W ज्ञात करने में नहीं होती है। अत: ऐसी हालत में W ही निकालना चाहिए। जब कोटियों के सभी सेटों में पूर्ण सहमति ( perfect agreement ) होता है तो W = 1 और जब सहमति का पूर्ण अभाव होता है तो W = 0 होता है। यह भी ध्यान रखना चाहिए। W हमेशा धनात्मक ( positive ) होता है, ऋणात्मक ( negative ) नहीं । यदि W का मूल्य ऋणात्मक हो जाए तो समझना चाहिए कि कहीं भूल हो गयी है और हिसाब को फिर से दोहरा लेना चाहिए। W ज्ञात करने का सूत्र ( formula ) अग्रलिखित है :–

$$W = \frac{12 \times \sum D^2}{m^2 (N)(N^2 - 1)}$$ —सूत्र 37

यहाँ, W = संगति गुणांक ( coefficient of concordance ),

D = सभी केसेज ( cases ) या व्यक्तियों के सेटों की कोटियों के औसत मूल्य से प्रत्येक केस या व्यक्ति के सभी सेटों की कोटियों के योगफल का अन्तर ( difference of the sum of the ranks of all the sets of each case or individual from the averge value of the ranks of all the sets of all the cases or individuals ).

$\sum D^2$ = D के वर्गों का योगफल ( sum of the squares of each D ),

$m^2$ = कोटियों के सेटों की संख्या ( number of the sets of the ranks )

N = केसेज या व्यक्तियों की संख्या ( no. of the cases or individuals )

**उदाहरण**—विश्वसनीयता ( dependability ) के शीलगुण के आधार पर 10 कर्मचारियों ( workers ) का श्रेणीकरण ( ranking ) 5 निर्णायकों ( judges ) द्वारा किया गया जो निम्नलिखित है। क्या निर्णायकों के निर्णय में सार्थक सहमति है ?

**टेबुल 29**

**चरण ( Steps ) :**

| 1 | 2 | | | | | 3 | 4 | 5 |
|---|---|---|---|---|---|---|---|---|
| कर्मचारी | निर्णायकों द्वारा कोटियाँ ( judge's rankgs ) | | | | | कोटियों का योगफल ( sum of ranks ) | D | $D^2$ |
| 1 | 2 | 1 | 3 | 3 | 4 | 13 | 14.7 | 216.09 |
| 2 | 1 | 3 | 1 | 2 | 3 | 10 | 17.7 | 313.29 |
| 3 | 3 | 3 | 4 | 1 | 4 | 15 | 12.7 | 161.29 |
| 4 | 4 | 5 | 5 | 5 | 1 | 20 | 7.7 | 59.29 |
| 5 | 3 | 4 | 6 | 7 | 6 | 26 | 1.7 | 2.89 |
| 6 | 8 | 7 | 3 | 4 | 7 | 29 | - 1.3 | 1.69 |
| 7 | 5 | 6 | 6 | 6 | 8 | 31 | - 3.3 | 10.89 |
| 8 | 8 | 7 | 7 | 8 | 9 | 39 | -11.3 | 127.69 |
| 9 | 10 | 9 | 10 | 9 | 8 | 46 | - 18.3 | 334.89 |
| 10 | 10 | 10 | 10 | 9 | 9 | 48 | - 20.3 | 412.09 |
| | | | | | | $\sum = 277$ | | $\sum D^2 = 1640.1$ |

Average sum of ranks $= \frac{277}{10} = 27.7$

अत: $$W = \frac{12 \sum D^2}{m^2 (N)(N^2 - 1)}$$

$$= \frac{12 \times 1640.1}{5^2(10(10^2 - 1))} = \frac{19681.2}{25(10)(100 - 1)} = \frac{19681.2}{25(10 \times 99)}$$

$$= \frac{19681.2}{25 \times 990} = \frac{19681.2}{24750} = .795 or .80,$$ उत्तर।

**W की सार्थकता** ( *Significance of W* )—*W* ज्ञात करने के बाद इसकी सार्थकता टेबुल D (जो इस अध्याय के अन्त में है) के आधार पर निर्धारित की जाती है। प्रस्तुत उदाहरण में W का मूल्य .795 या .80 पाया गया है जो .01 स्तर पर सार्थक है। कारण, यहाँ कोटियों की संख्या ( m )5 है और N वास्तव में 10 है। अत: 5 m तथा 10N पर टेबुल D को देखने से पता चलता है कि W को .01 स्तर पर सार्थक होने के लिए कम-से-कम .43 चाहिए। किन्तु यहाँ W ( .80 ) इससे भी अधिक है। अत: यह शून्य परिकल्पना ( null hypothesis ) कि पाँची निर्णायकों के निर्णयों में कोई सार्थक सहमति नहीं है, अस्वीकृत ( rejected ) हो गयी। दूसरे शब्दों में प्रमाणित हुआ कि निर्णायकों के निर्णयो के बीच सार्थक सहमति है।

**W के परिकलन में निहित चरण** ( *Steps* )—उपर्युक्त उदाहरण से स्पष्ट है कि W ज्ञात करने में कई चरण शामिल होते हैं :–

( 1 ) सबसे पहले प्रत्येक व्यक्ति या शीलगुण के सम्बन्ध में निर्णायकों के जो निर्णय कोटियों ( ranks ) के रूप में होते हैं, उन्हें क्रमश: उसी रूप मे लिख दिया जाता हे, जैसा कि टेबुल 29 के कॉलम 1 तथा 2 से स्पष्ट है।

( 2 ) दूसरे चरण मे प्रत्येक व्यक्ति या शीलगुण के सम्बन्ध में सभी निणप्रयकों द्वारा दी गयी कोटियों को जोड़कर अलग-अलग लिखा जाता है। टेबुल-29 के कूलम 3 से यह बात स्पष्ट हो जाती है। यहाँ पहले कर्मचारी के सम्बन्ध में चार निर्णायकों द्वारा दी गयी कोटियों का योगफल 13 ( 2+1+3+3+4 ) है, जिसको कॉलम 3 में लिखा गया है । इसी तरह दूसरे कर्मचारी के सम्बन्ध में दी गयी पाँचों कोटियों का योगफल 10 ( 1+3+1+2+3 ) है, जिसे कॉलम 3 में दूसरे स्थान पर लिखा गया है। इसी प्रकार दूसरे सभी कर्मचारियों की कोटियों के योगफल को निकाल कर कॉलम 3 में क्रमश: लिखा गया है।

3. तीसरे चरण में सभी व्यक्तिगत कोटियों के योगफल को एक साथ जोड़कर N (व्यक्तियों की संख्या) से भाग देकर औसत योगफल निकाला जाता है। जैसे, टेबुल-29 के कॉलम 3 का कुल योगपुल 277 है।, जिसको N (कर्मचारियों की संख्या अर्थात् 10 से भाग देने पर औसत योगफल 27.7 $\left(\frac{277}{10}\right)$ प्राप्त हुआ।

4. चौथे चरण में व्यक्तिगत कोटियों के योगफल ( individual sum of ranks ) तथा औसत कोटियों के योगफल ( average sum of ranks ) के बीच अन्तर ( difference, D ) निकाला जाता है। टेबुल-29 कॉलम 4 से यह बात स्पष्ट हो जाती है। जैसे—यहाँ पहले कर्मचारी की व्यक्तिगत कोटियों का योगफल 13 है और सभी व्यक्तिगत कोटियों का औसत 27.7 है। इसलिए दोनों के बीच 14.7 (27.7 - 13) का अन्तर है, जिसको कॉलम 4 के पहले स्थान पर लिखा गया है। इसी प्रकार दूसरे सभी कर्मचारी की व्यक्तिगत कोटियों के योगफल तथा औसत कोटि के बीच अन्तर निकाला गया है तथा कॉलम 4 में लिखा गया है ।

5. पाँचवें चरण में प्रत्येक अन्तर ( D ) का वर्ग ( square ) कर दिया जाता है। जैसे, टेबुल 29 में कॉलम 4 के प्रथम D का वर्ग ( 14.7 × 14.7 ) 216.09 हुआ जिसको कॉलम 5 के प्रथम स्थान पर लिखा गया है। ठीक इसी प्रकार प्रत्येक D का वर्ग करके $D^2$ वाले खाना में क्रमशः लिखा गया है।

अन्त में सभी $D^2$ को एक साथ जोड़ दिया जाता है और सूत्र-37 के आधार पर W ज्ञात किया जाता है। जैसे, यहाँ $D^2$ का मान 1640.1 पाया गया है, जिसको सूत्र-37 पर बैठाने पर W का मान .795 या .80 पाया गया है। जब W ज्ञात हो जाता है तो इसकी सार्थकता टेबुल D (जो इस अध्याय के अन्त में है) को देखकर m (कोटियों की संख्या) तथा N (व्यक्तियों की संख्या) के आधार पर निर्धारित की जाती है अर्थात यह पता लगा लिया जाता है कि W सार्थक है या असार्थक है और यदि सार्थक है तो .05 स्तर पर या .01 स्तर पर।

## टेबुल C

## स्पीयरमैन का कोटि अन्तर सहसम्बन्ध की तालिका

**( Table of Spearman's Rank Diffrerence Correlation )**

| N | .05 | .01 |
|---|---|---|
| 4 | 1.000 | 1.1000 |
| 5 | .900 | 1.000 |
| 6 | .829 | .943 |
| 7 | .714 | .893 |
| 8 | .643 | .833 |
| 9 | .600 | .783 |
| 10 | .564 | .746 |
| 12 | .506 | .712 |
| 14 | .456 | .645 |
| 16 | .425 | .601 |
| 18 | .399 | .564 |
| 20 | .377 | .534 |
| 22 | .359 | .508 |
| 24 | .343 | .485 |
| 26 | .329 | .465 |
| 28 | .317 | .448 |
| 30 | .306 | .432 |

( For two tailed test ρ value of .05 and .01 will be .10 and .02 respectively. )

## टेबुल D

Values of the coefficient of concordance ( W ) to be significant at the 20, 10,5 and 1 percent levels.

| m | 1 | 3 | 4 | 5 | 6 | 7 | 8 | 9 | 10 |
|---|---|---|---|---|---|---|---|---|---|
| | .20 | .78 | .60 | .53 | .49 | .47 | .46 | .45 | .44 |
| | .10 | | .73 | .62 | .58 | .55 | .53 | .52 | .51 |
| 3 | .05 | 1.00 | .82 | .71 | .63 | .62 | .60 | .58 | .56 |
| | .01 | | .96 | .84 | .77 | .73 | .70 | .67 | .65 |
| | .20 | .56 | .40 | .38 | .37 | .36 | .35 | .34 | .33 |
| | .10 | .75 | .52 | .47 | .44 | .42 | .41 | .40 | .39 |
| 4 | 05. | .81 | .65 | .54 | .51 | .48 | .46 | .45 | .44 |
| | .01 | 1.00 | .80 | .67 | .62 | .59 | .56 | .54 | .52 |
| | .20 | .36 | .34 | .30 | .29 | .28 | .28 | .27 | .27 |
| | .10 | .52 | .42 | .38 | .36 | .34 | .33 | .32 | .31 |
| 5 | .05 | .64 | .52 | .44 | .41 | .39 | .38 | .36 | .35 |
| | .01 | .84 | .66 | .56 | .52 | .49 | .46 | .44 | .43 |
| | .20 | .33 | .27 | .25 | .24 | .24 | .23 | .23 | .23 |
| | .10 | .44 | .36 | .32 | .30 | .29 | .28 | .27 | .26 |
| 6 | .05 | .58 | .42 | .37 | .35 | .33 | .32 | .31 | .30 |
| | .01 | .75 | .56 | .49 | .45 | .42 | .40 | .38 | .37 |
| | .20 | .27 | .23 | .22 | .21 | .20 | .20 | .20 | .19 |
| | .10 | .39 | .30 | .26 | .27 | .25 | .24 | .23 | .23 |
| 7 | .05 | .51 | .36 | .32 | .30 | .29 | .27 | .26 | .26 |
| | .01 | .63 | .18 | .43 | .39 | .36 | .34 | .33 | .32 |
| | .20 | .25 | .20 | .18 | .18 | .18 | .17 | .17 | .17 |
| | .10 | .33 | .26 | .24 | .23 | .22 | .21 | .20 | .20 |
| 8 | .05 | .39 | .32 | .29 | .27 | .25 | .24 | .23 | .23 |
| | .01 | .56 | .43 | .38 | .35 | .32 | .31 | .29 | .28 |
| | .20 | .20 | .18 | .17 | .16 | .16 | .16 | .15 | .15 |
| | .10 | .31 | .23 | .21 | .20 | .19 | .18 | .18 | .18 |
| 9 | .05 | .35 | .28 | .26 | .24 | .23 | .22 | .21 | .20 |
| | .01 | .48 | .38 | .34 | .31 | .29 | .27 | .26 | .25 |
| | .20 | .19 | .16 | .15 | .15 | .14 | .14 | .14 | .13 |
| | .10 | .25 | .21 | .19 | .18 | .17 | .17 | .16 | .16 |
| 10 | .05 | .31 | .25 | .23 | .21 | .20 | .250 | .19 | .18 |
| | .01 | .48 | .35 | .31 | .28 | .26 | .25 | .24 | .23 |
| | .20 | .14 | .13 | .13 | .12 | .12 | .12 | .11 | .11 |
| | .10 | .19 | .17 | .16 | .15 | .15 | 14 | .14 | .13 |
| 12 | .05 | .25 | .21 | .19 | .18 | .17 | .16 | .16 | .15 |
| | .01 | .36 | .30 | .26 | .24 | .22 | .21 | .20 | .19 |

| | | | | | | | | | |
|---|---|---|---|---|---|---|---|---|---|
| | .20 | .12 | .11 | .11 | .10 | .10 | .10 | .10 | .10 |
| | .10 | .17 | .15 | .14 | .13 | .13 | .12 | .12 | .12 |
| 14 | .05 | .21 | .18 | .17 | .16 | .15 | .14 | .14 | .13 |
| | .01 | .31 | .26 | .23 | .21 | .19 | .18 | .17 | .17 |
| | .20 | .10 | .10 | .9 | .09 | .09 | .09 | .09 | 08 |
| | .10 | .15 | .13 | .12 | .12 | .11 | .11 | .10 | .10 |
| 16 | .05 | .19 | .16 | .15 | .14 | .13 | .12 | .12 | .12 |
| | .01 | .28 | .23 | .20 | .18 | .17 | .16 | .15 | .15 |
| | .20 | 09 | .09 | .08 | .08 | .08 | .08 | .08 | .07 |
| | .10 | .13 | .12 | .11 | .10 | .10 | .09 | .09 | .09 |
| 18 | .05 | .17 | .14 | .13 | .12 | ,11 | .11 | .11 | .10 |
| | .01 | .25 | .20 | .18 | .16 | .15 | .14 | .14 | .13 |
| | .20 | .08 | .08 | .07 | .07 | .07 | .07 | .07 | .07 |
| | .10 | .11 | .10 | .10 | .09 | .09 | .08 | .08 | .08 |
| 20 | .05 | .15 | .13 | .12 | .11 | .10 | .10 | .10 | .09 |
| | .01 | .22 | .18 | .16 | .15 | .14 | .13 | .12 | .11 |
| | .20 | .07 | .06 | .06 | .06 | .06 | .06 | .05 | .05 |
| | .10 | .09 | .08 | .08 | .07 | .07 | .07 | .07 | .06 |
| 25 | .05 | .12 | .10 | .09 | .09 | .08 | .08 | .08 | .07 |
| | .01 | .018 | .15 | .13 | .12 | .11 | .10 | .10 | .09 |
| | .20 | .05 | .05 | .05 | .05 | .05 | .05 | .05 | .04 |
| | .10 | .08 | .07 | .06 | .06 | .06 | .06 | .06 | .05 |
| 30. | .05 | .10 | .9 | .08 | .07 | .07 | .07 | .07 | .06 |
| | .01 | .15 | .12 | .11 | .10 | .09 | .09 | .08 | .08 |

## विश्वविद्यालय प्रश्न
## UNIVERSITY QUESTIONS
### निबन्धात्मक प्रश्न
### ( *Essay Type Questions* )

1. *कोटि सहसम्बन्ध विधि ( Rank correlation method ) से क्या समझते हैं ? किन परिस्थितियों में इस विधि का व्यवहार किया जाता है ?*
2. *कोटि सहसम्बन्ध ( Rank correlation ) के कौन-कौन प्रकार हैं ? किन्हीं दो प्रकार की व्याख्या करें ।*
3. *कोटि-अन्तर विधि ( Rank difference method ) की कौन-कौन-सी अभिधारणाएँ ( postulates ) हैं ? यह प्रोडक्ट मोमेन्ट विधि ( product moment method ) से कैसे भिन्न है ?*
4. *कोटि-अन्तर सहसम्बन्ध ( Rank difference correlation ) के लाभों ( advantages ) तथा अलाभों ( disadvantages ) की व्याख्या करें ।*
5. *स्पीयरमैन-विधि ( Spearman's method ) की कौन-कौन-सी शर्तें ( conditions ) हैं ? यह केण्डल विधि से कैसे भिन्न है ?*

6. केण्डल संगति गुणांक ( Kendall's coefficient of concordance ) का व्यवहार किन परिस्थितियों में किया जाता है ? इसके गुणों( merits ) तथा सीमाओं( limitations ) को लिखें।
7. केण्डल टाऊ ( Kendall's tau, T ) की क्या अभिधारणाएँ ( assumptions ) हैं ? इसके लाभों ( advantages ) की व्याख्या करें ।
8. 12 विद्यार्थियों ने मनोविज्ञान तथा समाजशास्त्र में निम्नलिखित अंक प्रापत किए–

| | | | | | | | | | | | | |
|---|---|---|---|---|---|---|---|---|---|---|---|---|
| मनोविज्ञान : | 63, | 60, | 55, | 50, | 45, | 47, | 70, | 75, | 63, | 57, | 63, | 80 |
| समाजशास्त्र : | 58, | 60, | 46, | 46, | 54, | 58, | 67, | 55, | 61, | 47, | 55, | 55 |

अंकों के दोनों सेटों ( Sets of marks ) के बीच P ज्ञात करें तथा परिणाम ( results ) की व्याख्या करें।
9. 15 छात्रों का श्रेणीकरण ( ranking ) X-परीक्षण तथा Y-परीक्ष ग के आधार पर वर्ग शिक्षक ( class teacher ) के द्वारा किया गया जो निम्नलिखित हैं–

| छात्र | 1, | 2 | 3 | 4 | 5 | 6 | 7 | 8 | 9 | 10 | 11 | 12 | 13 | 14 | 15 |
|---|---|---|---|---|---|---|---|---|---|---|---|---|---|---|---|
| X-शिक्षक | 3 | 1 | 7 | 4-5 | 2 | 6 | 4-5 | 15 | 12 | 8-5 | 8-5 | 11 | 10 | 13 | 14 |
| Y-शिक्षक | 5 | 2 | 10 | 6 | 1 | 9 | 8 | 13 | 14 | 11 | 7 | 4 | 3 | 12 | 15 |

उपर्युक्त आँकड़ों से उपयुक्त विधि द्वारा सहसम्बन्ध ज्ञात करें तथा उसकी सार्थकता की जाँच करें ।
10. 13 छात्राओं का कोटिकरण ( grading ) ललितकला ( fine arts ) के आधार पर किया गया। उनकी कोटियाँ ( grades ) तथा गृहविज्ञान में प्राप्त अंक निम्नलिखित हैं :–

| छात्राएँ | A | B | C | D | E | F | G | H | I | J | K | L | M |
|---|---|---|---|---|---|---|---|---|---|---|---|---|---|
| कोटियाँ | 5 | 3 | 1 | 2 | 10 | 9 | 7 | 13 | 8 | 11 | 4 | 6 | 12 |
| गृहविज्ञान के अंक | 45 | 47 | 40 | 30 | 50 | 55 | 60 | 69 | 57 | 61 | 35 | 47 | 58 |

उपर्युक्त आँकड़ों के आधार पर $\rho$ ज्ञात करें ।
11. 7 शिक्षकों का मूल्यांकन छात्रों तथा छात्राओं द्वारा उनकी अध्यापन-योग्यता ( teaching ability ) के आधार पर किया गया और निम्नलिखित आँकड़े प्राप्त हुए :–

| शिक्षक | छात्र | छात्राएँ |
|---|---|---|
| 1 | 54 | 68 |
| 2 | 49 | 52 |
| 3 | 46 | 28 |
| 4 | 45 | 32 |
| 5 | 43 | 41 |
| 6 | 39 | 48 |
| 7 | 32 | 48 |

इन आँकड़ों से कोटि-अन्तर सहसम्बन्ध ($\rho$) ज्ञात करें ।
12. प्रश्न 11 के आँकड़ों के आधार पर केण्डल टाऊ ( Kendall's tau, T ) ज्ञात करें।
13. सुन्दरता-प्रतियोगिता ( Beauty competition ) में दो जजों ( Judges ) ने 12 लड़कियों का कोटि-करण ( ranking ) इस प्रकार किया :–

| Girls | A | B | C | D | E | F | G | H | I | J | K | L |
|---|---|---|---|---|---|---|---|---|---|---|---|---|
| Judge I | 5 | 2 | 7 | 12 | 9 | 4 | 10 | 11 | 8 | 6 | 1 | 3 |
| Judge II | 7 | 1 | 10 | 9 | 8 | 5 | 12 | 11 | 6 | 4 | 3 | 2 |

दोनों जजों के निर्णयों के बीच किस मात्रा में सहमति है ?

14. एक सुन्दरता-प्रतियोगिता में 7 लड़कियों ने भाग लिया और 4 निर्णायकों ( Juges ) ने उनका श्रेणीकरण ( rating ) किया जो निम्नलिखित हैं :–

| | निर्णायक ( Judges ) | | | |
|---|---|---|---|---|
| लड़िकियाँ | (1) | (2) | (3) | (4) |
| 1 | 2 | 4 | 3 | 2 |
| 2 | 1 | 1 | 1 | 1 |
| 3 | 6 | 5 | 6 | 7 |
| 4 | 4 | 2 | 4 | 3 |
| 5 | 7 | 7 | 6 | 6 |
| 6 | 5 | 6 | 5 | 5 |
| 7 | 3 | 3 | 2 | 4 |

उपर्युक्त आँकड़ों से संगति गुणांक ( co-efficient of concordance ) ज्ञात करें तथा निर्णायकों के निर्णयों के बीच सहमति की मात्रा बनाएँ ।

15. प्रश्न संख्या 13 के आँकड़ों के आधार पर $\rho$ ज्ञात करें तथा परिणाम की व्याख्या करें।

16. प्रश्न संख्या 8 के आँकड़ों से केण्डल टाऊ ( Kendall's tau ) निकालें तथा उसकी सार्थकता बतलाएँ ।

17. चित्रकारी प्रतियोगिता ( painting competition ) में 10 लोगों का कोटिकरण तीन निर्णायकों ( judges ) द्वारा किया गया जो निम्नलिखित हैं :–

| | | | | | | | | | | |
|---|---|---|---|---|---|---|---|---|---|---|
| Judge I | 1 | 4 | 6 | 7 | 2 | 3 | 10 | 5 | 9 | 8 |
| Judge II | 6 | 1 | 5 | 10 | 2 | 4 | 9 | 8 | 3 | 7 |
| Judge III | 3 | 5 | 4 | 8 | 1 | 7 | 10 | 2 | 9 | 6 |

( i ) उपर्युक्त आँकड़ों से $\rho$ ज्ञात करें । ( ii ) उपर्युक्त आँकड़ों से W ज्ञात करें ।

18. मनोविज्ञान के दस विद्यार्थियों का परीक्षा में प्राप्त स्थान तथा उनके द्वारा सांख्यिकी में प्राप्त अंक नीचे दिए गए हैं । कोटि-अन्तर सहसम्बन्ध निकालें तथा निष्कर्ष की व्याख्या करें ।

[ M.A., 1993, 2005, P.U. ]

| | Ranks in the Exam. | Marks of stat. |
|---|---|---|
| A | 1 | 80 |
| B | 2 | 80 |
| C | 3 | 82 |
| D | 4 | 81 |
| E | 5 | 70 |
| F | 6 | 71 |
| G | 7 | 50 |
| H | 8 | 65 |
| I | 9 | 70 |
| J | 10 | 59 |

19. Find out the relationship between the following two sets of data using Rank difference correlation method and interpret the results—

कोटि-अन्तर विधि का उपयोग कर निम्नलिखित आंकड़ों के दो समूहों के बीच सम्बन्ध बताएँ और परिणाम की व्याख्या करें– *[ M.A. Part II Hons 1989, MU ]*

*[ M.A. ( Soc. ) 2008, P.U. ]*

| X | Y |
|---|---|
| 55 | 40 |
| 60 | 48 |
| 47 | 49 |
| 40 | 35 |
| 30 | 21 |
| 45 | 30 |
| 20 | 15 |
| 14 | 10 |
| 18 | 5 |
| 26 | 22 |

20. *Ten unemployed youths were administered the tests of alienation and identity crisis, and the following scores were obtained. Compute the coefficient of correlation between the two test's scores by using Rank-difference Method and interpret the results— [ B.A. II Hons. 1985, 2001, M.U. ]*

दस बेरोजगार युवकों पर विमुखता तथा पहचान-संकट परीक्षण प्रशासित किये गए तथा अधोलिखित प्राप्तांक प्राप्त हुए । कोटि-भिन्नता प्रविधि का उपयोग करते हुए दो परीक्षण प्राप्तांकों के बीच व्याप्त सहसम्बन्ध निर्धारित करें तथा प्राप्त परिणाम की व्याख्या करें :–

| | | | | | | | | | | |
|---|---|---|---|---|---|---|---|---|---|---|
| Alienation Scores | 54 | 57 | 48 | 62 | 52 | 55 | 64 | 51 | 53 | 44 |
| Identity crisis Scores | 43 | 49 | 56 | 58 | 61 | 55 | 53 | 47 | 46 | 63 |

21. *Find out rho of the two sets of scorese given below.*

नीचे दिए गए प्राप्तांकों के दो सेटों के बीच ρ ज्ञात करें ।

| | | | | | | | | |
|---|---|---|---|---|---|---|---|---|
| $X_1$ | 15, | 18, | 22, | 17, | 19, | 20, | 16, | 21 |
| $X_2$ | 40, | 42, | 50, | 45, | 43, | 46, | 41, | 41 |

*[ B.A. II Hons. P.U., 1997; Hons. VKU, 2004 ]*

22. *12 students obtained the following marks on a test of Hindi and English separately. Find out whether the marks obtained by these students in Hindi and English are related. [ B.A. II Hons. 1998, 2003, P.U. ]*

| Subject | Marks | | | | | | | | | | | |
|---|---|---|---|---|---|---|---|---|---|---|---|---|
| Hindi | 20, | 18, | 16, | 15, | 13, | 12, | 12, | 10, | 8, | 5, | 11, | 12 |
| English | 12, | 16, | 10, | 14, | 12, | 10, | 9, | 7, | 7, | 2, | 11, | 10 |

23. *12 students obtained following marks in psychology and sociology.*

12 विद्यार्थियों ने मनोविज्ञान तथा समाजशास्त्र में निम्नलिखित अंक प्राप्त किए :–

*[ B.A. II TM. Bh.U., 1995, 2001 ]*

| | | | | | | | | | | | | |
|---|---|---|---|---|---|---|---|---|---|---|---|---|
| Psychology : | 63, | 60, | 55, | 50, | 45, | 47, | 70, | 75, | 63, | 57, | 63, | 80 |
| Sociology : | 68, | 60, | 46, | 46, | 54, | 58, | 67, | 55, | 61, | 47, | 55, | 55 |

*Calculate ρ between the two sets of scores and interpret your results.*

दोनों समूहों के बीच ρ निकालें तथा प्राप्त निष्कर्ष का मूल्यांकन करें ।

24. *What are the assumptions of Kendall's tau., T ? Discuss the advantages and disadvantages of this technqiue.* *[ M.A. V.B.U.,2001 ]*
कन्डौल के टाऊ परीक्षण की क्या अभिधारणाएँ है ? इस के गुण तथा दोष की विवेचना करें ।

25. *10 subjects obtained following scores on test X and Y—*

| | | | | | | | | | | |
|---|---|---|---|---|---|---|---|---|---|---|
| X = | 9, | 15, | 39, | 35, | 15, | 14, | 37, | 41, | 49, | 17 |
| Y= | 69, | 39, | 34, | 37, | 19, | 19, | 11, | 15, | 41, | 45 |

*On the basis of above scrores calculate Tau coefficient and interpret the result.* *[ B.A. 2001, P.U. ]*

26. *12 students obtained following marks in History ( X ) and Psychology ( Y ). Test the relationship between the marks by using Kendall's Tau—*
12 विद्यार्थियों ने इतिहास (X) तथा मनोविज्ञान (Y) में निम्न अंक प्राप्त किए । दोनां विषयों के अंकों के बीच सम्बन्ध की जाँच कंडाल टाउ द्वारा करें :–

| | A | B | C | D | E | F | G | H | I | J | K | L |
|---|---|---|---|---|---|---|---|---|---|---|---|---|
| X | 30 | 36 | 27 | 26 | 25 | 33 | 22 | 24 | 29 | 28 | 40 | 14 |
| Y | 75 | 85 | 72 | 74 | 73 | 83 | 66 | 64 | 67 | 65 | 70 | 68 |

27. *Compute the correlation between the following two series of test scores by the rank-difference method and test its signifiance.* *[ B.A. Hons. 2001, P.U. ]*
निम्नलिखित परीक्षण प्राप्तांकों की दो श्रेणियों के बीच कोटि-अन्तर विधि द्वारा सहसम्बन्ध ज्ञात करें तथा इनकी सार्थकता की जाँच करें :–

| Individual (व्यक्ति) | 1 | 2 | 3 | 4 | 5 | 6 | 7 | 8 |
|---|---|---|---|---|---|---|---|---|
| Intelligence Scores : (बुद्धि-प्राप्तांक) | 185 | 203 | 188 | 195 | 176 | 174 | 158 | 197 |
| Cancellation Scores in seconds : (सेकण्ड में केन्सिलेशन प्राप्तांक) | 110 | 98 | 118 | 104 | 112 | 124 | 119 | 95 |

28. *On the basis of the scores given below calculate correlation with the help of rank difference method and test its significance.* *[ B.A. Part-II Hons. 2008, P.U. ]*
नीचे दिए गए प्राप्ताकों के आधार पर कोटि अन्तर विधि द्वारा सहसम्बन्ध शत करें तथा इसकी सार्थकता की जाँच करें ।

| | | | | | | | | |
|---|---|---|---|---|---|---|---|---|
| X | 75 | 88 | 95 | 70 | 60 | 80 | 81 | 50 |
| Y | 120 | 134 | 150 | 115 | 110 | 140 | 142 | 100 |

29. *Calculate rank difference correlation of the following students securing marks in English and Hindi :* *[ B.A. Part-II Hons. 2008, P.U. ]*
अँग्रेजी एवं हिन्दी में छात्रों के निम्न प्राप्तांकों के आधार पर कोटि-अन्तर सहसम्बन्ध ज्ञात करें ।

| Students. | A | B | C | D | E | F | G |
|---|---|---|---|---|---|---|---|
| English | 20 | 24 | 29 | 34 | 23 | 22 | 22 |
| Hindi | 17 | 13 | 15 | 16 | 19 | 20 | 24 |

30. *Following are the marks obtained by 10 boys and 10 girsl in sociology. By applying appropriate method, compute the correlation and interpret the results.* *[ B.A. BRABU. 2007 ]*
निम्नलिखित प्राप्तांक 10 लड़के एवं 10 लड़कियों ने समाजशास्त्र में प्राप्त किया । उपयुक्त विधि द्वारा सहसम्बन्ध का परिकलन करें तथा परिणाम की व्याख्या करें ।

| *X* Boys (लड़के) | *Y* Girsl (लड़कियाँ) |
|---|---|
| 50 | 65 |
| 60 | 70 |
| 45 | 80 |
| 70 | 75 |
| 35 | 60 |
| 40 | 55 |
| 55 | 45 |
| 65 | 60 |
| 50 | 85 |
| 70 | 60 |

31. *Following are the ranks of 10 students given by their class teache on X-test and Y-test :* *[ B.A. BRABU. 2007 ]*

*10 छात्रों की कोटियाँ उनके वर्ग शिक्षण द्वारा X–परीक्षण तथा Y–परीक्षण पर दी गयी हैं जो निम्नलिखित हैं :—*

| | | | | | | | | | | |
|---|---|---|---|---|---|---|---|---|---|---|
| *X-Test : X-परीक्षण* | 2.5 | 8 | 1 | 4 | 2.5 | 10 | 9 | 5 | 7 | 6 |
| *Y-Test : Y-परीक्षण* | 3 | 7 | 2 | 5 | 1 | 8 | 9 | 4 | 10 | 6 |

*Find out Rank difference correlation on the basis of the above data and examine its significance.*

*उपर्युक्त आँकड़ों के आधार पर कोटि अंतर सहसम्बन्ध ज्ञात करें और इसकी सार्थकता की जाँच करें।*

32. *Calculate rho ( P ) between these two sets of scores and interpret the result.* *[ B.A. Hons. 2008, Bhag. U. ]*

*इन दो सेटों के बीच कोतिक्रम सहसम्बन्ध निकाले तथा परिणाम का विश्लेषण करें।*

*Set A 64, 61, 56, 51, 45, 47, 71, 76, 64, 58, 64, 81*

*Set B 69, 61, 47, 47, 55, 59, 68, 56, 62, 48, 56, 56*

33. *Calculate correlation by method of rank difference :* *[ B.A. Hons. Part-II, 2009, P.U. ]*

*X—75, 88, 85, 70, 60, 80, 81, 50*

*Y—120, 134, 145, 110, 148, 105, 150, 125*

## ANSWERS

**8.** $\rho = .45$, df = 10, $P > .05$

**9.** $\rho = .73$, df = .13, $p < .01$

**10.** $\rho = .86$, df = 11, $p < .01$

**11.** $\rho = .197$ or .20, df = 5, $p > .05$

**12.** T = .096, Z = .30

**13.** T = .73, Z = 1.62

**14.** W = .85, $P < .01$

**15.** $\rho = .85$, df = 10, $P < .01$

**16.** T = .348 or .35, Z = 1.59

**17.** (i) .44 (I vs II), .76 (I vs III), .31 (II vs III), औसत $\rho = .50$, df = 8, $P > .05$
(ii) W = .67, $P < .01$

**18.** $\rho = .783$, df = 8, $P < .01$

**19.** $\rho = .909$, df = 8, $P < .01$

**20.** $\rho = -.26$, df = 8, $P > .05$

**21.** $\rho = .64$, df = 6, $P < .01$

**22.** $\rho = .83$, df = 10, $P < .01$

**23.** $\rho = .57$, df = 10, $P < .05$

**25.** T = –.22, Z = 0.81, $P > .05$

**26.** T = .35, Z = 1.67, $P > .05$

**27.** $\rho = .85$, df = 6, $P < .01$

**28.** $\rho = .93$, df = 6, $P < .01$

**29.** $\rho = .62$, df = 5, $P > .05$

**30.** $\rho = .08$, df = 8, $P > .05$

**31.** $\rho = .88$, df = 8, $P < .01$

**32.** $\rho = .52$, df = 10, $P > .05$

**33.** $\rho = .21$, P = 7, $P > .05$

## वस्तुनिष्ठ प्रश्न
## ( Objective Questions )

1. कोटि-अन्तर सहसम्बन्ध-विधि का उपयोग सबसे पहले निम्नलिखित में से किस व्यक्ति ने किया ?

   (क) स्पीयरमैन ( Spearman ) (ख) पीयरसन ( Pearson )
   (ग) केण्डल ( Kendall ) (घ) इनमें से कोई नही

2. यदि दो चरों के आँकड़ों श्रेणियों ( grades ) के रूप में दिए गए हों तो उनके बीच सहसम्बन्ध गुणांक ( correlation ) ज्ञात करने हेतु निम्नलिखित में से कौन-सा सहसम्बन्ध निकाला जाएगा ?

   (क) $r$ (ख) $T$ (ग) $W$ (घ) $P$

3. निम्नलिखित सहसम्बन्ध विधियों में कौन अप्राचलिक परीक्षण ( non-parametric test ) नहीं है ?

   (क) स्पियरमैन कोटि-अन्तर विधि ( Rank difference method )
   (ख) केण्डल सहसम्बन्ध गुणांक ( Kendall's coefficient of correlation method )
   (ग) केण्डल कोटि सहसम्बन्ध विधि ( Kendall's Rank difference method )
   (घ) इनमें से कोई नहीं

4. किस सहसम्बन्ध विधि से आंशिक सहसम्बन्ध गुणांक ( partial correlation coefficient ) ज्ञात किया जा सकता है ?

   (क) केण्डल टाउ ( Kendall's tau ) से,
   (ख) कोटि अन्तर विधि ( Rank difference method ) से,
   (ग) प्रोडक्ट मोमेन्ट सहसम्बन्ध विधि ( Product moment method ) से,
   (घ) इनमें से किसी से नहीं

5. निम्नलिखित में कौन हमेशा धनात्मक ( positive ) होता है ?

   (क) $\rho$ (ख) $r$ (ग) $W$ (घ) $T$

6. यदि निर्णायकों के निर्णय चार कोटियों ( ranks ) में दिए गए हों तो उनके बीच सहसम्बन्ध ज्ञात करने के लिए कौन-सा सहसम्बन्ध उपयुक्त होगा ?

   (क) $W$ (ख) $r$ (ग) $T$ (घ) $\rho$

7. निम्नलिखित मे से किस सहसम्बन्ध की सार्थकता की जाँच के लिए $Z$ का उपयोग किया जाता है ?

   (क) $T$ (ख) $W$ (ग) $\rho$ (घ) इनमें से कोई नहीं

### ANSWER

1. (ख) 2. (घ) 3. (घ) 4. (घ) 5. (ग) 6. (क) 7. (ग)।

✦

*अध्याय 12*

# उच्च सहसम्बन्ध विधियाँ

## ( ADVANCED CORRELATION METHODS )

इस अध्याय में सात उच्च सहसम्बन्ध विधियों का उल्लेख किया जाएगा जो निम्नलिखित हैं:–

1. द्विपंक्तिक सहसम्बन्ध ( The Biserial Correlation, rbis )
2. अंकद्विपंक्तिक सहसम्बन्ध ( The Point-Biserial Correlation, rpbis )
3. चतुष्कोष्टिक सहसमबन्ध ( The Tetrachoric Correlation, rt )
4. फाई–गुणांक ( The Phi-Coefficient, $\phi$ ).
5. आसंग गुणांक ( The Coefficient of Contingency. C )
6. आंशिक सहसमबनध ( The Partial Correlation )
7. बहुसहसम्बन्ध ( The Multiple Correlation, R )

इनमें से प्रत्येक विधियों का वर्णन विस्तार से नीचे किया गया है ।

## 1. द्विपंक्तिक सहसम्बन्ध विधि

## ( The Biserial Correlation Method )

द्विपंक्तिक सहसम्बन्ध ( Biserial correlation, rbis ) वास्तव में पीयरसन सहसम्बन्ध ( Pearson r ) का एक मूल्यांकन है, किन्तु इसका परिचालन उस रूप में सम्भव नहीं है, जिस रूप में पीयरसन r का परिचालन सम्भव है ।

*द्विपंक्तिक सहसमबन्ध विधि का व्यवहार ऐसे दो चरों के बीच सम्बन्ध निर्धारित करने के लिए किया जाता है, जिनमे एक चर सतत ( continuous ) होता है और दूसरा चर भी वस्तुत: सतत ही होता है, किन्तु उसे दो भागों मे विभाजित कर दिया जाता है । अत: पहले चर को सतत चर तथा दूसरे चर को द्विभाजी चर ( dichotomous variable ) कहते हैं ।*[1] जैसे, मनोविज्ञान की परीक्षा में 50 विद्यार्थियों द्वारा प्राप्त अंकों को X-चर तथा सफल ( pass ) और असफल ( fail ) होने वाले विद्यार्थियों को Y-चर के रूप में प्रस्तुत किया जाए तो इन दोनों चरों को क्रमश: सतत चर तथा द्विभाजी चर कहेंगे और इनके बीच सहसम्बन्ध निकालने के लिए rbis का व्यवहार किया जाएगा ।

**द्विपंक्तिक सहसम्बन्ध *(rbis)* की अभिधारणाएँ या शर्तें *( Assumptions, Postulates or Conditions of rbis )***

rbis का व्यवहार सभी परिस्थितियों में करना सम्भव नहीं है । इसके उपयोग के लिए

1. "We use this statistics ( rbis ) when we have one continuious variable and another which is actually continuous but which has been forced into a dichotomy."
— Downie & Heath, 1959

कुछ खास शर्त या अभिधारणाएँ हैं जो निम्नलिखित हैं :–

1. द्विपंक्तिक सहसम्बन्ध विधि का व्यवहार ऐसे दो चरों ( variables) के बीच सहसम्बन्ध निकालने के लिए किया जाता है, जिनमें एक चर सतत (continuous) होता है तथा दूसरा चर द्विभाजी ( dichotomous ) होता है ।

2. इस सहसम्बन्ध विधि की एक आवश्यक शर्त या अभिधारणा यह है कि द्विभाजी चर में निरन्तरता ( continuity ) हो । दूसरे शब्दों में, जिस चर या शीलगुण ( trait ) को दो भागों में विभाजित किया गया हो, उनके बीच कोई वास्तविक रिक्त ( genuine gap ) न हो बल्कि अवास्तविक रिक्त ( arbitrary gap ) हो । इसे अवास्तविक द्विभाजन ( arbitrary dichotomy ) या बाधित द्विभाजन ( forced dichotomy ) कहते हैं । जैसे, पास (pass) तथा फेल (fail ) के बीच कोई वास्तविक रिक्ति नहीं है । हम अपनी इच्छा से कहीं 30, कहीं 40, तथा कहीं 50 अंक को पास-फेल का आधार बना लेते हैं । अतः यहाँ पास-फेल के बीच अवास्तविक या स्वेच्छाचारी रिक्ति ( arbitrary gap ) है । इसी प्रकर किसी परीक्षण में माध्य के ऊपर या नीचे ( above the mean or below the mean ), सक्रिय-निष्क्रिय ( active-inactive), प्रशिक्षित-अप्रशिक्षित ( trained-untrained), सामान्य-असामान्य ( normal-abnormal ), सफल-असफल ( successful-unsuccessful), ईमानदार-बेईमान ( honest-dishonest ), स्वस्थ-अस्वस्थ ( healthy-unhealthy ), अच्छा-बुरा ( good-bad), नैतिक-अनैतिक ( moral-immoral) ), आदि अवास्तविक द्विभाजन ( arbitrary dichotomy ) के उदाहरण हैं, जहाँ rbis का उपयोग अपेक्षित होता है ।

3. **गैरेट** ( Garrett, 2007) के अनुसार इस सहसम्बन्ध विधि के उपयोग की एक शर्त बड़ा N है । उसके अनुसार इस विधि का व्यवहार वहाँ होना चाहिए जहाँ N बड़ा हो अर्थात 25 से अधिक हो, यदि अन्य शर्तें पूरी होती हों ।

4. इस विधि की एक अभिधारणा यह भी है कि द्विभाजन ( dichotomy ) में प्रसामान्य वितरण ( normal distribution) की विशेषता उपलब्ध हो । जैसे, सफल-असफल, स्वस्थ-अस्वस्थ, आदि द्विभाजनों में प्रसामान्य वितरण की विशेषता उपलब्ध है ।

5. **गैरेट** ( Garrett, 2007 ) के अनुसार इस विधि का व्यवहार तभी करना चाहिए जबकि द्विभाजन ( dichotomy ) अधिक फैला हुआ न हो । द्विभजन 50 के जितना ही निकट होता है, उतना ही अच्छा माना जाता है ।

अतः यदि दिए गए आँकड़े ( data) उपर्युक्त शर्तों के अनुकूल हों तो द्विपंक्तिक सहसम्बन्ध (ribis) ज्ञात करना चाहिए, जिसका सूत्र ( formula ) इस प्रकार है :–

$$\text{ribis} = \frac{Mp - Mq}{\sigma t} \times \frac{pq}{u} \qquad \text{—सूत्र 38}$$

यहाँ ribis = द्विपंक्तिक सहसम्बन्ध ( biserial correlation),

Mp = द्विभाजी चर ( dichotomous variable ) के पहले समूह का माध्य ( mean ) । यह समूह प्रायः अच्छे शीलगुण जैसे, सफल, स्वस्थ, नैतिक आदि को बतलाता है ।

Mq = द्विभाजी चर के दूसरे समूह का माध्य । यह समूह प्रायः बुरे शीलगुण जैसे, असफल, अस्वास्थ आदि को बतलता है।[1]

---

1. द्विभाजी चर पर अच्छे शीलगुण वाले समूह को श्रेष्ठ ( superior ) तथा बुरे शीलगुण वाले समूह को निम्न ( inferior ) माना जाता है । यहाँ N के आकार ( size ) पर विचार नहीं किया जाता है ।

$\sigma t$ = पूरे समूह ( पहले तथा दूसरे समूह ) का मानक विचलन ( SD of the entire group ),

q = पहले समूह में पूरे समूह का समानुपात ( proportioin of the entire group in the first category ),

p = दूसरे समूह में पूरे समूह का समानुपात ( proportion of the entire group in the second category ),

u = प्रसामान्य वक्र के उस क्रमसूचक ( ordinate ) की ऊँचाई ( height) जो ρ तथा q को अलग करता है ।[1]

**उदाहरण**—एक शास्त्रीय संगीत परीक्षण ( classical music test ) पर कुछ ऐसे विद्यार्थियों की जाँच की गयी जो पहले व्यावहारिक प्रशिक्षण ( trianing ) पा चुके थे और कुछ ऐसे विद्यार्थियों की जाँच की गयी जो व्यावहारिक प्रशिक्षण नहीं कर पाए थे । उनके आँकड़े टेबुल-30 में दिए गए हैं, जिनसे rbis ज्ञात करना है ।

**टेबुल 30**

| प्राप्तांक ( Scores ) | प्रशिक्षित-समूह ( Trained Group ) | अप्रशिक्षित समूह ( Untrained Group ) | कुल योग ( Total ) |
|---|---|---|---|
| 80 - 84 | 3 | 5 | 8 |
| 75 - 79 | 5 | 7 | 12 |
| 70 - 74 | 7 | 10 | 17 |
| 65 - 69 | 10 | 15 | 25 |
| 60 - 64 | 6 | 17 | 23 |
| 55 - 59 | 5 | 0 | 5 |
| 50 - 54 | 4 | 6 | 10 |
| | $N_1$=40 | $N_2$=60 | N = 100 |

उपर्युक्त आँकड़ों से rbis इस प्रकार निकाला जाएगा :–

**टेबुल 31**

| 1 | 2 | 3 | 4 | 5 | 6 | 7 | 8 | 9 |
|---|---|---|---|---|---|---|---|---|
| Scores | $f_1$ | $f_2$ | ft | x′ | $f_1x'$ ( col. 2 × col. 5 ) | $f_2x'$ ( col 3 × col.5 ) | ftx′ ( col. 4 × col. 5 ) | $ftx'^2$ ( col. 5 × col. 8 ) |
| 80 - 84 | 3 | 5 | 8 | 3 | 9 | 15 | 24 | 72 |
| 75 - 79 | 5 | 7 | 12 | 2 | 10 | 14 | 24 | 48 |
| 70 - 74 | 7 | 10 | 17 | 1 | 7 ( + 26 ) | 10 ( + 39 ) | 17 ( + 65 ) | 17 |
| 65 - 69 | 10 | 15 | 25 | 0 | 0 | 0 | 0 | 0 |
| 60 - 64 | 6 | 17 | 23 | -1 | -6 | -17 | -23 | 23 |
| 55 - 59 | 5 | 0 | 5 | -2 | -10 | 0 | -10 | 20 |
| 50 - 54 | 4 | 6 | 10 | -3 | -12 ( -28 ) | -18 ( -35 ) | - 30 ( -63 ) | 90 |
| | $N_1$ = 40 | $N_2$ = 60 | N = 100 | | $\Sigma f_1x'$ = 2 | $\Sigma f_2x'$ = +4 | Σftx′ = +4 | $\Sigma ftx'^2$ = 270 |

1. u के बदले y का व्यवहार कुछ सांख्यिकीविदों ने किया है ।

अब rbis $= \frac{Mp - Mq}{\sigma t} \times \frac{pq}{u}$ —(सूत्र 38 के अनुसार)

(i) कॉलम 2 के आधार पर

MP = AM + Ci —(सूत्र 7 के अनुसार)

$AM = \frac{65+69}{2} = \frac{134}{2} = 67$

$C = \frac{\Sigma f_1 x'}{N_1} = \frac{-2}{40} = -.05$

$i = 5$

$\therefore \quad MP = 67 + (-.05 \times 5) = 67 + (-.25) = 67 - .25 = 66.75$

(II) कॉलम 3 के आधार पर,

Mq = AM + Ci

$AM = \frac{65+69}{2} = \frac{134}{2} = 67$

$C = \frac{\Sigma f_2 x^1}{N_2} = \frac{4}{60} = .07$

i = 5

$\therefore \quad Mq = 67 + (.07 \times 5) = 67 + .35 = 67.35$

(III) कॉलम 4 के आधार पर,

$\sigma t \quad = i\sqrt{\frac{\Sigma f_t x'^2}{N} - c^2}$ —(सूत्र 7 के अनुसार)

$= 5\sqrt{\frac{270}{100} - (.02)^2}$

$C \quad = \frac{\Sigma f_1 x'}{N} = \frac{2}{100} = .02$

$= 5\sqrt{2.7 - .00} = 5\sqrt{2.7} = 5 \times 1.64 = 8.2$

$P \quad = \frac{N_1}{Nt} = \frac{40}{100} = .40$

$q \quad = 1 - p = 1 - .40 = .60$

$u \quad = .3863$ —(टेबुल E के अनुसार)

$\therefore \quad rbs \quad = \frac{66.75 - 67.35}{8.2} \times \frac{.40 \times .60}{.3863}$

$= \frac{-.60}{8.2} \times \frac{.2400}{.3863}$

$= -.73 \times .621 = -0.45$

rbis के परिकलन ( calculation ) में निम्नलिखित चरण ( steps ) शामिल हैं :–

1. कॉलम 1 में प्राप्तांक ( scores ), कॉलम 2 में पहले समूह की बारंबारता ( $f_1$ ), कॉलम 3 में दूसरे समूह की बारंबारता ( $f_2$ ) तथा कॉलम 4 में दोनों समूहों की बारंबारताओं ( $f_t$ ) को लिखा जाता है । ए बातें टेबुल–31 से स्पष्ट है ।
2. दूसरे चरण में कल्पित माध्य ( Assument mean ) माना जाता है तथा इस माध्य से वर्गान्तरों के विचलनों को दिखलाया जाता है और इसके ऊपर x′, या d, लिख दिया जाता है । टेबुल–31 के कॉलम 5 से यह बात स्पष्ट हो जाती है कि यहाँ 65–69 वर्गान्तर में कल्पित माध्य मान लेना चाहिए । स्मरण रखना चाहिए कि पहले समूह, दूसरे समूह तथा पूरे समूह तीनों के लिए एक ही वर्गान्तर में कल्पित माध्य मान लेना चाहिए । इससे हिसाब बनाने में थोड़ी सुविधा होती है ।
3. तीसरे चरण में पहले समूह की बारंबारता ( $f_1$ ) से इस समूह के विचलनों ( x′ ) के साथ गुणा किया जाता है जैसाकि टेबुल–31 के कॉलम 6 से स्पष्ट है । यहाँ $\Sigma f_1x'$ ज्ञात करके इसके आधार पर पहले समूह का माध्य यानी $M_P$ ज्ञात किया जाता है ।
4. इसके बाद दूसरे समूह की बारंबारता ( $f_2$ ) से विचलनों यानी x′ को गुणा करके $\Sigma f_2x'$ ज्ञात किया जाता है और इसके आधार पर दूसरे समूह के माध्य यानी Mq निकाला जाता है ।
5. इस चरण में दोनों समूहों की बारंबारता ( $f_t$ ) से विचलनों ( deviations ) में गुणा किया जाता है तथा $f_tx'$ निकाला जाता है, जैसाकि टेबुल 31 के कॉलम 8 से स्पष्ट है।
6. इसके बाद $f_t x'$ को यानी कॉलम 8 को कॉलम 5 से गुणा करके कॉलम 9 में लिखा जाता है और सब को जोड़कर $\Sigma f_tx'^2$ ज्ञात किया जाता है, जिसके आधार पर $\sigma t$ निकाला जाता है ।
7. पहले समूह के $N_1$ को कुल $N_t$ से भाग देकर P निकाला जाता है तथा 1 में से P को घटाकर ( 1 – p) q निकाला जाता है ।
8. टेबुल–E (जो इस आधार के अन्त में है) की सहायता से U ज्ञात किया जाता है ।
9. अन्त में सूत्र–38 की सहायता से rbis ज्ञात किया जाता है ।

**सार्थकता *( Significance of rbis )***

rbis की सार्थकता सीधे ज्ञात करना सम्भव नहीं होता है । इसके लिए मानक त्रुटि ( Standard error, SE ) तथा टी–मूल्य ( t value ) ज्ञात करना होता है । मानक त्रुटि ज्ञात करने का सूत्र निम्नलिखित है :—

$$\text{SE rbis} = \sqrt{\frac{pq}{u}} \times \frac{1}{\sqrt{N}}$$

ऊपर के उदाहरण में rbis का मूल्य .045 और p,q तथा u के मूल्य क्रमशः 40, 60 तथा .3863 पाए गए हैं । कुल N 100 है । इसलिए मानक त्रुटि निम्नलिखित होगी–

$$\text{SE rbis} = \frac{\sqrt{.4\times.6}}{\cdot 3863}\times\frac{1}{\sqrt{100}} = \frac{\sqrt{.24}}{\cdot 3863}\times\frac{1}{10} = 0.13$$

अब SE rbis को t में बदलने पर,

$$t = \frac{rbis}{SE\,rbis} = \frac{0.45}{13} = 3.46$$

$$df = N - 2 = 100 - 2 = 98$$

t टेबुल (जो अध्याय 14 के अन्त में है) देखने से पता चलता है 98 df पर 3.46 वास्तव में .01 स्तर पर सार्थक है। अत: हमारी शून्य परिकल्पना ( null hypothesis ) कि संगीत में प्रशिक्षण तथा संगीत परीक्षण पर प्राप्त अंकों के बीच कोई सार्थक सम्बन्ध नहीं है, यहाँ अस्वीकृत हो गयी और प्रमाणित हुआ कि संगीत में प्रशिक्षण तथा संगीत-परीक्षण पर प्राप्त अंकों के बीच सार्थक सहसम्बन्ध है।

**दूसरा उदाहरण**–नीचे टेबुल 31 में एक उपलब्धि परीक्षण ( achievement test ) पर उन छात्राओं के प्राप्तांकों का वितरण दिया गया है, जिन्होंने एक बुद्धि-परीक्षण ( intelligence test ) के या तो 50% या इससे अधिक एकांशों ( items ) का सही उत्तर दिया या 50% से कम एकांशों का सही उत्तर दिया।

| उपलब्धि प्राप्तांक | 40–44 | 45–49 | 50–54 | 55–59 | 60–64 | 65–69 | 70–74 | |
|---|---|---|---|---|---|---|---|---|
| 50% या अधिक सही | 1 | 2 | 5 | 10 | 15 | 20 | 7 | $N_1 = 60$ |
| 50% से कम सही | 2 | 4 | 6 | 7 | 13 | 6 | 2 | $N_2 = 40$ |

**टेबुल 31**

उपर्युक्त बारंबारता वितरण से rbis निम्नलिखित तरीका से निकाला जाएगा–

| c.i. | $f_1$ | $f_2$ | $f_t$ | $x'$ | $f_1x'$ | $f_2x'$ | $f_tx'$ | $f_tx'^2$ |
|---|---|---|---|---|---|---|---|---|
| 70 - 74 | 7 | 2 | 9 | +3 | 21 | 6 | 27 | 81 |
| 65 - 69 | 20 | 6 | 26 | +2 | 40 | 12 | 52 | 104 |
| 60 - 64 | 15 | 13 | 28 | +1 | 15 | 13 | 28 | 28 |
| 55 - 59 | 10 | 7 | 17 | 0 | 0 | 0 | 0 | 0 |
| 50 - 54 | 5 | 6 | 11 | –1 | –5 | –6 | –11 | 11 |
| 45 - 49 | 2 | 4 | 6 | –2 | –4 | –8 | –12 | 24 |
| 40 - 44 | 1 | 2 | 3 | –3 | –3 | –6 | –9 | 27 |
| | 60 | 40 | 100 | | +76<br>–12 | +31<br>–22 | +107<br>–32 | 275 |
| | | | | | +64 | +9 | +75 | |

$$Mp = AM + ci$$

$$AM = \frac{55+59}{2} = \frac{114}{2} = 57$$

$$ci = \frac{\Sigma f_1 x'}{N}\times i = \frac{64}{60}\times 5 = 5.33$$

$$\therefore \quad Mp = 57 + 5.33 = 62.33$$

$$Mq = AM + c.i$$

$$AM = 57$$

$$c.i. = \frac{\Sigma f_2 x'}{N} = \frac{9}{40} \times 5 = 1.12$$

$$\therefore \quad Mq = 57 + 1.12 = 58.12$$

$$\sigma t = i\sqrt{\frac{\Sigma f_1 x'^2}{N} - c^2} = 5\sqrt{\frac{275}{100} - \left(\frac{75}{100}\right)^2}$$

$$= 5\sqrt{2.75 - .56} = 5 \times 1.48 = 7.40$$

अब

$$rbis = \frac{Mp - Mq}{\sigma t} \times \frac{pq}{y}$$

$$= \frac{62.33 - 58.12}{7.40} \times \frac{.60 \times .40}{.3863}$$

$$= \frac{4.21}{7.40} \times \frac{.6 \times .4}{.3863}$$

$$= .57 \times .62 = .35$$

$$t = \frac{rbis}{\sigma rbis}$$

$$rbis = .35$$

$$\sigma rbis = \frac{\sqrt{pq}}{y\sqrt{N}} = \frac{\sqrt{.24}}{.3863\sqrt{100}}$$

$$= \frac{.49}{.3863 \times 10} = \frac{.49}{3.863} = .13$$

$$\therefore \quad t = \frac{.35}{.13} = 2.69$$

यहाँ t वास्तव में .01 स्तर पर सार्थक है। अत: शून्य परिकल्पना यहाँ अस्वीकृत हो गयी और प्रमाणित हुआ कि दोनों चरों (उपलब्धि तथा बुद्धि) के बीच सार्थक सम्बन्ध है।

## rbis के गुण या लाभ (*Merits or Advantages of rbis*)

(i) जब एक सतत चर और दूसरा बाधित द्विभाजी चर हो तो इन दोनों के बीच सहसम्बन्ध निर्धारित करने के लिए केवल rbis ही उपयुक्त होता है।

(ii) एकांश विश्लेषण के लिए भी इसका उपयोग किया जाता है।

(iii) प्रसामान्य विवरण (normal distribution) पर आधारित होने के कारण rbis में rpbis की अपेक्षा परिकल्पना अधिक सत्यभासी (plausible) होती है।

## rbis की सीमाएँ या अलाभ (*Limitations or Disadvantages of rbis*)

(i) rbis का व्यवहार ऐसी परिस्थिति में करना सम्भव नहीं है, जहाँ कोई भी चर (variable) द्विभाजी (dichotomous or split) न हो।

(ii) इस सहसम्बन्ध विधि का उपयोग ऐसी परिस्थिति में करना उचित नहीं है, जहाँ किसी चर में वास्तविक द्विभाजन (genuine dichotomy) होता है ।

(iii) इसका क्षेत्र सीमित है । कारण, इसका उपयोग केवल वहाँ किया जाता है, जहाँ द्विभाजी चर में प्रसामान्य वितरण (normal distribution) का गुण पाया जाता है । अत: जहाँ प्रसामान्यता की अभिधारणा का अभाव होता है, वहाँ इस विधि का उपयोग करना उचित नहीं होता है ।

(iv) एकांश-विश्लेषण (item analysis) में जितना उपयोगी rpbis होता है, उतना rbis नहीं होता है ।

(v) अधिकांश परिस्थितियों में rbis उतना विश्वसनीय नहीं होता है, जितना कि rpbis होता है (Garrett, 1981)।

## 2. अंकद्विपंक्तिक सहसम्बन्ध
### (The Point-Biserial Correlation)

इसे संक्षेप में rpbis कहते हैं । वास्तव में यह प्रोडक्ट मोमेन्ट सहसम्बन्ध गुणांक (product moment correlation co-efficeient) है, जिसका व्यवहार एक विशिष्ट परिस्थिति में किया जाता है । **रेबर** तथा **रेबर** (Reber & Reber, 2001) के अनुसार, "अंकद्विपंक्तिक सहसम्बन्ध वह सहसम्बन्ध है जिसमें एक चर एक सतत स्केल पर परिमेय होता है तथा दूसरा चर द्विभाजी होता है।"[1]

**अभिधारणाएँ या शर्तें *(Assumptions or Conditions)***

1. अंकद्विपंक्तिक सहसम्बन्ध विधि (point biserial correlation method) का व्यवहार वहाँ किया जाता है, जहाँ एक चर सतत (continuous) तथा दूसरा चर द्विभाजी (dichotomous) होता है । जैसे, बुद्धि (जो सतत चर है) तथा लिंग (जो द्विभाजी चर है) के बीच सहसम्बन्ध निकालना हो तो केवल rpbis ज्ञात करना उचित होगा ।[1]

2. इस सहसम्बन्ध विधि (rpbis) के उपयोग के लिए न केवल यह आवश्यक है कि एक चर द्विभाजी हो बल्कि यह भी आवश्यक है कि वास्तविक द्विभाजी (genuine dichotomy) हो । चर के दोनो भागों के बीच वास्तविक रिक्ति (genuine gap) हो । जैसे, लिंग (sex) एक द्विभजी चर (dichotomous variable) है, जिसके दोनों भागों यानी पुरुष (male) तथा स्त्री (female) के बीच निरन्तरता (continuity) नहीं है, बल्कि वास्तविक रिक्ति है । इसी प्रकार जीवित-मृत (living-dead), हिन्दु-मुस्लिम (Hindu-Muslim), विवाहित-अविवाहित (married-unmarried), निष्ठ-अनिष्ठ (loyal-disloyal), शहरी-देहाती (urban-rural), पति-पत्नी (husband-wife), आदि वास्तविक द्विभाजन (true or genuine dichotomy) के उदाहरण हैं । इन सभी परिस्थितियों में rpbis ज्ञात करना ही उचित होगा । स्मरण रखना चाहिए कि जहाँ अवास्तविक द्विभाजन (arbitrary dichotomy) होता है, वहाँ rpbis के बदले rbis ज्ञात करना उचित होता है ।

3. rpbis के लिए द्विभाजी चर (dichotomous variable) में प्रसामान्य वितरण की विशिष्टता का उपलब्ध होना आवश्यक नहीं है । यह बात केवल rbis के लिए आवश्यक है ।

1. "Point biserial corrleation is that correlation in which one variable is measured on a continuous scale and the other is dicholomous or two-valued".
— Reber & Reber, 2001, p. 159

4. rpbis के लिए N का बहुत बड़ा होना जरूरी भी नहीं है । N चाहे बड़ा हो या छोटा दोनों हालतों में rpbis ज्ञात किया जा सकता है, यदि अन्य शर्तें पूरी हो रही हों ।

5. चर में द्विभाजन ( dichotomy ) यदि अधिक फैला हुआ हो अर्थात माध्यिका ( Median ) से दूर हो तो भी rpbis ज्ञात करना उचित होगा ।

अतः यदि दिए गए आँकड़े ( data ) उपर्युक्त शर्तों के अनुकूल हों तो rpbis ज्ञात करना चाहिए, जिसके लिए निम्नलिखित सूत्र ( formula ) है :–

$$\text{rpbis} = \frac{Mp - Mq}{\sigma t} \times \sqrt{pq} \qquad \text{— सूत्र 39}$$

यहाँ, rpbis = अंकद्विपंक्तिक सहसम्बन्ध ( Point-biserial correlation ),

Mp = पहले समूह का माध्य ( Mean of the first group ),

Mp = दूसरे समूह का माध्य ( Mean of the second group ),

σt = पूरे समूह का मानक विचलन ( SD of the entire group ),

p = पहले समूह में प्रतिदर्श का समानुपात ( proportion of the sample in the first group ).

q = दूसरे समूह में प्रतिदर्श का समानुपात ( proportion of the sample in the second group ) ।

rpbis दो परिस्थितियों में ज्ञात किया जाता है–( क ) जब समूहित आँकड़े ( grouped data ) होते हैं तथा ( ख ) जब असमूहित आँकड़े ( ungrouped data ) होते हैं । सुविधा के लिए दोनों की व्याख्या अलग-अलग की जाएगी ।

**( क ) जब आँकड़े समूहित होते हैं *(When Data are Grouped)***

मान लें किसी मानक बुद्धि परीक्षण पर समान आयु के कुछ पुरूषों तथा कुछ स्त्रियों की बुद्धि की जाँच की गयी और जो आँकड़े प्राप्त हुए वे नीचे टेबुल-32 में दिए गए हैं । इन आँकड़ों के आधार पर यह देखना है कि बुद्धि तथा लिंग ( sex ) के बीच कोई सार्थक सम्बन्ध है या नहीं ।

**टेबुल 32**

| प्राप्तांक ( बु० ल० में ) | पुरूष ( Male ) $f_1$ | स्त्री ( Female ) $f_2$ |
|---|---|---|
| 130 – 134 | 5 | 2 |
| 125 – 129 | 7 | 4 |
| 120 – 124 | 10 | 6 |
| 115 – 119 | 12 | 8 |
| 110 – 114 | 15 | 7 |
| 105 – 109 | 7 | 3 |
| 100 – 104 | 0 | 5 |
| 95 – 99 | 3 | 3 |
| 90 – 94 | 1 | 2 |
| | $N_1 = 60$ | $N_2 = 40$ |

यहाँ rpbis ठीक उसी तरह से ज्ञात किया जाएगा, जिस तरह से rbis ज्ञात किया जाता है ( देखें पृष्ठ 236 ) । सुविधा के लिए नीचे टेबुल–33 के परिकलन ( calculation ) पर ध्यान दें ।

टेबुल 33

| | 1 | 2 | 3 | 4 | 5 | 6 | 7 | 8 | 9 |
|---|---|---|---|---|---|---|---|---|---|
| | प्राप्तांक | $f_1$ | $f_2$ | $f_1$ | $x'$ | $f_1x'$ (col. 2 × col. 5) | $f_2x'$ (col 3 × col. 5) | $ftx'^1$ (col 4 × col. 5) | $ftx'^2$ (col. 5 × col. 8 ) |
| | 130 – 134 | 5 | 2 | 7 | 4 | 20 | 8 | 28 | 112 |
| | 125 – 129 | 7 | 4 | 11 | 3 | 21 | 12 | 33 | 99 |
| | 120 – 124 | 10 | 6 | 16 | 2 | 20 | 12 | 32 | 64 |
| | 115 – 119 | 12 | 8 | 20 | 1 | 12 (+ 73) | 8 (+ 40) | 20 (+ 113) | 20 |
| A.M. | 110 – 114 | 15 | 7 | 22 | 0 | 0 | 0 | 0 | 0 |
| | 105 – 109 | 7 | 3 | 10 | – 1 | – 7 | – 3 | – 10 | 10 |
| | 100 – 104 | 0 | 5 | 5 | – 2 | 0 | – 10 | – 10 | 20 |
| | 95 – 99 | 3 | 3 | 6 | – 3 | – 9 | – 9 | – 18 | 54 |
| | 90 – 94 | 1 | 2 | 3 | – 4 | –4 (–20) | – 8 (– 30 ) | – 12 ( – 50) | 48 |
| | | $N_1 = 60$ | $N_2 = 40$, | $N = 100$ | | $\Sigma f_1x' = 53$ | $\Sigma f_2x' = +10$ | $\Sigma ftx' = +63$ | $\Sigma ftx'^2 = 427$ |

अब $rpbis = \frac{Mp - Mq}{\sigma_t} \times \sqrt{pq}$ (सूत्र-39 के अनुसार)

कॉलम 2 के आधार पर

$Mp = AM + Ci$ (सूत्र-7 के अनुसार)

$AM = \frac{110+114}{2} = \frac{224}{2} = 112$

$C = \frac{\Sigma f_1 x'}{N_1} = \frac{53}{60} = .88$

$i = 5$

$\therefore Mp = 112 + .88 \times 5 = 112 + 4.4 = 116.4$

$Mq = AM + Ci$ (सूत्र-7 के अनुसार)

$AM = 112$

$C = \frac{\Sigma f_2 x'}{N_2} = \frac{10}{40} = .25$

$i = 5$

$Mq = 112 + .25 \times 5 = 112 + 1.25 = 113.25$

$\sigma t = i\sqrt{\frac{\Sigma f_t x'^2}{N} - C^2}, \; C = \frac{\Sigma f_t x'}{N} = \frac{63}{100} = .63$

$= 5\sqrt{\frac{427}{100} - (.63)^2} = 5\sqrt{4.27 - .40} = 5\sqrt{3.87}$

$= 5 \times 1.97 = 9.85$

$P = \frac{N_1}{N_t} = \frac{60}{100} = .60, \; q = 1 - p = 1 - .60 = .40$

$\therefore rpbis = \frac{116.4 - 113.25}{9.85} \times \sqrt{.60 \times .40} = \frac{3.15}{9.85} \times \sqrt{.24}$

$= .32 \times .49 = .156$ or $.16$ उत्तर

$df = N - 2 = 100 - 2 = 98,$

level of significance = > .05

rpbis की सार्थकता पीयरसन r की तरह निर्धारित की जाती है ।

अत: टेबुल–B ( पृष्ठ 204 ) से पता चलता है कि 98 df पर rpbis को .05 स्तर पर सार्थक होने के लिए कम-से-कम .198 होना चाहिए था । प्राप्त rpbis ( .156 ) इस से कम होने के कारण इस स्तर पर भी सार्थक नहीं है । अत: यह शून्य परिकल्पना ( null hypothesis ) की बुद्धि तथा लिंग ( sex ) के बीच कोई सार्थक सम्बन्ध नहीं होता है, यहाँ स्वीकृत ( accepted ) हो गयी ।

**rpbis के परिकलन में निहित चरण** ***(Steps in Computing rpbis)***

1. कॉलम 1 में प्राप्तांकों ( scores ) के वर्गान्तरों ( class intervals ) को लिखा जाता है । जैसे, टेबुल-33 के पहले खाना में बुद्धि-परीक्षण पर पुरुषों तथा स्त्रियों द्वारा लाए गए प्राप्तांक (बु०ल० में) में लिखें गए हैं ।
2. कॉलम 2 में द्विभाजी चर ( dichotomous variable ) के पहले खण्ड की बारंबारता ( frequency ) को लिखा जाता है । जैसे, टेबुल–33 के कॉलम 2 में लिंग चर के पहले खण्ड यानी पुरुष से सम्बन्धित बारंबारताओं को लिखा गया है ।
3. कॉलम 3 में द्विभाजी चर के दूसरे खण्ड की बारंबारता को लिखा जाता है । जैसे टेबुल–33 के कॉलम 3 में लिंग चर के दूसरे खण्ड यानी स्त्री से सम्बन्धित बारंबारताओं को लिखा गया है ।
4. कॉलम 4 में कॉलम 2 तथा कॉलम 3 की बारंबारताओं को एक साथ जोड़कर क्रमशः लिखा जाता है, जैसा कि टेबुल–33 के कॉलम 4 से स्पष्ट है ।
5. कॉलम 5 में कल्पित माध्य ( assumed mean ) से प्राप्तांकों के विचलन ( deviations ) लिखे जाते हैं । टेबुल–33 के कॉलम 5 के वर्गान्तर 110–114 में कल्पित माध्य (AM) दिखलाया गया है ।
6. कॉलम-6 में कॉलम 2 की बारंबारता से कॉलम 5 के विचलन ( $x'$ ) में गुणा करके अलग–अलग लिखा जाता है, जैसा कि टेबुल–33 के कॉलम 6 से स्पष्ट है ।
7. कॉलम-7 में कॉलम 3 की बारंबारता से कॉलम 5 के विचलन में गुणा करके क्रमशः लिखा जाता है, जैसा कि टेबुल-33 के कॉलम 7 से स्पष्ट है ।
8. कॉलम-8 में कॉलम 4 की बारंबारता से कॉलम 5 के विचलन में गुणा करके क्रमशः लिखा जाता है, जैसा कि टेबुल-33 के कॉलम 8 से स्पस्ट है ।
9. कॉलम-9 में कॉलम 8 के $ftx'$ को कॉलम 5 के $x'$ से गुणा करके क्रमशः लिखा जाता है, जैसा कि टेबुल-33 के कॉलम 9 से स्पष्ट है । इस प्रकार जो $\Sigma ftx'^2$ प्राप्त होता है उसके आधार पर SD निकाला जाता है । अन्त में सूत्र-39 के आधार पर rpbis ज्ञात किया जाता है ।

**( ख ) असमूहित आँकड़ों से rpbis** ***(rpbis from Ungrouped Data)***

एकांश विश्लेषण ( item analysis ) से सम्बन्धित आँकड़े जब असमूहित या अव्यवस्थित होते हैं तो rpbis निकालने का एक दूसरा तरीका अपनाया जाता है । इसे एक उदाहरण द्वारा स्पष्ट किया जा सकता है । टेबुल-34 में एक व्यक्तित्व-परीक्षण पर 15 विद्यार्थियों द्वारा प्राप्त कुल प्राप्तांक ( total scores ) तथा एकांश संख्या 7 पर प्राप्त उनके प्राप्तांक सही उत्तर के लिए 1 तथा गलत उत्तर के लिए 0 क्रमशः X तथा Y पर दिखलाए गए हैं । कुल प्राप्तांक तथा एकांश 7 के प्राप्तांक (जो 1 तथा 0 दो भागों में विभाजित हैं) के बीच rpbis ज्ञात करना है ।

**टेबुल 34**

| विद्यार्थी (Students) | कुल प्राप्तांक (Total scores) X | एकांश 7 के प्राप्तांक (Scores on item 7) Y | $X^2$ |
|---|---|---|---|
| 1 | 25 | 1 | 625 |
| 2 | 21 | 1 | 441 |
| 3 | 19 | 0 | 361 |
| 4 | 23 | 1 | 529 |
| 5 | 22 | 1 | 484 |
| 6 | 19 | 0 | 361 |
| 7 | 18 | 0 | 324 |
| 8 | 21 | 0 | 441 |
| 9 | 20 | 1 | 400 |
| 10 | 22 | 1 | 484 |
| 11 | 21 | 1 | 441 |
| 12 | 19 | 1 | 361 |
| 13 | 20 | 0 | 400 |
| 14 | 21 | 1 | 441 |
| 15 | 21 | 1 | 441 |
| | $\Sigma X = 312$ | | $\Sigma X^2 = 6534$ |

p अर्थात सही उत्तरों की संख्या = 10,

q अर्थात गलत उत्तरों की संख्या = 5

$$p = \frac{10}{15} = .67, q = 1 - p = 1 - .67 = .33$$

$$Mp = \frac{\Sigma Xp}{N} = \frac{25+21+23+22+20+22+21+19+21+21}{10}$$

$$= \frac{215}{10} = 21.5$$

$$Mq = \frac{\Sigma Xq}{N} = \frac{19+19+18+21+20}{5} = \frac{97}{5} = 19.4$$

नोट–$\Sigma Xp$ का अर्थ Y चर पर सही उत्तर अर्थात 1 के सामने X चर के प्राप्तांकों का योगफल है। $\Sigma Xq$ का अर्थ Y चर पर गलत उतरों अर्थात 0 ( zero ) के सामने X चर के प्राप्तांकों का योगफल है ।

$$\sigma t = \frac{1}{N}\sqrt{N\Sigma X^2 - (\Sigma X)^2} \qquad \text{— सूत्र 40}$$

$$= \frac{1}{15}\sqrt{15\,(6534) - (312)^2}$$

$$= \frac{1}{15}\sqrt{98010 - 97344}$$

$$= \frac{1}{15}\sqrt{666} = .07 \times 25.81 = 1.81$$

$$\text{rpbis} = \frac{Mp - Mq}{\sigma t} \times \sqrt{pq} = \frac{21.5 - 19.4}{1.81} \times \sqrt{.67 \times .33}$$

$$= \frac{2.1}{1.81} \times \sqrt{.2211} = 1.16 \times .47 = .545\, or .55$$

df = N – 2 = 13

टेबुल आर ( table-r ) जो पृष्ठ 204 पर है, को देखने से पता चलता है कि 13 dt पर .05 स्तर पर सार्थक होने के लिए rpbis को कम-से-कम .514 तथा .01 स्तर पर .641 चाहिए । प्रस्तुत rpbis .545 है । अतः यह .05 स्तर पर सार्थक है। इसका अर्थ यह हुआ कि एकांश 7 के प्राप्तांक तथा कुल प्राप्तांक के बीच सार्थक सम्बन्ध है । इसलिए, एकांश संख्या 7 एक संगत एकांश है, जिसे इस व्यक्तित्व-परीक्षण में रखा जा सकता है ।

**गुण या लाभ *( Merits or Advantages )***

( i ) जब एक चर सतत ( continuous ) हो और दूसरा चर वास्तविक द्विभाजी ( genuine dichotomous ) हो तो उनके बीच सहसम्बन्ध ज्ञात करने के लिए द्विपंक्तिक सहसम्बन्ध विधि ( point biserial correlation method ) का ही व्यवहार करना उपयुक्त होता है ।

( ii ) एकांशविश्लेषण ( item analysis ) के लिए rbis की तुलना में rpbis कहीं अधिक उपयोगी तथा विश्वसनीय ( reliable ) है ( Downie and Health, 1959 ) ।

( iii ) यह सहसमबन्ध विधि प्रसामान्य वितरण ( normal distribution ) के बंधन से मुक्त है । अतः इसका व्यवहार वहाँ भी किया जा सकता है, जहाँ चरों में प्रसामान्य वितरण का अभाव हो या संदिग्ध ( doubtful ) हो । **गैरेट** ( Garrett, 2007 ) के अनुसार rbis की तुलना में rpbis कहीं अधिक विश्वसनीय ( dependable ) है ।

( iv ) **गैरेट** ( 1966, 1981 ) ने यह भी कहा है कि प्रतिगमन समीकरण ( regression equation ) में इसका व्यवहार हो सकता है और इसकी मानक अशुद्धि ( standard error ) को ठीक–ठीक निर्धारित किया जा सकता है ।

**सीमाएँ या अलाभ *( Limitations or Disadvantages )***

( i ) इस सहसम्बन्ध विधिा का व्यवहार ऐसी परिस्थिति में करना सम्भव नहीं है जहाँ कोई भी चर द्विभाजी ( dichotomous ) न हो ।

( ii ) इस विधि का उपयोग ऐसी परिस्थिति में करना उचित नहीं है जहाँ किसी एक चर में बाधित द्विभाजन ( forced dichotomy ) हो ।

( iii ) एक ही आँकड़ों ( same data ) के लिए rbis से rpbis का मान कम होता है ( Downie and Heath, 1959 ), किन्तु यह कोई विशेष महत्त्व नहीं रखता है, क्योंकि दोनों गुणांक ( coefficients ) एक ही आँकड़ों के लिए शायद ही निकाले जाते हैं ।

## 3. चतुष्कोष्टिक सहसम्बन्ध
## ( The Tetrachoric Correlation )

टेटराकौरिक आर ( tetrachoric r ) वास्तव में प्रोडक्ट मोमेन्ट आर ( product moment r ) का एक विशिष्ट प्रकार है । इस सहसम्बन्ध विधि के व्यवहार करने की कई

शर्तें ( conditions ) या अभिधारणाएँ ( assumptions ) हैं । इसका व्यवहार तय किया जाता है—

( i ) जब दो द्विभाजी चरों ( dichotomous variables ) के बीच सहसम्बन्ध निर्धारित करना होता है । दूसरे शब्दों में, जब आँकड़े $2 \times 2$ तालिका में होते हैं तो सहसम्बन्ध निकालने के लिए इस विधि का व्यवहार किया जाता है ।

( ii ) जब दोनों चरों का द्विभाजन ( dichotomy ) अवास्तविक ( arbitrary ) होता है ( देखें पृष्ठ, 235 )।

( iii ) जब दोनों चर वास्तव में सतत ( continuous ) होते हैं ।

( iv ) जब दोनों चर प्रसामान्य रूप से ( normally ) वितरित ( distributed ) होते हैं ।

( v ) जब N बड़ा (सामान्यत: 100 या इससे अधिक) होता है । इसका एक उदाहरण निम्नलिखित है :–

| B | A | A + B |
|---|---|---|
| D | C | C + D |
| B + D | A + C | |

rt ( tetrachoric r ) दो तरह से निकाला जाता है–प्रत्यक्ष विधि ( direct method ) तथा अप्रत्यक्ष विधि ( indirect method ) द्वारा । प्रत्यक्ष विधि का सूत्र इस प्रकार है :–

rt = AD / BC —सूत्र 41

यहाँ, rt = चतुष्कोष्टिक सहसमबन्ध ( Tetrachoric r ),

A, B, C तथा D = चार सेलों ( cells ) की बारंबारताएँ ।

अप्रत्यक्ष विधि का सूत्र इस प्रकार है– $rt = \cos\left(\frac{180^0 \sqrt{BC}}{\sqrt{AD} + \sqrt{BC}}\right)$ —सूत्र 42

यहाँ सभी प्रतीकों का अर्थ वही है जो सूत्र–41 में बताया गया है । cos ( cosine) का अर्थ कोटिज्या है ।

**उदाहरण**–टेबुल–35 में दिए गए आँकड़ों के आधार पर विक्रयकला ( salesmanship ) तथा सामाजिक समायोजन ( social adjustment ) के बीच rt ज्ञात करना है ।

**टेबुल 35**

X - Variable

विक्रयकला ( Salesmanship )

| Y-Variable सामाजिक-समायोजन ( social adjustment ) | असफल ( unsuccessful ) | सफल ( successful ) | सम्पूर्ण ( total ) |
|---|---|---|---|
| अच्छी तरह समायोजित ( Well adjusted ) | 15 ( B ) | 25 ( A ) | 40 ( A +B ) |
| कम समायोजित ( Poorly adjusted ) | 40 ( D ) | 20 ( C ) | 60 ( C+D ) |
| सम्पूर्ण ( Total ) | 55 ( B+D ) | 45 ( A+C ) | N = 100 (A+B+C+D) |

अब सूत्र–41 के अनुसार

rt = AD/BC

$$= 25 \times 40 / 15 \times 20 = \frac{1000}{300} = 3.33 \text{ अनुपात ( ratio )}$$

टेबुल–G ( जो इस अध्याय के अन्त में है ) के अनुसार 3.33 अनुपात का rt = .44 है। जब AD का मान BC से अधिक होता है तो इसे धनात्मक सहसम्बन्ध ( positive correlation ) माना जाता है। जब AD से BC का मान अधिक होता है तो AD/BC के बदले BC/AD का अनुपात निकाला जाता है तथा इसे ऋणात्मक सहसम्बन्ध ( negative correlation ) माना जाता है। फिर सूत्र–42 के अनुसार–

$$rt = \cos\left(\frac{180^0 \sqrt{BC}}{\sqrt{AD} + \sqrt{BC}}\right)$$

$$= \cos\left(\frac{180^0 \times \sqrt{15 \times 20}}{\sqrt{25 \times 40} + \sqrt{15 \times 20}}\right)$$

$$= \cos\left(\frac{180^0 \times \sqrt{300}}{\sqrt{1000} + \sqrt{300}}\right)$$

$$= \cos\left(\frac{180 \times 17.32}{31.62 + 17.32}\right) = \cos\left(\frac{3117.6}{48.94}\right)$$

$$= \cos 63.70^0 \text{ or } 64^0$$

जब AD का मान BC से अधिक होता है तो सहसम्बन्ध को धनात्मक ( positive ) माना जाता है और जब AD से BC अधिक होता है तो ऊपर में $\sqrt{BC}$ के बदले $\sqrt{AD}$ लिखा जाता है और सहसम्बन्ध को ऋणात्मक ( negative ) माना गया है।

अब cos 64 को rt में बदलने के लिए टेबुल–F ( जो इस अध्याय के अन्त में है ) में देखा जाएगा।

इस टेबुल से स्पष्ट है कि cos 64 = .438 या .44, स्पष्टतः इस सूत्र से प्राप्त rt वस्तुतः सूत्र–42 से प्राप्त rt के बिल्कुल बराबर है, किन्तु कहीं–कहीं थोड़ा अन्तर हो सकता है। विद्यार्थी अपनी सुविधा के अनुसार किसी भी एक सूत्र के आधार पर rt पर ज्ञात कर सकते हैं। rt की सार्थकता ( significance ) रकी जाँच के लिए मानक त्रुटि ( SE ) ज्ञात करना होता है, जो काफी जटिल तथा कठिन है। अतः हम केवल इतना कह सकते हैं कि चूँकि यहाँ N अधिक बड़ा है, इसलिए .44 काफी सार्थक है। अतः यहाँ शून्य परिकल्पना ( $H_0$ ) अस्वीकृत हुई और दोनों चरों के बीच सार्थक सम्बन्ध प्रमाणित हुआ।

## विशिष्ट लाभ या गुण *( Specific Advantages or Merits )*

जब दो ऐसे द्विभाजी चरों ( dichotomous variables ) के बीच सहसम्बन्ध ज्ञात करना हो, जिनमें अवास्तविक द्विभाजन ( arbitrary dichotomy ) हो तो केवल इसी सहसम्बन्ध विधि का उपयोग किया जाना उचित होता है।

## 4. फाई–गुणांक
### ( The Phi Co-efficient, $\phi$ )

फाई–सहसम्बन्ध गुणांक ( Phi coefficient of correlation ) टेटराकौरिक आर ( tetrachoric r ) की तरह प्रोडक्ट मोमेन्ट आर ( product moment r ) का एक विशेष प्रकार है । इस सहसम्बन्ध विधि के व्यवहार करने की कई शर्तें ( conditions ) या अभिधारणाएँ ( assumptions ) हैं । इस विधि का उपयोग तब किया जाता है :–

( i ) जब दो द्विभाजी चरों ( dichotomous variables ) के बीच सहसम्बन्ध निर्धारित करना हो । दूसरे शब्दों में, जब आँकड़े $2 \times 2$ टेबुल में हों । इस आधार पर यह विधि टैटराकौरिक r के समान है ।

( ii ) जब दोनों चरों का द्विभाजन ( dichotomy ) वास्तविक ( genuine ) हो । इस आधार पर यह टैटराकौरिक r से भिन्न है । वास्तविक द्विभाजन की पूरी व्याख्या पृष्ठ 242 पर की गयी है ।

( iii ) चरों में प्रसामान्य वितरण ( normal distribution ) होना आवश्यक नहीं है । $2 \times 2$ तालिका की बारंबारताओं ( frequencies ) से $\phi$ ( phi ) ज्ञात करने का सूत्र निम्नलिखित है :–

$$\phi = \frac{AD - BC}{\sqrt{(A+B)(C+D)(B+D)(A+C)}}$$ —सूत्र 43

यहाँ, $\phi$ = फाई–सहसम्बन्ध गुणांक ( phi-coefficient of correlation ),

A, B, C तथा D = चार सेलों ( cells ) की बारंबारताएँ ।

**उदाहरण**–तालिका 36 में दो अलग–अलग प्रश्नों के प्रति 205 विद्यार्थियों के उत्तर 'हाँ' या 'नहीं' में दिए गए हैं । देखना यह है कि दोनों प्रश्नों के प्रति उनके उत्तरों में कोई सार्थक सम्बन्ध है या नहीं ।

**टेबुल 36**

| प्रश्न–II | | प्रश्न–I | | |
|---|---|---|---|---|
| | हाँ Yes | 25 ( B ) | 100 ( A ) | 125 ( A + B ) |
| | नहीं ( No ) | 35 ( D ) | 45 ( C ) | 80 ( C + D ) |
| | कुल ( Total ) | 60 ( B + D ) | 145 ( A + C ) | 205 A + B + C + D |

$$\text{अब, } \phi = \frac{AD - BC}{\sqrt{(A+B)(C+D)(B+D)(A+C)}}$$

$$= \frac{(100\times35)-(25\times45)}{\sqrt{(100+25)(45+35)(25+35)(100+45)}}$$

$$= \frac{3500-1125}{\sqrt{125\times80\times60\times145}} = \frac{2375}{\sqrt{87000000}}$$

$$= \frac{2375}{9327.38} = 0.254 \text{ या } .25$$

जब $2 \times 2$ टेबुल के चार सेलों ( cells ) में बारंबारता के स्थान पर समानुपात ( proportiion ) होता है तो $\phi$ ज्ञात करने के लिए निम्नलिखित सूत्र का व्यवहार

किया जाता है :–

$$= \frac{ad - bc}{\sqrt{pq\,p'\,q'}}$$ —सूत्र 44

यहाँ, $\phi$ = फाई सहसम्बन्ध, a, b, c तथा d = चारों सेलों के समानुपात, p = a + b, q = C + d, p′ = a + c तथा q′ = b + d

**उदाहरण**–टेबुल– 37 में दो प्रश्नों से सम्बन्धित 400 छात्रों के 'हाँ' या 'नहीं' के रूप में उत्तरों के समानुपात ( proportions ) दिए गए हैं । इस आँकड़ों के आधार पर $\phi$ ज्ञात करना है ।

**टेबुल 37**

प्रश्न–I

| प्रश्न–II | नहीं ( No ) | हाँ ( Yes ) | कुल ( Total ) |
|---|---|---|---|
| हाँ ( Yes ) | .320 ( b ) | .420 ( a ) | .740 ( a + b ) |
| नहीं ( No ) | .111 ( d ) | .149 ( c ) | .260 (c + d ) |
| कुल ( Total ) | .431 ( b + d ) | .569 (a + c ) | 1.000 (a + b + c + d ) |

अब, $\phi$ $$= \frac{ad - bc}{\sqrt{pq\,p'\,q'}} = \frac{(.42 \times .111) - (.32 \times .149)}{\sqrt{(a+b)(c+d)(a+c)(b+d)}}$$

$$= \frac{.04662 - .04768}{\sqrt{(.42+.32)(.149+.111)(.42+.149)(.32+.111)}}$$

$$= \frac{-.0011}{\sqrt{.74 \times .26 \times .569 \times .431}} = \frac{-.0011}{\sqrt{.047}} = \frac{-0011}{.2168} = .005$$

## सार्थकता की जाँच ( *Test of Significance* )

फाई गुणांक ( $\phi$ ) की सार्थकता की जाँच कोर्ड-वर्ग परीक्षण ( chi - square test ) के अधार पर की जाती है । काई वर्ग ( $\chi^2$ ) की पूरी व्याख्या अध्याय–15 में देखें । यहाँ $\phi$ को $\chi^2$ में बदल कर देखा जाता है कि $\chi^2$ सार्थक है या नहीं । यदि $\chi^2$ सार्थक होता है तो $\phi$ को भी सार्थक माना जाता है । इसके लिए सूत्र इस प्रकार है– $\chi^2 = N\phi^2$

ऊपर के उदाहरण में सूत्र–43 के आधार पर प्राप्त $\phi$ का मूल्य .25 तथा N यहाँ 205 है । अत: $X^2 = 205 \times (.25)^2 = 205 \times .063 = 12.92$ यहाँ $\chi^2$ के लिए df = ( r – 1 ) ( c – 1 ) = ( 2—1 ) ( 2 — 1 ) = 1, $\chi^2$ टेबुल ( जो अध्याय 15 के अन्त में है ) के अनुसार 1df पर प्राप्त $\chi^2$ का मान ( 12.92 ) .01 स्तर पर सार्थक है । इसका अर्थ यह हुआ कि प्राप्त फाई मूल्य ( $\phi$ = .25 ) सार्थक है । अत: शून्य परिकल्पना ( null hypothesis ) अस्वीकृत हो गयी और निष्कर्ष मिला कि दोनों द्विभाजी चरों के बीच सार्थक सम्बन्ध है ।

## विशिष्ट लाभ या गुण ( *Specific Advantages or Merits* )

( i ) जब दो ऐसे द्विभाजी चरों ( dichotomous variables ) के बीच सहसम्बन्ध ज्ञात करना हो जिनमें वास्तविक द्विभाजन ( genuine dichotomy ) हो तो इसके लिए केवल $\phi$ ज्ञात करना उचित होता है ।

( ii ) जब एकांश-विशलेषण ( item analysis ) में एक एकांश का दूसरे एकांश के साथ सहसम्बन्ध ज्ञात करना होता है तो इसके लिए $\phi$ ज्ञात करना उचित होता है ।

## 5. आसंग गुणांक

### ( The Coefficient of Contingency, C )

आसंग गुणांक ( contingency coefficient ) या C तब निकाला जाता है जबकि :–

( i ) दोनों चरों ( X and Y variables ) को दो से अधिक आसंग तालिका ( categories ) में जैसे $3 \times 3, 3 \times 4, 3 \times 5, 4 \times 4, 4 \times 5$ आदि आसंग तालिका ( conitingency table ) में विभजित किया गया हो,

( ii ) चरों में प्रसामान्य वितरण ( normal distribution ) हो तथा

( iii ) चरों को नामित ( nominal ) अथवा वर्गात्मक मापनी पर मापन करना सम्भव हो ।

स्पष्टत: आसंग गुणांक फाई सहसमबन्ध ( $\phi$ ) के समान है, अन्तर केवल इतना है कि जब आँकड़े ( data ) दो वर्गों या श्रेणियों में होते हैं, तो $\phi$ का व्यवहार किया जाता है और जब दो से अधिक वर्गों या श्रेणियों में आँकड़े होते हैं तो C ज्ञात किया जाता है । इसका सूत्र निम्नलिखित है :–

$$C = \sqrt{\frac{S-N}{S}} \qquad \text{—सूत्र 45}$$

यहाँ, C = आसंग गुणांक ( Contingency coefficient ),

S = भागफल का योग ( The sum of quotients ),

N = प्रतिदर्श ( sample ) का आकार ( size ) ।

**उदाहरण**–300 पतियों के शैक्षिक स्तर तथा वैवाहिक समायोजन मापनी ( Marital adjustment scale ) पर उनकी प्रतिक्रियाएँ निश्चित की गयीं । दोनों चरों ( variables ) के बारंबारता-वितरण ( frequency distribution ) टेबुल-38 में दिए गए हैं । आसंग गुणांक (C) निकालकर यह बताएँ कि पतियों के शैक्षिक-स्तर तथा वैवाहिक समायोजन के बीच कोई सार्थक सम्बन्ध है या नहीं ।

**टेबुल 38**

| शैक्षिक स्तर ( educational level ) | वैवाहिक समायोजन ( Marital adjustment ) बहुत निम्न ( Very Low ) | निम्न ( Low ) | उच्च ( High ) | बहुत उच्च ( Very high ) | कुल ( Total ) |
|---|---|---|---|---|---|
| कॉलेज | 4 | 9 | 33 | 54 | 100 |
| स्कूल | 22 | 35 | 43 | 50 | 150 |
| अनपढ़ | 19 | 10 | 14 | 7 | 50 |
| कुल | 45 | 54 | 90 | 111 | 300 |

### स्वतन्त्र मूल्य fe

### ( Independence Values or fe )

पहला चरण ( first step ) : fe — दूसरा चरण ( second step ) : $\frac{(fo)^2}{fe}$

1. $\frac{45 \times 100}{300} = 15$ — $\frac{(4)^2}{15} = \frac{16}{15} = 1.07$

2. $\frac{54 \times 100}{300} = 18$ $\frac{(9)^2}{18} = \frac{81}{18} = 4.5$

3. $\frac{90 \times 100}{300} = 30$ $\frac{(33)^2}{30} = \frac{1089}{30} = 36.3$

4. $\frac{111 \times 100}{300} = 37$ $\frac{(54)^2}{37} = \frac{2916}{37} = 78.81$

5. $\frac{45 \times 150}{300} = 22.5$ $\frac{(22)^3}{22.5} = \frac{484}{22.5} = 21.51$

6. $\frac{54 \times 150}{300} = 27$ $\frac{(35)^2}{27} = \frac{1225}{27} = 45.37$

7. $\frac{90 \times 150}{300} = 45$ $\frac{(43)^2}{45} = \frac{1849}{45} = 41.09$

8. $\frac{111 \times 150}{300} = 55.5$ $\frac{(50)^2}{55.5} = \frac{2500}{55.5} = 45.05$

9. $\frac{45 \times 50}{300} = 7.5$ $\frac{(19)^2}{7 \cdot 5} = \frac{361}{7.5} = 48.13$

10. $\frac{54 \times 50}{300} = 9$ $\frac{(10)^2}{9} = \frac{100}{9} = 11.11$

11. $\frac{90 \times 50}{300} = 15$ $\frac{(14)^2}{15} = \frac{196}{15} = 13.07$

12. $\frac{111 \times 50}{300} = 18.5$ $\frac{(7)^2}{18.5} = \frac{49}{18.5} = 2.65$

$s = 348.66$

अब $C = \sqrt{\frac{S - N}{S}} = \sqrt{\frac{348.66 - 300}{348.66}} = \sqrt{\frac{48.66}{348.66}}$

$= \sqrt{0.139} = .37$ उत्तर ।

## सार्थकता की जाँच (*Test of Significance*)

आसंग गुणांक या C की सार्थकता काई वर्ग ($\chi^2$) की सहायता से निर्धारित की जाती है ।

C को काई वर्ग ($\chi^2$) में बदलने का सूत्र है कि $C = \sqrt{\frac{\chi^2}{N + \chi^2}}$, इस सूत्र के आधार पर C के मान को $\chi^2$ के मान में इस प्रकार बदला जा सकता है–

$$C^2 = \frac{\chi^2}{N + \chi^2}$$

या $(.37)^2 = \frac{\chi^2}{300+\chi^2}$

या $.137 = \frac{\chi^2}{300+\chi^2}$

या $.137 \times 300 + .137\,\chi^2 = \chi^2$

या $41.1 + .137\,\chi^2 = \chi^2$

या $41.1 = \chi^2 - .137\,\chi^2$

या $41.1 = .863\,\chi^2$

या $\chi^2 = \frac{41.1}{.863} = 47.625$

$df = (c-1)(r-1) = (3-1)(4-1) = 3 \times 2 = 6$

काई वर्ग तालिका ( जो अध्याय 15 के अन्त में है ) से पता चलता है कि 6df पर यह काई वर्ग ( 47.625 ) .01 स्तर पर सार्थक है । इसलिए C भी सार्थक हुआ । अतः इसका अर्थ यह हुआ कि वैवाहिक समायोजन तथा शैक्षिक स्तर के बीच सार्थक सम्बन्ध है और शून्य परिकल्पना .01 स्तर पर अस्वीकृत हो गयी ।

**नोट**—यदि विद्यार्थी चाहे तो सीधे C न निकालकर पहले $\chi^2$ निकाल लें और फिर उपर्युक्त सूत्र अर्थात $C = \sqrt{\frac{\chi^2}{N+\chi^2}}$ के आधार पर उसे C में बदल दें । लेकिन, ऐसा करने में थोड़ा समय अधिक लगेगा और श्रम अधिक करना होगा ।

**C की उपयोगिता ( *Usefulness of C* )**

जब आँकड़े दो से अधिक वर्गों या श्रेणियों में होते हैं अर्थात् आसंग तालिका ( contingency table ) में होते हैं तो उनके बीच सहसम्बन्ध निकालने की यह विधि बहुत उपयुक्त होती है ।

**C की सीमाएँ ( *Limitations of C* )**

( i ) इस सहसम्बन्ध विधि का क्षेत्र बहुत सीमित है । जब आँकड़े आसंग तालिका में नहीं होते हैं तो इसका व्यवहार नहीं किया जाता है ।

( ii ) जब दो चरों के बीच पूर्ण सहसम्बन्ध ( perfect correlation ) होता है तो गुणांक ( coefficient ) I ( one ) होता है । लेकिन, पूर्ण सहसम्बन्ध होने पर भी C कभी भी एक नहीं हो पाता है । यह एक गंभीर दोष है ।

( iii ) इस सहसम्बन्ध विधि से यह पता नहीं चल पाता है कि प्राप्त सहसम्बन्ध धनात्मक सहसम्बन्ध ( positive correlation ) है या ऋणात्मक सहसम्बन्ध ( negative correlation ) है । हम केवल टेबुल की बारंबारताओं के स्वरूप को देखकर अनुमान लगा सकते हैं कि यह धनात्मक है या ऋणात्मक ।

## 6. आंशिक सहसम्बन्ध
## ( The Partial Correlation )

प्राय: ऐसा होता है कि दो चरों ( variables ) के बीच सम्बन्ध पर किसी तीसरे चर का प्रभाव पड़ता है, जिसके कारण पहले दोनों चरों के बीच के सम्बन्ध का ठीक-ठाक ज्ञान कठिन बन जाता है । जैसे–मान लें कि हम बालकों के एक ऐसे समूह के शारीरिक वजन ( weight ) तथा बुद्धि ( intelligence ) के बीच सहसम्बन्ध ज्ञात करना चाहते हैं, जिसमें भिन्न-भिन्न आयु के बच्चे हैं । स्पष्टत: यहाँ आयु ( age ) एक ऐसा चर है जिसका प्रभाव बुद्धि तथा शारीरिक वजन के बीच सम्बन्ध पर पड़ेगा । इसलिए, इन दोनों चरों के बीच सहसम्बन्ध यदि प्रोडक्ट मोमेन्ट विधि ( product moment method ) से निकालेंगे तो वह सही नहीं होगा ।[1] यहाँ एक ऐसी विधि की आवश्यकता है जो तीसरे चर (जैसे आयु) के प्रभाव को रोक करके शेष दोनों चरों (जैसे, वजन तथा बुद्धि) के बीच वास्तविक सम्बन्ध को बतला सके । इसी सहसम्बन्ध विधि को आंशिक सहसम्बन्ध विधि ( partial correlation method ) कहते हैं । आंशिक आर ( partial r ) के निम्नलिखित दो प्रकार हैं :–

### ( i ) प्रथमकोटिक सहसम्बन्ध *( First Order Partial r )*

जब एक चर के प्रभाव को दूर करके दो चरों के बीच सहसम्बन्ध निकाला जाता है तो इसे प्रथमकोटिक सहसम्बन्ध कहते हैं । इसके लिए सूत्र इस प्रकार है :–

$$r_{231} = \frac{r_{23} - (r_{12})(r_{13})}{\sqrt{\left(1 - r_{12}^2\right)\left(1 - r_{12}^2\right)}}$$ —सूत्र 46

यहाँ r = सहसम्बन्ध ( correlation ),

2, 3 = वे दो चर जिनके बीच सहसम्बन्ध निकालना है,

I = वह चर जिसके प्रभाव को दूर करना या रोकना है ।

**उदाहरण**–मान लें कि तीन सौ विद्यार्थियों के लिए तीन चरों अर्थात आयु ( age ), बुद्धि ( intelligence ) तथा वजन ( weight ) के बीच सहसम्बन्ध ज्ञात किए गए जो निम्नलिखित हैं :–

$$r_{12} = .70$$
$$r_{23} = .40$$
$$r_{13} = .50$$

स्पष्ट है कि यहाँ वजन (तीसरा चर) तथा बुद्धि (दूसरा चर) के बीच सार्थक सहसम्बन्ध है ( $r = .40, df = 298, p < .05$ ) । लेकिन सम्भव है कि इस पर आयु का भी प्रभाव पड़ रहा हो । अब मान लें कि हम आयु चर ( age variable ) के प्रभाव को दूर करके वजन तथा बुद्धि के बीच वास्तविक सम्बन्ध देखना चाहते हैं । इसके लिए सूत्र–46 का व्यवहार करने पर :–

---

1. नोट : विभिन्न आयु के बालकों के शारीरिक वजन तथा बुद्धि के बीच अलग-अलग सहसम्बन्ध निकालने पर सही परिणाम प्राप्त किया जा सकता है, परन्तु व्यावहारिक रूप से यह कठिन होगा ।

$$r_{231} = \frac{r_{23}-(r_{12})(r_{13})}{\sqrt{1-r_{12}^2}\,(1-r_{13}^2)} = \frac{.40(.70)(.50)}{\sqrt{(1-.70^2)(1-.50^2)}}$$

$$= \frac{.40-.35}{\sqrt{(1-.49)(1-.25)}} = \frac{.05}{\sqrt{(.51)(.75)}} = \frac{.05}{\sqrt{.38}} = \frac{.05}{.62} = .08 \text{ उत्तर ।}$$

स्पष्ट है कि आयु-चर के प्रभाव को नियंत्रित कर लेने पर बुद्धि तथा शारीरिक वजन के बीच कोई सार्थक सहसम्बन्ध नहीं पाया गया ( $r = .08, df = 298, p > .05$ ) । चूँकि आंशिक आर ( partial r ) वास्तव में **पीयरसन** आर ( Pearson r ) ही है, इसलिए इसकी सार्थकता पीयरसन आर की तरह ही निर्धारित की जाती है । ( देखें टेबुल B पृष्ठ 204 )

**( ii ) द्वितीय कोटिक आंशिक सहसबन्ध *( Second Order Partial r )***

जब दो चरों के प्रभावों का नियंत्रित करके किन्हीं दो चरों के बीच सहसम्बन्ध ज्ञात करना होता है तो इसे द्वितीय कोटिक आंशिक सहसम्बन्ध कहते हैं । जैसे-माना लें कि हम एक ऐसे समूह के छात्रों के शारीरिक वजन तथा बुद्धि के बीच सम्बन्ध ज्ञात करना चाहते हैं जो भिन्न-भिन्न आयु तथा भिन्न-भिन्न ऊँचाई ( heights ) के हैं । अब यहाँ शारीरिक वजन तथा बुद्धि के बीच वास्तविक सहसम्बन्ध ज्ञात करने के लिए दो चरों यानी आयु तथा शारीरिक ऊँचाई के प्रभावों को नियंत्रित करना होगा । अत: इसे द्वितीय कोटि आंशिक सहसम्बन्ध कहेंगे, जिसके लिए सूत्र इस प्रकार है :-

$$r_{3412} = \frac{r_{341}-(r_{321})(r_{421})}{\sqrt{(1-r_{324}^2)\,(1-r_{421}^2)}}, \qquad \text{— सूत्र 47}$$

यहाँ, 3, 4 = वे दो चर हैं जिनके बीच r ज्ञात करना है,

1, 2, = वे चर हें जिनके प्रभावों को नियंत्रित करना है ।

परिकलन ठीक उसी तरह से किया जाएगा, जिस तरह से प्रथम कोटिक आंशिक सहसम्बन्ध में ऊपर किया गया है । प्राप्त सहसम्बन्ध की सार्थकता भी उसी तरह से निर्धारित की जाएगी ।

## 7. बहुसहसम्बन्ध
## ( Multiple Correlation, R )

एक आश्रित चर ( dependent variable ) तथा दो या अधिक स्वतन्त्र चरों के बीच सहसम्बन्ध निर्धारित करने वाली विधि को बहुसहसम्बन्ध विधि ( multiple correlation method ) कहते हैं । **रेबर** तथा **रेबर** ( Reber & Reber, 2001 ) के अनुसार, ''एक (आश्रित) चर तथा दो या अधिक स्वतन्त्र चरों के सम्बन्ध को बहुसम्बन्ध कहते है ।''[1] इस प्रकार बहुसहसम्बन्ध गुणांक ( multiple correlation coefficient ) से किसी आश्रित

1. "Multiple correlation is the relationship between one ( dependent ) variable and two or more ( independent ) variables." — Reber & Reber, 2001, p. 159.

चर पर कई संयुक्त चरों के संयुक्त प्रभाव ( combined effect ) का पता चलता है । इसका प्रतीक बड़ा आर ( R ) होता है ।

**उदाहररण**—मान लें कि 200 छात्रों की बौद्धिक योग्यता ( intellectual ability ) पर आयु ( age ) तथा सामाजिक आर्थिक स्थिति ( SES ) के संयुक्त प्रभाव ( joint effect ) निर्धारित करना है । यहाँ पहला चर बौद्धिक योग्यता है जो आश्रित चर ( dependent variable ) है और आयु तथा सामाजिक आर्थिक स्थिति स्वतंत्र चर ( independent variables ) हैं । मान लें कि इन तीनों चरों के बीच निम्नलिखित सहसम्बन्ध हैं :–

$r_{12} = .40,\ r_{13} = .50,\ r_{23} = .30$

अब हमें बौद्धिक योग्यता तथा आयु एवं सामाजिक आर्थिक स्थिति के संयुक्त प्रभावों के बीच सहसम्बन्ध ज्ञात करने के लिए R ज्ञात करना है, जिसका सूत्र इस प्रकार है :–

$$R = \sqrt{\frac{r_{12}^2 + r_{13}^2 - 2(r_{12})(r_{13})(r_{23})}{1 - r_{23}^2}} \qquad \text{— सूत्र 48}$$

यहाँ, R = बहुसहसम्बन्ध ( Multiple correlation ), 1 = आश्रित चर ( dependent variable ), 2, 3, = दो स्वतन्त्र चर ( independent variables ) ।

$$R = \sqrt{\frac{\cdot 40^2 + \cdot 50^2 - 2(\cdot 40)(\cdot 50)(\cdot 30)}{1 - \cdot 30^2}}$$

$$= \sqrt{\frac{\cdot 16 + \cdot 25 - 2 \times \cdot 06}{1 - \cdot 09}} = \sqrt{\frac{\cdot 41 - \cdot 12}{\cdot 91}} = \sqrt{\frac{\cdot 29}{\cdot 91}} = \sqrt{\cdot 32} = \cdot 57 \text{ उत्तर}$$

अब ·05 स्तर के लिए कुल जनसंख्या का $R = \cdot 57 \pm 1\cdot 96 \times \cdot 05 = \cdot 57 \pm \cdot 10 = .47$ से ·67 । अत: यहाँ का मान ( ·57 ) ·05 स्तर पर सार्थक है । जब N बड़ा हो और R अधिक हो ( जैसा कि यहाँ है ) तो $SE_R$ ज्ञात करना कोई विशेष महत्त्व नहीं रखता है ।

R की सार्थकता ( significance ) निर्धारित करने के लिए SE निकाला जाता है, जिसका सूत्र है — $SE_R = \dfrac{1 - R^2}{\sqrt{N - m}}$

यहाँ $SE_R$ = बहुसहसन्बन्ध की मानक त्रुटि, N = प्रतिदर्श का आकार

m = उन चरों की संख्या जिनके बीच सहसन्बन्ध ज्ञात किया गया है,

( N – m ) = स्वतन्त्रता की मात्रा ( df ) ।

मान बैठाने पर $SE_R = \dfrac{1 - \cdot 57^2}{\sqrt{200 - 3}} = \dfrac{1 - \cdot 32}{\sqrt{197}} = \dfrac{\cdot 68}{14\cdot 04} = \cdot 05$

## तालिका – E

*प्रसामान्य वक्र का बड़ा क्षेत्र और छोटा क्षेत्र तथा उसका क्रमसूचक*

*( Larger area and smaller area of Normal curve with their ordinates )*

| Larger area | Smaller area | Ordinate U या Y | Larger area | Smaller area | Ordinate U या Y |
|---|---|---|---|---|---|
| ·500 | ·500 | ·3989 | ·650 | ·350 | ·3734 |
| ·505 | ·495 | ·3989 | ·655 | ·345 | ·3684 |
| ·510 | ·490 | ·3988 | ·660 | ·340 | ·3664 |
| ·515 | ·485 | ·3987 | ·665 | ·335 | ·3643 |
| ·520 | ·480 | ·3984 | ·670 | ·330 | ·3621 |
| ·525 | ·475 | ·3982 | ·675 | ·325 | ·3599 |
| ·530 | ·470 | ·3978 | ·680 | ·320 | ·3576 |
| ·535 | ·465 | ·3974 | ·685 | ·315 | ·3552 |
| ·540 | ·460 | ·3969 | ·800 | ·200 | ·2800 |
| ·545 | ·455 | ·3964 | ·805 | ·195 | ·2757 |
| ·550 | ·450 | ·3958 | ·810 | ·190 | ·2714 |
| ·555 | ·445 | ·3951 | ·815 | ·185 | ·2669 |
| ·560 | ·440 | ·3944 | ·820 | ·180 | ·2624 |
| ·565 | ·435 | ·3936 | ·825 | ·175 | ·2578 |
| ·570 | ·430 | ·3928 | ·830 | ·170 | ·2531 |
| ·575 | ·425 | ·3919 | ·835 | ·165 | ·2482 |
| ·580 | ·420 | ·3909 | ·840 | ·160 | ·2433 |
| ·585 | ·415 | ·3899 | ·845 | ·155 | ·2483 |
| ·590 | 410 | ·3887 | ·850 | ·150 | ·2332 |
| ·600 | ·400 | ·3863 | ·855 | ·145 | ·2279 |
| ·605 | ·395 | ·3850 | ·860 | ·140 | ·2226 |
| ·610 | ·390 | ·3837 | ·865 | ·135 | ·2171 |
| ·615 | ·385 | ·3822 | ·870 | ·130 | ·2115 |
| ·620 | ·380 | ·3780 | ·880 | ·125 | ·2059 |
| ·625 | ·375 | ·3792 | ·885 | ·120 | ·2000 |
| ·635 | ·370 | ·3776 | ·890 | ·115 | ·1941 |
| ·640 | ·365 | ·3759 | ·895 | ·110 | ·1880 |
| ·645 | ·360 | ·3741 | ·900 | ·105 | ·1818 |
| ·650 | ·355 | ·3723 | ·905 | ·100 | ·1755 |
| ·655 | ·350 | ·3698 | ·910 | ·095 | ·1690 |
| ·660 | ·345 | ·3683 | ·915 | ·090 | ·1624 |
| ·665 | ·340 | ·3668 | ·920 | ·085 | ·4756 |
| ·670 | ·335 | ·3637 | ·925 | ·080 | ·1487 |
| ·675 | ·330 | ·3621 | ·930 | ·075 | ·1416 |
| ·680 | ·325 | ·3615 | ·935 | ·070 | ·1343 |
| ·685 | ·320 | ·3572 | ·940 | ·060 | ·1268 |
| ·690 | ·310 | ·3528 | ·945 | ·055 | ·1191 |
| ·695 | ·305 | ·3503 | ·950 | ·050 | ·1112 |

| Larger | Smaller | Ordinate | Larger | Smaller | Ordinate |
|---|---|---|---|---|---|
| ·700 | ·300 | ·3503 | ·955 | ·045 | ·1031 |
| ·705 | ·295 | 3450 | ·960 | ·040 | ·0948 |
| ·710 | ·290 | ·3423 | ·965 | ·035 | ·0862 |
| ·715 | ·285 | ·3395 | ·970 | ·030 | ·0773 |
| ·720 | ·280 | ·3366 | ·975 | ·025 | ·0680 |
| ·725 | ·275 | ·3337 | ·980 | ·020 | ·0584 |
| ·730 | ·270 | ·3307 | ·985 | ·015 | ·0484 |
| ·735 | ·265 | ·3275 | ·990 | ·010 | ·0379 |
| ·740 | ·260 | ·3244 | ·995 | ·005 | ·0267 |
| ·750 | ·250 | ·3178 | ·996 | ·004 | ·0145 |
| ·755 | ·245 | ·3144 | ·997 | ·003 | ·0118 |
| ·760 | ·240 | ·3109 | ·998 | ·002 | ·0091 |
| ·765 | ·235 | ·3073 | ·999 | ·001 | ·0063 |
| ·770 | ·230 | ·3036 | ·9995 | ·0005 | ·0034 |
| ·775 | ·225 | ·2999 | ·996 | ·004 | ·0018 |
| ·780 | ·220 | ·2961 | ·997 | ·003 | ·0091 |
| ·785 | ·215 | ·2922 | ·998 | ·002 | ·0063 |
| ·790 | ·210 | ·2882 | ·999 | ·001 | ·0034 |
| ·795 | ·205 | ·2841 | ·9995 | ·0005 | ·0018 |

## तालिका – F

*कोण के कोटिज्या पर चतुष्कोष्टिक सहसम्बन्ध*

*( Tetrachoric r at the cosine of angle )*

| Angle | Cosine | Angle | Cosine | Angle | Cosine |
|---|---|---|---|---|---|
| 0 | 1·000 | 40 | ·766 | 68 | ·375 |
| 5 | ·996 | 41 | ·755 | 69 | ·358 |
| 10 | ·985 | 42 | ·743 | 70 | ·342 |
| 15 | ·966 | 43 | ·731 | 71 | ·326 |
| 16 | ·961 | 44 | ·719 | 72 | ·309 |
| 17 | ·956 | 45 | ·707 | 73 | ·292 |
| 18 | ·951 | 46 | ·695 | 74 | ·276 |
| 19 | ·946 | 47 | ·682 | 75 | ·259 |
| 20 | ·940 | 48 | ·669 | 76 | ·242 |
| 21 | ·934 | 49 | ·656 | 77 | ·225 |
| 22 | ·927 | 50 | ·643 | 78 | ·208 |
| 23 | ·921 | 51 | ·629 | 79 | ·191 |
| 24 | ·914 | 52 | ·616 | 80 | ·174 |
| 25 | ·906 | 53 | ·602 | 81 | ·156 |
| 26 | ·899 | 54 | ·503 | 82 | ·139 |
| 27 | ·891 | 55 | ·574 | 83 | ·122 |
| 28 | ·883 | 56 | ·559 | 84 | ·105 |
| 29 | ·875 | 57 | ·554 | 85 | ·087 |
| 30 | ·866 | 58 | ·530 | 86 | ·000 |
| 31 | ·857 | 59 | ·515 | | |
| 32 | ·848 | 60 | ·500 | | |
| 33 | ·839 | 61 | ·485 | | |
| 34 | ·829 | 62 | ·469 | | |

| Angle | Cosine | Angle | Cosine | Angle | Cosine |
|---|---|---|---|---|---|
| 35 | ·819 | 63 | ·454 | | |
| 36 | ·809 | 64 | ·438 | | |
| 37 | ·799 | 65 | ·423 | | |
| 38 | ·788 | 66 | ·407 | | |
| 39 | ·777 | 67 | ·391 | | |

## तालिका – G

*AD / BC अनुपात पर आधारित चतुष्कोष्टिक सहसम्बन्ध*

*( Tetrachoric r on the basis of AD / BC ratio )*

| rt | AD/BC | rt | AD/BC | rt | AD/BC |
|---|---|---|---|---|---|
| ·00 | 0 – 1·00 | ·34 | 2·42 – 2·48 | ·68 | ·7·76 – 8·11 |
| ·01 | 1·01 – 1·03 | ·35 | 2·49 – 2·55 | ·69 | 8·12 – 8·49 |
| ·02 | 1·04 – 1·06 | ·36 | 2·56 – 2·63 | ·70 | 8·50 – 8.90 |
| ·03 | 1·07 – 1·08 | ·37 | 2·64 – 2·71 | ·71 | 8·91 – 9·35 |
| ·04 | 1·09 – 1·11 | ·38 | 2·72 – 2·79 | ·72 | 9·36 – 9·82 |
| ·05 | 1·12 – 1·14 | ·39 | 2·80 – 2·87 | ·73 | 9·83 – 10·33 |
| ·06 | 1·15 – 1·17 | ·40 | 2·88 – 2·96 | ·74 | 10·34 – 10·90 |
| ·07 | 1·18 – 1·20 | ·41 | ·297 – 3·05 | ·76 | 11·52 – 12·16 |
| ·08 | 1·21 – 1·23 | ·42 | 3·06 – 3·14 | ·77 | 12·17 – 12·89 |
| ·09 | 1·24 – 1·27 | ·43 | 3.15 – 3·24 | ·77 | 12·17 – 12·89 |
| ·10 | 1·28 – 1·30 | ·44 | 3·25 – 3·34 | ·78 | 12·90 – 13·70 |
| ·11 | 1·31 – 1·33 | ·45 | 3·35 – 3·45 | ·79 | 13·71 – 14·58 |
| ·12 | 1·34 – 1·37 | ·46 | 3·46 – 3·56 | ·80 | 14·59 – 15·57 |
| ·13 | 1·38 – 1·40 | ·47 | 3·57 – 3·68 | ·81 | 15·58 – 16·65 |
| ·14 | 1·41 – 1·44 | ·48 | 3·69 – 3·80 | ·82 | 16·66 – 17·88 |
| ·15 | 1·45 – 1·48 | ·49 | 3·81 – 3·92 | ·83 | 17·89 – 19·28 |
| ·16 | 1·49 – 1·52 | ·50 | 3·93 – 4·06 | ·84 | 19·29 – 20·85 |
| .17 | 1.53 – 1.56 | .51 | 4.07 – 4.20 | .85 | 20.86 – 22.68 |
| ·18 | 1·57 – 1·60 | ·52 | 4·21 – 4·34 | ·86 | 22·69 – 24·76 |
| ·19 | 1·61 – 1·64 | ·53 | 4.35 – 4.49 | .87 | 24.77 – 27.22 |
| ·20 | 1·65 – 1·69 | ·54 | 4·50 – 4·66 | ·88 | 27·23 – 30·09 |
| ·21 | 1·70 – 1·73 | ·55 | 4·67 – 4·82 | ·89 | 30·10 – 33·60 |
| ·22 | 1·74 – 1·78 | ·56 | 4·83 – 4·99 | ·90 | 33·61 – 37·79 |
| ·23 | 1·79 – 1·83 | ·57 | 5·00 – 5·18 | ·91 | 37·80 – 43·06 |
| ·24 | 1·84 – 1·88 | ·58 | 5·19 – 5·38 | ·92 | 43·07 – 49·83 |
| ·25 | 1·89 – 1·93 | ·59 | 5·39 – 5·59 | ·93 | 49·84 – 58·79 |
| ·26 | 1·94 – 1·98 | ·60 | 5·60– 5·80 | ·94 | 58·80 – 70·95 |
| ·27 | 1·99 – 2·04 | ·61 | 5·81 – 6·03 | ·95 | 70·96 – 89·01 |
| ·28 | 2·05 – 2·10 | ·62 | 6·04 – 6·28 | ·96 | 89·02 – 117·54 |
| ·29 | 2·11 – 2·15 | ·63 | 6·29 – 6·54 | ·97 | 117·55 – 169·67 |
| ·30 | 2·16 – 2·22 | ·64 | 6·55 – 6·81 | ·98 | 169·68 – 293·12 |
| ·31 | 2·23 – 2·28 | ·65 | 6·82 – 7·10 | ·99 | 293·13 – 923·97 |
| .32 | 2.29 – 2.34 | .66 | 7.11 – 7.42 | 1.00 | 923.98..... |
| ·33 | 2·35 – 2·41 | ·67 | 7·43 – 7·75 | | |

# विश्वविद्यालय प्रश्न
# UNIVERSITY QUESTIONS
## निबन्धात्मक प्रश्न
## ( *Essay Type Questions* )

1. *द्विपंक्तिक सहसम्बन्ध विधि ( biserial correlation method ) का व्यवहार किन परिस्थितियों में किया जाता है ? इसके लाभों (गुणों) तथा अलाभों( सीमाओं) की व्याख्या करें।*
2. *rbis की कौन-कौन-सी शर्तों ( conditions ) या अभिधारणाएँ ( assumptions ) हैं ? यह rpbis से कैसे भिन्न है ?*
3. *अंकद्विपंक्तिक सहसम्बन्ध का व्यवहार किन-किन परिस्थितियों ( conditions ) में किया जाता है ? इसके लाभों ( advantages ) तथा अलाभों (disadvantages ) या सीमाओं ( limitations ) का वर्णन करें।*
4. *rpbis की कौन-कौन अभिधारणाएँ ( assumptions ) या शर्त्तें ( conditions ) हैं ? एकांश-विश्लेषण ( item analysis ) में इसका व्यवहार अधिक क्यों किया जाता है ?*
5. *अभिधारण ( postulates ), कार्यप्रणाली ( procedure ) तथा उपयोगिता ( utility ) के दृष्टिकोण से rbis तथा rpbis के बीच तुलना करें।* *[ M.A., 2005, M.U. ]*
6. *200 विद्यार्थियों द्वारा एक मनोवृत्ति-मापनी ( Attitude scale ) पर प्राप्त कुल प्राप्तांक ( total scores ) तथा दसवें एकांश ( 10th item ) पर हाँ ( yes ) तथा नहीं ( No ) में उनकी प्रतिक्रियाएँ नीचे टेबुल में उल्लेखित हैं। विद्यार्थियों के कुल प्राप्तांक तथा एकांश के बीच सहसम्बन्ध को एक उचित सहसम्बन्ध विधि द्वारा ज्ञात करें तथा उसकी सार्थकता की व्याख्या करें।*

| *कुल प्राप्तांक ( Total Scores )* | *हाँ ( Yes )* | *नहीं ( No )* |
|---|---|---|
| *85 – 89* | *1* | *0* |
| *80 – 84* | *5* | *0* |
| *75 – 79* | *20* | *1* |
| *70 – 74* | *25* | *0* |
| *65 – 69* | *33* | *2* |
| *60 – 64* | *21* | *4* |
| *55 – 59* | *19* | *9* |
| *50 – 55* | *13* | *12* |
| *45 – 49* | *7* | *9* |
| *40 – 44* | *5* | *7* |
| *35 – 49* | *0* | *5* |
| *30 – 34* | *1* | *0* |
| *25 – 29* | *0* | *1* |
| | *150* | *50* |

*संकेत : rpbis ज्ञात करें।*

7. *150 लड़कों तथा 40 लड़कियों द्वारा एक मानक उपलब्धि-परीक्षण ( achievement test )*

*पर लाए गए प्राप्तांक नीचे टेबुल में दिए गए हैं :–* *[ M.A. Part I, 2004, PU ]*

| प्राप्तांक ( Scores ) | लड़के ( Boys ) | लड़कियाँ ( G irls ) |
|---|---|---|
| 65 – 69 | 5 | 1 |
| 60 – 64 | 17 | 3 |
| 55 – 59 | 26 | 10 |
| 50 – 54 | 30 | 7 |
| 45 – 49 | 20 | 5 |
| 40 – 44 | 15 | 4 |
| 35 – 39 | 11 | 0 |
| 30 – 34 | 10 | 7 |
| 25 – 29 | 7 | 0 |
| 20 – 24 | 9 | 3 |
| | 150 | 40 |

*एक अनुकूल सहसम्बन्ध विधि द्वारा सहसम्बन्ध ज्ञात करें तथा इसकी सार्थकता बताएँ। संकेत : rpbis ज्ञात करें।*

8. *नीचे के टेबुल में एक उपलब्धि-परीक्षण ( achievement test ) पर उन छात्रों द्वारा लाए गए प्राप्तांकों ( scores ) के वितरण ( distributions ) दिए गए हैं, जिन्होंने एक गणितीय परीक्षण ( mathematical test ) के 50% से अधिक एकांशों ( items ) का सही उत्तर दिया तथा 50% से कम एकांशों का सही उत्तर दिया :–*

| वर्गान्तर ( Class Intervals ) | 50% से अधिक सही उत्तर देनेवाले छात्रों की संख्या | 50% से कम सही उत्तर देनेवाले छात्रों की संख्या |
|---|---|---|
| 180 – 189 | 11 | 0 |
| 170 – 179 | 15 | 0 |
| 160 – 169 | 7 | 7 |
| 150 – 159 | 37 | 17 |
| 140 – 149 | 23 | 35 |
| 130 – 139 | 19 | 30 |
| 120 – 129 | 14 | 13 |
| 110 – 119 | 0 | 7 |
| 100 – 109 | 9 | 6 |
| | 135 | 115 |

*किसी उपयुक्त विधि का व्यवहार करके दोनों चरों के बीच सहसम्बन्ध ज्ञात करें। संकेत : rbis ज्ञात करें।*

9. *नीचे की तालिका में 15 विद्यार्थियों के एक मनोवृत्ति-परीक्षण के एकांश-संख्या 10 ( item no. 10 ) पर प्राप्त आँकड़े तथा उस परीक्षण पर उनके कुल प्राप्तांक दिए गए हैं ? सही उत्तर के लिए 1 तथा गलत उत्तर के लिए 0 दिए गए हैं।*

| कुल प्राप्तांक (*Total Score*) | एकांश-10 के प्राप्तांक (*Score on Item no. 10*) |
|---|---|
| 60 | 1 |
| 45 | 1 |
| 48 | 0 |
| 47 | 0 |
| 50 | 1 |
| 52 | 0 |
| 41 | 1 |
| 57 | 1 |
| 49 | 1 |
| 62 | 1 |
| 40 | 0 |
| 47 | 0 |
| 55 | 1 |
| 39 | 1 |
| 63 | 1 |

*उपर्युक्त आँकड़ों से rpbis ज्ञात करें तथा प्राप्त परिणाम की व्याख्या करें।*

**10.** *एक संवेगात्मक परिपक्वता-परीक्षण ( Emotional maturity test ) पर लम्बे तथा नाटे छात्रों के प्राप्तांकों के वितरण ( distribution of scores ) नीचे दिए गए हैं। लम्बाई तथा संवेगात्मक परिपक्वता के बीच सहसम्बन्ध गुणांक ( correlation co-efficient ) निकालें तथा उसकी सार्थकता की जाँच करें।* [ M.A, 1996, 2002, P.U. ]

*संवेगात्मक परिक्वता प्राप्तांक*

*( Scores on emotional maturity test )*

| | 13–15 | 16–18 | 19–21 | 22–24 | 25–27 | 28–30 | 31–33 |
|---|---|---|---|---|---|---|---|
| लम्बा ( Tall ) | 6 | 11 | 18 | 15 | 2 | 0 | 0 |
| नाटा ( Short ) | 0 | 1 | 8 | 12 | 17 | 9 | 13 |

**11.** *निम्नलिखित आँकड़े देहाती प्रतिदर्श से प्राप्त हुए हैं। अंकद्विपंक्तिक सहसम्बन्ध ( point biserial r ) ज्ञात करें।*

*वर्गान्तर ( Class intervals )*

| | 40–42 | 37–39 | 34–36 | 31–33 | 28–30 | 25–27 | 22–24 | 19–21 | 16–18 |
|---|---|---|---|---|---|---|---|---|---|
| देहाती प्रतिदर्श | 1 | 2 | 2 | 4 | 10 | 22 | 12 | 5 | 2 |
| शहरी प्रतिदर्श | 2 | 3 | 6 | 10 | 32 | 22 | 10 | 3 | 2 |

**12.** *फाई-गुणांक ( phi-coefficient ) किन परिस्थितियों में सहसम्बन्ध की माप ( Measure ) के रूप में व्यवहार किया जाता है? निम्नलिखित आँकड़े से $\phi$ निकालें तथा इसकी सार्थकता ( significance ) की जाँच करें—*

*प्रश्न संख्या-I ( Question-I )*

| प्रश्न संख्या-II (Question-II) | नहीं ( No ) | हाँ ( Yes ) | |
|---|---|---|---|
| हाँ ( Yes ) | 115 | 125 | 240 |
| नहीं ( No ) | 100 | 60 | 160 |
| कुल ( Total ) | 215 | 185 | 400 |

**13.** *A study was conducted on 300 subjects to know the relation between intelligence and aspiration. Do you find any significant relation between the two variables ?* *[ M.A., P.U., 2001 ]*

*300 प्रयोज्यों पर एक अध्ययन बुद्धि एवं आकांक्षा के बीच सम्बन्ध जानने के उद्देश्य से किया गया। क्या दोनों ही चरों के बीच सार्थक सम्बन्ध है ?*

| | Grade A | Grade B | Grade C |
|---|---|---|---|
| Group A | 40 | 60 | 50 |
| Group B | 80 | 40 | 30 |

**14.** *State the utility of biserial correction and find the correlation from the following data—* *[ M.A., V.B.U., 1997, 2002 ]*

*द्विक्रमीय सहसम्बन्ध की उपयोगिता बताइए तथा निम्नांकित प्रदेशों में सहसम्बन्ध ज्ञात कीजिए—*

| Scores in History<br>इतिहास में प्राप्तांक | Frequency of History scores in the group which passed and in the group which failed in Economics.<br>अर्थशास्त्र में उत्तीर्ण वर्ग तथा अनुत्तीर्ण वर्ग में इतिहास प्राप्तांकों की आवृत्ति। | |
|---|---|---|
| | Passed<br>उत्तीर्ण | Failed<br>अनुत्तीर्ण |
| 61 – 65 | 6 | 3 |
| 56 – 60 | 7 | 5 |
| 51 – 55 | 9 | 8 |
| 46 – 50 | 12 | 10 |
| 41 – 45 | 15 | 12 |
| 36 – 40 | 16 | 14 |
| 31 – 35 | 18 | 16 |
| 26 – 30 | 9 | 8 |
| 21 – 25 | 4 | 6 |
| | 96 | 82 |

**15.** *एक परीक्षण में 100 एकांश हैं। इनमें एकांश-X पर 90 छात्र पास हुए और 100 छात्र फेल हुए। इसी प्रकार एकांश-Y पर 115 तथा 85 छात्र क्रमशः पास तथा फेल हुए। X तथा Y के मध्य सहसम्बन्ध निकालें।* *[ M.A., P.U., 2001 ]*

| | | एकांश-X ( item X ) | | |
|---|---|---|---|---|
| | | फेल ( Failed ) | पास ( Passed ) | |
| एकांश-Y (item Y) | पास ( passed ) | 45 | 70 | 115 |
| | फेल ( failed ) | 65 | 20 | 85 |
| | | 110 | 90 | 200 |

**16.** *टेटराकौरिक सहसम्बन्ध ( rt ) का उपयोग किन परिस्थितियों में किया जाता है ? यह फाई सहसम्बन्ध ( $\phi$ ) से कैसे भिन्न हैं ? निम्नलिखित आँकड़ों के लिए इनमें से कौन-सा सहसम्बन्ध अधिक उपयुक्त है ?*

| पिता (Fathers) | पुत्र (sons) अस्वस्थ Unhealthy | स्वस्थ Healthy | |
|---|---|---|---|
| नॉन-अलकोहलिक (Non-alcoholic) | 75 | 170 | 245 |
| अलकोहलिक (alcoholic) | 100 | 85 | 185 |
| | 175 | 255 | 430 |

उपर्युकत आँकड़ों से सहसम्बन्ध गुणांक ( correlation coefficient ) ज्ञात करें तथा उसकी सार्थकता की जाँच करें।

17. नीचे के टेबुल में उल्लेखित आँकड़ों के आधार पर C निकालें और इसकी सार्थकता की जाँच करें ।

[ M.A., P.U.2001, B.U. 2007 ]

दाम्पत्य अभियोजन
( Marital adjustment )

| शैक्षिक स्तर ( Educational Level ) | Very low | Low | High | Very high | Total |
|---|---|---|---|---|---|
| M.A | 3 | 7 | 18 | 32 | 60 |
| B.A. | 15 | 25 | 15 | 35 | 90 |
| I.A. | 13 | 23 | 46 | 58 | 140 |
| Martic | 15 | 18 | 37 | 40 | 110 |
| Total | 46 | 73 | 116 | 165 | 400 |

18. *Following scrores were obtained by subjects on an achievement test and subjects were divided into two groups on the basis of their scores ( scoring above 60% and scoring below 60% ). Test the relationship between the two groups by using a suitable statistical technique.* [ M.A., P.U., 2002 ]

एक उपलब्ध परीक्षण पर प्रयोज्यों के प्राप्तांक के आधार पर उन्हें दो समूहों में बाँटा गया ( प्राप्तांक 60% से ऊपर तथा 60% से कम )।

आँकडों के आधार पर उचित संख्यकीय विधि का उपयोग करते हुए दोनों समूहों के बीच सम्बन्धों की जाँच करें —

| Scores | 150-159 | 140-149 | 130-139 | 120-129 | 110-119 | 100-109 | 90-99 | 80-89 | 70-79 | 60-69 |
|---|---|---|---|---|---|---|---|---|---|---|
| More than 60% $f_1$ | 10 | 15 | 19 | 20 | 25 | 14 | 13 | 5 | 9 | 8 |
| Less than 60%, $f_2$ | 9 | 5 | 10 | 19 | 15 | 8 | 7 | 2 | 5 | 6 |

19. *What are the situations where phi-coefficient technique of correlation is applied ? Calculate $\phi$ for the following data and interpret the finding—*

[ M.A., V.B.U., 2001, 2003, M.A. 2009, R.U. ]

किन परिस्थितियों में फाई गुणांक सहसम्बन्ध का माप के रूप में व्यवहार किया जाता है ? निम्नलिखित आँकड़ों से $\phi$ निकालें तथा प्राप्त निष्कर्ष की विवेचना करें—

| | Boys | Girls | total |
|---|---|---|---|
| Yes | 110 | 130 | 240 |
| No | 100 | 60 | 160 |
| | 210 | 190 | 400 |

**20.** *आंशिक सहसम्बन्ध ( partial r ) की कया अभिधारणाएँ ( assumptions ) या शर्तें ( conditions ) हैं ? भिन्न-भिन्न आयु के 200 बालकों के शारीरिक वजन तथा अंकगणितीय योग्यता के बीच निम्नलिखित सहसम्बन्ध पाए गए–*
*पहला चर आयु, दूसरा चर वजन, तीसरा चर अंकगणितीय योग्यता ।*

$r_{12} = .80$ $r_{23} = .60$ $r_{13} = .70$

*पहले चर ( आयु ) को नियंत्रित करके दूसरे तथा तीसरे चरों ( वजन तथा अंकगणितीय योग्यता ) के बीच सहसम्बन्ध निकालें तथा उसकी सार्थकता की जाँच करें ।*

**21.** *The following data give the distributions of scores on an achievement test made by 150 boys and 40 girls. Compute point biserial correlation ( rpbis ) and test its significance —* *[ M.A., V.B.U., 1994, 2001, J.P.U., 2005 ]*

*निम्नलिखित आँकिड़े एक उपलब्धि-परीक्षण पर 150 लड़कों तथा 40 लड़कियों के द्वारा हासिल किए गए प्राप्तांकों के वितरणों को प्रस्तुत करते हैं । अंक द्विपंक्तिक सहसम्बन्ध ज्ञात करें तथा इसकी सार्थकता की जाँच करें–*

| Scores प्राप्तांक | Boys लड़के | Girsls लड़कियाँ |
|---|---|---|
| 65 – 69 | 5 | 1 |
| 60 – 64 | 17 | 3 |
| 55 – 59 | 26 | 10 |
| 50 – 54 | 30 | 7 |
| 45 – 49 | 20 | 5 |
| 40 – 44 | 15 | 4 |
| 35 – 39 | 11 | 0 |
| 30 – 34 | 10 | 7 |
| 25 – 29 | 7 | 0 |
| 20 – 24 | 9 | 3 |
| | 150 | 40 |

**22.** *बहु सहसम्बन्ध किन परिस्थितियों में निकाला जाता है ? निम्नलिखित आँकड़ों को देखें ।*
*चर 1= शैक्षणिक स्तर ( educational level ),*
*चर 2 = उपलब्धि परीक्षण पर प्राप्तांक ( scores on an achievement test ),*
*चर 3 = बुद्धिपरीक्षण पर प्राप्तांक ( scores on an intelligence test ),*

$r_{12} = .90$ $r_{13} = .70$ $r_{23} = .50$

*400 विद्यार्थियों के एक प्रतिदर्श से प्राप्त सहसम्बन्ध गुणांक के अधार पर शैक्षिक स्तर तथा अन्य दोनों चरों के संयुक्त प्रभावों के बीच सहसम्बन्ध ज्ञात करें ।*

**23.** *निम्नलिखित आँकड़ों के आधार पर C ज्ञात करें तथा उसकी सार्थकता की जाँच $\chi^2$ द्वारा करें ।*

*पिता की आँखों का रंग*

| | नीला | भूरा | घूसर | कुल |
|---|---|---|---|---|
| नीला | 97 | 25 | 35 | 157 |
| भूरा | 28 | 55 | 28 | 111 |
| घूसर | 41 | 28 | 63 | 132 |
| कुल | 166 | 108 | 126 | 400 |

**24.** *Following is the distribution of scroes of passing and failing students. Compute r-bis and comment—*

*निम्नलिखित प्राप्तांक वितरण पास एवं फेल करने वाले छात्रों के हैं । इनके बीच r-bis ज्ञात करें तथा परिणाम पर टिप्पणी करें :–* *[ LNMU, 2006]*

| *Scores* | *Passing* | *Failing* |
|---|---|---|
| *70 – 79* | *12* | *0* |
| *60 – 69* | *16* | *8* |
| *50 – 59* | *18* | *21* |
| *40 – 49* | *4* | *12* |
| *30 – 39* | *–* | *9* |
| | *N = 50* | *N = 50* |

**25.** *Calculate rpbis for the following data :–* *[ JPU, 2006 ]*

| *IQ* | *Male* | *Female* |
|---|---|---|
| *140 – 149* | *2* | *1* |
| *130 – 139* | *6* | *5* |
| *120 – 129* | *19* | *10* |
| *110 – 119* | *22* | *15* |
| *100 – 109* | *21* | *10* |
| *90 – 99* | *17* | *8* |
| *80 – 89* | *2* | *5* |
| *70 – 79* | *1* | *1* |
| | *N = 90* | *N = 55* |

**26.** *पास होने वाले तथा फेल होने वाले विद्यार्थियों के दो समूहों के आँकड़ों का वितरण तथा उनके सम्मिलित आँकड़ों का वितरण नीचे दिया गया है । द्वयक्रम r ( Bi-serial r ) निकालें :–* *[ M.A. PU, 1993, M.A., B.U. 2002 ]*

| *Scores* | *Passing* | *Failing* | *Total* |
|---|---|---|---|
| *40 – 49* | *0* | *2* | *2* |
| *50 – 59* | *1* | *6* | *7* |
| *60 – 69* | *3* | *4* | *7* |
| *70 – 79* | *10* | *11* | *21* |
| *80 – 89* | *27* | *21* | *48* |
| *90 – 99* | *30* | *16* | *46* |
| *100 – 109* | *26* | *7* | *33* |
| *110 – 119* | *21* | *3* | *24* |
| *120 – 129* | *7* | *0* | *7* |
| *130 – 139* | *5* | *0* | *5* |
| | *130* | *70* | *200* |

**27.** *Compute the correlation for the following data and interpret your results :–* *[ M.A, 2005, VKS.U. M.A. 2008, Mithila, U. ]*

*निम्नलिखित प्रदत्तों के सहसम्बन्ध की संगणना करें और अपने परिणामों की व्याख्या करें—*

| *Scores* | *50 – 54* | *45 – 49* | *40 – 44* | *35 – 39* | *30 – 34* | *25 – 29* |
|---|---|---|---|---|---|---|
| *Pass* | *6* | *10* | *8* | *12* | *8* | *6* |
| *Fail* | *0* | *2* | *4* | *8* | *4* | *2* |

**28.** *From the frequencies given below find out if achievement bears significant relationship with intelligence : [ M.A., M.U., 1995, M.A. 2005, 2007 P.U. ]*

*निम्नलिखित आवृत्तियों द्वारा ज्ञात कीजिए कि क्या उपलब्धि का सार्थक सम्बन्ध-बुद्धि से है :–*

| | *High Achiv.* | *Moder Achiv.* | *Low Achiv.* |
|---|---|---|---|
| *High intell.* | *18* | *9* | *3* |
| *AV Intell.* | *37* | *37* | *41* |
| *Low Intell.* | *5* | *9* | *41* |

**29.** *Describe the assumptions underlying the use of biserial and point biserial correlations and calculate biserial correlation of the following data :–*

*[ M.A. 1995, 2002, Bhag. U. ]*

*द्विपंक्तिक तथा अंकद्विपंक्तिक सहसम्बन्धों की विभिन्न अभिधारणाओं का वर्णन करें तथा निम्नलिखित आँकड़ों का द्विपंक्तिक सहसम्बन्ध निकालें :–*

| *Class interval* | *More than 50% correct answer students* | *Less than 50% correct answer students* |
|---|---|---|
| *180 – 189* | *11* | *0* |
| *170 – 179* | *15* | *0* |
| *160 – 169* | *7* | *7* |
| *150 – 159* | *37* | *17* |
| *14 0 – 149* | *23* | *35* |
| *130 – 139* | *19* | *30* |
| *120 – 129* | *14* | *13* |
| *110 – 119* | *0* | *7* |
| *100 – 109* | *9* | *6* |
| | *N = 135* | *N = 115* |

**30.** *Following scores have been obtained by 50 boys and 40 girls on an achievement test, Test the relationship between the two groups, using an appropriate statistical technique. [ M.A., 1995, Bhag. U.; M.A. 2008, NOU ]*

*एक उपलब्धि परीक्षण पर 50 लड़कों तथा 40 लड़कियों द्वारा निम्न अंक प्राप्त किए गए। दोनों समूहों के प्राप्तांकों के बीच के सम्बन्ध की जाँच उपयुक्त सांख्यिकीय विधि द्वारा करें–*

| *Scrores* | *Boys* | *Girls* |
|---|---|---|
| *65 – 69* | *3* | *2* |
| *60 – 64* | *5* | *4* |
| *55 – 59* | *8* | *6* |
| *50 – 54* | *10* | *11* |
| *45 – 49* | *12* | *10* |
| *40 — 44* | *7* | *5* |
| *35 — 39* | *5* | *2* |
| | *N = 50* | *N = 40* |

**31.** *What assumptions underlie the various methods of calculation of coefficient of correlation ? Compute coefficient of correlation from the following contingency table :* *[ M.A., 2002, M.U. ]*

*सहसम्बन्ध गुणांक निर्धारित करने की विभिन्न विधियों में निहित अवधारणाएँ क्या हैं ? निम्नांकित आसंग सारणी से सहसम्बन्ध गुणांक का आकलन करें–*

| | Tall | Short |
|---|---|---|
| Bright | 5 | 25 |
| Dull | 18 | 12 |

**32.** *The following distribution of scores was obtained from males and females on an emotionality scale. Is sex related to emotionality ?* *[ M.A., 2002, 2005, M.U. ]*

*एक संवेगात्मकता मापनी पर पुरुषों एवं महिलाओं का निम्नांकित अंक–वितरण पाया गया । क्या लिंग और संवेगात्मकता में सम्बन्ध है ?*

| Scores : | 35 – 31 | 30 – 26 | 25 – 21 | 20 – 16 | 15 – 11 | 10 – 6 | 5 –1 |
|---|---|---|---|---|---|---|---|
| Males : | 1 | 3 | 8 | 7 | 10 | 13 | 8 |
| Females : | 9 | 8 | 12 | 3 | 4 | 3 | 1 |

**33.** *In a beauty competition seven girls were evaluated and the following ratings were given by four judges :*

*एक सुन्दरता–प्रतियोगिता में सात लड़कियों का मूल्यांकन चार निर्णयकों के द्वारा किया गया तथा निम्नलिखित श्रेणियाँ ( ratings ) दी गयीं :–* *[ MA 2004 P.U. ]*

| Girls लड़कियाँ | Judges निर्णायक | | | |
|---|---|---|---|---|
| | (1) | (2) | (3) | (4) |
| 1 | 2 | 4 | 3 | 2 |
| 2 | 1 | 1 | 1 | 1 |
| 3 | 6 | 5 | 6 | 7 |
| 4 | 4 | 2 | 4 | 3 |
| 5 | 7 | 7 | 6 | 6 |
| 6 | 5 | 6 | 5 | 5 |
| 7 | 3 | 3 | 2 | 4 |

*Compute co-efficient of concordance from the above data and interpret the result.*

*उपर्युक्त आँकड़ों से संगति–गुणांक ज्ञात करें तथा परिणाम की व्याख्या करें ।*

**34.** *Applying suitable non-parametric statistics, find out the difference between the following sets of data obtained by three groups of students. Also interpret the result.* *[ M.A. 2006, P.U. ]*

*उपयुक्त अप्राचल सांख्यिकी का प्रयोग करते हुए छात्रों के निम्नांकित तीन समूहों द्वारा प्राप्त आकड़ों के बीच अन्तर ज्ञात करें । परिणाम की व्याख्या भी करें ।*

| समूह 'अ' Group A | समूह 'ब' Group B | समूह 'स' Group C |
|---|---|---|
| 10 | 16 | 23 |
| 15 | 20 | 26 |
| 18 | 25 | 29 |
| 16 | 21 | 32 |
| 19 | 22 | 40 |
| 16 | 24 | 42 |

35. *Compute Tetrachoric Correlation (rt) from the table given below :* *[M.A., 2005, MU. ]*

*निम्न तालिका से चतुष्कोटिक सह–सम्बन्ध (rt) की गणना करें :*

| | Variable - A<br>चर -क | High Intelligence<br>उचच बुद्धि | Low Intelligence<br>निम्न बुद्धि | Total<br>कुल |
|---|---|---|---|---|
| Variable - B<br>चर - ख | High self-confidence<br>उच्च आत्मविश्वास | 20 (A) | 15 (B) | 35 ( A +B ) |
| | Low self-confidence<br>निम्न आत्मविश्वास | 10 (C) | 35 (D) | 45 ( C+D ) |
| | Total<br>कुल | 30 (A+C) | 50 (B+D) | 80 ( A+B+C+D ) |

36. *स्कूल के 300 शिक्षकों पर एवं समायोजन इन्वेन्ट्री दिया गया जो तीन विभिन्न सामाजिक–आर्थिक स्तरों के थे, उनके अभियोजन इन्वेन्ट्री से प्राप्त प्राप्तांकों को निम्नलिखित तीन भागों में बाटाँ गया, जैसे–उच्च, सामान्य और निम्न । नीचे दिये गये प्राप्ताकों से C निकालें और इसकी सार्थकता की जाँच करें ।* *[ M.A., 2007, B.U. ]*

*Adjustment (समायोजन)*

| | | High (उच्च) | Moderate (सामान्य) | Low (निम्न) | |
|---|---|---|---|---|---|
| SES<br>(सामाजिक–अधिक स्तर) | High SES<br>(उच्च) | 20 | 40 | 30 | 90 |
| | Middle SES<br>(मध्य) | 30 | 80 | 40 | 150 |
| | Low SES<br>(निम्न) | 15 | 25 | 20 | 60 |
| | | 65 | 145 | 90 | 300 |

37. *What is partial correlation ? What are the conditions for its application ? How it is different from other methods of correlation ?* *[ M.A. 2008, NOU. ]*

*आंशिक सहसम्बन्ध विधि क्या है ? इसका उपयोग किन–किन अवस्थाओं में किया जाता है ? सहसम्बन्ध की अन्य विधियों से यह कैसे भिन्न है ?*

## ANSWERS

6. rpbis = .515 oi .52, df = 198, $p < .01$
7. rpbis = .006, df = 188, $P > .05$
8. rbis = .20, df = 248, $P > 0.5$
9. rpbis = .195 or .20, df = 13, $P > .05$
10. rbis = .854 or .85, df = 110, $P < .01$
11. rpbis = .095, df = 148, $P > .05$
12. $\phi = .15$, $\chi^2 = 9$, $P < .01$
21. rpbis = .02, df = 188, $P > .05$
22. R = .75, $P < .01$
23. C = .39, $\chi^2 = 71.698$, $P < .01$
24. rbis = .40, t=3.08, df = 98, $P < .01$.
25. rpbis = .67, df = 143, $P < .01$
26. rbis = .15, t = 1.15, df = 198, $P > .05$
27. rbis = .23, df = 68, $P < .05$

13. $C = .26,\ \chi^2 = 22.58$, df =2, $P < .01$
14. rbis = .088, df = 176, $P > .05$
15. $\phi = .37,\ \chi^2 = 27.38$, $P < .01$
16. rt = + .37
17. c = .22, $\chi^2 = 21.05$, $P < .01$
18. rbis = .03, df = 222, $P > .05$
19. $\phi = .16, \chi^2 = 10.24$, df = 1, $P < .01$
20. $r_{231} = .279$ or .28, df = 198, $P > .05$
P = NS
28. c = .419, $\chi^2 = 43.90$, df = 4, $P < .01$
29. rbis = .79, df = 248, $P < .01$
30. rpbis = .04, df = 88, $P > .05$
31. rt = .67, < .01
32. rbis = .85, df = 88, $P < .01$
33. W = .54, $P < .01$
34. $\chi^2 = 12$, df = 2, $P < .01$
35. rt = .27, $P > .05$
36. $C = .257, \chi^2 = 24.33$, df = 4, $P < .01$

## वस्तुनिष्ठ प्रश्न

### ( Objective Questions )

*1.* *यदि प्राप्तांक बारंबारता–वितरण में समूहित हों और दोनों चरों के बीच वास्तविक द्विविभाजन ( real dichotomy ) हो तो दोनों में सहसम्बन्ध गुणांक ( correlation co-efficient ) निर्धारित करने के लिए निम्नलिखित में किस विधि का उपयोग उपयुक्त होगा ?*

(क) *द्विपंक्तिक–सहसम्बन्ध विधि ( biserial correlation method )*

(ख) *अंकद्विपंक्ति सहसम्बन्ध विधि ( point biserial correlation method )*

(ग) *टेटराकोरिक सहसम्बन्ध विधि ( tetrachoric correlation method )*

(घ) *फाई–सहसम्बन्ध विधि ( phi–correlation method )*

*2.* *फाइ–सहसम्बन्ध गुणांक ( phi-correlation coefficient ) तब निकाला जाता है जब–*

(क) *एक चर विभाजित ( dichotomous ) होता है ।*

(ख) *दो चर द्विभाजित होते हैं ।*

(ग) *प्राप्तांक बारंबारता वितरण के रूप में होते हैं ।*

(घ) *प्राप्तांक कोटियों ( renks ) के रूप में होते हैं ।*

*3.* *आसंग गुणांक ( C ) को काइं–वर्ग ( $\chi^2$ ) में बदलने का सूत्र ( formula ) क्या है ?*

(क) $\sqrt{\dfrac{\chi^2}{N+\chi^2}}$ (ख) $\sqrt{\dfrac{\chi^2}{N-\chi^2}}$

(ग) $\dfrac{\chi^2}{\sqrt{N-\chi^2}}$ (घ) $\dfrac{N+\chi^2}{\chi^2}$

*4.* *निम्नलिखित सहसम्बन्ध विधियों में कौन प्राचलिक ( parametric) नहीं है ?*

(क) *कोटि–अन्तर सहसम्बन्ध ( Rank difference correlation )*

(ख) *द्विपंक्तिक सहसम्बन्ध ( Biserial correlation )*

(ग) *अंकद्विपंक्तिक सहसम्बन्ध ( Point-biserial correlation )*

(घ) *फाई–सहसम्बन्ध ( Phi-correlation )*

*5.* *अंकद्विपंक्तिक सहसम्बन्ध ( point biserial correlation ) के संदर्भ में यदि $N_1$ तथा $N_2$ क्रमशः 50 तथा 70 हो तो $P$ तथा $q$ का मान क्या होगा ?*

(क) $P = .42, q = .58$ (ख) $P = .58, q = .42$

(ग) $P = .60, q = .40$ (घ) $p = .40, q = .60$

6. निम्नलिखित में कौन बद्धित द्विभाजन ( *forced dichotomy* ) है ?

(क) लड़का–लड़की (ख) विवाहित–अविवाहित

(ग) पति–पत्नी (घ) सफल–असफल

7. संगति गुणांक विधि को विकसित किया (*Coefficient of concordance method was developed by* )

(क) कैण्डल ( *Kendall* ) (ख) पीयरसन ( *Pearson* )

(क) फ्रीडमैन ( *Friedman* ) (घ) किसलर ( *Kisler* )

## ANSWERS

**1.** (ख) **2.** (ग) **3.** (क) **4.** (क) **5.** (क) **6.** (घ) **7.** (क)

✦

*अध्याय-13*

# सांख्यिकी की विश्वसनीयता तथा सार्थकता
# ( RELIABILITY AND SIGNIFICANCE OF STATISTICS )

## सांख्यिकी की विश्वसनीयता तथा सार्थकता का अर्थ
## ( Meaning of Reliabiiity or Significance of Statistics )

*जो सूचनाएँ ( informations ) प्रतिदर्श ( sample ) के आधार पर प्राप्त की जाती हैं उन्हें साख्यिकी ( statistics ) कहते हैं और जो सूचनाएँ जनसंख्या ( population ) के अधार पर प्राप्त की जाती हैं उनहें पारामीटर्स ( parameters ) कहते हैं।*[1] जैसे–मान लें कि हम किसी शहर के स्कूलों के सातवें वर्ग के बालकों की संख्यात्मक विवेक-योग्य ( numerical reasoning ability ) की जाँच करना चाहते हैं । मान लें कि बालकों की कुल संख्या 5000 हैं । सभी बालकों का परीक्षण करना व्यवहारिक रूप से कठिन है। इसलिए भिन्न–भिन्न स्कूलों से केवल 150 बालकों को चुनकर उनका परीक्षण आसानी से कर लिया जा सकता है। यह भी मान लें कि संख्यात्मक विवेक-योग्य ( Numerical ability test ) पर 150 बालकों द्वारा प्राप्त अंकों ( scores ) का माध्य ( Mean ) 55 तथा मानक विचलन ( SD ) 3.25 है। । अत: बालकों की कुल संख्या ( N = 5000) को जनसंख्या कहेंगे तथा जनसंख्या के केवल थोड़े से भाग ( N = 150 ) को प्रतिदर्श कहेंगे । इस प्रतिदर्श के आधार पर प्राप्त माध्य (55) तथा विचलन ( 3.25 ) को सांख्यिकी कहेंगे । जनसंख्या ( N = 5000 ) के आधार पर निकाले गए माध्य तथा मानक विचलन (जो अज्ञात है) को पारामीटर्स कहेंगे ।

प्रतिदर्श के अधार पर निकाले गए सांख्यिकी यानी माध्य ( Mean), मानक विचलन ( SD ), माध्यिका ( Median), सहसम्बन्ध ( correlation), आदि अवश्य ही जनसंख्या के आधार पर निकाले गए पारामीटर्स यानी वास्तविक माध्य, मानक विचलन, माध्यिका, सहसम्बन्ध आदि से कम विश्वसनीय ( less dependable or reliable ) होंगे । जो माध्य तथा मानक विचलन 150 बालकों का परीक्षण करके निकाले गए, वे उतने सही नहीं होंगे जितना कि कुल 5000 बालकों का परीक्षण करके निकाले गए माध्य तथा मानक विचलन होते । जनसंख्या पर आधारित माध्य, मानक विचलन, आदि को निकालना सम्भव नहीं है या बहुत कठिन है । इसलिए वे अज्ञात ( unknown) हैं । लेकिन, प्रतिदर्श पर आधारित माध्य, मानक विचलन, आदि अज्ञात माध्य, मानक विचलन, आदि से कितना नजदीक या कितना दूर हैं, इसको जाना जा सकता है । अत: सांख्यिकी की विश्वसनीयता का अर्थ यह हुआ कि

1. प्रतिदर्श ( sample ) तथा जनसंख्या ( Population ) के अर्थ को पृष्ठ 7–8 पर समझाया गया है ।

सांख्यिकी अपने पारामीटर से कितना निकट या दूर है । वह सांख्यिकी पारामीटर के जितना ही नजदीक होता है, उसे उतना ही अधिक विश्वसनीय ( reliable ) या सार्थक ( significant ) माना जाता है। हम यहाँ कुछ मुख्य सांख्यिकी ( statistics ) की विश्वसनीयता एवं सार्थकता की चर्चा करेंगे ।

## माध्य तथा माध्यिका की विश्वसनीयता एवं सार्थकता
## ( Reliability and Signifiance of Mean and Median )

(क) माध्य की विश्वसनीयता का अर्थ यह है कि प्रतिदर्श-माध्य ( sample mean ) अपने जनसंख्या-माध्य ( population mean ) अर्थात् वास्तविक माध्य ( true mean ) से कितना नजदीक या कितना दूर है ।

**उदाहरण 1**

उपर्युक्त उदाहरण में प्रतिदर्श-माध्य ( Mean ) 55 है, मानक विचलन ( SD ) 3.25 है तथा प्रतिदर्श का आकार ( N ) 150 है । अब देखना यह है कि यह माध्य कितना विश्वसनीय या सार्थक है । दूसरे शब्दों में यह माध्य ( प्रतिदर्श माध्य ) वास्तविक माध्य ( जसंख्या माध्य ) से कितना नजदीक या दूर है । यह माध्य अपने जनसंख्या माध्य से जितना ही नजदीक होता है उसे उतना ही अधिक विश्वसनीय माना जाता है । इसके लिए सबसे पहले माध्य की मानक त्रुटि ( SE ) निर्धारित करना होता है, जिसका सूत्र इस प्रकार है :–

$$SE_M \text{ or } \sigma M = \frac{\sigma}{\sqrt{N}} = \frac{3.25}{\sqrt{150}} = \frac{3.25}{12.25} = .27$$ — सूत्र 49

95% इस बात की संभावना है कि जनसंख्या-माध्य $M \pm 1.96\,\sigma M$ के प्रसार में होगा । मान बैठाने पर $55 \pm 1.96 \times .27 = 55 \pm .53 = 55.33$ से 54.47 तक । इसका अर्थ यह हुआ कि जनसंख्या-माध्य यानी वास्तविक माध्य ( true mean ) से अधिक-से-अधिक 55.53 तथा कम- से-कम 54.47 के प्रसार में होगा। दूसरे शब्दों में, हमारा प्रतिदर्श-माध्य अपने जनसंख्या-माध्य को मात्र .53 से चूक रहा है । ऐसा कहने में हम 95% सही तथा 5% गलत हो सकते हैं । अत: यह प्रतिदर्श-माध्य काफी विश्वसनीय तथा सार्थक है ।

यदि हम विश्वास ( confidence ) के स्तर को और भी ऊँचा करना चाहें तो .99 संभावना ( 99% सही ) के स्तर पर माध्य की विश्वसनीयता या सार्थकता की जाँच कर सकते हैं । जैसे–उपर्युक्त उदाहरण में माध्य 55, मानक विचलन 3.25, मानक त्रुटि .27 तथा N 150 है । इसकी विश्वसनीयता इस प्रकार निर्धारित की जाएगी :–

$M \pm 2.58\ \sigma M = 55 \pm 2.58 \times .27 = 55 \pm .70 = 55.70$ से 54.30 तक ।

अत: हम .99 विश्वसनीयता-स्तर ( confidence level ) के साथ कह सकते हैं कि जनसंख्या-माध्य ( Mpp ) अधिक से अधिक 55.70 और कम-से-कम 54.30 होगा । हम जनसंख्या-माध्य को मात्र .70 से चूक रहे हैं । अत: हमारा प्रतिदर्श-माध्य काफी विश्वसनीय या सार्थक है । ऐसा कहने में हम 99% सही तथा 1% गलत हो सकते हैं ।

इसी तरह किसी भी प्रतिदर्श-माध्य की विश्वसनीयता ( reliability ) या सार्थकता (significance) को निर्धारित किया जा सकता है ।

**उदाहरण 2**

कुछ लड़कों तथा कुछ लड़कियों पर एक मानक बुद्धि-परीक्षण का व्यवहार किया गया। प्राप्त आँकड़े निम्नलिखित हैं :–

| | लड़के ( Boys ) | लड़कियाँ ( Girls ) |
|---|---|---|
| Mean | 115 | 103 |
| SD | 17.37 | 5.25 |
| N | 100 | 100 |

उपर्युक्त आँकड़ों के आधार पर यह बतलाएँ कि ( i ) कौन-सा माध्य अधिक विश्वसनीय है, ( ii ) कौन-सा माध्य सही माध्य ( true mean ) के अधिक नजदीक है तथा ( iii ) जनसंख्या-माध्य ( $M_p$ ) का प्रसर ( range ) क्या है ?

**समाधान ( Solution )**

लड़कों के माध्य के लिए $SE_M = \frac{\sigma}{\sqrt{N}} = \frac{17.37}{\sqrt{100}} = \frac{17.37}{10} = 1.74$

अब जनसंख्या-माध्य ( $M_{pp}$ ) के लिए .95 विश्वसनीयता का अन्तराल

$= M \pm 1.96 \times SE_M = 115 \pm 1.96 \times 1.74$

$= 115 \pm 3.41 = 118.41$ से $111.59$

लड़कियों के माध्य के लिए $SE_M = \frac{\sigma}{\sqrt{N}} = \frac{5.25}{\sqrt{100}} = \frac{5.25}{10} = \cdot 52$

अब जनसंख्या-माध्य ( $M_{pp}$ ) के लिए ·95 विश्वसनीयता का अन्तराल

$= M \pm 1{\cdot}96 \times \sigma M = 103 \pm 1{\cdot}96 \times {\cdot}52$

$= 103 \pm 1{\cdot}02 = 104{\cdot}02$ से $101{\cdot}98$

अत: ( i ) लड़कों के माध्य से लड़कियों का माध्य अधिक विश्वसनीय है ( ii ) लड़कियों का माध्य अपने वास्तविक माध्य से अधिक निकट है तथा ( iii ) लड़कों के जनसंख्या-माध्य ( $M_{pp}$ ) का प्रसार 118·41 से 111·59 है जबकि लड़कियों के जनसंख्या-माध्य का प्रसार 104·02 से 101·98 है।

**संकेत** — इसी प्रकार ·99 विश्वसनीयता स्तर के लिए भी दोनों माध्यों की व्याख्या की जा सकती है।

**नोट** — छोटे प्रतिदर्श ( small sample ) अर्थात N जब 30 से कम होता है तो यहाँ भी $SE_M$ ( $\sigma M$ ) वास्तव में $\frac{\sigma}{\sqrt{N}}$ के आधार पर ही निकाला जाता है, किन्तु मानक विचलन ( SD ) का सूत्र होता है : $\sqrt{\frac{\Sigma X^2}{N-1}}$ । अत: विद्यार्थियों को इस बात को ध्यान में रखना चाहिए।

## ( ख ) माध्यिका की विश्वसनीयता *( Reliability of Median )*

माध्यिका की विश्वसनीयता या सार्थकता ( significance ) का अर्थ वही है जो माध्य ( Mean ) का है, जिसकी व्याख्या ऊपर की गयी है। लेकिन यहाँ मानक त्रुटि ( SE ) निकालने

का सूत्र इस प्रकार है :–

$$\sigma Mdn = \frac{1.253\sigma}{\sqrt{N}}$$ — सूत्र 50 ( a )

$$\sigma Mdn = \frac{1.858Q}{\sqrt{N}}$$ — सूत्र 50 ( b )

**उदाहरण**

500 छात्राओं द्वारा एक मनोवैज्ञानिक परीक्षण पर लाए गए प्राप्तांकों की माध्यिका ( Median ) 65·40 है तथा मानक विचलन ( SD ) 5·90 है । प्रश्न है कि यह माध्यिका अपनी जनसंख्या-माध्यिका ( $Mdn_{PP}$ ) का कहाँ तक प्रतिनिधित्व कर पाती है ।

**समाधान** — $\sigma Mdn = \frac{1.253 \times 5.90}{\sqrt{500}} = \frac{7.393}{22.36} = \cdot 33$

अब जनसंख्या-माध्यिका ( $Mdn_{PP}$ ) के लिए ·99 विश्वसनीयता स्तर ( Confidence level ) = Mdn ± 2·58 × ·33 = 65·40 ± ·85 = 66·25 से 64·55, अत: हम 99% विश्वास के साथ कह सकते हैं कि जनसंख्या-माध्यिका 64·55 से कम नहीं है और 66·25 से अधिक नहीं है । यह सीमित प्रसार ( narrow range ) इस बात का प्रमाण है कि प्रतिदर्श-माध्यिका ( Sample median ) वास्तव में जनसंख्या-माध्यिका ( $Median_{PP}$ ) का बहुत प्रतिनिधिक ( representative ) है ।

## ( ग ) मानक विचलन तथा चतुर्थक की विश्वसनीयता या सार्थकता
## ( Reliability or Significance of SD and Q )

( i ) मानक विचलन ( SD ) की विश्वसनीयता निकालने के लिए मानक त्रुटि ( SE ) निकालना होता है जिसका सूत्र इस प्रकार है :–

$$SE\sigma\ (\sigma\sigma) = \frac{.71\sigma}{\sqrt{N}}$$ — सूत्र 51

**उदाहरण**

पृष्ठ 278 पर दिए गए उदाहरण में N वास्तव में 500 है और मानक विचलन 5·90 है, जिसकी विश्वसनीयता जाँच करके देखना है कि वह जनसंख्या-मानक विचलन से निकट है या दूर ।

इसके लिए सबसे पहले SEσ निकालना होगा जो निम्नलिखित हैं :–

$$SE\sigma = \frac{.71\sigma}{\sqrt{N}} = \frac{.71 \times 5.90}{\sqrt{500}} = \frac{4.189}{22.36} = \cdot 19$$

अब जनसंख्या-मानक विचलन के लिए ·99 विश्वसनीयता ( confidence interval ) = σ ± 2·58 σσ = 5·90 ± 2·58 × ·19 = 5·90 ± ·49 = 6·39 से 5·41 के बीच है और ऐसा कहने में हम 99% सही और 1% गलत हो सकते हैं ।

(ii) चतुर्थक (Q) की विश्वसनीयता निकालने के लिए मानक त्रुटि (SE) निकाला जाता है, जिसका सूत्र निम्नलिखित है :–

$$\sigma Q = \frac{.786\sigma}{\sqrt{N}} \qquad \text{— सूत्र 52 (a)}$$

या,

$$\sigma Q = \frac{1.17\,Q}{\sqrt{N}} \qquad \text{— सूत्र 52 (b)}$$

**उदाहरण** — एक अभिवृत्ति-परीक्षण पर 300 छात्रों द्वारा प्राप्त आँकड़े निम्नलिखित हैं :–

Median = 21·48, Q = 4·70 तथा N = 300

इन आँकड़ों के आधार पर यह ज्ञात करना है कि प्रतिदर्श-चतुर्थक (sample Q) अपने जनसंख्या-चतुर्थक ($Q_{PP}$) का कहाँ तक प्रतिनिधित्व करता है।

**समाधान** — $SE_Q = \frac{1.17 \times 4.70}{\sqrt{300}} = \frac{5.499}{17.32} = \cdot 32$

अब जनसंख्या-चतुर्थक ($Q_{PP}$) के लिए ·99 विश्वसनीयता-अन्तराल (confidence interval) = Q ± 2·58 σQ = 4·70 ± 2·58 × ·32 = 4·70 ± ·83 = 5·53 से 3·87 तक। अत: जनसंख्या चतुर्थक ($Q_{PP}$) 5·53 से 3·87 के बीच है।

## (घ) प्रतिशत तथा सहम्बन्ध की विश्वसनीयता एवं सार्थकता

### (Reliability and Significance of Percentage and Correlation)

(i) प्रतिशत (percentage) की सार्थकता निर्धारित करने हेतु निम्नलिखित सूत्र द्वारा SE% निकाला जाता है—

$$\sigma\% = \sqrt{\frac{PQ}{N}} \qquad \text{— सूत्र 53}$$

यहाँ, P = प्रतिशत (percentage),
Q = (1 – P),
N = केसेज की संख्या (No. of cases)।

**उदाहरण**

एक धोखा-परीक्षण (cheating test) पर उच्च सामाजिक आर्थिक स्थिति (high SES) के 400 बच्चों की जाँच की गयी और 41·35% बच्चे धोखेबाज (cheaters) माने गए। प्रश्न है कि यह प्रतिदर्श-प्रतिशत अपने जनसंख्या-प्रतिशत (%pp) से कितना निकट या दूर है, जबकि Q का मूल्य 46·17 है।

**समाधान** — $SE\% = \sqrt{\frac{41.35 \times 46.17}{400}} = \sqrt{\frac{1909.13}{400}}$

$= \sqrt{4.773} = 2{\cdot}18$

इसलिए जनसंख्या % के लिए ·99 विश्वसनीयता-अंतराल

= 41·35% ± 2·58 × 2·18 = 41·35% ± 5·62 = 46·97 से 35·73

अतः यहाँ अधिकतम जनसंख्या % 46·97तथा न्यूनतम 35·73 हो सकता है और ऐसा कहने में हम 99% सही तथा 1% गलत हो सकते हैं। यहाँ जनसंख्या का प्रसार अधिक है। इसलिए प्राप्त प्रतिदर्श % विश्वसनीय ( reliable ) नहीं है।

( ii ) सहसम्बन्ध की विश्वसनीयता या सार्थकता ( reliability or significance of correlation, r ) निकालनके के लिए SE r निकालने का सूत्र इस प्रकार है :–

$$SEr = \frac{\left(1-r^2\right)}{\sqrt{N}}$$ — सूत्र 54

**उदाहरण**–मान लें कि दो चरों के बीच r = ·60, N = 100

इसलिए $SEr =: \frac{1-\cdot 60^2}{\sqrt{100}} = \frac{1-\cdot 36}{10} = \frac{\cdot 64}{10} = \cdot 064$

अब $r \pm 2\cdot 58\,\sigma r = \cdot 60 \pm 2\cdot 58 \times \cdot 064 = \cdot 60 \pm .16 = \cdot 76$ से ·44

इस प्रकार जनसंख्या सहसम्बन्ध ( $r_{pp}$ ) अधिकतम ·76 तथा न्यूनतम ·44 हो सकता है। यहाँ r का प्रसार ( range ) ·76 से ·44 तक है। लेकिन SEr ज्ञात करने के लिए सूत्र भ्रामक ( misleading ) है, क्योंकि इस सूत्र में जिस r को दिखलाया गया है वह वास्तविक आर ( tru-r ) का परिचायक है और दूसरी बात यह कि r का प्रतिदर्श वितरण प्रायः प्रसामान्य ( normal ) नहीं होता है।

## विश्वविद्यालय प्रश्न
## UNIVERSITY QUESTIONS
### निबन्धात्मक प्रश्न
### ( *Essay Type Questions* )

*1. किसी बारंबारता-वितरण का माध्य ( Mean ) = 25·40, मानक विचलन (σ) = 4·20 और N = 100*

*( i ) वास्तविक माध्य ( true mean ) के लिए ·99 तथा*

*( ii ) वास्तविक मानक विचलन ( true σ ) के लिए ·95 विश्वसनीयता अन्तराल ज्ञात करें।*

*2. एक स्कूल के लड़के तथा लड़कियों द्वारा एक उपलब्धि–परीक्षण ( achievement test ) पर प्राप्त आँकड़े निम्नलिखित हैं–*

| *सांख्यिकी ( Statistics )* | *लड़के ( Boys )* | *लड़कियाँ ( Girls )* |
|---|---|---|
| *Mean* | *77* | *75* |
| *σ* | *16·17* | *9·29* |
| *N* | *50* | *100* |

*यह बतलाएँ कि ( i ) इन दोनों माध्यो में कौन–सा माध्य अधिक विश्वसनीय है, ( ii ) कौन-सा माध्य अपने वास्तविक माध्य से अधिक निकट है तथा ( iii ) लड़कियों तथा लड़कों के प्रतिदर्शों ( samples ) में कौन-सा प्रतिदर्श जनसंख्या ( population ) का प्रतिनिधित्व अधिक करता है ?*

3. *Mean* = 75, *SD* = 15, *N* = 500 और *Q* = 11·57
उपर्युक्त आँकड़ों के आधार पर .99 विश्वसनीयता–अन्तराल ( *confidence interval* ) के लिए ( *i* ) जनसंख्या-माध्य ( $M_{pp}$ ), ( *ii* ) जनसंख्या-मानक विचलन ( $\sigma_{pp}$ ) तथा ( *iii* ) जनसंख्या-चतुर्थक ( $Q_{pp}$ ) ज्ञात करें ।

4. सातवें वर्ग के कुछ लड़के तथा कुछ लड़कियों द्वारा एक बुद्धि–परीक्षण पर प्राप्त आँकड़े नीचे दिए गए हैं–

| सांख्यिकी ( *Statistics* ) | लड़के ( *Boys* ) | लड़कियाँ ( *Girls* ) |
|---|---|---|
| औसत से ऊपर ( *Above average* ) | 55% | 60% |
| *N* | 145 | 45 |
| *Q* | 13·25 | 34·75 |

( *i* ) यह बतलाएँ कि लड़कों के सम्बन्ध में प्राप्त परिणाम अधिक विश्वसनीय है या लड़कियों के सम्बन्ध में प्राप्त परिणाम । ( *ii* ) यह भी बतालाएँ कि किस % से जनसंख्या % का बोध अधिक सही हो रहा है ।

5. मान लें कि किसी जनसंख्या ( *population* ) का मानक विचलन मूल्य ( *SD value* ) 15 है । यह बतलाएँ कि प्रतिदर्श–आकार ( *size of the smple* ) कितना होना चाहिए ताकि प्रतिदर्श-माध्य ( *sample mean* ) तथा प्रतिदर्श–मानक विचलन ( *sample SD* ) की मानक त्रुटि ( *SE* ) क्रमश: 3 तथा 1 हो सके ?

6. नीचे दिए गए आँकड़ों ( *data* ) के अधार पर *SEr* ज्ञात करें तथा जनसंख्या-सहसम्बन्ध ( $r_{PP}$ ) के लिए ·99 विश्वसनीयता-अन्तराल ( *confidence interval* ) निकालें ।

$$r = \cdot 55, \qquad N = 100$$

7. यदि *r* = 35 तथा *N* = 500 हो तो विशुद्ध सहसम्बन्ध ( *true r* ) की सीमाओं ( *limits* ) को ·01 स्तर तथा ·05 स्तर पर ज्ञात करें ।

8. एक बड़े प्रतिदर्श का माध्य *K* है और उसकी मानक त्रुटि ( *SEK* ) 2·50 है तो इस बात की संभावना ( *chance* ) कितना प्रतिशत है कि प्रतिदर्श-माध्य विशुद्ध माध्य को (*i*) ± 1·00, ( *ii* ) ± 3·00 तथा ( *iii* ) ± 10· 00 से चूक ( *miss* ) रहा है ।

9. किसी नगर के 16 से 19 वर्ष के 1000 युवकों के एक प्रतिदर्श ( *sample* ) द्वारा एक चिन्ता-मापनी ( *Anxiety scale* ) पर प्राप्त आँकड़ों के माध्य 60 तथा मानक विचलन ( *SD* ) 24 पाए गए । ( *i* ) 0·01 स्तर पर वास्तविक माध्य ( *true mean* ) की न्यासीय सीमाएँ ( *fiduciary limits* ) क्या है ? ( *ii* ) ·95 विश्वसनीयता–अन्तराल ( *confidence interval* ) के लिए अधिक-से-अधिक वास्तविक माध्य क्या होगा ?

**10.** *In a normal distribution, the Mean and Standard deviation are 100 and 20 respectively.* *[ M.A., V.B.U., 1995 ]*
एक प्रसामान्य वितरण में माध्य एवं मानक विचलन क्रमश: 100 और 20 हैं ।
*Find out* ( ज्ञात करें ) :
(*a*) ***What percentage of scores shall lie between 85 and 125 ?***
**85 तथा 125 के बीच कितने प्रतिशत प्राप्तांक पाए जायेंगे ?**

(b) *Between which two scores shall lie the middle 60% of scores.*
*किन दो प्राप्तांकों के बीच मध्य 60% प्राप्तांक पाए जायेंगे ?*

*11.* *एक विद्यालय के छात्र तथा छात्राओं पर किए गए उपलब्धि-परीक्षण में निम्नलिखित सांख्यिकी ( Statistics ) की प्राप्ति हुई—*

| | *छात्र ( Boys )* | *छात्राएँ ( Girls )* |
|---|---|---|
| *माध्य ( Mean )* | *70* | *65* |
| *मानक विचलन ( SD )* | *15·25* | *10·20* |
| *संख्या ( N )* | *40* | *60* |

*(क) दोनों माध्यों में अधिक विश्वसनीयता किसमें है ?*
*(ख) दोनों में से कौन-सा माध्य जनसंख्या का अधिक प्रतिनिधित्व करता है ?*

*[ M.A., P.U., 1996, B.U. 2007 ]*

## ANSWERS

**1.** ( i ) 26·48 से 24·32, (ii) 26 ·22 से 24·58

**2.** ( i ) 75, ( ii ) 75, (iii) लड़कियों का माध्य ।

**3.** ( i ) 76·73 से 73·27, (ii) 16·24 से 13·76 तथा (iii) 12·37 से 10·20

**4.** लड़कों के सम्बन्ध में प्राप्त परिणाम अधिक विश्वसनीय है ।

**5.** ( i ) 25 तथा ( ii ) 113.

**6.** ·67 से ·41( 99% विश्वसनीयता ) तथा ·64 से ·44 ( 95% विश्वसनयता )

**7.** ·43 से ·27 ( ·01 स्तर पर ) तथा ·41 से ·29 (·05 स्तर पर) ।

**8.** ( i ) 69%, ( ii ) 23% तथा (iii) less than 1%

**9.** ( i ) 61·96 से 58·04 तथा (ii) 61·49 से 58·51

**10.** (a) 66·78%, (b) 116·80 तथा 83·20 के बीच ।

**11.** ( क ) लड़कियों का माध्य ( $\sigma M = 1{\cdot}32$ ) लड़कों के माध्य ( $\sigma M = 2{\cdot}41$ ) से अधिक विश्वसनीय है।

( ख ) लड़कियों का माध्य जनसंख्या का अधिक प्रतिनिधित्व करता है ।

✦

अध्याय-14

# माध्यों के बीच अन्तर की सार्थकता की जाँच : टी-अनुपात
# ( TESTING SIGNIFICANCE OF DIFFERENCE BETWEEN MEANS : t-ratio )

## टी-अनुपात का अर्थ
## ( Meaning of t-ratio, CR )

टी-अनुपात ( t-ratio ) का तात्पर्य दो सांख्यिकियों के बीच अन्तर तथा उस अन्तर की मानक त्रुटि के अनुपात से है ।[1] इसे संक्षेप में CR ( critical ratio ) या t कहते हैं । टी-अनुपात वास्तव में टी-परीक्षण ( t-test ) की एक विशिष्ट स्थिति है ( Reber and Reber, 2001 ) । अत: टी-परीक्षण तथा टी-अनुपात को पर्यायवाची ( synonymous ) कहना उचित नहीं है ।

टी-अनुपात एक प्राचलिक या प्राचल सांख्यिकीय विधि ( parametric statistical device ) है जिसके द्वारा मुख्य रूप से दो मध्यमानों या माध्यों ( Means ) के बीच अन्तर की सार्थकता की जाँच की जाती है । इसका उपयोग अन्य सांख्यिकियों जैसे–सहसम्बन्ध ( correlation ), आदि की सार्थकता की जाँच के लिए भी किया जाता है । इस विधि का व्यवहार सबसे पहले 1908 में गोसेट ( Gosset ) ने किया । उन्होंने 'स्टूडेन्ट' ( student ) नामक उपनाम ( Pen name ) से टी-परीक्षण की व्याख्या की । इसी आधार पर टी-परीक्षण को 'स्टूडेन्ट टी' ( student t ) भी कहा जाता है । बाद में फिशर ( Fisher ) ने इसे काफी विकसित किया तथा इसकी व्याख्या कई ढंग से प्रस्तुत की ।

दो माध्यों के बीच अन्तर की सार्थकता निर्धारित करने के लिए टी-अनुपात ( t-ratio ) का उपयोग कैसे किया जाता है, इसको बतलाने के पहले इससे सम्बन्धित कुछ आवश्यक बातों को जान लेना जरूरी है ।

## शून्य परिकल्पना
## ( Null Hypothesis )

दो मध्यमानों या माध्यों के बीच अन्तर की सार्थकता की जाँच के लिए शून्य परिकल्पना से शुरू किया जाता है । 'नल' ( Null ) जर्मन भाषा का शब्द है, जिसका अर्थ होता है शून्य ( Zero ) । शून्य परिकल्पना को संक्षेप में $H_O$ कहते हैं । अतः शून्य परिकल्पना का अर्थ यह है कि दोनों माध्यों के बीच शून्य अन्तर ( Zero difference ) है यानी अन्तर असार्थक ( nonsignificant ) है । **रेबर** तथा **रेबर** ( Reber & Reber, 2001 ) के शब्दों में "*शून्य अन्तर या शून्य सम्बन्ध की परिकल्पना को शून्य परिकल्पना कहते हैं ।*"[2]

1. "Critical ratio ( CR ) refers to the difference between two statistics to the standard error of the difference." — Reber & Reber, 2001, p. 167
2. "Null hypothesis is a hypothesis of no difference, no relationship" — Ibid, p. 334

**शून्य परिकल्पना की विशेषताएँ या स्वरूप *( Characteristics or Nature of Null Hypothesis )***

(i) शून्य परिकल्पना की मुख्य विशेषता यह है कि यह दो माध्यों या प्रतिदर्शों ( samples ) के बीच शून्य अन्तर को बतलाती है। इसी तरह यह दो चरों या प्रतिदर्शों के बीच शून्य सम्बन्ध को बतलाती है।

(ii) यह दिशारहित ( non-directional ) होती है।

(iii) यह द्विपुच्छीय परीक्षण ( two tailed test ) है यानी या तो गलत सिद्ध हो सकती है या सही।

(iv) इसका निर्माण करना दूसरी परिकल्पनाओं की अपेक्षा सरल होती है।

**शून्य परिकल्पना के लाभ या उपयोगिताएँ *( Advantages or uses of Null Hypothesis )***

(i) इसके आधार पर दो माध्यों के बीच अन्तर की सार्थकता की जाँच करना सम्भव होता है।

(ii) दो या अधिक चरों ( variables ) के बीच सहसम्बन्ध की सार्थकता की जाँच करने में यह सहायक होती है।

(iii) काई वर्ग ( $\chi^2$ ) की सार्थकता की जाँच करने में सहायक होती है।

(iv) प्रसरण-विश्लेषण ( analysis of variance ) की सार्थकता की जाँच में भी मदद मिलती है।

(v) विकल्पी परिकल्पना ( alternative hypothesis ) की स्वीकृति के लिए शून्य परिकल्पना सहायक होती है।

## सार्थकता स्तर
## ( Level of Significance )

*जब दो प्रतिदर्श-माध्यों ( Sample means ) के बीच अन्तर वास्तव में दो जनसंख्या-माध्यों ( population means ) के बीच वास्तविक अन्तर को बतलाता है तो इस अन्तर को सांख्यिकीय रूप से सार्थक ( statistically significant ) कहते हैं। इसके वितपरीत जब दो प्रतिदर्श-माध्यों के बीच अन्तर वस्तुतः जनसंख्याओं के बीच वास्तविक अन्तर का परिणाम न होकर किसी संयोग कारक ( chance factor ) या प्रतिदर्श विचलन ( sampling fluctuation ) का परिणाम होता है तो इस अन्तर को असार्थक ( nonsignificant ) कहते हैं। अतः प्रतिदर्श-माध्यों के बीच अन्तर को निर्धारित करने के लिए मापदण्ड ( criterion ) के रूप में अपनाए गए स्वेच्छाचारी मूल्य ( arbitrary value ) को सार्थकता स्तर कहते हैं।*[1]

सामाजिक विज्ञानों में प्रायः दो तरह के स्तर अर्थात् ·05 तथा ·01 का व्यवहार किया जाता है। ·05 का अर्थ यह है कि दो माध्यों के बीच अन्तर या सम्बन्ध के वास्तविक होने

1. "Significance level is an arbitrary value used as a criterion for determining whether a given data set departs sufficiently from what would be expected were only chance factors operating for the departure, or difference to be classified as statistically significant." — Reber & Reber, 2001, p. 680.

के संयोग ( chance ) 95% तथा अवास्तविक होने का संयोग 5% है। इसी तरह ·01 का अर्थ यह है कि अन्तर ( या सम्बन्ध ) के वास्तविक होने का संयोग 99% तथा अवास्तविक होने क संयोग 1% है। दूसरे शब्दों में, ·05 तथा ·01 स्तरों का अर्थ यह है कि शून्य परिकल्पना ( Ho ) के स्वीकृत ( accept ) होने की सम्भावना क्रमश: 5% तथा 1% और अस्वीकृत ( reject ) होने की सम्भावना क्रमश: 95% तथा 99% है। इसी तरह सम्भावना मापनी ( probability scale ) पर किसी भी स्तर पर अन्तर या सम्बन्ध की सार्थकता को निर्धारित किया जा सकता है। यदि अन्तर या सम्बन्ध ·05 पर सार्थक हो तो इसे $p = \cdot 05$ के रूप में और यदि इससे अधिक सार्थक हो तो $p < \cdot 05$ के रूप में तथा कम होने पर $p > \cdot 05$ के रूप में प्रस्तुत किया जाएगा। इसी प्रकार ·01 पर सार्थकता को $P = \cdot 01$ तथा इससे अधिक सार्थकता को $P < \cdot 01$ के रूप में और इससे कम होने पर $P > \cdot 01$ के रूप व्यक्त किया जाएगा।

## टाइप वन त्रुटि तथा टाइप टू त्रुटि
## ( Type I Error and Type II Error )

शून्य परिकल्पना के स्वीकृत या अस्वीकृत करते समय दो तरह की भूलें हो सकती हैं– ( i ) टाइप वन त्रुटि ( type one error ) तथा ( ii ) टाइप टू त्रुटि ( type two error )। टाइप वन त्रुटि को अल्फा त्रुटि ( Alpha error ) तथा टाइप टू त्रुटि को बिटा त्रुटि ( type two error ) भी कहते हैं। टाइप वन त्रुटि उसे कहते हैं, जब शून्य परिकल्पना के सही होने के बावजूद इसे अस्वीकृत ( reject ) कर दिया जाता है। जैसे, यदि दो जनसंख्या-माध्यों के बीच कोई वास्तविक अन्तर नहीं हो तो इससे सम्बन्धित दो प्रतिदर्श-माध्यों ( sample means ) के बीच भी कोई सार्थक अन्तर नहीं होगा। अत: ऐसी हालत में शून्य परिकल्पना ( Ho ) स्वीकृत होनी चाहिए। किन्तु संयोगवश यदि वह अस्वीकृत हो जाए तो इस त्रुटि को अल्फा या टाइप वन त्रुटि कहा जाएगा। इसके विपरीत किसी शून्य परिकल्पना को अस्वीकृत होना चाहिए किन्तु वह स्वीकृत हो जाए तो इस त्रुटि को बिटा त्रुटि या टाइप टू त्रुटि कहेंगे। जैसे, सम्भव है कि वास्तविक माध्यों अर्थात जनसंख्या-माध्यों के बीच अन्तर सार्थक न हो फिर भी प्रतिदर्श-माध्यों के बीच सार्थक अन्तर सिद्ध हो जाए। ऐसी हालत में शून्य परिकल्पना अस्वीकृत हो जाएगी, हालाँकि इसे स्वीकृत हो जाना चाहिए था। इस कारण जो त्रुटि उत्पन्न होगी, वह टाइप टू त्रुटि है।

## स्वतंत्रता मात्रा
## ( Degree of Freedom, df )

अन्तर ( difference ) या सम्बन्ध ( relationship ) की सार्थकता के स्तर ( level of significance ) को जानने के लिए df की आवश्यकता होती है। स्वतंत्रता-मात्रा यानी df का अर्थ प्राप्तांकों ( scores ) का स्वतंत्र रूप से परिवर्तित ( freedom to vary ) होना है। सांख्यिकी में df की मात्रा दो बातों से निर्धारित होती है—( i ) समस्या के स्वरूप तथा ( ii ) आरोपित प्रतिबन्ध की संख्या ( number of imposed restrictions )। टी-अनुपात ( t-ratio ) में जब दो अलग-अलग N होते हैं तो $df = ( N_1 - 1) + ( N_2 - 1 )$ होता है। जैसे, मान लें कि लड़कियों की संख्या 20 तथा लड़कों की संख्या 25 हो तो $df = ( 20 - 1) +$

( 25 – 1 ) = 19 + 24 = 43, यदि N एक ही तो तो df = ( N – 1) होता है । सहसम्बन्ध ( r ) की सार्थकता निर्धारित करने के लिए df = ( N – 2 ) होता है । काई-वर्ग ( Chi square, $\chi^2$ ) की सार्थकता की जांच के लिए df = ( c – 1) (r – 1) होता है । इसी तरह प्रसरण-विश्लेषण ( ANOVA ) में एक विशेष ढंग से df निकाला जाता है ( देखें अध्याय 16 ) ।

## दो समूहों के माध्यों के बीच अन्तर की सार्थकता की जाँच : टी-परीक्षण

## ( Testing Significance of Difference between Means of two Groups : t-test )

दो माध्यों ( Means ) अर्थात दो समूहों के माध्यों के बीच अन्तर की सार्थकता ( significance ) की जाँच के लिए टी-परीक्षण ( t-test ) का उपयोग किया जाता है । टी-परीक्षण एक प्राचलिक सांख्यिकी उपकरण ( parametric statistical test ) है । अत: इसके उपयोग के लिए निम्नलिखित दो आवश्यक शर्तें ( conditions ) या अभिधारणाएँ ( assumptions ) हैं :–

( i ) टी-परीक्षण के उपयोग के लिए एक आवश्यक शर्त या अभिधारणा यह है कि प्राप्तांक ( scores ) अथवा आँकड़े ( data ) प्रसामान्य रूप से वितरित ( normally distributed ) हों ।

( ii ) टी-परीक्षण के उपयोग के लिए दूसरी शर्त या अभिधारणा यह है कि प्राप्तांकों अथवा आँकड़ों का प्रसरण ( variance ) समजातीय ( homogeneous ) हो ।

### टी-परीक्षण के उपयोग की परिस्थितियाँ

### ( Situations under which t-test is applied )

टी-परीक्षण का उपयोग करते समय प्रतिदर्श माध्यों ( sample means ) की श्रेणी ( category ) को ध्यान में रखना आवश्यक होता है । कारण, अलग-अलग श्रेणी में दो माध्यों के अन्तर की मानक त्रुटि ( standard error ) ज्ञात करने का तरीका अलग-अलग है । इस दृष्टिकोण से निम्नलिखित तीन परिस्थितियाँ महत्त्वपूर्ण हैं :–

**( क ) असम्बन्धित या स्वतन्त्र माध्यों के बीच अन्तर की सार्थकता की जाँच *( Testing significance of difference between uncorrelated or independent means )***

असंबंधित या स्वतंत्र माध्यों का अर्थ वे मध्यमान हैं जो ऐसे प्रतिदर्शों ( samples ) से निकाले गए हैं, जिनके बीच कोई सहसम्बन्ध ( correlation ) नहीं है अर्थात् दोनों प्रतिदर्श एक-दूसरे से अलग हैं । ऐसे दो माध्यों के बीच अन्तर की सार्थकता निर्धारित करने के लिए निम्नलिखित सूत्र द्वारा ही टी-अनुपात निकाला जाता है :–

$$t = \frac{M_1 \sim M_2}{SE_D} \text{ या } \frac{M_1 \sim M_2 \sim O}{\sigma D}$$ — सूत्र 55

t = टी-अनुपात ( t-ratio ),

$M_1$ = एक प्रतिदर्श ( sample ) का माध्य,

$M_2$ = दूसरे प्रतिदर्श का माध्य,

~ = दोनों माध्यों के बीच अन्तर,

$SE_D$ ( $\sigma D$ ) = दोनों माध्यों के बीच अन्तर की मानक त्रुटि ।

**उदाहरण 1.**

40 लड़कियों तथा 60 लड़कों द्वारा एक उपलब्धि-परीक्षण पर प्राप्त अंकों के माध्य क्रमशः 67 तथा 71 हैं तथा मानक विचलन ( SD ) क्रमशः 7 तथा 10 हैं। देखना यह है कि इन दोनों माध्यों के बीच अन्तर सार्थक है या नहीं और यदि है तो किस स्तर पर है।

# अब, $M_1 \sim M_2 = 67 - 71 = 4$

$$SE_D\,(\sigma D) = \sqrt{(SE_{M_1})^2 + (SE_{M_2})^2} \qquad \text{— सूत्र 56 (a)}$$

अब, $SE_{M_1}\,(\sigma M_1) = \frac{\sigma_1}{\sqrt{N_1}} = \frac{7}{\sqrt{40}} = \frac{7}{6{\cdot}32} = 1{\cdot}11$

$$SE_{M_2}\,(\sigma M_2) = \frac{\sigma_2}{\sqrt{N_2}} = \frac{10}{\sqrt{60}} = \frac{10}{7{\cdot}75} = 1{\cdot}29$$

$$\therefore \quad \sigma D = \sqrt{(1{\cdot}11)^2 + (1{\cdot}29)^2} = \sqrt{1{\cdot}23 + 1{\cdot}66} = \sqrt{2{\cdot}89} = 1{\cdot}70$$

$$\therefore \quad t = \frac{4}{1{\cdot}70} = 2{\cdot}35$$

$df = (N_1 - 1) + (N_2 - 1) = (40 - 1) + (60 - 1) = 39 + 59 = 98$

$p < {\cdot}05$

$SE_D$ ज्ञात करने के लिए दूसरे सूत्र का भी व्यवहार किया जा सकता है जो इस प्रकार है :–

$$SE_D = \sqrt{\frac{(SD_1)^2}{N_1} + \frac{(SD_2)^2}{N_2}} \qquad \text{— सूत्र 56 (b)}$$

टी-टेबुल ( t-table ) जो इस अध्याय के अन्त में है, के अनुसार 98 df पर t को ·05 तथा ·01 स्तर पर सार्थक होने के लिए क्रमशः 1·98 तथा 2·63 चाहिए। यहाँ प्राप्त t = 2·35 है जो ·05 पर सार्थक है किन्तु ·01 पर सार्थक नहीं है। अतः यह शून्य परिकल्पना ( null hypothesis ) कि दोनों माध्यों के बीच शून्य अन्तर है, यहाँ ·05 स्तर पर अस्वीकृत हो गयी और प्रमाणित हो गया कि लड़के तथा लड़कियों के माध्यों के बीच वास्तविक अन्तर है।

**उदाहरण 2.**

10 लड़के और 10 लड़कियों के मनोविज्ञान में प्राप्त अंक टेबुल–39 में दिए गए हैं। प्रश्न है क्या लड़के तथा लड़कियों के अंकों के माध्यों ( Means ) के बीच कोई सार्थक अन्तर है ? इस समस्या के समाधान के लिए पहले दोनों के माध्यों तथा मानक विचलनों ( SD ) को निकाला जाएगा और फिर सूत्र–55 के आधार पर t मूल्य निकाल कर देखा जाएगा कि दोनों माध्यों के बीच अन्तर सार्थक है या नहीं। इसे और भी स्पष्ट करने के लिए अग्रलिखित परिकलन ( calculations ) पर ध्यान दें :–

---

# स्मरण रखना चाहिए कि दो माध्यों के बीच अन्तर की सार्थकता की जाँच करते समय जो माध्य अधिक होता है, उस में से कम वाले माध्य को घटा लिया जाता है। यहाँ ऋण चिह्न ( minus sign ) नहीं दिया जाता है, क्योंकि यहाँ वस्तुतः दोनों माध्यों के बीच अन्तर निकाला जाता है।

**टेबुल 39**

| लड़कों के प्राप्तांक (Scores of Boys) | $X_1 - AM_{x1}$ | | लड़कियों के प्राप्तांक (Scores of Girls) | $X_2 - AM_{x2}$ | |
|---|---|---|---|---|---|
| $X_1$ | $x'_1$ | $x'^2_1$ | $X_2$ | $x'_2$ | $x'^2_2$ |
| 60 | 6 | 36 | 65 | 6 | 36 |
| 55 | 1 | 1 | 65 | 6 | 36 |
| 50 | −4 | 16 | 55 | −4 | 16 |
| 45 | −9 | 81 | 55 | −4 | 16 |
| 65 | 11 | 121 | 70 | 11 | 121 |
| 61 | 7 | 49 | 60 | 1 | 1 |
| 51 | −3 | 9 | 48 | −11 | 121 |
| 47 | −7 | 49 | 58 | −1 | 1 |
| 49 | −5 | 25 | 62 | 3 | 9 |
| 60 | 6 | 36 | 57 | −2 | 4 |
| $\Sigma X_1 = 543$ | | $\Sigma x'^2_1 = 423$ | $\Sigma X_2 = 595$ | | $\Sigma x'^2_2 = 361$ |

$$M_1 = \frac{\Sigma X_1}{N_1} = \frac{543}{10} = 54{\cdot}3 \qquad M_2 = \frac{\Sigma X_2}{N_2} = \frac{595}{10} = 59{\cdot}5$$

$$AMx_1 = 54 \qquad AMx_2 = 59$$

$$Cx_1 = {\cdot}3 \qquad Cx_2 = {\cdot}5$$

$$\sigma_1 (SD_1) = \sqrt{\frac{\Sigma x'^2_1}{N} - (Cx_1)^2}$$ — सूत्र 23 के अनुसार

$$= \sqrt{\frac{423}{10} - ({\cdot}3)^2} = \sqrt{42{\cdot}3 - {\cdot}09}$$

$$= \sqrt{42{\cdot}21} = 6{\cdot}50$$

$$^* SE_{M_1} = \frac{\sigma_1}{\sqrt{N-1}} = \frac{6{\cdot}50}{\sqrt{10-1}} = \frac{6{\cdot}50}{\sqrt{9}} = \frac{6{\cdot}50}{3} = 2{\cdot}17$$

$$\sigma_2 (SD_2) = \sqrt{\frac{\Sigma x'^2_2}{N} - (C_{x_2})^2} = \sqrt{\frac{361}{10} - ({\cdot}5)^2}$$

* जब N छोटा ( 30 से कम ) होता है तो $SE_M$ निकालते समय $\frac{\sigma}{\sqrt{N-1}}$ सूत्र का व्यवहार किया जाता है और जब N बड़ा ( 30 या अधिक ) होता है तो $\frac{\sigma}{\sqrt{N}}$ का व्यवहार किया जाता है ।

$$= \sqrt{36 \cdot 1 - \cdot 25} = \sqrt{35 \cdot 85} = 5 \cdot 99$$

$$* SE_{M_2} = \frac{\sigma_2}{\sqrt{N-1}} = \frac{5 \cdot 99}{\sqrt{10-1}} = \frac{5 \cdot 99}{\sqrt{9}} = \frac{5 \cdot 99}{3}$$

$$= 1 \cdot 996 = 2 \cdot 00$$

इस प्रकार, $M_1 = 54 \cdot 3$ $\qquad M_2 = 59 \cdot 5$

$\sigma_1 = 6 \cdot 50$ $\qquad \sigma_2 = 5 \cdot 99$

$SE_{M_1} = 2 \cdot 17$ $\qquad SE_{M_2} = 2 \cdot 00$

$N_1 = 10$ $\qquad N_2 = 10$

अब $\quad t = \dfrac{M_1 \sim M_2}{\sigma D}, M_1 \sim M_2 = 54 \cdot 3 - 59 \cdot 5 = 5 \cdot 2$

$$\sigma D\,(SE_D) = \sqrt{(SE_{M_1})^2 + (SE_{M_2})^2} = \sqrt{(2 \cdot 17)^2 + (2)^2}$$

$$= \sqrt{4 \cdot 71 + 4} = \sqrt{8 \cdot 71} = 2 \cdot 95$$

$$\therefore \quad t = \frac{5 \cdot 20}{2 \cdot 95} = 1 \cdot 76$$

$$df = (N_1 - 1) + (N_2 - 1)$$

$$= (10 - 1) + (10 - 1) = 9 + 9 = 18$$

t-टेबुल (जो इस अध्याय के अन्त में है) को देखने से पता चलता है कि 18 df पर ·05 स्तर तथा ·01 स्तर पर सार्थक होने के लिए t को कम-से-कम क्रमश: 2·10 तथा 2·28 होना चाहिए। यहाँ हमारा t मात्र 1·76 है। अत: यह ·05 स्तर पर भी सार्थक नहीं है। इसका अर्थ यह हुआ कि लड़कों तथा लड़कियों की उपलब्धियों में कोई वास्तविक अन्तर नहीं है। अतएव, शून्य पकिरल्पना ( null hypothesis ) स्वीकृत ( accept ) हो गयी।

### ( ख ) सहसम्बिधित माध्यों के बीच अन्तर की सार्थकता की जाँच *( Testing significance of difference between Correlated Means )*

सहसम्बन्धित माध्यों का अर्थ वे माध्य हैं जो एक ही प्रतिदर्श ( sample ) से निकाले गए हैं और इसलिए उनके बीच सहसम्बन्ध है। दूसरे शब्दों में, जब एक ही प्रतिदर्श या समूह से सम्बंधित दो बार आँकड़े प्राप्त किए जाते हैं तो उन आँकड़ों के माध्य को सहसम्बन्धित माध्य ( correlated means ) कहते हैं। कारण, आँकड़ों के दोनों सेटों के बीच सम्बन्ध संभावित होता है। इसे एकाकी समूह विधि ( single group method ) कहते हैं। कभी तो सहसम्बन्ध दिया हुआ रहता है और कभी दिया हुआ नहीं रहता है। इन दोनों परिस्थितियों में अलग-अलग तरीके से t ज्ञात किया जाता है।

---

(i) यहाँ जो N बड़ा होता है, उसमें से छोटा N घटा लिया जाता है। यहाँ बड़ा N को छोटा N में से घटाने पर — का चिन्ह नहीं देते हैं।

जब N, माध्यों तथा मानक विचलनों के साथ-साथ सहसम्बन्ध भी ज्ञात रहता है तो $SE_D$ ( σD ) निकालने के लिए निम्नलिखित सूत्र का व्यवहार किया जाता है—

$$SE_D = \sqrt{(SE_{M_1})^2 + (SE_{M_2})^2 - 2r\,(SE_{M_1})\,(SE_{M_2})} \qquad \text{— सूत्र 57}$$

यहाँ $SE_E$ ( σD ) = दोनों माध्यों के बीच अन्तर ( D ) की मानक त्रुटि ( Standard error ),

$SE_{M_1}$ या ( $\sigma M_1$ ) = पहले माध्य की मानक त्रुटि,

$SE_{M_2}$ या ( $\sigma M_2$ ) = दूसरे माध्य की मानक त्रुटि,

r = प्राप्तांक के दोनों सेटों के बीच सहसम्बन्ध गुणांक ( coefficient of correlation between two sets of scores ) ।

**उदाहरण**

सातवें वर्ग के 64 विद्यार्थियों के 2 महीने तक विद्यालय द्वारा आयोजित प्रशिक्षण के पहले तथा प्रशिक्षण के बाद एक शैक्षिक उपलब्धि परीक्षण ( educational achievement test ) पर प्राप्त आँकड़े ( data ) निम्नलिखित हैं —

| | प्रशिक्षण के पहले ( Before training ) | प्रशिक्षण के बाद ( After training ) |
|---|---|---|
| N | 64 | 64 |
| Mean | 45·71 | 55·19 |
| SD | 7·23 | 9·25 |
| r | ·60 | |

प्रश्न है कि प्रशिक्षण का सार्थक प्रभाव विद्यार्थियों की शैक्षिक उपलब्धि पर पड़ा है या नहीं ? दूसरे शब्दों में क्या दोनों माध्यों के बीच सार्थक अन्तर है ? इस समस्या के समाधान के लिए इस प्रकार t निकाला जाएगा :–

$$t = \frac{M_1 \sim M_2}{\sigma D},\; M_1 \sim M_2 = 45{\cdot}71 - 55{\cdot}19 = 9{\cdot}48$$

$$\sigma D\,(SE_D) = \sqrt{(\sigma M_1)^2 + (\sigma M_2)^2 - 2r\sigma M_1\,\sigma M_2} \qquad \text{— सूत्र 57 के अनुसार}$$

$$\sigma M_1 = \frac{SD_1}{\sqrt{N}} = \frac{7{\cdot}23}{\sqrt{64}} = \frac{7{\cdot}23}{8} = {\cdot}90$$

$$\sigma M_2 = \frac{SD_2}{\sqrt{N}} = \frac{9{\cdot}25}{\sqrt{64}} = \frac{9{\cdot}25}{8} = 1{\cdot}16$$

$$\therefore\quad \sigma D = \sqrt{({\cdot}90)^2 + (1{\cdot}16)^2 - (2){\cdot}60 \times ({\cdot}90) \times (1{\cdot}16)}$$

$$= \sqrt{.91} = .95$$

$$= \sqrt{{\cdot}81 + 1{\cdot}35 - 1{\cdot}25} = \sqrt{2{\cdot}16 - 1{\cdot}25}$$

अब $t = \frac{9 \cdot 48}{\cdot 95} = 9 \cdot 98$

$df = (N - 1) = (64 - 1) = 63$

चूँकि यहाँ एक ही N प्रतिदर्श ( sample ) है, इसलिए df निकालने के लिए N में से एक घटा लिया जाता है। T-टेबुल देखने से स्पटष्ठ होता है कि प्राप्त t यानी 9·98 वास्तव में ·01 स्तर से भी अधिक सार्थक ( $p < \cdot 01$ ) है। इसका मतलब यह हुआ कि दोनों माध्यों के बीच अन्तर सार्थक या वास्तविक है। विद्यार्थियों की उपलब्धि पर प्रशिक्षण का निश्चित प्रभाव पड़ा है। अत: यह शून्य परिकल्पना कि प्रशिक्षण का प्रभाव उपलब्धि पर नहीं पड़ा है और दोनों माध्यों के बीच कोई वास्तविक अन्तर नहीं है, यहाँ अस्वीकृत हो गयी तथा विकल्पी परिकल्पना ( alternative hypothessis ) कि प्रशिक्षण का प्रभाव पड़ा है तथा दोनों माध्यों के बीच वास्तविक अन्तर है, स्वीकृत हो गयी।

## अन्तर-विधि
## ( Difference Method )

जब प्रतिदर्श ( sample ) या समूह छोटा होता है अर्थात जब इसका आकार 30 से कम होता है और उसे एक प्रतिदर्श या समूह के आँकड़ों के दो सेटों ( two sets of data of the same sample or group ) के बीच अन्तर की सार्थकता की जाँच करना होता है तो एक विशेष विधि द्वारा t ज्ञात किया जाता है; जिसको अन्तर-विधि कहते हैं। सूत्र निम्नलिखित है :–

$$t = \frac{\Sigma D}{\sqrt{\frac{N\Sigma D^2 - (\Sigma D)^2}{N-1}}}$$ — सूत्र 58

यहाँ $\Sigma D$ = दोनों सेटों के वैयक्तिक प्राप्तांकों के बीच अन्तर का योगफल,

$\Sigma D^2$ = अन्तरों के वर्गों का योगफल,

N = प्रतिदर्श ( sample ) या समूह का आकार या निरीक्षणों ( observations ) की संख्या।

**नोट** — सूत्र 58 का व्यवहार करने पर $df = N - 1$ होगा।

**उदाहरण**

10 छात्राओं पर दो अवस्थाओं ( conditions ) में एक प्रयोग किया गया। पहली अवस्था में अविराम-विधि ( massed method ) द्वारा तथा दूसरी अवस्था में विराम-विधि ( spaced method ) द्वारा 15 निरर्थक पदों को सीखने के लिए 7–7 प्रयास ( trials ) देकर निरर्थक पदों का प्रत्यावाह्न ( recall ) लिया गया जो टेबुल–40 में दिया गया है। प्रश्न है कि दोनों अवस्थाओं में छात्राओं के प्रत्यावाह्न में कोई सार्थक अन्तर है ?

**टेबुल 40**

| 1<br>पहली अवस्था<br>( First Condition ) | 2<br>दूसरी अवस्था<br>( Second Condition ) | 3<br>( difference )*<br>D | 4<br><br>$D^2$ |
|---|---|---|---|
| 5 | 7 | 2 | 4 |
| 7 | 8 | 1 | 1 |
| 4 | 6 | 2 | 4 |
| 6 | 6 | 0 | 0 |
| 6 | 8 | 2 | 4 |
| 7 | 6 | – 1 | 1 |
| 6 | 5 | – 1 | 1 |
| 5 | 7 | 2 | 4 |
| 4 | 5 | 1 | 1 |
| 6 | 7 | 1 | 1 |
| Σ56 | Σ65 | + 11<br>– 2<br>ΣD = 9 | $\Sigma D^2 = 21$ |

अब $t = \dfrac{\Sigma D}{\sqrt{\dfrac{N\Sigma D^2 - (\Sigma D)^2}{N-1}}} = \dfrac{9}{\sqrt{\dfrac{10 \times 21 - (9)^2}{10-1}}}$

$$= \frac{9}{\sqrt{\dfrac{210-81}{9}}} = \frac{9}{\sqrt{\dfrac{129}{9}}} = \frac{9}{\sqrt{14 \cdot 33}} = \frac{9}{3 \cdot 79} = 2 \cdot 37$$

df = N – 1 = 10 – 1 = 9

t टेबुल ( जो इस अध्याय के अन्त में है ) से स्पष्ट है कि 9 df पर प्राप्त t ( 2·37 ) ·05 स्तर पर सार्थक है, क्योंकि इस स्तर पर सार्थक होने के लिए t को कम-से-कम 2·26 होना चाहिए था। अतः शून्य परिकल्पना ( null hypothesis ) अस्वीकृत हो गयी और निष्कर्ष मिला कि दोनों अवस्थाओं की उपलब्धियों के बीच वास्तविक अन्तर है।

## अनुरूप समूहों के बीच अन्तर की सार्थकता की जाँच

### ( Testing Significance of difference between Matched Groups )

अनुरूप समूह के दो प्रकार है, जिनके लिए $SE_D$ या $\sigma_D$( Standard error of difference ) निकालने का सूत्र अलग-अलग है।

**( i ) जब तुल्य समूह होते हैं** ***( When there are equivalent groups )***

तुल्य समूहों में जोड़ों के रूप में दोनों समूहों को अनुरूप बनाया जाता है। इसलिए,

* कॉलम 3 में दूसरी अवस्था के प्राप्तांक में से पहली अवस्था के प्राप्त को घटाकर D ( difference ) निकाला गया है।

इसे जोड़ों द्वारा अनुरूपन ( matching by pairs ) भी कहते हैं । यहाँ एक समूह का प्रत्येक व्यक्ति दूसरे समूह में अपना समान जोड़ा रखता है । अत: दोनों का आकार अर्थात N समान होता है । ऐसे दो समूहों के माध्यों के बीच के अन्तर की साथ्रकता की जाँच के लिए $SE_D$ सूत्र 57 के द्वारा निकाला जाता है ।

**उदाहरण**

समूह-X तथा समूह-Y में दसवें वर्ग के 100-100 ऐसे बालकों को रखा गया, जिन्हें आयु तथा ओटिस समूह बुद्धि मापनी ( Otis Group Intelligence Scale ) के फॉर्म A ( Form A ) पर प्राप्त प्राप्तांकों के दृष्टिकोण से युगमित ( paired ) बना दिया गया था । चार सप्ताह के बाद उसी मापनी के फॉर्म B ( Form B ) पर दोनों समूहों की जाँच की गयी, किन्तु इस परीक्षण के पहले समूह-*X* ( जो प्रयोगात्मक समूह था ) द्वारा फर्म A पर लाए गए प्राप्तांकों के लिए बालकों को प्रोत्साहित किया गया । समूह-Y (जो नियंत्रित समूह था) को इस तरह का कोई प्रोत्साहन नहीं दिया गया । प्रश्न है कि क्या दोनों समूहों द्वारा अंतिम परीक्षण पर प्राप्त प्राप्तांकों ( scores ) में सार्थक अन्तर है ? दोनों समूहों के फॉर्म A तथा फॉर्म B पर प्राप्त आँकड़े निम्नलिखित हैं :–

| | प्रयोगात्मक समूह ( Experimental Group ) | नियंत्रित समूह ( Controlled Group ) |
|---|---|---|
| प्रत्येक समूह में लड़कों की संख्या ( N ) | 100 | 100 |
| फॉर्म A पर माध्य ( Mean ) | 78·37 | 78·27 |
| फॉर्म B पर माध्य ( Mean ) | 85·66 ( $M_1$ ) | 80·33 ( $M_2$ ) |
| फॉर्म B पर मानक विचलन ( SD ) | 21·22 ( $\sigma_1$ ) | 17·55 ( $\sigma_2$ ) |

फॉर्म B पर दोनों समूहों के प्राप्तांकों के बीच सहसम्बन्ध गुणांक = ·66

उपर्युक्त आँकड़ों से t उसी तरह निकाला जाएगा, जिस तरह सहसम्बन्धित माध्यों ( correlated means ) के बीच अन्तर की सार्थकता देखने के लिए t निकाला जाता है । इसकी पूरी व्याख्या पृष्ठ 285–286 पर की जा चुकी है । इसे फिर से यहाँ दुहराया जाता है ।

$$t = \frac{M_1 \sim M_2}{SE_2} \qquad \text{सूत्र–55 के अनुसार}$$

$$M_1 \sim M_2 = 85{\cdot}66 - 80{\cdot}33 = 5{\cdot}33$$

$$SE_D\,(\sigma D) = \sqrt{(\sigma M_1)^2 + (\sigma M_2)^2 - 2r\,\sigma M_1\,\sigma M_2} \qquad \text{सूत्र–57 के अनुसार}$$

$$\sigma M_1 = \frac{SD_1}{\sqrt{N_1}} = \frac{21{\cdot}22}{\sqrt{100}} = \frac{21{\cdot}22}{10} = 2{\cdot}122 \text{ or } 2{\cdot}12$$

$$\sigma M_2 = \frac{SD_2}{\sqrt{N_2}} = \frac{17{\cdot}55}{\sqrt{100}} = \frac{17{\cdot}55}{10} = 1{\cdot}755 \text{ or } 1{\cdot}76$$

$$\sigma D = \sqrt{(2{\cdot}12)^2 + (1{\cdot}76)^2 - 2\,({\cdot}66)\,(2{\cdot}12)\,(1{\cdot}76)}$$

$$= \sqrt{4{\cdot}49 + 3{\cdot}10 - 4{\cdot}93} = \sqrt{2{\cdot}66} = 1{\cdot}63$$

$$t = \frac{5{\cdot}33}{1{\cdot}63} = 3{\cdot}27$$

$$df = N - 1 = 100 - 1 = 99$$

यहाँ चूँकि बालकों के 100 जोड़े हैं, इसलिए N – 1 के आधार पर df निकाला जाएगा। t-टेबुल देखने से पता चलता है कि ·05 तथा ·01 स्तर पर 99 df के साथ t को सार्थक होने के लिए क्रमश: 1·66 तथा 1·98 कम-से-कम होना चाहिए। इसलिए, प्राप्त t ( 3·27 ) ·01 स्तर पर सार्थक है। अत: शून्य परिकल्पना अस्वीकृत ( reject ) हो गयी और इसी के साथ विकल्पी परिकल्पना ( alternative hypothesis ) सही प्रमाणित हो गयी कि फॉर्म B पर प्राप्त प्रयोगात्मक समूह तथा नियंत्रित समूह के प्राप्तांकों ( scores ) के माध्यों ( Means ) के बीच सार्थक अन्तर ( significant difference ) है। इसका अर्थ यह हुआ कि बालकों की उपलब्धि पर प्रोत्साहन या प्रशंसा का सार्थक प्रभाव पड़ा है।

**( ii ) जब माध्य तथा मानक विचलन के लिए समूह समतुल्य होते हैं *( When groups are matched for Mean and and SD )***

यहाँ दो समूहों का मिलान किसी परीक्षण पर दोनों समूहों के प्राप्तांकों के माध्य तथा मानक विचलन ( SD ) के आधार पर किया जाता है। जब शोधकर्ता ( researcher ) या प्रयोगकर्ता ( experimeter ) के लिए यह सम्भव नहीं होता है कि वह दोनों समूहों के प्रत्येक व्यक्ति को जोड़ा के रूप में मिलान कर सके तो ऐसी स्थिति में माध्य तथा मानक विचलन के रूप में मिलान करता है। जिस चर के आधार पर समूहों का मिलान किया जाता है, वह चर वास्तव में उस चर से भिन्न होते हुए भी सम्बद्ध होता है। अत: यहाँ जोड़े के रूप में मिलान नहीं किया जाता है। इसलिए दोनों समूहों के N का बराबर-बराबर होना जरूरी नहीं है। ऐसी हालत में $SE_D$ निकालने का एक विशेष सूत्र इस्तेमाल में लाया जाता है जो इस प्रकार है :–

$$SE_D = \sqrt{(\sigma M_1)^2 + (\sigma M_2)^2 (1 - r^2)} \qquad \text{— सूत्र 59 (a)}$$

यहाँ, SE = दो माध्यों के बीच अन्तर की मानक त्रुटि,

$SE_{M_1}$ या $\sigma M_1$ = पहले माध्य की मानक त्रुटि,

$SE_{M_2}$ या $\sigma M_2$ = दूसरे माध्य की मानक त्रुटि,

r = दोनों चरों के बीच सहसम्बन्ध गुणांक।

(एक चर वह होता है जिस पर दोनों समूहों का मिलान ( match ) कराया जाता है और दूसरा चर वह होता है जिसके प्रभाव का अध्ययन किया जाता है)

सूत्र 59 ( a ) को इस प्रकार लिखा जा सकता है :–

$$SE_D \text{ or } \sigma D = \sqrt{\frac{(SD_1)^2}{N_1} + \frac{(SD_2)^2}{N_2} (1 - r^2)} \qquad \text{— सूत्र 59 (b)}$$

**उदाहरण**

शैक्षिक कॉलेज ( academic college ) तथा तकनीकी कॉलेज ( technical college ) के प्रथम वर्ष के क्रमश: 120 तथा 140 छात्रों के दो समूहों को एक सामान्य बुद्धि-परीक्षण ( General Intelligence Test ) पर माध्य ( Mean ) तथा मानक विचलन ( SD ) के दृष्टिकोण से मिलान किया गया। फिर दोनों समूहों की जाँच एक यांत्रिक अभिक्षमता मापनी ( Mechanical Aptitude Scale ) पर की गयी। प्रश्न है कि क्या ये दोनों समूह यांत्रिक अभिक्षमता में सार्थक रूप से भिन्न हैं ? इन दोनों समूहों के आँकड़े निम्नलिखित हैं—

| | शैक्षिक कॉलेज ( Academic College ) | तकनीकी कॉलेज ( Technical College ) |
|---|---|---|
| बालकों की संख्या | 120 | 140 |
| सामान्य बुद्धि-परीक्षण पर माध्य ( Mean ) | 100 | 100·21 |
| सामान्य बुद्धि-परीक्षण पर मानक विचलन ( σ ) | 23·37 | 22·73 |
| यांत्रिक अभिक्षमता परीक्षण पर माध्य | 52·31 ( $M_1$ ) | 55·65 ( $M_2$ ) |
| यांत्रिक अभिक्षमता परीक्षण पर मानक विचलन | 6·51 | 6·95 |

सामान्य बुद्धि-परीक्षण तथा यांत्रिक अभिक्षमता परीक्षण के प्राप्तांकों के बीच ·34 सहसम्बन्ध पाया गया।

उपर्युक्त आँकड़ों से t इस प्रकार निकाला जाएगा :–

$$t = \frac{M_1 \sim M_2}{SE_D}, M_1 \sim M_2 = 52{\cdot}31 \sim 55{\cdot}65 = 3{\cdot}34$$

$$SE_D \text{ or } \sigma D = \sqrt{\frac{(SD_1)^2}{N_1} + \frac{(SD_2)^2}{N_2}(1 - r^2)}$$ — सूत्र 59 ( b )

$$= \sqrt{\frac{(6{\cdot}15)^2}{120} + \frac{(6{\cdot}95)^2}{140}(1 - {\cdot}34)^2}$$

$$= \sqrt{\frac{37{\cdot}82}{120} + \frac{48{\cdot}30}{140}(1 - {\cdot}12)}$$

$$= \sqrt{({\cdot}32 + {\cdot}35) \times ({\cdot}88)}$$

$$= \sqrt{{\cdot}67 \times {\cdot}88} = \sqrt{{\cdot}59} = {\cdot}77$$

$$t = \frac{3{\cdot}34}{{\cdot}77} = 4{\cdot}34$$ (सूत्र 59 ( a ) का व्यवहार करने पर भी $SE_D$ ·77 ही होगा।)

$$^* df = (N_1 - 1) + (N_2 - 1) - 1$$

* यहाँ 1 अतिरिक्त df घटाया गया है, क्योंकि Y-चर पर एक अतिरिक्त प्रतिबिम्ब लगा दिया गया है। अर्थात् Y-चर में भी दोनों समूहों को अनुरूप ( matched ) किया गया है। यह एक समान्य नियम है कि निरीक्षणों पर प्रत्येक प्रतिबन्ध यानी प्रत्येक अनुरूप चर के लिए 1 df घटाया जाता है ( Garrett, 2002)।

$= (120 - 1) + (140 - 1) - 1$

$= (119 + 139) - 1 = 258 - 1 = 257$

t टेबुल ( पृष्ठ 296 ) देखने से स्पष्ट होता है कि 257 df के साथ ·05 तथा ·01 स्तरों पर t सार्थक होने के लिए क्रमश: कम-से-कम 1·97 तथा 2·59 होना चाहिए। हमारा t इससे भी अधिक है। अत: यह ·01 स्तर पर सार्थक है। इसका अर्थ यह हुआ कि हमारी शून्य परिकल्पना ( null hypothesis ) अस्वीकृत हो गयी तथा यह प्रमाणित हो गया कि दोनों समूहों की अभिक्षमता के बीच वास्तविक अन्तर है। अत: निष्कर्ष निकला कि यांत्रिक अभिक्षमता में पहले समूह की अपेक्षा दूसरे समूह के छात्र वस्तुत: श्रेष्ठकर हैं।

## टेबुल T

## Table of t ratio

| df | ·05 | ·01 | df | ·05 | ·01 |
|---|---|---|---|---|---|
| 1 | 12·706 | 63·657 | 26 | 2·056 | 2·779 |
| 2 | 4·303 | 9·925 | 27 | 2·052 | 2·771 |
| 3 | 3·182 | 5·841 | 28 | 2·048 | 2·763 |
| 4 | 2·776 | 4·604 | 29 | 2·045 | 2·756 |
| 5 | 2·571 | 4·032 | 30 | 2·042 | 2·750 |
| 6 | 2·447 | 3·707 | 35 | 2·030 | 2·724 |
| 7 | 2·365 | 3·499 | 40 | 2·021 | 2·704 |
| 8 | 2·305 | 3·355 | 45 | 2·014 | 2·690 |
| 9 | 2·262 | 3·250 | 50 | 2·008 | 2·678 |
| 10 | 2·228 | 3·169 | 60 | 2·000 | 2·660 |
| 11 | 2·201 | 3·106 | 70 | 1·994 | 2·648 |
| 12 | 2·179 | 3·055 | 80 | 1·990 | 2·638 |
| 13 | 2·160 | 3·012 | 90 | 1·987 | 2·632 |
| 14 | 2·145 | 2·977 | 100 | 1·984 | 2·626 |
| 15 | 2·131 | 2·947 | 125 | 1·979 | 2·616 |
| 16 | 2·120 | 2·921 | 150 | 1·976 | 2·609 |
| 17 | 2·110 | 2·898 | 200 | 1·972 | 2·601 |
| 18 | 2·101 | 2·878 | 300 | 1·968 | 2·592 |
| 19 | 2·093 | 2·861 | 400 | 1·966 | 2·588 |
| df | ·05 | ·01 | df | ·05 | ·01 |
| 20 | 2·086 | 2·845 | 500 | 1·965 | 2·576 |
| 21 | 2·080 | 2·831 | 1000 | 1·962 | 2·581 |
| 22 | 2·074 | 2·819 | ∞ | 1.960 | 2.576 |
| 23 | 2·069 | 2·087 | | | |
| 24 | 2·064 | 2·797 | | | |
| 25 | 2·060 | 2·787 | | | |

# विश्वविद्यालय प्रश्न

# UNIVERSITY QUESTIONS

## निबन्धात्मक प्रश्न

( *Essay Type Questions* )

1. *टी-अनुपात किसे कहते हैं? इसकी उपयोगिता की व्याख्या करें।*
2. *शून्य परिकल्पना ( null hypothesis ) किसे कहते हैं? इसके स्वरूप और उपयोगिताओं ( uses ) की व्याख्या करें।*
3. *निम्नलिखित की व्याख्या करें—*

   *( क ) सार्थकता-स्तर ( Level of significance ),*

   *( ख ) टाइप वन तथा टाइप टू त्रुटियाँ ( Type one and type two errors ),*

   *( ग ) स्वतंत्रता-मात्रा ( Degree of freedom, df )*
4. *Explain the following—*

   *निम्नलिखित की व्याख्या करें— [ M.A., 1990 B.M.U. ]*

   *( a ) ·05 and ·01 levels of significance*

   *·05 एवं ·01 सार्थकता-स्तर*

   *( b ) Null Hypothesis*

   *शून्य परिकल्पना। [ M.A., P.U., 2007 ]*
5. *एक कॉलेज के प्रथम वर्ष के विज्ञान के 100 छात्रों तथा कला के 100 छात्रों की बुद्धि की जाँच एक मानक बुद्धि परीक्षण ( Standard Intelligence Test ) के आधार पर की गयी और निम्नलिखित आँकड़े पर प्राप्त किए गए :–*

| | *N* | *Mean* | *SD* |
|---|---|---|---|
| *विज्ञान के छात्र* | *100* | *107* | *9·37* |
| *कला के छात्र* | *100* | *104* | *13·88* |

   *उपर्युक्त आँकड़ों के आधार पर यह बतलाएँ कि विज्ञान तथा कला के छात्रों की बौद्धिक योग्यता में सार्थक अन्तर है या नहीं? अपने परिणाम की व्याख्या करें।*
6. *यांत्रिक अभिक्षमता परीक्षण ( Mechanical Aptitude Test ) पर 10 लड़कियों तथा 15 लड़कों के प्राप्तांक नीचे दिए गए हैं। क्या छात्राओं तथा छात्रों में यांत्रिक अभिक्षमता के दृष्टिकोण से सार्थक अन्तर है?*

   *लड़कियाँ : 51, 52, 45, 37, 55, 60, 53, 40, 47, 48*

   *लड़के : 56, 41, 37, 42, 50, 41, 32, 35, 36, 47, 43, 49, 45, 30, 46*
7. *हाई स्कूल के विद्यार्थियों के दो समूहों को एक सामूहिक बुद्धि परीक्षण ( group intelligence test ) पर माध्य ( Mean ) तथा मानक विचलन ( SD ) के दृष्टिकोणधा से मिलान ( matched ) किया गया। पहले समूह में 50 तथा दूसरे समूह में 70 विद्यार्थी थे। इन दोनों समूहों द्वारा एक उपलब्धि परीक्षण ( Achievement test ) पर प्राप्त आँकड़े इस प्रकार हैं :–*

| | पहला समूह | दूसरा समूह |
|---|---|---|
| माध्य ( Mean ) | 47·55 | 52·71 |
| मानक विचलन ( SD ) | 9·50 | 14·25 |
| विद्यार्थियों की संख्या ( N ) | 50 | 70 |

दोनों समूहों के विद्यार्थियों के बुद्धि तथा उपलब्धि परीक्षण पर प्राप्तांकों के बीच सहसम्बन्ध ( correlation ) ·55 पाया गया।

(क) क्या दोनों समूहों की उपलब्धियों के बीच सार्थक अन्तर है ?

(ख) यदि सार्थक है, तो किस स्तर पर — ·05 या ·01 पर ? [ M.A., 2001, M.U. ]

8. विद्यार्थियों के एक समूह पर एक अंकगणित परीक्षण ( Arithmetic test ) का व्यवहार किया गया। उसके बाद विद्यार्थियों में एक विशेष ढंग से चिन्ता उत्पन्न की गयी और उन पर उसी अंकगणित परीक्षण का व्यवहार दोबारा किया गया। प्राप्त आँकड़े इस प्रकार हैं :–

| | परीक्षण के पहले ( Pre test ) | परीक्षण के बाद ( Post test ) |
|---|---|---|
| माध्यमान ( Mean ) | 71 | 68 |
| मानक विचलन ( SD ) | 7 | 6 |
| विद्यार्थियों की संख्या ( N ) | 40 | 40 |

पूर्व परीक्षण तथा पश्चात परीक्षण के प्राप्तांकों के बीच $r = \cdot 72$

(क) क्या प्राप्तांकों के दोनों सेटों के बीच सार्थक अन्तर है ?

(ख) इस परिकल्पना ( hypothesis ) की जाँच करें कि पूर्वपरीक्षण ( pre test ) का जनसंख्या-माध्य ( $M_{pp}$ ) पश्चात परीक्षण ( after test ) के जनसंख्या-माध्य से सार्थक रूप में अधिक है ? [ M.A., B.U., 2000, M.A, VMF 2006, M.A. Bha. U. 2008 ]

9. एक स्मृति परीक्षण ( memory test ) में 12 प्रयोज्यों ( subjects ) द्वारा पहले प्रयास ( first trial ) तथा दसवें प्रयास ( tenth trial ) पर निम्नलिखित प्राप्तांक ( scores ) पाए गए :–

पहला प्रयास ( first trial )   3, 3, 4, 5, 7, 5, 5, 9, 6, 10, 8, 7

दसवाँ प्रयास ( tenth trial )   10, 9, 11, 14, 15, 10, 7, 13, 12, 14, 16, 13

क्या दोनों वितरणों ( distributions ) के माध्यों ( means ) के बीच सार्थक अन्तर है ?

10. एक अंक-प्रतीक शिक्षण परीक्षण ( Digit Symbol Test ) पर 22 छात्रों के अभ्यास काल ( practice period ) के प्रथम प्रयास में प्राप्तांकों का माध्य 75·00 तथा मानक विचलन ( SD ) 7·00 है। आठवें प्रयास में उनके माध्य तथा मानक विचलन क्रमशः 79·00 तथा 9·00 हैं। प्रथम प्रयास तथा आठवें प्रयास पर प्राप्तांकों के बीच सहसम्बन्ध ·60 है।

(क) क्या दोनों माध्यों के बीच सार्थक अन्तर है ?

(ख) शून्य परिकल्पना ( null hypothesis ) स्वीकृत हुई या अस्वीकृत ?

11. कॉलेज के 10-10 विद्यार्थियों के दो समूह का चयन अनियमित रूप से किया गया। एक समूह पर स्मृति-परीक्षण ( Memory test ) का व्यवहार उसी रूप में किया गया। दूसरे समूह पर दो सप्ताह प्रशिक्षण ( training ) देने के बाद उसी स्मृति-परीक्षण का व्यवहार किया गया। प्राप्तांक ( scores ) अग्रलिखित हैं :–

| | | | | | | | | | | |
|---|---|---|---|---|---|---|---|---|---|---|
| पहला समूह : | 9 | 7 | 6 | 9 | 7 | 9 | 10 | 8 | 6 | 9 |
| दूसरा समूह : | 11 | 9 | 12 | 12 | 7 | 13 | 12 | 13 | 10 | 11 |

(क) क्या प्रशिक्षण का कोई सार्थक प्रभाव पड़ा है ?

(ख) शून्य परिकल्पना ( Ho ) तथा विकल्पी परिकल्पना ( alternative hypothesis ) की व्याख्या करें।

12. 16 PF के फॉर्म-A का व्यवहार एम० ए० कक्षा के विद्यार्थियों के दो समूहों पर किया गया। दोनों समूहों (समूह–X तथा समूह–Y) में 50-50 विद्यार्थी थे। समूह–X तथा समूह–Y जो क्रमशः प्रयोगात्मक समूह तथा नियंत्रित समूह थे, दोनों को आयु तथा प्राप्तांक ( scores ) के दृष्टिकोण से अनुरूप ( matched ) बना लिया गया था। दो सप्ताह के बाद इन दोनों समूहों को 16 PF का फॉर्म-B दिया गया। समूह–X के फॉर्म-A पर प्राप्त निष्पादन के लिए मौखिक पुरस्कार ( Verbal reward ) दिया गया तथा फॉर्म-B पर और अच्छा करने की प्रेरणा दी गयी। समूह–Y को इस तरह का कोई भी पुरस्कार या प्रोत्साहन नहीं दिया गया। फॉर्म A तथा फॉर्म B पर दोनों समूहों के आँकड़े इस प्रकार हैं :–

| | समूह–X | समूह–Y |
|---|---|---|
| विद्यार्थियों की संख्या ( N ) | 50 | 50 |
| फॉर्म-A पर माध्य ( Mean ) | 45·71 | 45·69 |
| फॉर्म-A पर मानक विचलन ( SD ) | 11·12 | 11·22 |
| | समूह–X | समूह–Y |
| फॉर्म-B पर माध्य ( Mean ) | 54·62 ( $M_1$ ) | 47·31 ( $M_2$ ) |
| फॉर्म-B पर मानक विचलन | 11·65 | 10·45 |

फॉर्म-B पर दोनों समहों के प्राप्तांकों ( Scores ) के बीच $r = {\cdot}64$

(क) क्या समूह–X के निष्पादन पर पुरस्कार का कोई सार्थक प्रभाव ( significant effect ) पड़ा है ?

(ख) क्या फॉर्म B पर दोनों समूहों के निष्पादनों में कोई सार्थक अन्तर है ?

13. एक कक्षा की 11 छात्राओं की योग्यता सांख्यिकी में एक परीक्षण द्वारा जाँच की गयी। उसके बाद दो महीने तक उन्हें एक विशेष कोचिंग दिया गया और फिर सांख्यिकी में उसी परीक्षण पर पुनः उनकी जाँच की गयी। उनके द्वारा पहले तथा दूसरे परीक्षण पर प्राप्त अंक ( scores ) निम्नलिखित हैं :–

| | | | | | | | | | | | |
|---|---|---|---|---|---|---|---|---|---|---|---|
| पहला परीक्षण ( I-Test ) : | 21 | 20 | 23 | 15 | 16 | 25 | 17 | 24 | 22 | 24 | 13 |
| दूसरा परीक्षण ( II-Test ) : | 24 | 19 | 26 | 17 | 24 | 19 | 17 | 27 | 23 | 29 | 21 |

क्या विशेष कोचिंग से छात्राओं को लाभ पहुँचा है ? यदि हाँ तो किस स्तर पर ?

14. एक मनोवैज्ञानिक प्रयोग में विद्युत आघात ( electric shock ) तथा धारणा ( retention ) के बीच सम्बन्ध देखने के लिए 10 प्रयोज्यों की धारणा की जाँच आघात से पहले तथा आघात के बाद की गयी। प्राप्त आँकड़े नीचे दिए गए हैं :–

| | | | | | | | | | | |
|---|---|---|---|---|---|---|---|---|---|---|
| आघात के पूर्व | 13 | 16 | 17 | 19 | 12 | 14 | 14 | 15 | 13 | 16 |
| आघात के बाद | 11 | 10 | 12 | 11 | 9 | 13 | 10 | 9 | 13 | 8 |

*उपर्युक्त आँकड़ों के आधार पर इस परिकल्पना की जाँच करें कि विद्युत आघात से धारणा में ह्रास ( decrement ) होता है।* *[ B.A. II Hons. V.B.U., 2002 ]*

**15.** *गोरे छात्रों के एक समूह की मनोवृत्तियों निग्रो के प्रति एक पूर्वधारणा-मापनी ( prejudice scale ) पर मापी गयी। फिर उन छात्रों को निग्रो के जीवन चक्र का एक अनुकूल फिल्म ( favourable film ) दिखला गया। उसके तुरन्त बाद गोरे छात्रों की मनोवृत्ति की पुनः उसी मापनी पर जाँच की गयी। आँकड़े निम्नलिखित हैं :–*

| | | | | | | | | |
|---|---|---|---|---|---|---|---|---|
| *फिल्म दिखाने के पूर्व :* | 18 | 11 | 17 | 24 | 24 | 29 | 25 | 21 |
| *फिल्म दिखाने के बाद :* | 13 | 2 | 14 | 19 | 17 | 23 | 20 | 23 |

*उपर्युक्त आँकड़ों के आधार पर इस परिकल्पना की जाँच करें कि अनुकूल फिल्म दिखाने से पूर्वधारणा में सार्थक ह्रास ( decrement ) हुआ है।* *[ B.A. II Hons. 2002, VBU ]*

**16.** *नीचे लड़के तथा लड़कियों के समूहों द्वारा उच्चारण परीक्षण ( spelling test ) पर प्राप्त आँकड़े दिए गए हैं।*

| *लड़के ( Boys )* | *लड़कियाँ ( Girls )* |
|---|---|
| 15 | 16 |
| 14 | 15 |
| 13 | 11 |
| 17 | 15 |
| 11 | 10 |
| 10 | 11 |
| 13 | 10 |
| 7 | 8 |
| 5 | |
| 5 | |

*उपर्युक्त आँकड़ों के आधार पर यह बतलाएँ कि दोनों वितरणों के माध्यों के बीच कोई सार्थक अन्तर है?*

**17.** *कर्मचारियों के दो समूहों को अनुभव के आधार पर अनुरूप बनाकर उन पर कार्य-संतुष्टि मापनी का उपयोग किया गया। प्राप्त आँकड़े निम्नलिखित हैं :–*

*[ B.A. Part II Hons. 1997, M.U., 2007, J.P.U. ]*

| *Groups* | *N* | *Mean* | *SD* |
|---|---|---|---|
| *Male* | 81 | 40·37 | 7·03 |
| *Female* | 81 | 47·42 | 5·17 |

*Show which group of workers are more satisfied.*

*बतलाएँ कि कर्मचारियों का कौन-सा समूह अधिक संतुष्ट है।*

**18.** *विद्यालयों के दो समूहों की जाँच एक ईमानदारी परीक्षण ( Honesty test ) के आधार पर की गयी और निम्नलिखित परिणाम प्राप्त हुए :–*

| | *समूह–X* | *समूह–Y* |
|---|---|---|
| *Mean* | 35 | 39 |
| *SD* | 5 | 7 |
| *N* | 21 | 31 |

*क्या इन दोनों समूहों के माध्यों के बीच सार्थक अन्तर है?*

19. निम्नलिखित आँकड़ों ( data ) से t ज्ञात करें :–

$M_1 = 117$ $\quad M_2 = 123$

$\sigma_1 = 27$ $\quad \sigma_2 = 31$

$N_1 = 100$ $\quad N_2 = 40$

$r = \cdot 75$

20. 20 छात्रों के एक समूह पर एक प्रयोग यह देखने के लिए किया गया कि परिणाम के ज्ञान का क्या प्रभाव-मूलर-लायर भ्रम ( Muller-Lyer Illusion ) पर पड़ता है। यह प्रयोग दो अवस्थाओं में किया गया–नियंत्रित अवस्था ( control condition ) तथा प्रयोगात्मक अवस्था ( experimental condition ) । प्राप्त परिणाम निम्नलिखित हैं :–

| | नियंत्रित अवस्था | प्रयोगात्मक अवस्था |
|---|---|---|
| Mean | 5·25 मि० मी० | 3·15 मि० मी० |
| $\sigma$ | 2·74 | 1·95 |
| N | 20 | 20 |

उपर्युक्त आँकड़ों के आधार पर इस परिकल्पना ( hypothesis ) की जाँच करें कि परिणाम के ज्ञान ( Knowledge of results ) से भ्रम-सीमा घटती है।

21. *From the given statistics find out t-ratio and determine significant value.*

*[ B.A. Part II Hons. 1998, 2003, M.U. ]*

निम्नांकित आँकड़ों से टी-अनुपात तथा सार्थक मूल्य निकालें :–

| Group I | Group II |
|---|---|
| M = 125·79 | M = 162·30 |
| SD = 15·25 | SD = 19·45 |
| N = 100 | N = 100 |

22. मोहसिन सामान्य बुद्धि परीक्षण का व्यवहार किसी हाई स्कूल के 10 लाभान्वित बच्चों ( advantaged children ) तथा 10 अलाभान्वित बच्चों ( disadvantaged children ) पर किया गया और निम्नलिखित प्राप्तांक ( scores ) पाए गए :–

| | | | | | | | | | | |
|---|---|---|---|---|---|---|---|---|---|---|
| समूह क : | 98 | 77 | 101 | 105 | 71 | 81 | 85 | 100 | 95 | 105 |
| समूह ख : | 70 | 68 | 81 | 64 | 78 | 65 | 91 | 105 | 64 | 65 |

दोनों समूहों के बीच t ज्ञात करें तथा परिणाम की व्याख्या करें।

23. किसी विवेक योग्यता-परीक्षण ( Reasoning ability test ) पर 42 लड़कियों तथा 32 लड़कों द्वारा प्राप्त परिणाम ( results ) निम्नलिखित हैं :–

| | Mean | SD | N | df |
|---|---|---|---|---|
| लड़के | 45·44 | 7·98 | 32 | 31 |
| लड़कियाँ | 41·33 | 8·18 | 42 | 41 |

क्या लड़के तथा लड़कियों की विवेक योग्यता में कोई सार्थक अन्तर है ?

24. *The following figures were obtained when a test of social maturity was adminstered to some rural and some urban persons. Test statistically the hypothesis that the rural group is significantly higher in social maturity than urban group.*

*[ M.A., 1990, 1997, 2005, B.M.U. ]*

सामाजिक परिपक्वता के एक परीक्षण का प्रयोग जब कुछ ग्रामीण एवं शहरी व्यक्तियों पर किया गया तो निम्नलिखित आँकड़े प्राप्त हुए। इस परिकल्पना की साँख्यिक जाँच करें कि सामाजिक परिपक्वता में ग्रामीण दल शहरी की अपेक्षा सार्थक रूप से उच्च है :–

| | Mean of social maturity score | SD | N |
|---|---|---|---|
| Rural group | 16·38 | 3·40 | 30 |
| Urban group | 12·40 | 3·18 | 40 |

25. एक शिक्षण-परीक्षण पर अभ्यास-काल ( practic period ) के प्रथम प्रयास में 30 विद्यार्थियों के माध्य ( Mean ) 70·00 तथा मानक विचलन 7·00 हैं और दसवें प्रयास में उनके माध्य 74·00 तथा मानक विचलन 8·00 हैं। प्रथम प्रयास तथा दसवें प्रयास पर प्राप्तांकों ( scores ) के बीच सहसम्बन्ध ( r ) ·44 है। हमारी परिकल्पना है कि अभ्यास से लाभ होता है।
   (क) क्या प्राप्तांक में जो लाभ हुआ है वह ·05 स्तर पर सार्थक है ? ·01 स्तर पर सार्थक है ?
   (ख) अन्य बातें समान हों तो कितना लाभ होने पर वह ·01 स्तर पर सार्थक होगा ?
   (ग) क्या विकल्पी परिकल्पना ( alternative hypothesis ) स्वीकृत हो गयी ?

26. *Following are the Mean and SD obtained on an arithmetic reasoning test by 37 ten-year old boys and 48 ten-year old girls. Do the groups differ significantly in terms of their mean scores ?*
नीचे गणितीय तर्कण-परीक्षण पर 37 दस-वर्षीय लड़कों तथा 48 दस वर्षीया लड़कियों द्वारा प्राप्त माध्य एवं मानक विचलन दिए गए हैं। क्या दोनों समूह अपने माध्य प्राप्तांकों के संदर्भ में सार्थक भिन्नता रखते हैं ? [ B.A. Part II, Hons. M.U., 1995, 2004 ]

| Groups | N | Mean | SD |
|---|---|---|---|
| Boys | 37 | 41·77 | 8·57 |
| Girls | 48 | 37·99 | 8·23 |

27. *64 seventh grade students were tested upon an educational achievement test before they were given a special training for one year. At the end of the training they were tested upon an equivalent form of the same achievement test. Data are given below—*
एक शैक्षिक उपलब्धि-परीक्षण पर सातवें वर्ग के 64 विद्यार्थियों की जाँच उन्हें एक वर्ष तक विशिष्ट प्रशिक्षण देने के पहले की गयी। प्रशिक्षण की समाप्ति के बाद उनकी जाँच उसी उपलब्धि परीक्षण के एक तुल्य आकार ( form ) पर की गयी। आँकड़े निम्नलिखित हैं :– [ M.A., 1994, 2000, 2003, V.B.U. ]

| | Before training प्रशिक्षण के पहले | After training प्रशिक्षण के बाद |
|---|---|---|
| Mean माध्य | 45·71 | 55·19 |
| SD मानक विचलन | 7·23 | 9·25 |
| r सहसम्बन्ध | ·60 | |

*Has the training improved the educational achievement of the students significantly ?*
क्या प्रशिक्षण में विद्यार्थियों की शैक्षिक उपलब्धि में कोई सार्थक उन्नति हुई है ?

28. *Two groups of school boys consisting 58 and 72 students in group A and B respectively were matched in terms of Mean and SD on an intelligence test. The obtained scores on a learning test of the two groups were as follows—*
[ B.A. II Hons., 1997, P.U., 2003, Bhag. U. ]

| | A | B |
|---|---|---|
| *N* : | *58* | *72* |
| *M* : | *48·52* | *53·61* |
| *SD* : | *10·60* | *15·35* |
| *r* : | *·50* | |

*Determine if the difference in the mean scores of the two groups is significant ?*

**29.** *निम्नलिखित प्राप्तांकों की गणना कीजिए और तय कीजिए कि दोनों माध्यों के बीच का अन्तर क्या सार्थक है :–*

*Calculate 't' of the following scores and determine whether the two means differ signifcantly—* *[ B.A. II Hons., 1994, 2003, P.U. ]*

| | A | B |
|---|---|---|
| *N* | *45* | *50* |
| *Mean* | *85* | *80* |
| *SD* | *8* | *10* |

**30.** *एक शैक्षणिक उपलब्धि-परीक्षण पर छठे वर्ग के 64 विद्यार्थियों की जाँच उन्हें एक वर्ष के विशिष्ट प्रशिक्षण देने के पहले की गयी। प्रशिक्षण की समाप्ति के बाद उनकी जाँच उसी उपलब्धि-परीक्षण के एक तुल्य आकार ( form ) पर की गयी। आँकड़े नीचे दिए गए हैं :–*

| | प्रशिक्षण के पहले | प्रशिक्षण के बाद |
|---|---|---|
| *संख्या ( N )* | *64* | *64* |
| *माध्य ( Mean )* | *45* | *50* |
| *मानक विचलन ( SD )* | *6* | *5* |

*सहसम्बन्ध गुणांक ( Co-efficient of correlation ) = ·60*

*क्या प्रशिक्षण से विद्यार्थियों की उपलब्धि में प्रगति हुई ?* *[ M.A., V.B.U., 1995, 2001 ]*

**31.** *Calculate t-ratio from the following data—* *[ B.A. II Hons., 2002, P.U. ]*

| *Group* | *N* | *Mean* | *SD* |
|---|---|---|---|
| *Boys* | *50* | *50·50* | *4·455* |
| *Girls* | *50* | *55·90* | *5·00* |

**32.** *The following data were obtained by the two groups of students of sociology—*

*समाजशास्त्र के विद्यार्थियों के दो समूहों द्वारा निम्नलिखित आँकड़े प्राप्त किए गए—*

| *Groups* | *N* | *Mean* | *SD* | *SE* |
|---|---|---|---|---|
| *I* | *25* | *55* | *5* | *1* |
| *II* | *25* | *60* | *5* | *1* |

*Is the difference between the two means significant ?*

*क्या दोनों माध्यों के बीच का अन्तर सार्थक है ?* *[ M.A., 1998, V.B.U. ]*

**33.** *A test was applied on 40 boys and 42 girls of class XII. Their mean and SD are given. Is the difference significant ?*

*बारहवीं कक्षा के 40 लड़कों और 42 लड़कियों के एक परीक्षण के आधार पर प्राप्त माध्य और मानक विचलन दिए गए हैं। क्या अन्तर सार्थक है ?*

*[ B.A. II Hons, 1998, 2000, V.K.S.U. ]*

| | N | Mean | SD |
|---|---|---|---|
| Boys (लड़के) | 40 | 34·00 | 6·68 |
| Girls (लड़कियों) | 42 | 30·00 | 7·25 |

**34.** *Test statistically whether the two groups of means given below differ significantly—* *[ M.A., 1997, V.B.U. ]*

| | Group I | Group II |
|---|---|---|
| N = | 60 | 60 |
| Mean = | 18·74 | 15·68 |
| SD = | 6·45 | 5·72 |

*r* = ·64

**35.** *54 children were tested and retested after six weeks on a test. Mean scores and SD obtained on these two occasions are given below. Determine statistically whether the performance of these subjects differed in re-testing.* *[ M.A, 1995, 2005, Bhag. U. ]*

| | Test | Retest |
|---|---|---|
| N | 54 | 54 |
| Mean | 36·80 | 40·62 |
| SD | 5·29 | 4·80 |

**36.** *Following are the scores obtained by ten boys and eight girls of sociology on a spelling test—* *[ M.A. 2008, Mithila U., M.A. 2009, R.U. ]*

एक उच्चारण-परीक्षण पर समाजशास्त्र के दस लड़कों तथा आठ लड़कियों के प्राप्तांक निम्नलिखित हैं—

| | | | | | | | | | | |
|---|---|---|---|---|---|---|---|---|---|---|
| Boys (लड़के) | 15 | 14 | 13 | 17 | 11 | 10 | 13 | 7 | 5 | 5 |
| Girls (लड़कियाँ) | 16 | 15 | 11 | 15 | 10 | 11 | 10 | 8 | | |

*Is there any significant difference between the means of the two sets of scores given above ?* *[ B.A. II Hons. P.U. 2000 ]*

क्या ऊपर दिए गए प्राप्तांकों के दो सेटों के मध्यमानों के बीच कोई सार्थक अन्तर है ?

**37.** *Following are the data of two groups of subjects. Do their scores differ significantly ?* *[ B.A. II Hons. P. U. 2000 ]*

नीचे प्रयोज्य के दो समूहों के प्राप्तांक हैं। क्या दोनों प्राप्तांकों में सार्थक अन्तर हैं ?

| | | | | | | | | | | |
|---|---|---|---|---|---|---|---|---|---|---|
| Group A | 30 | 70 | 75 | 60 | 55 | 50 | 62 | 68 | 71 | 69 |
| Group B | 40 | 60 | 65 | 40 | 43 | 60 | 61 | 63 | 72 | 76 |

**38.** *The I.Q. of two remedial classes are shown below. Do they differ significantly from chance ?*

दो सुधारक कक्षाओं की बुद्धि-लब्धियाँ नीचे दर्शायी गयी हैं। क्या वे संयोग (चांस) सम्भावना से सार्थक रूप में भिन्न हैं ? *[ M.A. 2005, VKU, M.A., Nou. 2008 ]*

*Class A : 98, 139, 93, 120, 103, 106, 115, 108, 107, 121, 91, 105*

*Class B : 96, 89, 117, 100, 110, 98, 105, 92, 86, 129, 87, 101*

**39.** *Find out the significant difference between the means of the two sets of scores given below :* *[ B.A. II Hons. 2005, P. U. ]*

निम्नलिखित आँकड़ों के दो सेटों के मध्य सार्थकपूर्ण अन्तर ज्ञात करें।

| | | | | | | | |
|---|---|---|---|---|---|---|---|
| Boys | 34 | 24 | 19 | 24 | 21 | = | 122 |
| Girls | 14 | 19 | 9 | 14 | 16 | = | 72 |

**40.** *Boys and Girls studnets of a college were given a test of General Knowledge and the total of the two groups were as follows :*
एक कॉलेज के छात्र-छात्राओं को एक सामानय ज्ञान परीक्षण दिया गया तथा दोनों समूहों के योग निम्नलिखित हैं :– [ B.A. II Hons. 2004, VKU ]

| | Boys | Girls |
|---|---|---|
| Mean ( मध्यमान ) | 70 | 60 |
| SD ( मानक विचलन ) | 9·5 | 6·5 |
| N ( योग ) | 150 | 100 |

*Did the two groups of students differ significantly in their general knowledge ? If yes, then find the differenc.*
क्या छात्र-छात्राओं के सामान्य ज्ञान में सार्थक अन्तर है ? यदि हाँ, तो अन्तर बताएँ।

**41.** *Calculate 't' of the following scores and determine whether the two means differ significantly :* [ M.A. Part II 2005, VKU ]
निम्नांकित प्राप्तांकों से 't' की गणना करें और निश्चय करें कि दोनों मध्यमान सार्थक रूप से भिन्न हैं :–

| | A | B |
|---|---|---|
| N | 50 | 45 |
| Mean | 80 | 85 |
| SD | 10 | 8 |

**42.** *Calculate t of the data given below of two groups matched on the basis of their mean and SD on a test and interpret your result :* [ M.A. Mithila U., 2008 ]
दो समूह, जो किसी परीक्षण प्राप्तांक पर माध्य एवं मानक विचलन के आधार पर समदृश्य बने हुए हैं, से संबंधित नीचे दिये आँकड़ें के आधार पर *t* निकालिए और अपने परिणाम की व्याख्या कीजिए :–

| | N | M | SD | r |
|---|---|---|---|---|
| Group A | 40 | 112.05 | 8.56 | .63 |
| Group B | 38 | 101.49 | 10.37 | |

## ANSWERS

**5.** t = 1·79, df = 198, P > ·05
**6.** t = 2·91, df = 23, P < ·01
**7.** t = 9·92, df = 118, P < ·01
**8.** t = 3·85, df = 39, P < ·01
**9.** t = 10·93, df = 11, P < ·01
**10.** t = 2·55, df = 21, P < 05 > ·01
**11.** t = 3·80, df = 18, P < ·01
**12.** t = 5·50, df = 98, P < ·01
**13.** t = 1·96, df = 11, P > ·05
**14.** t = 4·87, df = 9, P < ·01
**15.** t = 3·00, df = 7, P < ·05
**16.** t = ·56, df = 16, P > ·05
**17.** t = 7·34, df = 160, P < ·01
**18.** t = 2·40, df = 50, P < ·05
**19.** t = 1·79, df = 138, P > ·05
**20.** t = 2·80, df = 19, P < ·05
**21.** t = 14·72, df = 198, P < ·01
**22.** t = ·95, df = 18, P > ·05

**23.** t = 2·17, df = 72, P < ·05
**24.** t = 5·04, df = 68, P < ·01
**25.** t = 2·74, df = 29, P < ·05
**26.** t = 2·37, df = 83, P < ·05
**27.** t = 9·98, df = 63, P < ·01
**28.** t = 1·64, df = 128, P > ·05
**29.** t = 2·72, df = 93, P < ·01
**30.** t = 8·06, df = 63, P < ·01
**31.** t = 5·68, df = 98, P < ·01
**32.** t = 2·50, df = 48, P < ·05
**33.** t = 2·60, df = 80, P < ·05
**34.** t = 3·6, df = 118, P < ·01
**35.** t = 3·94, df = 106, P < ·01
**36.** t = 2.49, df = 16, P < .01
**37.** t = 1.07, df = 18, P > .05
**38.** t = 1.56, df = 11, P > .05
**39.** t = 7.31, df = 8, P < .01
**40.** t = 9.90, df = 248, P < .01
**41.** t = 1.47, df =93, p > .05
**42.** t = 7.94, df = 76, P > .01

## वस्तुनिष्ठ प्रश्न
### ( Objective Questions )

*1.* *टी-परीक्षण ( t-test ) कार्य ( function ) है—*

*(क) दो माध्यों के बीच अन्तर की सार्थकता की जाँच करना।*

*(ख) दो चरों ( variables ) के बीच सहसम्बन्ध की सार्थकता की जाँच करना।*

*(ग) दो से अधिक समूहों के बीच अन्तर की सार्थकता की जाँच करना।*

*(घ) उपर्युक्त सभी।*

*2.* *निम्नलिखित में कौन प्राचलिक परीक्षण ( parametric test ) नहीं है ?*

*(क) आर परीक्षण ( r-test )* *(ख) टी-परीक्षण ( t-test )*

*(ग) एफ-परीक्षण ( F-test )* *(घ) इनमें से कोई नहीं*

*3.* *टी-अनुपात ( t-ratio ) के संदर्भ में df ज्ञात करने के लिए निम्नलिखित सूत्रों में कौन गलत है ?*

*(क)* $(N_1 + N_2) - 2$ *(ख)* $N - 1$

*(ग)* $(N_1 - 1) + (N_2 - 1)$ *(घ) इनमें से कोई नहीं*

*4.* *जब माध्य तथा मानक विचलन के लिए दोनों समूह समतुल्य ( matched ) होते हैं तो* $SE_E$ $(\sigma_D)$ *निकलने के लिए निम्नलिखित में से किस सूत्र का उपयोग किया जाता है ?*

*(क)* $\sqrt{(SE_{M_1})^2 + (SE_{M_2})^2}$ *(ख)* $\sqrt{(SE_{M_1})^2 + (SE_{M_2})^2 + (1 - r^2)}$

*(ग)* $\sqrt{(SE_{M_1})^2 + (SE_{M_2})^2 - 2r\,(SE_{M_1})\,(SE_{M_2})}$

*(घ) इनमें से कोई नहीं*

*5.* *यदि लड़के के समूह तथा लड़कियों के समूह के माध्यों ( Means ) में टी-मूल्य ·05 स्तर पर सार्थक ( significant ) हो तो इसका अर्थ यह हुआ कि—*

*(क) शून्य परिकल्पना ( null hpothesis ) स्वीकृत हो गयी।*

*(ख) दोनों समूहों के बीच वास्तविक अन्तर है।*

*(ग) दोनों समूहों के बीच अन्तर का वास्तविक कारण यौन-कारक है।*

*(घ) उपर्युक्त सभी*

6. *यदि प्राचलिक परीक्षण ( parametric test ) की शर्तें ( conditions ) पूरी नहीं हों तो टी-परीक्षण ( t-test ) के स्थान पर निम्नलिखिता में से किस परीक्षण का उपयोग करना उपयुक्त होगा ?*

   *( क ) यू-परीक्षण ( U-test )* *( ख ) डब्लू-परीक्षण ( W-test )*
   *( ग ) एच-परीक्षण ( H-test )* *( घ ) माध्यिका-परीक्षण ( Median Test )*

7. *निम्नलिखित में से कौन अप्राचलिक परीक्षण है ?*
   *Which one of the following is a non-parametric test ?*
   *( क ) टी-परीक्षण ( T-test )*
   *( ख ) एफ-परीक्षण ( F-test )*
   *( ग ) माध्यिका-परीक्षण ( Median test )*
   *( घ ) आर-परीक्षण ( r-test )*

8. *दो माध्यमानों के बीच अन्तर की सार्थकता की जाँच की जाती है :–*
   *Test of significant of difference between two means is done by :*
   *( क ) काई-वर्ग द्वारा ( Chi-square )*
   *( ख ) टी-अनुपात द्वारा ( t-ratio )*
   *( ग ) माध्यिका द्वारा ( Median )*
   *( घ ) बहुलांक द्वारा ( Mode )*

## ANSWERS

**1.** (क), **2.** (घ), **3.** (घ), **4.** (ख), **5.** (घ), **6.** (घ), **7.** (ग), **8.** (ख)

✦

*अध्याय-15*

# काई-वर्ग परीक्षण

## ( CHI-SQUARE, $\chi^2$ TEST )

### की-वर्ग का अर्थ

### ( Meaning of chi-square )

काई-वर्ग एक अप्राचलिक सांख्यिकीय विधि ( non-parametric statistical device ) है।[1] *इस विधि या परीक्षण के द्वारा प्राप्त वितरण तथा सैद्धान्तिक अथवा प्रत्याशित वितरण के बीच अन्तर की सार्थकता की जाँच की जाती है, जिससे प्रमाणित हो पाता है कि यह अन्तर कारणवश है अथवा संयोगवश।[2] निरीक्षण ( observations ) या प्रयोग ( experiment ) के आधार पर जो परिणाम ( results ) प्राप्त होते हैं, उन्हें प्राप्त परिणाम ( obtained results) कहते हैं तथा उनकी बारंबारता को प्राप्त बारंबारता ( observed frequency, fo ) कहते हैं और किसी परिकल्पना ( hypothesis ) के आधार पर सैद्धान्तिक रूप से परिणाम को जो होना चाहिए था, उन्हें प्रत्याशित परिणाम ( expected results ) कहते हैं तथा उनकी बारंबारता को प्रत्याशित बारंबारता ( expected frequency, fe ) कहते हैं।* इन दोनों परिणामों अर्थात प्राप्त तथा प्रत्याशित परिणामों की बारंबारताओं के बीच अन्तर ( discrepancy ) वास्तविक भी हो सकता है और अवास्तविक भी, कारणवश भी हो सकता है और संयोगवश ( by chance ) भी। अत: काई-वर्ग वह सांख्यिकीय परीक्षण है, जिसके द्वारा निरीक्षित या प्राप्त परिणाम तथा प्रत्याशित परिणाम के बीच अन्तर की साथर्कता की जाँच की जा7ती है।[3] सूत्र के रूप में इसे इस प्रकार परिभाषित किया जाता है :–

$$\chi^2 = \Sigma\left[\frac{(\text{fo} - \text{fe})}{\text{fe}}\right] \qquad \text{— सूत्र 60}$$

यहाँ, $\chi^2$ = काई-वर्ग ( chi-square ),

fo = प्राप्त बारंबारता ( observed frequency ),

fe = प्रत्याशित बारंबारता ( expected frequency ),

$\Sigma$ = योगफल ( sum of )।

---

1. अप्राचलिक सांख्यिकीय की व्याख्या अध्याय में 1 में की गयी है।
2. "Chi-square ( $\chi^2$ ) is a statistical test for determining whether an obtained distribution differes significantly from the theoretical or expected distribution and thus may be attributable to the operation of factors other than chance."
— Chaplin, 1975, p. 87
3. Chi-square is a statistical test for testing the significance of difference between the observed results and the expected results. — Author

## अभिधारणाएँ, शर्तें या विशेषताएँ *( Assumptions, Conditions or Characteristics )*

काई-वर्ग ( $\chi^2$ ) की कुछ विशेष अभिधारणाएँ या शर्तें या विशेषताएँ हैं, जिनके आधार पर यह दूसरे सांख्यिकीय परीक्षणों और विशेष रूप से t-परीक्षण तथा F-परीक्षण से भिन्न हो जाता है—

( i ) कार्य के दृष्टिकोण से काई-वर्ग वास्तव में अन्तर ( difference ) की सार्थकता ( significance ) का परीक्षण ( test ) है । इस आधार पर यह t–परीक्षण तथा F–परीक्षण के समान है।

( ii ) काई–वर्ग का व्यवहार ऐसी परिस्थितियों में किया जाता है जहाँ आँकड़े बारंबारता ( frequency ), समानुपात ( proportion ) या प्रतिशत के रूप में होते हैं। इस आधार पर यह टी–परीक्षण ( t–test ) अथवा एफ-परीक्षण ( F–test ) से भिन्न है। कारण, t–परीक्षण का व्यवहार वहाँ किया जाता है जहाँ क्रमश: दो या अधिक समूहों के बीच अन्तर की सार्थकता की जाँच दिए गए आँकड़ों के रूप में की जाती है ।

( iii ) काई–वर्ग का उपयोग निरीक्षण ( observation ) या प्रयोग के अधार पर प्राप्त परिणामों ( obtained results ) तथा किसी परिकल्पना पर सैद्धान्तिक या प्रत्याशित परिणाम ( expected results ) के बीच तुलना के लिए किया जाता है।

( iv ) जब शोधकर्ता ( researcher ) का उद्देश्य यह देखना होता है कि प्राप्त बारंबारता ( obtained frequency, fo ) तथा प्रत्याशित बारंबारता ( expected frequency, fe ) के बीच अन्तर ( difference ) सार्थक है या नहीं, तो इसकी जानकारी के लिए काई-वर्ग ( $x^2$ ) का व्यवहार किया जाता है।[1]

( v ) काई-वर्ग के लिए सामान्य वितरण ( normal distribution ) की शर्त आवश्यक नहीं हैं । कारण, यह वितरण मुक्त सांख्यिकीय विधि ( distribution free statistical method ) है। इस आधार पर यह t–परीक्षण तथा F–परीक्षण से भिन्न है, क्योंकि इन दोनों के लिए प्रसामान्य वितरण की शर्त आवश्यक है ।

## काई-वर्ग की उपयोगिताएँ तथा उपयोग *( Uses or Applications of Chi-Square )*

काई-वर्ग एक बहुत उपयोगी सांख्यिकीय परीक्षण है। इसकी उपयोगिता, उपयोग ( applicatons ) अथवा महत्त्व को निम्नलिखित परिस्थितियों में देखा जा सकता है :–

### ( क ) समान संभाव्य परिकल्पना की जाँच करना *( Testing Equal Probability Hypothesis)*

काई-वर्ग का उपयोग उस परिस्थिति में किया जाता है, जहाँ प्रत्येक श्रेणी ( category ) में प्रत्याशित बारंबारता ( expected frequency, fe ) के होने की सम्भावना बराबर-बराबर होती है । इस प्रकार की सम्भावना को समान संभाव्यता-परिकल्पना कहते हैं। अत: जब दो या अधिक श्रेणियों ( categories ) में प्राप्त परिणाम या fo दिए गए रहते हैं और समान संभाव्यता परिकल्पना के आधार पर काई-वर्ग निकालना होता है तो fo के योगफल को

1. "The chi-square test represents a useful method of comparing experimentally obtained results with those to be expected theoretically on some hypothesis."
— Garrett, 2007, P. 253

श्रेणियों की संख्या ( no. of categories ) से भाग दिया जाता है तथा जो भागफल होता है उसे प्रत्येक श्रेणी में fe के रूप में लिख दिया जाता है और सूत्र–60 के द्वारा काई-वर्ग निकाला जाता है जिससे पता चलता है कि fo तथा fe के बीच अन्तर सार्थक है या नहीं

**उदाहरण**–240 छात्रों पर एक मनोवृत्ति मापनी ( attitude scale ) का व्यवहार किया गया। उस मापनी में 40 एकांश थे। प्रत्येक एकांश के तीन विकल्पी उत्तर यानी सहमत ( agree ), तटस्थ ( neutral ) तथा असहमत ( disagree ) थे, जिनमें से किसी एक उत्तर को चुनकर निशान लगाना था। एकांश संख्या 15 पर छात्रों द्वारा दिए गए उत्तर ( fo ) नीचे टेबुल 41 में दिए गए हैं। प्रश्न है कि क्या ये उत्तर समान संभाव्यता परिकल्पना पर प्रत्याशित उत्तर ( fe ) से सार्थक रूप से भिन्न ( Significantly different ) है ?

**टेबुल** 41

| सहमत ( Agree ) | तटस्थ ( Neutral ) | असहमत ( Disagree ) | |
|---|---|---|---|
| 70 | 50 | 120 | 240 |

**समाधान** ( Solution )—टेबुल–41 में तीन श्रेणियों के छात्रों के उत्तरों से प्राप्त बारंबारताएँ ( frequencies ) अंकित हैं। अत: इन्हें fo कहेंगे। अब समान संभाव्यतां परिकल्पना ( equal probability hypothesis ) के आधार पर इस समस्या का समाधान इस प्रकार किया जाएगा :–

**टेबुल 42**

| | सहमत ( Agree ) | तटस्थ ( Neutral ) | असहमत ( Disagree ) | योगफल ( Total ) |
|---|---|---|---|---|
| fo : | 70 | 50 | 120 | 240 |
| fe : | 80 | 80 | 80 | 240 |
| fo – fe = | –10 | – 30 | 40 | |
| ( fo – fe )$^2$ = | 100 | 900 | 1600 | |

$$\frac{(fo-fe)^2}{fe} = \frac{100}{80} = 1.25, \frac{900}{80} = 11.25, \frac{1600}{80} = 20$$

अब $$\chi^2 = \Sigma\left(\frac{(fo-fe)^2}{fe}\right) = 1{\cdot}25 + 11{\cdot}25 + 20 = 32{\cdot}5$$ उत्तर

## काई-वर्ग के परिकलन के चरण ( *Steps of Calculating Chi-square* )

उपर्युक्त परिकलन ( calculation ) पर ध्यान देने से पता चलता है कि इसमें निम्नलिखित चरण ( steps ) शामिल होते हैं :–

***( i )*** **सबसे** पहले दिए गए fo को उसी रूप में लिख दिया जाता है। सभी श्रेणियों ( categories ) के fo को जोड़कर दाहिनी ओर लिखा ज़ाता है। यदि पहले से ही fo का

योगफल दिया रहता है तो उसे उसी रूप में लिख दिया जाता है । जैसे टेबुल 42 मं तीन श्रेणियों के fo ( 70 + 50 + 120 ) का योगफल 240 है, जिसे उसी रूप में लिख दिया गया है।

( ii ) दूसरे चरण में खानों या श्रेणियों की संख्या से कुल fo को भाग दिया जाता है । जो भागफल होता है, उसे प्रत्येक खाना या श्रेणी में लिख दिया जाता है। जैसे–टेबुल 42 में खानों या श्रेणियों की संख्या 3 है और कुल fo 240 है । इसलिए 240 को 3 से भाग देने पर 80 $\left(\frac{240}{3}\right)$ भागफल हुआ। इसलिए, fe वाले प्रत्येक खाना या श्रेणी में 80 लिख दिया गया है। इसका भी योगफल 240 ( 80 + 80 = 80 ) हुआ, जिसको fe वाले खाने के सामने लिख दिया गया है ।

( iii ) इसके बाद तीसरे चरण में fo – fe निकाला जाता है । यहाँ प्रत्येक fo में से fe को घटा-घटा कर उसके सामने लिखा जाता है । जैसे, टेबुल–42 में पहला fo 70 है और पहला fe 80 है । अत: 70 में से 80 घटाने पर –10 प्राप्त हुआ जिसको पहला खाना के सामने नीचे लिख दिया गया है । इसी प्रकार दूसरा fo 50 तथा दूसरा fe 80 है इसलिए 50 कमें से 80 घटाने पर –30 बचा जिसको दूसरे खाना के नीचे लिखा गया है । तीसरा fo 120 तथा fe 80 है । इसलिए, 120 में से 80 घटाने पर 40 बचा जिसको तीसरे खाना के नीचे लिख दिया गया है ।

( iv ) चौथे चरण में $(fo - fe)^2$ निकाला जाता है । यहाँ प्रत्येक fo – fe का वर्ग कर दिया जाता है । दूसरे शब्दों में, प्रत्येक fo में से fe को घटा कर उसका वर्ग कर दिया जाता है । जैसे–टेबुल 42 में fo – fe क्रमशः –10, –30 तथा 40 है, जिनका वर्ग करके क्रमशः 100, 900 तथा 1600 लिखा गया है ।

( v ) पाँचवें चरण में $\frac{(fo - fe)^2}{fe}$ निकाला जाता है । यहाँ प्रत्येक fo – fe के वर्ग को उसके fe से भाग दिया जाता है और जो भागफल होता है, उसको उसके सामने लिख दिया जाता है । जैसे—टेबुल 42 में पहला वर्ग 100 है, और इसका fe 80 है । इसलिए 100 को 80 से भाग देने पर 1.25 प्राप्त हुआ जिसको $\frac{(fo - fe)^2}{fe}$ के सामने लिख दिया गया है । दूसरा वर्ग 900 तथा fe 80 है । इसलिए $\frac{(fo - fe)^2}{fe} = 11.25$ प्राप्त हुआ और इसी तरह तीसरा वर्ग 1600 है, और fe 80 है । इसलिए, इसका $\frac{(fo - fe)^2}{fe} = 20$ प्राप्त हुआ ।

(vi) अन्त में सभी $\frac{(fo - fe)^2}{fe}$ को एक साथ जोड़ दिया जाता है । यही योगफल काई-वर्ग $(\chi)^2$ होता है । जैसे—टेबुल 42 से 1.25 + 11.25 + 20 = 32.5 हुआ । अत: यही काई-वर्ग हुआ ।

**काई-वर्ग की सार्थकता (*Significance of* $\chi^2$)**

काई-वर्ग की सार्थकता निर्धारित करने के लिए df निकालना पड़ता है। यहाँ df = (r − 1)(c − 1) होता है। अत: प्रस्तुत उदाहरण में df = (2 − 1)(3 − 1) = 1 × 2 = 2 अब काई-वर्ग टेबुल ($\chi^2$ table) जो इस अध्याय के अन्त में है, से स्पष्ट है कि 2 df के साथ $\chi^2$ को .05 तथा .01 स्तर पर सार्थक होने के लिए क्रमश: 5.59 तथा 9.91 चाहिए। हमारा प्राप्त $\chi^2$ वास्तव में 32.5 है। अत: यह .01 स्तर से भी अधिक सार्थक है ($p < .01$)। इसका अर्थ यह हुआ कि हमारी शून्य परिकल्पना अस्वीकृत हो गयी और विकल्पी परिकल्पना (alternative hypothesis) स्वीकृत हो गयी। दूसरे शब्दों में, यह प्रमाणित हो गया कि fo तथा fe के बीच जो अन्तर है वह वास्तविक है अर्थात कारणवश है, संयोगवश नहीं है।

## 2 × 2 टेबुल से काई-वर्ग

### (Chi-square from 2 × 2 table)

जब 2 × 2 टेबुल से काई-वर्ग निकालना हो तो काई वर्ग में अशुद्धि होने की सम्भावना अधिक होती है और इस अशुद्धि को दूर करने के लिए शुद्धि (correction) का व्यवहार किया जाता है, जिसे ऐट्स करेक्शन (Yate's correction) कहते हैं। इसके लिए (fo − fe) में से .5 घटा लिया जाता है और तब $(fo - fe)^2$ निकाला जाता है। स्मरण रखना चाहिए कि ऐट्स करेक्शन का व्यवहार केवल वहाँ किया जाता है, जहाँ df = 1 होता है और यह तभी सम्भव है जबकि टेबुल 2 × 2 हो। इसे एक उदाहरण के आधार पर और भी स्पष्ट किया जा सकता है।

**उदाहरण**

10 उछालों (tossings) में एक सिक्का (coin) 8 बार चित (head) तथा 2 बार पट (tail) गिरा। सिक्के के चित तथा पट गिरने की संभाव्यता (probability) 5-5 बार थी। प्रश्न है कि क्या सिक्के के चित तथा पट गिरने की नीरीक्षित बारंबारता (fo) तथा प्रत्याशित बारंबारता (fe) के बीच अन्तर (discrepancy) संयोगवश है ?

**समाधान**—यहाँ समान संभाव्यता परिकल्पना (equal probability hypothesis) के आधार पर उसी तरह से काई-वर्ग निकाला जाएगा, जिस तरह से ऊपर निकाला गया है। अन्तर केवल इतना होगा कि fo–fe निकाल लेने के बाद उसमें से ·5 घटा लिया जाएगा और तब $(fo-fe)^2$ निकाल कर $\frac{(fo-fe)^2}{fe}$ निकाला जाएगा तथा सूत्र–60 के आधार पर काई-वर्ग निकाला जाएगा। नीचे के परिकलन (calculation) से यह बात स्पष्ट हो जाती है—

**टेबुल 43**

| | चित (Head) | पट (Tail) | कुल (Total) |
|---|---|---|---|
| fo : | 8 | 2 | 10 |
| fe : | 5 | 5 | 10 |
| (fo − fe) = | 3 | 3 | |
| correction (−5) = | 2·5 | 2·5 | |
| $(fo - fe)^2$ = | 6·25 | 6·25 | |

$\frac{(fo-fe)^2}{fe}$ = 1·25 1·25

$\chi^2 = 1{\cdot}25 + 1{\cdot}25 = 2{\cdot}50, df = (c-1)(r-1) = (2-1)(2-1) = 1$

$P = > 0.05$

जब 2 × 2 टेबुल से $\chi^2$ निकालना हो और अप्रत्याशित बारंबारताएँ ( expected frequencies ) बराबर-बराबर हों तो एक छोटा सूत्र ( short formula ) का उपयोग किया जा सकता है जो निम्नलिखित है :–

$$\chi^2 = \frac{2(fo-fe)^2}{fe}$$

जैसे–टेबुल–43 के आधार पर $\chi^2$ इस प्रकार निकाला जायगा, जो निम्नलिखित है :

$$\chi^2 = \frac{2(2{\cdot}5)^2}{5} = \frac{2\times 6{\cdot}25}{5} = \frac{12{\cdot}5}{5} = 2{\cdot}50f$$

## 2 × 2 टेबुल में दिए गए प्रतिशत से काई-वर्ग
## ( Chi-square from given percentage in 2 × 2 table )

कभी-कभी 2 × 2 टेबुल में बारंबारताएँ प्रतिशत में होती हैं। ऐसी हालत में काई-वर्ग उसी तरह से ज्ञात किया जाता है, जिस तरह से ऊपर के 2 ×2 टेबुल से काई-वर्ग निकाला गया है। इसे नीचे के उदाहरण से और अधिक स्पष्ट किया जा सकता है।

**उदाहरण**

10 उछालों में एक सिक्का 80% चित तथा 20% पट गिरा। समान संभाव्यता परिकल्पना के अनुसार उसके चित तथा पट 50% तथा 50% गिरना चाहिए था। क्या निरीक्षण किए गए प्रतिशत तथा प्रत्याशित प्रतिशत में कोई वास्तविक अन्तर है ?

**टेबुल 44**

| | **चित** ( Head ) | **पट** ( Tail ) | |
|---|---|---|---|
| fo : | 80% | 20% | 100% |
| fe : | 50% | 50% | 100% |
| ( fo – fe ) = | 30% | 30% | |
| correction ( –5% ) = | 25% | 25% | |
| $(fo-fe)^2$ = | 625% | 625% | |
| $\frac{(fo-fe)^2}{fe}$ = | 12·5% | 12·5% | |

$\chi^2\,\% = 12{\cdot}5\% + 12{\cdot}5\% = 25\% \quad \therefore \quad \chi^2 = \frac{25}{100} \times 10 = 2{\cdot}5$

df = ( r – 1 ) ( c – 1 ) = ( 2 – 1 ) ( 2 –1 ) = 1, p > .05 ( U table ).

इसी तरह से समान संभाव्यता परिकल्पना के अनुसार 2×2 आंकड़ों से काई-वर्ग ( $\chi^2$ ) ज्ञात किया जाता है।

अथवा

$$\chi^2 = \frac{2(\text{fo} - \text{fe})^2}{\text{fe}} = \frac{2(625)}{50} = 25, \chi^2 = 25 \times \frac{10}{100} = 2{\cdot}5$$

**( ख ) स्वतंत्र परिकल्पना की जाँच करना ( आसंग टेबुल से ) *( Testing Independence Hypothesis from Contingency Table )***

काई-वर्ग ( $\chi^2$ ) का उपयोग स्वतंत्र परिकल्पना की जाँच के लिए किया जाता है । स्वतंत्र परिकल्पना का अर्थ यह है कि दोनों चर ( variables ) अथवा शीलगुण ( traits ) एक-दूसरे से स्वतंत्र ( independent ) यानी असम्बन्धित ( uncorrelated ) हैं । काई-वर्ग ( Chi-square ) से इस बात की जाँच की जाती है कि दोनों चर या शीलगुण सचमुच एक-दूसरे से स्वतंत्र है या नहीं । यदि काई-वर्ग असार्थक होता है तो स्वतन्त्र परिकल्पना स्वीकृत हो जाती है और दोनों चरों या शीलगुणों को स्वतंत्र या असम्बन्धित मान लिया जाता है । इसके विपरीत यदि काई-वर्ग सार्थक होता है तो यह परिकल्पना अस्वीकृत हो जाती है और दोनों चरों या शीलगुणों को एक-दूसरे पर आश्रित ( dependent ) या सम्बन्धित ( related ) मान लिया जाता है । दूसरे शब्दों में, दोनों चरों या शीलगुणों को समजातीय ( homogeneous ) मान लिया जाता है ।

**उदाहरण**–300 विद्यार्थियों के एक समूह पर एक सामाजिक आर्थिक स्थिति मापनी ( SES Scale ) का व्यवहार करके उन्हें तीन वर्गों अर्थात उच्च ( high ), मध्य ( middle ) तथा निम्न ( low ) में विभाजित किया गया । इन तीनों समूहों में विद्यार्थियों की संख्या क्रमश: 100, 120 तथा 80 पायी गयी । तीनों वर्गों के विद्यार्थियों की बुद्धि की जाँच एक मानक बुद्धि परीक्षण के द्वारा की गयी और उन प्राप्तांकों ( scores ) के आधार पर उन्हें औसत (average), औसत से ऊपर ( above average ) तथा औसत से नीचे ( below average ) तीन श्रेणियों ( grades ) में विभाजित किया गया । प्राप्त आँकड़े निम्नलिखित तालिका–45 में दिए गए हैं । प्रश्न है कि दोनों चर अर्थात् सामाजिक आर्थिक स्थिति ( SES ) तथा बुद्धि ( intelligence ) एक-दूसरे से स्वतन्त्र एवं असम्बन्धित हैं ?

**टेबुल 45**

| | सामाजिक आर्थिक स्थिति ( SES ) | | | |
|---|---|---|---|---|
| | उच्च ( High ) | मध्य ( Middle ) | निम्न ( Low ) | कुल ( Total ) |
| औसत से ऊपर ( A bove average ) | 65 | 30 | 15 | 110 |
| औसत ( Average ) | 25 | 70 | 25 | 120 |
| औसत से नीचे ( Below average ) | 10 | 20 | 40 | 70 |
| | 100 | 120 | 80 | 300 |

| | पहला चरण (First Step) | दूसरा चरण (Second Step) | तीसरा चरण (Third Step) | चौथा चरण (Fourth Step) |
|---|---|---|---|---|
| | fe | fo – fe | $(fo - fe)^2$ | $\frac{(fo - fe)^2}{fe}$ |
| (i) | $\frac{110 \times 100}{300} = 36{\cdot}67$ | 28·33 | 802·59 | 21·89 |
| (ii) | $\frac{110 \times 120}{300} = 44$ | – 14 | 196·00 | 4·45 |
| (iii) | $\frac{110 \times 80}{300} = 29{\cdot}33$ | – 14·33 | 205·35 | 7·00 |
| (iv) | $\frac{120 \times 100}{300} = 40$ | – 15 | 225·00 | 5·63 |
| (v) | $\frac{120 \times 120}{300} = 48$ | 22 | 484·00 | 10·08 |
| (vi) | $\frac{120 \times 80}{300} = 32$ | – 7 | 49·00 | 1·53 |
| (vii) | $\frac{70 \times 100}{300} = 23{\cdot}33$ | – 13·33 | 177·69 | 7·62 |
| (viii) | $\frac{70 \times 120}{300} = 28$ | – 8 | 64·00 | 2·29 |
| (ix) | $\frac{70 \times 80}{300} = 18{\cdot}67$ | 21·33 | 454·97 | 24·37 |
| | | | | 84·86 |

$$\therefore \chi^2 = \left\{ \frac{(fo - fe)^2}{fe} \right\} = 84{\cdot}86$$

$df = (r - 1)(c — 1) = (3–1)(3 - 1) = 2 \times 2 = 4$

$p = < .001$

टेबुल U (जो इस अध्याय के अन्त में है) में 4 df पर देखने से पता चलता है कि .05, .01 तथा .001 पर काई-वर्ग ($\chi^2$) को सार्थक होने के लिए क्रमशः 9·49, 13·28 तथा 18·46 होना चाहिए। प्राप्त काई-वर्ग 84·86 है, जो .001 स्तर से भी अधिक सार्थक है। अतः निष्कर्ष निकला कि शून्य परिकल्पना (null hypothesis) अर्थात यह परिकल्पना कि सामाजिक आर्थिक स्थिति तथा बुद्धि एक-दूसरे से सम्बन्धित नहीं हैं बल्कि स्वतंत्र हैं, यहाँ अस्वीकृत हो गयी। इसका मतलब यह हुआ कि ये दोनों चर स्वतन्त्र नहीं हैं बल्कि एक-दूसरे से सम्बन्धित हैं। अतः अंतिम निष्कर्ष (final conclusion) के रूप में कहा जा सकता है कि बुद्धि पर सामाजिक आर्थिक स्थिति का सार्थक या वास्तविक प्रभाव पड़ा है।

इसी प्रकार किसी भी आसंग तालिका ( contingency table ) से स्वतन्त्रता परिकल्पना की जाँच के लिए काई–वर्ग निकाला जा सकता है तथा उसकी सार्थकता ( significance ) की जाँच की जा सकती है ।

## 2 × 2 आसंग टेबुल से काई-वर्ग

### ( Chi-square from 2 × 2 contingency table )

जब टेबुल 2 × 2 आसंग टेबुल ( 2 × 2 contingency table ) से काई-वर्ग ज्ञात करना होता है तो बिना प्रत्याशित बारंबारता ( expected frequency ) निकाले ही काई-वर्ग निकाल लिया जाता है। इसके लिए निम्नलिखित सूत्र का उपयोग किया जाता है–

$$\chi^2 = \frac{N(AD - BC)^2}{(A+B)(C+D)(A+C)(B+D)} \qquad \text{–सूत्र 61}$$

यहाँ, $\chi^2$ = काई-वर्ग, N = बारंबारता की कुल संख्या,

A, B, C तथा D = 2 × 2 टेबुल के चार सेल ( cells ) की बारंबारताएँ ।

**उदाहरण**

45 लड़कों तथा 35 लड़कियों से इतिहास का एक प्रश्न अलग-अलग पूछा गया और उनके द्वारा दिए गए उत्तरों को सही ( right, R ) तथा गलत ( Wrong, W ) में व्यक्त किया गया । आँकड़े नीचे टेबुल–46 में दिए गए हैं । प्रश्न है क्या लड़कियों से लड़कों की उपलब्धि इतिहास में वस्तुतः बेहतर है ?

**टेबुल 46**

| | सही ( R ) | गलत ( W ) | कुछ ( Total ) |
|---|---|---|---|
| लड़के ( Boys ) | A 30 | B 15 | 45 ( A + B ) |
| लड़कियाँ ( Girls ) | C 21 | D 14 | 35 ( C + D ) |
| | 51 ( A + C ) | 29 ( B + D ) | 80 |

अब सूत्र 61 के अनुसार — $\chi^2 = \frac{N(AD - BC)^2}{(A+B)(C+D)(A+C)(B+D)}$

$$= \frac{80(30\times14-15\times21)^2}{(45)(35)(51)(29)} = \frac{80(420-315)^2}{2329425} = \frac{80(105)^2}{2329425}$$

$$= \frac{80\times11025}{2329425} = \frac{882000}{2329425} = \cdot378 \text{ या } \cdot38$$

df = ( r – 1 ) ( c – 1 ) = ( 2 – 1 ) ( 2 – 1 ) = 1, p . > 05

यहाँ $\chi^2$ ( ·38 ) बहुत कम है । काई-वर्ग टेबुल (जो इस अध्याय के अन्त में है) से पता चलता है कि 1 df के साथ $\chi^2$ को ·05 तथा ·01 स्तर पर सार्थक होने के लिए क्रमशः

3·84 तथा 6·64 चाहिए था। लेकिन प्राप्त काई-वर्ग केवल ·38 है । अतः यहाँ शून्य परिकल्पना ( null hypothesis ) स्वीकृत हो गयी । इसका अर्थ यह हुआ कि लड़के तथा लड़कियों की उपलब्धियों के बीच कोई सार्थक अन्तर नहीं है। दूसरे शब्दों में, लड़कियों की अपेक्षा लड़के की उपलब्धि वस्तुतः बेहतर नहीं है। इसी प्रकार किसी भी 2×2 आसंग टेबुल ( 2×2 contingency table ) के आँकड़ों से काई-वर्ग ( $\chi^2$ ) ज्ञात किया जाता है ।

**( ग ) प्रसामान्य वितरण परिकल्पना की जाँच** ***( Testing Normal Distribution Hypothesis )***

काई-वर्ग ( chi-square ) का उपयोग प्रसामान्य वितरण परिकल्पना की जाँच के लिए भी किया जाता है । इसे समानुकता अथवा श्रेष्ठता ( goodness of fit ) भी कहा जाता है ।

**समानुकता क्या है ?** *( What is goodness of fit ? )*—समानुकता का सम्बन्ध प्रसामान्य वितरण ( normal distribution ) के परीक्षण या जाँच से है । यहाँ यह देखने का प्रयास किया जाता है कि प्राप्त बारंबारता ( observed frequency, fo ) का समनुरूपण ( conformation ) प्रत्याशित बारंबारता ( expected frequency, fe ) कहाँ तक कर पाती है ।

**रेबर** तथा **रेबर** ( Reber & Reber, 2001 ) ने समानुकता को परिभाषित करते हुए कहा है कि, *''समानुकता का तात्पर्य एक अभिव्यक्ति से है, जिससे ज्ञात होता है कि कितनी अच्छी तरह प्राप्त प्रदत्त किसी प्रत्याशित वितरण का समरूपण कर पाता है ।''*[1] समानुकता के आकलन के लिए काई-वर्ग ( chi-square ), न्यूनतम वर्ग सिद्धान्त ( least square principle ) आदि का उपयोग किया जाता है। यहाँ केवल काई-वर्ग के आधार पर समानुकता का आकलन किया जाएगा ।

यहाँ काई-वर्ग का व्यवहार दो परिस्थितियों में किया जाता है । एक तो वह परिस्थिति जबकि आँकड़े ( data ) केवल बारंबारता ( frequency ) के रूप में होते हैं और दूसरी वह परिस्थिति जबकि वर्गान्तर ( class intervals ) तथा बारंबारता दोनों दिए गए रहते हैं ।

**( i ) जब आँकड़े केवल बारंबारता के रूप में होते हैं** ***( When data are in the form of frequency alone )***

कभी-कभी दिए गए आँकड़े सिर्फ बारंबारता के रूप में होते हैं । प्रत्येक श्रेणी ( category ) में बारंबारताएँ दी गयी रहती हैं । ऐसी हालत में प्रसामान्य वितरण परिकल्पना ( normal distribution hypothesis ) की जाँच के लिए काई-वर्ग का उपयोग किया जाता है । यहाँ एक विशेष ढंग से fe निकाला जाता है, जो निम्नलिखित उदाहरण से स्पष्ट हो जाएगा—

**उदाहरण**

200 विद्यार्थियों को एक मनोवृत्ति मापनी ( Attitude scale ) के भिन्न-भिन्न एकांशों ( items ) के प्रति अपनी प्रतिक्रिया ( response ) 5 विकल्पी उत्तरों अर्थात् पूरी स्वीकृति ( fully approve ), स्वीकृति ( approve ), अनिश्चित ( undecided ), अस्वीकृति ( disapprove ) तथा पूरी अस्वीकृति ( strongly disapprove ) में से किसी एक उत्तर को चिह्नित करके व्यक्त करने के लिए कहा गया । एकांश संख्या 10 के प्रति पहले, दूसरे, तीसरे, चौथे तथा पाँचवें विकल्पी उत्तरों को चिह्नित करने वाले विद्यार्थियों की संख्या टेबुल 47 में

1. "Goodness of fit refers to an expression of how well any set of observed data conforms to some expected distribution." — Reber & Reber, 2001, p. 277

अंकित है। प्रश्न है कि पाँच श्रेणियों में विभाजित विद्यार्थियों की संख्या (बारंबारता) तथा प्रसामान्य वितरण (normal distribution) की अभिधारणा (assumption) पर आधारित प्रत्याशित संख्या या बारंबारता (expected frequencies) में कोई सार्थक अन्तर है या नहीं।

**टेबुल 47**

| पूरी स्वीकृति (Strongly Approve) | स्वीकृति (Approve) | अनिश्चित (Undecided) | अस्वीकृति (Disapprove) | पूरी अस्वीकृति (Strongly Disapprove) |
|---|---|---|---|---|
| 30 | 45 | 65 | 40 | 20 |

ऊपर टेबुल–47 में 5 श्रेणियों में दी गयी विद्यार्थियों की संख्या या बारंबारता को fo कहा जाएगा। अब प्रत्येक श्रेणी के fe को ज्ञात किया जाएगा। इसके लिए निम्नलिखित बातों पर ध्यान दें :–

(i) जितनी श्रेणियों में fo विभक्त होती है, उतनी ही श्रेणियों में fe को होना आवश्यक होता है। प्रस्तुत उदाहरण में fo पाँच श्रेणियों में विभक्त है। इसलिए fe को भी पाँच श्रेणियों में विभक्त किया जाएगा।

(ii) fe ज्ञात करने का तरीका यह है कि प्रसामान्य वितरण के जेड प्राप्तांक (Z score) जो 6 होता है, को दी गयी श्रेणियों की संख्या (number of given categories) से विभाजित कर दिया जाता है। स्मरण रखना चाहिए कि प्रसामान्य वितरण चक्र (normal distribution curve) की आधार-रेखा (base-line) 6 जेड प्राप्तांकों में बँटा होता है–रेखा के मध्यबिन्दु से 3 जेड प्राप्तांक ऊपर (यानी $+1\sigma + 2\sigma$ तथा $+3\sigma$) और मध्यबिन्दु से 3 जेड प्राप्तांक नीचे (यानी $-1\sigma, -2\sigma$ तथा $-3\sigma$)। चित्र संख्या 16 को देखें। प्रस्तुत उदाहरण में दी गयी श्रेणियों की संख्या 5 है यानी 5 श्रेणियों में fo उपलब्ध है। इसलिए 6 जेड प्राप्तांक को 5 से भाग देने पर $\left(\frac{6}{5}\right) = 1.2$ जेड प्राप्तांक होगा। अतः प्रत्येक श्रेणी का मूल्य 1.2 जेड प्राप्तांक होगा।

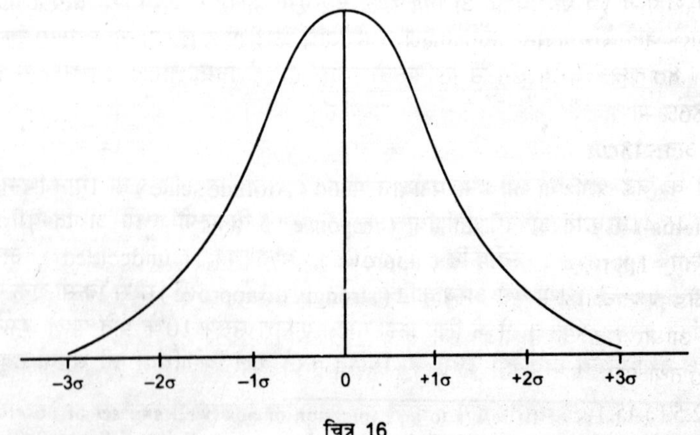


चित्र 16

(iii) जेड प्राप्तांक का प्रसार (Range of Z'score)—इस चरण में प्रत्येक श्रेणी के जेड प्राप्तांक के प्रसार को निर्धारित किया जाता है। आसानी के लिए सबसे पहले बीच वाली श्रेणी के जेड प्राप्तांक का प्रसार निकाला जाता है। इस श्रेणी का आधा भाग प्रसामान्य वक्र (normal curve) की आधार-रेखा के मध्यबिन्दु से ऊपर तथा आधा भाग उसके नीचे होता है। प्रस्तुत उदाहरण में तीसरी श्रेणी बीच वाली श्रेणी है। इस श्रेणी का कुल जेड प्राप्तांक 1.2 है। अतः इसका आधा यानी $\left(\frac{1.2}{2}\right)$ .6 मध्यबिन्दु के ऊपर तथा आधा यानी .6 नीचे होगा। इस प्रकार इस श्रेणी के जेड प्राप्तांक का प्रसार –6σ से + .6σ तक होगा।

अब चौथी श्रेणी पर ध्यान दें। यह श्रेणी मध्य श्रेणी यानी तीसरी श्रेणी के बाद आती है और इसके जेड प्राप्तांक (Z score) का मूल्य 1.2 है। यह मूल्य (1.2σ) मध्यबिन्दु के ऊपर (दाहिनी ओर) .6σ के बाद से शुरू होगा। अतः इसके जेड प्राप्तांक का प्रसार + .6σ से 1.8σ तक होगा। दूसरी श्रेणी के जेड प्राप्तांक का प्रसार भी उतना ही होगा। अन्तर केवल इतना है कि यह श्रेणी आधार-रेखा के मध्यबिन्दु से नीचे (बायीं ओर) होगी अर्थात –6σ से –1.8σ तक प्रसार होगा।

अन्त में पाँचवीं श्रेणी का जेड प्राप्तांक भी + 1.2 है और इसका आरंभ + 1.8σ से होगा। अतः इसके जेड प्राप्तांक का प्रसार 1.8σ से 3σ तक होगा। ठीक इसी तरह पहली श्रेणी का प्रसार भी यही होगा। लेकिन वह मध्यबिन्दु के नीचे (बायीं ओर) होगा। अर्थात उसका प्रसार –1.8σ से –3σ तक होगा।

संक्षेप में पाँचों श्रेणियों के जेड प्राप्तांक के प्रसार इस प्रकार होंगे—

पहली श्रेणी = –3 से –1.8 σ तक दूसरी श्रेणी = –1.8σ से –.6σ तक

तीसरी श्रेणी = –.6σ से +6σ तक चौथी श्रेणी = +.6 से +1.8σ तक

पाँचवी श्रेणी = +1.8σ से +.3σ तक

(iv) चौथे चरण में प्रत्येक श्रेणी के जेड प्राप्तांक (σ) को टेबुल (A) (जो अध्याय 9 के अन्त में है) के आधार पर केसेज (cases) या प्राप्तांक के प्रतिशत (percentage) निकाले जाते हैं। जैसे—प्रस्तुत उदाहरण में पहली श्रेणी के जेड प्राप्तांक का प्रसार –3σ से –1.8σ तक है। टेबुल A से पता चलता है कि –3σ तथा मध्यबिन्दु के बीच .4986 अर्थात 49.86% प्राप्तांक हैं और –1.8σ तथा मध्यबिन्दु के बीच .4641 अर्थात 46.41% केसेज हैं। अतः –3σ तथा –1.8σ के –.6σ के बीच (49.86 – 46.41) 3.45% केसेज हैं। दूसरी श्रेणी के जेड प्राप्तांक का प्रसार 1.8σ से –.6σ है। यहाँ मध्यबिन्दु से 1.8σ तक .4641 यानी 46.41% केसेज हैं तथा मध्यबिन्दु तथा .6σ के बीच .2257 यानी 22.57% केसेज हैं। इसलिए –1.8σ तथा –.6σ के बीच (46.41 – 22.57) 23.84% केसेज होंगे। तीसरी श्रेणी के जेड प्राप्तांक का प्रसार –.6σ से +.6σ तक है। टेबुल A से पता चलता है कि –.6σ तथा आधार रेखा के मध्यबिन्दु के बीच .2257 यानी 22.57% केसेज हैं और इसी प्रकार +.6σ तथा मध्य बिन्दु के बीच 22.57% केसेज हैं। अतः –.6σ तथा +.6σ के बीच (22.57 + 22.57) 45.14% केसेज होंगे। चूँकि यह प्रसामान्य वितरण परिकल्पना पर आधारित है, इसलिए चौथी श्रेणी तथा पाँचवीं श्रेणी में केसेज क्रमशः उतने ही प्रतिशत होंगे, जितना कि

क्रमश: पहली तथा दूसरी श्रेणियों में हैं अर्थात चौथी श्रेणी में 23.84% तथा पाँचवीं श्रेणी में 3.45% केसेज होंगे।

संक्षेप में प्रत्येक श्रेणी में fe के प्रतिशत इस प्रकार होंगे :–

पहली श्रेणी = 3.45%
दूसरी श्रेणी = 23.84%
तीसरी श्रेणी = 45.14%
चौथी श्रेणी = 23.84%
पाँचवीं श्रेणी = 3.45%
99.72 = 100%

(v) यदि सभी श्रेणियों के fo की कुल संख्या 100 हो तो बस चौथे चरण में ही काम समाप्त हो जाता है और प्रत्येक श्रेणी के प्रतिशत को fe मान लिया जाता है जिनकी कुल संख्या आवश्यक रूप से 100 होती है। लेकिन, यदि सभी श्रेणियों के fo की संख्या 100 से कम या अधिक हो तो प्रत्येक श्रेणी के प्रतिशत को 100 से भाग देकर fo की कुल संख्या से गुणा कर देने पर fe निकल आती है। जैसे–प्रस्तुत उदाहरण में पाँचों श्रेणियों के fo की कुल संख्या 200 है। अत: इन सभी श्रेणियों के केसेज के प्रतिशत को 200 विद्यार्थियों के रूप में इस प्रकार बदला जाएगा :–

पहली श्रेणी $= \frac{3\cdot 45}{100} \times 200 = 6.90$ or 7

दूसरी श्रेणी $= \frac{23.84}{100} \times 200 = 47.68$ or 48

तीसरी श्रेणी $= \frac{45.14}{100} \times 200 = 90.28$ or 90

चौथी श्रेणी $= \frac{23.44}{100} \times 200 = 47.68$ or 48

पाँचवीं श्रेणी $= \frac{3.45}{100} \times 200 = 6.90$ or 7

fe ज्ञात कर लेने के बाद टेबुल–47 के आँकड़ों से काई-वर्ग ($\chi^2$) इस प्रकार निकाला जाएगा :–

| | पूरी स्वीकृति (Strongly approve) | स्वीकृति (Approve) | अनिश्चित (Undecided) | अस्वीकृति (Disapprove) | पूरी अस्वीकृति (Strongly disapprove) | कुल (Total) |
|---|---|---|---|---|---|---|
| fo | 30 | 45 | 65 | 40 | 20 | 200 |
| fe | 7 | 48 | 90 | 48 | 7 | 200 |
| fo–fe | 23 | –3 | –25 | –8 | 13 | |
| $(fo–fe)^2$ | 529 | 9 | 625 | 64 | 169 | |
| $\frac{(fo-fe)^2}{fe}$ | = 75.57 | 0.19 | 6.94 | 1.33 | 24.14 | |

∴ $\chi^2 = 75.57 + 0.19 + 6.94 + 1.33 + 24.14 = 108.17$, df = 4, P < .01

टेबुल U (जो इस अध्याय के अन्त में है) से पता चलता है कि 4 df के साथ $\chi^2$ को .05 तथा .01 पर सार्थक होने के लिए क्रमश: 9.49 तथा 13.28 होना चाहिए। प्राप्त $\chi^2$ (108.17) इससे बहुत अधिक है। अत: यह .01 स्तर से भी अधिक सार्थक है। इसका अर्थ यह हुआ कि शून्य परिकल्पना (null hypothesis) अस्वीकृत हो गयी औ यह प्रमाणित हो गया कि fo तथा fe के बीच वास्तविक अन्तर है।

**दूसरा उदाहरण**

एक सुन्दरता प्रतियोगिता (beauty competition) में 100 छात्राओं को निर्णायकों (judges) ने तीन श्रेणियों अर्थात औसत से ऊपर (above average), औसत (average) तथा औसत से नीचे (below average) में विभाजित किया। आँकड़े नीचे टेबुल-48 में दिए गए हैं। प्रश्न यह है कि यदि सुन्दरता के शीलगुण में प्रसामान्य वितरण (normal distribution) की विशेषता मान लिया जाए तो क्या निर्णायकों द्वारा छात्राओं का विभाजन प्रत्याशित विभाजन (expected distribution) से भिन्न है?

**टेबुल 48**

| औसत से ऊपर (Above Average) | औसत (Average) | औसत से नीचे (Below Average) | |
|---|---|---|---|
| 23 | 40 | 37 | 100 |

उपर्युक्त तीन श्रेणियों में छात्राओं की संख्या को fo माना जाएगा और प्रत्येक श्रेणी के लिए fe को उसी तरह से निकाला जाएगा, जैसा कि उदाहरण संख्या एक में निकाला गया है। (देखें–पृष्ठ-315) अन्तर केवल इतना है कि यहाँ श्रेणियों की संख्या 3 है। अत: प्रसामान्य वितरण वक्र (normal distribution curve) की आधार-रेखा (base line) की कुल लम्बाई यानी .6σ को 3 से भाग देने पर 2σ भागफल होगा। अत: प्रत्येक श्रेणी का जेड प्राप्तांक (Z score) 2σ होगा तीन श्रेणियों के जेड प्राप्तांक का प्रसार (range) इस प्रकार होगा—

पहली श्रेणी = –3σ से –1σ तक, दूसरी श्रेणी = –1σ से +1σ तक

तीसरी ,, = + 1σ से +3σ तक

अब तीनों श्रेणियों के जेड मूल्य (Z value) को टेबुल–A (जो अध्याय 9 के अन्त में है) की सहायता से प्रतिशत (percentage) में इस प्रकार बदला जाएगा—

पहली श्रेणी : टेबुल–A के अनुसार प्रसामान्य वक्र के मध्यबिन्दु से –3σ तक प्रतिशत (percentage) = 49.86, फिर मध्यबिन्दु से –1σ तक प्रतिशत = 34.13

∴ पहली श्रेणी में = 49.86 – 34.13 = 15.3% या 16% केसेज होंगे।

दूसरी श्रेणी : मध्यबिन्दु से –1σ तक प्रतिशत = 34.13

∴ इस श्रेणी में = 34.13% + 34.13% = 68.26% या 68% केसेज होंगे।

तीसरी श्रेणी : प्रसामान्य वक्र के मध्यबिन्दु से +1σ तक का प्रतिशत = 34.13%

फिर मध्यबिन्दु से 3σ तक प्रतिशत = 49.86%

∴ इस श्रेणी में (जिसका मूल्य 2σ है) 49.86% – 34.13% = 15°73% या 16% केसेज होंगे।

चूँकि यहाँ तीन श्रेणियों के fo की कुल संख्या 100 है, इसलिए प्रत्येक श्रेणी के लिए प्राप्त प्रतिशत ही fe होगा और टेबुल–48 से $\chi^2$ इस प्रकार ज्ञात किया जाएगा :–

| | | | | |
|---|---|---|---|---|
| fo | 23 | 40 | 37 | 100 |
| fe | 16 | 68 | 16 | 100 |
| fo – fe = | 7 | –28 | 21 | |
| $(fo - fe)^2$ = | 49 | 784 | 441 | |
| $\frac{(fo-fe)^2}{fe}$ = | 3.06 | 11.53 | 27.56 | |

$\therefore \quad \chi^2 = 3.06 + 11.5 + 27.56 = 42.15$

df = 2 $\quad p < .01$

काई-वर्ग टेबुल ( जो इस अध्याय के अन्त में है ) को देखने से पता चलता है कि 2df पर .05 तथा .01 स्तरों पर काई-वर्ग को सार्थक होने के लिए क्रमश: 5.99 तथा 9.21 होना चाहिए। प्राप्त काई-वर्ग ( $\chi^2 = 42.15$ ) इससे बहुत ज्यादा है। अत: यह .01 स्तर से भी अधिक सार्थक है। इसका अर्थ यह हुआ कि हमारी यह शून्य परिकल्पना ( null hypothesis ) कि fo तथा fe के बीच कोई वास्तविक अंतर नहीं है, अस्वीकृत ( reject ) हो गयी और विकल्पी परिकल्पना ( alternative hypothesis ) स्वीकृत ( accept ) हो गयी कि fo तथा fe में वास्तविक अन्तर है। अत: छात्राओं की सुन्दरता के सम्बन्ध में निर्णायकों के निर्णय तथा प्रत्याशित निर्णय के बीच कोई तालमेल नहीं है। हमारे इस निष्कर्ष के सही होने की संभावना 99% तथा गलत होने की संभावना केवल 1% है।

**तीसरा उदाहरण**

एक आविष्किारिका ( inventory ) के एकांश 15 के प्रति 150 छात्रों में से 10 ने सहमति ( Agree ), 28 ने तटस्थ ( Neutral ) तथा 12 ने असहमति ( Disagree ) के पक्ष में अपना निर्णय दिया। अब प्रश्न यह है कि प्रसामान्य वितरण परिकल्पना ( normal distribution hypothesis ) पर आधारित प्रत्याशित बारंबारता ( fe ) तथा टेबुल–49 के fo के बीच कोई सार्थक अन्तर है या नहीं।

**टेबुल 49**

| सहमति ( Agree ) | तटस्थ ( Neutral ) | असहमति ( Disagree ) | |
|---|---|---|---|
| 10 | 28 | 12 | 50 |

चूँकि यहाँ श्रेणियों की संख्या 3 है। इसलिए 6σ को 3 से भाग देने पर $\left(\frac{6}{3}\right) = 2$ जेड प्राप्तांक भागफल हुआ। अत: प्रत्येक श्रेणी का जेड मूल्य ( Z value ) 2 हुआ। इसलिए इन तीनों श्रेणियों में टेबुल–A के आधार पर केसेज के निम्नलिखित प्रतिशत होंगे :–

( i ) पहली श्रेणी ( First Category ) का Z मूल्य 2 है, जो –3σ से –1σ के बीच पड़ता है। अब टेबुल–A से पता चलता है कि प्रसामान्यता वक्र के मध्यबिन्दु तथा –3σ के बीच 49.86% केसेज पड़ते हैं और वक्र के मध्यबिन्दु तथा –1σ के बीच 34.13% केसेज पड़ते हैं। इसलिए पहली श्रेणी में 49.86% – 34.13% = 15.73 या 16% केसेज पड़ेंगे।

( ii ) दूसरी श्रेणी का Z मूल्य 2 है, जो मध्य श्रेणी ( Middle Category ) होने के कारण $1\sigma$ मध्यबिन्दु से नीचे तथा $1\sigma$ मध्यबिन्दु से ऊपर है । अब टेबुल–A को देखने से पता चलता है कि वक्र के मध्यबिन्दु तथा $-1\sigma$ के बीच 34.13% केसेज पड़ते हैं और इसी तरह मध्यबिन्दु तथा $+1\sigma$ के बीच 34.13% केसेज पड़ते हैं । इसलिए, दूसरी श्रेणी में 34.13% + 34.13% = 68.26 या 68% केसेज पड़ेंगे ।

( iii ) तीसरी श्रेणी का Z मूल्य 2 है, जो $+1\sigma$ से $+3\sigma$ के बीच पड़ता है । अब टेबुल–A के अनुसार वक्र के केन्द्र यानी मध्यबिन्दु से $+1\sigma$ तक 34.13% केसेज पड़ते हैं और मध्यबिन्दु से $+3\sigma$ तक 49.86% केसेज पड़ते हैं । इसलिए, तीसरी श्रेणी में 49.86% – 34.13% = 15.73 या 16% केसेज पड़ेंगे ।

चूँकि प्रस्तुत उदाहरण में तीनों श्रेणियों के fo की कुल संख्या 50 है । इसलिए उपर्युक्त प्रतिशतों ( percentage ) को निम्नलिखित तरीके से 50 बारंबारताओं में बदला जाएगा :–

पहली श्रेणी $= \frac{6}{100} \times 50 = 8$, दूसरी श्रेणी $= \frac{68}{100} \times 50 = 34$

तीसरी श्रेणी $= \frac{16}{100} \times 50 = 8$

अब टेबुल–49 से काई-वर्ग इस प्रकार ज्ञात किया जाएगा—

| | सहमत ( Agree ) | तटस्थ ( Neutral ) | असहमत ( Disagree ) | कुल ( Total ) |
|---|---|---|---|---|
| fo | 10 | 28 | 12 | 50 |
| fe | 8 | 34 | 8 | 50 |
| fo – fe = | 2 | –6 | 4 | |
| $( fo - fe )^2$ = | 4 | 36 | 16 | |
| $\frac{(fo - fe)^2}{fe}$ = | 0.5 | 1.06 | 2 | |

$\therefore \quad \chi^2 = 0.50 + 1.06 + 2.00 = 3.56, df = 2, p > .05$

टेबुल U (जो इस अध्याय के अन्त में है) से स्पष्ट है कि 2 df पर .05 तथा .01 स्तरों पर $\chi^2$ को सार्थक होने के लिए क्रमशः 5.99 तथा 9.21 होना चाहिए । लेकिन, प्राप्त $\chi^2$ ( 3.56 ) इससे बहुत कम है । अतः यह .05 स्तर पर भी सार्थक नहीं है । इसका अर्थ यह हुआ कि शून्य परिकल्पना ( null hypothesis ) स्वीकृत हो गयी । वास्तव में fo तथा fe के बीच कोई वास्तविक अन्तर नहीं है ।

**( ii ) जब आँकड़े वर्गान्तर तथा बारंबारता के रूप में होते हैं *( When data are in the form of class intervals and frequencies )***

जब आँकड़े वर्गान्तर तथा बारम्बारता के रूप में हाते हैं अथवा इस प्रकार के आँकड़े होते हैं कि उन्हें वर्गान्तरों तथा बारंबारताओं में सजाना सम्भव हो तो ऐसी स्थिति में fe निकालने का तरीका भिन्न होता है । इसे एक उदाहरण से स्पष्ट किया जा सकता है ।

**उदाहरण—**अनियमित रूप से ( randomly ) चुने गए 40 छात्रों पर एक उपलब्धि परीक्षण ( achievement test ) का उपयोग किया गया । उसके प्राप्तांकों ( scores ) का

वितरण नीचे टेबुल 50 में दिया गया है, जो प्रसामान्य वितरण परिकल्पना ( normal distribution hypothesis ) पर आधारित है। अब प्रश्न है कि टेबुल 50 की बारंबारता ( fo ) तथा प्रत्याशित बारंबारता ( fe ) के बीच कोई सार्थक अन्तर है ?

**टेबुल 50**

| वर्गान्तर ( Class intervals ) | बारंबारता ( Frequency ) |
|---|---|
| 80 – 84 | 1 |
| 75 – 79 | 2 |
| 70 – 74 | 5 |
| 65 – 69 | 8 |
| 60 – 64 | 9 |
| 55 – 59 | 7 |
| 50 – 54 | 5 |
| 45 – 49 | 2 |
| 40 – 44 | 1 |
| | N = 40 |

यहाँ fe निकालने के लिए टेबुल 51 पृष्ठ-323 में दिखलाए गए चरणों ( steps ) पर ध्यान दिया जा सकता है :–

$$\text{Mean} = Am + Ci$$

$$= 62 + \frac{1}{40} \times 5 = 62 + .13 = 62.13$$

$$\text{SD} = i\sqrt{\frac{\Sigma fx'^2}{N} - C^2} = 5\sqrt{\frac{123}{40} - (.03)^2}$$

$$= 5\sqrt{3.07 - 0} = 5 \times 1.75$$

$$= 8.75$$

## परिकलन में निहित चरण ( *Steps Involved in Calculation* )

टेबुल-51 पृष्ठ-325 के परिकलन में निम्नलिखित चरण निहित हैं :–

1. सबसे पहले वर्गान्तरों तथा बारंबारताओं को उसी रूप में लिखा जाता है, जिस रूप में वे दिए गए होते हैं। यह बात कॉलम 1 तथा 2 से स्पष्ट है।

2. उसके बाद वितरण का माध्य ( Mean ) तथा मानक विचलन ( SD ) निकाला जाता है। यह बात कॉलम 3, 4, 5 तथा 6 से स्पष्ट है। यहाँ माध्य 62.13 तथा मानक विचलन 8.75 पाया गया।

3. वास्तविक माध्य को मध्यबिन्दु ( X ) से घटाकर विचलन* ( deviatin ) निकाला जाता है, जैसा कि कॉलम 7 से स्पष्ट है।

टेबुल 51

| 1 वर्गान्तर (class intervals) | 2 बारंबारता (f) | 3 X (Mid point) | 4 कल्पित विचलन x′ | 5 fx′ | 6 $fx'^2$ | 7 वास्तविक विचलन (X-M) | 8 जेड प्राप्तांक Z score $\frac{X-M}{\sigma}$ | 9 संचयी अनुपात Cumulative Proportion (P) | 10 संचयी बारंबारता Cumulative frequency (P×N) | 11 fe |
|---|---|---|---|---|---|---|---|---|---|---|
| 80 – 84 | 1 | 82 | 4 | 4 | 16 | 19.87 | 2.27 | .9884 | 39.54 | 1.32 |
| 75 – 79 | 2 | 77 | 3 | 6 | 18 | 14.87 | 1.70 | .9554 | 38.22 | 3.39 |
| 70 – 74 | 5 | 72 | 2 | 10 | 20 | 9.87 | 1.13 | .8708 | 34.83 | 6.34 |
| 65 – 69 | 8 | 67 | 1 | 8 | 8 | 4.87 | .56 | .7123 | 28.49 | 8.65 |
| | | | | +28 | | | | | | |
| 60 – 64 | 9 | 62 | 0 | 0 | 0 | –.13 | –.01 | .4960 | 19.84 | 8.74 |
| 55 – 59 | 7 | 57 | –1 | –7 | 7 | –5.3 | –.59 | .2776 | 11.10 | 6.18 |
| 50 – 54 | 5 | 52 | –2 | –10 | 20 | –10.13 | –1.16 | .1230 | 4.92 | 3.25 |
| 45 – 49 | 2 | 47 | –3 | –6 | 18 | – 15.13 | –1.73 | .0418 | 1.67 | 1.24 |
| 40–44 | 1 | 42 | –4 | –4 | 16 | – 20.13 | – 2.30 | .0107 | .43 | .43 |
| | N = 40 | | | – 27 | $\Sigma fx'^2 = 123$ | | | | | $\Sigma fe = 39.54$ |
| | Mean = 62.13 | | | +28 | | | | | | |
| | SD = 8.75 | | | $\Sigma fx' = 1$ | | | | | | |

4. फिर जेड प्राप्तांक ( Z score ) निकाला जाता है । इसके लिए $\frac{X-M}{\sigma}$ सूत्र का व्यवहार किया जाता है । प्रत्येक विचलन ( $x$ ) को मानक विचलन ( SD ) से भाग देने पर जेड प्राप्तांक ( Z score ) निकल आता है । जैसे—टेबुल-51 के कॉलम 8 का पहला जेड प्राप्तांक 2.27 है । कॉलम 7 में पहला विचलन 19.87 है, जिसको मानक विचलन यानी 8.75 से भाग देने पर यह जेड प्राप्तांक 2.27 निकला है । इसी तरह से प्रत्येक विचलन को मानक विचलन ( SD ) से भाग देकर जेड प्राप्तांक निकाला गया है ।

5. जेड प्राप्तांक से संचयी समानुपात ( cumulative proportion ) निकाला जाता है जो कॉलम 9 से स्पष्ट है । इसके लिए टेबुल–V ( जो इस अध्याय के अन्त में पृष्ठ 300 पर है) का व्यवहार किया जाता है । धनात्मक जेड प्राप्तांक ( + Z score ) होने पर बड़े अंश ( larger portion ) तथा ऋणात्मक जेड प्राप्तांक ( –Z score ) होने पर छोटे अंश ( smaller portion ) के क्षेत्र में देखकर संचयी समानुपात निकाला जाता है । जैसे—टेबुल–51 के कॉलम 8 का पहला जेड प्राप्तांक (नीचे से) –2.30 है । अत: टेबुल–V (जो इस अध्याय के अन्त में पृष्ठ 300 पर है) के छोटे अंश के क्षेत्र में इसका समानुपात .0107 है जिसे कॉलम 9 में लिखा गया है । इसी प्रकार सबसे अंतिम (सबसे ऊपर) वाला जेड प्राप्तांक +2.27 है, जिसको टेबुल–V के बड़े अंश के क्षेत्र में देखने पर .9884 समानुपात पाया गया, जिसको कॉलम 9 में लिखा गया है । इसी प्रकार दूसरे सभी संचयी समानुपात निकाले गए हैं ।

6. इसके बाद संचयी बारंबारता ( cumulative frequency ) को निकाला जाता है, जो कॉलम 10 में लिखा गया है । प्रत्येक समानुपात ( P ) को बारंबारता की संख्या ( N ) से गुणा कर देने पर संचयी बारंबारता निकल आती है । जैसे—कॉलम 9 का पहला संचयी समानुपात (नीचे से) .0107 है, जिसको N यानी 40 से गुणा करने पर .43 संचयी बारंबारता हुई जिसको कॉलम 10 मे लिखा गया है । इसी तरह दूसरी सभी संचयी बारंबारताओं को निकाला गया है ।

7. अन्त में fe निकाला जाता है । इसका तरीका यह है कि नीचे से जो पहली संचयी बारंबारता होती है, वही उसका fe भी होता है । जैसे, कॉलम 10 में पहली (नीचे से) संचयी बारंबारता .43 है । कॉलम 11 में इसे ही fe मानकर लिखा गया है । इसके बाद संचयी बारंबारता को ठीक उसके ऊपर संचयी बारंबारता से घटा लेने पर जो बचता है, वही fe होता है । जैसे दूसरी संचयी बारंबारता (नीचे से) 1.67 है, जिसमें से पहली संचयी बारंबारता यानी .43 घटाने पर 1.24 बचा जिसको fe के खाने में लिखा गया है । इसी तरह तीसरी संचयी बारंबारता यानी 4.92 मे से दूसरी संचयी बारंबारता यानी 1.67 घटाने पर 3.25 बचा जिसको fe के खाने में लिखा गया है । इसी प्रकार प्रत्येक संचयी बारंबारता को fe में बदल दिया जाता है ।

**यहाँ यह भी स्मरण रखना चाहिए कि fe यदि 5 से कम होता है तो उसे एक साथ मिला दिया जाता है । ऐसा करने से fe 5 या इससे अधिक हो जाता है । इसके बाद काई-वर्ग ( chi-square ) का जो सूत्र है, उसकी सहायता से काई-वर्ग ज्ञात किया जाता है । इसे नीचे के**

टेबुल में दिखलाया गया है :–

| वर्गान्तर ( class intervals ) | बारंबारता ( fo ) | fe | fo | fe |
|---|---|---|---|---|
| 80 – 84 | 1 | 1.32 | | |
| 75 – 79 | 2 | 3.39 | | |
| 70 – 74 | 5 | 6.34 | 8 | 11.05 |
| 65 – 69 | 8 | 8.65 | 8 | 8.65 |
| 60 – 64 | 9 | 8.74 | 9 | 8.74 |
| 55 – 59 | 7 | 6.18 | 15 | 11.10 |
| 50 – 54 | 5 | 3.25 | | |
| 45 – 49 | 2 | 1.24 | | |
| 40 – 44 | 1 | .43 | | |

अब टेबुल में सजाने पर fo तथा fe इस प्रकार होगा—

| | | | | |
|---|---|---|---|---|
| fo | 8 | 8 | 9 | 15 |
| fe | 11.05 | 8.65 | 8.74 | 11.10 |
| fo – fe = | 3.05 | –.65 | .26 | 3.90 |
| $(fo - fe)^2$ = | 9.30 | .42 | .07 | 15.21 |
| $\frac{(fo-fe)^2}{fe}$ = | .84 | .05 | .01 | 1.37 |

$\therefore \quad \chi^2 = .84 + .05 + .01 + 1.37 = 2.27$

यहाँ df निकालने का तरीका थोड़ा भिन्न होता है। यहाँ श्रेणियों की संख्या ( no. of categories ) में से 3 घटा देने पर जो कुछ बचता है, वही df होता है। यहाँ श्रेणियों की कुल संख्या 4 है। अत: df = 4 – 3 = 1 अब टेबुल–U ( जो इस अध्याय के अन्त में है) से पता चलता है कि 1df पर .05 तथा .01 स्तरों पर $\chi^2$ को सार्थक होने के लिए क्रमश: 3.84 तथा 6.64 कम-से-कम चाहिए।

प्राप्त $\chi^2$ ( 2.27 ) इससे कम है। अत: $\chi^2$ सार्थक नहीं है। इसलिए शून्य परिकल्पना ( null hypothesis ) स्वीकृति हो गयी कि fo तथा fe के बीच कोई वास्तविक अन्तर नहीं हैं। इसका मतलब यह भी हुआ कि टेबुल –50 के बारंबारता-वितरण में प्रसामान्यता ( normality ) का अभाव है।

इस प्रकार स्पष्ट हो जाता है कि काई-वर्ग ( chi-square ) का उपयोग कई परिस्थितियों में देखा जाता है, जैसा कि ऊपर की बातों से स्पष्ट है।

## काइ-वर्ग की उपयोगिता तथा सीमाएँ अथवा काई-वर्ग के लाभ एवं अलाभ

### ( Utility and Limitation of Chi-square or Advantages and Diadvantages of chi-square )

काई-वर्ग के सम्बन्ध में विस्तार से ऊपर वर्णन किया जा चुका है जिससे इसकी उपयोगिता स्पष्ट हो जाती है। फिर भी विद्यार्थियों की सुविधा के लिए हम यहाँ इसके लाभों तथा सीमाओं का उल्लेख अलग से कर देना अपेक्षित समझते हैं।

## उपयोगिता, गुण या लाभ (*Utility, Merits or Advantage*)

काई-वर्ग एक अप्राचलिक सांख्यिकीय परीक्षण है जिसकी उपयोगिताएँ, गुण या लाभ निम्नलिखित हैं :—

(i) काई-वर्ग का एक लाभ यह है कि इसके द्वारा समान संभाव्यता परिकल्पना की जाँच करने में मदद-मिलती है । जैसे-एक कथन से 40 लड़कों ने सहमति, 35 ने असहमति तथा शेष 25 ने तटस्थता व्यक्त की । प्रश्न है कि क्या तीनों श्रेणियों के लड़कों के मतों में कोई सार्थक अन्तर है या नहीं । इस समस्या का समाधान काई-वर्ग से समान संभाव्यता परिकल्पना की जाँच के आधार पर किया जा सकता है ।

(ii) काई-वर्ग की सहायता से एक लाभ यह है कि इसके द्वारा स्वतन्त्र परिकल्पना की जाँच करना भी सम्भव होता है। जैसे-बुद्धि तथा सामाजिक-आर्थिक स्थिति दो अलग-अलग चर हैं। प्रश्न है कि ये दोनों चर एक-दूसरे से सम्बद्ध हैं या स्वतंत्र हैं । इसकी जाँच स्वतन्त्र परिकल्पना के आधार पर काई-वर्ग के द्वारा आसानी से की जा सकती है ।

(iii) प्रसामान्य परिकल्पना की जाँच के लिए काई-वर्ग एक उपयोगी सांख्यिकीय उपकरण हैं । जैसे-सुन्दरता के आधार पर 60 लड़कियाँ को तीन वर्गों में विशेषज्ञ (expert) ने विभाजित किया औसत से ऊपर, औसत तथा औसत से नीचे क्रमशः 10, 30 तथा 20 में विभाजित किया । प्रश्न है कि यह विभाजन प्रसामान्यता परिकल्पना के अनुकूल है या नहीं । इस कठिन समस्या का समाधान काई-वर्ग के आधार पर सम्भव हो जाता है ।

(iv) काई-वर्ग का एक लाभ यह है कि इसके उपयोग से इस बात की जानकारी हो जाती है कि दिए एग प्रदत्त (data) प्रसामान्य रूप से वितरित (normally distributed) हैं या नहीं । इस जानकारी से दिए गए प्रदत्त के उपयुक्त विश्लेषण सांख्यिकीय विश्लेषण (statistical analysis) में मदद मिलती है ।

(v) काई-वर्ग वास्तव में एक अप्राचलिक सांख्यिकीय परीक्षण (non-parametric statistical test) है । इसलिए इसका उपयोग उन सभी परिस्थितियों में किया जा सकता है जहाँ दिए गए आँकड़ों या प्रदत्त बारंबारता (frequency) के रूप में होते हैं ।

## सीमाएँ या अवगुण (*Limitations or Disadvantage*)

कई लाभों के होते हुए भी इस सांख्यिकीय परीक्षण की निम्नलिखित सीमाएँ या अलाभ (disadvantages) हैं :–

(i) काई-वर्ग एक अप्राचलिक सांख्यिकीय परीक्षण (non-parametric statistical test) है । इसलिए, इसके द्वारा जो परिणाम प्राप्त होते हैं, वे अधिक विश्वसनीय (reliable) नहीं हो पाते हैं । इसलिए **रेबर** तथा **रेबर** (Reber and Reber 2001) ने प्राचलिक सांख्यिकीय परीक्षण को अपेक्षाकृत अधिक उपयोगी माना है।[1]

(ii) काई-वर्ग की उपयोगिता सीमित इसलिए भी है कि इस उपयोग तभी सम्भव होता है जब दिए गए प्रदत्त बारंबारता के रूप में होते हैं । प्रदत्त यदि प्राप्रांकों (scores) के रूप में होते हैं तो उसका सांख्यिकीय विश्लेषण काई-वर्ग के द्वारा सम्भव नहीं होता है ।

---

1. "As a rule parametric precedures are to be preferred over non-parametric statistics (provided that the conditions hold) because they have greater statisticed powr and are more likely to detect statistically significant effects."

Reber & Reber, 2001, P. 508

(iii) काई-वर्ग का एक दोष यह भी है कि इसके उपयोग से इस बात का पता नहीं चल पाता है कि दो चरों के बीच

(iv) काई-वर्ग की उपयोगिता इस अर्थ में भी सीमित है कि इसका उपयोग तभी किया जा सकता है कि दिए गए आँकड़ों या प्रदत्त बारंबारता के रूप में हों। यदि दिए प्रदत्त वस्तुत: आँकड़े या प्राप्तांक ( scores ) के रूप में ही होते हैं ( बारंबारता के रूप में नहीं) तो ऐसी हालत में काई-वर्ग का उपयोग सम्भव नहीं होता है।

इस प्रकार स्पष्ट है कि एक साख्यिकीय प्रविधि ( statistical technique ) के रूप में इसके कई गुणों या लाभों के साथ-साथ इसके कई अलाय या सीमाएँ भी हैं।

## टेबुल U

### Distribution of Chi-square

| df. | .05 | 01 | .001 |
|---|---|---|---|
| 1 | 3.841 | 6.635 | 10.827 |
| 2 | 5.991 | 9.210 | 13.815 |
| 3 | 7.815 | 11.345 | 16.268 |
| 4 | 9.488 | 13.277 | 18.465 |
| 5 | 11.070 | 15.086 | 20.517 |
| 6 | 12.592 | 16.812 | 22.457 |
| 7 | 14.067 | 18.475 | 24.322 |
| 8 | 15.507 | 20.090 | 26.125 |
| 9 | 16.919 | 21.666 | 27.877 |
| 10 | 18.307 | 23.209 | 29.588 |
| 11 | 1.9657 | 24.725 | 31.264 |
| 12 | 21.026 | 26.217 | 32.909 |
| 13 | 22.362 | 27.688 | 34.528 |
| 14 | 23.685 | 29.141 | 36.123 |
| 15 | 24.996 | 30.578 | 37.697 |
| 16 | 26.296 | 32.000 | 39.252 |
| 17 | 27.587 | 33.409 | 40.790 |
| 18 | 28.859 | 34.805 | 42.312 |
| 19 | 30.144 | 36.191 | 43.820 |
| 20 | 31.410 | 36.191 | 43.820 |
| 21 | 32.671 | 38.932 | 46.798 |
| 22 | 33.924 | 40.289 | 48.268 |
| 23 | 35.172 | 41.638 | 49.728 |
| 24 | 36.415 | 42.980 | 51.179 |
| 25 | 37.652 | 44.814 | 52.620 |
| 26 | 38.885 | 45.642 | 54.052 |
| 27 | 40.113 | 46.963 | 55.476 |
| 28 | 41.237 | 48.278 | 56.893 |
| 29 | 42.557 | 49.588 | 58.302 |
| 30 | 43.773 | 50.892 | 59.703 |

## टेबुल-V

## Z प्राप्तांक पर आधारित प्रसामान्य वक्र के क्षेत्र

## (Areas of the Normal curve at different Z score)

| Z Score $\left(\frac{X-M}{\sigma}\right)$ | Area in larger portion | Area in smaller portion | Z Score $\left(\frac{X-M}{\sigma}\right)$ | Area in larger portion | Area in smaller portion |
|---|---|---|---|---|---|
| .00 | .5000 | .5006 | .33 | .6293 | .3707 |
| .01 | .5040 | .4960 | .34 | .6331 | .3669 |
| .02 | .5080 | .4920 | .35 | .6368 | .3632 |
| .03 | .5120 | .4840 | .36 | .6406 | .3594 |
| .04 | .5160 | .4840 | .37 | .6443 | .3557 |
| .05 | .5199 | .4801 | .38 | .6480 | .3520 |
| .06 | .5239 | .4761 | .39 | .6517 | ..3483 |
| .07 | .5279 | .4721 | .40 | .6554 | .3446 |
| .08 | .5319 | .4681 | .41 | .6591 | .3409 |
| .09 | .5359 | .4641 | .42 | .6628 | .3372 |
| .10 | .5398 | .4602 | .43 | .6664 | .3336 |
| .11 | .5428 | .4561 | .44 | .6700 | .3300 |
| .12 | .5478 | .4522 | .45 | .6736 | .3264 |
| .13 | .5517 | .4483 | .46 | .6772 | .3228 |
| .14 | .5557 | .4443 | .47 | .6808 | .3192 |
| .15 | .5597 | .4404 | .48 | .6844 | .3156 |
| .16 | .5636 | .4364 | .49 | .6879 | .3121 |
| .17 | .5675 | .4325 | .50 | .6915 | .3085 |
| .18 | .5753 | .4286 | .51 | .6650 | .3050 |
| .19 | .5714 | .4247 | .52 | .6985 | .3015 |
| .20 | .5793 | .4207 | .53 | .7019 | .2981 |
| .21 | .5832 | .4168 | .54 | .7054 | .2946 |
| .22 | .5881 | .4129 | .55 | .7088 | .2912 |
| .23 | .5910 | .4090 | .56 | .7123 | .2877 |
| .24 | .5948 | .4052 | .57 | .7157 | .2843 |
| .25 | .5987 | .4013 | .58 | .7190 | .2810 |
| .26 | .6026 | .3974 | .59 | .7224 | .2776 |
| .27 | .6064 | .3936 | .60 | .7257 | .2743 |
| .28 | .6103 | .3897 | .61 | .7291 | .2709 |
| .29 | .6141 | .3859 | .62 | .7324 | .2676 |
| .30 | .6179 | .3821 | .63 | .7357 | .2643 |
| .31 | .6287 | .3783 | .64 | .7357 | .2611 |
| .32 | .6255 | .3745 | .65 | .7422 | .2578 |

| Z Score $\left(\frac{X-M}{\sigma}\right)$ | Area in larger portion | Area in smaller portion | Z Score $\left(\frac{X-M}{\sigma}\right)$ | Area in larger portion | Area in smaller portion |
|---|---|---|---|---|---|
| .66 | .7454 | .2546 | 1.03 | .8485 | .1515 |
| .67 | .7486 | .2514 | 1.04 | .8508 | .1492 |
| .68 | .7517 | .2483 | 1.05 | .8531 | .1469 |
| .69 | .7549 | .2451 | 1.06 | .8554 | .1446 |
| .70 | .7580 | .2420 | 1.07 | .8577 | .1428 |
| .71 | .7611 | .2389 | 1.08 | .8599 | .1401 |
| .72 | .7642 | .2358 | 1.09 | .8621 | .1379 |
| .73 | .7673 | .2327 | 1.10 | .8643 | .1357 |
| .74 | .7704 | .2296 | 1.11 | .8665 | .1335 |
| .75 | .7734 | .2266 | 1.12 | .8686 | .1314 |
| .76 | .7764 | .2236 | 1.13 | .8708 | .1292 |
| .77 | .7794 | .2206 | 1.14 | .8729 | .1271 |
| .78 | .7823 | .2177 | 1.15 | .8749 | .1251 |
| .79 | .7852 | .2148 | 1.16 | .8770 | .1230 |
| .80 | .7881 | .2119 | 1.17 | .8780 | .1210 |
| .81 | .7910 | .2090 | 1.18 | .8810 | .1190 |
| .82 | .7939 | .2061 | 1.19 | .8830 | .1170 |
| .83 | .7967 | .2033 | 1.20 | .8849 | .1151 |
| .84 | .7995 | .2005 | 1.21 | .8869 | .1131 |
| .85 | .8023 | .1977 | 1.22 | .8888 | .1112 |
| .86 | .8051 | .1949 | 1.23 | .8907 | .1093 |
| .87 | .8078 | .1922 | 1.24 | .8925 | .1075 |
| .88 | .8106 | .1894 | 1.25 | .8944 | .1057 |
| .89 | .8133 | .1867 | 1.26 | .8962 | .1038 |
| .90 | .8159 | .1841 | 1.27 | .8980 | .1020 |
| .91 | .8186 | .1814 | 1.28 | .8997 | .1003 |
| .92 | .8212 | .1788 | 1.29 | .9015 | .0985 |
| .93 | .8238 | .1762 | 1.30 | .9032 | .0968 |
| .94 | .8264 | .1736 | 1.31 | .9049 | .0951 |
| .95 | .8289 | .1711 | 1.32 | .9076 | .0934 |
| .96 | .8315 | .1685 | 1.33 | .9082 | .0918 |
| .97 | .8340 | .1660 | 1.34 | .9099 | .0901 |
| .98 | .8365 | .1635 | 1.35 | .9115 | .0885 |
| .99 | .8388 | .1611 | 1.36 | .9139 | .0861 |
| 1.00 | .8413 | .1587 | 1.37 | .9147 | .0853 |
| 1.01 | .8438 | .1562 | 1.38 | .9162 | .0838 |
| 1.02 | .8461 | .1539 | 1.39 | .9177 | .0823 |

| Z Score $\left(\frac{X-M}{\sigma}\right)$ | Area in larger portion | Area in smaller portion | Z Score $\left(\frac{X-M}{\sigma}\right)$ | Area in larger portion | Area in smaller portion |
|---|---|---|---|---|---|
| 1.40 | .9192 | .0808 | 1.77 | .9616 | .0384 |
| 1.41 | .9207 | .0793 | 1.78 | .9625 | .0375 |
| 1.42 | .9222 | .0778 | 1.79 | .9633 | .0367 |
| 1.43 | .9236 | .8764 | 1.80 | .9641 | .0359 |
| 1.44 | .9251 | .0749 | 1.81 | .9649 | .0351 |
| 1.45 | .9265 | .0735 | 1.82 | .9656 | .0344 |
| 1.46 | .9279 | .0721 | 1.83 | .9664 | .0336 |
| 1.47 | .9292 | .0708 | 1.84 | .9671 | .0329 |
| 1.48 | .9306 | .0694 | 1.85 | .0678 | .0322 |
| 1.49 | .9319 | .0681 | 1.86 | .9686 | .0314 |
| 1.50 | .9332 | .0668 | 1.87 | .9693 | .0307 |
| 1.51 | .9345 | ..0655 | 1.88 | .9699 | .0301 |
| 1.52 | .9357 | .0643 | 1.89 | .9706 | .0294 |
| 1.53 | .9370 | .618 | 1.90 | .9713 | .0287 |
| 1.54 | .9382 | .0606 | 1.91 | .9719 | .0281 |
| 1.55 | .9394 | .0594 | 1.92 | .9726 | .0274 |
| 1.56 | .9406 | .0582 | 1.93 | .9732 | .0268 |
| 1.57 | .9411 | .0571 | 1.94 | .9773 | .0262 |
| 1.58 | .9422 | .0559 | 1.95 | .9744 | .0256 |
| 1.59 | .9441 | .0548 | 1.96 | .9750 | .0250 |
| 1.60 | .9452 | .0537 | 1.97 | .9756 | .0244 |
| 1.61 | .9463 | .0526 | 1.98 | .9761 | .0239 |
| 1.62 | .9474 | .0516 | 1.99 | .9767 | .0233 |
| 1.63 | .9484 | .0505 | 2.00 | .9772 | .0228 |
| 1.64 | .9495 | .0495 | 2.01 | .9778 | .0222 |
| 1.65 | .9505 | .0485 | 2.02 | .9783 | .0227 |
| 1.66 | .9515 | .0475 | 2.03 | .9788 | .0212 |
| 1.67 | .9525 | .0465 | 2.04 | .9793 | .0207 |
| 1.68 | .9535 | .0455 | 2.05 | .9798 | .0202 |
| 1.69 | .9545 | .0446 | 2.06 | .9803 | .0197 |
| 1.70 | .9554 | .0436 | 2.07 | .9808 | .0192 |
| 1.71 | .9564 | .0436 | 2.08 | .9812 | .0188 |
| 1.72 | .9573 | .0427 | 2.09 | .9817 | .0183 |
| 1.73 | .9581 | .0419 | 2.10 | .9821 | .0179 |
| 1.74 | .9584 | .0416 | 2.11 | .9826 | .0174 |
| 1.75 | .9599 | .0401 | 2.12 | .9830 | .170 |
| 1.76 | .9608 | .0392 | 2.13 | .9834 | .0166 |

| Z Score $\left(\frac{X-M}{\sigma}\right)$ | Area in larger portion | Area in smaller portion | Z Score $\left(\frac{X-M}{\sigma}\right)$ | Area in larger portion | Area in smaller portion |
|---|---|---|---|---|---|
| 2.14 | .9338 | .0162 | 2.51 | .9940 | |
| 2.15 | .9842 | .0158 | 2.52 | .9941 | .0060 |
| 2.16 | .9846 | .0154 | 2.53 | .9943 | .0059 |
| 2.17 | .9850 | .0150 | 2.54 | .9945 | .0057 |
| 2.18 | .9854 | .0146 | 2.55 | .9946 | .0055 |
| 2.19 | .9857 | .0143 | 2.56 | .9948 | .0054 |
| 2.20 | .9861 | .0139 | 2.57 | .9949 | .0052 |
| 2.21 | .9864 | .0136 | 2.58 | .9951 | .0051 |
| 2.22 | .9868 | .0132 | 2.59 | .9952 | .0049 |
| 2.23 | .9871 | .0129 | 2.60 | .9953 | .0048 |
| 2.24 | .9875 | .0125 | 2.61 | .955 | .0047 |
| 2.25 | .9878 | .0122 | 2.62 | .9956 | .0045 |
| 2.26 | .9881 | .0119 | 2.63 | .9957 | .0044 |
| 2.27 | .9884 | .0116 | 2.64 | .9959 | .0043 |
| 2.28 | .9887 | .0113 | 2.65 | .9960 | .0041 |
| 2.29 | .9890 | .0110 | 2.66 | .9961 | .0040 |
| 2.30 | .9893 | .0107 | 2.67 | .9962 | .0039 |
| 2.31 | .9896 | .0104 | 2.68 | .9963 | .0038 |
| 2.32 | .9898 | .0102 | 2.69 | .9964 | .0037 |
| 2.33 | .9901 | .0099 | 2.70 | .9965 | .0036 |
| 2.34 | .9904 | .0096 | 2.71 | .9996 | .0035 |
| 2.35 | .9906 | .0094 | 2.72 | .9967 | .0034 |
| 2.36 | .9909 | .0091 | 2.73 | .9968 | .0033 |
| 2.37 | .9911 | .0089 | 2.74 | .9969 | .0032 |
| 2.38 | .9913 | .0087 | 2.75 | .9970 | .0031 |
| 2.39 | .9916 | .0084 | 2.76 | .9971 | .0030 |
| 2.40 | .9918 | .0082 | 2.77 | .9972 | .0029 |
| 2.41 | .9920 | .0080 | 2.78 | .9973 | .0028 |
| 2.42 | .9922 | .0078 | 2.79 | .9974 | .0026 |
| 2.43 | .9925 | .0075 | 2.80 | .9974 | .0026 |
| 2.44 | .9927 | .0073 | 2.81 | .9975 | .0026 |
| 2.45 | .9929 | .0071 | 2.82 | .9976 | .0025 |
| 2.46 | .9931 | .0069 | 2.83 | .9977 | .0023 |
| 2.47 | .9932 | .0068 | 2.84 | .9977 | .0023 |
| 2.48 | .9934 | .0066 | 2.85 | .9978 | .0023 |
| 2.49 | .9936 | .0064 | 2.86 | .9979 | .0022 |
| 2.50 | .9938 | .0062 | 2.87 | .9979 | .0021 |

| Z Score $\left(\frac{X-M}{\sigma}\right)$ | Area in larger portion | Area in smaller portion | Z Score $\left(\frac{X-M}{\sigma}\right)$ | Area in larger portion | Area in smaller portion |
|---|---|---|---|---|---|
| 2.88 | .9980 | .0020 | 3.09 | .9990 | .0010 |
| 2.89 | .9981 | .0019 | 3.10 | .9990 | .0010 |
| 2.90 | .9981 | .0019 | 3.11 | .9991 | .0009 |
| 2.91 | .9982 | .0018 | 3.12 | .9991 | .0009 |
| 2.92 | .9982 | .0018 | 3.13 | .9991 | .0009 |
| 2.93 | .9983 | .0017 | 3.14 | .9992 | .0008 |
| 2.94 | .9984 | .0016 | 3.15 | .9992 | .0008 |
| 2.95 | .9984 | .0016 | 3.16 | .9992 | .0008 |
| 2.96 | .9985 | .0015 | 3.17 | .9992 | .0008 |
| 2.97 | .9985 | .0015 | 3.18 | .9993 | .0007 |
| 2.98 | .9986 | .0014 | 3.19 | .9993 | .0007 |
| 2.99 | .9986 | .0014 | 3.20 | .9993 | .0007 |
| 3.00 | .9986 | .0014 | 3.21 | .9993 | .0007 |
| 3.01 | .9987 | .0013 | 3.22 | .9994 | .0006 |
| 3.02 | .9988 | .0013 | 3.23 | .9994 | .0006 |
| 3.03 | .9988 | .0012 | 3.24 | .9994 | .0006 |
| 3.04 | .9989 | .0012 | 3.30 | .9995 | .0005 |
| 3.05 | .9989 | .0011 | 3.40 | .9997 | .0003 |
| 3.06 | .9989 | .0011 | 3.50 | .9998 | .0002 |
| 3.07 | .9989 | .0011 | 3.60 | .9998 | .0002 |
| 3.08 | .9990 | .0010 | 3.70 | .9999 | .0001 |

## विश्वविद्यालय प्रश्न
## UNIVERSITY QUESTIONS
### निबन्धात्मक प्रश्न
( *Essay Type Questions* )

1. *काई-वर्ग की परिभषा दें तथा इसकी अभिधारणाओं की व्याख्या करें ।*
   *Define chi-square and explain its assumptions.*
2. *काई-वर्ग की विभिन्न उपयोगिताओं का वर्णन करें ।*
   *What is $\chi^2$ ? Describe its applications.*
3. *काई-वर्ग की विभिन्न उपयोगिताओं की व्याख्या करें ।*
   *Explain the various uses of chi-square as a statistical technique.*
4. *काई-वर्ग परीक्षण की उपयोगिता का उल्लेख करें ।*
5. *60 प्रयोज्यों को एक मनोवृत्ति मापनी ( Attitude scale ) के दसवें एकांश ( item no. 10 ) के प्रति हाँ ( yes ), अनिश्चित ( ? ) या नहीं ( No ) पर निशान लगाकर अपना विचार*

*व्यक्त करने के लिए कहा गया । 30 प्रयोज्यों ने 'हाँ' 10 ने 'अनिश्चित' तथा 20 ने 'नहीं' पर निशान लगाया । प्रश्न है कि क्या प्रयोज्यों के उत्तरों के वितरण तथा प्रत्याशित उत्तरों ( expected answers ) के बीच कोई वास्तविक अन्तर है ?*

6. *81 व्यक्तियों को जनमत सर्वेक्षण ( public opinion survey ) के आधार पर निम्नलिखित श्रेणियों ( categories ) में विभाजित किया गया :–*

| | श्रेणियाँ ( Grades ) | | |
|---|---|---|---|
| | 1 | 2 | 3 |
| व्यक्तियों की संख्या | 40 | 25 | 16 |

*( i ) उपर्युक्त विवरण की जाँच समान संभाव्यता परिकल्पना ( equal hypothesis ) के आलोक में करें ।*

*( ii ) उपर्युक्त विवरण की जाँच प्रसामान्य वितरण परिक्पना ( normal distrubution hypothesis ) के आलोक में करें ।*

7. *किसी मनोवृत्ति मापनी ( attitude scale ) के एक एकांश के प्रति 100 विद्यार्थियों को 5 विकल्पी उत्तरों अर्थात पूर्ण सहमति ( strongly agree, ) सहमति ( agree ), तटस्थ ( indifferent ) तथा पूर्ण असहमति ( strongly disagree ) में से चुनकर किसी एक उत्तर पर निशान लगाने के लिए कहा गया । उनके द्वारा दिए गए उत्तरों के वितरण को नीचे टेबुल में दिखलाया गया है ।*

| पूर्ण सहमति ( Strongly agree ) | सहमति ( Agree ) | तटस्थ ( In- different ) | असहमति ( Dis- agree ) | पूर्ण असहमति ( Strongly disagree ) | |
|---|---|---|---|---|---|
| 22 | 18 | 26 | 18 | 16 | 100 |

*( i ) समान संभाव्यता परिकल्पना ( equal propability hypothesis ) के आधार पर यह बतलाएँ कि क्या उपर्युक्त वितरण प्रत्याशित उत्तरों ( expected answers ) के वितरण से वस्तुत: भिन्न हैं ?*

*( ii ) प्रसामान्य वितरण परिकल्पना ( normal distrubution hypothesis ) के आधार पर यह बतलाएँ कि उपर्युक्त वितरण तथा प्रत्याशित वितरण के बीच कोई वास्तविक अन्तर है ?*

8. *हाई स्कूल के 100 विद्यार्थियों से सहमति ( approve ) या असहमति ( disapprove ) के रूप में इस कथन ( statement ) के प्रति अपना विचार व्यक्त करने के लिए कहा गया है 'भारत में परिवार नियोजन अनिवार्य कर देना चाहिए' । विद्यार्थियों के उत्तरों का विवरण इस प्रकार है —*

| | सहमति ( Approve ) | असहमति ( Disapprove ) |
|---|---|---|
| लड़के ( Boys ) | 375 | 225 |
| लड़कियाँ ( Girls ) | 180 | 220 |

*क्या लड़कों तथा लड़कियों के विचारों में कोई सार्थक अन्तर है ?*

9. *100 सही-गलत एकांशों ( true-false items ) के एक परीक्षण पर एक छात्र ने 70 अंक पाए । काई-वर्ग ( chi-square test ) के आधार पर यह बतलाएँ कि उस छात्र की उपलब्धि थी या संयोग्वश ।*

| | सही<br>( Right ) | गलत<br>( Wrong ) |
|---|---|---|
| उत्तर ( Answers ) | 70 | 30 |

10. नीचे दिए गए आँकड़ों के आधार पर काई-वर्ग ज्ञात करें और इसकी सार्थकता भी बतलाएँ । [M.A., 1988, V.B.U. ]

| | Strongly agree | Agree | Un-decided | Disargee | Strongly argee | |
|---|---|---|---|---|---|---|
| Group 1 | 12 | 18 | 4 | 8 | 10 | 54 |
| Group 2 | 48 | 22 | 10 | 8 | 10 | 98 |
| Group 3 | 10 | 4 | 12 | 10 | 12 | 48 |
| Total | 70 | 44 | 26 | 26 | 34 | 200 |

11. किसी विश्वविद्यालय के पाँच महाविद्यालयों के छात्रों की प्रतिक्रियाएँ ( responses ) पाँच विकल्पी उत्तरों वाले एक मनोवृत्ति परीक्षण एकांश ( aptitude test item ) के प्रति ली गयी है जो निम्नलिखित तालिका में उल्लेखित हैं :–

| | Strongly agree | Agree | Un-decied | Disagree | Strongly disagree | |
|---|---|---|---|---|---|---|
| Science College | 16 | 32 | 12 | 37 | 18 | 115 |
| Art College | 23 | 15 | 7 | 23 | 5 | 73 |
| Engineering College | 6 | 14 | 6 | 13 | 6 | 45 |
| Medical College | 9 | 23 | 6 | 7 | 8 | 53 |
| Educational College | 2 | 3 | 4 | 10 | 1 | 20 |
| | 56 | 87 | 35 | 90 | 38 | 306 |

उपर्युक्त आँकड़ों में यह बताएँ कि पाँच महाविद्यालयों मे मतों ( opinions ) के बीच कोई सार्थक अन्तर है या नहीं ।

12. *Four groups of students performed mental work under controlled condition. Their results are as follows—*

*[ B.A. Part II Hons, 1989, M.U. ]*

एक मानक कार्य पर नियंत्रित अवस्था में विद्यार्थियों के चार समूहों द्वारा प्राप्त आँकड़ों निम्नलिखित हैं :– [ B.A. Part II Hons, 1989, M.U. ]

| | | | | | | | |
|---|---|---|---|---|---|---|---|
| A | 40 | 45 | 20 | 68 | 35 | 40 | 15 |
| B | 30 | 40 | 60 | 20 | 16 | 25 | 20 |
| C | 20 | 15 | 30 | 16 | 30 | 18 | 35 |
| D | 35 | 30 | 15 | 30 | 25 | 15 | 30 |

*Statistically establish whether the four groups differ significantly in terms of their performance.*

सांख्यिकीय आधार पर सिद्ध करें कि चार समूह अपने कार्य के आधार पर एक दूसरे से भिन्न हैं ।

13. एक जनमत मापनी ( public opinion scale ) के प्रथम एकांश के प्रति मनोविज्ञान के 90 छात्रों तथा भौतिकी ( physics ) के 80 छात्रों के विचार अग्रलिखित तालिका में दिए गए हैं :–

| | *Agree* | *Disagree* | |
|---|---|---|---|
| *Psychology* | 30 | 25 | 90 |
| *Physics* | 55 | 25 | 80 |
| | 85 | 85 | 170 |

*यह बतलाएँ कि छात्रों के मतों में वास्तविक सहमति है या नहीं ।*

14. *किस नगर के शिक्षित तथा अशिक्षित पुरुषों तथा स्त्रियों का चयन अनियमित रूप से किया गया जिनकी संख्या ( number ) नीचे टेबुल में अंकित है । काई-वर्ग $(\chi 2)$ के आधार पर इस शून्य परिकल्पना ( null hypothesis ) की जाँच करें कि पुरुषों तथा स्त्रियों की साक्षरता ( literacy ) के बीच वास्तविक अन्तर नहीं है ।*

| | साक्षर ( *Literate* ) | असाक्षर ( *Illiterate* ) | |
|---|---|---|---|
| पुरुष ( *Male* ) | 55 | 15 | 70 |
| स्त्री ( *Female* ) | 35 | 25 | 60 |
| | 90 | 40 | |

15. *300 कर्मचारियों का श्रेणीकरण ( gradation ) औसत से ऊपर ( above average ), औसत ( average ) तथा औसत से नीचे ( below average ) तीन श्रेणियों में पर्यवेक्षकों ( supervisors ) द्वारा उनके कार्य-निष्पादन ( work-performance ) के आधार पर किया गया । फिर भी उनकी व्यवसाय-संतुष्टि ( job satisfaction ) की जाँच उच्च ( high ), औसत ( average ) तथा निम्न ( low ) के रूप में एक मानक व्यवसाय संतुष्टि परीक्षण ( standard job satisfaction test ) के द्वारा की गयी । प्राप्त आँकड़े नीचे टेबुल में दिए गए हैं । इन आँकड़ों के आधार पर यह बतलाएँ कि कर्मचारियों के व्यवसाय निष्पादन तथा उनकी व्यवसाय संतुष्ट के बीच कोई सार्थक सहमति है या नहीं ।*

*[ M.A. 2005, P.U. ]*

| व्यवसाय संतुष्टि | पर्यवेक्षक द्वारा श्रेणीकरण: औसत से ऊपर | औसत | औसत से नीचे |
|---|---|---|---|
| उच्च | 35 | 37 | 18 |
| औसत | 28 | 70 | 52 |
| निम्न | 12 | 18 | 30 |

16. *42 विक्रेताओं ( Salesmen ) को तीन समूहों — बहुत अचछा ( very good ), संतोषजनक ( satisfactory ) तथा अपर्याप्त ( poor ) में विक्रय मैनेजर ( sales managers ) द्वारा बेची योग्यता के आधार पर विभाजित किया गया जो नीचे टेबुल में उल्लेखित है । यदि बेची योग्यता प्रसामान्य रूप से वितरित ( normally distributed ) हो तो क्या श्रेणियों ( ratings ) का यह वितरण प्रत्याशित वितरण ( expected distrubution ) से वस्तुतः भिन्न है ?*

| बहुत अच्छा ( *Very good* ) | संतोषजनक ( *Satisfactory* ) | अपर्याप्त ( *poor* ) |
|---|---|---|
| 17 | 19 | 6 |

17. *नीचे की तालिका में उन सामान्य तथा असामान्य व्यक्तियों की संख्या ( numbers ) अंकित है, जिन्होंने एक स्नायुविकृति परीक्षण ( neurosis test ) के एक एकांश के तीन संभावित उत्तरों में से किसी एक उत्तर का चयन किया ।*

| | हाँ ( yes ) | नहीं ( No ) | ? |
|---|---|---|---|
| सामान्य ( normals ) | 15 | 60 | 10 |
| असामान्य ( abnormals ) | 30 | 60 | 5 |

क्या यह एकांश सामान्य तथा असामान्य व्यक्तियों के बीच अन्तर करने में सफल है ? स्वतंत्र परिकल्पना ( independence hypothesis ) की जाँच करें।

18. *Applying a suitable statistical test to find out from the following figures if examination result is associated with extroversion-introversion.*

*[ M.A. B.M.U., 1996, B.U. 2000 ]*

एक उपयुक्त सांख्यिकी परीक्षण का प्रयोग करते हुए यह ज्ञात करें कि क्या परीक्षाफल का सम्बन्ध बहिर्मुखत-अन्तर्मुखता से है —

| | Number of students passing | | |
|---|---|---|---|
| | 1st Division | 2nd Division | 3rd Division |
| Extrovert group | 46 | 30 | 24 |
| Introvert group | 36 | 18 | 46 |

19. नीचे टेबुल में दिए गए बारंबारता वितरण ( frequency distribution ) से $\chi^2$ ज्ञात करें :–

| प्राप्तांक ( scores ) | बारंबारता ( frequency ) |
|---|---|
| 80 – 89 | 1 |
| 70 – 79 | 2 |
| 60 – 69 | 3 |
| 50 – 59 | 4 |
| 40 – 49 | 10 |
| 30 – 39 | 4 |
| 20 – 29 | 3 |
| 10 – 19 | 2 |
| 0 – 9 | 1 |
| | N= 30 |

20. गणित की समस्या के समाधान में उत्तीर्ण ( pass ) तथा अनुत्तीर्ण ( fail ) होने वाले 5 विद्यालयों के पाँचवें वर्ग के छात्रों की संख्या निम्नलिखित है—

| विद्यालय ( Schools ) | उत्तीर्ण ( Pass ) | अनुत्तीर्ण ( Fail ) |
|---|---|---|
| 1 | 30 | 20 |
| 2 | 25 | 25 |
| 3 | 40 | 15 |
| 4 | 35 | 20 |
| 5 | 45 | 15 |

क्या गणित की यह समस्या 5 विद्यालयों के पाँचवें वर्ग के छात्रों के गणित से सम्बन्धित निष्पादनों ( performances ) के बीच अन्तर बताने में सक्षम है ?

21. सर्जनात्मक परीक्षण ( creativity test ) के एक एकांश ( item ) पर उत्तीर्ण ( pass ) तथा अनुत्तीर्ण ( fail ) होने वाले उच्च तथा निम्न सामाजिक आर्थिक स्थिति ( high and low SES ) के दसवें वर्ग के छात्रों की संख्या अग्रलिखित है :–

| | उच्च सा० आ० स्थि० ( High SES ) | निम्न सा० आ० स्थि० ( Low SES ) |
|---|---|---|
| उत्तीर्ण ( Pass ) | 155 | 100 |
| अनुत्तीर्ण ( Fail ) | 20 | 75 |

क्या सर्जनात्मकता परीक्षण का यह एकांश उच्च तथा निम्न सामाजिक आर्थिक स्थिति के छात्रों की सर्जनात्मकता-योग्यता के बीच विभेद ( differentiation ) करने में सक्षम है ?

22. विद्यार्थियों के तीन समूहों पर एक पठन योग्यता परीक्षण ( Reading ability test ) का उपयोग किया गया और प्राप्त आँकड़ों के आधार पर उन्हें तीन श्रेणियों में विभाजित किया गया ।

| | श्रेणियाँ ( Grades ) | | |
|---|---|---|---|
| समूह | औसत से ऊपर | औसत | औसत से नीचे |
| A | 25 | 30 | 10 |
| B | 20 | 30 | 15 |
| C | 20 | 20 | 15 |

( क ) क्या पठन-योग्यता के दृष्टिकोण से विद्यार्थियों के तीनों समूहों के बीच सार्थक अन्तर है ?

( ख ) यह अन्तर किस स्तर पर सार्थक है ? [ M.A.1998, 2005, V.B.U. ]

( ग ) शून्य परिकल्पना ( null hypothesis ) स्वीकृत हुई या अस्वीकृत हुई ?

23. धूम्रपान करने वाले ( smokers ) तथा धूम्रपान नहीं करने वाले ( non-smokers ) की संख्या ( numbers ) तनाव ( tension ) के तीन स्तरों में नीचे दी गयी है। काई-वर्ग परीक्षण ( $\chi^2$ test ) का उपयोग करके यह बतलाएँ कि क्या धूम्रपान ( smoking ) का वास्तविक कारण तनाव है ?

| | तनाव-स्तर | | |
|---|---|---|---|
| | उच्च ( High ) | मध्य ( Middle ) | निम्न ( Low ) |
| धूम्रपान करने वाले ( Smokers ) | 52 | 41 | 28 |
| धूम्रपान नहीं करनेवाले ( Non-smokers ) | 28 | 40 | 38 |

24. 50 विद्यार्थियों पर एक बुद्धि-परीक्षण का उपयोग किया गया और प्राप्त आँकड़ों के आधार पर उन्हें निम्नलिखित तीन श्रेणियों ( categories ) में विभाजित किया गया —

| अच्छा ( Good ) | औसत ( Average ) | अपर्याप्त ( Poor ) |
|---|---|---|
| 5 | 25 | 20 |

( क ) काई-वर्ग परीक्षण ( $\chi^2$ test ) का उपयोग करके समान वितरण परिकल्पना ( equal distribution hypothesis ) की जाँच करें।

( ख ) प्रसामान्य वितरण परिकल्पना ( Normal distribution hypothesis ) की जाँच करें।

25. 100 पुरुष और 100 महिला कॉलेज विद्यार्थियों का 5 बिन्दु मापनी के एक एकांश पर अनुक्रियाओं की आवृत्तियाँ नीचे दी गई हैं । स्वतंत्रता के परीक्षण का उपयोग करें तथा निष्कर्ष का अर्थ समझाएँ । [M.A., 1993, 2001, P.U.]

| | पूर्ण सहमत | सहमत | अनिश्चित | असहमत | पूर्ण असहमत |
|---|---|---|---|---|---|
| पुरुष | 40 | 25 | 15 | 10 | 10 |
| महिला | 10 | 10 | 15 | 25 | 40 |

26. *The table below shows the distributions of number of workers on the basis of the their work performance and job satisfaction.*

*[M.A., 1995, 1997, 2000, V. B.U. ]*

नीचे तालिका में कर्मचारियों की संख्या के वितरण को उनके कार्य-निष्पादन तथा व्यवसाय-संतुष्टि के आधार पर दिया गया है ।

| Work performance कार्य-निष्पादन | | |
|---|---|---|
| Above average औसत से ऊपर | Average औसत | Below average औसत से निचे |
| 35 | 37 | 18 |
| 28 | 70 | 52 |
| 12 | 18 | 30 |

*Is there significant agreement between work perfomance and job satisfaction of the workers*

क्या कर्मचारियों के कार्य-निष्पादन तथा व्यवसाय-संतुष्टि के बीच कोई सार्थक सहमति है ?

27. एक अभिवृत्ति परीक्षण के एक पद पर बालकों एवं बालिकाओं की प्रतिक्रिया की संख्या निम्न प्रकार की है । परीक्षा कीजिए कि क्या उस पद पर दोनों समूह सार्थक रूप से भिन्न हैं ?

*[M.A., 1995, 1999, 2001, M.U. ]*

| | Strongly agree | Agree | Undecided | Disagree | Strongly disagree |
|---|---|---|---|---|---|
| Boys | 20 | 10 | 5 | 15 | 5 |
| Girls | 10 | 15 | 20 | 10 | 10 |

28. *In mathematical ability, 100 students were divided into three categories—above average, average and below average—by the teachers.*

गणितीय योग्यता के शिक्षकों ने 100 विद्यार्थियों को तीन श्रेणियों में बाँट दिया —औसत से ऊपर, औसत तथा औसत से नीचे ।

*The data are given below :* *[ M.A. ( SOC ) 2006, P.U. ]*

आँकड़े नीचे दिए गए हैं :

| Above average (औसत से ऊपर) | Average (औसत) | Below average (औसत से नीचे) |
|---|---|---|
| 23 | 40 | 37 |

*Will this distrubiton differ significantly from that to be expected if mathematical ability is normally distributed in the students ?*

*[M.A., V.B.U., 1995; M.A., 2001, P.U.]*

क्या वह वितरण सार्थक रूप से प्रत्याशित वितरण से भिन्न होगा यदि गणितीय योग्यता का विद्यार्थियों में प्रसामान्य वितरण हो ?

29. *What do you mean by goodness of fit ? To test the normality of distribution, calculate $\chi^2$ of the following data —* *[M.A., 2002, P.U. M.A. 2009, R.U.]*

*समानुकता से आप क्या समझते हैं ? निम्न वितरण की सामान्यता की जाँच $\chi^2$ द्वारा करें :*

| Strongly Agree | Agree | Undecided | Disagree | Strongly Disagree |
|---|---|---|---|---|
| 23 | 19 | 14 | 16 | 18 |

30. *Apply chi-square test to the following contingency table to determine if the communities differ significantly in profession—*
*निम्नांकित आसंग-सारणी में काई-वर्ग जाँच द्वारा यह निर्धारित करें कि क्या विभिन्न समुदाय अपने व्यवसाय में सार्थक ढंग से भिन्न हैं ?* *[ M.A., 2002, P.U. ]*

| | Hindu | Muslim | Sikh |
|---|---|---|---|
| Service | 13 | 25 | 12 |
| Business | 22 | 9 | 25 |
| Agriculture | 15 | 6 | 3 |

31. *Examine the difference between the variables among three groups of students on the basis of given scores —*

| Group | A | B | C | Total |
|---|---|---|---|---|
| A | 05 | 12 | 13 | 30 |
| B | 15 | 10 | 20 | 45 |
| C | 05 | 13 | 7 | 25 |
| Total | 25 | 35 | 40 | 100 |

*Is the existing difference significant ?* *[ M.A. 2004, V.B.U. ]*

32. *An anxiety scale that was administered on a group of men and a group of women. Find out whether the two groups differ in anxiety —*
*[ M.A., V.K.S., 1997, R.U. 2002, NOU, 2008 ]*

| | Anxiety level | | |
|---|---|---|---|
| | High | Medium | Low |
| Men : | 65 | 54 | 71 |
| Women : | 75 | 50 | 60 |

*पुरुषों के एक समूह तथा महिलाओं के एक समूह पर चिन्ता मापक परीक्षण प्रयुक्त किया गया । ज्ञात कीजिए कि क्या दोनों समूहों के बीच चिन्ता अन्तर है ?*

| | उच्च | मध्य | निम्न |
|---|---|---|---|
| पुरुष | 65 | 54 | 71 |
| महिला | 75 | 75 | 60 |

33. *Following data were obtained in an experimental study to know the opinion of three groups of students regarding smoking. Calculate $\chi^2$ and comment on the result :* *[ M.A., 1999, M.U. ]*
***धूम्रपान के सम्बन्ध में एक प्रयोगात्मक अध्ययन द्वारा छात्रों के तीन समूहों का मत लिया गया जिसमें निम्नांकित आँकड़े प्राप्त हुए । काई-वर्ग की गणना करें और परिणाम पर टिप्पणी करें —***

| | Favourable | Indefinite | Unfavourable |
|---|---|---|---|
| A | 35 | 40 | 25 |
| B | 30 | 55 | 15 |
| C | 40 | 30 | 30 |

34. *Calcute $\chi^2$ for the scores given in the table —* *[M.A., M.U. 2001, Mithila U. 2008]*

| | *Pass* | *Fail* | *Total* |
|---|---|---|---|
| *Married* | *125* | *105* | *230* |
| *Unmarried* | *100* | *150* | *250* |
| *Total* | *225* | *255* | *480* |

35. *Describe the advantages and disadvantage of chi-square. [M.A. 2008, Bhag. U. ]*
काई-वर्ग के लाभों तथा सीमाओं का वर्णन करें ।

36. *Assuming normality of distribution in the data given below calculate chi-square and interpret you finding :* *[M.A., 2007, P.U.]*
नीचे दिए गए प्रदत्त में वितरण की प्रसामान्यता को मानते हुए काई-वर्ग परिकलन करें।

| *Strongly agree* पूर्ण सहमति | *Agree* सहमति | *Neutral* तटस्थ | *Disagree* असहमति | *Strongly disagree* पूर्ण असहमति |
|---|---|---|---|---|
| *22* | *18* | *26* | *18* | *16* |

37. *Applying a suitable statistical test find out from the following figures if examination result is associated with extroversion-introversion :*
एक उपयुक्त सांख्यिकीय परीक्षण का प्रयोग करते हुए निम्नलिखित आँकड़ों से ज्ञात करें कि क्या परीक्षाफल बहिर्मुखता-अन्तर्मुखत से सम्बद्ध है : *[ M.A. 2005; 2008, V.K.U ]*

| | *1st Division* प्रथम श्रेणी में | *2nd Division* द्वितीय श्रेणी में | *3rd Division* तृतीय श्रेणी में |
|---|---|---|---|
| *Extrovert group* बहुर्मुखी समूह | *46* | *30* | *24* |
| *Introvert group* अन्तर्मुखी समूह | *36* | *18* | *46* |

38. *Option of Member of Parliament of different Political Parties to the Bombay issue is given below. Do the party members differ significantly ?*
संबंधित आँकड़े नीचे दिये गये हैं । क्या विभिन्न दलों के सदस्यों के मतों में सार्थक अन्तर है ? *[ M.A. 2008, R.U. ]*

| | *Favourable* | *?* | *Unfavourable* |
|---|---|---|---|
| *Congress* | *100* | *50* | *20* |
| *C.P.I.* | *100* | *80* | *10* |
| *B.J.P.* | *25* | *40* | *75* |

39. *Find out Chi-Square from the following data and interpret you result.*
निम्नलिखित आंकड़ों से 'काई-वर्ग मूल्य' ज्ञात करें एवं अपने निष्कर्ष का विश्लेषण करें : *[M.A. ( Soc. ) 2005, P.U.]*

| | *Favourable* पक्ष | *Indifferent* उदासीन | *Unfavourable* विपक्ष | *Total* योग |
|---|---|---|---|---|
| *Joint family* संयुक्त परिवार | *24* | *12* | *12* | *48* |
| *Nuclear family* एकाकी परिवार | *16* | *16* | *16* | *48* |
| *Total* योग | *40* | *28* | *28* | *96* |

40. *Find out Chi-square ( $\chi^2$ ) from the following frequency distribution :*
*[ M.A. Part II 2005. V.K.U. ]*

*निम्नांकित बारंबारता वितरण से 'काई-वर्ग' ( $\chi^2$ ) ज्ञांत करें :*

| *Scores ( Class Interval )* प्राप्तांक (वर्गान्तर) | *Frequency* बारंबारता |
|---|---|
| 95 – 104 | 2 |
| 85 – 94 | 3 |
| 75 – 84 | 4 |
| 65 – 74 | 5 |
| 55 – 64 | 11 |
| 45 – 54 | 5 |
| 35 – 44 | 4 |
| 25 – 34 | 3 |
| 15 – 24 | 2 |
| 5 – 14 | 1 |
| | 40 |

## ANSWERS

5. $\chi^2 = 10$, df = 2, $p < .01$
6. (i) $\chi^2 = 10.89$, df = 2, $P < .01$
   (ii) $\chi^2 = 38.51$, df = 2, $P < .01$
7. (i) $\chi^2 = 3.20$, df = 4, $P > .05$
   (ii) $\chi^2 = 148.35$, df = 4, $P < .01$
8. $\chi^2 = 29.77$, df = 1, $P < .01$
9. $\chi^2 = 16$, df = 1, $P < .01$
10. $\chi^2 = 26.25$, df = 8, $P < .01$
11. $\chi^2 = 30.75$, df = 16, $P < .01$
12. $\chi^2 = 112.47$, df = 18, $P < .01$
13. $\chi^2 = 21.26$, df = 1, $P < .01$
14. $\chi^2 = 6.21$, df = 1, $P < .01$
15. $\chi^2 = 22.69$, df = 1, $P < .01$
16. $\chi^2 = 17.32$, df = 2, $P < .01$
17. $\chi^2 = 6.11$, df = 2, $P < .05$
18. $\chi^2 = 11.14$, df = 2, $P < .01$
19. $\chi^2 = 5.25$, dt = 28, $P > .05$
20. $\chi^2 = 9.55$, df = 4, $P < .01$
21. $\chi^2 = 43.7$, df = 1, $P < .01$
22. $\chi^2 = 10.28$. df = 4, $P < .01$
23. $\chi^2 = 7.76$, df = 1, $P < .01$
24. $\chi^2 = 21.5$, df = 2, $P < .01$
25. $\chi^2 = 48.84$, df = 4, $P < .01$
26. $\chi^2 = 22.49$, df = 4, $P < .01$
27. $\chi^2 = 15.10$, df = 4, $P < .01$
28. $\chi^2 = 42.15$, df = 2, $P < .01$
29. $\chi^2 = 227.78$, df = 4, $P < .01$
30. $\chi^2 = 41.25$, dt = 2, $P < .01$
31. $\chi^2 = 7.90$, df = 2, $P < .05$
32. $\chi^2 = 1.72$, df = 2, $P > .05$
33. $\chi^2 = 14.7$, df = 4, $P < .01$
34. $\chi^2 = 9.90$, df = 1, $P < .01$
36. $\chi^2 = 188.36$, df = 4, $P < .01$
37. $\chi^2 = 11.14$, df = 2, $P < .01$
38. $\chi^2 = 138.57$, df = 4, $P < .01$
39. $\chi^2 = 2.76$, df = 2, $P > .05$
40. $\chi^2 = 7.31$, df = 38, $P < .01$

## वस्तुनिष्ठ प्रश्न
### ( Objective Questions )

1. *निम्नलिखित व्यक्तियों में किसने कहा कि प्रयोगात्मक रूप से प्राप्त परिणामों तथा सैद्धांतिक रूप से प्रत्याशित परिणामों की तुलना करने की एक उपयोगी विधि काई-वर्ग ( $\chi^2$ ) है ?*
   *(क) गैरेट ( Garrett )* *(ख) सिगल ( Siegel )*
   *(ग) फिशर ( Fisher )* *(घ) रेबर ( Reber )*

2. काई-वर्ग के संदर्भ में कौन-सा कथन गलत है ?
   (क) काई-वर्ग एक अप्राचलिक सांख्यिकीय ( *non-parametric statistics* ) है ।
   (ख) काई-वर्ग परीक्षण का उपयोग तब किया जाता है जब परिणाम प्राप्तांक ( *scores* ) के रूप में होते हैं ।
   (ग) काई-वर्ग पर आधारित परिणाम टी-परीक्षण के परिणाम से कम विश्वसनीय होता है ।
   (घ) काई-वर्ग के द्वारा प्राप्त परिणाम तथा प्रत्याशित परिणाम के बीच साहचर्य ( *association* ) की जाँच की जाती है ।
3. काई-वर्ग परीक्षण तथा टी-परीक्षण में मुख्य अन्तर है :
   (क) काई-वर्ग सरल परीक्षण है जबकि टी-परीक्षण कठिन है ।
   (ख) काई-वर्ग अप्राचलिक परीक्षण है जबकि टी-परीक्षण प्राचलिक है ।
   (ग) काई-वर्ग का उपयोग वहाँ किया जाता है, जहाँ समूहों की संख्या दो से अधिक होती है जबकि टी-परीक्षण का उपयोग वहाँ किया जाता है, जहाँ समूहों की संख्या केवल दो होती है ।
   (घ) काई-वर्ग से अन्तर की गुणात्मक व्याख्या होती है जबकि टी-परीक्षण से मात्रात्मक व्याख्या होती है ।
4. काई-वर्ग परीक्षण से किस परिकल्पना ( *hypothesis* ) की जाँच होती है ?
   (क) प्रसामान्य वितरण परिकल्पना
   (ख) स्वतंत्र परिकल्पना
   (ग) समान संभाव्यता परिकल्पना ( *equal probability hypothesis* )
   (घ) उपर्युक्त सभी
5. *Which one of the following statistical techniques is an appropriate technique to examine the significance of difference between two sets of scores ?*
   प्राप्तांकों के दो समूहों के बीच अन्तर की सार्थकता की जाँच के लिए निम्नलिखित सांख्यिकीय प्रविधियों में कौन उपयुक्त प्रविधि है ?
   (क) काई-वर्ग ( *Chi-square* )
   (ख) कोण्डल-टाऊ ( *Kendall,s-tau* )
   (ग) यू-परीक्षण ( *U-Test* )
   (घ) डब्लू-परीक्षण ( *W-test* )

**ANSWERS**

1. (क), 2. (घ), 3. (ग), 4. (घ) 5. (ग)

◆

*अध्याय-16*

# प्रसरण-विश्लेषण
# ( ANALYSIS OF VARIANCE )

---

## प्रसरण-विश्लेषण का अर्थ
## ( MEANING OF ANALYSIS OF VARIANCE, ANOVA )

*प्रसरण-विश्लेषण एक प्राचलिक सांख्यिकीय विधि है, जिसके द्वारा दो से अधिक समूहों के बीच अन्तरों की सार्थकता को निर्धारित किया जाता है ।*[1]

जब केवल दो समूहों के बीच अन्तर की सार्थकता को निर्धारित करना होता है तो टी-परीक्षण ( t-test ) का व्यवहार किया जाता है । लेकिन जब दो से अधिक समूहों के बीच अन्तरों की सार्थकता को निर्धारित करना होता है तो इसके लिए प्रसरण-विश्लेषण का उपयोग किया जाता है । इसे संक्षेप में एफ-परीक्षण ( F-test ) कहा जाता है ।

यहाँ यह बात उल्लेखनीय है कि दो से अधिक समूहों के बीच तुलना ( comparison ) करने अथवा उनके बीच अन्तरों की सार्थकता को निर्धारित करने के लिए टी-परीक्षण का भी व्यवहार किया जा सकता है, किन्तु इसमें समय अधिक लगेगा तथा श्रम ( labour ) अधिक करना होगा । कारण, यहाँ कई टी ( t ) निकालना होगा । जैसे —यदि तीन समूह हों तो तीन t ज्ञात करना होगा और यदि 6 समूह हो तो दस t ज्ञात करना होगा । संयोग ( combinations ) की संख्या निर्धारित करने का सूत्र ( fomula ) है $N\frac{(N-1)}{2}$ । लेकिन, प्रसरण विश्लेषण के उपयोग करने पर केवल एक F ज्ञात करने से काम चल जाएगा । इसलिए **डॉ० मोहसिन** ( Dr. Mohsin, 1985, 1998 ) ने कहा है, "*प्रसरण विश्लेषण कई समूहों के बीच अन्तर का एक समग्र परीक्षण प्रस्तुत करता है, जिनका व्यवहार साथ-साथ किया जा सकता है ।*"[2]

इसी तरह **पेटर स्ट्रेटोन** एवं **निक्की हेएस** ( Peter Stratton & Nicky Hayes, 1991 ) के अनुसार, "प्रसरण-विश्लेषण एक सांख्यिकीय कार्यप्रणाली है, जिसके द्वारा यह निर्धारित किया जाता है कि प्राप्तांकों के समूह एक-दूसरे से भिन्न हैं या नहीं ।"[3]

---

1. Analysis of variance ( ANOVA ) is a prametric statistical method through which the significance of difference among more than two groups in determined. —Author.
2. "Analysis of variance provides a blanket test of difference among the several groups which can be applied simultaneously." — Mohsin, 1985, 1998
3. "Analysis of variance ( ANOVA ) is a statistical procedure to test whether groups of scores differ from each other." — Per stratton & Nicky Hayes, 1991, P. 8

प्रसरण-विश्लेषण को परिभाषित करते हुए **कोठारी** ( Kothari, 2005 ) ने कहा है, ''प्रसरण-विश्लेषण तत्वत: एकरूपता के लिए प्रदत्त के विभिन्न समूहों के बीच अन्तर की जाँच करने की एक कार्यविधि है ।''[1]

प्रसरण-विश्लेषण की उपर्युक्त परिभाषाओं से स्पष्ट है कि यह एक प्राचलिक सांख्यिकीय कार्यविधि है जिसके द्वारा विभिन्न समूहों के बीच अन्तर की सार्थकता की जाँच की जाती है ।

### प्रसरण-विश्लेषण के उपयोग की अभिधारणाएँ या शर्तें ( *Assumptions or Conditions of using ANOVA* )

प्रसरण-विश्लेषण-प्रविधि ( analysis of variance technique ) के उपयोग की निम्नलिखित अभिधारणाएँ ( assumptions ) या शर्तें ( conditions ) हैं :–

1. प्रसरण-विश्लेषण प्रविधि का व्यवहार वहाँ करना चाहिए जहाँ दो से अधिक समूहों के माध्यों के बीच-अन्तर की सार्थकता की जाँच करनी हो । ऐसी स्थिति में टी-परीक्षण ( t-test ) का व्यवहार किया जा सकता है, किन्तु इससे अनावश्यक श्रम अधिक करना होगा तथा समय अधिक लगेगा । जहाँ दो समूहों के माध्यों के बीच अन्तर की सार्थकता को निधारित करना हो; वहाँ टी परीक्षण का उपयोग करना अधिक अच्छा है ।

2. प्रसरण-विश्लेषण वास्तव में एक प्राचलिक प्रविधि ( parametric technique ) है । इसलिए, इसमें प्रसामान्य वितरण ( normal distribution ) की अभिधारणा होना स्वाभाविक है । अत: इस प्रविधि का व्यवहार अन्तर की सार्थकता को जाँचने के लिए वहाँ करना चाहिए जहाँ विभिन्न उपसमूहों ( sub-groups ) के व्यक्तियों का चयन ऐसे प्रतिदर्श ( samples ) से किया गया हो जो प्रसामान्य रूप से वितरित जनसंख्या ( normally distributed populations ) पर आधारित हों ।

3. प्रसरण-विश्लेषण प्रविधि का व्यवहार वहाँ करना चाहिए जहाँ विभिन्न उपसमूहों का विचलन ( variance ) वस्तुत: समजातीय ( homogeneous ) हो । विचलन की समजातीयता ( homogeneity of variance ) की जाँच कई परीक्षणों ( tests ) के द्वारा की जा सकती है जिनमें बार्टलेट ( Bartlett, 1937 ) द्वारा बनाया गया परीक्षण अधिक उपयोगी है ।

4. जिन प्रतिदर्शों ( samples ) से समूहों का चयन किया गया हो, उन्हें स्वतंत्र ( independent ) होना आवश्यक है । यदि प्रतिदर्शों में स्वतंत्रता ( independence ) का गुण उपलब्ध नहीं हो तो समूहों या मध्यमानों के बीच अन्तर की सार्थकता निर्धारित करने हेतु प्रसरण विश्लेषण ( ANOVA ) का उपयोग नहीं किया जाना चाहिए ।

## ANOVA की उपयोगिताएँ तथा इसके उपयोग

### ( Uses and Applications of ANOVA )

प्रसरण-विश्लेषण ( ANOVA ) की सबसे बड़ी उपयोगिता यह है कि इसके द्वारा कई समूहों के मध्यमानों या माध्यों ( means ) के बीच अन्तरों की सार्थकता एक ही साथ निर्धारित करना सम्भव होता है । इसी काम को यदि टी-परीक्षण ( t-test ) के द्वारा किया जाए तो काफी

---

1. "ANOVA is essentially a procedure for testing the difference among different groups of data for homogeneity.
— Kothari, C. R 2005, P. 276

कठिनाइयों का सामना करना पड़ेगा, अधिक परिश्रम करना होगा तथा अधिक समय लगेगा। किन्तु प्रसरण-विश्लेषण द्वारा इस काम को करने में काफी सुविधा होगी, परिश्रम कम करना पड़ेगा तथा समय कम लगेगा। इस दृष्टिकोण से टी-परीक्षण की तुलना में ANOVA अधिक उपयोगी सांख्यिकीय प्रविधि है।

प्रसरण-विश्लेषण ( ANOVA ) का उपयोग दो परिस्थितियों में किया जाता है—(क) एक चर के संदर्भ में ( in repsect of one variable ) तथा (ख) दो या अधिक चरों के संदर्भ में ( in respect of two or more variables )।

पहली अवस्था में व्यवहार होनेवाले ANOVA को सरल या साधारण प्रसरण विश्लेषण ( simple analysis of variance ) तथा दूसरी अवस्था में व्यवहार होने वाले ANOVA को जटिल प्रसरण-विश्लेषण ( complex analysis of variance ) कहा जाता है। इन दोनों को क्रमशः एकमार्गी प्रसरण-विश्लेषण ( one way analysis of variance ) तथा द्विमार्गी प्रसरण-विश्लेषण ( two-way analysis of variance ) भी कहते हैं। अब हम यह देखने का प्रयास करेंगे कि इन दोनों परिस्थितियों में प्रसरण का परिकलन ( calculation ) कैसे किया जाता है।

## ( क ) साधारण प्रसरण-विश्लेषण
### ( Simple Analysis of Variance )

इस बात की चर्चा हम ऊपर कर चुके हैं कि साधारण प्रसरण-विश्लेषण उसे कहते हैं, जहाँ इसका उपयोग केवल स्वतंत्र चर के संदर्भ में दो या अधिक समूहों के बीच अन्तर की सार्थकता ( significance of difference ) को निर्धारित करने के लिए किया जाता है। इसे एकतरफा या एकमार्गी प्रसरण-विश्लेषण ( one way analysis of variance ) भी कहा जाता है। साधारण प्रसरण विश्लेषण प्रविधि का उपयोग कई परिस्थितियों में किया जाता है, जो निम्नलिखित हैं :

**( i ) दो से अधिक माध्यों या समूहों की स्थिति में प्रसरण-विश्लेषण** ( ***Analysis of variance in case of more than two means or groups*** )

इसे और भी स्पष्ट करने के लिए निम्नलिखित उदाहरण पर ध्यान दें :-

**उदाहरण** 4

विद्यार्थियों को अनियमित रूप से ( randomly ) सामाजिक आर्थिक स्थिति मापनी ( socio-economic status scale ) के आधार पर तीन वर्गों अर्थात उच्च ( high, $X_1$ ), मध्य ( middle, $X_2$ ) तथा निम्न ( low, $X_3$ ) वर्गों में विभाजित किया गया। फिर प्रत्येक समूह के विद्यार्थियों की सर्जनात्मक योग्यता ( creative ability ) की जाँच एक शाब्दिक सर्जनात्मकता परीक्षण ( verbal creativity test ) के आधार पर की गयी। तीनों समूहों के प्राप्तांक ( score ) टेबुल-52 में दिए गए हैं। प्रश्न हैं कि तीनों समूहों की सर्जनात्मक योग्यता में कोई वास्तविक अन्तर है ? दूसरे शब्दों में, क्या सामाजिक आर्थिक स्थिति ( SES ) का कोई सार्थक प्रभाव विद्यार्थियों की सर्जनात्मकता ( creativity ) पर पड़ा है ? इस समस्या के समाधान के लिए नीचे दिए गए परिकलनों ( calculations ) पर ध्यान दें।

**टेबुल 52**

| | समूह ( Groups ) | | | वर्ग ( Spuares ) | | |
|---|---|---|---|---|---|---|
| | A | B | C | | | |
| | $X_1$ | $X_2$ | $X_3$ | $X_1^2$ | $X_2^2$ | $X_3^2$ |
| | 7 | 4 | 3 | 49 | 16 | 9 |
| | 6 | 5 | 2 | 36 | 25 | 4 |
| | 5 | 3 | 2 | 25 | 9 | 4 |
| | 7 | 5 | 4 | 49 | 25 | 16 |
| | 8 | 5 | 2 | 64 | 25 | 4 |
| | 9 | 4 | 3 | 81 | 16 | 9 |
| | 6 | 3 | 1 | 36 | 9 | 1 |
| | 6 | 4 | 1 | 36 | 16 | 1 |
| Sums = | 54 | 33 | 18 | 376 | 141 | 48 |

$$\sum X = \sum x_1 + \sum x_2 + \sum x_3 = 54 + 33 + 18 = 105$$

$$\sum X^2 = \sum x_1^2 + \sum x_2^2 + \sum x_3^2 = 376 + 141 + 48 = 565$$

$N = N_1 + N_2 + N_3 = 8 + 8 + 8 = 24, K = 3$ (K का अर्थ समूहों की संख्या है)

स्पष्ट है कि सबसे पहले $X_1$, $X_2$ तथा $X_3$ तीनों समूहों के प्राप्तांकों ( scores ) को अलग-अलग जोड़कर $\sum X_1, \sum X_2$ तथा $\sum X_3$ निकाला जाता है जो यहाँ 54,33 तथा 18 है । फिर इन सबको एक साथ जोड़ करके $\sum X$ निकाला जाता है जो यहाँ 105 है । इसके बाद $X_1$ के प्रत्येक प्राप्तांक का वर्ग ( square ) करके $X_1^2$ वाले खाना में लिखा जाता है । फिर सबको एक साथ जोड़कर $\sum X_1^2$ निकाला जाता है । यहाँ $X_1$ का पहला प्राप्तांक 7 है जिसका वर्ग 49 हुआ जिसे $X_1^2$ वाले खाना में लिखा गया है । इसी प्रकार दूसरे सभी प्राप्तांकों का वर्ग करके जोड़ दिया गया है और इस प्रकार $\sum X_1^2$ 376 पाया गया है । ठीक इसी तरह दूसरे समूहों यानी $X_2$ तथा $X_3$ के प्रत्येक प्राप्तांक का वर्ग करके जोड़ दिया जाता है और $\sum X_2^2$ तथा $\sum X_3^2$ निकाला जाता है, जो यहाँ क्रमश: 141 तथा 48 पाया गया । इन सबको जोड़कर $\Sigma X^2$ निकाला जाता है, जो यहाँ 565 पाया गया है । अब नीचे परिकलनों ( calculations ) पर ध्यान दें :–

Step 1 : C ( correction ) $= \frac{(\sum X)^2}{N} = \frac{(105)^2}{24} = \frac{11025}{24} = 459.38$

Step 2 : TSS ( Total sum of squares ) $= \Sigma X^2 - C$

$= 565 - 459.38 = 105.62$

Step 3 : BSS ( Between sum of squares ) $= \frac{(\sum X_1)^2}{N_1} + \frac{(\sum X_2)^2}{N_2} + \frac{(\sum X_3)^2}{N_3} - C$

$$= \frac{(54)^2}{8} + \frac{(33)^2}{8} + \frac{(18)^2}{8} - 459.38$$
$$= \frac{2916}{8} + \frac{1089}{8} + \frac{324}{8} - 459.38$$
$$= 364.5 + 136.13 + 40.5 - 459.38$$
$$= 541.13 - 459.38 = 81.75$$

Step 4 : WSS ( within sum of squares )

$$= \Sigma X_1^2 - \frac{(\Sigma X_1)^2}{N_1} + \Sigma X_2^2 - \frac{(\Sigma X_2)^2}{N_2} + \Sigma X_3^2 - \frac{(\Sigma X_3)^2}{N_3}$$
$$= 376 - \frac{(54)^2}{8} + 141 - \frac{(33)^2}{8} + 48 - \frac{(18)^2}{8}$$
$$= 376 - 364.5 + 141 - 136.13 + 48 - 40.5$$
$$= 11.5 + 4.87 + 7.5 = 23.87$$

[1]TSS = BASS + WSS = 81.75 + 23.87 = 105.62 ( checked )

Step 5 : ( i ) इस चरण में df नकाला जाता है । यहाँ BSS, WSS तथा TSS के लिए अलग-अलग df निकाला जाता है । जैसे—BSS ( Between groups variance ) के लिए df = K – 1 होता है । ( यहाँ K का अर्थ समूहों की संख्या है जो 3 है ) । इसलिए df = 3 – 1 = 2

( ii ) WSS ( within groups variance ) के लिए df = N – K होता है । इसलिए यहाँ df = 24 – 3 = 21

( iii ) TSS के लिए df = N – 1 होता है । इसलिए यहाँ df = 24 – 1 = 23

**नोट** : BSS के df तथा WSS के df का जोड़ सदा TSS के df के बराबर होगा ।

**प्रसरण-विश्लेषण का सारांश** ( ***Summary of Analysis of Variance*** )

| Source of variance | Sum of squares | df | Mean square or variance | F | P |
|---|---|---|---|---|---|
| Between gorups ( BSS ) | 81.75 | 2 | 40.88 | | < .01 |
| Within goups ( WSS ) | 23.87 | 21 | 1.14 | 35.86 | |
| Total ( TSS ) | 105.62 | 23 | | | |

$$F = \frac{\text{Larger variance}}{\text{Smaller variance}}$$

या, $$F = \frac{\text{Variance for Between groups}}{\text{Variance for within groups}}$$

अब इस सूत्र ( formula ) के आधार पर यहाँ प्रसरण-विश्लेषण का मान निम्न होगा—

$$F = \frac{\text{Larger variance}}{\text{Smaller variance}} = \frac{40.88}{1.14} = 35.86$$

1. सुविधा के लिए TSS तथा BSS निकालने के बाद TSS में से BSS को घटा लेने पर WSS स्वत: निकल जाएगा । अत: WSS या BSS अलग से नहीं भी निकाला जा सकता है । किन्तु दोनों को निकाल देने पर लाभ यह होता है कि जाँच ( check ) हो जाती है कि दोनों मिलकर TSS के बराबर होते हैं तो हिसाब सही होता है ।

**सार्थकता-स्तर (*Level of Significance*)**

F निकालने के बाद इसकी सार्थकता की जाँच की जाती है। इसके लिए टेबुल W (जो इस अध्याय के अन्त में है) की सहायता ली जाती है। प्रस्तुत उदाहरण में टेबुल W देखने से पता चलता है कि बड़े माध्य वर्ग (greater mean square) के 2 df पर तथा छोटे माध्य वर्ग (smaller mean square) के लिए 21 df पर F को 0.05 तथा 0.01 स्तरों पर सार्थक होने के लिए क्रमशः 3.47 तथा 5.75 होना चाहिए। प्राप्त F का मान 35.86 है जो 0.01 स्तर से भी अधिक सार्थक है। अतः यह शून्य परिकल्पना (null hypothesis) कि इन तीनों समूहों की सर्जनात्मक योग्यता के बीच कोई सार्थक अन्तर नहीं है, अस्वीकृत (rejected) हो गयी। इसलिए निष्कर्ष यह प्राप्त हुआ कि तीनों समूहों की सर्जनात्मक योग्यता में वास्तविक अन्तर है, अर्थात् सर्जनात्मक योग्यता पर सामाजिक आर्थिक स्थिति (SES) का सार्थक प्रभाव (significant effect) पड़ा है।

**(ii) केवल दो समूहों की अवस्था में प्रसरण-विश्लेषण का उपयोग (*Application of ANOVA in case of only two groups*)**

प्रसरण-विश्लेषण का उपयोग दो समूहों के बीच एक चर के आधार पर अन्तर की सार्थकता निर्धारित करने के लिए भी किया जा सकता है (Ref. Garrett, 1966, 2007)। यह ठीक है कि दो समूहों की हालत में टी-परीक्षण (t-test) का उपयोग होता है, क्योंकि इससे समय तथा श्रम की बचत होती है। फिर भी यदि आप चाहें तो यहाँ भी एफ-परीक्षण (F-test) का उपयोग कर देख सकते हैं कि दोनों समूहों के प्राप्तांकों (Scores) के माध्यों (Means) के बीच सार्थक अन्तर है या नहीं। टी-परीक्षण तथा एफ-परीक्षण में कोई मौलिक अन्तर नहीं होता है। कारण, दोनो प्राचलिक प्रविधियाँ (parametric techniques) हैं और दोनों में सीधा सम्बन्ध है, क्योंकि $t = \sqrt{F}$ तथा $F = t^2$ होता है। इसे एक उदाहरण द्वारा और भी स्पष्ट किया जा सकता है।

**उदाहरण**—10 लड़के तथा 10 लड़कियों द्वारा मनोविज्ञान में प्राप्त अंक (marks) टेबुल 53 में दिए गए हैं। प्रश्न है कि लड़के तथा लड़कियों की उपलब्धियों (achivements) में कोई वास्तविक अन्तर है?

**टेबुल 53**

| लड़के | लड़कियाँ | वर्ग (Squares) | |
|---|---|---|---|
| $X_1$ | $X_2$ | $X_1^2$ | $X_2^2$ |
| 60 | 65 | 3600 | 4225 |
| 55 | 65 | 3025 | 4225 |
| 50 | 55 | 2500 | 3025 |
| 45 | 55 | 2025 | 3025 |
| 65 | 70 | 4225 | 4900 |
| 61 | 60 | 3721 | 3600 |
| 51 | 48 | 2601 | 2304 |
| 47 | 58 | 2209 | 3364 |
| 49 | 62 | 2401 | 3844 |
| 60 | 57 | 3600 | 3249 |
| 543 | 595 | 29907 | 35761 |

$$\sum X = \sum x_1 + \sum x_2 = 543 + 595 = 1138$$

$$\sum X^2 = \sum x_1{}^2 + \sum x_2{}^2 = 29907 + 35761 = 65668$$

स्पष्ट है कि सबसे पहले $X_1$ के प्राप्तांकों तथा $X_2$ के प्राप्तांकों को अलग-अलग जोड़ कर $\sum X_1$ तथा $\sum X_2$ निकाला गया है जो क्रमश: 543 तथा 595 पाया गया है और दोनों को जोड़ कर $\sum X$ निकाला गया जो 1138 है। इसके बाद $X_1$ तथा $X_2$ के प्रत्येक प्राप्तांक का वर्ग निकालकर अलग-अलग जोड़ दिया गया और $\sum X_1{}^2$ तथा $\sum X_2{}^2$ निकाला गया जो क्रमश: 29907 तथा 35761 है और इन दोनों को जोड़कर $\sum X^{2'}$ निकाला गया जो 65668 है। अब नीचे के परिकलन ( Calculations ) पर ध्यान दें।

Step 1 : $C \text{ ( correcton )} = \dfrac{(\sum X)^2}{N} = \dfrac{(1138)^2}{20} = \dfrac{1295044}{20} = 64752.2$

Step 2 : TSS ( Total sum of squares ) $= \sum X^2 - C$

$= 65668 - 64752.2 = 915.8$

Step 3 : BSS ( Between sum of squares )

$$= \left\{\frac{(\sum X_1)^2}{N_1} + \frac{(\sum X_2)^2}{N_2}\right\} - C$$

$$= \left\{\frac{(543)^2}{10} + \frac{(595)^2}{10}\right\} - 64752.2$$

$$= \left(\frac{294849}{10} + \frac{354025}{10}\right) - 64752.2$$

$= ( 29484.9 + 35402.5 ) - 64752.2$

$= 64887 - 64752.2$

$= 135.2$

Step 4 : WSS ( within sum of squares )

$$= \sum X_1{}^2 - \frac{(\sum X_1)^2}{N_1} + \sum X_2{}^2 - \frac{(\sum X_2)^2}{N_2}$$

$$= 29907 - \frac{(543)^2}{10} + 35761 - \frac{(595)^2}{10}$$

$= 29907 - 29484.9 + 35761 - 35402.5$

$= 422.1 + 358.5$

$= 780.6$

अब इसे जाँच लें, TSS = BSS + WSS = 135.2 + 780.6 = 915.8 ( checked )

Step 5 : df

( K का अर्थ है समूहों की संख्या )

( i ) BSS के लिए df = K – 1 = 2 – 1 = 1

( ii ) WSS के लिए df = N – K = 20 – 2 = 18

( iii ) TSS के लिए = N – 1 = 20 – 1 = 19

**प्रसरण-विश्लेषण का सारांश** ( ***Summary of Analysis of Variance*** )

| Source of variance | Sum of squares | df variance | Mean square | F | P |
|---|---|---|---|---|---|
| Between gorups ( BSS ) | 135.2 | 1 | 135.2 | 3.12 | < .05 |
| WSS ( within groups ) | 780.6 | 18 | 43.37 | | |
| Total ( TSS ) | 915.8 | 19 | | | |

$$F = \frac{\text{Larger variance}}{\text{Smaller variance}} = \frac{135.3}{43.37} = 3.12$$

$$t = \sqrt{F} = \sqrt{3.12} = 1.77$$

**सार्थकता स्तर** ( ***Level of Significance*** )

टेबुल W ( जो इस अध्याय के अन्त में है ) से पता चलता है कि बड़े माध्य वर्ग ( larger mean square ) के लिए 1 df पर तथा छोटे माध्य वर्ग ( smaller mean square ) के लिए 18 df पर F को .05 तथा .01 स्तरों पर सार्थक होने के लिए क्रमशः कम-से-कम 4.41 तथा 8.28 होना चाहिए । प्राप्त F ( 3.12 ) इससे कम होने के कारण .05 स्तर पर भी सार्थक नहीं है । इसलिए शून्य परिकल्पना ( null hypothesis ) स्वीकृत ( accept ) हो गयी कि लड़के तथा लड़कियों की उपलब्धियों में कोई सार्थक अन्तर नहीं है, अर्थात इनकी उपलब्धियों पर यौन कारक ( sex factor ) का कोई सार्थक प्रभाव नहीं पड़ा है । उल्लेखनीय है कि टेबुल-53 के आँकड़े टेबुल-39 से लिए गए हैं । इन आँकड़ों से t निकाला गया था, वह 1.76 था और .05 स्तर पर भी सार्थक नहीं था । यहाँ ज़ो F निकाला गया है वह 3.12 है जिसको t में बदलने पर 1.77 आया है जो पृष्ठ 288-289 के परिणाम के बिल्कुल समान है ।

( iii ) **एकाकी समूह की स्थिति में प्रसरण-विश्लेषण** ( ***Analysis of variance in case of single group*** )

जब एक ही समूह का व्यवहार दो या अधिक परिस्थितियों में करके आँकड़े प्राप्त किए जाएँ तथा माध्यमों ( Means ) के बीच अन्तर की सार्थकता ( significance of difference ) को निर्धारित करना हो तो प्रसरण-विश्लेषण प्रविधि ( analysis of variance technique ) का उपयोग करते समय कॉलम ( Column ) में दिए गए आँकड़ों के साथ-साथ रो ( Row ) में दिए गए आँकड़ों पर विचार भी करना आवश्यक होता है और पारस्परिक प्रभाव ( interaction effect or residual effect ) को निर्धारित किया जाता है । शेष प्रणालियाँ ( procedures ) वही रहती है, जिनका उल्लेख ऊपर किया गया है । इसे और भी स्पष्ट करने के लिए नीचे दिए गए उदाहरण पर ध्यान दें ।

**उदाहरण**—8 कर्मचारियों ( workers ) द्वारा तीन कार्य-वातावरण ( work environments ) अर्थात अच्छा ( good ), औसत ( average ) तथा खराब ( poor ) के

अन्तर्गत प्राप्त उत्पादन ( production ) से सम्बन्धित आँकड़े ( data ) नीचे टेबुल-54 में दिए गए हैं । क्या तीनों अवस्थाओं ( conditions ) से प्राप्त उत्पादनों में कोई सार्थक अन्तर ( significant difference ) है ?

**टेबुल 54**

| कर्मचारी ( Workers ) | कार्य वातावरण ( Work Environment ) | | |
|---|---|---|---|
| | अच्छा ( Good ) $X_1$ | औसत ( Average ) $X_2$ | बुरा ( Poor ) $X_3$ |
| 1 | 7 | 6 | 5 |
| 2 | 10 | 7 | 5 |
| 3 | 10 | 8 | 6 |
| 4 | 18 | 7 | 5 |
| 5 | 10 | 6 | 4 |
| 6 | 9 | 7 | 6 |
| 7 | 9 | 7 | 5 |
| 8 | 10 | 6 | 5 |

उपर्युक्त आँकड़ों के आधार पर प्रसरण-विश्लेषण-प्रविधि ( analysis of variance technique ) का उपयोग इस प्रकार किया जाएगा —

| $X_1$ | $X_2$ | $X_3$ | $\sum XR$ | $(\sum XR)^2$ | $X_1^2$ | $X_2^2$ | $X_3^2$ |
|---|---|---|---|---|---|---|---|
| 7 | 6 | 5 | 18 | 324 | 49 | 36 | 25 |
| 10 | 7 | 5 | 22 | 484 | 100 | 49 | 25 |
| 10 | 8 | 6 | 24 | 576 | 100 | 64 | 36 |
| 8 | 7 | 5 | 20 | 400 | 64 | 49 | 25 |
| 10 | 6 | 4 | 20 | 400 | 100 | 36 | 16 |
| 9 | 7 | 6 | 22 | 484 | 81 | 49 | 36 |
| 9 | 7 | 5 | 21 | 441 | 81 | 49 | 25 |
| 10 | 6 | 5 | 21 | 441 | 100 | 36 | 25 |
| 73 | 54 | 41 | | 3550 | 675 | 368 | 213 |

स्पष्ट है कि सबसे पहले तीनों अवस्थाओं ( $X_1$, $X_2$ तथा $X_3$ ) में प्रत्येक कर्मचारी द्वारा प्राप्त आँकड़ों ( scores ) को एक साथ जोड़कर ( $\Sigma XR$ ) वाले खाना में लिखा गया है । फिर प्रत्येक जोड़ यानी $\Sigma XR$ का वर्ग करके $(\Sigma XR)^2$ वाले खाना में लिखा गया है । जैसे प्रस्तुत उदाहरण में पहले कर्मचारी के तीन अवस्थाओं का प्राप्तांक $(7+6+5)=18$ हुआ जिसको $\Sigma XR$ वाले खाना में लिखा गया और इसका वर्ग $(18)^2$ 324 हुआ जिसको $(\Sigma XR)^2$ वाले खाना में लिखा गया । इसी प्रकार दूसरे सभी कर्मचारियों के तीनों अवस्थाओं के प्राप्तांकों को जोड़कर $\Sigma XR$ वाले खाना में तथा उसका वर्ग करके $(\Sigma XR)^2$ वाले खाने में अलग-अलग लिखा गया है तथा सबको एक साथ जोड़ दिया गया है । यहाँ कुल जोड़ $(\Sigma XR)^2$ 3550 है । इसके बाद प्रत्येक कर्मचारी के प्रत्येक अवस्था के प्राप्तांक का वर्ग करके $X_1^2, X_2^2$ तथा $X_3^2$ वाले खानों में लिखा गया है । जैसे—पहले कर्मचारी ने पहली अवस्था में 7 प्राप्तांक प्राप्त किया जिसका वर्ग $(7^2)$ 49 हुआ जिसको $X_1^2$ वाले खाना में लिखा गया ।

फिर दूसरी अवस्था में उसका प्राप्तांक 6 है, जिसका वर्ग ( $6^2$ ) 36 हुआ जिसको $X_2{}^2$ वाले खाना में लिखा गया और तीसरी अवस्था में उसका प्राप्तांक केवल 5 है, जिसका वर्ग ($5^2$.) 25 हुआ जिसको $X_3{}^2$ वाले खाना में लिखा गया । इसी प्रकार दूसरे सभी कर्मचारियों की तीनों अवस्थाओं के प्राप्तांक का अलग-अलग वर्ग करके क्रमश: $X_1{}^2, X_2{}^2$ तथा $X_3{}^2$ वाले खानों में लिखा गया है और सबको जोड़ कर $\Sigma X^2{}_1, \Sigma X_2{}^2$ तथा $\Sigma X_3{}^2$ निकाला गया है जो क्रमश: 675, 368, तथा 213 पाया गया है । इसी तरह प्रत्येक अवस्था में सभी कर्मचारियों के प्राप्तांकों को जोड़ कर $\Sigma X_1, \Sigma X_2$ तथा $\Sigma X_3$ निकाला गया जो क्रमश: 73, 54 तथा 41 पाया गया है ।

अब नीचे के परिकलन ( calculationn ) को देखें—

$$\Sigma X = \Sigma X_1 + \Sigma X_2 + \Sigma X_3 = 73 + 54 + 41 = 168$$

$$\Sigma X^2 = \Sigma X_1{}^2 + \Sigma X_2{}^2 + \Sigma X_3{}^2 = 675 + 368 + 213 = 1256$$

Step 1 : C ( correction ) $= \dfrac{(\Sigma X)^2}{N} = \dfrac{(168)^2}{24} = \dfrac{28224}{24} = 1176.00$

Step 2 : TSS ( Total sum of squares ) $= \Sigma X^2 - C$

$$= 1256 - 1176 = 80$$

Step 3 : BSS ( Between sum of squares or column SS )

$$= \left\{\frac{(\Sigma X_1)^2}{N_1} + \frac{(\Sigma X_2)^2}{N_2} + \frac{(\Sigma X_3)^2}{N_3}\right\}$$

$$= \left\{\frac{(73)^2}{8} + \frac{(54)^2}{8} + \frac{(41)^2}{8}\right\} - 1176$$

$$= \left\{\frac{5329}{8} + \frac{2916}{8} + \frac{1681}{8}\right\} - 1176$$

$$= \{666.13 + 364.5 + 210.13\} - 1176$$

$$= 1240.76 - 1176 = 64.76$$

Step 4 : WSS ( Within sum of squares or Row SS )

$$= \frac{(\Sigma XR)^2}{K} - C = \frac{3550}{3} - 1176 = 1183.33 - 1176 = 7.33$$

Step 5 : Interaction SS ( residual SS )

$$= TSS - (\text{Column SS} + \text{Row SS}) = 80 - (64.76 + 7.33)$$

$$= 80 - 72.09 = 7.91$$

Step 6 : df इस प्रकार निकाला जाएगा—

( i ) Between SS ( column SS ) के लिए $df = K - 1 = 3 - 1 = 2$

( ii ) WSS ( Row SS ) के लिए $df = R - 1 = (8 - 1) = 7$

(iii) Intreaction SS (Residual SS) के लिए

$$df = (K-1) \times (R-1) = (3-1) \times (8-1) = 2 \times 7 = 14$$

(iv) Total SS के लिए $df = N - 1 = 24 - 1 = 23$

**प्रसरण विश्लेषण का सारांश (*Summary of Analysis of Variance*)**

| Source of Variance | Sum of square | df | Mean square or variance | F | P |
|---|---|---|---|---|---|
| BSS (column SS) | 64.76 | 2 | 32.38 | 56.81 | < .01 |
| WSS (Row SS) | 7.33 | 7 | 1.05 | 1.84 | > .05 |
| Interaction SS (Error) | 7.91 | 14 | .57 | | |
| Total | 80.00 | 23 | | | |

$$F \text{ for column} = \frac{\text{Column variance}}{\text{Error variance}} = \frac{32.38}{.57} = 56.81$$

$$F \text{ for Rows} = \frac{\text{Row variance}}{\text{Error variance}} = \frac{1.05}{.57} = 1.84$$

**सार्थकता स्तर (*Level of Significance*)**

टेबुल W (जो इस अध्याय के अन्त में है) से पता चलता है कि कॉलम (column) यानी बड़ा माध्य वर्ग (larger mean square) के लिए 1 df पर तथा छोटे माध्य वर्ग (smaller mean square) में 2 df पर .05 तथा .01 स्तरों पर F को सार्थक होने के लिए कम-से-कम 4.74 तथा 9.55 चाहिए। प्राप्त F (56.81) इससे कहीं अधिक है। अत: यह .01 स्तर से भी अधिक सार्थक है। हमारी यह शून्य परिकल्पना (null hypothesis) कि तीनों कार्य परिस्थितियों में कर्मचारियों के उत्पादन में कोई सार्थक अन्तर नहीं है, यहाँ अस्वीकृत (reject) हो गयी और यह विकल्पी परिकल्पना (alternative hypothesis) स्वत: सही प्रमाणित हो गयी कि तीनों अवस्थाओं के उत्पादनों में बहुत सार्थक अन्तर है। यानी उत्पादन पर कार्य परिस्थितियों का निश्चित तथा सार्थक प्रभाव पड़ा है।

**साधारण प्रसरण-विश्लेषण की सीमाएँ (*Limitations of Simple Analysis of Variance*)**

साधारण प्रसरण-विश्लेषण की सबसे बड़ी त्रुटि या कमजोरी यह है कि इसके आधार पर जब तीन या अधिक समूहों या माध्यों के बीच अन्तर की सार्थकता को निर्धारित किया जाता है और जब सार्थक अन्तर पाया जाता है तो यह कठिन बन जाता है कि कौन-सा अन्तर सार्थक है—समूह A तथा समूह B के बीच, समूह A तथा समूह C के बीच अथवा समूह B तथा समूह C के बीच।

**इस त्रुटि का उपचार (*Remedy*)**

F-अनुपात केवल इतना बतलाता है कि तीनों समूहों–A,B तथा C के बीच सार्थक अन्तर है, किन्तु दो समूहों के बीच यह अन्तर सार्थक है और किनके बीच सार्थक नहीं है, इसकी जानकारी सम्भव नहीं होती है। इस त्रुटि को दूर करने के लिए t परीक्षण तथा शीफे प्रविधि (Schefie technique) का उपयोग किया जा सकता है। t-परीक्षण में कठिनाई

अधिक होती है, समय अधिक लगता है तथा श्रम अधिक करना पड़ता है। समूहों की संख्या जितना अधिक होती है, t का उपयोग उतना ही अधिक कठिन होता है। अतः ऐसी हालत में शीफे-विधि ही अधिक उपयुक्त है। इस विधि में प्रत्येक दो समूहों के बीच F निकालकर अन्तर की सार्थकता की जाँच की जाती है। इसका सूत्र निम्नलिखित है :—

$$F = \frac{(M_1 - M_2)^2}{\sigma^2 W\left(\frac{N_1 + N_2}{N_1 N_2}\right)}$$

यहाँ, $M_1$ = पहले समूह का माध्य ( Mean ),
$M_2$ = दूसरे समूह का माध्य
$N_1$ = पहले समूह के व्यक्तियों की संख्या,
$N_2$ = समूहों के भीतर के प्रसरण ( Within group variance ) का माध्य वर्ग ( Mean square )
$\sigma^2W$ = समूहों के भीतर के प्रसरण ( Within group variance ) का माध्य वर्ग ( Mean square )।

**नोट**—मान लें कि संख्या यदि 5 हो तो $M_1, M_2, M_3, M_4$ तथा $M_5$ आदि का व्यवहार किया जा सकता है और इसी आधार पर $N_1, N_2, N_3, N_4$, तथा $N_5$ का व्यवहार किया जाएगा।

जैसे–मान लें कि टेबुल-52 के आँकड़ों के आधार पर तीनों समूहों के साथ शीफे-विधि ( Scheffe method ) का उपयोग करना है।

( i ) A तथा B समूहों के लिए F —

$$F = \frac{(6.75 - 4.13)^2}{1.14\left(\frac{8+8}{(8)(8)}\right)} = \frac{(2.62)^2}{1.14\left(\frac{16}{(64)}\right)} = \frac{6.86}{1.14 \times .25} = \frac{6.86}{.285} = 24.07$$

( ii ) A तथा C समूहों के लिए F —

$$F = \frac{(6.75 - 2.25)^2}{1.14\left(\frac{8+8}{(8)(8)}\right)} = \frac{(4.50)^2}{1.14\left(\frac{16}{(64)}\right)} = \frac{20.25}{1.14 \times .25} = \frac{20.25}{.285} = 71.05$$

( iii ) B तथा C समूहों के लिए F —

$$F = \frac{(4.13 - 2.25)^2}{1.14\left(\frac{8+8}{(8)(8)}\right)} = \frac{(1.88)^2}{1.14 \times .25} = \frac{3.53}{.285} = 12.40$$

यहाँ F की सार्थकता निर्धारित करने का तरीका यह है कि ANOVA द्वारा प्राप्त जो F होता है वह जिस स्तर ( यानी .05 या.01 ) पर सार्थक होता है, उसके न्यूनतम अपेक्षित मूल्य से समूहों की संख्या यानी K में से एक घटा कर ( K – 1 ) उससे गुणाकर दिया जाता

है और जो मान ( value ) प्राप्त होता है उसके बराबर या अधिक मान होने पर उसे सार्थक माना जाता है । उससे कम होने पर असार्थक माना जाता है । जैसे—प्रस्तुत उदाहरण टेबुल-52 ( पृष्ठ 348 ) से सम्बन्ध रखता है । यहाँ F ( 35.86 ) .01 स्तर पर तथा 21 df के साथ सार्थक है । टेबुल - W ( जो इस अध्याय के अन्त में है ) से स्पष्ट है कि $df_1 = 2$ तथा $df_2 = 21$ के साथ .01 पर न्यूनतम अपेक्षित मान 5.78 है । अब इसे ( K – 1 ) से गुणा करने पर 5.78 × ( 3 – 1 ) = 5.78 × 2 = 11.56 हुआ । अतः तीनों F ( 24.07, 71.05 तथा 12.40 ) सार्थक हैं ।

**नोट**—यदि प्राप्त F ( significant ) नहीं हो तो फिर शीफे-प्रविधि ( Schefie Technique ) के व्यवहार करने की कोई आवश्यकता नहीं है ।

## ( ख ) जटिल प्रसरण-विश्लेषण या द्विमार्गी प्रसरण-विश्लेषण
## ( Complex or Two Way Aanalysis of Variance )

जब शोधकर्त्ता ( researcher ) किसी एक स्वतंत्र चर ( independent variable ) को परिचालित ( manipulate ) करता है और उसके प्रभाव की सार्थकता को निर्धारित करना चाहता है तो इसके लिए साधारण प्रसरण-विश्लेषण या एकमार्गी प्रसरण-विश्लेषण ( Simple or one-way analysis of variance ) का उपयोग करता है, जिसकी व्याख्या ऊपर की जा चुकी है । लेकिन, जब शोधकर्त्ता एक से अधिक स्वतंत्र चरों ( independent variables ) को परिचालित करके उनके प्रभावों की सार्थकता की जाँच करना चाहता हो तो इसके लिए जटिल अथवा द्विमार्गी प्रसरण-विश्लेषण ( complex or two way analysis of variance ) का व्यवहार किया जाता है । इस प्रकार शोधकर्त्ता यदि किसी आश्रित चर ( dependent variable ) पर दो चरों ( variables ) यानी कारकों ( factors ) तथा उनके दो स्तरों ( levels ) का प्रभाव देखना चाहता हो तो इसे 2 × 2 कारक अभिकल्प ( 2 × 2 factorial design ) कहा जाएगा । इसी प्रकार तीन चरों या कारकों तथा उनके दो स्तरों के प्रभावों को निर्धारित करना हो तो 2 × 2 × 2 कारक अभिकल्प ( 2 × 2 × 2 factorial design ) कहा जाएगा । इसी प्रकार 3 × 3 × 3× 3 × 3 आदि कारक-अभिकल्प के उदाहरण हैं ।

कारक-अभिकल्प ( factorial design ) का सबसे बड़ा गुण यह है कि यहाँ मुख्य प्रभाव ( main effect ) तथा पारस्परिक प्रभाव ( interaction effect ) दोनों निर्धारित करना सम्भव होता है, जो साधारण प्रसरण-विश्लेषण से सम्भव नहीं है । मुख्य प्रभाव का अर्थ यह है कि किसी आश्रित चर ( dependent variable ) पर प्रत्येक स्वतंत्र चर ( each independent variable ) के प्रभाव को अलग-अलग निर्धारित करना सम्भव होता है । पारस्परिक प्रभाव का अर्थ है कि उस आश्रित चर पर सभी स्वतंत्र चरों का संयुक्त प्रभाव ( joint effect ) क्या पड़ता है । कारक-अभिकल्प का व्यवहार कई परिस्थितियों में किया जाता है । लेकिन हम यहाँ निम्नलिखित अधिक प्रचलित अभिकल्पों का उल्लेख करेंगे :–

**( ii ) 2 × 2 कारक अभिकल्प** ( *2 × 2 Factorial Design* )

इस प्रकार के अभिकल्प में किसी आश्रित चर ( dependent variable ) पर दो स्वतंत्र चरों ( independent variables ) तथा प्रत्येक के दो स्तरों ( levels ) के प्रभावों को निर्धारित किया जाता है । जैसे–मान लिया जाए कि 20 लड़के तथा 20 लड़कियों को अनियमित रूप से ( randomly ) चुन कर क्रमशः $A_1$ तथा $A_2$ समूहों में रखा गया । समूह $A_1$ में 10

देहाती तथा 10 शहरी लड़के थे । इसी तरह समूह $A_2$ में 10 देहाती तथा 10 शहरी लड़कियाँ थीं । सभी लड़के तथा लड़कियों की पठन-योग्यता ( reading ability ) की जाँच की गयी और जो आँकड़े प्राप्त हुए वे नीचे टेबुल में उल्लेखित हैं । प्रश्न है कि क्या पठन-योग्यता पर यौन-कारक ( sex factor ) तथा क्षेत्र ( region ) का कोई सार्थक प्रभाव पड़ता है ?

**पठन-योग्यता प्राप्तांक**
**( Reading Ability Scores )**

| $A_1$ ( Boys ) | | $A_2$ ( Girls ) | |
|---|---|---|---|
| $B_1$ | $B_2$ | $B_1$ | $B_2$ |
| शहरी ( Urban ) | देहाती ( Rural ) | शहरी ( Urban ) | देहाती ( Rural ) |
| 7 | 5 | 6 | 4 |
| 6 | 4 | 6 | 3 |
| 10 | 4 | 5 | 3 |
| 7 | 6 | 7 | 2 |
| 8 | 3 | 7 | 2 |
| 7 | 4 | 8 | 4 |
| 6 | 2 | 5 | 4 |
| 5 | 3 | 6 | 5 |
| 10 | 2 | 5 | 2 |
| 9 | 4 | 7 | 3 |

**समाधान** ( *Solution* )—इस समस्या का समाधान 2 × 2 कारक अभिकल्प ( 2 × 2 factorial design ) के आधार किया जाएगा । कारण, जहाँ दो स्वतंत्र चर हैं—यौन ( sex ) तथा क्षेत्र ( region ) और एक आश्रित चर ( dependent variable ) है—पठन-योग्यता ( reading ability ) । अत: यहाँ पठन-योग्यता पर यौन तथा क्षेत्र का अलग-अलग प्रभाव देखा जाएगा, जिसको मुख्य प्रभाव ( main effect ) कहते हैं । फिर दोनों चरों का संयुक्त प्रभाव ( joint effect ) भी पठन योग्यता पर देखा जाएगा, जिसको पारस्परिक प्रभाव ( interaction effect ) कहते हैं ।

**टेबुल 55**

| | $A_1$ | | $A_2$ | | | | | |
|---|---|---|---|---|---|---|---|---|
| | $B_1$ | $B_2$ | $B_1$ | $B_2$ | | | | |
| | शहरी लड़के | देहाती लड़के | शहरी लड़कियाँ | देहाती लड़कियाँ | वर्ग | | | |
| | ( Urban Boys ) | ( Rural Boys ) | ( Urban Girls ) | ( Rural Girls ) | ( Suares ) | | | |
| | $x_1$ | $x_2$ | $x_3$ | $x_4$ | $x_1^2$ | $x_2^2$ | $x_3^2$ | $x_4^2$ |
| | 7 | 5 | 6 | 4 | 49 | 25 | 36 | 16 |
| | 6 | 4 | 6 | 3 | 36 | 16 | 36 | 9 |
| | 10 | 4 | 5 | 3 | 100 | 16 | 25 | 9 |
| | 7 | 6 | 7 | 2 | 49 | 36 | 49 | 4 |
| | 8 | 3 | 7 | 2 | 64 | 9 | 49 | 4 |
| | 7 | 4 | 8 | 4 | 49 | 16 | 64 | 16 |
| | 6 | 2 | 5 | 4 | 36 | 4 | 25 | 16 |
| | 5 | 3 | 6 | 5 | 25 | 9 | 36 | 25 |
| | 10 | 2 | 5 | 2 | 100 | 4 | 25 | 4 |
| | 9 | 4 | 7 | 3 | 81 | 16 | 49 | 9 |
| Sums | 75 | 37 | 62 | 32 | 589 | 151 | 394 | 112 |

$\Sigma X = 75 + 62 + 32 = 206$
$\Sigma X^2 = 589 + 151 + 394 + 112 = 1246$
$\Sigma A_1 = 75 + 37 = 112,\ \ \Sigma A_2 = 62 + 32 = 94,$
$\Sigma A_1 + \Sigma A_2 = 112 + 94 = 206$
$\Sigma B_1 = 75 + 62 = 137, \Sigma B_2 = 37 + 32 = 69,$
$\Sigma B_1 + \Sigma B_2 = 137 + 69 = 206$

अब नीचे के परिकलनों ( calculations ) पर ध्यान दें :—

Step 1 : C ( correction ) $\dfrac{(\Sigma X)^2}{N} = \dfrac{(206)^2}{40} = \dfrac{42436}{40} = 1060.9$

Step 2 : TSS ( Total sum of squares )
$= \Sigma X^2 - C = 1246 - 1060.9 = 185.1$

Step 3 : WSS ( Between sum of squares )

$$= \Sigma X_1{}^2 = \frac{(\Sigma X_1)^2}{N_1} + \Sigma X_2{}^2 - \frac{(\Sigma X_2)^2}{N_2}$$

$$+ + \Sigma X_3{}^2 - \frac{(\Sigma X_3)^2}{N_3} + \Sigma X_4{}^2 - \frac{(\Sigma X_4)^2}{N_4}$$

$$= 589 - \frac{(75)^2}{10} + 151 - \frac{(37)^2}{10} + 394 - \frac{(62)^2}{10} + 112 - \frac{(32)^2}{10}$$

$$= 589 - \frac{5625}{10} + 151 - \frac{1369}{10} + 394 - \frac{3844}{10} + 112 - \frac{1024}{10}$$

$= 589 - 562.5 + 151 - 136.9 + 394 - 384.4 + 112 - 102.4$
$= 26.5 + 14.1 + 9.6 = 59.8$

Steep 4 : BSS ( Between sum of squares )

$$= \left\{\frac{(\Sigma X_1)^2}{N_1} + \frac{(\Sigma X_2)^2}{N_2} + \frac{(\Sigma X_3)^2}{N_3} + \frac{(\Sigma X_4)^2}{N_4}\right\} - C$$

$$= \left\{\frac{(75)^2}{10} + \frac{(37)^2}{10} + \frac{(62)^2}{10} + \frac{32)^2}{10}\right\} - 1060.9$$

$= 562.5 + 136.9 + 384.4 + 102.4 - 1060.9$
$= 1186.2 - 1060.9 = 125.3$

TSS $=$ WSS + BSS $= 59.8 + 125.3 = 185.1$ ( checked )

Stetp 5 : SSA ( Sex factor ) $= \dfrac{(\Sigma A_1)^2 + (\Sigma A_2)^2}{N} - C$

$$= \frac{(112)^2 + (94)^2}{20} - C = \frac{12544 + 8836}{20} - 1060.9$$

$$= \frac{21380}{20} - 1060.9 = 1069 - 1060.9 = 8.1$$

Step 6 : SSB ( region factor ) $= \frac{(\Sigma B_1)^2 + (\Sigma B_2)^2}{N} - C$

$$= \frac{(137)^2 + (69)^2}{20} - 1060.9 = \frac{18769 + 4761}{20} - 1060.9$$

$$= \frac{23530}{20} - 1060.9 = 1176.5 - 1060.9 = 115.6$$

Step 7 : Interaction effect :

Cell entries

| | $A_1$ | $A_2$ | $\Sigma$ |
|---|---|---|---|
| $B_1$ | 75 | 62 | 137 |
| $B_2$ | 37 | 32 | 69 |
| $\Sigma$ | 112 | 94 | 206 |

अत: Interaction A × B ( Sex and region )

$$= \left\{\frac{(A_1B_1 + A_2B_2) - (A_2B_1 + A_1B_2)}{N}\right\}^2$$

$$= \left\{\frac{(75+32)-(62+37)}{40}\right\}^2 = \frac{(107-99)^2}{40}$$

$$= \frac{(8)^2}{40} = \frac{64}{40} = 1.6$$

df = A = 2 – 1 = 1, df B = 2 – 1 = 1

df A × B = 1 × 1 = 1, df Between = K – 1 = 4 – 1 = 3

df within ( Rows ) = ( R – 1 ) + ( R – 1 ) + ( R – 1 ) + ( R – 1 )

= ( 10 – 1 ) + ( 10 – 1 ) + ( 10 – 1 ) ( 10 – 1 )

= 9 + 9 + 9 + 9 = 36

df total = N – 1 = 40 – 1 = 39

**प्रसरण विश्लेषण का सारांश ( Summary of Analysis of Variance )**

| Sources | Sum of Squares | df | Mean square or variance | F | P |
|---|---|---|---|---|---|
| A. Sex | 8.10 | 1 | 8.10 | 4.88 | .05 |
| B. Region | 115.6 | 1 | 115.6 | 69.64 | .01 |
| A × B | 1.6 | 1 | 1.6 | .96 | NS |
| Between | 125.3 | 3 | 41.77 | 25.16 | .01 |
| Within ( error ) | 59.8 | 36 | 1.66 | | |
| Total | 185.1 | 39 | | | |

$$\text{F for Sex} = \frac{\text{variance for A}}{\text{Error variance}} = \frac{8.10}{1.66} = 4.88$$

$$\text{F for Region} = \frac{\text{variance for B}}{\text{Error variance}} = \frac{115.6}{1.66} = 69.64$$

$$\text{F for interaction (A} \times \text{B)} = \frac{\text{Interaction variance}}{\text{Error variance}} = \frac{1.6}{1.66} = .96$$

$$\text{F for Column} = \frac{\text{Column variance}}{\text{Error variance}} = \frac{41.77}{1.66} = 25.16$$

**सार्थकता-स्तर तथा व्याख्या ( *Level of Significance and Interpretation* )**

परिणाम ( results ) को देखने से पता चलता है कि यौन-कारक ( sex factor ) तथा क्षेत्र कारक ( region factor ) दोनों का सार्थक प्रभाव ( significant effect ) पठन-योग्यता ( reading ability ) पर पड़ा है । पठन-योग्यता से सम्बन्धित लड़के तथा लड़कियों के निष्पादनों में सार्थक अन्तर है । टेबुल-W ( जो इस अध्याय के अन्त में है ) से पता चलता है कि बड़े माध्य वर्ग ( larger mean square ) पर 1 df तथा छोटे माध्य वर्ग ( smaller mean square ) पर 36 df पर .05 तथा .01 स्तर पर F को सार्थक होने के लिए क्रमशः 4.12 तथा 6.42 से कम होना चाहिए । प्राप्त F ( 4.88 ) स्पष्टतः .05 स्तर पर सार्थक है । इसी प्रकार शहरी-देहती क्षेत्र का प्रभाव भी पठन-योग्यता पर सार्थक पड़ा है । देहातियों तथा शहरियों की पठन योग्यता से सम्बन्धित निष्पादनों में सार्थक अन्तर पाया गया है । यहाँ F का 1 df तथा 36 df पर .05 तथा .01 स्तरों पर सार्थक होने के लिए क्रमशः 4.12 तथा 7.12 होना चाहिए था, जबकि प्राप्त F 69.64 है । स्पष्टतः यह .01 स्तर से भी ज्यादा सार्थक है । अतः लड़कियों की अपेक्षा लड़के तथा देहातियों की अपेक्षा शहरी छात्र पठन-योग्यता में सार्थक रूप से श्रेष्ठ हैं । अतः दोनों मुख्य प्रभाव ( main effect ) सार्थक पाए गए । लेकिन पारस्परिक प्रभाव ( interaction effect ) असार्थक ( insignificant ) पाया गया । कारण, यहाँ F ( .96 ) असार्थक ( not significant ) है ।

**( iii ) 2 × 2 × 2 कारक अभिकल्प ( *2 × 2 × 2 Factorial Design* )**

इस प्रकार के अभिकल्प में तीन स्वतंत्र चर ( independent variables ) या कारक ( factors ) होते हैं और प्रत्येक के दो स्तर ( levels ) होते हैं । इसलिए इसे $2^3$ या 2 × 2 × 2 कारक अभिकल्प ( factorial design ) कहा जाता है । जैसे—गान लें कि मौखिक सामग्री की धारणा ( retention ) पर जाति ( उच्च-निम्न ), यौन ( पुरुष-स्त्री ) तथा क्षेत्र ( देहाती-शहरी ) का प्रभाव देखना है । यहाँ धारणा आश्रित चर ( dependent variable ) है और जाति ( caste ), यौन ( sex ) तथा क्षेत्र ( region ) स्वतंत्र चर हैं और प्रत्येक के दो स्तर हैं । पहले चर को A तथा इसके दोनों स्तरों को $A_1$ ( उच्च जाति ) तथा $A_2$ ( निम्न जाति ) कहेंगे । दूसरे चर को B तथा इसके दोनों स्तरो को $B_1$ ( पुरुष ) तथा $B_2$ ( स्त्री ) कहेंगे । तीसरे चर को C तथा इसके दोनों स्तरो को $C_1$ ( शहरी ) तथा $C_2$ ( देहाती ) कहेंगे । इस प्रकार ( 2 × 2 × 2 ) कुल 8 समूह होंगे । मान लें कि प्रत्येक समूह में अनियमित रूप से ( in a radom way ) 5 विद्यार्थियों को चुनकर रखा गया । इस प्रकार कुल 40 विद्यार्थी थे, जिनमें 20 उच्च जाति तथा 20 निम्न जाति के थे । प्रत्येक में 10 लड़के तथा 10 लड़कियाँ थे । इनमें में भी 5 शहरी तथा 5 देहाती क्षेत्र के थे । इन सभी 40 विद्यार्थियों को 7 निरर्क्षक पदों की सूची 5 प्रयासों ( trials ) तक सिखलाने के 10 मिनट के बाद उनसे निरर्थक पदों का प्रत्यावाह्न ( recall ) अलग-अलग लिया गया, जो टेबुल-56 में उल्लेखित हैं । प्रश्न है कि क्या इन सभी समूहों की धारणा में वास्तविक अन्तर है ? क्या धारणा पर जाति, यौन तथा क्षेत्र का सार्थक प्रभाव ( significant effect ) पड़ा है ?

टेबुल 56

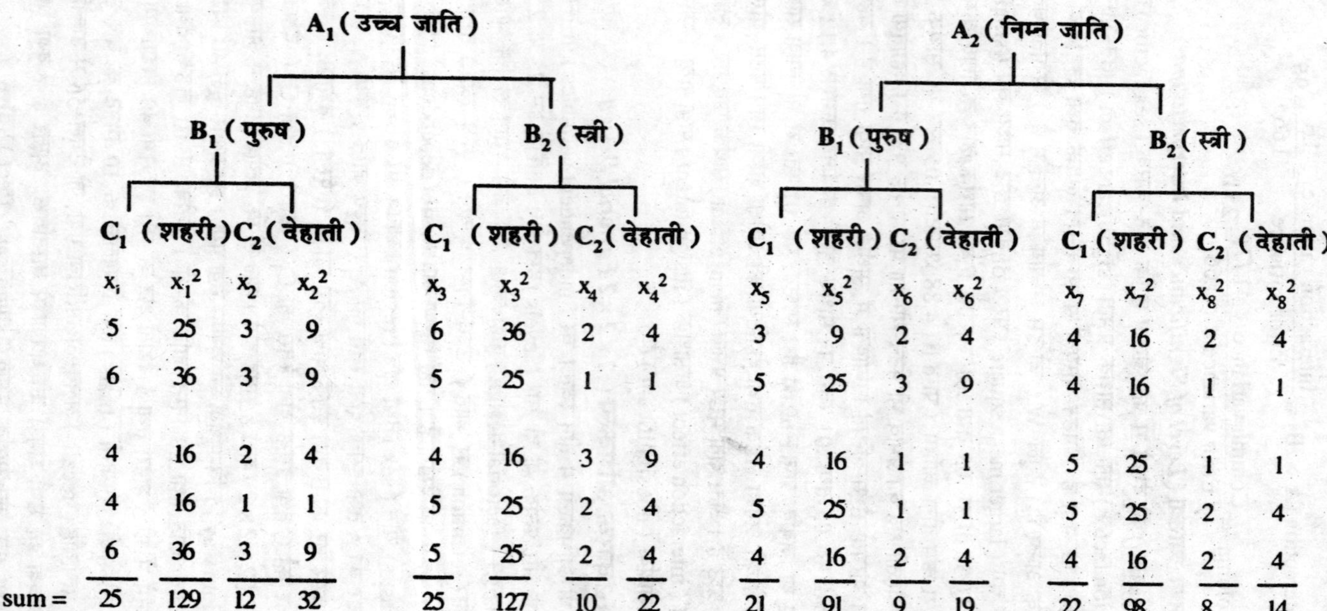

| | $A_1$ (उच्च जाति) | | | | | | | | $A_2$ (निम्न जाति) | | | | | | | |
|---|---|---|---|---|---|---|---|---|---|---|---|---|---|---|---|---|
| | $B_1$ (पुरुष) | | | | $B_2$ (स्त्री) | | | | $B_1$ (पुरुष) | | | | $B_2$ (स्त्री) | | | |
| | $C_1$ (शहरी) | | $C_2$ (वेहाती) | | $C_1$ (शहरी) | | $C_2$ (वेहाती) | | $C_1$ (शहरी) | | $C_2$ (वेहाती) | | $C_1$ (शहरी) | | $C_2$ (वेहाती) | |
| | $x_i$ | $x_1^2$ | $x_2$ | $x_2^2$ | $x_3$ | $x_3^2$ | $x_4$ | $x_4^2$ | $x_5$ | $x_5^2$ | $x_6$ | $x_6^2$ | $x_7$ | $x_7^2$ | $x_8^2$ | $x_8^2$ |
| | 5 | 25 | 3 | 9 | 6 | 36 | 2 | 4 | 3 | 9 | 2 | 4 | 4 | 16 | 2 | 4 |
| | 6 | 36 | 3 | 9 | 5 | 25 | 1 | 1 | 5 | 25 | 3 | 9 | 4 | 16 | 1 | 1 |
| | 4 | 16 | 2 | 4 | 4 | 16 | 3 | 9 | 4 | 16 | 1 | 1 | 5 | 25 | 1 | 1 |
| | 4 | 16 | 1 | 1 | 5 | 25 | 2 | 4 | 5 | 25 | 1 | 1 | 5 | 25 | 2 | 4 |
| | 6 | 36 | 3 | 9 | 5 | 25 | 2 | 4 | 4 | 16 | 2 | 4 | 4 | 16 | 2 | 4 |
| sum = | 25 | 129 | 12 | 32 | 25 | 127 | 10 | 22 | 21 | 91 | 9 | 19 | 22 | 98 | 8 | 14 |

$\Sigma X = \Sigma x_1 + \Sigma x_2 + \Sigma x_3 + \Sigma x_4 + \Sigma x_5 + \Sigma x_6 + \Sigma x_7 + \Sigma x_8$
$= 25 + 12 + 25 + 10 + 21 + 9 + 22 + 8 = 132$

$\Sigma x^2 = 129 + 32 + 127 + 22 + 91 + 19 + 98 + 14 = 532$

$\Sigma A_1 = 25 + 12 + 25 + 10 = 72$

$\Sigma A_2 = 21 + 9 + 22 + 8 = 60$

$\Sigma A_1 + \Sigma A_2 = 72 + 60 = 132$

$\Sigma B_1 = 25 + 12 + 21 + 9 = 67$

$\Sigma B_2 = 25 + 10 + 22 + 8 = 65$

$\Sigma B_1 + \Sigma B_2 = 67 + 65 = 132$

$\Sigma C_1 = 25 + 25 + 21 + 22 = 93$

$\Sigma C_2 = 12 + 10 + 9 + 8 = 39$

$\Sigma C_1 + \Sigma C_2 = 93 + 39 = 132$

अब नीचे के परिकलन ( calculation ) पर ध्यान दें :—

Step 1 : C ( correction ) $= \frac{(\Sigma X)^2}{N} = \frac{(132)^2}{40} = \frac{17424}{40} = 435.6$

Step 2 : TSS ( Total sum of squares ) $\Sigma X^2 - C = 532 - 435.6 = 96.4$

Step 3 : Within SS ( ROWS )

$$= \Sigma X_1^2 - \frac{(\Sigma X_1)^2}{N_1} + \Sigma X_2^2 - \frac{(\Sigma X_2)^2}{N_2}$$

$$+ \Sigma X_3^2 - \frac{(\Sigma X_3)^2}{N_3} + \Sigma X_4^2 - \frac{(\Sigma X_4)^2}{N_4} +$$

$$\Sigma X_5^2 = \frac{(\Sigma X_5)^2}{N_5} + \Sigma X_6^2 - \frac{(\Sigma X_6)^2}{N_6} + \Sigma X^2{}_7 - \frac{(\Sigma X_7)^2}{X_7} +$$

$$\Sigma X_8^2 - \frac{(\Sigma X_8)^2}{N_8}$$

$$= 129 - \frac{25^2}{5} + 32 - \frac{12^2}{5} + 127 - \frac{25^2}{5} + 22 - \frac{10^2}{5}$$

$$+ 91 - \frac{21^2}{5} + 19 - \frac{9^2}{5} + 98 - \frac{22^2}{5} + 14 - \frac{8^2}{5}$$

$$= (129 - 125) + (32 - 28.8) + (127 - 125) + (22 - 20)$$

$$+ (91 - 8.2) + (19 - 16.2) + (98 - 96.8) + (14 - 12.8)$$

$$= 4 + 3.2 + 2 + 2 + 2.8 + 2.8 + 1.2 + 1.2$$

$$= 19.2$$

Step 4 : Between SS ( columns )

$$\left\{\frac{(\Sigma X_1)^2}{N_1} + \frac{(\Sigma X_2)^2}{N_2} + \frac{(\Sigma X_3)^2}{N_3} + \frac{(\Sigma X_4)^2}{N_4}\right.$$

$$\left. + \frac{(\Sigma X_5)^2}{N_5} + \frac{(\Sigma X_6)^2}{N_6} + \frac{(\Sigma X_7)^2}{N_7} + \frac{(\Sigma X_8)^2}{N_8}\right\} - C$$

$$= \left\{\frac{25^2}{5} + \frac{12^2}{5} + \frac{25^2}{5} + \frac{10^2}{5} + \frac{21^2}{5} + \frac{9^2}{5} + \frac{22^2}{5} + \frac{8^2}{5}\right\} - 435.6$$

$= 125 + 28.8 + 125 + 20 + 88.2 + 16.2 + 96.8 + 12.8 - 435.6$
$= 512.8 - 435.6 = 77.2$
TSS = WSS + BSS = 19.2 + 77.2 = 96.4 ( checked )

Main effects :

Step 5 : SSA ( Casterd factor ) $= \frac{(\Sigma A_1)^2}{N} + \frac{(\Sigma A_2)^2}{N} - C$

$$\frac{(72)^2}{20} + \frac{(60)^2}{20} - 435.6$$
$$= \frac{5184}{20} + \frac{3600}{20} - 435.6 = 259.2 + 180 - 435.6$$
$$= 439.2 - 435.6 = 3.6$$

Step 6 : SSB ( Sex factor ) $= \frac{(\Sigma B_1)^2}{N} + \frac{(\Sigma B_2)^2}{N} - C$

$$= \frac{(67)^2}{20} + \frac{(65)^2}{20} - 435.6$$
$$= \frac{4489}{20} + \frac{4225}{20} - 435.6 = 224.45 + 211.25 - 435.6$$
$$= 435.7 - 435.6 = .1$$

Step 7 : SSC ( Region factor ) $\frac{(\Sigma C_1)^2}{N} + \frac{(\Sigma C_2)^2}{N} - C$

$$= \frac{(93)^2}{20} + \frac{(39)^2}{20} - 435.6 = \frac{8649}{20} + \frac{1521}{20} - 435.6$$
$$= 432{\cdot}45 + 76{\cdot}05 = 508{\cdot}5 - 435{\cdot}6 = 72{\cdot}9$$

Step 8 : Interaction effect

Cell entires A × B

| | $A_1$ | $A_2$ | Σ |
|---|---|---|---|
| $B_1$ | 37 | 30 | 67 |
| $B_2$ | 35 | 30 | 67 |
| Σ | 72 | 60 | 132 |

Cell entries A × C

| | $A_1$ | $A_2$ | Σ |
|---|---|---|---|
| $C_1$ | 50 | 43 | 93 |
| $C_2$ | 22 | 17 | 39 |
| Σ | 72 | 60 | 132 |

Cell entries B × C

| | $B_1$ | $B_2$ | Σ |
|---|---|---|---|
| $C_1$ | 46 | 47 | 93 |
| $C_2$ | 21 | 18 | 39 |
| Σ | 67 | 65 | 132 |

(i) Interaction A × B = ( caste and sex )

$$= \frac{\{(A_1B_1 + A_2B_2) - (A_2B_1 + A_1B_2)\}^2}{4n}$$
$$= \frac{\{(37+30) - (30+35)^2}{4\times 10} = \frac{(67-65)^2}{4\times 10} = \frac{2^2}{40} = \frac{4}{40} = .10$$

(ii) Interaction A × C ( Caste and region )

$$= \frac{\{(A_1C_1 + A_2C_2) - (A_2C_1 + A_1C_2)\}^2}{4n} = \frac{\{(50+17) - (43-22)^2}{4\times 10}$$
$$= \frac{(67-65)^2}{40} = \frac{(2)^2}{40} = \frac{4}{40} = {\cdot}10$$

(iii) Interaction B × C ( Sex and region )

$$= \frac{\{(B_1C_1 + B_2C_2) - (B_2C_1 + B_1C_2)\}^2}{4n}$$

$$= \frac{(46+18)-(47+21)\}^2}{4\times 10} = \frac{(64-68)^2}{40} = \frac{(-4)^2}{40} = \frac{16}{40} = .40$$

(iv) Interaction effect A × B × C =

BSS – ( SSA + SSB + SSC ) + (A × B ) + ( A × C ) + ( B × C )

= 77.2 – ( 3.6 + .10 + 72.9 ) + ( .10 ) + ( .10 ) + ( .40 )

= 77.2 – ( 76.6 ) + ( .60 ) = 77.20 – 77.20 = 0 (zero)

**Summary of Analysis of Variance**

| Sources | SS | df | Mean squares or variance | F | P |
|---|---|---|---|---|---|
| A Caste | 3.6 | 1 | 3.6 | 6 | < .05 |
| B. Sex | .10 | 1 | .10 | .17 | NS |
| C. Region | 72.90 | 1 | 72.90 | 121.50 | < .01 |
| A × B (caste vs sex) | .10 | 1 | .10 | .17 | NS |
| A × B (caste vs region) | .10 | 1 | .10 | .17 | NS |
| B × C (sex vs region) | .40 | 1 | .40 | .67 | NS |
| A × B × C | 0 | 1 | 0 | 0 | |
| Between | 77.20 | 7 | 11.03 | 18.38 | < .01 |
| Within (Error) | 19.20 | 32 | 0.6 | | |
| Total | 96.40 | 39 | | | |

df A = 2 – 1 = 1     df B = 2 – 1 = 1

df C = 2 – 1 = 1     df A × B = 1 × 1 = 1

df A × C = 1 × 1 = 1     df B × C = 1 × 1 = 1

df A × B × C = 1 × 1 × 1 =1     df between = K – 1 = 8 – 1 = 7

df within = ( R – 1 ) + ( R – 1 ) + ( R – 1 ) + ( R – 1 ) + ( R – 1 ) + (R – 1) + ( R – 1 ) + ( R – 1 ) = ( 5 – 1 ) + ( 5 – 1 ) + ( 5 – 1 ) ( 5 – 1) + ( 5 – 1 ) + ( 5 – 1 ) + ( 5 – 1 ) + ( 5 – 1 )

= 4 + 4 + 4 + 4 + 4 + 4 + 4 + 4 = 32

df total = N – 1 = 40 – 1 = 39

## सार्थकता-स्तर एवं व्याख्या

### *( Level of Significance and Interpretation )*

उपर्युक्त परिणामों ( results ) के आधार पर स्पष्ट है कि प्रयोज्यों ( विद्यार्थियों की धारणा ( retention ) पर जाति ( caste ) तथा क्षेत्र ( region ) का सार्थक प्रभाव ( significant effect ) पड़ा है, लेकिन यौन ( sex ) का कोई सार्थक प्रभाव नहीं पड़ा है । उच्च जाति ( high caste ) तथा निम्नजाति ( low caste ) की धारणा से संबंधित प्राप्तांकों के बीच अन्तर .05 स्तर पर सार्थक है । कारण, 1 df तथा 32 df के साथ F को .05 तथा .01 स्तर पर सार्थक होने के लिए क्रमश: 4.17 तथा 7.56 होना चाहिए और प्रस्तुत F वास्तव में 6 है, जो अवश्य ही .01 पर सार्थक नहीं है किन्तु .05 पर सार्थक है । देखें टेबुल-W, जो इस अध्याय के अन्त में है । शहरी तथा देहाती विद्यार्थियों के माध्यों के बीच अन्तर भी सार्थक है । प्राप्त F वास्तव में 121.5 है जो .01 से भी अधिक स्तर पर सार्थक है । लड़कियों तथा लड़को के माध्यों के बीच कोई सार्थक अन्तर नहीं है । यहाँ F केवल .17 पाया गया है जो पूर्णत: असार्थक है । इसी प्रकार कोई भी पारस्परिक प्रभाव ( interaction effect ) सार्थक नहीं है ।

## टेबुल W

**F Distribution**

**हल्का अंक (Thin digits) = .05 level**

**मोटा अंक (Thick digits) = .01 level**

| $df_2$ \ $df_1$ Degrees of freedom for greater mean square | 1 | 2 | 3 | 4 | 5 | 6 | 8 | 12 | 24 | ∞ |
|---|---|---|---|---|---|---|---|---|---|---|
| 1 | 161.42 | 199.50 | 206.72 | 224.57 | 230.17 | 223.97 | 238.89 | 243.91 | 249.04 | 254.32 |
| | 4052.10 | 4999.63 | 542.49 | 5625.14 | 5764.08 | 5859.09 | 5981.34 | 6105.83 | 6234.16 | 6366.48 |
| 2 | 18.5 | 19.00 | 19.16 | 18.25 | 19.30 | 19.33 | 19.37 | 19.41 | 19.45 | 19.50 |
| | 98.49 | 99.00 | 99.17 | 99.25 | 99.30 | 99.33 | 99.36 | 99.42 | 99.46 | 99.50 |
| 3 | 10.13 | 9.55 | 9.28 | 9.12 | 9.01 | 8.94 | 8.84 | 8.74 | 8.64 | 8.53 |
| | 4.12 | 30.81 | 29.46 | 28.71 | 28.24 | 27.91 | 27.94 | 27.05 | 26.66 | 26.12 |
| 4 | 7.71 | 6.94 | 6.59 | 6.39 | 6.26 | 6.16 | 6.04 | 5.91 | 5.77 | 5.63 |
| | 21.20 | 18.00 | 1069 | 5.98 | 15.51 | 15.21 | 14.80 | 14.3 | 13.93 | 13.46 |
| 5 | 6.61 | 5.79 | 5.4 | 5.19 | 5.05 | 4.95 | 4.82 | 4.68 | 4.53 | 4.36 |
| | 16.26 | 13.27 | 12.06 | 11.39 | 10.97 | 10.67 | 10.27 | 9.89 | 9.47 | 9.02 |
| 6 | 5.99 | 5.14 | 4.76 | 4.53 | 4.39 | 4.28 | 4.15 | 4.00 | 3.84 | 3.67 |
| | 13.74 | 10.92 | 9.78 | 9.15 | 8.75 | 8.47 | 8.10 | 7.72 | 7.31 | 6.88 |
| 7. | 5.59 | 4.74 | 4.35 | 4.12 | 3.97 | 3.87 | 3.73 | 3.57 | 3.41 | 3.23 |
| | 12.25 | 9.55 | 8.45 | 7.85 | 7.46 | 7.19 | 6.84 | 6.47 | 6.07 | 5.65 |
| 8. | 5.32 | 4.46 | 4.07 | 3.84 | 3.69 | 3.58 | 3.44 | 3.28 | 3.12 | 2.93 |
| | 11.26 | 8.65 | 7.59 | 7.01 | 6.63 | 6.37 | 6.03 | 5.67 | 5.28 | 4.86 |
| 9. | 5.12 | 4.26 | 3.86 | 3.63 | 3.48 | 3.37 | 3.23 | 3.07 | 2.90 | 2.71 |
| | 10.56 | 8.02 | 6.99 | 6.42 | 6.02 | 5.80 | 5.47 | 5.11 | 4.73 | 4.31 |

| $df_2$ | 1 | 2 | 3 | 4 | 5 | 6 | 8 | 12 | 24 | ∞ |
|---|---|---|---|---|---|---|---|---|---|---|
| 10 | 4.96 | 4.10 | 3.71 | 3.48 | 3.33 | 3.22 | 3.07 | 2.91 | 2.74 | 2.54 |
| | 10.04 | 7.56 | 6.55 | 5.99 | 5.64 | 5.39 | 5.06 | 4.71 | 4.33 | 3.91 |
| 11 | 4.84 | 3.98 | 3.59 | 3.36 | 3.20 | 3.09 | 2.95 | 2.79 | 2.61 | 2.40 |
| | 9.65 | 7.20 | 6.22 | 5.67 | 5.32 | 5.07 | 4.74 | 4.40 | 4.02 | 3.60 |
| 12 | 4.75 | 3.88 | 3.49 | 3.76 | 3.11 | 3.00 | 2.85 | 2.69 | 2.50 | 2.30 |
| | 9.33 | 6.93 | 5.95 | 5.41 | 5.06 | 4.82 | 4.50 | 4.16 | 3.78 | 3.36 |
| 13 | 4.67 | 3.80 | 3.41 | 3.18 | 3.02 | 2.92 | 2.77 | 2.60 | 2.42 | 2.21 |
| | 9.07 | 6.70 | 5.74 | 5.20 | 4.86 | 4.62 | 4.30 | 3.96 | 3.59 | 3.16 |
| 14 | 4.60 | 3.74 | 3.34 | 3.11 | 2.96 | 2.85 | 2.70 | 2.53 | 2.35 | 2.13 |
| | 8.86 | 6.51 | 5.56 | 5.03 | 4.69 | 4.46 | 4.14 | 3.80 | 3.43 | 3.00 |
| 15 | 4.54 | 3.68 | 3.29 | 3.06 | 2.90 | 2.79 | 2.64 | 2.48 | 2.29 | 2.07 |
| | 8.68 | 6.36 | 5.42 | 4.89 | 4.56 | 4.32 | 4.00 | 3.67 | 3.29 | 2.87 |
| 16 | 4.49 | 3.63 | 3.24 | 3.01 | 2.85 | 2.74 | 2.59 | 2.42 | 2.24 | 2.01 |
| | 8.53 | 6.23 | 5.29 | 4.77 | 4.44 | 4.20 | 3.89 | 3.55 | 3.18 | 2.75 |
| 17 | 4.45 | 3.59 | 3.20 | 2.96 | 2.81 | .70 | 2.55 | 2.38 | 2.19 | 2.96 |
| | 8.40 | 6.11 | 5.18 | 4.67 | 4.34 | 4.10 | 3.79 | 3.45 | 3.08 | 2.65 |
| 18 | 4.41 | 3.55 | 3.16 | 2.93 | 2.77 | 2.66 | 2.51 | 2.34 | 2.15 | 1.92 |
| | 8.28 | 6.01 | 5.09 | 4.58 | 4.25 | 4.01 | 3.71 | 3.37 | 3.01 | 2.57 |
| 19 | 4.38 | 3.52 | 3.13 | 2.90 | 2.74 | 2.63 | 2.48 | 2.31 | 2.11 | 1.88 |
| | 8.18 | 5.93 | 5.01 | 4.50 | 4.17 | 3.94 | 3.68 | 3.30 | 2.92 | 2.49 |
| 20 | 4.35 | 3.49 | 3.10 | 2.87 | 2.71 | 2.60 | 2.45 | 2.28 | 2.08 | 1.84 |
| | 8.10 | 5.85 | 4.94 | 4.43 | 4.10 | 3.87 | 3.56 | 3.23 | 2.86 | 2.42 |
| 21 | 4.32 | 3.47 | 3.07 | 2.84 | 2.68 | 2.57 | 2.42 | 2.25 | 2.05 | 1.81 |
| | 8.02 | 5.78 | 4.87 | 4.37 | 4.04 | 3.81 | 3.51 | 3.17 | 2.80 | 2.36 |
| 22 | 4.30 | 3.44 | 3.05 | 4.82 | 2.66 | 2.55 | 2.40 | 2.23 | 2.30 | 1.78 |
| | 7.94 | 5.72 | 4.82 | 4.31 | 3.99 | 3.75 | 3.45 | 3.12 | 2.75 | 2.30 |

| $df_2$ | 1 | 2 | 3 | 4 | 5 | 6 | 8 | 12 | 24 | ∞ |
|---|---|---|---|---|---|---|---|---|---|---|
| 23 | 4.28 | 3.47 | 3.03 | 2.80 | 2.64 | 2.53 | 2.38 | 2.20 | 2.00 | 1.79 |
| | 7.88 | 5.55 | 4.76 | 4.26 | 3.94 | 3.71 | 3.41 | 3.07 | 2.70 | 2.26 |
| 24 | 4.26 | 3.40 | 3.01 | 2.78 | 2.62 | 2.51 | 2.36 | 2.18 | 1.98 | 1.73 |
| | 7.82 | 5.61 | 4.72 | 4.22 | 3.90 | 3.67 | 3.36 | 3.03 | 2.66 | 2.21 |
| 25 | 4.24 | 3.38 | 2.99 | 2.76 | 2.60 | 2.46 | 2.34 | 2.16 | 1.96 | 2.72 |
| | 7.77 | 5.57 | 4.63 | 4.13 | 3.86 | 3.63 | 3.32 | 2.99 | 2.62 | 2.17 |
| 26 | 4.22 | 3.37 | 2.98 | 2.74 | 2.59 | 2.47 | 2.32 | 2.15 | 1.95 | 1.69 |
| | 7.72 | 5.53 | 4.64 | 4.14 | 3.82 | 3.59 | 3.29 | 2.96 | 2.58 | 2.13 |
| 27 | 4.21 | 3.35 | 2.96 | 2.73 | 2.57 | 2.46 | 2.30 | 2.13 | 1.93 | 1.67 |
| | 7.68 | 5.49 | 4.60 | 4.11 | 3.78 | 3.56 | 3.26 | 2.93 | 2.55 | 2.10 |
| 28 | 4.20 | 3.34 | 2.95 | 2.71 | 2.56 | 2.44 | 2.29 | 2.12 | 1.91 | 1.65 |
| | 7.64 | 5.45 | 4.57 | 4.07 | 3.75 | 3.53 | 3.23 | 2.90 | 2.52 | 2.06 |
| 29 | 4.18 | 3.33 | 2.93 | 2.70 | 2.54 | 2.43 | 2.28 | 2.10 | 1.90 | 1.64 |
| | 7.60 | 5.42 | 4.54 | 4.04 | 3.73 | 3.50 | 3.20 | 2.87 | 2.49 | 2.03 |
| 30 | 4.17 | 3.32 | 2.92 | 2.69 | 2.53 | 2.42 | 2.77 | 2.09 | 1.89 | 1.62 |
| | 7.56 | 5.39 | 4.51 | 4.02 | 3.70 | 3.47 | 3.17 | 2.84 | 2.47 | 2.01 |
| 35 | 4.12 | 3.26 | 2.87 | 2.64 | 2.48 | 2.37 | 2.22 | 2.04 | 1.83 | 1.57 |
| | 7.44 | 5.27 | 4.40 | 3.91 | 3.59 | 3.37 | 3.07 | 2.74 | 2.37 | 1.90 |
| 40 | 4.08 | 3.23 | 2.84 | 2.61 | 2.45 | 2.34 | 2.18 | 2.00 | 1.79 | 1.52 |
| | 7.31 | 5.18 | 4.31 | 3.83 | 3.51 | 3.29 | 2.99 | 2.66 | 2.29 | 1.82 |
| 45 | 4.06 | 3.21 | 2.81 | 2.58 | 2.42 | 2.31 | 2.15 | 1.97 | 1.76 | 1.48 |
| | 7.23 | 5.11 | 4.25 | 3.77 | 3.45 | 3.23 | 2.94 | 2.61 | 2.23 | 1.75 |
| 50 | 4.03 | 3.18 | 2.79 | 2.56 | 2.40 | 2.29 | 2.13 | 1.95 | 1.74 | 1.44 |
| | 7.17 | 5.06 | 4.20 | 3.72 | 3.41 | 3.09 | 2.89 | 2.56 | 2.18 | 1.68 |
| 60 | 4.00 | 3.15 | 2.76 | 2.52 | 2.37 | 2.25 | 2.10 | 1.92 | 1.70 | 1.39 |
| | 7.08 | 4.98 | 4.13 | 3.65 | 3.34 | 3.12 | 2.823 | 2.150 | 2.12 | 1.60 |

| $df_2$ | 1 | 2 | 3 | 4 | 5 | 6 | 8 | 12 | 24 | ∞ |
|---|---|---|---|---|---|---|---|---|---|---|
| 70 | 3.98 | 3.13 | 2.74 | 2.50 | 2.35 | 2.23 | 2.07 | 1.89 | 1.67 | 1.35 |
| | 7.01 | 4.92 | 4.08 | 3.60 | 3.29 | 3.07 | 2.78 | 2.45 | 2.07 | 1.53 |
| 80 | 3.96 | 3.11 | 2.72 | 2.49 | 2.33 | 2.21 | 2.06 | 1.88 | 1.65 | 1.31 |
| | 6.96 | 4.88 | 4.04 | 3.56 | 3.26 | 3..04 | 2.74 | 2.42 | 2.03 | 1.47 |
| 90 | 3.95 | 3.10 | 2.71 | 2.47 | 2.32 | 2.20 | 2.04 | 1.86 | 1.64 | 1.28 |
| | 6.92 | 4.85 | 4.01 | 3.53 | 3.23 | 3.01 | 2.732 | 2.39 | 2.00 | 1.43 |
| 100 | 3.94 | 3.09 | 2.70 | 2.46 | 2.30 | 2.19 | 2.03 | 1.85 | 1.63 | 1.26 |
| | 6.90 | 4.82 | 3.98 | 3.51 | 3.21 | 2.99 | 2.69 | 2.37 | 1.98 | 1.39 |
| 125 | 3.92 | 3.07 | 2.68 | 2.44 | 2.29 | 2.16 | 2.01 | 1.82 | 1.60 | 1.21 |
| | 6.84 | 4.78 | 3.94 | 3.47 | 3.17 | 2.95 | 2.66 | 2.33 | 1.94 | 1.32 |
| 150 | 3.90 | 3.04 | 2.65 | 2.42 | 2.26 | 2.14 | 1.98 | 1.80 | 1.57 | 1.14 |
| | 6.76 | 4.71 | 3.88 | 3.41 | 3.11 | 2.89 | 2.60 | 2.28 | 1.88 | 1.21 |
| 300 | 3.87 | .303 | 2.64 | 2.41 | 2.25 | 2.13 | 1.97 | 1.79 | 1.55 | 1.10 |
| | 6.72 | 4.68 | 3.85 | 3.38 | 3.08 | 2.86 | 2.57 | 2.24 | 1.85 | 1.17 |
| 400 | 3.96 | 3.02 | 2.63 | 2.40 | 2.24 | 2.12 | 1.96 | 1.78 | 1.54 | 1.07 |
| | 6.70 | 4.66 | 3.83 | 3.37 | 3.06 | 2.85 | 2.56 | 2.23 | 1.84 | 1.11 |
| 500 | 3.86 | 3.01 | 2.62 | 2.39 | 2.23 | 2.11 | 1.96 | 1.77 | 1.54 | 1.06 |
| | 6.69 | 4.65 | 3.82 | 2.36 | 3.05 | 2.84 | 2.55 | 2.22 | 1.83 | 1.08 |
| 100 | 3.85 | 3.00 | 2.61 | 2.38 | 2.22 | 2.10 | 1.95 | 1.76 | 1.53 | 1.03 |
| | 6.66 | 4.63 | 3.80 | 3.34 | 3.04 | 2.82 | 2.53 | 2.20 | 1.81 | 1.04 |
| a | 3.84 | 2.99 | 2.60 | 2.37 | 2.21 | 2.09 | 1.94 | 1.75 | 1.52 | 1.00 |
| | 6.64 | 4.60 | 3.78 | 3.32 | 3.02 | 2.80 | 2.51 | 2.18 | 1.79 | 1.00 |

# विश्वविद्यालय प्रश्न
# UNIVERSITY QUESTIONS

## निबन्धात्मक प्रश्न
## ( *Essay Type Questions* )

1. *प्रसरण विश्लेषण किसे कहते हैं ? इसकी उपयोगिताओं को व्याख्या करें।*

   ***What is analysis of variance ? Explain its uses.***

2. *प्रसरण की कौन-कौन-सी अभिधारणाएँ या शर्तें हैं ? विभिन्न परिस्थितियों में इसके उपयोगों की व्याख्या करें।*

   ***What are the assumptions or conditions of ANOVA ? Explain its applications in different situations.*** *[ M.A. NOU, 2008 ]*

3. *किन परिस्थितियों में t की अपेक्षा F बेहतर होता है ? कारण सहित उत्तर दें।*

   ***Under what conditions F is preferred to t ? Give your answers with reasons.***

4. *10 छात्राओं को पहली अवस्था में अविराम-विधि ( Massed method ) तथा दूसरी अवस्था में विराम विधि ( spaced method ) द्वारा 15 निरर्थक पदों को सीखने के लिए 7-7 प्रयास दिए गए और उनका प्रत्यावाह्न ( recall ) लिया गया। आँकड़े निम्नलिखित हैं :-*

| पहली अवस्था | दूसरी अवस्था |
|---|---|
| 5 | 7 |
| 7 | 8 |
| 4 | 6 |
| 6 | 6 |
| 6 | 8 |
| 7 | 6 |
| 6 | 5 |
| 5 | 7 |
| 4 | 5 |
| 6 | 7 |

*क्या दोनों अवस्थाओं के उत्पादनों में कोई सार्थक अन्तर है ?*

5. ***निम्नलिखित आँकड़ों ( data ) के आधार पर ANOVA द्वारा तीन समूहों ( A, B तथा C ) के माध्यमों के बीच अन्तर की सार्थकता ( significance of difference ) ज्ञात करें :-***

| समूह A | समूह B | समूह C |
|---|---|---|
| 12 | 18 | 6 |
| 18 | 17 | 4 |
| 16 | 16 | 14 |
| 8 | 18 | 4 |
| 6 | 12 | 6 |
| 12 | 17 | 12 |
| 10 | 10 | 14 |

6. ***नीचे एक मनोवैज्ञानिक परीक्षण ( psychological test ) के आधार पर प्राप्त 5 विद्यालयों के 5-5 छात्रों के अंक ( scores ) दिए गए हैं। F-परीक्षण का उपयोग करें तथा मध्यमानों के बीच अन्तर की जाँच करें :-***

विद्यालय ( Schools )

| I | II | III | IV | V |
|---|---|---|---|---|
| 41 | 45 | 55 | 40 | 35 |
| 42 | 41 | 65 | 35 | 39 |
| 40 | 52 | 57 | 39 | 30 |
| 43 | 55 | 63 | 41 | 33 |
| 47 | 50 | 60 | 40 | 30 |

7. एक शिक्षण में तीन प्रयोज्यों को अलग-अलग 7-7 प्रयास दिए गए। प्रत्येक प्रयास में उनकी सही प्रतिक्रिया ( correct response ) नीचे उल्लेखित हैं :–

| प्रयास ( Trials ) | प्रयोज्य ( Subjects ) | | |
|---|---|---|---|
| | A | B | C |
| 1 | 7 | 8 | 1 |
| 2 | 3 | 7 | 3 |
| 3 | 2 | 6 | 2 |
| 4 | 2 | 5 | 1 |
| 5 | 5 | 7 | 4 |
| 6 | 4 | 5 | 2 |
| 7 | 6 | 6 | 2 |

उपर्युक्त आँकड़ों के आधार पर यह बतलाएँ कि प्रयोज्यों की प्रतिक्रियाओं में कोई सार्थक अन्तर है ?

8. 5 निर्णायकों ( judges ) द्वारा 10 बिन्दु-मापनी ( 10 point scale ) पर 6 प्रयोज्यों का श्रेणीकरण ( rating ) किया गया जो निम्नलिखित हैं :–

| प्रयोज्य ( Subjects ) | निर्णायक ( Judges ) | | | | |
|---|---|---|---|---|---|
| | A | B | C | D | E |
| 1 | 3 | 2 | 4 | 7 | 2 |
| 2 | 3 | 2 | 4 | 8 | 2 |
| 3 | 7 | 5 | 5 | 3 | 4 |
| 4 | 8 | 6 | 3 | 2 | 3 |
| 5 | 7 | 6 | 2 | 4 | 5 |
| 6 | 5 | 5 | 9 | 5 | 3 |

( क ) क्या निर्णायक वास्तविक अर्थ में प्रयोज्यों के बीच विभेद कर सके ?

( ख ) क्या सभी निर्णायक के निर्णयों में सार्थक अन्तर है ?

( ग ) क्या सभी निर्णायकों के संयुक्त श्रेणीकरण वास्तविक है ?

9. नीचे 4 समूहों के प्राप्तांक ( scores ) दिए गए हैं। इन प्राप्तांकों के आलोक में शून्य अन्तर परिकल्पना ( zero difference hypothesis ) की जाँच करें। [ M.A.; 1996, 2003, P.U. ]

| समूह A | समूह B | समूह C | समूह D |
|---|---|---|---|
| 11 | 10 | 15 | 13 |
| 13 | 10 | 14 | 9 |
| 14 | 8 | 17 | 10 |
| 15 | 9 | 16 | 14 |
| 12 | 12 | | 11 |
| 14 | 11 | | 12 |
| 13 | | | |

शीफे-विधि ( Scheffe Method ) का व्यवहार करके यह भी बतलाएँ कि किन समूहों के बीच सार्थक अन्तर है तथा किन समूहों के बीच सार्थक अन्तर नहीं है।

**10.** मोहसिन सामान्य बुद्धि परीक्षण का व्यवहार एक हाई स्कूल के 10 लाभान्वित बच्चे ( advantaged children ) तथा 10 अलाभान्वित बच्चे ( disadvantaged children ) पर किया गया और निम्नलिखित प्राप्तांक ( scores ) पाए गए :–

| | | | | | | | | | | |
|---|---|---|---|---|---|---|---|---|---|---|
| समूह A | 105 | 98 | 77 | 101 | 105 | 71 | 81 | 85 | 100 | 95 |
| समूह B | 65 | 70 | 68 | 81 | 64 | 78 | 65 | 91 | 10 | 65 |

प्रसारण-विश्लेषण का व्यवहार करके यह बतलाएँ कि बौद्धिक योग्यता में लाभान्वित बच्चे सार्थक रूप से श्रेष्ठ हैं या नहीं।

**11.** अनियमित रूप से ( randomly ) चुने गये 40 प्रयोज्यों को लिंग ( sex ) के आधार पर दो बराबर-बराबर हिस्सों में बाँट दिया गया। समूह $A_1$ में 20 लड़कों तथा $A_2$ में 20 लड़कियों को रखा गया। प्रत्येक समूह में आधे उच्च जाति ( high caste ) तथा आधे निम्न जाति ( low caste ) के लोग थे। फिर सभी प्रयोज्यों की धारणा ( retention ) की जाँच की गयी और निम्नलिखित आँकड़े ( data ) प्राप्त किए गए :–

| $A_1$ लड़के ( Boys ) | | $A_2$ लड़कियाँ ( Girls ) | |
|---|---|---|---|
| $B_1$ उच्च जाति ( High Caste ) | $B_2$ निम्न जाति ( Low Caste ) | $B_1$ उच्च जाति ( High Caste ) | $B_2$ निम्न जाति ( Low Caste ) |
| 7 | 4 | 6 | 4 |
| 6 | 4 | 6 | 5 |
| 6 | 5 | 6 | 4 |
| 7 | 5 | 5 | 4 |
| 5 | 4 | 7 | 3 |
| 8 | 3 | 8 | 4 |
| 7 | 5 | 8 | 6 |
| 6 | 4 | 6 | 4 |
| 8 | 6 | 6 | 5 |
| 7 | 4 | 5 | 4 |

( a ) लड़कों तथा लड़कियों के निष्पादनों ( performances ) के बीच कोई सार्थक अन्तर ( significant difference ) है ?

( b ) उच्च जाति तथा निम्न जाति के प्रयोज्यों के निष्पादनों के बीच कोई वास्तविक अन्तर है ?

( c ) A कारक ( sex factor ) तथा B कारक ( caste factor ) के संयुक्त प्रभाव ( joint effect ) की विश्वसनीयता ( reliability ) को निर्धारित करें।

( d ) मुख्य प्रभाव ( main effect ) तथा पारस्परिक प्रभाव ( interaction effect ) की व्याख्या करें।

**12.** 2 × 2 कारक अभिकल्प ( 2 × 2 factorial design ) के अनुकूल आँकड़ों ( data ) का परिचालन ( manipulation ) करके किसी आश्रित चर ( dependent variable ) पर तीन स्वतंत्र चरों के मुख्य प्रभाव ( main effect ) तथा पारस्परिक प्रभाव ( interaction effect ) ज्ञात करें। [ M.A. 2005, R.U. ]

**13.** मौखिक सामग्री की धारणा ( retention ) को आश्रित चर ( dependent variable ), प्रयास संख्या ( no. of trial ), सामग्री प्रस्तुतीकरण ( material presentation ), तथा धारणा-अन्तराल ( retention interval ) को स्वतन्त्र चरों के रूप में व्यवहार करके अनियमित रूप से चुने गए 80 प्रयोज्यों की धारणा की जाँच की गयी। आधे प्रयोज्यों को एक प्रयास तथा आधे को दो प्रयास दिया गया। आधे प्रयोज्यों को वह सामग्री दिखलाकर सिखायी गयी और आधे प्रयोज्यों को केवल बोल कर। अन्त में आधे प्रयोज्यों से तात्कालिक प्रत्यावाह्न

( *immediate recall* ) लिया गया तथा आधे प्रयोज्यों से विलंबित प्रत्यावाह्न ( *delayed recall* ) लिया गया। जो आँकड़े प्राप्त हुए वे नीचे दिए गए हैं। आसानी के लिए पहले स्वतंत्र चर ( प्रयास संख्या ) को $A$ कारक तथा इसके दो स्तरों को $A_1$ तथा $A_2$ कहेंगे। दूसरे स्वतंत्र चर ( सामग्री प्रस्तुत करने की विधि ) को $B$ कारक तथा इसके दो स्तरो को $B_1$ तथा $B_2$ कहेंगे। इसी तरह तीसरे चर ( प्रत्यावाह्न प्रकार ) को $C$-कारक तथा इसके दो प्रकारों को $C_1$ तथा $C_2$ कहेंगे।

| $A_1$ | | | | $A_2$ | | | |
|---|---|---|---|---|---|---|---|
| $B_1$ | | $B_2$ | | $B_1$ | | $B_2$ | |
| $C_1$ | $C_2$ | $C_1$ | $C_2$ | $C_1$ | $C_2$ | $C_1$ | $C_2$ |
| 76 | 36 | 43 | 37 | 94 | 74 | 67 | 67 |
| 66 | 45 | 75 | 22 | 85 | 74 | 64 | 60 |
| 43 | 47 | 66 | 22 | 80 | 64 | 70 | 54 |
| 62 | 23 | 46 | 25 | 81 | 86 | 65 | 51 |
| 65 | 43 | 56 | 11 | 80 | 68 | 60 | 49 |
| 43 | 43 | 62 | 27 | 80 | 72 | 55 | 38 |
| 42 | 54 | 51 | 23 | 69 | 62 | 57 | 55 |
| 60 | 45 | 63 | 24 | 80 | 64 | 66 | 66 |
| 78 | 41 | 52 | 25 | 63 | 78 | 79 | 68 |
| 66 | 40 | 50 | 31 | 58 | 61 | 80 | 58 |
| 601 | 417 | 564 | 247 | 770 | 703 | 663 | 556 |

( *i* ) क्या प्रयोज्यों की धारणा ( *retention* ) पर प्रयास-संख्या का कोई सार्थक प्रभाव पड़ा है ?

( *ii* ) क्या प्रयोज्यों की धारणा पर सामग्री के प्रस्तुतीकरण की विधि ( दृष्टि तथा श्रवण ) का कोई सार्थक प्रभाव पड़ा है ?

( *iii* ) क्या प्रयोज्यों के तात्कालिक प्रत्यावाह्न ( *immediate recall* ) तथा विलंबित प्रत्यावाह्न ( *delayed recall* ) में कोई सार्थक अन्तर है ?

( *iv* ) कारक $A$, कारक $B$ तथा कारक $C$ के पारस्परिक प्रभाव ( *interaction effect* ) की विश्वसनीयता ( *reliability* ) ज्ञात करें।

( *v* ) मुख्य प्रभावों ( *main effects* ) तथा पारस्परिक प्रभावों ( *interaction effects* ) की व्याख्या करें।

**14.** $2 \times 2$ कारक अभिकल्प ( *$2 \times 2$ factorial design* ) पर आधारित निम्नलिखित आँकड़ों से $F$ अनुपात ( *F-ratio* ) ज्ञात करें तथा परिणामों ( *results* ) की व्याख्या करें।

| $A_1$ ( *High Intelligence* ) | | $A_2$ ( *Low Intelligence* ) | |
|---|---|---|---|
| $B_1$ ( *Tribal* ) *Creativity Scores* | $B_2$ ( *Non-tribal* ) *Creativity Scores* | $B_1$ ( *Tribal* ) *Creativity Scores* | $B_2$ ( *Non-tribal* ) *Creativity Scores* |
| 60 | 100 | 40 | 50 |
| 70 | 80 | 30 | 60 |
| 50 | 90 | 30 | 40 |
| 70 | 70 | 20 | 50 |
| 70 | 100 | 50 | 50 |
| 60 | 90 | 40 | 40 |

15. टिप्पणियाँ लिखें ( Write notes on )—
(क) मुख्य प्रभाव ( Main effect ),
(ख) पारस्परिक प्रभाव ( Interaction effect )
(ग) कारक-अभिकल्प के लाभ ( Advantages of factorial design )
(घ) प्रसरण-विश्लेषण ( ANOVA ) प्राचलिक सांख्यिकी ( parametric statistic ) है अथवा अप्राचलिक सांख्यिकी ( non-parametric statistics ) है ?

16. निम्नलिखित 4 समूहों के आश्रित चर से सम्बन्धित प्राप्तांक मिले हैं। प्रदत्तों ( data ) का प्रसरण विश्लेषण कीजिए और परीक्षा-F का प्रयोग उसका अर्थ निर्णय कीजिए। आश्रित चर दौड़ने का समय सेकेण्ड में है।

| | | | |
|---|---|---|---|
| Gr | 2 | 3 | Gr III |
| | 3 | 4 | |
| | 4 | 5 | |
| | 4 | 7 | |
| | 5 | 9 | |
| | 6 | 10 | |
| | 7 | 13 | |
| Gr II | 5 | 4 | Gr IV |
| | 6 | 6 | |
| | 7 | 7 | |
| | 8 | 9 | |
| | 8 | 10 | |
| | 8 | 11 | |
| | 8 | 14 | |

17. नीचे दिए गए सेटों के लिए एक मार्गी अनोवा ( ANOVA ) निकालें।
[ M.A., 1993, P.U., 1997, B.U., U, 2005, VAKU. ]

| Set I | Set II | Set III | Set IV |
|---|---|---|---|
| 4 | 9 | 2 | 7 |
| 5 | 10 | 6 | 7 |
| 1 | 9 | 6 | 4 |
| 0 | 6 | 5 | 2 |
| 2 | 6 | 2 | 7 |

18. **Compute F-ratio from the data given below and interpret the results.**
[ M.A., 1994, V.B.U., 1999, M.U., 2003, B.U., 2009, R.U. ]
नीचे दिए गए आँकड़ों के आधार पर F-अनुपात ज्ञात करें तथा परिणाम की व्याख्या करें।

| Group–A<br>समूह–A | Group–B<br>समूह–B | Group–C<br>समूह–C |
|---|---|---|
| 12 | 18 | 6 |
| 18 | 17 | 4 |
| 16 | 16 | 14 |
| 8 | 18 | 4 |
| 6 | 12 | 6 |
| 12 | 17 | 12 |
| 10 | 10 | 14 |

19. *Determine with the help of analysis of variance if the following two groups of scores emerge from the same population.* *[MA., 2002, M.U.]*

प्रसरण-विश्लेषण विधि द्वारा यह निर्धारित करें कि क्या निम्नांकित अंकों के दोनों समूह एक ही जनसंख्या से निकले हैं—

*Group I* : 8, 13, 21, 19, 7, 15, 18, 14, 20, 22

*Group II* : 5, 8, 3, 13, 7, 12, 11, 6

20. *Compute F-ratio from the data given below and interpret the result—*

*[ M.A., 1995, V.B.U., 1998, M.U. ]*

नीचे दिए गए आँकड़े के आधार पर F-अनुपात ( F-ratio ) ज्ञात करें तथा परिणाम की व्याख्या करें—

| Group–A<br>समूह-अ | Group–B<br>समूह-ब | Group–C<br>समूह-स |
|---|---|---|
| 22 | 28 | 16 |
| 28 | 27 | 14 |
| 26 | 26 | 24 |
| 18 | 28 | 14 |
| 16 | 22 | 16 |
| 22 | 27 | 12 |
| 20 | 20 | 14 |

21. *Using the method of analysis of variance determine the significance of difference between the three conditions of practice in a verbal learning task. The learning trial taken in the three conditions is given below—* *[ M.A. 2005, P.U. ]*

प्रसरण-विश्लेषण विधि का उपयोग करते हुए वाचिक शिक्षण कार्य के अभ्यास की तीन अवस्थाओं में अन्तर की सार्थकता निर्धारित करें। तीनों अवस्थाओं में किए गए शिक्षण-प्रयासों की संख्याएँ नीचे दी गई हैं :–

| Conditions | Trials | | | | | | | |
|---|---|---|---|---|---|---|---|---|
| I | 6 | 8 | 7 | 5 | 6 | 8 | 6 | 8 |
| II | 4 | 6 | 5 | 4 | 5 | 4 | 3 | 6 |
| III | 8 | 9 | 10 | 9 | 8 | 6 | 7 | 9 |

22. *Three groups of students obtained following scores on a test. Test the significance of difference among groups scores by calculating F ratio. Interpret the result—*

*[ M.A., 2002, P.U. ]*

तीन समूह के छात्रों ने एक परीक्षण पर निम्न अंक प्राप्त किए। तीनों समूहों के प्राप्तांकों के बीच के अन्तर की सार्थकता की जाँच F परीक्षण द्वारा करें। निष्कर्ष की विवेचना करें :–

| | | | | | | | | | | |
|---|---|---|---|---|---|---|---|---|---|---|
| X | 16 | 18 | 20 | 10 | 9 | 25 | 30 | 16 | 19 | 40 |
| Y | 45 | 40 | 20 | 35 | 70 | 75 | 60 | 72 | 45 | 66 |
| Z | 16 | 10 | 9 | 4 | 8 | 7 | 4 | 3 | 2 | 6 |

23. *Following scores were obtained by three groups. By applying F ratio interpret the result—* *[ M.A., 2002, J.P.U. ]*

| Gr I | Gr II | Gr II |
|---|---|---|
| 2 | 5 | 3 |
| 3 | 6 | 4 |
| 4 | 7 | 5 |
| 4 | 8 | 7 |
| 5 | 8 | 9 |
| 6 | 8 | 10 |
| 7 | 8 | 13 |

24. *Following are the scores of an experiment on memory conducted under four conditions A, B, C & D. Find out with the help of F-test if the conditions have made any difference.* *[ M.A., 1998, V.B.U. ]*

*चार परिस्थितियों A, B, C एवं D में किए स्मृति सम्बन्धी एक प्रयोग के प्राप्तांक निम्नलिखित हैं। F-परीक्षण द्वारा ज्ञात कीजिए कि प्रायोगिक परिस्थितियों का भिन्न-भिन्न प्रभाव पड़ा है :–*

*Conditions*

| | A | B | C | D |
|---|---|---|---|---|
| Scores | 10 | 8 | 9 | 7 |
| | 12 | 7 | 6 | 8 |
| | 8 | 5 | 4 | 6 |
| | 7 | 6 | 5 | 4 |
| | 9 | 4 | 3 | 4 |
| | 6 | 5 | 3 | 2 |

25. *In a learning experiment, three subjects were given seven trials each. Their correct responses on each trial are given below—* *[ M.A., 2002, P.U. ]*

| No. of trials | Subjects A | B | C |
|---|---|---|---|
| 1 | 7 | 8 | 1 |
| 2 | 3 | 7 | 3 |
| 3 | 2 | 6 | 2 |
| 4 | 2 | 5 | 1 |
| 5 | 5 | 7 | 4 |
| 6 | 4 | 5 | 2 |
| 7 | 6 | 6 | 2 |

*Is there any significant difference among the responses of the subjects ? Explain.*

26. *Following are the scores of three groups of post-graduate students on a mental test under controlled conditions. Do the groups differ significantly ?*

*[ M.A., 2003, B.U., M.A. 2008, Mithila U. ]*

*निम्नलिखित आँकड़े नियंत्रित अवस्था में स्नातकोत्तर कक्षा के छात्रों के तीन समूहों के मानसिक परीक्षण के हैं। क्या ये समूह सार्थक रूप से एक-दूसरे से भिन्न हैं ?*

*Group A* 15, 18, 17, 19, 20, 22, 13, 16
*Group B* 12, 13, 16, 11, 10, 9, 6, 13
*Group C* 7, 9, 10, 12, 8, 11, 14, 12

27. *What do you mean by standard error of estimate ? Make distinction between parametric and nonparametric ANOVA. Explain.* *[ M.A., 2005, P.U. ]*
आकलन का मानक त्रुटि से आप क्या समझते हैं ? प्राचलिक तथा अप्राचलिक एनोवा में अन्तर करें।

28. *Compute analysis fo variance from the following data and also explain the significance of difference among the three conditions of noise upon learning of a poem. The learning trials taken in the three conditions of noise are as under :* *[ M.A., 2005, B.U. ]*
निम्नलिखित आँकड़ों से प्रसरण विश्लेषण बनायें एवं कविता के सीखने में शोर के तीनों अवस्थाओं में अन्तर की सार्थकता की जाँच करें। तीनों अवस्थाओं में लिये गये अधिगम प्रयासों की संख्या शोर पर इस प्रकार हैं :–

| *Conditions of noise* ( शोर की अवस्था ) | | *Learning trials* ( अधिगम प्रयास ) | | | | | | | |
|---|---|---|---|---|---|---|---|---|---|
| *1. High* (उच्च) | : | 10 | 12 | 9 | 8 | 11 | 13 | 15 | 12 |
| *2. Medium* (मध्य) | : | 9 | 8 | 10 | 8 | 5 | 9 | 8 | 6 |
| *3. Low* (निम्न) | : | 5 | 6 | 4 | 5 | 4 | 7 | 3 | 4 |

29. *Following are scores obtained by the members of four religious groups on a scale of Rigidity. Using one way ANOVA, find out whether there exists significant difference between the religious groups :* *[ M.A., 2005, M.U., M.A. 2007, JPU ]*
कठोरता के एक मापनी पर चार धार्मिक समूहों के सदस्यों द्वारा हासिल प्राप्तांक नीचे दिये गये हैं। एक मार्गीय प्रसरण विश्लेषण का उपयोग करके बताएँ कि क्या धार्मिक समूहों के बीच सार्थक अन्तर हैं :–

| *Hindi* हिन्दू | *Muslim* मुस्लिम | *Christian* ईसाई | *Sikh* सिक्ख |
|---|---|---|---|
| 5 | 8 | 4 | 6 |
| 3 | 8 | 3 | 3 |
| 4 | 5 | 4 | 4 |
| 2 | 7 | 1 | 5 |
| 1 | 6 | 0 | 6 |

## ANSWERS

**4.** F = 5.63, P < .01 **5.** F = 5.06, P < .05
**6.** F = 34.31, P < .01 **7.** F = 7.43, P < .05
**8.** ( a ) F = .50, ( b ) F = .94 ( c ) r = .91
**9.** F = 11.92, p < .01 केवल B तथा C के बीच सार्थक अन्तर है।
**10.** F = .90 NS
**11.** ( a ) F = .73 ( NS ) ( b ) F = 54.38 ( P < .01 ) ( c ) F = .27 ( NS )
**13.** ( i ) F = 105.07, P < .01 ( ii ) F = 29.98, P < .01 ( iii ) F = 64.28, P < .01 ( iv ) A × C तथा B × C का पारस्परिक प्रभाव ( Interaction effect ) विश्वसनीय है ( F = 15.09 तथा 4.22 ) 17.64

**14.** F = 11.23, P < .01
**16.** F = 17.55, P < .01
**17.** F = 6.378, P < .01
**18.** F = 5.06, P < .05
**19.** F = 1.14, P > .05
**20.** F = 11.70, P < .01
**21.** F = 19.37, P < .01
**22.** F = 37.62, P < .01
**23.** F = 3.14, P > 05
**24.** F = 6.44, < .01
**25.** F = 7.43, < .01
**26.** F = 15.91, P < .01
**28.** F = 26.93, P < .01
**29.** F = 8.54, P < .01

## वस्तुनिष्ठ प्रश्न
### ( Objective Questions )

1. *निम्नलिखित में से कौन प्राचलिक परीक्षण ( parametric test ) नहीं है ?*
   (क) *एफ-परीक्षण ( F-test )* (ख) *टी-परीक्षण ( t-test )*
   (ग) *आर-परीक्षण ( r-test )* (घ) *टी-परीक्षण ( T-test )*
2. *एफ-परीक्षण ( F-test ) निम्नलिखित में से किसके समतुल्य हैं ?*
   (क) *काई-वर्ग परीक्षण ( $\chi^2$-test )* (ख) *टी-परीक्षण ( t-test )*
   (ग) *यू-परीक्षण ( U-test )* (घ) *एच-परीक्षण ( H-test )*
3. *प्रसरण विश्लेषण ( ANOVA ) के संदर्भ में निम्नलिखित में से कौन कथन ( statement ) सही है ?*
   (क) *प्रसरण विश्लेषण का उपयोग वहाँ किया जाता है जहाँ समूहों के विचलन ( variance ) समजातीय ( homgeneous ) होते हैं।*
   (ख) *प्रसरण विश्लेषण के उपयोग की एक आवश्यक शर्त्त ( condition ) यह है कि समूहों के विचलन विषमजातीय ( heterogeneous ) होते हैं।*
   (ग) *प्रसरण-विश्लेषण का उपयोग वहाँ किया जाता है, जहाँ समहों में स्वतन्त्र वितरण ( free distribution ) वर्तमान रहता है।*
4. *प्रसरण-विश्लेषण की उपयोगिता यह है कि इसके द्वारा—*
   (क) *आश्रित चर ( dependent variable ) पर स्वतन्त्र चरों ( independent variables ) के अलग-अलग प्रभाव को निर्धारित किया जाता है।*
   (ख) *स्वतन्त्र चरों के संयुक्त प्रभाव ( joint effect ) को निर्धारित किया जाता है।*
   (ग) *एक स्वतंत्र चर या अधिक चरों की स्थिति के प्रभाव को निर्धारित किया जा सकता है।*
   (घ) *उपर्युक्त सभी*
5. *निम्नलिखित में से किस सूत्र ( formula ) द्वारा प्रसरण विश्लेषण–मूल्य को टी-अनुपात ( t-ratio ) में बदला जा सकता है ?*
   (क) $F = t^2$ (ख) $F = \sqrt{t}$ (ग) $F = \sqrt{F - t}$ (घ) *इनमें कोई नहीं*
6. *एफ-परीक्षण ( F-test ) के संदर्भ में df = निकालने का सूत्र है :*
   (क) *N–1* (ख) *N–K* (ग) *K–1* (घ) *ए सभी*
7. *निम्नलिखित में से सबसे अधिक विश्वसनीय सार्थकता स्तर ( significance level ) कौन है ?*
   (क) *0.10* (ख) *0.50* (ग) *0.05* (घ) *0.01*

**ANSWERS**

**1.** ( घ ), **2.** ( ख ), **3.** ( ग ), **4.** ( घ ), **5.** ( क ), **6.** ( घ ), **7.** ( घ )

✦

अध्याय - 17

# कुछ महत्त्वपूर्ण अप्राचलिक सांख्यिकी

## ( SOME IMPORTANT NON-PARAMETRIC STATISTICS )

अप्राचलिक सांख्यिकी के अर्थ ( meaning ), विशेषताओं ( properties ), अभिधारणाओं ( assumptions ), लाभों ( advantages ) तथा सीमाओं ( limitations ) की व्याख्या विस्तार से अध्याय-1 में की जा चुकी है । प्राचलिक सांख्यिकी ( parametric statistics ) तथा अप्राचलिक सांख्यिकी ( non-parametric statistics ) के बीच अन्तरों का उल्लेख भी अध्याय -1 में किया जा चुका है । ( देखें पृष्ठ 14 )

प्राचलिक सांख्यिकी प्रसामान्य वितरण ( normal distribution ) की अभिधारणा पर आधारित है जबकि अप्राचलिक सांख्क्री इस अभिधारणा से मुक्त है । इसी आधार पर अप्राचलिक सांख्यिकी को वितरण स्वतन्त्र सांख्यिकी ( distribution free statistics ) भी कहा जाता है ।

## अप्राचलिक सांख्यिकी के प्रकार

### ( Types of Non-Parametric Statistics )

टी-परीक्षण ( t-test ), एफ-परीक्षण ( F-test ) तथा प्रोडक्ट मोमेन्ट सहसम्बन्ध ( product moment correlations ) तथा r, rbis, rpbis प्राचलिक सांख्यिकी ( parametric statistics ) है, क्योंकि ये सभी प्रसामान्य वितरण की अभिधारणा पर आधारित हैं । इसके विपरीत काई-वर्ग ( chisquare, $x^2$ ), फाई-सहसम्बन्ध गुणांक ( phi-correlation coefficient ), आसंग गुणांक ( contingency coefficient, C ) तथा कोटि अन्तर सहसम्बन्ध ( rank difference correlation ) जैसे—स्पीयरमैन कोटि अन्तर सहसम्बन्ध ( Spearman Rank difference correlation ), केण्डल का टाऊ ( Kendall's Tau ), केण्डल संगति गुणांक ( Kendall's coefficient concordance. W ), आदि अप्राचलिक सांख्यिकी हैं । काई-वर्ग को छोड़कर इन सभी अप्राचलिक सांख्यिकी की व्याख्या विस्तार से अध्याय 12 में हो चुकी है । काई-वर्ग की पूरी व्याख्या अध्याय 15 में की गयी है । इनके अलावा भी कुछ अप्राचलिक विधियाँ ( non-parametric methods ) हैं, जिनकी व्याख्या इस अध्याय में की जा रही है । वे निम्नलिखित हैं :–

1. मान-विटनी यू-परीक्षण ( Mann-Whitney U-Test )
2. चिह्न-परीक्षण ( Sign Test )
3. चिह्न-कोटि परीक्षण ( Sign Rank Test )
4. माध्यिका परीक्षण ( Median Test )

5. क्रुस्कल वालिस एच-परीक्षण ( Kruskal Wallis H-Test )
6. फ्रीडमैन द्विमार्गी प्रसरण विश्लेषण ( Friedman's Two-Way Analysis of Variance )

इनमें से प्रथम दो का वर्णन विस्तार से अध्याय 11 में किया जा चुका है । शेष का वर्णन यहाँ किया जाएगा ।

## 1. मान-विटनी यू-परीक्षण
## ( Mann-Whitney U-Test )

मान-विटनी यू-परीक्षण ( U-test ) वास्तव में एक अप्राचलिक सांख्यिकीय विधि ( non-sparametric statistical device ) है, जिसके द्वारा दो समूहों के प्राप्तांको ( Scores ) के बीच अन्तर की सार्थकता ( significance of difference ) की जाँच की जाती है । इस अर्थ में यू-परीक्षण ( U-test ) वास्तव में टी-परीक्षण ( t-test ) के समान है । लेकिन, अन्तर यह है कि टी-परीक्षण एक प्राचलिक सांख्यिकीय परीक्षण ( parametric statistical test ) है जबकि यू-परीक्षण एक अप्राचलिक सांख्यिकीय परीक्षण ( non-parametric statistical test ) है । **रेबर** तथा **रेबर** ( Reber & Reber, 2001 ) के शब्दों में, *"मान विटनी U- परीक्षण एक शक्तिशाली अप्राचलिक परीक्षण है, जिसका उपयोग प्राय: टी-परीक्षण के स्थान पर किया जाता है, जब प्राचलिक परीक्षणों की अभिधारणाएँ पूरी नहीं हो पाती हैं ।"*[1] टी-परीक्षण की अभिधारणाओं तथा शर्तों की पूरी व्याख्या अध्याय 14 में की गयी है । अत: यहाँ केवल U-परीक्षण की अभिधारणाओं एवं शर्तों पर विचार किया जाएगा ।

### अभिधारणाएँ या शर्तें ( *Assumptions or Conditions* )

1. यू-परीक्षण ( U-test ) का व्यवहार वहाँ किया जाता है, जहाँ दो स्वतंत्र समूहों ( independent goups ) अथवा दो स्वतंत्र प्रतिदर्शों ( independent samples ) के बीच अन्तर की सार्थकता ( significance of difference ) को निर्धारित करना उद्देश्य होता है । दूसरे शब्दों में, दो असहसम्बन्धित समूहों या माध्यों ( two uncorrelated groups or means ) के बीच की सार्थकता की जाँच करना हो तो यू-परीक्षण का व्यवहार करना उचित होता है । इसके विपरीत दो सहसम्बन्धित समूहों या माध्यों ( two correlated goups or means ) के बीच अन्तर की सार्थकता की जाँच के लिए टी-परीक्षण ( t-test ) का व्यवहार किया जा सकता है, किन्तु यहाँ यू-परीक्षण ( U-test ) का व्यवहार करना उचित नहीं होता है ।

2. यू-परीक्षण के व्यवहार के लिए एक शर्त या अभिधारणा यह है कि दोनों समूह असमरूप ( unmatched ) हों । जब दो असमरूप समूहों या माध्यों ( unmatched goups means ) के बीच अन्तर की सार्थकता की जाँच करना हो तो यू-परीक्षण का व्यवहार करना उचित होता है । लेकिन, जब दो समरूप समूहों या माध्यों ( matched goups or means ) के बीच अन्तर की सार्थकता की जाँच करना हो तो इसके लिए यू-परीक्षण का व्यवहार नहीं करना चाहिए, बलिक टी-परीक्षण का उपयोग करना चाहिए । **चैपलिन** ( Chaplin, 1975 )

---

1. "Mann-Whitney U is one of the most powerful of the non-parametic tests, often used in place of t-test when the assumptions of parametric test are not met."

— Reber & Reber, 2001, p. 411

ने कहा है कि,"असमान समूहों ( unmatched groups ) के माध्यों के बीच अन्तर की सार्थकता के लिए यू-परीक्षण एक अप्राचलिक परीक्षण ( non-parametric test ) है ।"[1]

3. यू-परीक्षण का उपयोग वहाँ करना चाहिए, जहाँ इस शून्य परिकल्पना ( null hypothesis ) की जाँच करना हो कि दोनों प्रतिदर्शों ( samples ) अनियमित रूप से ( randomly ) एक ही जनसंख्या ( the same population ) से लिए गए हैं ।

4. यू-परीक्षण का उपयोग वहाँ किया जाता है जहाँ केवल दो समूहों या प्रतिदर्शों के बीच अन्तर की जाँच करना होता है । दो से अधिक समूहों या प्रतिदर्शों के होने पर यू-परीक्षण का व्यवहार नहीं किया जाता है । **रेबर तथा रेबर** ( Raber & Reber, 2001 ) *के अनुसार, जब दो से अधिक प्रतिदर्श या समूह होते हैं तो इस परीक्षण के विस्तार ( extension ) का व्यवहार किया जाता है, जिसे विटनी विस्तार ( Whitney Extension ) कहते हैं ।*

5. यू-परीक्षण का उपयोग प्राय: वहाँ किया जाता है, जहाँ $N_1$ तथा $N_2$ छोटे होते हैं लेकिन $N_1$ तथा $N_2$ का बराबर-बराबर होना आवश्यक नहीं है ।

6. यू-परीक्षण की एक अभिधारणा यह भी है कि इसका व्यवहार तभी किया जा सकता है जबकि दिए गए आँकड़े कोटियों ( ranks ) के रूप में हों अथवा दिए गए प्राप्तांक ( scores ) ऐसे हों कि उन्हें कोटियों में बदला जा सके । इसलिए **रेबर तथा रेबर** ( Reber & Reber, 2001 ) ने कहा है कि, *मान विटनी यू-परीक्षण वह अप्राचलिक सांख्यिकीय परीक्षण है, जो कोटिक्रम आँकड़ों ( rank-order data ) पर आधारित है।"*[2]

**उपयोगिताएँ एंव उपयोग** ( ***Uses and Applications*** )

अप्राचलिक सांख्यिकीय परीक्षणों मे मान विटनी यू-परीक्षण दो प्रतिदर्शों या समूहों के बीच अन्तर की सार्थकता की जाँच करने की सबसे अधिक शक्तिशाली तथा उपयोगी विधि है । कारण इसकी कई उपयोगिताएँ हैं जो किसी दूसरे परीक्षण में नहीं पायी जाती हैं :–

( i ) यदि दो ऐसे समूहों या प्रतिदर्शों ( samples ) के बीच अन्तर की सार्थकता की जाँच करनी हो जो प्रसामान्य वितरण ( normal distribution ) की अभिधारणा ( assumption ) पर आधारित न हो तो इसके लिए केवल यू-परीक्षण का ही उपयोग करना उचित होगा । किसी दूसरे परीक्षण से इस समस्या का समाधान करना उचित नहीं होगा ।

( ii ) जब दो असमान ( unmatched ) अथवा स्वतंत्र समूहों ( independent groups ) या माध्यों ( means ) के बीच अन्तर की सार्थकता की जाँच करना हो तो इसके लिए यू-परीक्षण सबसे अधिक उपयोगी सांख्यिकीय परीक्षण है ।

( iii ) यू-परीक्षण की एक उपयोगिता यह भी है कि जब दिए गए आँकड़े ( data ) कोटियों ( ranks ) या श्रेणियों ( ratings ) के रूप में होते हैं तो उनके बीच अन्तर की जाँच करने के लिए केवल यू-परीक्षण ही उपयुक्त है ।

---

1. "U-test is a non-parametric test for the significance of differences between means for unmatched groups." — Chaplin, 1975
2. "Mann Whintney U is a nonparametric statistical test based on rank-order data." — Reber & Reber, 2001, p. 411

(iv) जब दोनों प्रतिदर्शों (samples) अथवा समूहों के आकार (size) छोटे होते हैं तो उनके लिए माध्यों के बीच अन्तर की ज़ाँच के लिए यू-परीक्षण अधिक उपयोगी होता है, दोनों के आकार ($N_1$ तथा $N_2$) चाहे समान हों या भिन्न ।

(v) इस परीक्षण का एक लाभ (advantage) यह भी है कि यह एक सरल अप्राचलिक परीक्षण है । इसके द्वारा बहुत थोड़े समय में तथा थोड़े श्रम करके अन्तर की सार्थकता की जाँच करना सम्भव होता है ।

यू-मूल्य (U-value) निकालने के लिए दो तरह के सूत्र (formula) का उपयोग किया जाता है और जिस सूत्र से यू-मूल्य कम ज्ञात होता है, उसे ही सही माना जाता है । सूत्र निम्नलिखित है :–

$$U_1 = N_1N_2 + \frac{N_1(N_1+1)}{2} - \sum R_1 \quad \text{– सूत्र 63 a}$$

$$U_2 = N_1N_2 + \frac{N_2(N_2+1)}{2} - \sum R_2 \quad \text{– सूत्र 63 b}$$

अब एक उदाहरण द्वारा यू (U) के परिकलन (calculation) तथा इसमें निहित चरणों (steps) पर ध्यान दिया जा सकता है ।

**उदाहरण**

नीचे टेबुल 57 में पहले समूह (X) के 7 तथा दूसरे समूह (Y) के 9 विद्यार्थियों के उपलब्धि-प्राप्तांक (scores) दिए गए हैं । प्रश्न हैं कि क्या इन दोनों समूहों की उपलब्धियों के बीच कोई वास्तविक अन्तर (difference) है ?

| X | Y |
|---|---|
| 15 | 19 |
| 13 | 17 |
| 14 | 16 |
| 11 | 15 |
| 7 | 20 |
| 6 | 9 |
| 4 | 8 |
| | 5 |
| | 6 |

**समाधान** (*Solution*)—उपर्युक्त आँकड़ों (data) के आधार पर यू (U) इस प्रकार ज्ञात किया जाएगा—

**टेबुल 57**

| (पहला चरण) | (दूसरा चरण) | (तीसरा चरण) | (चौथा चरण) |
|---|---|---|---|
| I | II | III | IV |
| X | Y | $R_1$ (Rank one) | $R_2$ (Rank two) |
| 15 | 19 | 11.5 | 15 |
| 13 | 17 | 9 | 14 |
| 14 | 16 | 10 | 13 |
| 11 | 15 | 8 | 11.5 |
| 7 | 20 | 5 | 16 |
| 6 | 9 | 3.5 | 7 |
| 4 | 8 | 1 | 6 |
| $\Sigma N_1 = 70$ | 5 | $\Sigma R_1 = 48.0$ | 2 |
| | 6 | | 3.5 |
| | $\Sigma N_2 = 115$ | | $\Sigma R_2 = 88.0$ |

नोट—यहाँ तक परिकलन ( calculation ) सही हुआ या नहीं इसकी जाँच इस प्रकार की जा सकती है कि $\sum R_1 + \sum R_2 = \frac{N(N+1)}{2}$ अब $\Sigma R_1 + \Sigma R_2 = 48 + 88 = 136$

इसी तरह $\frac{N(N+1)}{2} = \frac{16(16+1)}{2} = \frac{16 \times 17}{2} = 136$

अत: परिकलन सही है । स्पष्ट है कि U ज्ञात करने में चार चरण ( steps ) शामिल होते हैं ।

1. पहले चरण में पहले समूह ( X-समूह ) के प्राप्तांकों को उसी रूप से ऊपर से नीचे तक लिख दिया जाता है, जैसा कि टेबुल-57 के प्रथम में खाना से स्पष्ट है ।

2. दूसरे चरण में दूसरे समूह ( Y-समूह ) के प्राप्तांकों को उसी क्रम में ऊपर से नीचे तक लिख दिया जाता है, जैसा कि टेबुल-57 के दूसरे खाने में स्पष्ट है ।

3. तीसरे चरण में दोनों समूहों को एक साथ मिलाकर कोटिकरण ( ranking ) किया जाता है । यह कोटिकरण बढ़ते हुए क्रम ( increasing order ) में किया जाता है । दोनों समूहों में जो सबसे छोटा प्राप्तांक ( score ) होता है, उसको 1 कोटि, उससे बड़े प्राप्तांक को 2 कोटि और इसी प्रकार सबसे बड़े प्राप्तांकों को अंतिम कोटि दी जाती है—प्रस्तुत उदाहरण में दोनों समूहों के प्राप्तांकों को देखने से पता चलता है कि पहले समूह में जो 4 प्राप्तांक है, वह सबसे कम है । इसलिए उस समूह के $R_1$ में 4 के सामने 1 लिखा गया है । फिर उसके बाद 5 प्राप्तांक है जो दूसरे समूह में है । इसलिए दूसरे समूह के $R_2$ में 5 के सामने 2 लिखा गया है । उसके बाद 6 प्राप्तांक है जो दोनों समूहों में है । ऐसी हालत में दोनों की कोटियों ( ranks ) का औसत ( average ) निकाल दिया जाता है । जैसे, पहले 6 को 3 तथा दूसरे 6 को 4 कोटि प्राप्त हुई । इसका औसत $\left(\frac{3+4}{2} = \frac{7}{2}\right)$ 3.5 हुआ, जिसको दोनों समूहों को 6 के सामने लिख दिया गया है । इसी तरह 20 प्राप्तांक ( जो दूसरे समूह में है ) सबसे बड़ा प्राप्तांक है । इसलिए इसको सबसे अधिक 16वाँ कोटि दी गयी हैं ।

4. चौथे और अंतिम चरण में पहले समूह की सभी कोटियों को एक साथ जोड़ कर $R_1$ तथा दूसरे समूह की सभी कोटियों को जोड़ कर $\Sigma R_2$ निकाला जाता है । फिर सूत्र 63a तथा 63b के आधार पर U ज्ञात किया जाता है और जिस U का मूल्य कम होता है, उसे ही वास्तविक U माना जाता है । जैसे , प्रस्तुत उदाहरण में सूत्र 63a से 43 तथा सूत्र 63b से 20 मूल्य ज्ञात हुआ है । अत: 20 को ही वास्तविक U माना जाएगा ।

अब U के मूल्य ज्ञात करने के लिए निम्नलिखित सूत्रों पर ध्यान दें :–

$$U = N_1 N_2 + \frac{N_1(N_1+1)}{2} - \sum R_1$$ —सूत्र 63a के अनुसार

$$= (7)(9) + \frac{7(7+1)}{2} - 48$$

$$= 63 + \frac{7 \times 8}{2} - 48 = 63 + \frac{56}{2} - 48 = 63 + 28 - 48$$

$$= 91 - 48 = 43$$

$$U = N_1N_2 + \frac{N_2(N_2+1)}{2}\sum R_2$$ —सूत्र 63b के अनुसार

$$= (7)(9) + \frac{9(9+1)}{2} - 88$$

$$= 63 + \frac{9 \times 10}{2} - 88 = 63 + \frac{90}{2} - 88$$

$$= 63 + 45 - 88 = 108 - 88 = 20$$

स्पष्ट है कि सूत्र 63a के अनुसार U का मूल्य 43 तथा सूत्र 63b के अनुसार 20 प्राप्त हुआ । अत: वास्तविक U का मूल्य 20 है ( क्योंकि जो U कम होता है उसे ही वास्तविक माना जाता है ) । प्राप्त U का मान सही है अथवा गलत है, इसकी जाँच के लिए निम्नलिखित सूत्र का व्यवहार किया जा सकता है :—

$$U_2 = N_1N_2 - U_1 = (7)(9) - 43 = 63 - 43 = 20$$

इस प्रकार इस बात की जाँच हो गयी कि U का मूल्य जो 20 ज्ञात हुआ वह सही है ।

**सार्थकता स्तर ( *Level of Significance* )**

अब देखना है कि U का प्राप्त मूल्य यानी 20 सार्थक है या नहीं और यदि सार्थक है तो किस स्तर पर । U की सार्थकता की जाँच के लिए टेबुल-X ( जो इस अध्याय के अन्त में है ) का उपयोग किया जाता है । इसके चार भाग हैं—( i ), ( ii ), ( iii ), तथा ( iv ), प्रत्येक के ऊपर एक-पार्श्व परीक्षण ( one-tailed test ) तथा द्विपार्श्व परीक्षण ( two-tailed test ) लिखा हुआ है ।

पहला भाग एक-पार्श्व परीक्षण तथा द्विपार्श्व परीक्षण के लिए क्रमश: .001 तथा .002 स्तर के लिए है । दूसरा भाग एक-पार्श्व परीक्षण .01 स्तर तथा द्विपार्श्व परीक्षण के .02 स्तर के लिए है । तीसरा भाग एक-पार्श्व परीक्षण के .025 तथा द्विपार्श्व परीक्षण के .05 स्तर के लिए है । इसी प्रकार चौथा भाग एक पार्श्व परीक्षण के .05 स्तर तथा द्विपार्श्व परीक्षण के .10 स्तर के लिए है । विद्यार्थी अपनी आवश्यकता एवं सुविधा के अनुसार किसी भी भाग का उपयोग करके U मूल्यांकन कर सकते हैं ।

जैसे टेबुल 57 के उदाहरण में $N_1$ तथा $N_2$ क्रमश: 7 तथा 9 और U = 20 है । टेबुल-X के दूसरे भाग ( जो इस अध्याय के अन्त में है ) को देखने से पता चलता है $N_1$ तथा $N_2$ पर एक-पार्श्व परीक्षण ( one tailed test ) के लिए .01 स्तर तथा द्विपार्श्व-परीक्षण ( two tialed test ) के लिए .02 स्तर पर U को सार्थक होने के लिए 9 या इससे भी कम होना चाहिए । प्राप्त U = 20 है । अत: यह सार्थक नहीं है । दोनों समूहों के बीच जो अन्तर है, वह वास्तविक नहीं है बल्कि आकस्मिक है । इसलिए, हमारी यह शून्य परिकल्पना ( null hypothesis ) स्वीकृति हो गयी कि दोनों समूहों के बीच कोई सार्थक अन्तर नहीं है और दोनों एक ही जनसंख्या ( Same population ) से लिए गए हैं । स्मरण रखना चाहिए कि टेबुल –X के किसी भी भाग अर्थात ( i ), ( ii ), ( iii ), तथा ( iv ), को देखने पर भी यही निष्कर्ष मिलता है कि U वहाँ .01, .02 अथवा .05 स्तर पर सार्थक नहीं है ।

जब $N_1$ अथवा $N_2$ से ज्यादा होता है तो U की सार्थकता की जाँच टेबुल-X से संभ नहीं होता है । ऐसी हालत में Z निकालकर U का मूल्यांकन किया जाता है । Z निकालने के लिए निम्नलिखित सूत्र का उपयोग किया जाता है :—

$$Z = \frac{U - \frac{N_1 N_2}{2}}{\sqrt{\frac{(N_1)(N_2)(N_1 + N_2 + 1)}{12}}}$$

Z निकालने के बाद यदि वह सार्थक हो तो U को भी सार्थक समझना चाहिए और यदि वह सार्थक नहीं हो तो U को भी सार्थक नहीं समझना चाहिए । स्मरण रखना चाहिए कि जब Z का मूल्य 1.96 से 2.58 तक होता है तो वह .05 स्तर पर सार्थक होता है । इसी तरह यदि Z का मूल्य 2.58 से अधिक होता है तो इसे .01 स्तर पर सार्थक माना जाता है ।

**उदाहरण**

नीचे टेबुल में 10 लड़कियों ( X-समूह ) तथा 22 लड़कों ( Y-समूह ) के द्वारा चिन्ता-परीक्षण ( Anxiety test ) पर प्राप्त अंक ( scores ) दिए गए हैं । प्रश्न है कि दोनों समूहों के चिन्ता-प्राप्तांकों में कोई वास्तविक अन्तर है या नहीं ।

| X-समूह | Y-समूह |
|---|---|
| 7 | 3 |
| 9 | 16 |
| 11 | 15 |
| 12 | 14 |
| 11 | 21 |
| 13 | 19 |
| 20 | 8 |
| 17 | 5 |
| 23 | 6 |
| 10 | 17 |
| | 24 |
| | 18 |
| | 7 |
| | 22 |
| | 29 |
| | 11 |
| | 20 |
| | 27 |
| | 25 |
| | 24 |
| | 9 |
| | 28 |

उपर्युक्त आँकड़ों के आधार पर यू ( U ) इस प्रकार ज्ञात किया जाएगा :–

**टेबुल 58**

| ( पहला चरण ) | ( दूसरा चरण ) | ( तीसरा चरण ) | ( चौथा चरण ) |
|---|---|---|---|
| I | II | III | IV |
| X | Y | $R_1$ | $R_2$ |
| 7 | 3 | 4.5 | 1 |
| 9 | 16 | 7.5 | 17 |
| 11 | 15 | 11 | 16 |
| 12 | 14 | 13 | 15 |
| 11 | 21 | 11 | 24 |
| 13 | 19 | 14 | 21 |
| 20 | 8 | 22.5 | 6 |
| 17 | 5 | 18.5 | 2 |
| 23 | 6 | 26 | 3 |
| 10 | 17 | 9 | 18.5 |
| | 24 | $\Sigma R_1 = 137.0$ | 27.5 |
| | 18 | | 20 |
| | 7 | | 4.5 |
| | 22 | | 25 |
| | 29 | | 32 |
| | 11 | | 11 |
| | 20 | | 22.5 |
| | 27 | | 30 |
| | 25 | | 29 |
| | 24 | | 27.5 |
| | 9 | | 7.5 |
| | 28 | | 31 |
| | | | $\Sigma R_2 = 391$ |

अब सूत्र 63-a द्वारा U ज्ञात करने पर –

$$U_1 = N_1N_2 + \frac{N_1(N_1+1)}{2} - \Sigma R_1$$

$$= (10)(22) + \frac{10(10+1)}{2} - 137$$

$$= 220 + \frac{10 \times 11}{2} - 137$$

$$= 220 + \frac{110}{2} - 137 = 220 + 55 - 137 = 138$$

अब ( U ) ( 138 ) की सार्थकता निर्धारित करने के लिए Z निकालना होगा जो इस

प्रकार है :-

$$Z = \frac{U - \frac{N_1N_2}{2}}{\sqrt{\frac{(N_1)(N_2)(N_1 + N_2 + 1))}{12}}} \qquad \text{—सूत्र 64a}$$

$$= \frac{138 - \frac{(10)(22)}{2}}{\sqrt{\frac{(10)(22)(10+22+1)}{12}}}$$

$$= \frac{138 - \frac{(220)}{2}}{\sqrt{\frac{(220)(33)}{12}}} = \frac{138-110}{\sqrt{\frac{7260}{12}}}$$

$$= \frac{28}{\sqrt{605}} = \frac{28}{24.60} = 1.14$$

स्पष्ट है कि Z यहाँ सार्थक नहीं है । इसलिए U भी सार्थक नहीं हुआ । U को .05 तथा .01 स्तरों पर सार्थक होने के लिए क्रमश: 1.96 से 2.58 तथा 2.58 से अधिक होना चाहिए था । लेकिन प्राप्त Z ( 1.14 ) इससे बहुत कम है । अत: U वास्तव में न तो .05 स्तर पर और न .01 स्तर पर सार्थक है । अत: शून्य परिकल्पना ( null hypothesis ) यहाँ स्वीकृत हो गयी । इसलिए चिन्ता प्राप्तांकों पर यौन ( sex ) का कोई सार्थक प्रभाव नहीं पड़ा है । दोनों समूहों के प्राप्तांकों के बीच कोई सार्थक अन्तर नहीं है ।

यदि विद्यार्थी चाहें तो इसकी जाँच पुन: सूत्र 63b के आधार पर भी कर सकते हैं । जैसे–सूत्र 63b के अनुसार :–

$$U = N_1N_2 + \frac{N_2(N_2+1)}{2} \Sigma R_2$$

$$= (10)(22) + \frac{22\ (22+1)}{2} - 391$$

$$= 10 \times 22 + \frac{22 \times 33}{2} - 391$$

$$= 220 + \frac{506}{2} - 391$$

$$= 220 + 253 - 391 = 473 - 391 = 82$$

अब $$Z = \frac{U_2 - \frac{N_1N_2}{2}}{\sqrt{\frac{(N_1)(N_2)(N_1 + N_2 + 1)}{12}}} \qquad \text{—सूत्र 64b}$$

$$= \frac{82 - \frac{10 \times 22}{2}}{\sqrt{\frac{(10)(22)(10+22+1)}{12}}}$$

$$= \frac{82 - \frac{220}{2}}{\sqrt{\frac{220(33)}{12}}} = \frac{82 - 110}{\sqrt{\frac{7260}{12}}} = \frac{28}{\sqrt{608}} = \frac{-28}{24.60} = -1.14$$

स्पष्ट है कि सूत्र 64b के आधार पर भी Z का मान उतना ही जितना सूत्र 64a के आधार पर Z का मान हुआ था, अन्तर केवल Z की दिशा ( direction ) या चिह्न ( sign ) में है। जैसे — सूत्र 64a के आधार पर + 1.14 तथा सूत्र 64b के आधार पर – 1.14, वास्तव में Z का मूल्य प्राप्त हुआ। अत: विद्यार्थियों को यह बात स्मरण रखना चाहिए कि Z का मान चाहे किसी भी सूत्र से निकाला जाए, मान बराबर होगा, किन्तु चिह्न में अन्तर होगा। अतएव, $N_1$ तथा $N_2$ अथवा दोनों जब 20 से अधिक हो तो U की सार्थकता की व्याख्या के लिए चाहें सूत्र 64a या 64b से ज्ञात किया जा सकता है, दोनों सूत्रों से Z ज्ञात करना आवश्यक नहीं है।

## 2. चिह्न-परीक्षण
### ( Sign Test )

चिह्न-परीक्षण वह अप्राचलिक सांख्यिकीय विधि ( non-parametric method ) है, जिसके द्वारा युगल प्राप्तांकों ( paired scores ) अथवा सहसंबंधित आँकड़ों ( correlated data ) के दो सेटों के बीच के अन्तर ( difference ) की सार्थकता ( significance ) की जाँच की जाती है।[1] एक अर्थ में चिह्न-परीक्षण टी-परीक्षण या काई-वर्ग ( $\chi^2$ ) के समान है; क्योंकि इन तीनों परीक्षणों का काम अन्तर की सार्थकता ( significance of difference ) की जाँ करना है। लेकिन ये तीनों परीक्षणों की अभिधारणाएँ ( assumptions ) एक दूसरे से भिन्न हैं। टी-परीक्षण ( t-test ) का व्यवहार वहाँ किया जाता है, जहाँ दो समूहों के बीच अन्तर की सार्थकता की जाँच की जाती है। काई-वर्ग का व्यवहार वहाँ किया जाता है, जहाँ दो से अधिक समूहों के बीच अन्तर की सार्थकता की जाँच दी गयी बारंबारताओं ( frequencies ) के आधार पर की जाती है। लेकिन जब आँकड़े जोड़े ( pairs ) के रूप में होते हैं तथा जोड़े के दोनों सेटों के बीच अन्तर की सार्थकता की जाँच की जाती है तो चिह्न-परीक्षण ( sign test ) का उपयोग किया जाता है। यहाँ प्राप्तांकों ( scores ) या आँकड़ों ( data ) के दोनों सेट ( sets ) एक ही प्रतिदर्श ( sample ) अथवा समान प्रतिदर्शों ( matched samples ) से प्राप्त किए जाते हैं। इसलिए, **चैपलिन** ( Chaplin, 1975 ) ने कहा है कि, *"चिह्न परीक्षण अन्तर की सार्थकता के लिए एक अप्राचलिक परीक्षण है, जिसका व्यवहार वहाँ किया जाता है, जहाँ द्विपद वितरण ( binomial distribution ) के संदर्भ में प्रयोग किया जाता है।"*[1]

---

1. Sign test is a non-parametric method which is being used for determining the significance of difference between two sets of paired scores of correlated data.

— **Author.**

चिह्न परीक्षण का व्यवहार करते समय पहले युगल प्राप्तांक ( paired score ) में से दूसरे युगल प्राप्तांक घटाया जाता है और आवश्यकता के अनुसार + तथा – चिह्न ( sign ) के साथ अन्तर को लिखा जाता है । फिर + चिह्न वाले तथा – चिह्न वाले अन्तरों की संख्या की अलग-अलग गिनती की जाती है । जब दोनों की संख्या बराबर होती है तो अन्तर शून्य होता है । शून्य अन्तर ( zero difference ) की गिनती नहीं की जाती है । देखा यह जाता है कि + चिह्न वाले अन्तर की संख्या ज्यादा है या - चिह्नवाले अन्तर की संख्या ज्यादा है । परिकल्पना यह बनायी जाती है कि + चिह्न तथा – चिह्न की संख्या बराबर-बराबर होगी तथा दोनों प्रतिदर्शों या समूहों के बीच अन्तर वास्तविक नहीं होगा । यदि ऐसा होता है तो परिकल्पना स्वीकृत हो जाती है और यदि ऐसा नहीं होता है तो शून्य परिकल्पना अस्वीकृत हो जाती है ।

**उदाहरण**

दो प्रसिद्ध कवियों ( poets ) का कोटिकरण ( ranking ) 10 साहित्य आलोचकों ( literary critics ) ने 5 बिन्दु स्केल ( 5 points scale ) पर किया । प्राप्त आँकड़े नीचे टेबुल में दिए गए हैं । प्रश्न है कि कोटिकरण में कोई वास्तविक अन्तर है ?

| आलोचक ( Critics ) | कवि I ( Poet I ) | कवि II ( Poet II ) |
|---|---|---|
| 1 | 2 | 5 |
| 2 | 4 | 1 |
| 3 | 3 | 2 |
| 4 | 1 | 1 |
| 5 | 5 | 4 |
| 6 | 4 | 2 |
| 7 | 3 | 5 |
| 8 | 4 | 4 |
| 9 | 5 | 3 |
| 10 | 3 | 1 |

**समाधान ( Solution )**

**टेबुल 59**

इस समस्या का समाधान इस प्रकार किया जाएगा :–

| कवि 1 X | कवि II Y | चिह्न ( X – Y ) |
|---|---|---|
| 2 | 5 | – ( 3 ) |
| 4 | 1 | + ( 3 ) |
| 3 | 2 | + ( 1 ) |
| 1 | 1 | 0 |
| 5 | 4 | + ( 1 ) |
| 4 | 2 | + ( 2 ) |
| 3 | 5 | – ( 2 ) |
| 4 | 4 | 0 |
| 5 | 3 | + ( 2 ) |
| 3 | 1 | + ( 2 ) |

1. "Sign test is a nonparametric test for significance of difference, useful for situations where an experiment can be constructed as a series of events following a binomial distribution. — Chaplin, 1975, P.

+ चिह्न की कुल संख्या = 6
– चिह्न की कुल संख्या = 2
0 ( शून्य की कुल संख्या = 2
कुल = 10

टेबुल 59 के आँकड़ों के परिकलन से स्पष्ट है कि X तथा Y के आँकड़ों को उसी रूप में लिख दिया जाता है । फिर X के प्राप्तांक से Y के प्राप्तांक को घटाया जाता है । जब X के प्राप्तांक से *y* का प्राप्तांक कम होता है तो धन चिह्न ( +sign ) लिख जाता है । जब Y का प्राप्तांक X के प्राप्तांक से बड़ा होता है तो ऋण चिह्न ( – sign ) लिखा जाता है । जब X तथा Y के प्राप्तांक बराबर होते हैं तो 0 ( zero ) लिखा जाता है । यह बात ऊपर के टेबुल के कॉलम 3 से स्पष्ट है । यहाँ + चिह्न की संख्या 6, – चिह्न की संख्या 2 तथा 0 चिह्न की संख्या 2 है । इसका अर्थ यह हुआ कि शून्य परिकल्पना ( null hypothesis ) अस्वीकृत हो गयी । यदि + तथा – चिह्नों की संख्या 4 – 4 होते तब यह परिकल्पना स्वीकृत हो जाती । किन्तु यहाँ + चिह्न की संख्या अधिक है । इसका अर्थ यह हुआ कि शून्य परिकल्पना अस्वीकृत हो गयी और निष्कर्ष प्राप्त हुआ कि कोटिकरण ( ratings ) में अन्तर है । अब देखना यह है कि अन्तर किस स्तर पर सार्थक है ।

**सार्थकता-परीक्षण** ***( Test of Significance )***

N जब 25 या इससे कम होता है तो चिह्न परीक्षण तालिका ( Sign test table ) की सहायता से इसकी सार्थकता की जाँच .05 तथा .01 स्तर पर कर ली जाती है । लेकिन, जब N का आकार 25 से अधिक हो तो Z अथवा $\chi^2$ निकाल कर इसकी सार्थकता की जाँच की जाती हैं । स्मरण रखना चाहिए कि N के आकार ( size ) को निर्धारित करते समय शून्य स्तर ( Zero difference ) की गिनती नहीं की जाती है । जैसे, ऊपर के उदाहरण में शून्य अन्तरों की संख्या 2 है । इसलिए यहाँ N वास्तव में 8 ( 10 – 2 ) होगा । Z के मान को निकालने के लिए निम्नलिखित सूत्र का व्यवहार किया जाता है :—

$$Z = \frac{\cdot 5N - X - \cdot 5}{\cdot 5\sqrt{N}}$$

जहाँ Z = मानक प्राप्तांक ( Standard score )

X = वह चिह्न जिसकी संख्या कम हो, N = जोड़ों की संख्या,

मान लें कि N = 50 तथा X = 15

$$Z = \frac{(.5 \times 50) - 15 - \cdot 5}{\cdot 5\sqrt{50}} = \frac{25 - 15.5}{.5 \times 7.07} = \frac{9.5}{3.53} = 2.69$$

स्पष्टत: प्राप्त Z ( 2.69 ) .01 स्तर पर सार्थक है; क्योंकि Z को .05 तथा .01 स्तरों पर सार्थक होने के लिए क्रमश: 1.96 तथा 2.58 से अधिक होना चाहिए । चिह्न-परीक्षण ( sign test ) की उपयोगिता सीमित है । कारण यह है कि इसके द्वारा जोड़े ( pairs ) के अन्तर की दिशा ( direction ) का ही ज्ञान हो पाता है? अन्तर की मात्रा का ज्ञान नहीं हो पाता है । इस दृष्टिकोण से समरूप चिह्न कोटि पीरक्षण ( matched-pairs sign Rank test ) अधिक उपयोगी है ।

## 3. चिह्न-कोटि परीक्षण
## ( Sign Rank Test )

चिह्न-परीक्षण ( sign test ) की तरह चिह्न-कोटि परीक्षण ( sign rank test ) का उपयोग सहसम्बन्धित आँकड़ों ( correlated data ) के लिए किया जाता है । इस अप्राचलिक सांख्यिकी ( non-parametric statistic ) के द्वारा भी आँकड़ों के दो सेटों ( two sets of data ) के बीच अन्तर की सार्थकता की जाँच की जाती है । लेकिन चिह्न-परीक्षण ( sign test ) में अन्तरों की केवल दिशा ( direction of the differences ) पर विचार किया जाता है जबकि चिह्न-कोटि परीक्षण में अन्तरों की दिशा एवं मात्रा ( magnitude ) दोनों पर विचार किया जाता है ।

चिह्न-कोटि परीक्षण को विलकोक्सन चिह्न कोटि परीक्षण ( Wilcoxon Sign Rank Test ) कहते हैं । विलकोक्सन ने चिह्न-कोटि ( sign-rank, T ) के मूल्यांकन के लिए एक तालिका का निर्माण किया, जिसको विलकोक्सन तालिका ( Wilcoxon Table ) कहते हैं ।

**उदाहरण**

10 छात्रों द्वारा एक मनोवैज्ञानिक परीक्षण पर अभ्यास के पहले तथा अभ्यास के बाद प्राप्तांक पाए गए नीचे टेबुल 60 में दिए गए हैं । चिह्न-कोटि परीक्षण द्वारा यह निर्धारित करना है कि अभ्यास के कारण छात्रों की उपलब्धि में कोई सार्थक वृद्धि हुई है या नहीं ।

**टेबुल 60**

| | 1 | 2 | 3 | 4 | 5 | 6 |
|---|---|---|---|---|---|---|
| विद्यार्थी | अभ्यास के पहले X | अभ्यास के बाद Y | अन्तर ( X – Y ) | कोटि ( Rank ) | धन कोटि ( + Rank ) | ऋण कोटि ( – Rank ) |
| 1 | 32 | 40 | +8 | 9 | 9 | |
| 2 | 31 | 37 | +6 | 8 | | |
| 3 | 37 | 39 | +2 | 2.5 | 2.5 | |
| 4 | 45 | 44 | –1 | 1 | | 1 |
| 5 | 33 | 38 | +5 | 6 | 6 | |
| 6 | 33 | 35 | +2 | 2.5 | 2.5 | |
| 7 | 41 | 36 | –5 | 6 | 4 | 6 |
| 8 | 44 | 47 | +3 | 4 | 4 | |
| 9 | 39 | 39 | 0 | 6 | | |
| 10 | 37 | 32 | –5 | 6 | | 6 |
| | | | | | $\Sigma R = +32$ | $\Sigma R = -13$ |

चिह्न परीक्षण का मूल्य अर्थात T = 13

**T के परिकलन में निहित चरण *( Steps Involved in the Calculation of T )*—** ऊपर के टेबुल 60 के परिकलन से स्पष्ट है कि पहले चरण में दिए गए आँकड़ों को उसी रूप में दिया जाता है, जैसा कि इस टेबुल के कॉलम ( column ) 1 तथा 2 से स्पष्ट है । दूसरे चरण में प्राप्तांकों के दोनों सेटों के बीच अन्तर निकाला जाता है । इसके लिए दूसरे सेट यानी Y में से पहले सेट यानी X के प्राप्तांक को अलग-अलग घटा कर अन्तर ( difference, D ) निकाला जाता है , जैसाकि टेबुल 60 के कॉलम 3 से स्पष्ट है । तीसरे

चरण में अन्तरों ( differences ) का कोटिकारण ( ranking ) किया जाता है । सबसे छोटे अन्तर को 1 कोटि दिया जाता है । इससे बड़े अन्तर को 2, इससे भी बड़े अन्तर को 3 और इसी प्रकार सबसे बड़े अन्तर को अंतिम कोटि दिया जाता है । जब अंतर्बद्ध अन्तर ( tied difference ) होता है तो प्रत्येक को औसत कोटि ( average rank ) दिया जाता है । टेबुल 60 देखें जिसमें 1 अन्तर ( 1 difference ) को प्रथम कोटि ( first rank ) दी गयी है । इसके बाद दो जोड़े अन्तर बराबर-बराबर अर्थात 2 है । अत: पहले 2 को दूसरी कोटि ( second rank ) तथा दूसरे 2 को तीसरी कोटि ( third rank ) दी गयी, जिसका औसत 2.5 $\left(\frac{2+3}{2}=\frac{5}{2}\right)$ हुआ । इसलिए टेबुल 60 के कॉलम 4 में प्रत्येक 2 अन्तर के सामने 2.5 लिखा गया है । इसी प्रकार जहाँ कहीं भी अन्तर्बद्ध अन्तर ( tied difference ) होता है, वहाँ औसत कोटि निकाल कर कोटिकरण ( ranking ) किया जाता है ।

चौथे चरण में अन्तर-चिह्न ( differnce sign ) के अनुसार कोटियों को अलग-अलग लिख दिया जाता है । + चिह्न वाली कोटियों को एक साथ तथा – चिह्न वाली कोटियों को अलग एक साथ लिखा जाता है । टेबुल 60 के कॉलम 5 तथा 6 से यह बात स्पष्ट होती है । अन्त में + वाली कोटियों को एक साथ तथा – वाली कोटियों को एक साथ जोड कर क्रमश: $\Sigma R+$ तथा $\Sigma R-$ निकाला जाता है । इनमें जो छोटा होता है, उसे ही T माना जाता है । जैसे—ऊपर के उदाहरण में $\Sigma R-$ का मान 13 तथा $\Sigma R+$ का मान 32 पाया जाता है । अत: यहाँ $T = 13$ हुआ ।

**सार्थकता की जाँच *( Test of Significance )***

N जब 1 से 25 तक होता है तो T की सार्थकता ज्ञात करने के लिए टेबुल-Y ( जो इस अध्याय के अन्त में है ) का उपयोग किया जाता है । प्रस्तुत उदाहरण में $N = 10$ तथा $T = 13$ है । टेबुल-Y से पता चलता है कि N यदि 10 हो तो .05 तथा .01 स्तर पर T को सार्थक होने के लिए क्रमश: 5 तथा 3 या इससे कम होना चाहिए । प्राप्त T ( 13 ) इससे अधिक होने के कारण न तो .01 स्तर और न ही .05 स्तर पर सार्थक है । अत: शून्य परिकल्पना ( null hypotesis ) स्वीकृत हो गयी । दूसरे शब्दों में, यह प्रमाणित हो गया कि अभ्यास करने के पहले तथा इसके बाद छात्रों द्वारा प्राप्त अंकों में कोई सार्थक अन्तर नहीं है । अर्थात् छात्रों की उपलब्धि पर अभ्यास का कोई वास्तविक प्रभाव नहीं पड़ा है ।

## 4. माध्यिका परीक्षण
## ( Median Test )

जब अस्मबन्धित आँकड़ों ( uncorrelated data ) अथवा अयुगल प्राप्तांकों ( unpaired scores ) के दो सेटों के बीच अन्तर की सार्थकता की जाँच करना होता है तो इसके लिए माध्यिका परीक्षण का व्यवहार किया जाता है । दूसरे शब्दों में, आँकड़े दो या अधिक भिन्न प्रतिदर्शे ( samples ) या समूहों ( groups ) के आधार पर प्राप्त किए जाते हैं तो वहाँ अन्तर की सार्थकता ( significance of difference ) को माध्यिका-परीक्षण ( median test ) के

द्वारा निर्धारित किया जाता है । **चैपलिन** ( Chaplin, 1975 ) ने कहा है कि *"माध्यिका परीक्षण एक अप्राचलिक सांख्यिकी परीक्षण है जिसके द्वारा दो प्रतिदर्शों की माध्यिकाओं के बीच अन्तर की सार्थकता का मूल्यांकन किया जाता है ।"* [1] अपनी इस अभिधारणा ( assumption ) के कारण माध्यिका परीक्षण वास्तव में चिह्न-परीक्षण ( sign test ) से भिन्न है । कारण, अन्तर की सार्थकता को निर्धारित करने के लिए चिह्न-परीक्षण का उपयोग वहाँ किया जाता है, जहाँ आँकड़े सहसम्बन्धित ( correlated ) या युगल ( paired ) होते हैं । दूसरे शब्दों में, अन्तर की सार्थकता की जाँच के लिए चिह्न-परीक्षण का व्यवहार तभी किया जाता है जबकि आँकड़े एक ही प्रतिदर्श या समूह ( the same or group ) अथवा समान प्रतिदर्शों या समूहों ( matched samples or groups ) से प्राप्त किए जाते हैं । यह भी स्मरण रखना चाहिए कि माध्यिका परीक्षण के लिए दोनों प्रतिदर्शों या समूहों के आकार ( size ) बराबर हो भी सकते हैं और नहीं भी हो सकते हैं ।

**उदाहरण**

नीचे टेबुल 61 में 12 लड़के तथा 10 लड़कियाँ द्वारा उपलब्धि-परीक्षण ( achievement test ) पर लाए गए प्राप्तांक ( scores ) दिए गए हैं । क्या प्राप्तांकों के दोनों सेटों के बीच कोई सार्थक अन्तर है ?

**टेबुल 61**

| 1<br>लड़कों के प्राप्तांक<br>( Boys's Scores ) | 2<br>चिह्न<br>( Sign ) | 3<br>लड़कियों के प्राप्तांक<br>( Girls's Scores ) | 4<br>चिह्न<br>( Sign ) |
|---|---|---|---|
| 36 | – | 48 | + |
| 38 | – | 50 | + |
| 28 | – | 55 | + |
| 32 | – | 61 | + |
| 33 | – | 65 | + |
| 29 | – | 37 | – |
| 27 | – | 60 | + |
| 25 | – | 57 | + |
| 40 | – | 33 | – |
| 52 | + | 80 | + |
| 24 | – | | |
| 46 | + | | |

उपर्युक्त समस्या के समाधान के लिए सबसे पहले एक सामान्य माध्यिका ( common median ) निकाली जाती है । इसे ग्रैण्ड माध्यिका ( grand median ) भी कहते हैं । अतः सबसे पहले लड़के तथा लड़कियों के प्राप्तांकों ( scores ) को निम्नलिखित तरीके से समूहित

1. "Median test is a non-parametric statistical test that evaluates the significance of the difference between the medians of two samples." — Chaplin, 1975, p. 427

करके माध्यिका निकालना है, जो निम्नांकित है - -

| 1<br>प्राप्तांक<br>( Scores ) | 2<br>बारंबारता<br>( f ) |
|---|---|
| 75 – 84 | 1 |
| 65 – 74 | 1 |
| 55 – 64 | 4 |
| 45 – 54 | 4 |
| 35 – 44 | 4 |
| 25 – 34 | 8 |
| | N = 22 |

$$\text{Median} = L + \left(\frac{\frac{N}{2} - F}{fm}\right) \times 10$$

$$= 34.5 + \left(\frac{\frac{22}{2} - 8}{4}\right) \times 10$$

$$= 34.5 + \left(\frac{11-8}{4}\right) \times 10$$

$$= 34.5 + \frac{3}{4} \times 10$$

$$= 34.5 + \frac{30}{4} = 34.5 + 7.5$$

$$= 42$$

इस प्रकार सामान्य माध्यिका 42 प्राप्त हुई । इसके आधार पर दोनों समूहों के बड़े प्राप्तांकों के सामने + का चिह्न तथा छोटे प्राप्तांकों के सामने – का चिह्न लिखा जाता है । जैसे, प्रस्तुत उदाहरण में 42 माध्यिका का मान पाया गया । अत: दोनों समूहों ( लड़के तथा लड़कियों के समूहों ) के जो-जो प्राप्तांक 42 से अधिक थे उनके सामने + ( plus ) का चिह्न और जो प्राप्तांक 42 से नीचे या बराबर थे । उनके सामने – ( minus ) का चिह्न लिख दिया गया । यह बात टेबुल 61 के कॉलम 2 तथा 4 से बिल्कुल स्पष्ट है । स्मरण रखना चाहिए कि यदि कोई प्राप्तांक माध्यिका के बराबर होता है तो उसे भी माध्यिका से नीचे ( below median ) की श्रेणी में रखा जाता है । इसीलिए, इस श्रेणी को माध्यिका से नीचे न कह कर माध्यिका से ऊपर नहीं ( not above median ) कहना बेहतर माना जाता है । इसके बाद माध्यिका से ऊपर तथा माध्यिका से नीचे की बारंबारताओं ( frequencies ) को आसंग तालिका ( contingency table ) में सजा दिया जाता है तथा $\chi^2$ निकाला जाता है । इसे नीचे टेबुल में देखें ।

| | Above Median | Below Median | |
|---|---|---|---|
| Boys | 2 | 10 | 12 |
| Girls | 8 | 2 | 10 |
| | 10 | 12 | 22 |

| | I | II | III | IV |
|---|---|---|---|---|
| | fe | fo – fe | ( fo – fe )$^2$ | $\frac{(fo-fe)^2}{fe}$ |
| ( i ) | $\frac{12\times10}{22}=5.45$ | 2 – 5.45 = 3.45 | 11.90 | 2.18 |
| ( ii ) | $\frac{12\times12}{22}=6.55$ | 10 – 6.55 = 3.45 | 11.90 | 1.82 |
| ( iii ) | $\frac{12\times10}{22}=4.55$ | 8 – 4.55 = 3.45 | 11.90 | 2.62 |
| ( iv ) | $\frac{12\times10}{22}=5.45$ | 2 – 5.45 = – 3.45 | 11.90 | 2.18 |
| | | | | 8.80 |

$$\chi^2 = \Sigma\left[\frac{(fo-fe)^2}{fe}\right] = 2.18 + 1.82 + 2.62 + 2.18 = 8.80$$

df = ( r – 1 ) ( c – 1 ) = ( 2 – 1 ) ( 2 – 1 ) = 1

टेबुल-U ( जो इस अध्याय के अन्त में है ) को देखने से ज्ञात होता है कि 1 df पर $\chi^2$ को .05 तथा .01 स्तरों पर सार्थक होने के लिए क्रमश: 3.84 तथा 6.64 चाहिए । अत: यहाँ $\chi^2$ ( 8.80 ) .01 स्तरों पर सार्थक है । इसका अर्थ यह हुआ कि लड़के तथा लड़कियों के प्राप्तांकों के बीच सार्थक अन्तर है । अत- शून्य परिकल्पना ( null hypothesis ) अस्वीकृत हो गयी ।

उल्लेखनीय है कि जब दोनों समूहों का आकार ( size ) अर्थात N बराबर होता है तो अन्तर की सार्थकता की जाँच के लिए $\chi^2$ निकालने की आवश्यकता नहीं होती है, बल्कि माध्यिका परीक्षण टेबुल ( median test table ) की सहायता से बहुत आसानी से इसकी जाँच हो जाती है ।

## 5. क्रुस्कल वालिस एच-परीक्षण
## ( Kruskal Wallis H Test )

क्रुस्कल वालिस एच-परीक्षण एक अप्राचलिक सांख्यिकी ( non-parametric statistic ) है, जिसके द्वारा अन्तर की सार्थकता ( significance of difference ) को निर्धारित किया जाता है । इसकी अपनी कुछ अभिधारणाएँ ( assumptions ) हैं जो निम्नलिखित हैं :–

( i ) इस प्रविधि का व्यवहार तब किया जाता है जबकि दो से अधिक स्वतन्त्र समूहों ( independent groups ) की तुलना करना होता है । ( ii ) एच-परीक्षण ( H-test ) को क्रुस्कल वालिस एकमार्गी प्रसरण विश्लेषण ( Kruskal-Wallis one-way analysis of variance ) कहते हैं । अत: इसका व्यवहार करने के लिए एक अभिधारणा यह भी है कि आँकड़े ( data ) कोटियों ( ranks ) के रूप में हों अथवा यदि प्राप्तांकों ( scores ) के रूप में हों तो उनका स्वरूप ऐसा हो कि उन्हें कोटियों के रूप में व्यक्त किया जा सके । ( iii ) इस परीक्षण की एक अभिधारणा यह भी है कि आश्रित चर ( dependent variable ) सतत चर ( continuous variable ) हो । यहाँ शून्य परिकल्पना बनायी जाती है कि सभी स्वतंत्र समूह एक जनसंख्या से लिए गए हैं तथा उनमें कोई सार्थक अन्तर नहीं है । परीक्षण के लिए अग्रलिखित सूत्र ( formula ) है :–

$$H = \frac{12}{\sum N(\sum N+1)} \sum \frac{R^2}{n} - 3\ (\sum N+1)$$ सूत्र -65

यहाँ, H = एच-परीक्षण ( H test ),

N = सभी समूहों के निरीक्षणों ( observations ) या प्राप्तांकों की संख्या का जोड़,

n = प्रत्येक समूह के निरीक्षणों या प्राप्तांकों की संख्या का अलग-अलग जोड

R = प्रत्येक समूह के कोटियों का जोड़,

**उदाहरण**

नीचे टेबुल-62 में समूह A ( N = 5 ), समूह B ( N = 7 ) तथा समूह C ( N=10 ) द्वारा एक मनोवैज्ञानिक परीक्षण पर प्राप्त आँकड़े दिए गए हैं । H-परीक्षण के द्वारा इन तीन समूहों के आँकड़ों के अन्तर की सार्थकता को निर्धारित करना है ।

**टेबुल 62**

| समूह A | समूह B | समूह C |
|---|---|---|
| 11 | 19 | 21 |
| 13 | 11 | 13 |
| 17 | 9 | 25 |
| 10 | 15 | 23 |
| 4 | 2 | 18 |
| $N_1 = 5$ | 7 | 24 |
| | 12 | 22 |
| | $N_2 = 7$ | 27 |
| | | 16 |
| | | 37 |
| | | $N_3 = 10$ |

सबसे पहले सभी समूहों के प्राप्तांकों ( scores ) को एक साथ मिला कर कोटिकरण ( ranking ) किया जाता है । सबसे छोटे प्राप्तांक को कोटि 1, उससे बड़े प्राप्तांक को कोटि 2, उससे बड़े प्राप्तांक को कोटि 3 तथा सबसे बड़े प्राप्तांक को अंतिम कोटि दी जाती है । यदि अन्तर्बद्ध ( tied scores ) होते हैं तो औसत कोटिकरण ( average ranking ) किया जाता है । प्रस्तुत में टेबुल 62 के तीनों समूहों का कोटिकरण इसी तरह से किया गया है जो निम्नलिखित है :–

कोटिकरण

| समूह A | | समूह B | | समूह C | |
|---|---|---|---|---|---|
| Score | Ranking | Score | Ranking | Score | Ranking |
| 11 | 6.5 | 19 | 15 | 21 | 16 |
| 13 | 9.5 | 11 | 6.5 | 13 | 9.5 |
| 17 | 13 | 9 | 4 | 25 | 20 |
| 10 | 5 | 15 | 11 | 23 | 18 |
| 4 | 2 | 2 | 1 | 18 | 14 |
| | | 7 | 3 | 24 | 19 |
| N1 = 5 | $\Sigma R_1 = 36$ | 12 | 8 | 22 | 17 |
| | | | | 27 | 21 |
| | | $N_2 = 7$ | $\Sigma R_2 = 48.5$ | 16 | 12 |
| | | | | 37 | 22 |
| | | | | $N_3 = 10$ | $\Sigma R_3 = 168.5$ |

अब $\Sigma n = 5 + 7 + 10 = 22$

$$\Sigma \frac{(R)^2}{n} = \frac{(36)^2}{5} + \frac{(48.5)^2}{10} + \frac{(168.5)^2}{10} = \frac{1296}{5} + \frac{2352.25}{7} + \frac{28392.25}{10}$$

$$= 259.20 + 336.03 + 2839.23 = 3434.46$$

$$\therefore \quad H = \frac{12}{\sum N(\sum N+1)} \Sigma \frac{R^2}{n} - 3(\sum N+1)$$

$$= \frac{12}{22(22+1)} 3434.75 - 3(22+1)$$

$$= \frac{12}{22 \times 23} \times (3434.46) - 3 \times 23$$

$$= \frac{41217}{506} - 69 = 81.46 - 69 = 12.46$$

**सार्थकता की जाँच** ( ***Test of Significance*** )

यहाँ H की सार्थकता की जाँच दो तरह से की जाती है । ( i ) जब समूह की संख्या दो या तीन होती है और प्रत्येक समूह में 1 से 5 तक निरीक्षण या प्राप्तांक होते हैं तो H की सार्थकता को टेबुल-Z ( जो इस अध्याय के अन्त में है ) के आधार पर निर्धारित किया जाता है । ( ii ) लेकिन जब समूह 3 से अधिक होते हैं, अथवा समूह में निरीक्षणों या प्राप्तांकों की सख्या 5 से अधिक होती है तो H की सार्थकता को काई-वर्ग ( $\chi^2$ ) के आधार पर निर्धारित किया जाता हैं, जहाँ df = K – 1 होता है । यहाँ K का अर्थ समूहों की संख्या ( no. of groups ) है । उपर्युक्त उदाहरण में तीन समूह है और निरीक्षणों या प्राप्तांकों की संख्या क्रमशः 5,7 तथा 10 है । इसलिए यहाँ H की सार्थकता को टेबुल-Z से नहीं बलिक काई-वर्ग से निर्धारित करना होगा यहाँ समूहों की संख्या तीन है । इसलिए K = 3 होगा । अत: df = K – 1 = 3 – 1 = 2, टेबुल-U ( जो 17 अध्याय के अन्त में है ) से पता चलता है कि H का मान ( 12.46 ) 2df पर .05 तथा .01 स्तरों पर $\chi^2$ को सार्थक होने के लिए क्रमशः 5.99 तथा 9.21 होना चाहिए । अत: H का मान यानी 12.46 वास्तव में .01 स्तर पर सार्थक है । अत: यह शून्य परिकल्पना ( null hypothesis ) कि तीनों समूहों के बीच कोई सार्थक अन्तर नहीं है, अस्वीकृत हो गयी और विकल्पी परिकल्पना ( alternative hypothesis ) सही हो गयी कि तीनों समूहों के बीच सार्थक अन्तर है और यह तीनों समूह तीन भिन्न जनसंख्याओं ( populations ) से लिए गए हैं ।

## 6. फ्रीडमैन द्विमार्गी प्रसरण विश्लेषण

## ( Friedman's Two-Way Analysis of Variance )

फ्रीडमैन द्विमार्गी प्रसरण विश्लेषण वास्तव में प्रसरण-विश्लेषण का अप्राचलिक द्विकारक अभिकल्प ( non-parametric two-factor design ) है । इसे संक्षेप में $\chi^2_r$ कहते हैं । कुछ विशेष परिस्थितियों में इस अप्राचलिक प्रविधि का व्यवहार करके समूहों के बीच

अन्तर की सार्थकता की जाँच की जाती है । ( i ) इसकी एक अभिधारणा ( assumption ) यह है कि जब प्रतिदर्श ( samples ) अथवा समूह ( groups ) समेल ( matched ) होते हैं तो उनके बीच अन्तर निर्धारित करने के लिए इस प्रविधि का व्यवहार किया जाता है । ( ii ) जब आँकड़े ( data ) कोटियों ( ranks ) के रूप में अथवा ऐसे प्राप्तांक ( scores ) होते हैं कि उन्हें कोटियों में बदलना संभव होता है, तो वहाँ इस अप्राचलिक विधि का उपयोग होता है । ( iii ) इस विधि का व्यवहार ऐसी परिस्थिति में करना उपयुक्त होता है, जहाँ दिए गए आँकड़ों में प्रसरण विश्लेषण एकरूपता ( homogeneity of analysis of variance ) की कमी होती है । स्मरण रखना चाहिए कि प्रसरण-विश्लेषण समजातीयता वस्तुत: प्राचलिक विश्लेषण ( parametric analysis of variance ) की एक महत्त्वपूर्ण अभिधारणा है ।

**उदाहरण**

40 छात्रों को A,B,C तथा D चार समेल समूहों में विभाजित किया गया और फिर उन्हें अकेले में, मित्र के सामने तथा अजनबी के सामने एक यांत्रिक समस्या के समाधान के लिए कहा गया । तीनों परिस्थितियों में छात्रों के चारों समूहों द्वारा समस्या समाधान में लगे समय नीचे टेबुल-63 में अंकित हैं । प्रश्न है कि क्या समूहों के निष्पादनों ( performances ) की बीच कोई सार्थक अन्तर है ?

**टेबुल 63**

| | Conditions | | |
|---|---|---|---|
| Groups | 1 ( First ) | II ( Second ) | III ( Third ) |
| A | 21 | 27 | 29 |
| B | 25 | 30 | 27 |
| C | 17 | 27 | 31 |
| D | 13 | 28 | 39 |

उपर्युक्त आँकड़ों से $\chi_r^2$ ( फ्रिडमैन द्विमार्गी प्रसरण विश्लेषण ) ज्ञात करने के लिए सबसे पहले सभी समूहों के प्राप्तांको ( scores ) का कोटिकरण ( ranking ) अलग-अलग किया जाता है । सबसे छोटे प्राप्तांक को कोटि 1, उससे बड़ा प्राप्तांक को कोटि 2, उससे बड़ा प्राप्तांक को कोटि 3 और इसी प्रकार सबसे बड़ा प्राप्तांक को अन्तिम कोटि दी जाती है । **टेबुल 63** का कोटिकरण इस प्रकार किया जाएगा ।

| | Conditions | | |
|---|---|---|---|
| Groups | I | II | III |
| A | 1 | 2 | 3 |
| B | 1 | 3 | 2 |
| C | 1 | 2 | 3 |
| D | 1 | 2 | 3 |
| | R = 4 | 9 | 11 |
| | $R_2$ = 16 | 81 | 121 |

$$\chi_r^2 = \frac{12}{Nn(n+1)}\Sigma R^2 - 3N(n+1) \qquad \Sigma R_2 = 218 \qquad \text{— सूत्र 66}$$

$$= \frac{12}{(4)(3)(3+1)} 218 - (3)(4)(3+1)$$

$$= \frac{12}{(12)(4)} 218 - 12(4) = \frac{12}{48} \times 218 - 48$$

$$= \frac{2616}{18} - 48 = 54.5 - 48 = 6.5 \text{ उत्तर}$$

**सार्थकता की जाँच ( *Test of Significance* )**

यहाँ $\chi_r^2$ की सार्थकता की जाँच $\chi^2$ ( काई-वर्ग )के आधार पर की जाएगी । इसके लिए df = n – 1 होता है । n का अर्थ कॉलम की संख्या ( no. of columns ) होता है । अत: यहाँ df = 3 – 1 = 2 हुआ । अब टेबुल-U ( जो इस अध्याय के अन्त में है ) को देखने से पता चलता है कि 2df पर .05 तथा .01 स्तरों पर $\chi^2$ सार्थक होने के लिए कम-से-कम क्रमश 5.99 तथा 9.21 होना चाहिए । अत: प्राप्त $\chi^2_1$ ( 6.5 ) .05 स्तर पर सार्थक हुआ । इसलिए शून्य परिकल्पना ( null hypothesis ) अस्वीकृत हो गयी तथा विकल्पी परिकल्पना ( alternative hypothesis ) स्वीकृत हो गयी । दूसरे शब्दों में, यह प्रमाणित हो गया कि चारों समूहों के तीन परिस्थितियों में निष्पादनों ( performances ) के बीच सार्थक अन्तर है ।

## टेबुल-X
## Table of Critical Values of U in the Mann-Whitney U-Test

( a ) Critical Values of U for One-Tailed Test at .001 or for a Two-Tailed Test at .002

| $n_2 \rightarrow$ / $n_1$ | 9 | 10 | 11 | 12 | 13 | 14 | 15 | 16 | 17 | 18 | 19 | 20 |
|---|---|---|---|---|---|---|---|---|---|---|---|---|
| 1 | | | | | | | | | | | | |
| 2 | | | | | | | | | | | | |
| 3 | | | | | | | | | 0 | 0 | 0 | 0 |
| 4 | | 0 | 0 | 1 | 1 | 1 | 2 | 2 | 3 | 3 | 3 | 3 |
| 5 | 1 | 1 | 2 | 2 | 3 | 3 | 4 | 5 | 5 | 6 | 7 | 7 |
| 6 | 2 | 3 | 4 | 4 | 5 | 6 | 7 | 8 | 9 | 10 | 11 | 12 |
| 7 | 3 | 5 | 6 | 7 | 8 | 9 | 10 | 11 | 13 | 14 | 15 | 16 |
| 8 | 5 | 6 | 8 | 9 | 11 | 12 | 14 | 15 | 17 | 18 | 20 | 21 |
| 9 | 7 | 8 | 10 | 12 | 14 | 15 | 17 | 19 | 21 | 23 | 25 | 26 |
| 10 | 8 | 10 | 12 | 14 | 17 | 19 | 21 | 23 | 25 | 27 | 29 | 32 |
| 11 | 10 | 12 | 15 | 17 | 20 | 22 | 24 | 27 | 29 | 32 | 34 | 37 |
| 12 | 12 | 14 | 17 | 20 | 23 | 25 | 28 | 31 | 34 | 37 | 40 | 42 |
| 13 | 14 | 17 | 20 | 23 | 26 | 29 | 32 | 35 | 38 | 42 | 45 | 48 |
| 14 | 15 | 19 | 22 | 25 | 29 | 32 | 36 | 39 | 43 | 46 | 50 | 54 |
| 15 | 17 | 21 | 24 | 28 | 32 | 36 | 40 | 43 | 47 | 51 | 55 | 59 |
| 16 | 19 | 23 | 27 | 31 | 35 | 39 | 43 | 48 | 52 | 56 | 60 | 65 |
| 17 | 21 | 25 | 29 | 34 | 38 | 43 | 47 | 52 | 57 | 61 | 66 | 70 |
| 18 | 23 | 27 | 32 | 37 | 42 | 46 | 51 | 56 | 61 | 66 | 71 | 76 |
| 19 | 25 | 29 | 34 | 40 | 45 | 50 | 55 | 60 | 66 | 71 | 77 | 82 |
| 20 | 26 | 32 | 37 | 42 | 48 | 54 | 59 | 65 | 70 | 76 | 82 | 88 |

(b) Critical Values of U for One-Tailed Test at .01 or for a Two-Tailed Test at .02

| $n_2 \rightarrow$ / $n_1$ | 9 | 10 | 11 | 12 | 13 | 14 | 15 | 16 | 17 | 18 | 19 | 20 |
|---|---|---|---|---|---|---|---|---|---|---|---|---|
| 1 | | | | | | | | | | | | |
| 2 | | | | 0 | 0 | 0 | 0 | 0 | 0 | 1 | 1 | |
| 3 | 1 | 1 | 1 | 2 | 2 | 2 | 3 | 3 | 4 | 4 | 4 | 5 |
| 4 | 3 | 3 | 4 | 5 | 5 | 6 | 7 | 7 | 8 | 9 | 9 | 10 |
| 5 | 5 | 6 | 7 | 8 | 9 | 10 | 11 | 12 | 13 | 14 | 15 | 16 |
| 6 | 7 | 8 | 9 | 11 | 12 | 13 | 15 | 16 | 18 | 19 | 20 | 22 |
| 7 | 9 | 11 | 12 | 14 | 16 | 17 | 19 | 21 | 23 | 24 | 26 | 28 |
| 8 | 11 | 13 | 15 | 17 | 20 | 23 | 24 | 26 | 28 | 30 | 32 | 34 |
| 9 | 14 | 16 | 18 | 21 | 23 | 26 | 28 | 31 | 33 | 36 | 38 | 40 |
| 10 | 16 | 19 | 22 | 24 | 27 | 30 | 33 | 36 | 38 | 41 | 44 | 47 |
| 11 | 18 | 22 | 25 | 28 | 31 | 34 | 37 | 41 | 44 | 47 | 50 | 53 |
| 12 | 21 | 24 | 28 | 31 | 35 | 38 | 42 | 46 | 49 | 53 | 56 | 60 |
| 13 | 23 | 27 | 31 | 35 | 39 | 43 | 47 | 51 | 55 | 59 | 63 | 67 |
| 14 | 26 | 30 | 34 | 38 | 43 | 47 | 51 | 56 | 60 | 65 | 69 | 73 |
| 15 | 28 | 33 | 37 | 42 | 47 | 51 | 56 | 61 | 66 | 70 | 75 | 80 |
| 16 | 31 | 36 | 41 | 46 | 51 | 56 | 61 | 66 | 71 | 76 | 82 | 87 |
| 17 | 33 | 38 | 44 | 49 | 55 | 60 | 66 | 71 | 77 | 82 | 88 | 93 |
| 18 | 36 | 41 | 47 | 53 | 59 | 65 | 70 | 76 | 82 | 88 | 94 | 100 |
| 19 | 38 | 44 | 50 | 56 | 63 | 69 | 75 | 82 | 88 | 94 | 101 | 107 |
| 20 | 40 | 47 | 53 | 60 | 67 | 73 | 80 | 87 | 93 | 100 | 107 | 114 |

(c) Critical Values of U for One-Tailed Test at .025 or for a Two-Tailed Test at .05

| $n_2 \rightarrow$ / $n_1$ | 9 | 10 | 11 | 12 | 13 | 14 | 15 | 16 | 17 | 18 | 19 | 20 |
|---|---|---|---|---|---|---|---|---|---|---|---|---|
| 1 | | | | | | | | | | | | |
| 2 | 0 | 0 | 0 | 1 | 1 | 1 | 1 | 1 | 2 | 2 | 2 | 2 |
| 3 | 2 | 3 | 3 | 4 | 4 | 5 | 5 | 6 | 6 | 7 | 7 | 8 |
| 4 | 4 | 5 | 6 | 7 | 8 | 9 | 10 | 11 | 11 | 12 | 13 | 13 |
| 5 | 7 | 8 | 9 | 11 | 12 | 13 | 14 | 15 | 17 | 18 | 19 | 20 |
| 6 | 10 | 11 | 13 | 14 | 16 | 17 | 19 | 21 | 22 | 24 | 25 | 27 |
| 7 | 12 | 14 | 16 | 18 | 20 | 22 | 24 | 26 | 28 | 30 | 32 | 34 |
| 8 | 15 | 17 | 19 | 22 | 24 | 26 | 29 | 31 | 34 | 36 | 38 | 41 |
| 9 | 17 | 20 | 23 | 26 | 28 | 31 | 34 | 37 | 39 | 42 | 45 | 48 |
| 10 | 20 | 23 | 26 | 29 | 33 | 36 | 39 | 42 | 45 | 48 | 52 | 55 |
| 11 | 23 | 26 | 30 | 33 | 37 | 40 | 44 | 47 | 51 | 55 | 58 | 62 |
| 12 | 26 | 29 | 33 | 37 | 41 | 45 | 49 | 53 | 57 | 61 | 65 | 69 |
| 13 | 28 | 33 | 37 | 41 | 45 | 50 | 54 | 59 | 63 | 67 | 72 | 76 |
| 14 | 31 | 36 | 40 | 45 | 50 | 55 | 59 | 64 | 67 | 74 | 78 | 83 |
| 15 | 34 | 39 | 44 | 49 | 54 | 59 | 64 | 70 | 75 | 80 | 85 | 90 |

| | | | | | | | | | | | | |
|---|---|---|---|---|---|---|---|---|---|---|---|---|
| 16 | 37 | 42 | 47 | 53 | 59 | 64 | 70 | 75 | 81 | 86 | 82 | 98 |
| 17 | 39 | 45 | 51 | 57 | 63 | 67 | 75 | 91 | 87 | 93 | 99 | 105 |
| 18 | 42 | 48 | 55 | 61 | 67 | 74 | 80 | 86 | 93 | 99 | 106 | 112 |
| 19 | 45 | 52 | 58 | 65 | 72 | 78 | 85 | 92 | 99 | 106 | 110 | 119 |
| 20 | 48 | 55 | 62 | 69 | 76 | 83 | 90 | 98 | 105 | 112 | 119 | 127 |

(d) Critical Values of U for One-Tailed Test at .05 or for a Two-Tailed Test at .01

| $n_2 \rightarrow$ <br> $n_1$ | 9 | 10 | 11 | 12 | 13 | 14 | 15 | 16 | 17 | 18 | 19 | 20 |
|---|---|---|---|---|---|---|---|---|---|---|---|---|
| 1 | | | | | | | | | | | 0 | 0 |
| 2 | 1 | 1 | 1 | 2 | 2 | 2 | 3 | 3 | 3 | 4 | 4 | 4 |
| 3 | 3 | 4 | 5 | 5 | 6 | 7 | 7 | 8 | 9 | 9 | 10 | 11 |
| 4 | 6 | 7 | 8 | 9 | 10 | 11 | 12 | 14 | 15 | 16 | 17 | 18 |
| 5 | 9 | 11 | 12 | 13 | 15 | 16 | 18 | 19 | 20 | 22 | 23 | 25 |
| 6 | 12 | 14 | 16 | 17 | 19 | 21 | 23 | 25 | 26 | 28 | 30 | 32 |
| 7 | 15 | 17 | 19 | 21 | 24 | 26 | 28 | 30 | 33 | 35 | 37 | 39 |
| 8 | 18 | 20 | 23 | 26 | 28 | 31 | 33 | 36 | 39 | 41 | 44 | 47 |
| 9 | 21 | 24 | 27 | 30 | 33 | 36 | 39 | 42 | 45 | 48 | 51 | 54 |
| 10 | 24 | 27 | 31 | 34 | 37 | 41 | 44 | 48 | 51 | 55 | 58 | 62 |
| 11 | 27 | 31 | 34 | 38 | 42 | 46 | 50 | 54 | 57 | 61 | 65 | 68 |
| 12 | 33 | 37 | 42 | 47 | 51 | 56 | 61 | 65 | 70 | 75 | 80 | 84 |
| 13 | 33 | 37 | 42 | 47 | 51 | 56 | 61 | 65 | 70 | 75 | 80 | 84 |
| 15 | 39 | 44 | 50 | 55 | 61 | 66 | 72 | 77 | 83 | 88 | 94 | 100 |
| 16 | 42 | 48 | 54 | 60 | 65 | 71 | 77 | 83 | 89 | 95 | 101 | 107 |
| 17 | 45 | 51 | 57 | 64 | 70 | 77 | 83 | 89 | 96 | 102 | 109 | 115 |
| 18 | 48 | 55 | 61 | 68 | 75 | 82 | 88 | 95 | 102 | 109 | 116 | 123 |
| 19 | 51 | 58 | 65 | 72 | 80 | 87 | 94 | 101 | 109 | 116 | 123 | 130 |
| 20 | 54 | 62 | 69 | 77 | 84 | 92 | 100 | 107 | 115 | 123 | 130 | 138 |

## टेबुल Y

### Table of Critical Values of T in the Wilcoxon Matched-Pairs Sign Rank Test

| | Level of Significance for One-Tailed Test | | |
|---|---|---|---|
| N | .025 | .01 | .005 |
| | Level of Significance for Two-Tailed Test | | |
| | .05 | .02 | .01 |
| 6 | 0 | – | – |
| 7 | 2 | 0 | – |
| 8 | 4 | 2 | 0 |
| 9 | 6 | 3 | 2 |
| 10 | 8 | 5 | 3 |
| 11 | 11 | 7 | 5 |
| 12 | 14 | 10 | 7 |
| 13 | 17 | 13 | 10 |

| | | | |
|---|---|---|---|
| 14 | 21 | 16 | 13 |
| 15 | 25 | 20 | 16 |
| 16 | 30 | 24 | 20 |
| 17 | 35 | 28 | 23 |
| 18 | 40 | 33 | 28 |
| 19 | 46 | 38 | 32 |
| 20 | 52 | 43 | 38 |
| 21 | 59 | 49 | 43 |
| 22 | 66 | 56 | 49 |
| 23 | 73 | 62 | 55 |
| 24 | 81 | 69 | 61 |
| 25 | 89 | 77 | 68 |

## टेबुल Z

Values of H of Three samples Significant at the .10, .50 and .01 Percent Levels

| Samples size | | | Levels | | |
|---|---|---|---|---|---|
| $N_1$ | $N_2$ | $N_3$ | .10 | .05 | .01 |
| 2 | 2 | 2 | 4.57 | | |
| 3 | 2 | 1 | 4.29 | | |
| 3 | 2 | 2 | 4.50 | 4.71 | |
| 3 | 3 | 1 | 4.57 | 5.14 | |
| 3 | 3 | 2 | 4.56 | 5.36 | 6.25 |
| 3 | 3 | 3 | 4.62 | 5.60 | 6.49 |
| 4 | 2 | 1 | 4.50 | | |
| 4 | 2 | 2 | 4.46 | 5.33 | |
| 4 | 3 | 1 | 4.06 | 5.21 | |
| 4 | 3 | 2 | 4.51 | 5.44 | 6.30 |
| 4 | 3 | 3 | 4.70 | 5.73 | 6.75 |
| 4 | 4 | 1 | 4.17 | 4.79 | 6.67 |
| 4 | 4 | 2 | 4.55 | 5.45 | 6.87 |
| 4 | 4 | 3 | 4.55 | 5.60 | 7.14 |
| 4 | 4 | 4 | 4.65 | 5.69 | 7.54 |
| 5 | 2 | 1 | 4.20 | 5.00 | |
| 5 | 2 | 2 | 4.37 | 5.16 | 6.53 |
| 5 | 3 | 1 | 4.02 | 4.96 | |
| 5 | 3 | 2 | 4.49 | 5.25 | 6.82 |
| 5 | 3 | 3 | 4.53 | 5.44 | 6.98 |
| 5 | 4 | 1 | 3.99 | 4.99 | 6.84 |
| 5 | 4 | 2 | 4.52 | 5.27 | 7.12 |
| 5 | 4 | 3 | 4.55 | 5.63 | 7.40 |
| 5 | 4 | 4 | 4.62 | 5.62 | 7.74 |
| 5 | 5 | 1 | 4.11 | 5.13 | 6.84 |
| 5 | 5 | 2 | 4.51 | 5.25 | 7.27 |
| 5 | 5 | 3 | 4.55 | 5.63 | 7.54 |
| 5 | 5 | 4 | 4.52 | 5.64 | 7.79 |
| 5 | 5 | 5 | 4.56 | 5.66 | 7.98 |

# विश्वविद्यालय प्रश्न
# UNIVERSITY QUESTIONS
## निबन्धात्मक प्रश्न
## ( *Essay Type Questions* )

1. *मान विटनी यू-परीक्षण की अभिधारणाओं तथा उपयोगिताओं की व्याख्या करें।*
*Explain the assumptions and uses of Mann-Whitney U-test.*
2. *किन परिस्थितियों में यू-परीक्षण का व्यवहार किया जाता है ? इसकी गणना अप्राचलिक सांख्यिकी के अन्तर्गत क्यों की जाती है ?*
*Under what conditions U-test is being used ? Why it is considered as a non-parametric statistics ?*
3. *दो स्वतंत्र प्रतिदर्शों ( independent samples ) द्वारा एक मनोवैज्ञानिक परीक्षण पर लाए गए प्राप्तांक ( scores ) निम्नलिखित हैं। क्या प्राप्तांकों के दोनों सेटों के बीच सार्थक अन्तर है ?*

| | | | | | | | | | |
|---|---|---|---|---|---|---|---|---|---|
| X | 14 | 12 | 13 | 10 | 7 | 6 | 4 | | |
| Y | 18 | 16 | 15 | 14 | 19 | 7 | 8 | 6 | 3 |

4. *12 लड़कों तथा 10 लड़कियों द्वारा एक मानक परीक्षण पर प्राप्त आँकड़े ( data ) नीचे दिए गए हैं। मान विटनी यू-परीक्षण ( Man-Whitney U-test ) का व्यवहार करके शून्य अन्तर परिकल्पना ( null difference hypothesis ) की जाँच करें।*

| | | | | | | | | | | | | | |
|---|---|---|---|---|---|---|---|---|---|---|---|---|---|
| लड़के | ( X ) | 6 | 6 | 14 | 13 | 15 | 6 | 8 | 7 | 10 | 14 | 10 | 14 |
| लड़कियाँ | ( Y ) | 7 | 2 | 12 | 13 | 8 | 6 | 4 | 2 | 2 | 12 | | |

5. *प्रश्न 4 के आँकड़ों के आधार पर माध्यिका-परीक्षण ( Median test ) के द्वारा शून्य परिकल्पना ( zero difference hypothesis ) की जाँच करें।*
6. *एक यांत्रिक परीक्षण ( mechannical test ) पर तीन स्वतन्त्र समूहों ( independent groups ) द्वारा प्राप्त आँकड़े नीचे अंकित हैं। माध्यिका-परीक्षण ( Median Test ) की सहायता से इस परिकल्पना की जाँच करें कि तीनों समूह एक ही जनसंख्या ( population ) से लिए गए हैं।*

| समूह ( Groups ) | प्राप्तांक ( Scores ) | | | | | | | |
|---|---|---|---|---|---|---|---|---|
| A | 8 | 7 | 14 | 10 | 8 | 6 | | |
| B | 2 | 4 | 6 | 14 | 10 | 8 | 6 | 2 |
| C | 12 | 3 | 10 | 4 | 14 | 11 | 10 | 8 |

7. *चिह्न-परीक्षण ( Sign test ) की क्या अभिधारणाएँ हैं ? इसकी उपयोगिताओं पर प्रकाश डालें।*
*What are the assumptons of sign test ? Explain its uses.*
8. *माध्यिका-परीक्षण का व्यवहार किन परिस्थितियों में किया जाता है ? इसकी क्या उपयोगिताएँ ( uses ) हैं ? यह चिह्न-परीक्षण ( sign test ) से कैसे भिन्न हैं ?*
*Under what conditions Median test can be used ? What are its uses ? In what respect it differs from sign test ?*
9. *चिह्न-कोटि परीक्षण की अभिधारणाओं तथा उपयोगिताओं की व्याख्या करें। यह चिह-प्रीक्षण से कैसे श्रेष्ठ है ?*
*Explain the assumptions and uses of sign rank test. In what respect it is superior to sign test ?*

10. विलकौक्सन समेल-युगल चिह्न कोटि परीक्षण ( *Welcox,on's Matched Pair Sign Rank Test* ) का व्यवहार किन परिस्थितियों में किया जाता है ? नीचे 12 छात्रों द्वारा प्रयोगात्मक अवस्था तथा परिकल्पना ( *scores* ) दिए गए हैं । इन प्राप्तांकों के बीच शून्य अन्तर परिकल्पना ( *no difference hypothesis* ) की जाँच इस परीक्षण ( चिह्न कोटि परीक्षण ) के आधार पर करें ।

| | | | | | | | | | | | |
|---|---|---|---|---|---|---|---|---|---|---|---|
| प्रयोगात्मक अवस्था ( X ) : | 46 | 68 | 60 | 58 | 42 | 43 | 40 | 56 | 38 | 42 | 48 |
| निर्यंत्रित अवस्था ( Y ) | 36 | 50 | 58 | 40 | 44 | 43 | 29 | 36 | 48 | 38 | 42 |

11. चिह्न-परीक्षण ( *sign test* ) के द्वारा प्रश्न संख्या 10 के आँकड़ों के आधार पर शून्य परिकल्पना ( *null hypothesis* ) की जाँच करें ।

12. प्रश्न संख्या 10 के आँकड़ों से U ज्ञात करें ।

13. क्रुसकल-वालिस एच-परीक्षण ( *Kruskal-Wallis H test* ) की कौन-कौन सी अभिधारणाएँ ( *assumptions* ) हैं ? निम्नलिखित आँकड़ों के आधार पर एच-परीक्षण ( *H test* ) द्वारा इस परिकल्पना ( *hypothesis* ) की जाँच करें कि तीनों समूह एक ही जनसंख्या से लिए गए हैं :–

[ *M.A. Part II 2004 P.U* ]

समूह ( *Groups* )

| A | B | C |
|---|---|---|
| 8 | 2 | 12 |
| 7 | 4 | 3 |
| 14 | 6 | 10 |
| 10 | 14 | 4 |
| 8 | 10 | 14 |
| 6 | 8 | 11 |
| | 6 | 10 |
| | 2 | 8 |

14. *10 male and 12 female students obtained following marks in an examination —*
10 पुरुष तथा 12 महिला छात्रों ने एक परीक्षा में निम्न अंक प्राप्त किए :–
*Male : 12, 16, 13, 15, 20, 11, 24, 26, 13 and 18* [ *M.A. NOU, 2008* ]
*Femalea: 17, 28, 20, 22, 27, 26, 19, 25, 29, 30, 31 and 21*
*Apply U-test and interpret your result.*

15. तीन स्वतन्त्र समूहों ( *independent groups* ) के प्राप्तांक जो एक व्यक्तित्व परीक्षण पर कई अवस्थाओं में हासिल हुए हैं, नीचे दिए गए हैं ।

| पहला समूह | दूसरा समूह | तीसरा समूह |
|---|---|---|
| 47 | 76 | 87 |
| 38 | 76 | 76 |
| 34 | 75 | 52 |
| 32 | 73 | 51 |
| 32 | 62 | 50 |
| 30 | 47 | 42 |
| | | 38 |

*एक उपयुक्त अप्राचलिक परीक्षण ( appropriate non-parametric test ) का उपयोग करके तीनों समूहों के बीच अन्तर की सार्थकता की जाँच करें ।*

**16.** *नीचे दिए गए आँकड़ों के आधार पर U ज्ञात करें तथा प्राप्त परिणाम ( results ) की व्याख्या करें ।*

| समूह–A | समूह–B |
|---|---|
| 40 | 73 |
| 50 | 33 |
| 30 | 43 |
| 60 | 63 |
| 20 | 53 |
| 70 | 83 |
| | 93 |
| | 23 |
| | 13 |

**17.** *एक अभिवृत्ति परीक्षण ( Aptitude Test ) पर दो प्रतिदर्शों ( samples ) द्वारा पाए गए प्राप्तांक ( scores ) नीचे दिए गए हैं । किसी उपयुक्त अप्राचलिक परीक्षण ( approparíate non-parametric test ) द्वारा इस परिकल्पना ( hypothesis ) की जाँच करें कि दोनों प्रतिदर्श एक ही जनसंख्या ( same population ) से लिए गए हैं ।*

*प्रतिदर्श I 21, 22, 10, 11, 19, 17 7, 3, 15 19*

*प्रतिदर्श II 33, 35, 50, 65, 25, 13, 47, 57, 60, 45, 37, 39*
*7, 30, 47, 55, 65, 75, 19, 61, 63, 53, 41, 35, 67*

**18.** *समूह A ( N=10 ) तथा समूह B ( N=13 ) द्वारा एक व्यक्तित्व-परीक्षण ( personality test ) पर लाए गए प्राप्तांक ( scores ) निम्नलिखित हैं —*

*प्रतिदर्श–A 17, 21, 31, 7, 9, 11, 37, 25, 19, 33*

*प्रतिदर्श–B 35, 45, 25, 55, 41, 33, 47, 17, 38, 58, 61, 41, 50*

*किसी उपयुक्त अप्राचलिक परीक्षण ( non-parametric test ) का उपयोग करके यह बतलाएँ कि क्या ये दोनों समूह ऐसी जनसंख्या ( populations ) से लिए गए हैं, जिनकी माध्यिका ( Median ) एक ही हैं ।*

*संकेत : माध्यिका परीक्षण ( Median test ) का उपयोग करें ।*

**19.** *निम्नलिखित पर टिप्पणियाँ लिखें ( Writes notes on the following ) :–*

*( i ) प्राचलिक सांख्यिकी की अभिधारणाएँ ( Assumptions of parametric statistics )*

*( ii ) अप्राचलिक सांख्यिकी की अभिधारणाएँ*

*( iii ) चिह्न–अन्तर परीक्षण ( The sign difference test )*

*( iv ) चिह्न–माध्यिका परीक्षण ( The Median test )*

*( v ) क्रुस्कल वालिस एच–परीक्षण ( Kruskal Wallis H-test )*

**20.** ***Apply Mann-Whitney test to the data given below, and determine the significance of difference between the two groups.*** ***[ M.A. 1996, P.U., M.A. 2007 P.U.]***

***नीचे दिए गए प्रदत्त पर मान–विटनी परीक्षण का प्रयोग कर दोनों समूहों के अन्तर की सार्थकता की जाँच करें ।***

*Group–A 24, 22, 44, 72, 25, 30, 38, 54, 37, 61, 56, 42, 30, 42, 38*

*Group–B 30, 40, 36, 32, 46, 47, 53, 51, 49, 50, 50, 45, 48, 25, 28*

21. *The IQ of two remedial classes are shown below. Do they differ significantly from chance ?* *[M.A., P.U., 1992, 1999, M.A. 2005, B.U.]*

दो सुधारक कक्षाओं की बुद्धि लब्धि ( आई० क्यू० ) नीचे दर्शायी गयी है । क्या वे चान्स संभावनाओं से महत्त्वपूर्ण रूप से भिन्न हैं ?

*Class–A 98, 139, 93, 120, 103, 106, 115, 108, 107, 121, 91, 118, 135, 123, 105,*
*Class–B 96, 89, 117, 100, 110, 98, 105, 92, 86, 128.*

22. *Using Mann-Whitney U-test on the following data, indicate whether the two groups really differ —* *[M.A., 2002, M.U.]*

*Gr. A : 40, 46, 35, 38, 50, 42, 40, 38, 43, 47*

*Gr. B : 20, 26, 22, 24, 28, 30, 22, 22, 25, 25, 26, 20, 24*

23. *The scores on a psychological test obtained by Group–A ( N=5 ), Group–B( N=7 ) and Group–C ( N=10 ) have been given below. Using Kruskal-Wallis H-test, verify the null hypothesis that the three groups of the subjects come from the same population. Also interpret your finding.* *[M.A., 2001, P.U.]*

एक मनोवैज्ञानिक परीक्षण पर समूह–A ( N=5 ), समूह–B ( N=7 ) तथा समूह–C ( N=10 ) द्वारा प्राप्त प्राप्तांक नीचे दिए गए हैं । क्रुस्कल-वालिस H-परीक्षण का उपयोग करते हुए इस शून्य परिकल्पना को सत्यापित करें कि प्रयोज्यों के ये तीनों समूह एक ही जनसंख्या से आते हैं । अपने परिणाम भी व्याख्या करें । *[M.A., 2001, P.U.]*

*Group* ( समूह ) *–A 11, 13, 17, 10, 4*

*Group* ( समूह ) *–B 19, 11, 9, 15, 2, 7, 12*

*Group* ( समूह ) *–C 21, 13, 25, 22, 18, 24, 22, 27, 16, 37*

24. *What are the assumptions of parametric statistics ? Apply an appropriate non-parametric test to the data given below and determine the significance of difference between the two groups :* *[M.A., P.U., 2001; 2009 R.U. ]*

प्राचलिक सांख्यिकी की अभिधारणाएँ क्या हैं ? नीचे दिए गए प्रदत्त पर एक उपयुक्त अप्राचलिक परीक्षण का उपयोग करके दोनों समूहों के बीच अन्तर की सार्थकता की जाँच करें :–

*Group* ( समूह ) *–A : 24, 22, 44, 72, 25, 30, 38, 54, 37, 61, 56, 42, 30, 42, 28*
*Group* ( समूह ) *–B : 30, 40, 36, 32, 46, 47, 53, 51, 49, 50, 50, 45, 48, 25, 28*

25. *Following are the scores obtained on Achievement test of 10 boys and 12 girls :*

निम्नलिखित प्राप्तांक 10 लड़के एवं 12 लड़कियों का उपलब्धि परीक्षण पर पाया गया :–

*Boys* ( लड़के ) : *10, 15, 30, 25, 40, 20, 35, 45, 20, 50*

*Girls* ( लड़कियाँ ) : *20, 25, 15, 20, 30, 40, 35, 30, 45, 50, 30, 70*

*Use suitable non-parametric statistics and explain whether there is any significant effect of sex differences on achievement score ?*

उपयुक्त अप्राचलिक सांख्यिकी का उपयोग करें तथा स्पष्ट करें कि उपलब्धि प्राप्तांक पर यौन भिन्नता का कोई सार्थक प्रभाव पड़ा है ।

26. *Using Median Test examine the significance of difference between the following sets of scores obtained by ten boys and ten girls on an Anxiety scale and interpret your finding :* *[M.A., Part I, 2004, P.U.]*

*एक चिन्ता मापनी पर दस लड़के तथा दस लड़कियों द्वारा प्राप्त निम्नलिखित प्राप्तांकों के सेटों के बीच अन्तर की सार्थकता की जाँच माध्यिका-परीक्षण का उपयोग करते हुए करें :*

| | |
|---|---|
| *Boys' Scores* <br> *( लड़कों के प्राप्तांक )* | *40, 36, 28, 32, 33, 29, 20* |
| *Girls' Scores :* <br> *( लड़कियों के प्राप्तांक )* | *48, 50, 55, 61, 65, 37, 60, 57* |

## ANSWERS

**3.** U = 21.5, $N_1 = 7$, $N_2 = 9$, P = NS.

**4.** U = 31 $N_1 = 12$, $N_2 = 10$, $P < .05$

**5.** $\chi^2 = .81$, ( सार्थक नहीं है )

**6.** $\chi^2 = 3.17$, ( सार्थक नहीं है )

**10.** Reject Ho at 1 %

**11.** $\pm 9$, Z = 1.81, $P > .05$

**12.** U = 120.5, ( सार्थक नहीं है )

**13.** H = 3.28

**14.** U = 3.5, $P < .01$

**15.** ( i ) Mdn test, $\chi^2 = 9.94$ ( ii ) H = 71.84

**16.** U = 21, $N_1 = 6$, N2 = 9, P = NS ( सार्थक नहीं है )

**17.** U = 17.5, Z = 1.13, $N_1 = 10$, $N^2 = 25$, P = NS ( सार्थक नहीं है ).

**18.** Mdn test, $\chi^2 = 10.13$, $P < .01$, U = 12.5, $P < .01$

**20.** U = 95.00, $N_1 = 15$, $N_2 = 15$, $P > .05$

**21.** U = 43, $N_1 = 15$, $N_2 = 10$, $P > .05$

**22.** U = 0, $N_1 = 10$, $N_2 = 13$, $P < .01$

**23.** H = 12.46, N = 5, $N_2 = 7$, $N_3 = 10$, $< .01$

**24.** U = 95.67, $N_1 = 15$, $N_2 = 15$, $P > .05$

**25.** U = 49.5, $N_1 = 10$, $N_2 = 12$, $P > .05$

**26.** Median = 395, X = 9.9, df = 1, $P < .01$

## वस्तुनिष्ठ प्रश्न
### ( Objective Questions )

*1.* *यू-परीक्षण ( U-test ) का कार्य है —*

*(क) दो समूहों के बीच अन्तर की जाँच करना*

*(ख) दो समूहों के बीच सम्बन्ध की जाँच करना*

*(ग) प्राप्तांकों ( scores ) के दो सेटों ( sets ) के बीच की सहसम्बन्ध की जाँच करना*

*(घ) उपर्युक्त सभी*

2. *यू-परीक्षण ( U-test ) के संदर्भ में निम्नलिखित कथनों में कौन सही है ?*

*(क) यू-परीक्षण एक सम्बन्ध-परीक्षण ( relationship test ) है*

*(ख) यू-परीक्षण का मूल्य जितना ही कम होता है, वह उतना ही अधिक सार्थक होता है ?*

*(ग) यू-परीक्षण एक प्राचलिक परीक्षण है*

*(घ) इनमें मे कोई नहीं*

3. द्विपद वितरण ( *binomial distribution* ) के संदर्भ में अन्तर की दिशा की सार्थकता की जाँच के लिए किस अप्राचलिक पीरक्षण का उपयोग किया जाता है ?

(क) चिह्न परीक्षण ( *Sign Test* )

(ख) माध्यिका परीक्षण ( *Median Test* )

(ग) एच–परीक्षण ( *H-test* )

(घ) इनमें में से कोई नहीं

4. आँकड़ों के दो सेटों ( *two sets of data* ) के बीच अन्तर की दिशा तथा मात्रा दोनों की जाँच के लिए निम्नलिखित में से कौन उपयुक्त परीक्षण है ?

(क) यू–परीक्षण ( *U-test* ) (ख) चिह्न-कोटि परीक्षण ( *Sign Rank Test* )

(ग) टी–परीक्षण ( *T-test* ) (घ) डब्ल्यू परीक्षण ( *W test* )

5. फ्रीडमैन द्विमार्गी प्रसरण विश्लेषण ( *Friedman Two-way Analysis of Variance* ) को संक्षेप में कहा जाता है —

(क) $\chi^2_r$ (ख) $\chi^2$ (ग) $U_2$ (घ) $r_{23}$

**ANSWERS**

**1.** ( क ), **2.** ( घ ), **3.** ( क ), **4.** ( घ ), **5.** ( क ) ।

✦

अध्याय-18

# प्रतिगमन तथा भविष्यकथन या पूर्वकथन

# ( REGRESSION AND PREDICTION )

## प्रतिगमन का अर्थ

## ( Meaning of Regression )

प्रतिगमन शब्द का व्यवहार कई अर्थों में किया जाता है । एक अर्थ में प्रतिगमन से तात्पर्य है आदिम व्यवहार ( Primitive behaviour ) अथवा बचपन के व्यवहार-प्रतिरूप की ओर लौटना । जैसे-एक वयस्क व्यक्ति में बच्चों की तरह अंगूठा चूसने का व्यवहार देखा जा सकता है । दूसरे अर्थ में, प्रतिगमन से तात्पर्य माध्य या माध्यमान की ओर झुकाव ( tendecny toward mean ) है । इस अर्थ में सर्वप्रथम फ्रांसिस **गाल्टन** ( Francis Galton ) ने प्रतिगमन शब्द का व्यवहार किया । उन्होंने अपने अध्ययन में देखा कि लम्बे माता-पिता के बच्चे की शारीरिक लम्बाई अपेक्षाकृत कम होती है, जबकि नाटे माता-पिता के बच्चों की शारीरिक ऊँचाई या लम्बाई अपेक्षाकृत अधिक होती है । इसका अर्थ यह हुआ कि शारीरिक लम्बाई का झुकाव माता-पिता की शारीरिक लम्बाई की ओर नहीं होती है बल्कि औसत ( average ) लोगों या अधिकांश लोगों की शारीरिक लम्बाई की ओर होती है । इसी झुकाव या प्रवृत्ति को प्रतिगमन कहते हैं ( Garrett, 2007 ) । यह ध्यान रखना चाहिए कि यह प्रवृत्ति न केवल शारीरिक लम्बाई में पायी जाती है, बलिक बच्चों के दूसरे सभी शारीरिक तथा मानसिक शीलगुणों में भी । बच्चे तथा माता-पिता के शीलगुण के सम्बन्ध को बतलाने वाली रेखा को प्रतिगमन-रेखा ( regression line ) के किसी पूर्वकथित प्राप्तांक ( predicted score ) में उस वितरण के मध्यमान ( Mean ) की ओर अग्रसर होने की प्रवृत्ति ( tendency ) पायी जाती है । **चैपलिन** ( Chaplin, 1975 ) के अनुसार, *"सांख्यिकी में प्रतिगमन का तात्पर्य दो युगमित चरों के बीच सम्बन्धों से है ।*[1]

**रेबर तथा रेबर** ( Reber & Reber, 2001 ) ने इसे और भी स्पष्ट किया है और कहा है कि प्रतिगमन से दो चरों (एक स्वतंत्र चर तथा दूसरा आश्रित चर) के बीच ऐसे सम्बन्धों से है, जिनके आलोक में एक चर (स्वतंत्र चर) के आधार पर दूसरे चर (आश्रित चर) के सम्बन्ध में कोई भविष्यवाणी ( prediction ) करना सम्भव होता है । उनके अपने शब्दों में *"सांख्यिकी में प्रतिगमन का अर्थ एक चर ( X-चर) पर चयन किए गए मूल्यों तथा दूसरे चर ( Y-चर) पर निरीक्षण किए गए मूल्यों के बीच सम्बन्ध है ।"*[2]

1. "In statistics, regression refers to the relationships between two paired variables."
— Chaplin, 1975, P. 450

2. "In statistics regression means a relationship between the selected values on one varaible ( x ) and the observed values on a second paired variable ( Y )"
— Reber & Reber, 2001, P. 613

**प्रतिगमन समीकरण तथा प्रतिगमन रेखा** ***( Regression Equation and Regression Line )***

प्रतिगमन समीकरण का अर्थ वह सूत्र है *जिसके द्वारा X-चर से Y-चर के किसी सम्भावित मूल्यों का परिकलन किया जाता है ।*[1] इसी प्रकार **रेबर** तथा **रेबर** ( Reber & Reber, 2001 ) ने कहा है कि *"समीकरण एक सूत्र है, जिसके आधार पर किसी ज्ञात X के लिए Y के सबसे अधिक सम्भावित मूल्यों की भविष्यवाणी की जाती है।"*[2]

प्रतिगमन समीकरण के आधार पर जो रेखा खींची जाती है, उसे प्रतिगमन-रेखा ( regression line ) कहते हैं । यह रेखा अथवा वक्र ( curve ) वास्तव में एक चर के प्रतिगमन को दूसरे चर की ओर इंगित करती है । जब यह एक सरल रेखा के रूप में होता है तो इसे रेखीय प्रतिगमन ( curvilinear regression ) कहते हैं । रेखीय प्रतिगमन समीकरण ( linear regression equation ) का रूप इस प्रकार होगा, $y = ax + b$ और चतुष्कोण समीकरण ( quadratic equation ) का रूप होगा, $y = ax^2 + bx + c$, etc.

## भविष्यकथन ( पूर्वकथन ) का अर्थ
## ( Meaning of Prediction )

भविष्यवाणी या पूर्वकथन ( prediction ) का व्यवहार कई प्रसंगों में किया जाता है । बोलचाल की भाषा में भविष्य में घटने वाली घटना के सम्बन्ध में वर्तमान में बतला देना भविष्यवाणी कहलाती है । परीक्षण निर्माण ( test construction ) के संदर्भ में भविष्यवाणी का अर्थ वैधता ( validity ) है । यदि किसी परीक्षण पर कोई व्यक्ति जिस तरह का प्राप्तांक हासिल करता है, अपने वास्तविक कार्य में भी उसी तरह से निष्पादन करने में सफल होता है तो समझा जाता है कि उस परीक्षण में भविष्यवाणी वैधता ( predictive validity ) उपलब्ध है । अत: किसी परीक्षण को जिस चीज को मापने के लिए बनाया जाता है, जिस मात्रा में वह उस चीज को मापने में सक्षम होता है, उसी मात्रा में उसमें भविष्यवाणी वैधता उपलब्ध होती है । सांख्यिकी में भविष्यवाणी का अर्थ एक चर के आधार पर एक-दूसरे चर के किसी सम्भावित मूल्य को निर्धारित करना है । जैसे–एक बालक ने एक चर (जैसे बुद्धि) पर 105 प्राप्तांक हासिल किया हो तो वह किसी दूसरे चर (जैसे, उपलब्धि) पर कितना प्राप्तांक हासिल करेगा, इसे भविष्यवाणी कहा जाएगा । इसमें एक चर स्वतन्त्र चर ( independent variable ) होता है, जिसके आधार पर भविष्यवाणी की जाती है और दूसरा चर आश्रित चर ( dependent variable ) होता है, जिसके सम्बन्ध में भविष्यवाणी की जाती है । स्वतंत्र चर को प्रतीक के रूप में X तथा आश्रित चर को Y कहा जाता है । एक परिस्थिति में जो स्वतंत्र चर होता है वह दूसरी परिस्थिति में आश्रित दर हो सकता है और इसी तरह एक परिस्थिति में जो आश्रित चर है, वह दूसरी परिस्थिति में स्वतंत्र चर हो सकता है ।

एक चर के आधार पर दूसरे चर के सम्बन्ध में भविष्यवाणी करना वास्तव में चरों के बीच सहसम्बन्ध ( correlation ) पर निर्भर करता है । सहसम्बन्ध की मात्रा जितना ही अधिक

---

1. "Regression equation is the formula for computing the probable value of Y, a paired, correlated variable from the other variable x, or vice versa". — Chaplin 1975, p. 450
2. "The equation is, thus a formula which permits the prediction of the most probable values of Y for any known value of x." —Reber & Reber, 2001, p. 614

होती है, भविष्यवाणी उतना ही अधिक सम्भव होता है । जब सहसम्बन्ध पूर्ण ( perfect correlation ) होता है तो भविष्यवाणी अधिक यथार्थ ( accurate ) होती है । + 1.00 को धनात्मक पूर्ण सहसम्बन्ध ( positive perfect correlation ) तथा –1.00 को ऋणात्मक पूर्ण सहसम्बन्ध ( negative perfect correlation ) कहते हैं । सहसम्बन्ध की मात्रा कम होने पर भविष्यवाणी की यथार्थता ( accuracy ) घट जाती है और यदि शून्य सहसम्बन्ध ( zero correlation ) हो तो भविष्यवाणी करना सम्भव नहीं होता है ।

**भविष्य कथन कैसे किया जाता है ? ( *How Prediction is Made ?* )**

प्रतिगमन समीकरण ( regression equation ) की सहायता से भविष्यवाणी करना सम्भव होता है । जब X-चर पर किसी व्यक्ति का प्राप्तांक ( score ) ज्ञात होता है तो Y-चर पर उसके द्वारा होने वाले प्राप्तांक की जानकारी प्रतिगमन समीकरण के आधार पर भी सम्भव होती है। निम्नलिखित परिस्थितियों में प्रतिगमन समीकरण का व्यवहार किया जाता है :–

**1. विचलन के रूप में प्रतिगमन समीकरण ( *Regression Equation in Deviation Form* )**

किसी विकर्ण आरेख ( scatter-diagram ) में दो प्रतिगमन-रेखाएँ ( regression lines ) होती हैं । इन्हें X-चर की प्रतिगमन-रेखा तथा Y-चर की प्रतिगमन-रेखा कहते हैं । जब X-चर के आधार पर Y-चर के सम्बन्ध में भविष्यवाणी करने की आवश्यकता होती है तो पहली प्रतिगमन-रेखा का उपयोग किया जाता है । इसी प्रकार Y-चर के आधार पर X-चर के सम्बन्ध में भविष्यवाणी करनी होती है तो दूसरी प्रतिगमन-रेखा का उपयोग किया जाता है । पहली अवस्था में X स्वतंत्र चर तथा Y आश्रित चर होते हैं जबकि दूसरी अवस्था में Y स्ततन्त्र चर होता है और X आश्रित होता है ।

**उदाहरण**

मान लें कि X-चर के आधार पर Y-चर के सम्बन्ध में भविष्यवाणी करनी है । इसके लिए निम्नलिखित प्रतिगमन समीकरण ( regression equation ) होगा जो दोनों विचलनों ( deviations ) पर आधारित है —

$$\bar{y} = \frac{\sigma y}{\sigma x}(x)$$ — सूत्र 67

यहाँ $\bar{y}$ = विचलन के रूप में Y-चर से सम्बन्धित भविष्यवाणी,

r = X तथा Y चरों के बीच सहसम्बन्ध ( correlation ),

$x$ = विचलन ( deviation ),

σx = X-चर का मानक विचलन ( standard deviation of X ),

σy = Y-चर का मानक विचलन ( standard deviation of Y ),

टेबुल-25 में दिए गए आँकड़ों के आधार पर उपर्युक्त बातों को और भी अधिक स्पष्ट किया जा सकता है । इस टेबुल के आँकड़ों से प्राप्त सूचनाएँ निम्नलिखित हैं :–

r = .53
$\sigma x$ = 2.40
σy = 2.23

अब मान बैठाने पर

$$
\begin{aligned}
y &= .53 \times \frac{2.23}{2.40}(x) \\
&= .53 \times .93\,(x) \\
&= .49x
\end{aligned}
$$

स्पष्ट है कि X-चर (शारीरिक ऊँचाई) के माध्य ( Mean of X ) से 1 विचलन Y-चर (शारीरिक वजन) के माध्य ( Mean of Y ) से .49 के विचलन द्वारा सम्बन्धित है । इसका अर्थ यह हुआ कि जिस विद्यार्थी की शारीरिक ऊँचाई X-चर के माध्य से 1 इंच अधिक हो, उसका शारीरिक वजन Y-चर के माध्य से .49 पाउण्ड अधिक होगा । जैसे–मान लें कि एक विद्यार्थी की शारीरिक लम्बाई 65 इंच है जो माध्य यानी 62.33 से 2.67 इंच अधिक है । ऐसी स्थिति में उस विद्यार्थी का शारीरिक वजन Y-चर के माध्य ( Mean Y – = 139.04 ) से 9.64 अधिक होगा, अर्थात 2.67 × 1.64 = 4.37 + 139.04 = 143.41 पाउण्ड होगा । इसी तरह यदि किसी विद्यार्थी का प्राप्तांक X-चर पर 55.33 हो तो इस आधार पर Y-चर उसके प्राप्तांक की भविष्यवाणी की जा सकती है । यहाँ X-चर पर उस विद्यार्थी का प्राप्तांक वितरण माध्य ( 62.33 ) से कम है । अत: Y-चर पर उसका प्राप्तांक इसके माध्य से 1.64 × 7 = 11.48 कम होगा अर्थात 139.04 – 1.48 = 127.56 होगा । इसी प्रकार X-चर के आधार पर प्राप्त किसी भी मूल्य की सहायता से Y-चर पर सम्भावित मूल्य का भविष्यवाणी की जा सकती है ।

इसी तरह Y-चर से सम्बन्धित भविष्यवाणी की जा सकती है । इसके लिए सूत्र इस प्रकार होगा :–

— सूत्र 68

$$\bar{X} = r\frac{\sigma x}{\sigma y}(y)$$

यहाँ $\bar{X}$ = विचलन के रूप में X-चर से सम्बनधित भविष्यवाणी

r = X तथा Y चरों के बीच सहसम्बन्ध

$\sigma x$ = X का मानक विचलन,

$\sigma Y$ = Y का मानक विचलन,

y = विचलन ( deviation )

इसे एक उदाहरण द्वारा स्पष्ट किया जा सकता है । टेबुल 25 के आँकड़ों के आधार पर r = .53 $\sigma x$ = 2.40, $\sigma y$ = 2.23, Mean x = 62.33 तथा Mean y = 139.04 प्राप्त हुए । अत: सूत्र 68 के अनुसार :–

$$
\begin{aligned}
\bar{X} &= .53\frac{2.40}{2.23}(Y) \\
\bar{X} &= 0.57\,(y)
\end{aligned}
$$

इसका अर्थ यह हुआ कि Y-चर माध्य से 1 विचलन X-के माध्ये से .57 विचलन द्वारा सम्बन्धित है । दूसरे शब्दों में, किसी विद्यार्थी को यदि X-चर के माध्य से एक अंक अधिक आता है तो इस बात की पूरी सम्भावना है कि उसे X-चर के माध्य से .57 प्राप्तांक अधिक हासिल होगा । जैसे, मान लें कि किसी विद्यार्थी का प्राप्तांक Y-चर पर 140 है । स्पष्टत:

वह अपने माध्य (139.04) से .96 अधिक है । अतः उस विद्यार्थी का प्राप्तांक X-पर उसके माध्य (62.33) से $.96 \times .17 = .16$ अधिक होगा । अर्थात् $62.33 + .16 = 62.49$ होगा । इसी तरह Y-चर के आधार पर X-चर के किसी भी सम्भावित मूल्य को निर्धारित करना सम्भव होता है ।

## 2. प्राप्तांक के रूप में प्रतिगमन समीकरण (*Regression Equation in Score Form*)

हम इस बात की व्याख्या कर चुके हैं कि विचलन के रूप में प्रतिगमन समीकरण का व्यवहार करके किसी एक चर के आधार पर किसी दूसरे चर से सम्बन्धित भविष्यवाणी की जाती है । लेकिन भविष्यवाणी करने की दूसरी विधि यह है कि सीधे प्रतीक के रूप में प्रतिगमन समीकरण के द्वारा भविष्यवाणी की जा सकती है । जैसे — X-चर के आधार पर Y-चर के सम्बन्ध में भविष्यवाणी करने का सूत्र इस प्रकार है :— — सूत्र 69

$$\bar{y} = r\frac{\sigma y}{\sigma x}(X - Mx) + My$$

यहाँ $\bar{y}$ = वास्तविक प्राप्तांक के रूप में Y-चर पर भविष्यवाणी

r = X और Y चरों के बीच सहसम्बन्ध

σ y = X का मानक विचलन (SD),

σ *x* = X-चर का मानक विचलन

$M_x$ = X-का माध्य,

$M_y$ = Y का माध्य,

X = प्राप्तांक

टेबुल 25 के आँकड़ों पर प्राप्त मूल्यों को सूत्र 69 के रूप में देखने पर X का प्रतिगमन Y-चर पर इस प्रकार होगा :—

$$\bar{Y} = .53\frac{2.23}{2.40}(X - 62.22) + 139.04$$

$$\bar{Y} = .49\,(X - 62.33) + 139.04$$

$$\bar{Y} = .49\,X - 102.22 + 139.04$$

$$\bar{Y} = .49 + 36.82$$

माने लें कि X-चर पर किसी विद्यार्थी ने 69 प्राप्तांक हासिल किया है । प्रश्न है कि उस विद्यार्थी का प्राप्तांक Y-चर पर क्या होगा । दूसरे शब्दों में, जिस विद्यार्थी की ऊँचाई 69 ईंच है उसका सम्भावित वजन क्या होगा । यहाँ X के स्थान पर 69 को देखने पर :—

$$\bar{Y} = .49 \times 69 + 36.82$$

$$\bar{Y} = 70.63$$

अतः X-चर पर 69 प्राप्तांक पाने वाले विद्यार्थी का Y-चर पर सम्भावित प्राप्तांक 70.63 होगा ।

इसी तरह Y-चर के आधार पर X-चर से सम्बन्धित भविष्यवाणी की जा सकती है,

जिसके लिए सूत्र निम्नलिखित है :–

$$\overline{X} = r\frac{\sigma x}{\sigma y}\left(Y - M_y\right) + M_x \qquad \text{— सूत्र 70}$$

मान लें कि एक विद्यार्थी ने Y-चर पर 160 प्राप्तांक पाया है । प्रश्न है कि उस विद्यार्थी का प्राप्तांक X-चर पर क्या होगा । दूसरे शब्दों में, जिस विद्यार्थी का शारीरिक वजन 160 पाउण्ड पाया गया है, उसकी शारीरिक ऊँचाई क्या होगी ।

सूत्र 70 के अनुसार टेबुल 25 के आँकड़ों से सम्बन्धित मूल्यों को बैठाने पर

$$\overline{X} = .53\left(\frac{2.40}{2.23}\right)(Y - 139.04) + 62.33$$

$$\overline{X} = .53\,(\,Y - 139.04\,) + 62.33$$

$$= .53\,y - 79.25 + 62.33$$

$$\overline{X} = .53y + -16.92$$

अब Y के स्थान पर 160 को देखने पर

$$\overline{Y} = .53 \times 160 + (\,-16.92\,)$$

$$\overline{X} = 67.88$$

अतः जिस छात्र का शारीरिक वजन ( Y-चर पर प्राप्तांक) 160 पाउण्ड है उसके सम्बन्ध में भविष्यवाणी की जा सकती है कि उसकी ऊँचाई ( X-चर पर प्राप्तांक) 67.88 अर्थात 68 ईंच होगी । इसी तरह Y-चर के आधार पर X-चर के किसी भी सम्भावित मूल्य से सम्बन्धित भविष्यवाणी की जा सकती है ।

### प्रतिगमन समीकरण पर आधारित भविष्यकथन की शुद्धता ( *Accuracy of Prediction from Regression Equations* )

प्रतिगमन समीकरण के आधार पर भविष्यवाणी करने की दो विधियों का उल्लेख ऊपर किया जा चुका है । इन दोनो विधियों के आधार पर आवश्यकता के अनुसार X-चर अथवा Y-चर से सम्बन्धित भविष्यवाणी की जा सकती है । लेकिन यहाँ यह बात स्मरण रखना चाहिए कि पूर्वकथन या भविष्यवाणी ( prediction ) पूरी तरह सही नहीं हो सकती है । X या Y-चर से सम्बन्धित जो भविष्यवाणी की ज़ाती है तो प्रायः भविष्यवाणी किया गया प्राप्तांक ठीक वास्तविक प्राप्तांक के बराबर नहीं होता है बल्कि उसमें कुछ–न कुछ भिन्नता पायी जाती है । इस भिन्नता को भविष्यवाणी की अशुद्धि ( error of prediction ) कहा जाता है । यह कहने की आवश्यकता नहीं कि अशुद्धि जितनी ही अधिक होगी भविष्यवाणी उतनी ही अधिक कमजोर होगी, अविश्वसनीय होगी ।

भविष्यवाणी–अशुद्धता का अर्थ यह नहीं है कि भविष्यवाणी–सार्थकता निरर्थक है । हम इस बात का पता लगा सकते हैं कि भविष्यवाणी में अशुद्धि की कितनी मात्रा है । इसके लिए मानक अशुद्धि ( standard error ) निकालने की आवश्यकता होती है । आकलन की मानक अशुद्धि ( standard error of estimate ) ज्ञात करने से इस बात का पता चल जाता है कि X के आधार पर Y तथा Y के आधार पर X के सम्बन्ध में जो भविष्यवाणी की गयी है वह कहाँ तक सही है । अर्थात उस भविष्यवाणी में कितनी अशुद्धता है, इसकी जानकारी

हो जाती है । यहाँ यह बात भी उल्लेखनीय है कि X तथा Y चरों के बीच सहसम्बन्ध पूर्ण ( Perfect ) होता है तो भविष्यवाणी पूरी तरह सही होती है और मानक अशुद्धि शून्य होती है । लेकिन सहसम्बन्ध की मात्रा जैसे-जैसे घटती जाती है मानक अशुद्धि की मात्रा बढ़ती जाती है । X-चर के आधार पर Y से सम्बन्धित भविष्यवाणी की मानक अशुद्धि निर्धारित करने के लिए निम्नलिखित सूत्र का व्यवहार किया जाता है ।

$$\sigma y(\text{est.}\bar{y}) = \sigma y\sqrt{1-r^2}$$ —सूत्र 71

जैसे, टेबुल 25 पर आधारित आँकड़ों के आलोक में X-चर के आधार पर Y-चर से सम्बन्धित ऊपर भविष्यवाणी की गयी कि जिस विद्यार्थी की शारीरिक ऊँचाई ( X-चर का प्राप्तांक ) **65 ईंच** है, उसका शारीरिक वजन ( Y-चर का प्राप्तांक ) **143.41** पाउण्ड होगा । अब देखना है कि यह भविष्यवाणी किया गया वास्तविक प्राप्तांक से कितना भिन्न है । दूसरे शब्दों में, इस भविष्यवाणी की मानक त्रुटि कितनी है । इसके लिए निम्नलिखित परिकलन पर ध्यान दें :–

$$\sigma y(\text{est.}\bar{y}) = 2.23\sqrt{1-(.53)^2}$$

$$\sigma y(\text{est.}\bar{y}) = 2.23\sqrt{1-.28}$$

$$\sigma y(\text{est.}\bar{y}) = 2.23\sqrt{.72}$$

$$\sigma y(\text{est.}\bar{y}) = 2.23\times .85$$

$$\sigma y(\text{est.}\bar{y}) = 1.90$$

अब प्रश्न है कि 1.90 मानक त्रुटि की व्याख्या कैसे की जाए । इस सम्बन्ध में हम कह सकते हैं कि Y-चर पर वास्तविक प्राप्तांक 68%, 95% तथा 99.7% अर्थात 100% होने की सम्भावना क्रमशः $\pm 1\,\sigma$ ( est. ), $\pm 2\sigma$ ( est.y ) तथा $\pm 3\sigma$ ( est.y ) है ।

इसी तरह यदि Y-चर के आधार पर X-चर से सम्बन्धित कोई भविष्यवाणी की गयी हो तो इसके लिए निम्नलिखित सूत्र का व्यवहार किया जाएगा :–

$$\sigma\,(\text{est.}\,\bar{x}) = \sigma x\sqrt{1-r^2}$$

जैसे, टेबुल 25 के आँकड़ों पर आधारित Y-चर के आधार पर X-चर के सम्बन्ध में ऊपर भविष्यवाणी की गयी है कि जिस विद्यार्थी का शारीरिक वजन 140 पाउण्ड है उसकी शारीरिक ऊँचाई 62.49 इंच होगी । अब देखना यह है कि इस भविष्यवाणी में कितनी अशुद्धि है । यहाँ नीचे के परिकलन पर ध्यान दें :–

$$\sigma\ (\text{est.}X) = 2.40\sqrt{1-(.53)^2}$$

$$\sigma\ (\text{est.}X) = 2.40\sqrt{1-.28}$$

$$\sigma\ (\text{est.}X) = 2.40\sqrt{.72}$$

$$\sigma\ (\text{est.}X) = 2.40\times .85$$

$$\sigma\ (\text{est.}X) = 2.04$$

अत: 68% इस बात की सम्भावना है कि वास्तविक ऊँचाई ( X-चर पर प्राप्तांक ) + 1σ ( est. X ) होगा। इसका अर्थ यह हुआ कि 100 में से 68 इस बात की सम्भावना है कि भविष्यवाणी किए गए प्राप्तांक में 2.04 से अधिक मानक त्रुटि नहीं होगी। उदाहरण में भविष्यवाणी की गयी थी कि 140 पाउण्ड वजन वाले विद्यार्थी की शरीरिक ऊँचाई 62.49 ईंच होगी। अत: वास्तविक ऊँचाई 62.49 ± 2.04 यानी 64.53 से 60.45 इंच के बीच होगी। इसी तरह 95% तथा 100 % विश्वास ( confidence ) स्तर के लिए क्रमश: ± 2σ ( est. X ) तथा ± 3σ ( est. X ) के आधार पर वास्तविक प्राप्तांक की सीमा को निर्धारित किया जा सकता है।

## विश्वविद्यालय प्रश्न
## UNIVERSITY QUESTIONS
### निबन्धात्मक प्रश्न
### ( *Essay Type Questions* )

*1. 100 छात्रों द्वारा बुद्धि-परीक्षण ( Intelligence test ) तथा उपलब्धि-परीक्षण ( Achievement test ) पर निम्नलिखित आँकड़े प्राप्त हुए :–*

| | *X* बुद्धि-परीक्षण ( *Intelligence Test* ) | *Y* उपलब्धि-परीक्षण ( *Achievement Test* ) |
|---|---|---|
| *माध्य* | *136.3* | *66.5* |
| *मानक विचलन ( SD )* | *15.55* | *2.62* |
| *छात्रों की कुल संख्या ( N )* | *100* | *100* |

*दोनों चरों (बुद्धि तथा उपलब्धि) के बीच सहसम्बन्ध ( r ) = .60*

*( क ) उपर्युक्त आँकड़ों के आधार पर प्रतिगमन समीकरण ( regression question ) बनायें।*

*( ख ) यदि किसी छात्र की बुद्धि-लब्धि ( I.Q. ) 137.3 हो तो उसका उपलब्धि प्राप्तांक ( achievement score ) क्या होगा ?*

*( ग ) जिस छात्र का उपलब्धि प्राप्तांक 67 है, उसका सम्भावित बुद्धि प्राप्तांक ( probable intelligence score ) क्या होगा ?*

2. *X तथा Y दो चरों ( variables ) से सम्बन्धित सांख्यिकी ( statistics ) निम्नलिखित हैं :–*

| *X-चर* | *Y-चर* |
|---|---|
| *Mean = 70* | *Mean = 120* |
| *SD= 5* | *SD = 7* |

*N = 200, r = .04*

*( i ) X तथा Y के बीच प्रतिगमन समीकरण करें।*

*( ii ) यदि X-चर पर 50 प्राप्तांक हो तो Y-चर पर सम्भावित प्राप्तांक ( probable score ) क्या होगा ?*

*( iii ) Y-चर पर 100 प्राप्तांक हासिल करने वाले व्यक्ति का पूर्वकथित प्राप्तांक ( predicted score ) X-चर पर क्या होगा ?*

*( iv ) भविष्यवाणी की अशुद्धि ( error of prediction ) किसी अनुकूल विधि द्वारा ज्ञात करें।*

3. प्रश्न संख्या 1 में दिए गए अंकों के आधार पर मूल प्राप्तांक सूत्र ( *Raw score formula* ) के द्वारा प्रतिगमन समीकरण ( *regression equation* ) बनाएँ तथा यह बतलाएँ कि *Y*-चर पर 71 प्राप्तांक ( *score of 71* ) पाने वाले छात्रों का पूर्वकथित प्राप्तांक ( *predicted score* ) *X*-चर पर क्या होगा ? यह पूर्वकथित प्राप्तांक कहाँ तक विश्वसनीय ( *reliable* ) है ?

4. दो परीक्षणों पर प्राप्त आँकड़े निम्नलिखित हैं :–

| मनोविज्ञान ( *Psychology* ) | समाजशास्त्र ( *Sociology* ) |
|---|---|
| $Mx = 75$ | $My = 70$ |
| $\sigma x = 6$ | $\sigma y = 8$ |

$$r = .72$$

( क ) प्राप्तांक के रूप में प्रतिगमन समीकरण ( *regression equation* ) ज्ञात करें ।

( ख ) जिस छात्र ने मनोविज्ञान में 65 प्राप्तांक पाया हो उसके बारे में भविष्यवाणी करें कि समाजशास्त्र में उसकी उपलब्धि क्या होगी ? इस भविष्यवाणी की मानक त्रुटि ( *SE* ) ज्ञात करें ।

( ग ) यदि दोनों चरों के बीच सहसम्बन्ध .84 हो तो मानक त्रुटि किस हद तक घटेगी ?

5. 100 छात्रों द्वारा *X*-परीक्षण तथा *Y*-परीक्षण पर प्राप्त आँकड़े नीचे दिए गए हैं :–

$$\sum x = 24942 \qquad \sum y = 1103$$
$$\sigma x = 12.6 \qquad \sigma y = 4.3$$
$$r_{xy} = .76$$

उपर्युक्त आँकड़ों के आधार पर यह बतलाएँ कि *X* पर 290 का अनुरूप प्राप्तांक ( *corresponding score* ) *Y*-चर पर क्या होगा ?

6. 20 छात्रों द्वारा दो परीक्षणों पर लाए गए प्राप्तांक ( *Scores* ) इस प्रकार है :–

*X* 130, 112, 81, 42, 56, 99, 32, 50, 73, 114, 63, 132, 85, 95, 47, 77, 61, 88, 47, 78

*Y* 90, 78, 61, 28, 48, 74, 28, 55, 81, 18, 60, 96, 81, 78, 45, 65, 43, 73, 31, 55

( i ) उपर्युक्त प्राप्तांकों के आधार पर प्रतिगमन समीकरण ( *regression equation* ) बनाएँ ।

( ii ) एक ग्राफ पेपर ( *graph paper* ) पर प्रतिगमन रेखाओं ( *regression lines* ) को दिखलाएँ ।

( iii ) यदि किसी छात्र का प्राप्तांक *X*-परीक्षण पर 60 हो तो *Y*-परीक्षण पर उसका प्राप्तांक क्या होगा ?

( iv ) किसी छात्र ने *Y*-परीक्षण पर 35 अंक प्राप्त किया हो तो भविष्यवाणी करें कि *X*-परीक्षण पर उसका प्राप्तांक क्या होगा ?

( v ) भविष्यवाणी त्रुटि ( *Error of prediction* ) ज्ञात करें ।

7. टिप्पणियाँ लिखें ( *Writes notes on the following* ) :–

( i ) प्रतिगमन और भविष्यवाणी ( *Regression and prediction* )

( ii ) प्रतिगमन रेखा ( *Regression line* )

( iii ) प्रतिगमन समीकरण ( *Regression equation* )

( iv ) भविष्यवाणी अशुद्धि ( *Error of prediction* )

( v ) आकलन की मानक त्रुटि ( *Standard error of estimate* )

( vi ) प्रतिगमन प्रभाव ( *Regression effect* )

( vii ) सम्भावित प्राप्तांक ( *Probable score* )

8. *The following are the data obtained by 100 students on intellingence test and achievement test —*

बुद्धि परीक्षण तथा उपलब्धि-परीक्षण पर 100 छात्रों द्वारा प्राप्त आँकड़े निम्नलिखित हैं :–

| | X Intelligence Test (बुद्धि परीक्षण) | Y Achievement Test (उपलब्धि परीक्षण) |
|---|---|---|
| Mean (मध्यमान) | 136.30 | 66.50 |
| SD (मानक विचलन) | 15.55 | 2.62 |

$r_{xy}$ (सहसम्बन्ध xy) = .60

( a ) *Work out the regression equations in score form.*
प्राप्तांक के रूप में प्रतिगमन समीकरण बताएँ ।

( b ) *Predict the probable achievement score of a student whose intelligence score is 137.*
जिस छात्र का उपलब्धि प्राप्तांक 137 हैं, उसमें सम्भावित उपलब्धि प्राप्तांक की भविष्यवाणी करें ।

( c ) *What will be the probable intelligence score of a student whose achievement score is 67 ?*
जिस छात्र का उपलब्धि प्राप्तांक 67 है, उसका सम्भावित बुद्धि-प्राप्तांक क्या होगा ?
[ M.A., 2001, P.U. ]

9. परीक्षण क तथा परीक्षण ख पर प्राप्त आँकड़े नीचे दिए गए हैं ?

| परीक्षण क | परीक्षण ख |
|---|---|
| $Mx = 75$ | $My = 70$ |
| $\sigma x = 6$ | $\sigma y = 8$ |

( i ) प्राप्तांक के रूप में समीकरण बतलाएँ ।
( ii ) परीक्षण-क पर 65 अंक प्राप्त होने पर परीक्षण-ख पर प्राप्त होने वाले अंक बतलाएँ ।
( iii ) इस भविष्यकथन की मानक त्रुटि क्या होगी ?

10. *Distinguish between first and second order partial correlation, In a study correlation between subject's height ( X ), weitht ( Y ) and age ( Z ) is as follows. Claculate first order partial correlation* [ M.A., 2002, P.U. ]
प्रथम स्तरीय तथा द्वितीय स्तरीय आँशिक सहसम्बन्ध में अन्तर बतलाएँ । एक अध्ययन में प्रयोज्य की लम्बाई ( X ), वजन ( Y ) तथा आयु ( Z ) के बीच निम्न सहसम्बन्ध पाए गए । उनके प्रथम स्तरीय आँशिक सहसम्बन्ध का परिकलन करें :–
*Correlation Between X and Y = 0.62, between X and Z = 0.50 and between Z and Y = 0.55.*

11. *Write notes on any two of the following :*
( a ) *Meaning of regression and prediction*
( b ) *First-order and second-order partial correlation*

12. *What do y ou mean by regression and prediction ? Discuss how prediction is made.* [ M.A. 2005, P.U. ]

*प्रतिगमन तथा भविष्यवाणी से आप क्या समझते हैं ? विवेचना करें कि भविष्यवाणी कैसे की जाती है ?*

## ANSWERS

**1.** (क) $\overline{Y} = 10x, \overline{X} = 3.56y,$ (ख) 64.9 or 65 (ग) 138

**2.** (क) $\overline{Y} = .56x, \overline{X} = .29y,$ (ख) 108.8, (ग) 64.2

(घ) $\sigma(\text{est y}) = 6.42, \sigma(\text{est x}) = 4.58$

**3.** (क) $\overline{Y} = .10, x\,\overline{X} = 3.56y,$ (ख) 152.4

**4.** (क) $\overline{Y} = .96x - 2, \overline{X} = .54\,y + 37.2$

(ख) $60.4, \sigma\ (\text{est. y}) = 5.5,$ (ग) 22%

**5.** 21.5, 6. (i) $\overline{Y} = .67\,x, \overline{X} = 1.24y,$ (ii) 50.62 (iii) 42.84

(iv) $\overline{Y}\ (\text{est.y}) = 9.14, \sigma(\text{est.x}) = 12.42$

**8.** (a) $\overline{Y} = 10x, \overline{X} = 3.56y,$ (b) 64.9 (c) 138

**9.** (क) $\overline{Y} = .96x, \overline{X} = 3.56y + 37.2$ (ख) 60 (ग) 22%

## वस्तुनिष्ठ प्रश्न

### ( Objective Questions )

*1. प्रतिगमन ( regression ) का अर्थ है —*

*(क) एक चर ( x-variable ) पर चयनित मूल्यों पर दूसरे चर ( y-variable ) पर प्राप्त मूल्यों के बीच सम्बन्ध ।*

*(ख) दो से अधिक स्वतंत्र चरों ( independent variables ) के बीच सम्बन्ध ।*

*(ग) दो माध्यों ( Means ) अथवा माध्यिकाओं ( Medians ) के बीच सम्बन्ध ।*

*(घ) इनमें में से कोई नहीं ।*

*2. सांख्यिकी में भविष्यकथन ( prediction ) का अर्थ है :*

*(क) किसी भी चर से सम्बन्धित परिमणाम के सम्बन्ध में निर्णय देना ।*

*(ख) एक चर के मूल्य के आधार पर किसी दूसरे चर के मूल्य की भविष्यवाणी करना ।*

*(ग) एक सतत रेखा पर विभन्न चरों के परिणाम के सम्बन्ध में पूर्वकथन करना ।*

*(घ) उपर्युक्त सभी ।*

*3. उपलब्धि परीक्षण तथा बुद्धि-परीक्षण पर 200 छात्रों द्वारा प्राप्त अंकों ( marks ) के माध्य क्रमशः 70 तथा 120 हैं और मानक विचलन ( SD ) क्रमशः 5 तथा 7 हैं और सहसम्बन्ध गुणांक ( r ) .40 है । यदि किसी छात्र का अंक पहले परीक्षण पर 50 हो तो दूसरे परीक्षण पर उसका सम्भावित अंक क्या होगा ?*

*(क) 109 (ख) 113 (ग) 120 (घ) 117*

4. *When the correlation is positive and perfect, the two regression lines will be :*

जब सह-सम्बन्ध धनात्मक तथा पूर्ण होता है, तो प्रतिगामी रेखाएँ होंगी :

(क) एक तरह नजदीक रहती है जैसे कि कैची का जोड़ा एक लाईन बनाता है

*Close up like a pair of scissor to form one line*

(ख) सार्थक रूप से भिन्न होते हैं

*Differ significantly*

(ग) विपरीत दिशा में चलते हैं

*Run in opposite direction*

(घ) एक ही दिशा में चलते हैं

*Run in the same direction*

**ANSWERS**

**1.** (क), **2.** (ख), **3.** (क) **4.** (क),

✦

अध्याय-19

# सांख्यिकी विश्लेषण में परिकलक का उपयोग : सामाजिक विज्ञानों के लिए सांख्यिकी पैकेज, एस० पी० एस० एस०

# ( USE OF COMPUTERS IN STATISTICAL ANALYSIS : STATISTICAL PACKAGE FOR SOCIAL SCIENCES, SPSS )

## परिकलक का अर्थ
## ( Meaning of Computer )

साधारण अर्थ में परिकलन ( calculation ) के साधन को परिकलक ( computer ) कहते हैं । आधुनिक परिकलक ( modern computer ) के ऐतिहासिक विकास की प्रथम अवस्था शायद हमारी दस अँगुलियाँ ( ten fingers ) थीं जिनकी सहायता से हम गणना किया करते थे । इसी तरह प्राचीन काल में कई अन्य तन्त्रों ( counting systems ) का उपयोग किया जाता था । जैसे–मैदान में चरने के लिए जितने भेड़ों को छोड़ा जाता था उतने पत्थर गिन करके रख लिए जाते थे । फिर उनके लौटने पर भेड़ों तथा पत्थरों की गिनती कर लीजाती थी, जिससेपता चलता था कि कितनी भेड़ें खो गयीं अथवा भेड़ियों ( wolves ) ने खा लिया । आगे चलकर अधिक तेज तथा सही परिकलन करने के लिए गिनतारा ( abacus ), शीर्षकाल ( archit ) आदि का उपयोग होने लगा । लेकिन आधुनिक परिकलक के विकास में तार्किक मशीनों ( logic machines ) से सहयोग मिला । पहली तार्किक मशीन को तेरहवीं शताब्दी में रमन लल ( Ramon Lull ) ने विकसित किया । लेकिन 1642 में पैसकल ( Pascal ) ने तथा 1671 में लाइबनीज ( Leibniz ) ने तर्क प्रविधियों के विकास में महत्वपूर्ण योगदान किया । फिर बैबेज ( C. Babbage, 1792–1871 ) ने प्रभावशाली परिकलक मशीन ( calculating machine ) का अविष्कार किया ।

## आधुनिक परिकलक
## ( Modern Computer )

आधुनिक परिकलक वास्तव में पूर्वगामी परिकलक ( preceding calculators ) से इस अर्थ में भिन्न तथा उत्तम है कि आधुनिक परिकलक में प्रभावी स्मृतियों ( effective memories ) की व्यवस्था है, जो पूर्वगामी परिकलक में सम्भव नहीं था । परिकलक में विद्युत रिक्त स्थान ( electric vacuum ) बनाकर इस महत्त्वपर्ण कार्य को सम्भव बना दिया गया है और इस तरह भविष्य में स्वचालित परिकलन ( automatic calculations, ) स्मृतियों का संग्रह करना तथा संचित रखना सम्भव हो सका । इस आधार पर आधुनकि परिकलक को विशिष्ट लक्ष्य कम्प्यूटर ( specfic-purpose computer ) तथा सामान्य लक्ष्य कम्प्यूटर तथा सामान्य लक्ष्य कम्प्यूटर ( general pupose computer ) कहते हैं । आधुनिक समय में परिकलक की जटिलता, स्मृति की मात्रा तथा परिकलन की गति एवं आकार के ह्रास आदि क्षेत्रों में आश्चर्यजनक प्रगति हुई है ।

**माइक्रो कम्प्यूटर ( *Micro Computer* )**

वर्तमान समय में माइक्रो कम्पयूटर का उपयोग बड़े पैमाने पर किया जाता है । इसका कारण यह है कि इलेक्ट्रोनिक ( electronics ) में तीव्र प्रगति के कारण माइक्रो कम्प्यूटर का मूल्य काफी घट गया है और इसकी शक्ति में काफी वृद्धि हुई है । परिणामत: माइक्रो कम्प्यूटर अब सहज रूप से उपलब्ध है । अत: व्यवहार प्रदत्त विश्लेषण ( behavioural data analysis ) के लिए माइक्रो कम्प्यूटर का उपयोग सामान्य रूप से किया जाता है ।

अत: **मैकगूगन** ( Mc Guigan, 1998 ) के शब्दों में परिकलक ( computer ) की परिभाषा दी जा सकती है–*"परिकलक एक मशीन है, जो विद्युत परिपथों की एक बड़ी संख्या से संरचित होती है । इस मशीन के द्वारा सूचना ग्रहण की जाती है, सूचना-संसाधन किया जाता है तथा सूचना विश्लेषण किया जाता है ।"*[1]

**परिकलक के पहलू ( पक्ष ) ( *Aspects of Computer* )**

**मैकगूगन** ( Mc Guigan, 1998 ) ने परिकलक के निम्नलिखित दो पक्षों अथवा पहलुओं का उल्लेख किया है :

**( क ) हार्डवेयर ( Hardware )**

सामान्यत: भौतिक परिकलन-उपकरण ( Physical computing equipment ) को हार्डवेयर कहा जाता है । इस अर्थ में परिकलक ( computer ) के विभिन्न ठोस भागों की गणना हार्डवेयर ( hardware ) के रूप में की जाती है । इस दृष्टिकोण से परिकलक के हार्डवेयर के निम्नलिखित भाग होते हैं :–

**1. निवेश-रचना या निवेश-यंत्र** *( Input unit )*—हार्डवेयर का यह भाग विभिन्न निर्देशनों या सूचनाओं ( instructions ) को ग्रहण करता तथा इन्हें मशीन द्वारा उपयोग किए जाने के रूप में बदल देता है ।

**2. स्मृति इकाई** *( Memory unit )*—जब सूचनाएँ या निर्देशन निवेश यंत्र के माध्यम से मशीन द्वारा उपयोग किए जाने के रूप में बदल जाते हैं, तो वे अस्थाई तौर पर स्मृति में संचित हो जाते हैं ।

**3. गणितीय एवं तार्किक इकाई** *( Arithemetical and logical )*—हार्डवेयर ( hardware ) का यह महत्त्वपूर्ण भाग है जो सभी प्रकार के परिकलन ( calculations ) तथा तुलना ( comparisons ) को अंजाम देता है ।

**4. निर्गत इकाई** *( Output unit )*—यह भाग मशीन में कूटबद्ध स्मृति से अंतिम परिणाम प्राप्त करता है और इसे ऐसे रूप में बदल देता है जो मानव के लिए बोधगम्य ( understandable ) तथा व्यवहार्य ( usable ) बन जाता है ।

**5. नियंत्रण इकाई** ( Control unit )—यह यूनिट या भाग कई महत्त्वपूर्ण कार्यों को अंजाम देता है । यह निवेश यूनिट मानव के लिए बोधगम्य रूप से सूचनाओं या निर्देशों ( instructions ) को ग्रहण करने, फिर उन्हें मशीन द्वारा व्यवहार्य रूप ( usable form ) में

---

1. **'A computer is a machine that consists of a large number of electronic circuits. It will receive information, process that information, and output that information."**
**— Mc Guigan, 1998, p. 348**

बदलने और फिर उन्हें स्मृति के रूप में ग्रहण करने में साधनात्मक होता है । नियंत्रण यूनिट तथा गणितीय एंव तार्किक यूनिट के सम्मिलित रूप को केन्द्रीय संसाधन इकाई ( central processing unit, CPU ) कहा जाता है ।

**( ख ) सौफ्टवेयर ( Software )**

परिकलक ( computer ) के दूसरे पक्ष ( aspect ) को सौफ्टवेयर कहते हैं । सौफ्टवेयर का तात्पर्य विभिन्न परिकलक प्रोग्रामों ( computer programs ) से है, जिनके परिणामस्वरूप परिकलक का पहला पक्ष अर्थात् हार्डवेयर इच्छित दिशा में कार्य करने लगता है । जैसे– एक गाड़ी के चालक ( driver ) को सौफ्टवेयर कहेंगे तथा उस गाड़ी को हार्डवेयर कहा जाएगा । अतः गाड़ी को इच्छित दिशा में चलने का कार्य चालक द्वारा निर्धारित होता है । इस अर्थ में परिकलक के दोनों पक्ष अर्थात् हार्डवेयर तथा सौफ्टवेयर एक-दूसरे पर आश्रित होते हैं । जिस तरह गाड़ी के निश्चित दिशा में चलने में गाड़ी तथा चालक दोनों का सहयोग आवश्यक है, उसी तरह परिकलक की समुचित क्रियाशीलता के लिए हार्डवेयर तथा सौफ्टवेयर दोनों आवश्यक हैं ।

## परिकलक की भाषा
## ( Computer Language )

परिकलक ( computer ) की अपनी भाषा होती है । इसे मुख्य रूप से निम्नलिखित दो भागों में विभाजित किया गया है :–

**निम्न स्तरीय भाषा ( *Low Level Language* )**

निम्न स्तरीय-भाषा का तात्पर्य उस भाषा से है जिस में प्रत्येक कथन एकाकी मशीन कोड ( single machine code ) में अनुवादित होता है । इस भाषा को दो भागों में विभाजित किया गया है, जिन्हें ( i ) मशीन-भाषा तथा ( ii ) ऐसेम्बली-भाषा कहा जाता है । मशीन-भाषा का तात्पर्य उस भाषा से है जिसे 1 तथा 0 के रूप में अंकित किया जाता है । इसके विपरीत ऐसेम्बली भाषा को 1 या 0 में नहीं लिखा जाता है, बल्कि प्रतीक ( symbol ) में लिखा जाता है जिसके अल्फान्यूमेरिक संकेत ( alphanumeric symbol ) कहा जाता है ।

आवश्यकता के अनुसार इन दोनों तरह की भाषा का उपयोग किया जाता है । सामान्यतः मशीन-भाषा की अपेक्षा ऐसेम्बली भाषा में किसी प्रोग्राम को लिखना अपेक्षाकृत सरल होता है और समय तथा श्रम की बचत होती है ।

**उच्च स्तरीय भाषा ( *High Level Language* )**

मशीन भाषा की अपेक्षा उच्च स्तरीय भाषा अधिक उपयुक्त तथा कारगर होती है । इसमें मशीन भाषा की कठिनाई भी नहीं होती है । उच्च स्तरीय भाषा को प्रक्रिया उन्मुख भाषा ( Process Oriental Language ) भी कहा जाता है । इस भाषा में प्रोग्राम मशीन पर निर्भर नहीं करता है बल्कि उन्मुख वस्तु उन्मुखी या समस्या उन्मुख होता है । उच्च स्तरीय भाषा के अन्तर्गत BASIC COBOL, ALGOL. PASCAL आदि महत्त्वपूर्ण हैं ।

**परिकलक की विशेषताएँ ( *Features or Characteristics of Computer* )**

परिकलक की कई सामान्य एवं विशिष्ट विशेषताएँ हैं । हम यहाँ मुख्य विशेषताओं का

उल्लेख करना चाहेंगे :-

**1. परिकलक के संरचानात्मक पक्ष** ( *Structural aspects of computer* )— परिकलक के मुख्य दो संरचानात्मक पक्ष या पहलू हैं, जिन्हें हार्डवेयर ( hardware ) तथा सौफ्टवेयर ( software ) कहा जाता है । हार्डवेयर का तात्पर्य परिकलक के भौतिक भागों ( physical parts ) से है तथा सौफ्टवेयर का तात्पर्य इसके प्रोग्रामिंग ( programming ) व्यवस्था से है । ये दोनों एक-दूसरे से सम्बद्ध तथा एक-दूसरे के पूरक होते हैं ।

**2. परिकलक के प्रकार** ( *Types of Computer* )—मुख्य रूप से परिकलक के तीन प्रकार हैं, जिन्हें अंक परिकलक ( digital computer ), अनुरूप परिकलक ( analogue computer ) तथा संकर परिकलक ( hybrid computer ) कहते हैं । अंक परिकलक को द्विचर परिकलक ( binary computer ) भी कहते हैं । कारण, अंक-परिकलक वस्तुतः द्विचर संख्या तन्त्र ( digital number system ) पर आधारित होता है । अधिकांश परिकलक इसी ढंग के होते हैं । इसलिए परिकलक को सामान्यतः द्विचर परिकलक ( digital computer ) कहा जाता है ।

**3. हार्डवेयर के विभिन्न भागों में अन्तःसम्बन्ध** ( *Interconnection in different parts of hardware* )—परिकलक के प्रथम पक्ष अर्थात् हार्डवेयर ( hardware ) के विभिन्न भागों के बीच अन्तःसम्बन्ध केन्द्रीय संसाधन इकाई ( central processing unit, CPU ) कहते हैं, जिसके अन्तर्गत नियंत्रण इकाई ( control unit, CU ) तथा गणितीय एवं तार्किक इकाई ( arithmetic and logical unit, ALU ) दोनों शामिल होती हैं ।

**4. मशीन-भाषा** ( *Machine language* )—विभिन्न प्रकार के मशीन-निर्देशनों ( machine instructions ) तथा उसको संचालित करने वाले नियमों को मशीन-भाषा कहा जाता है । बाद में एक उन्नत भाषा विकसित की गयी जिसे सज्जीकरण-भाषा ( assembly language ) की संज्ञा दी गयी । जैसे — जोड़ ( addition ), घटाव ( substracion ), भाग ( division ), गुणा ( multiplication ), इत्यादि के परिचालन ( operations ) के लिए प्रतीकों ( symbols ) का उपयोग । बाद में एक उन्नत भाषा का विकास हुआ जिसे उच्च स्तरीय भाषा ( high order language ) कहा जाता है । इसके तदनुरूप एक अनुवादक प्रोग्राम ( translating program ) होता है जो उच्च स्तरीय कथनों ( high level statements ) को मशीन निर्देशों ( machine instructions ) में बदल देता है । इन अनुवादक प्रोग्रामों ( translating programs ) को संकलनकर्त्ता ( compiler ) कहते हैं ।

**5. परिकलक प्रजनन** ( *Computer generations* )—परिकलक का इतिहास पचास वर्ष से भी कम है । फिर भी इस अल्प अवधि में परिकलक की टेकनोलॉजी ( computer technology ) में तात्विक परिवर्तन ( substantial changes ) तथा प्रगति हुए हैं ।

परिकलक का पहला प्रजनन परिकलक ( first generation computer ) का आरम्भ 1945 में माना जाता है । इसकी अवधि 1945 से 1960 तक समझा जाता है । दूसरा प्रजनन-परिकलक ( second generation computer ) की अवधि 1960 से 1965, तीसरा परिजनन परिकलक ( third generation computer ) की अवधि 1965 से 1970, चौथा प्रजनन ( fourth generation computer ) की अवधि 1970 से 1990 माना जाता है और विश्वास किया जाता है कि पाँचवाँ प्रजनन परिकलक शीघ्र ही उपलब्ध हो सकेगा ।

6. कर्मिण्ठता ( Diligence )—परिकलक ( computer ) की एक विशेषता इसकी कर्मिण्ठता है । मशीन होने के कारण यह मनुष्य की तरह थकान तथा नीरसता ( fatigue and monotony ) का शिकार नहीं होता है । इसकी एकाग्रता ( concentration ) में भी कोई कमी नहीं आती है और ध्यान भंग ( distraction of attention ) नहीं देखा जाता है । यह लागातार लाखों परिकलनों ( millions of calculations ) को समान रफ्तार तथा यथार्थता के साथ अंजाम दे सकता है ।

**7. तन्यता** ( *Ductility* )— परिकलक ( computer ) की एक विशेषता यह भी है कि यह आज्ञाकारी ( obedient ) तथा विश्वसनीय ( faithful ) होता है । यह किसी प्रोग्राम के निर्देश के अनुकूल ही काम करता है । उसमें किसी तरह की विविधता नहीं लाता है ।

**8. लचीलापन** ( *Flexibility* )—परिकलक में लचीलापन की विशेषता पायी जाती है । प्रोग्राम में निर्देश के अनुसार यह एक ही कार्य को कई तरह से अंजाम दे सकता है ।

**9. तीव्र गति** ( *Fast speed* )—मानव की अपेक्षा परिकलक में तीव्र गति की विशेषता कहीं अधिक पायी जाती है । यह किसी कार्य को प्रोग्राम के निर्देश के अनुकूल बहुत थोड़े समय में पूरा करने में सफल होता है ।

**10. संग्रहण** ( *Storage* )—परिकलक ( computer ) की एक विशेषता संग्रहण है । इसके दो प्रकार हैं — (क) आंतरिक स्मृति ( internal memory ) तथा (ख) पूरक संग्रहण ( auxiliary storage ) । जब आंतरिक संग्रहण में प्रत्येक सूचना को संचित करना सम्भव नहीं होता है तो साधारण सूचनाओं को पूरक संग्रहण में संचित किया जाता है । अतः परिकलक ( computer ) की उपर्युक्त कई विशेषताएँ हैं ।

**परिकलक के कार्य ( *Functions of Computer* )**

परिकलक ( computer ) के कार्य को निम्नलिखित भागों में विभाजित किया जा सकता है :–

**1. ग्राही कार्य** ( *Receiving function* )—परिकलक का एक मौलिक कार्य सूचनाओं ( informations ) या निर्देशों ( instructions ) को प्राप्त करना या ग्रहण करना है । परिकलक विभिन्न सूचनाओं अथवा निर्देशों को मानव के लिए बोधगम्य रूप में ग्रहण करता है तथा इन्हें मशीन के व्यवहार्य रूप ( machine usable form ) में बदल देता है ।

**2. संचित करने का कार्य** ( *Stroing function* )—परिकलक का दूसरा मौलिक कार्य प्राप्त सूचनाओं या निर्देशों को संचित करना है । परिकलक प्राप्त निर्देशों को अपनी स्मृति इकाई ( memory unit ) में अस्थायी रूप से संचित कर लेता है ।

**3. परिकलन कार्य** ( *Calculation function* )—परिकलक की तीसरा कार्य परिकलन ( calculation ) से संबंधित है । स्मृति-भण्डार ( memory storage ) में संचित सूचनाओं या निर्देशों से सम्बद्ध प्रदत्त ( data ) का आवश्यक परिकलन किया जाता है । यह कार्य वास्तव में हार्डवेयर ( hardware ) की गणितीय एवं तार्किक इकाई ( arithmetical and logical unit ) के द्वारा सम्पन्न होता है ।

**4. तुलना कार्य** ( *Comparison function* )—परिकलक का कार्य भी गणितीय एवं तार्किक इकाई ( ALU ) के द्वारा सम्पन्न होता है । हार्डवेयर की यह इकाई स्मृति भण्डार में संचित निर्देशों या सूचनाओं का तुलनात्मक आकलन करता है ।

**5. निर्देश संसाधन-कार्य** ( *Instructions Processing function* )—यह कार्य परिकलक के द्वारा परिकलन ( calculation ) तथा तुलना ( comparison ) के रूप में होता है । इसी संसाधन प्रक्रिया के परिणामस्वरूप मशीन में संचित सूचना या निर्देश से कोई अंतिम परिणाम प्राप्त होता है ।

उपर्युक्त विवेचनों से स्पष्ट है कि परिकलक ( computer ) के विभिन्न कार्यों में हार्डवेयर ( hardware ) की निम्नलिखित इकाइयाँ ( units ) सन्निहित होती है :–

**1. नियंत्रण इकाई** ( *Control unit, CU* )—परिकलक के हार्डवेयर की यह इकाई काफी संवेदनशील ( sensitive ) तथा महत्त्वपूर्ण है । मुख्य रूप से इसके तीन कार्य हैं— ( i ) निवेश इकाई ( input unit ) को यह मानव के लिए बोधगम्य रूप में निर्देशों को ग्रहण करने के लिए तैयार करता है, ( ii ) फिर इन्हें मशीन के व्यवहार्य रूप से रूपांतरित करता है तथा ( iii ) इन रूपांतरित निर्देशों को स्मृति में संचित करता है ।

**2. गणितीय एवं तार्किक इकाई** ( *Arithmetical and Logical unit, ALU* )—इस इकाई के अन्तर्गत परिकलन ( calculations ) तथा तुलना ( comparisons ) से सम्बन्धित कार्य संचालित किए जाते हैं । जब नियंत्रण इकाई ( control unit ) तथा गणितीय एवं तार्किक इकाई ( ALU ) सम्मिलित हो जाते हैं तो इसे केन्द्रीय संसाधन इकाई ( central processing unit, CPU ) कहा जाता है । इसे परिकलक का मस्तिष्क ( computer's brain ) कहा जाता है ।

## सांख्यिकी में परिकलक का उपयोग ( *Use of Computer in Statistics* )

सांख्यिकी में परिकलक की मौलिक उपयोगिता यह है कि इसके द्वारा आवश्यक प्रदत्त ( data ) या सूचनाएँ ( informations ) को बहुत आसानी से ग्रहण करना सम्भव होता है । परिकलक की सहायता से वृहत् एवं विस्तृत जटिल प्रदत्त को भी परिकलक द्वारा सहज रूप से ग्रहण करना सम्भव होता है । इसकी निम्नलिखित उपयोगिताएँ मुख्य हैं :–

**1. प्रदत्त ग्रहण के लिए** ( *For data receiving* )—सांख्यिकी में परिकलक की मौलिक उपयोगिता यह है कि इसके द्वारा आवश्यक प्रदत्त ( data ) या सूचनाएँ ( informations ) को बहुत आसानी से ग्रहण करना सम्भव होता है । परिकलक की सहायता से वृहत् एवं विस्तृत जटिल प्रदत्त को भी परिकलक द्वारा सहज रूप से ग्रहण करना सम्भव होता है ।

**2. प्रदत्त संचयन के लिए** ( *For data stroing* )—कम्प्यूटर या परिकलक का महत्त्व न केवल प्रदत्त ग्रहण के क्षेत्र में है बल्कि प्रदत्त ग्रहण के साथ-साथ प्रदत्त संचयन के क्षेत्र में भी है । आवश्यकता के अनुसार प्राप्त सूचनाओं ( informations ) अथवा प्रदत्त ( data ) को एक लम्बे समय तक कम्प्यूटर में मूल रूप में जमा रखा जा सकता है । प्रथम अवस्था में निवेश इकाई ( input unit ) के माध्यम से बोधगम्य निर्देश ग्रहण किए जाते हैं और उन्हें मशीन द्वारा व्यवहार्य रूप ( machine usable form ) में बदल दिया जाता है । रूपांतरित निर्देश ( converted instructions ) स्मृत्ति इकाई में ज्यों के त्यों संरचित एवं सुरक्षित रहती हैं ।

**3. प्रदत्त विश्लेषण के लिए** ( *For data analysis* )—परिकलक ( computer ) की उपयोगिता प्रदत्त-विश्लेषण के लिए भी काफी महत्त्वपूर्ण है । हार्डवेयर ( hardware ) की गणितीय एवं तार्किक इकाई ( arithmetical and logical unit, ALU ) के माध्यम से परिकलन ( calculations ) तथा तुलना ( comparisons ) से सम्बन्धित कार्य सम्पन्न होते

हैं जैसे—जोड़ ( addition ), घटाव ( substraction ), भाग ( division ), गुणा ( multiplication ), तुलना ( comparison ) आदि रूपों में प्रदत्त ( data ) का विश्लेषण आवश्कयता के अनुसार किया जाता है ।

**4. आवश्यक पक्षों के नियंत्रण के लिए** ( *For controlling necessary aspects* )—परिकलक की उपयोगिता आवश्यक पक्षों के नियंत्रण के संदर्भ में भी देखी जाती है । उदाहरणस्वरूप परिकलक में उद्दीपनों के प्रस्तुतीकरण को स्लाइडस् ( slides ) के माध्यम से सरल एवं कुशलता के परिकलक के साथ प्रोग्रामिंग नियंत्रण ( programming controls ) के द्वारा कार्यान्वित किया जा सकता है ।

**5. आवृत्तीय संचालनों के लिए** ( *For repetitive operations* )—परिकलक ( *computer* ) का उपयोग विशेष रूप से आवृत्तीय संचालनों ( repetitive operations ) की स्थिति में अत्यधिक सहायक होता है । जैसे — इस तरह के संचालनों ( operations ) में लगे समय को दर्ज करने में मानवीय त्रुटि ( human error ) घटित होने की सम्भावना अधिक रहती है । किन्तु परिकलक द्वारा यह कार्य अधिक सफल होता है ।

**6. संज्ञानात्मक प्रतिरूपण एंव कृत्रिम बुद्धि के लिए** ( *For cognitive modeling and artificial intelligence* )—सांख्यिकी में परिकलन का उपयोग संज्ञानात्मक प्रतिरूपण तथा कृत्रिम बुद्धि के रूप में देखा जाता है । परिकलक का यह उपयोग उच्च परिकलन ( high computing ) के रूप में होता है । संज्ञानात्मक मनोविज्ञान तथा परिकलक विज्ञान ( computer science ) के सम्मिलित रूप के आधार पर विकसित कृत्रिम बुद्धि ( artificial intellignece ) का तात्पर्य उस कृत्रिम प्रणाली ( artifical system ) से है जो परिकलक के माध्यम से मानव-सदृश्य चिंतन ( human like thinking ) को चित्रित करता है ।

**7. शीर्घ कार्य के लिए** ( *For speeding work* )—सांख्यिकी में परिकलक की उपयोगिता इस अर्थ में भी महत्त्वपूर्ण है कि परिकलक के उपयोग से प्रदत्त संग्रह ( data collection ), प्रदत्त संसाधन ( data processing ) तथा प्रदत्त विश्लेषण ( data analysis ) से सम्बन्धित कार्य बहुत थोड़े समय में सम्भव होता है । इस प्रकार सांख्यिकीय कार्यों ( statistical functions ) में समय की काफी बचत होती है ।

**8. यथार्थ एवं विश्विसनीय परिकलन के लिए** ( *For accurate and dependable calculation* )—परिकलक न केवल शीघ्रता ( speed ) के दृष्टिकोण से उपयोगी है, बल्कि यथार्थता ( accuracy ) तथा विश्वसनीयता ( dependability ) के लिए भी परिकलंक के द्वारा जो परिकलन ( calculations ) किए जाते हैं वे यथार्थ एवं विश्वस्नीय होते हैं, यदि संचालन सही रूप में किया गया हो । जटिल सांख्यिकी प्रविधियों, जैसे — प्रसरण-विश्लेषण ( ANOVA ), प्रतिगमन एवं पूर्वकथन ( Regression and Prediction ), सहसम्बन्ध ( Correlation ) आदि पर आधारित परिकलन के यथार्थ एवं विश्वसनीय होने की सम्भावना परिकलक के उपयोग से काफी बढ़ जाती है ।

**9. जटिल एवं कठिन परिकलन के लिए** ( *For complex and difficult calculation* )—परिकलक ( computer ) का महत्त्व विशेष रूप से जटिल तथा कठिन परिकलनों के संदर्भ में देखा जा सकता है । इस तरह के परिकलन मानव की सीमित शक्ति

से बाहर होते हैं । मनुष्य के लिए इस तरह के परिकलनों को अंजाम देना असम्भव-सा बन जाता है । लेकिन, परिकलक के उपयोग से यह सम्भव हो जाता है और शीघ्रता तथा यथार्थाता ( accuracy ) के साथ कठिन तथा जटिल परिकलनों का समाधान हो जाता है ।

**10. त्रुटि-पहचान के लिए** ( *For error detection* )—सांख्यिकी में त्रुटि-पहचान के लिए परिकलक का उपयोग किया जाता है । सारी सावधानियों के बावजूद विभिन्न सांख्यिकीय परिकलन ( statistical calculations ) में त्रुटि या त्रुटियों के घटित होने की सम्भावना हमेशा बनी रहती है । लेकिन, परिकलन का उपयोग करके हम यह जान सकते हैं कि किसी परिकलन में किसी तरह की त्रुटि है या नहीं । परिकलक के उपयोग से हम यह भी जान सकते हैं कि यदि त्रुटि है तो वह कौन-सी त्रुटि है और किस प्रसंग में है । इस जानकारी के मिल जाने पर हम उस त्रुटि या त्रुटियों को बहुत आसानी से परिकलक के द्वारा दूर कर सकते हैं ।

इस प्रकार स्पष्ट हुआ कि सांख्यिकी में परिकलक ( computer ) के उपर्युक्त कई महत्त्व, उपयोग या उपयोगिताएँ हैं ।

## अन्य क्षेत्रों में परिकलक का अनुप्रयोग ( *Application of Computer in other fields* )

1. परिकलक का उपयोग आजकल बैंक में होने लगा है । लेजर को संपोषित करने, मुद्रा के लेन-देन को सम्पन्न करने, जमा राशि ( fixed deposit amount ) प्रमाण पत्र ( certificate ) देने, आदि कार्यों में परिकलक का उपयोग तेजी के साथ होने लगा है ।

2. परिकलक का उपयोग कार्याल्य में भी बड़े पैमाने पर होने लगा है । ऑफिस ( office ) या कार्यालय के अन्तर्गत अनेक रूपों में परिकलक का उपयोग किया जा रहा है । जैसे–विज्ञान तैयार करने, मेमोरेण्डम लिखने, विभिन्न प्राकर के फॉर्म तैयार करने आदि कार्यों में परिकलक का उपयोग व्यापक रूप से होने लगा है । इस संदर्भ में कार्यों को कम समय तथा कम श्रम से समुचित रूप से अंजाम देने के उद्देश्य से वर्ड प्रोसेसिंग कार्यक्रम ( word processing programme ) तैयार किया जाता है जो इस कार्य को सहज तथा प्रभावी बनाने में बहुत सहायक सिद्ध हुआ है ।

3. परिकलक का उपयोग बड़े पैमाने पर उद्योगों ( industries ) में भी किया जाने लगा है । अभियांत्रिक डिजाइनों एवं शोधकार्यों में परिकलक के उपयोग से न केवल समय तथा श्रम को बचत होती है बल्कि उन में परिशुद्धता एवं विश्वसनीयता भी बढ़ती है । इसके अतिरिक्त उद्योगों में स्वचालित नियंत्रित ( outomatic control ) में परिकलक की अहम् भूमिका होती है ।

4. परिकलक की उपयोगिता रोबॉट्स ( Robots ) के रूप में भी देखी जा सकती है । रोबॉट्स वास्तव में परिकलक नियंत्रित मशीन ( programmable machine ) है जिसके द्वारा कुछ अवांछित चीजों को हटाना, कुछ चीजों को इधर-उधर करना और कुछ विशेष तरह के कार्य को अंजाम देना सम्भव होता है ।

5. परिकलक का महत्त्व रक्षा ( defence ) के क्षेत्र में भी देखा जा सकता है । वर्तमान समय में मिसाइल ( missiles ), टेलीवीजन ( television ) आदि क्षेत्रों में परिकलक का इस्तेमाल नियंत्रण यंत्र के रूप में किया जा सकता है । निर्देशित मिसाइल में आंतरिक परिकलक का इस्तेमाल नियंत्रण के लिए किया जाता है ।

6. शिक्षा के क्षेत्र में भी परिकलक का उपयोग देखा जा सकता है । शैक्षिक संस्थानों ( educational institutions ) में परिकलक का उपयोग पढ़ाने में, विभिन्न सूचनाओं को संग्रहित करने में, अध्यापन कार्य में, आँकड़ों के विश्लेषण में तथा लेखा एंव बिक्री विश्लेषण में किया जाता है ।

7. परिकलक का इस्तेमाल व्यापक रूप में मेडिकल क्षेत्र ( medical field ) में किया जाता है । जैसे–रोग ( disease ) की पहचान करने में, उपचार करने में, औषधों का उपयोग करने में, रोगात्मक जाँच ( pathlogical test ) में, तथा होमोग्लोबिन, ग्लूकोज आदि की जाँच करने में परिकलक का उपयोग व्यापक रूप में आज-कल होने लगा है ।

8. परिकलक की उपयोगिता सामाजिक शोध ( social research ) के क्षेत्रों में भी देखी जा सकी है । सामाजिक शोधों से प्राप्त आँकड़ों के विश्लेषण में परिकलक का उपयोग किया जाता है ।

9. मनोवैज्ञानिक समस्याओं के समाधान में भी परिकलक का योगदान देखा जा सकता है । मनोवैज्ञानिक शोधाों के मूल्यांकन में परिकलक का भी उपयोग किया जाता है ।

10. डिजाइन ( designing ) के क्षेत्र में परिकलक का उपयोग देखा जा सकता है । अभियांत्रिकी एवं शोध में जटिल परिकलक की आवश्यकता होती है । वैद्युतीय अंतरण नेटवर्क ( electrical transmission net work ) में परिकलक का उपयोग बहुत ही आवश्यक होता जा रहा है ।

इस स्पष्ट है कि जीवन के विभिन्न क्षेत्रों में परिकलक का उपयोग बड़े पैमाने पर होता जा रहा है ।

## परिकलक के फन्दे एवं सीमाएँ ( *Pitfalls and Limitations of Computer* )

परिकलक ( computer ) के विभिन्न उपयोगों या उपयोगिताओं का उल्लेख ऊपर किया गया है । इसका अर्थ यह नहीं है कि परिकलक त्रुटिरहित ( errorless ) होता है । वास्तविकता यह है कि इसके खतरनाक पक्ष ( dangerous aspects ) भी हैं तथा इसकी अपनी सीमाएँ ( limitations ) हैं । अत: शिक्षकों तथा विद्यार्थियों को परिकलक के इन खतरों या सीमाओं से अवगत होना आवश्यक है, जो निम्नलिखित हैं —

**1. कोरेन** ( Coren, 1986 ) ने कहा कि प्रयोगशाला ( laboratory ) में प्रयोग करते समय प्रयोगकर्ता को परिकलक-लकवा ( computer paralysis ) से सावधान रहना चाहिए । तकनीकी खराबी ( technological fault ) से उत्पन्न यह एक गंभीर रोग है, जिससे प्रयोग से प्राप्त परिणाम गलत हो जाते हैं ।

**2. कोरेन** ने परिकलक के दूसरे ( pitfall ) शोध के प्रति बन्दूक उपागम ( shotgun approach ) ने कहा है । इसका अर्थ यह है कि कभी-कभी परिकलक द्वारा प्रदत्त संग्रह करना तथा विश्लेषण करना इतना सरल होता है कि बहुत अधिक असंगत प्रदत्त ( irrelevant data ) प्राप्त हो जा सकते हैं तथा अत्यधिक अनावश्यक विश्लेषण ( excessive analysis ) की सम्भावना बढ़ जाती है ।

**3. कोरेन** का यह भी कहना है कि परिकलक के द्वारा आवृत्तिक परिकलन ( repetitive computations ) एवं मानीटर ( minitoring ) करने का कार्य सुपूर्द करने पर परिकलक के परिणाम सही होते हैं, परन्तु प्रयोगशाला के सभी कार्यों को परिकलक द्वारा संचालित करना खतरे से खाली नहीं है ।

**4. प्रयोगशालीय शोध** ( experimental research ) में सबसे अधिक गम्भीर समस्या यह है कि शोधकर्त्ता कच्चे प्रदत्त ( raw data ) के साथ सम्पर्क खो जा सकता है ।

**5. करलिंगर** ( Kerlinger, 2002 ) के अनुसार प्रोग्राम ( programme ) की उपयुक्तता ( adequacy ) की गारन्टी ( gurantee ) आवश्यक है । इसके अभाव में परिकलक का उपयोग करना खतरनाक हो सकता है ।

उपर्युक्त खतरों या फंदों से बचने के लिए परिकलक के उपयोग के पहले इसके उपयोग करने वाले ( users ) को चाहिए कि इसका प्रशिक्षण ( training ) अवश्य लें । प्रशिक्षित व्यक्ति को इस बात की जानकारी रहती है कि परिकलक के उपयोगों में कौन-कौन से खतरों के घटित होने की सम्भावना रहती है और उन खतरों से कैसे बचा जा सकता है ।

## सामाजिक विज्ञानों के लिए सांख्यिकीय पैकेज : एस० पी० एस० एस०
## ( Statistical Package for the Social Science : SPSS )

समाजिक विज्ञानों ( social sciences ) तथा व्यवहारपरक विज्ञान ( behavioural science ) के अन्तर्गत कई तरह के सांख्यिकीय पैकेज ( statistical packages ) का इस्तेमाल किए जाते हैं । सामाजिक विज्ञानों में व्यवहार किए जाने वाले सांख्यिकीय पैकेज हैं : सामाजिक विज्ञानों के लिए सांख्यिकीय पैकेज ( statistical package for the socal sciences, SPSS ), जीव-मेडिकल कम्पयूटर प्रोग्राम ( Bio-Medical Computer Programmes, BMCP ), सांख्यिकीय विश्लेषण तंत्र ( statistical analysis system, SAS ), SIZT इत्यादि । दूसरी ओर व्यवहारपरक विज्ञान में व्यवहार होने वाले सांख्यिकीय पैकेज में मुख्य हैं Tadpole इत्यादि । यहाँ हमारा सम्बन्ध केवल SPSS से हैं, जिसका पूर्ण विवरण हम यहाँ करना चाहेंगे ।

### एस० पी० एस० एस० का अर्थ ( *Meaning of SPSS* )

*सामाजिक विज्ञानों के लिए सांख्यिकीय पैकेज ( SPSS ) कम्पयूटर प्रोग्राम का एक समाकलिक तन्त्र है, जिसके द्वारा सामाजिक विज्ञान के प्रदत्त का विश्लेषण किया जाता है । इस पैकेज के PC अनुवाद ( version ) को SPSS / + PC कहते हैं ।*[1]

### एस० पी० एस० एस० तन्त्र के उद्देश्य ( *Purpose of SPSS System* )

एस० पी० एस० एस० तन्त्र का मुख्य उद्देश्य सामाजिक वैज्ञानिकों ( social scientists ) को एकत्रित ( unified ) तथा समग्र ( comprehensive ) पैकेज ( package ) की जानकारी

---

1. The statistical package of social sciences (SPSS) is an integrated system of computr programs for the analysis of social science data. The PC version of this package is known as SPSS/+PC.

—Indian Council of Social Science Research

देना है ताकि उपयोग करने वाला ( USA ) सरल तथा सुविधाजनक तरीके से प्रदत्त विश्लेषण ( data analysis ) के विभिन्न प्रकारों को सम्पन्न करने में सक्षम हो सके । प्रदत्त के ग्रंथाकार ( fromat of data ) में एस० पी० एस० एस० से काफी लचीलापन ( flexibility ) उपलब्ध हो जाता है । अत: इस तंत्र ( SPSS system ) का उद्देश्य सामाजिक विज्ञानों में सामान्य रूप से व्यवहार किए जाने वाले सांख्यिकीय प्रदत्त रूपान्तरण ( data transformation ) एवं फाइल परिचालन ( file manipulation ) के लिए कार्यप्रणालियों ( procedures ) के समग्र सेट ( comprehensive set ) को जुटाना या मुहैया करना है ।

## एस० पी० एस० एस० की कार्यप्रणाली ( *Procedure of SPSS* )

एस० पी० एस० एस० की कार्यप्रणालियाँ निम्नलिखित हैं :–

1. **वर्णात्मक सांख्यिकी** ( *Descriptive statistics* )—इस कार्यप्रणाली के अन्तर्गत सरल बारंबारता विवरण ( simple frequency distribution, ), क्रॉस–टेबुलेशन ( cross tabulation ) आदि होते हैं ।

2. **सरल सहसम्बन्ध** ( *Simple correlation* )—इस कार्यप्रणाली में सरल सहसम्बन्ध, जैसे स्पीयरमैन का कोटि अन्तर सहसम्बन्ध ( Spearman's rank difference correlation ), केण्डल का टाऊ ( Kenkal's tau, T ), पीयरसन का प्रोडक्ट मोमेन्ट सहसम्बन्ध ( Pearson's product moment correlation ) आदि शामिल होते हैं ।

3. **जटिल सहसम्बन्ध** ( *Complex correlation* )—इसके अन्तर्गत आंशिक सहसम्बन्ध ( partial correlation ), बहुसहसम्बन्ध ( multiple correlation ) आदि को रखा जाता है ।

4. **कारक विश्लेषण** ( *Factor analysis* )—इस कार्यप्रणाली के अन्तर्गत प्रसरण विश्लेषण ( analysis of variance, ANOVA ), गुच्छा विश्लेषण ( cluster analysis ) तथा विविक्तिकर विश्लेषण ( discriminant analysis ) पर विचार किया जाता है ।

## प्रदत्त प्रवेश तथा संसाधन ( *Data Entering and Data Processing* )

एस० पी० एस० एस० ( SPSS ) में प्रदत्त को दर्ज करने की अनेक विधियाँ हैं । इनमें सबसे सरल तथा सम्भवत: सबसे अधिक इस्तेमाल होने वाली विधि है एक फ्लौपी ( floppy ) पर प्रदत्त को एस० पी० एस० एस० कमांड्स ( SPSS Commands ) के साथ दर्ज करना । उल्लेखनीय है कि ऐसे कमांड्स प्रदत्त को परिभाषित तथा व्याख्या करते हैं । दूसरी ओर कुछ ऐसे कमांड्स हैं जो विषिष्ट परिकलन ( specific calculations ) को अंजाम देते हैं । एस० पी० एस० एस० तन्त्र ( SPSS System ) के साथ प्रदत्त यूनिट ( units ) के रूप में संगठित हो जाते हैं, जिन्हें फाइल ( files ) कहा जाता है । ए फाइल स्थायी तौर पर संचिल हो सकते हैं और उनके आधार पर भविष्य में संसाधन ( processing ) को आवश्यकता के अनुसार कार्यान्वित किया जा सकता है ।

## विश्लेषण की इकाई ( *The Unit of Analysis* )

एस० पी० एस० एस० तन्त्र ( SPSS system ) में विश्लेषण की मूल इकाई ( basic unit ) केस ( case ) कहलाता है । सामाजिक विज्ञान में होने वाले शोध की इकाई या केस

प्रायः व्यक्ति ( individual ) होता है । किसी प्रतिदर्श सर्वेक्षण ( sample survey ) में अथवा मनोवैज्ञानिक प्रयोग में व्यक्ति ही क्रमशः प्रत्यर्थी तथा प्रयोज्य होता है । फिर भी, कुछ परिस्थितियों की विश्लेषण-इकाई के रूप में कोई बड़ी यूनिट, जैसे समाज, समुदाय, संस्था राष्ट्र ( nation ) एक केस ( case ) हो सकता है ।

प्रत्येक यूनिट या केस ( case ) एक या अधिक अपनाए गए मापनों ( measurements ) के लिए मूल्यों ( values ) से बना होता है । इन मूल्यों को चर ( variables ) कहा जाता है । जैसे— किसी सर्वेक्षण अध्ययन ( survey study ) में एक उत्तरदाता ( respondent ) के रूप में एक व्यक्ति हो सकता है । ऐसी स्थिति में उसके यौन ( sex ), प्रजाति ( race ), आय ( income ), शैक्षिक स्तर ( educational level ), आदि इस अध्ययन के मूल्य या चर हो सकते हैं । ऐसी स्थिति में इस अध्ययन के लिए प्रत्येक अन्य उत्तरदाता ( respondent ) के केसेज ( cases ) या युनिट ( units ) के चर भी वही सब होंगे अर्थात् यौन, प्रजाति, आय, शैक्षिक, स्तर आदि होंगे । इसके अतिरिक्त प्रत्येक केस ( case ) में चरों के क्रम ( order ) एवं स्तर ( position ) भी वही रहेंगे ।

## एस० पी० एस० एस० कमाण्ड : एस० पी० एस० एस० के कार्य ( *SPSS Commands : Functions of SPSS* )

एस० पी० एस० एस० ( SPSS ) के कई तरह के कार्य हैं, जो कमाण्ड ( commands ) के चार मुख्य प्रकारों के माध्यम से सम्पन्न होते हैं, जो निम्नलिखित हैं :–

**1. संचालन** ( *Operation* )—एस० पी० एस० एस० ( SPSS ) का एक मुख्य कार्य संचालन कहलाता है । यह कार्य जिन कमाण्ड के माध्यम से संचालित होता है, उन्हें संचालन कमाण्ड ( Operation commands ) कहते हैं । ये कमाण्ड दिए गए प्रदत्त को प्रभावित नहीं करते हैं, बल्कि तन्त्र ( system ) को ही प्रभावित करते हैं । इनकी मदद से इस बात की जानकारी मिलती है कि SPSS/PC किस ढंग से कार्य करता है अथवा इसके संचालन के मार्ग को कैसे परिवर्तित किया जा सकता है । इस प्रकार संचालन-कमाण्ड का इस्तेमाल कर आवश्यकता के अनुसार एस० पी० एस० एस० निर्गत ( SPSS output ) के फॉरमेट ( format ) को रूपांतरित किया जा सकता है तथा इसके गन्तव्य ( destinaion ) का चयन किया जा सकता है ।

**2. प्रदत्त परिभाषा** ( *Data definition* )—एस० पी० एस० एस० ( SPSS ) का दूसरा मुख्य कार्य प्रदत्त ( data ) का वर्णन करना, लेबल ( label ) लगाना तथा आकृति बदलना है । यह कार्य ऐसे कमाण्ड के माध्यम से सम्पन्न होता है, जिन्हें प्रदत्त परिभाषा एवं परिचालन कमांड ( data definition commands ) कहते हैं । इस आधार पर एस० पी० एस० एस० ( SPSS ) द्वारा यह निर्देश देना सम्भव होता है कि प्रदत्त ( data ) को कहाँ और कैसे पढ़ना है तथा चरों एवं उनके मूल्यों ( values ) का लेबल कैसे लगाना है ।

**3. प्रदत्त परिचालन** ( *Data manipulation* )—एस० पी० एस० एस० ( SPSS ) का मुख्य कार्य प्रदत्त परिचालन कहलाता है जो प्रदत्त परिचालन कमाण्ड ( data manipulation commands ) के माध्यम से सम्पन्न होता है । इस आधार पर नवीन चरों को परिकलित करना, वर्तमान चरों ( existing variables ) के मूल्यों ( values ) को परिवर्तित करना,

लापता मूल्यों ( missing values ) की पहचान करना तथा इन चरों एवं मूल्यों का लेबल लगाना, आदि कार्यों को सम्पन्न किया जाता है ।

**4. कार्य प्रणाली** *( Procedure )*—एस० पी० एस० एस० ( SPSS ) का एक कार्य कार्य-प्रणाली से सम्बद्ध है, जो कार्यप्रणाली कमाण्ड ( producing commands ) के द्वारा सम्पन्न होता है। संदर्भ में मुख्य कार्य है रिपोर्ट तैयार करना ( producing report ), सांख्यिकीय विश्लेषण करना ( performing statistical analysis ) तथा फाइल ( files ) में प्रदत्त को सुरक्षित रखना । इस तरह की कार्यप्रणालियाँ हैं जो प्रदत्त को मुद्रित तथा आलेखित करती हैं, विभिन्न समूहों की तुलना करती हैं तथा वर्णात्मक ( aescriptive ), बहुचर ( multivariable ), एवं अप्राचालिक ( non-parametric ) सांख्यिकी ( statistics ) की तुलना करती हैं ।

## विश्वविद्यालय प्रश्न
## UNIVERSITY QUESTIONS

### निबन्धात्मक प्रश्न
### ( *Essay Type Questions* )

*1. परिकलक क्या है ? हार्डवेयर तथा सौफ्टवेयर परिकलक में अन्तर करें ।*
*What is computer ? Distinguish between Hardware and Software computer.*

*2. परिकलक की मुख्य विशेषताओं पर प्रकाश डालें ।*
*Throw light on the major characteristics of computer.*

*3. आधुनिक कम्प्यूटर के पूर्ववर्ती कारकों की विवेचान करें ।*
*Discuss the antecedent factors of modern computer.*

*4. परिकलक-भाषा का वर्णन करें ।*
*Describe computer language*

*5. सांख्यिकीय विश्लेषणों में कम्पयूटर के उपयोग का सविस्तार वर्णन करें ।*
*Describe in detail the use of computer in statistical analysis.*

*6. एस० पी० एस० एस० क्या है ? इसके मुख्य कार्यों का वर्णन करें ।*
*What is SPSS ? Describe its chief functions.* *[M.A, 2003, M.U. ]*

*7. एस० पी० एस० एस० की कार्यप्रणालियों का वर्णन करें ।*
*Describe the procedures of SPSS.* *[M.A, 2005, M.U., ]*

*8. एस० पी० एस० एस० कमाण्ड क्या है ? इसके प्रकारों तथा कार्यों का वर्णन करें ।*
*What is SPSS command ? Describe its types and functions.* *[MA. 2007, B.U.]*

### वस्तुनिष्ठ प्रश्न
### ( **Objective Questions** )

*1. निम्नलिखित में से किसे कम्पयूटर का मस्तिष्क ( brain ) कहा जाता है ?*
*(क) नियंत्रण इकाई ( CU )*
*(ख) गणितीय एवं तार्किक इकाई ( ALU )*
*(ग) केन्द्रीय संसाधन इकाई ( CPU )*
*(घ) कम्पयूटर सहयोग निर्देश ( CAI )*

2. *निम्नलिखित में कौन SPSS का कार्य नही है ?*
   *(क) संचालन ( data operation )*
   *(ख) प्रदत परिभाषा ( data definition )*
   *(ग) प्रदत्त परिचालन ( data manipulation )*
   *(घ) गुण निर्धारण ( quality determination )*
3. *एस० पी० एस० एस० कमाण्ड ( SPSS commands ) के मुख्य प्रकार हैं —*
   *(क) 2 (ख) 3 (ग) 4 (घ) 7*

## ANSWERS

**1.** (ग), **2.** (घ), **3.** (ख)

✦

## APPENDIX

# वर्ग और वर्गमूल की तालिका

## ( Table of Square and Square Root )

| Number $n$ | Square $n^2$ | Square root $\sqrt{n}$ | Number $n$ | Square $n^2$ | Square root $\sqrt{n}$ |
|---|---|---|---|---|---|
| 1 | 1 | 1.0000 | 41 | 1671 | 6.4031 |
| 2 | 4 | 1.4142 | 42 | 1764 | 6.4807 |
| 3 | 9 | 1.7321 | 43 | 1849 | 6.5574 |
| 4 | 16 | 2.0000 | 44 | 1936 | 6.6332 |
| 5 | 25 | 2.2361 | 45 | 2025 | 6.7082 |
| 6 | 36 | 2.4495 | 46 | 2116 | 6.7823 |
| 7 | 49 | 2.6458 | 47 | 2209 | 6.8857 |
| 8 | 64 | 2.8284 | 49 | 2304 | 6.9282 |
| 9 | 81 | 3.0000 | 49 | 2401 | 7.0000 |
| 10 | 100 | 3.1623 | 50 | 2500 | 7.0711 |
| 11 | 121 | 3.3166 | 51 | 2601 | 7.1414 |
| 12 | 144 | 3.4641 | 52 | 2704 | 7.2111 |
| 13 | 169 | 3.6056 | 53 | 2809 | 7.2801 |
| 14 | 196 | 3.7417 | 54 | 2916 | 7.3485 |
| 15 | 225 | 3.8730 | 55 | 3025 | 7.4162 |
| 16 | 256 | 4.0000 | 56 | 3136 | 7.4833 |
| 17 | 289 | 4.1231 | 57 | 3249 | 7.5494 |
| 18 | 324 | 4.2426 | 58 | 3364 | 7.6158 |
| 19 | 361 | 4.3589 | 59 | 3481 | 7.6811 |
| 20 | 400 | 4.4721 | 60 | 3600 | 7.7460 |
| 21 | 441 | 4.5826 | 61 | 3721 | 7.8102 |
| 22 | 484 | 4.6904 | 62 | 3844 | 7.8740 |
| 23 | 529 | 4.7958 | 63 | 3969 | 7.9373 |
| 24 | 576 | 4.8990 | 64 | 4096 | 8.0000 |
| 25 | 625 | 5.0000 | 65 | 4.225- | 8.0623 |
| 26 | 676 | 5.0990 | 66 | 4356 | 8.1240 |
| 27 | 729 | 5.1962 | 67 | 4489 | 8.1854 |
| 28 | 784 | 5.2915 | 68 | 4624 | 8.2462 |
| 29 | 841 | 5.3852 | 69 | 4761 | 8.3066 |
| 30 | 900 | 5.4772 | 70 | 4900 | 8.3636 |
| 31 | 961 | 5.5678 | 71 | 5041 | 8.4261 |
| 32 | 1024 | 5.6569 | 72 | 5184 | 8.4853 |
| 33 | 1089 | 5.7446 | 73 | 5329 | 8.5440 |
| 34 | 1156 | 5.8310 | 74 | 5476 | 8.6023 |
| 35 | 1225 | 5.9161 | 75 | 5625 | 8.6603 |
| 36 | 1296 | 6.0000 | 76 | 5776 | 8.7178 |
| 37 | 1369 | 6.0828 | 77 | 5929 | 8.7750 |
| 38 | 1444 | 6.1644 | 78 | 6084 | 8.8318 |
| 39 | 1521 | 6.2450 | 79 | 6241 | 8.8882 |
| 40 | 1600 | 6.3246 | 80 | 6400 | 8.9443 |

*Continued.......*

| Number $n$ | Square $n^2$ | Square root $\sqrt{n}$ | Number $n$ | Square $n^2$ | Square root $\sqrt{n}$ |
|---|---|---|---|---|---|
| 81 | 6561 | 9.0000 | 124 | 15376 | 11.1355 |
| 82 | 6724 | 9.0554 | 125 | 15625 | 11.1803 |
| 83 | 6889 | 9.1104 | 126 | 15876 | 11.2250 |
| 84 | 7056 | 9.1652 | 127 | 16129 | 11.2694 |
| 85 | 7225 | 9.2195 | 128 | 16384 | 11.3137 |
| 86 | 7396 | 9.2736 | 129 | 16641 | 11.3578 |
| 87 | 7569 | 9.3274 | 130 | 16900 | 11.4018 |
| 88 | 7744 | 9.3808 | 131 | 17161 | 11.4455 |
| 89 | 7921 | 9.4340 | 132 | 17424 | 11.4891 |
| 90 | 8100 | 9.4868 | 133 | 17689 | 11.5326 |
| 91 | 8281 | 9.5394 | 134 | 17956 | 11.5758 |
| 92 | 8464 | 9.5917 | 135 | 18225 | 11.6190 |
| 93 | 8649 | 9.6434 | 136 | 18496 | 11.6619 |
| 94 | 8836 | 89.5964 | 137 | 18769 | 11.7047 |
| 95 | 9025 | 9.7468 | 138 | 19044 | 11.7473 |
| 96 | 9216 | 9.7980 | 139 | 19321 | 11.7879 |
| 97 | 9409 | 9.8489 | 140 | 19600 | 11.8322 |
| 98 | 9604 | 9.8995 | 141 | 19881 | 11.8743 |
| 99 | 9801 | 9.9499 | 142 | 20151 | 11.9164 |
| 100 | 10000 | 10.0000 | 143 | 20449 | 11.9583 |
| 101 | 10201 | 10.0499 | 144 | 20736 | 12.0000 |
| 102 | 10404 | 10.0995 | 145 | 21025 | 12.0416 |
| 103 | 10609 | 10.4189 | 146 | 21316 | 12.0830 |
| 104 | 10816 | 10.1980 | 147 | 21609 | 12.1244 |
| 105 | 11025 | 10.2470 | 148 | 21904 | 12.1655 |
| 106 | 11236 | 10.2956 | 149 | 22201 | 12.2068 |
| 107 | 11449 | 10.3441 | 150 | 22500 | 12.2474 |
| 108 | 11664 | 10.3923 | 151 | 22801 | 12.2882 |
| 109 | 11881 | 10.4403 | 152 | 23104 | 12.3288 |
| 110 | 12100 | 10.4881 | 153 | 23409 | 12.3693 |
| 111 | 12321 | 10.5357 | 154 | 23716 | 12.4097 |
| 112 | 12544 | 10.5830 | 155 | 24025 | 12.4499 |
| 113 | 12769 | 10.6301 | 156 | 24336 | 12.4900 |
| 114 | 12996 | 10.6771 | 157 | 24649 | 12.5300 |
| 115 | 13225 | 10.7238 | 158 | 24964 | 12.6698 |
| 116 | 13456 | 10.7703 | 159 | 25281 | 12.6095 |
| 117 | 13689 | 10.8167 | 160 | 25600 | 12.6491 |
| 118 | 13924 | 10.8628 | 161 | 25921 | 12.6886 |
| 119 | 14161 | 10.9087 | 162 | 26244 | 12.7279 |
| 120 | 14400 | 10.9087 | 163 | 26569 | 12.7671 |
| 121 | 14641 | 11.0000 | 164 | 26896 | 12.8062 |
| 122 | 14884 | 11.0454 | 165 | 27225 | 12.8452 |
| 123 | 15129 | 11.0905 | 166 | 27556 | 12.8841 |

*Continued.......*

| Number $n$ | Square $n^2$ | Square root $\sqrt{n}$ | Number $n$ | Square $n^2$ | Square root $\sqrt{n}$ |
|---|---|---|---|---|---|
| 167 | 27889 | 12.9228 | 210 | 441100 | 14.4914 |
| 168 | 28224 | 12.9615 | 211 | 44521 | 14.5258 |
| 169 | 28561 | 13.0000 | 212 | 44944 | 14.5602 |
| 170 | 28900 | 13.0384 | 213 | 45369 | 14.5945 |
| 171 | 29241 | 13.0767 | 214 | 45796 | 14.6287 |
| 172 | 29584 | 13.1149 | 215 | 46225 | 14.6629 |
| 173 | 29929 | 13.1529 | 216 | 46656 | 14.6969 |
| 174 | 30276 | 13.1909 | 217 | 47089 | 14.7209 |
| 175 | 30625 | 13.2288 | 218 | 47524 | 14.7648 |
| 176 | 30976 | 13.2665 | 219 | 47961 | 14.7986 |
| 177 | 31329 | 13.3041 | 220 | 48400 | 14.8324 |
| 178 | 31684 | 13.3417 | 221 | 48841 | 14.8661 |
| 179 | 32041 | 13.3691 | 222 | 49284 | 14.8997 |
| 180 | 32400 | 13.4164 | 223 | 49729 | 14.9332 |
| 181 | 32761 | 13.4536 | 224 | 50176 | 14.9666 |
| 182 | 33124 | 13.4907 | 225 | 50625 | 15.0000 |
| 183 | 33489 | 13.5277 | 226 | 51076 | 15.0333 |
| 184 | 33856 | 13.5647 | 227 | 51529 | 15.6665 |
| 185 | 34225 | 13.6015 | 228 | 51984 | 15.6997 |
| 186 | 34596 | 13.6382 | 229 | 52441 | 15.1327 |
| 187 | 34969 | 13.6748 | 230 | 52900 | 15.1658 |
| 188 | 35344 | 13.7113 | 231 | 53361 | 15.1987 |
| 189 | 35721 | 13.7477 | 232 | 53824 | 15.2315 |
| 190 | 36100 | 13.7840 | 233 | 54289 | 15.2643 |
| 191 | 36481 | 13.8203 | 234 | 54756 | 15.2971 |
| 192 | 36861 | 13.8514 | 235 | 55225 | 15.3297 |
| 193 | 37249 | 13.8924 | 236 | 55696 | 15.3623 |
| 194 | 37636 | 13.9284 | 237 | 56169 | 15.3948 |
| 195 | 38025 | 13.9642 | 238 | 56644 | 15.4272 |
| 196 | 38416 | 14.0000 | 239 | 57121 | 15.4596 |
| 197 | 38809 | 14.0357 | 240 | 57600 | 15.4919 |
| 198 | 39204 | 14.0712 | 241 | 58081 | 15.5242 |
| 199 | 39601 | 14.1067 | 242 | 58554 | 15.5563 |
| 200 | 40000 | 14.1421 | 243 | 59049 | 15.5885 |
| 201 | 40401 | 14.1774 | 244 | 59536 | 15.6205 |
| 202 | 40804 | 14.2127 | 245 | 60025 | 15.6525 |
| 203 | 41209 | 14.2478 | 246 | 60516 | 15.6844 |
| 204 | 41616 | 14.2829 | 247 | 61009 | 15.7162 |
| 205 | 42025 | 14.3178 | 248 | 61504 | 15.7480 |
| 206 | 42436 | 14.3527 | 249 | 62001 | 15.7797 |
| 207 | 42549 | 14.3875 | 250 | 62500 | 15.8114 |
| 208 | 43264 | 14.42222 | 251 | 63001 | 15.8430 |
| 209 | 43681 | 14.4568 | 252 | 63504 | 15.8745 |

*Continued.......*

| Number $n$ | Square $n^2$ | Square root $\sqrt{n}$ | Number $n$ | Square $n^2$ | Square root $\sqrt{n}$ |
|---|---|---|---|---|---|
| 253 | 64009 | 15.9060 | 296 | 87616 | 17.2047 |
| 254 | 64516 | 15.9374 | 297 | 88209 | 17.2337 |
| 255 | 65025 | 15.9687 | 298 | 88804 | 17.2627 |
| 256 | 65536 | 16.0000 | 299 | 89401 | 17.2916 |
| 257 | 66049 | 16.0312 | 300 | 90000 | 17.3205 |
| 258 | 66564 | 16.0624 | 301 | 90601 | 17.3494 |
| 259 | 67081 | 16.0935 | 302 | 91204 | 17.3781 |
| 260 | 67600 | 16.1245 | 303 | 91809 | 17.4069 |
| 261 | 68121 | 16.1555 | 304 | 92416 | 17.4356 |
| 262 | 68644 | 16.1864 | 305 | 93025 | 17.4642 |
| 263 | 69169 | 16.2173 | 306 | 93636 | 17.4929 |
| 264 | 69696 | 16.2481 | 307 | 94249 | 17.5214 |
| 265 | 70225 | 16.2788 | 308 | 94864 | 17.5499 |
| 266 | 70756 | 16.3095 | 309 | 96481 | 17.5784 |
| 267 | 71289 | 16.3401 | 310 | 96100 | 17.6068 |
| 268 | 71824 | 16.3707 | 311 | 96721 | 17.6352 |
| 269 | 72361 | 16.4012 | 312 | 97344 | 17.6635 |
| 270 | 72900 | 16.4317 | 313 | 97969 | 17.6918 |
| 271 | 73444 | 16.4621 | 314 | 98596 | 17.7200 |
| 272 | 73984 | 16.4924 | 315 | 99225 | 17.7482 |
| 273 | 74529 | 16.5227 | 316 | 99856 | 17.7764 |
| 274 | 75076 | 16.5529 | 317 | 100489 | 17.8045 |
| 275 | 75625 | 16.5831 | 318 | 101124 | 17.8326 |
| 276 | 76176 | 16.6132 | 319 | 101761 | 17.8606 |
| 277 | 76229 | 16.6433 | 320 | 102400 | 17.8885 |
| 278 | 77284 | 16.6733 | 321 | 103041 | 17.9165 |
| 279 | 77841 | 16.7033 | 322 | 103684 | 17.9444 |
| 280 | 78400 | 16.7332 | 323 | 104329 | 17.97222 |
| 281 | 78961 | 16.7361 | 324 | 104976 | 18.0000 |
| 282 | 79524 | 16.7929 | 625 | 105625 | 18.0278 |
| 283 | 80089 | 16.8226 | 326 | 106276 | 18.0555 |
| 284 | 80656 | 16.8523 | 327 | 106929 | 18.0831 |
| 285 | 81225 | 16.8819 | 328 | 107584 | 18.1108 |
| 286 | 81796 | 16.9115 | 329 | 108241 | 18.1384 |
| 287 | 82369 | 16.9411 | 330 | 108900 | 18.1659 |
| 288 | 82944 | 16.9705 | 331 | 109561 | 18.1934 |
| 289 | 93521 | 17.0000 | 332 | 110224 | 18.2209 |
| 290 | 84100 | 17.0294 | 333 | 110889 | 18.2483 |
| 291 | 84681 | 17.0587 | 334 | 111556 | 18.2757 |
| 292 | 85264 | 17.0880 | 335 | 112225 | 18.3030 |
| 293 | 85849 | 17.1172 | 336 | 129896 | 18.3303 |
| 294 | 86436 | 17.1464 | 337 | 113569 | 18.3576 |
| 295 | 87025 | 17.1756 | 338 | 114244 | 18.3848 |

*Continued.......*

| Number $n$ | Square $n^2$ | Square root $\sqrt{n}$ | Number $n$ | Square $n^2$ | Square root $\sqrt{n}$ |
|---|---|---|---|---|---|
| 339 | 114921 | 18.4120 | 382 | 145924 | 19.5448 |
| 340 | 115600 | 18.4391 | 383 | 146689 | 19.5704 |
| 341 | 116281 | 18.4662 | 384 | 147456 | 19.5959 |
| 342 | 116964 | 18.4932 | 385 | 148225 | 19.6214 |
| 343 | 117649 | 18.5203 | 386 | 148996 | 19.6469 |
| 344 | 118336 | 18.5472 | 387 | 149769 | 19.6723 |
| 345 | 119025 | 18.5742 | 388 | 150544 | 19.6977 |
| 346 | 119716 | 18.6011 | 389 | 151321 | 19.7231 |
| 347 | 120409 | 18.7261 | 390 | 152100 | 19.7484 |
| 348 | 121104 | 18.6548 | 391 | 152881 | 19.7737 |
| 349 | 121801 | 18.6815 | 392 | 153664 | 19.7990 |
| 350 | 122500 | 18.7083 | 393 | 154449 | 19.8242 |
| 351 | 123201 | 18.7350 | 394 | 155236 | 19.8494 |
| 352 | 123904 | 18.7617 | 395 | 156025 | 19.8746 |
| 353 | 124609 | 18.7883 | 396 | 158816 | 19.8997 |
| 354 | 125316 | 18.8194 | 397 | 157609 | 19.9249 |
| 355 | 126025 | 18.8414 | 398 | 158404 | 19.9499 |
| 356 | 126736 | 18.8630 | 399 | 159201 | 19.9750 |
| 357 | 127449 | 18.8944 | 400 | 160000 | 20.0000 |
| 358 | 128164 | 18.9209 | 401 | 160801 | 20.0250 |
| 359 | 128881 | 18.9473 | 402 | 161604 | 20.0499 |
| 360 | 129600 | 18.9737 | 403 | 162409 | 20.0749 |
| 361 | 130321 | 19.0000 | 404 | 163216 | 20.0998 |
| 362 | 131044 | 190623 | 405 | 164025 | 20.1246 |
| 363 | 131769 | 19.0726 | 406 | 164836 | 20.1494 |
| 364 | 132496 | 19.0781 | 407 | 165649 | 20.1742 |
| 365 | 133225 | 19.1050 | 408 | 166464 | 20.1990 |
| 366 | 133956 | 19.1311 | 409 | 167281 | 20.2237 |
| 367 | 134689 | 19.1572 | 410 | 168100 | 20.2485 |
| 368 | 135424 | 19.1833 | 411 | 168921 | 20.2731 |
| 369 | 136161 | 19.2094 | 412 | 169744 | 20.2978 |
| 370 | 136900 | 19.2354 | 413 | 170569 | 20.3224 |
| 371 | 137641 | 19.2614 | 414 | 171396 | 203740 |
| 372 | 138384 | 19.2873 | 415 | 172225 | 20.3715 |
| 373 | 139129 | 19.3132 | 416 | 173056 | 20.3961 |
| 374 | 139876 | 19.3391 | 417 | 163889 | 20.4205 |
| 375 | 140625 | 19.3649 | 418 | 174724 | 20.4450 |
| 376 | 141376 | 19.3907 | 419 | 175561 | 20.4695 |
| 377 | 142129 | 19.4165 | 420 | 176400 | 20.4939 |
| 378 | 142884 | 19.4422 | 421 | 177241 | 20.5183 |
| 379 | 143641 | 19.4679 | 422 | 178084 | 20.5426 |
| 380 | 144400 | 19.4936 | 423 | 178929 | 20.5870 |
| 381 | 145161 | 19.5192 | 424 | 179776 | 20.5913 |

*Continued.......*

| Number $n$ | Square $n^2$ | Square root $\sqrt{n}$ | Number $n$ | Square $n^2$ | Square root $\sqrt{n}$ |
|---|---|---|---|---|---|
| 425 | 180625 | 20.6155 | 468 | 219024 | 21.6333 |
| 426 | 181476 | 20.6398 | 469 | 219961 | 21.6563 |
| 427 | 182329 | 20.6640 | 470 | 220900 | 21.6795 |
| 428 | 183184 | 20.6882 | 471 | 221841 | 21.7025 |
| 429 | 184041 | 20.7123 | 472 | 222784 | 21.7256 |
| 430 | 184900 | 20.7304 | 473 | 223729 | 21.7486 |
| 431 | 185761 | 20.7605 | 474 | 224676 | 21.7715 |
| 432 | 186624 | 20.7846 | 475 | 225625 | 21.7945 |
| 433 | 187489 | 20.8087 | 476 | 226576 | 21.8174 |
| 434 | 188356 | 20.8327 | 477 | 227528 | 21.8403 |
| 435 | 189225 | 20.8567 | 478 | 228484 | 21.8632 |
| 436 | 190096 | 20.8806 | 479 | 229441 | 21.8861 |
| 437 | 190969 | 10.9045 | 480 | 230400 | 21.9089 |
| 438 | 191844 | 20.9284 | 481 | 231361 | 21.9317 |
| 439 | 192728 | 20.9523 | 482 | 232324 | 21.9545 |
| 440 | 193600 | 20.9762 | 483 | 233289 | 21.9773 |
| 441 | 194481 | 21.0000 | 484 | 234256 | 22.0000 |
| 442 | 195364 | 21.0238 | 485 | 235225 | 22.0227 |
| 443 | 196249 | 21.0476 | 486 | 236195 | 22.0454 |
| 444 | 197136 | 21.0713 | 487 | 236969 | 22.0681 |
| 445 | 198025 | 21.0950 | 488 | 238144 | 22.0907 |
| 446 | 198916 | 21.0187 | 489 | 239121 | 22.1133 |
| 447 | 199809 | 21.1424 | 490 | 240100 | 22.1359 |
| 448 | 200704 | 21.1660 | 491 | 241081 | 22.1585 |
| 449 | 201601 | 21.1896 | 492 | 242064 | 22.1811 |
| 450 | 202500 | 21.2132 | 493 | 243049 | 22.2036 |
| 451 | 203401 | 21.2368 | 494 | 244036 | 22.2261 |
| 452 | 204304 | 21.2603 | 495 | 245025 | 22.2486 |
| 453 | 205209 | 21.2838 | 496 | 246016 | 22.2711 |
| 454 | 206116 | 21.3073 | 497 | 247009 | 22.2935 |
| 455 | 207025 | 21.3307 | 498 | 248004 | 22.3159 |
| 456 | 207936 | 21.3542 | 499 | 249001 | 22.3383 |
| 457 | 208849 | 21.3776 | 500 | 250000 | 22.3607 |
| 458 | 209764 | 214009 | 501 | 251001 | 22.3830 |
| 459 | 210681 | 21.4243 | 502 | 252004 | 22.4054 |
| 460 | 211600 | 21.4476 | 503 | 253009 | 22.4277 |
| 461 | 212521 | 21.4709 | 504 | 254016 | 22.4999 |
| 462 | 213444 | 21.4942 | 505 | 255025 | 22.4722 |
| 463 | 214369 | 21.5174 | 506 | 256036 | 22.4944 |
| 464 | 215296 | 21.5407 | 507 | 257049 | 22.5167 |
| 465 | 216225 | 21.5639 | 508 | 258064 | 22.5389 |
| 466 | 217156 | 21.5870 | 509 | 259081 | 22.5610 |
| 467 | 218089 | 21.6102 | 510 | 260100 | 22.5832 |

*Continued.......*

| Number $n$ | Square $n^2$ | Square root $\sqrt{n}$ | Number $n$ | Square $n^2$ | Square root $\sqrt{n}$ |
|---|---|---|---|---|---|
| 511 | 261121 | 22.7053 | 554 | 306816 | 23.5372 |
| 512 | 262144 | 22.6274 | 555 | 308025 | 23.5584 |
| 513 | 263169 | 22.6495 | 556 | 309136 | 23.5797 |
| 514 | 264196 | 22.6716 | 557 | 310249 | 23.6008 |
| 515 | 265225 | 22.6936 | 558 | 311364 | 23.6220 |
| 516 | 266256 | 22.7156 | 559 | 312481 | 23.6432 |
| 517 | 267289 | 22.7376 | 560 | 313600 | 23.6643 |
| 518 | 268324 | 22.7596 | 561 | 314721 | 23.6854 |
| 519 | 269361 | 22.7816 | 562 | 315744 | 23.7065 |
| 520 | 270400 | 22.8035 | 563 | 316969 | 23.7276 |
| 521 | 271441 | 22.8254 | 564 | 318096 | 23.7497 |
| 522 | 272484 | 22.8473 | 565 | 319225 | 237697 |
| 523 | 273529 | 22.8692 | 566 | 320356 | 23.7098 |
| 524 | 274576 | 22.8910 | 567 | 321489 | 23.8118 |
| 525 | 275625 | 22.9129 | 568 | 322624 | 23.8328 |
| 526 | 276676 | 22.9347 | 569 | 327651 | 23.8537 |
| 527 | 277729 | 22.9565 | 570 | 324900 | 23.8747 |
| 528 | 278784 | 22.9683 | 571 | 326041 | 23.8956 |
| 529 | 279841 | 23.0000 | 572 | 326184 | 23.9165 |
| 530 | 280900 | 23.0217 | 573 | 328329 | 23.9374 |
| 531 | 281961 | 23.0431 | 574 | 329476 | 23.9583 |
| 532 | 283024 | 23.0651 | 575 | 330625 | 23.9792 |
| 533 | 284089 | 23.0868 | 576 | 331776 | 24.0000 |
| 534 | 285556 | 23.1084 | 577 | 332929 | 24.0208 |
| 535 | 286225 | 23.1301 | 578 | 334084 | 24.0416 |
| 536 | 287296 | 23.1517 | 579 | 335241 | 24.0624 |
| 537 | 288369 | 23.1733 | 580 | 336400 | 24.0832 |
| 538 | 289444 | 23.1948 | 581 | 337561 | 24.1039 |
| 539 | 290521 | 23.2164 | 582 | 338724 | 23.1247 |
| 540 | 291600 | 23.2379 | 583 | 339889 | 23.1454 |
| 541 | 292681 | 23.2594 | 584 | 341056 | 24.1661 |
| 542 | 293764 | 23.2809 | 585 | 342225 | 24.1868 |
| 543 | 294849 | 23.3024 | 586 | 343396 | 24.2074 |
| 544 | 295936 | 23.3238 | 587 | 344569 | 24.2281 |
| 545 | 297025 | 23.3452 | 588 | 345744 | 24.2487 |
| 546 | 298116 | 23.3666 | 589 | 346921 | 24.2693 |
| 547 | 299209 | 23.3880 | 590 | 348100 | 24.2899 |
| 548 | 300304 | 23.4094 | 591 | 349281 | 24.3105 |
| 549 | 301401 | 23.4307 | 592 | 350464 | 24.3311 |
| 550 | 302500 | 23.4521 | 593 | 351649 | 24.3516 |
| 551 | 303601 | 23.4734 | 594 | 352836 | 24.3721 |
| 552 | 304704 | 23.4947 | 595 | 354025 | 24.3926 |
| 553 | 305809 | 23.5160 | 596 | 355216 | 24.4131 |

*Continued......*

| Number $n$ | Square $n^2$ | Square root $\sqrt{n}$ | Number $n$ | Square $n^2$ | Square root $\sqrt{n}$ |
|---|---|---|---|---|---|
| 597 | 335649 | 24.4336 | 640 | 409600 | 25.2982 |
| 598 | 358704 | 24.4540 | 641 | 410881 | 25.3180 |
| 599 | 358801 | 24.4745 | 642 | 412164 | 25.3377 |
| 600 | 360000 | 24.4949 | 643 | 413449 | 25.3574 |
| 601 | 361201 | 24.5153 | 644 | 414736 | 25.3772 |
| 602 | 362404 | 24.5357 | 645 | 416025 | 25.3909 |
| 603 | 363509 | 24.5561 | 646 | 417316 | 25.4165 |
| 604 | 364816 | 24.5764 | 647 | 418609 | 25.4362 |
| 605 | 366025 | 24.5967 | 648 | 419904 | 25.4558 |
| 606 | 367236 | 24.6171 | 649 | 421201 | 25.4755 |
| 607 | 368449 | 24.6374 | 650 | 422500 | 25.4951 |
| 608 | 369661 | 24.6577 | 651 | 423801 | 25.5147 |
| 609 | 370881 | 24.6779 | 652 | 425104 | 25.5343 |
| 610 | 372100 | 24.6982 | 653 | 426409 | 25.5539 |
| 611 | 373321 | 24.7184 | 654 | 427716 | 25.5734 |
| 612 | 374544 | 24.7385 | 655 | 429025 | 25.5930 |
| 613 | 375769 | 24.7588 | 656 | 430336 | 25.6125 |
| 614 | 376996 | 24.7790 | 657 | 431649 | 25.6316 |
| 615 | 378225 | 24.7992 | 658 | 432964 | 25.6515 |
| 616 | 379456 | 24.8193 | 659 | 434281 | 25.6710 |
| 617 | 380689 | 21.8395 | 660 | 435600 | 25.6905 |
| 618 | 381924 | 24.8596 | 661 | 436921 | 25.7099 |
| 619 | 383161 | 24.8797 | 662 | 438244 | 25.7294 |
| 620 | 384400 | 24.8998 | 663 | 439569 | 25.7488 |
| 621 | 385641 | 24.9199 | 664 | 440896 | 25.7682 |
| 622 | 386884 | 24.9399 | 665 | 442225 | 25.7876 |
| 623 | 388194 | 24.9600 | 666 | 443556 | 25.8070 |
| 624 | 389376 | 24.9800 | 667 | 444889 | 25.8263 |
| 625 | 390625 | 25.0000 | 668 | 446224 | 25.8457 |
| 626 | 391876 | 25.0200 | 669 | 447561 | 25.8650 |
| 627 | 393129 | 25.0400 | 670 | 448900 | 25.8844 |
| 628 | 394384 | 25.0599 | 671 | 450241 | 25.9037 |
| 629 | 395641 | 25.0799 | 672 | 451584 | 25.9230 |
| 630 | 396900 | 25.0998 | 673 | 452929 | 25.9422 |
| 631 | 398161 | 25.1197 | 674 | 454276 | 25.9615 |
| 632 | 399424 | 25.1396 | 675 | 455625 | 25.9808 |
| 633 | 400689 | 25.1595 | 676 | 456976 | 26.0000 |
| 634 | 401659 | 25.1794 | 677 | 458329 | 26.0192 |
| 635 | 403225 | 25.1992 | 678 | 459684 | 26.0384 |
| 636 | 404496 | 25.2190 | 679 | 461041 | 26.0576 |
| 637 | 405769 | 25.2389 | 680 | 462400 | 26.0768 |
| 638 | 407044 | 25.2587 | 681 | 463761 | 26.0960 |
| 639 | 408321 | 25.2784 | 682 | 465125 | 26.1151 |

*Continued.......*

| Number $n$ | Square $n^2$ | Square root $\sqrt{n}$ | Number $n$ | Square $n^2$ | Square root $\sqrt{n}$ |
|---|---|---|---|---|---|
| 683 | 466489 | 26.1343 | 726 | 527076 | 26.9444 |
| 684 | 467856 | 26.1534 | 727 | 528529 | 26.9629 |
| 685 | 469225 | 26.1725 | 728 | 529984 | 26.9815 |
| 686 | 470596 | 26.1916 | 729 | 531441 | 27.0000 |
| 687 | 471959 | 26.2107 | 730 | 532900 | 27.0185 |
| 688 | 473344 | 26.2298 | 731 | 534361 | 27.0370 |
| 689 | 474721 | 26.2488 | 732 | 535724 | 27.0555 |
| 690 | 476100 | 26.2879 | 733 | 537289 | 27.0740 |
| 691 | 477481 | 26.2869 | 734 | 538756 | 27.0924 |
| 692 | 478864 | 26.3059 | 735 | 540225 | 27.1009 |
| 693 | 480249 | 26.3249 | 736 | 541696 | 27.1293 |
| 694 | 481636 | 26.3430 | 737 | 543169 | 27.1477 |
| 695 | 483025 | 26.3629 | 738 | 544644 | 27.1662 |
| 696 | 484416 | 26.3818 | 739 | 546127 | 27.1846 |
| 697 | 485809 | 26.4008 | 740 | 547600 | 27.2029 |
| 698 | 487204 | 26.4197 | 741 | 549081 | 27.2213 |
| 699 | 488601 | 26.4386 | 742 | 550564 | 27.2397 |
| 700 | 490000 | 26.4757 | 743 | 552049 | 27.2580 |
| 701 | 491401 | 26.4764 | 744 | 553536 | 27.2764 |
| 702 | 492804 | 26.4953 | 745 | 550525 | 27.2947 |
| 703 | 494209 | 26.5141 | 746 | 556516 | 27.3130 |
| 704 | 495616 | 26.5330 | 747 | 558009 | 27.3313 |
| 705 | 497025 | 26.5518 | 748 | 559544 | 27.3496 |
| 706 | 498436 | 26.5707 | 749 | 561001 | 27.3678 |
| 707 | 499849 | 26.5895 | 750 | 562500 | 27.3861 |
| 708 | 510264 | 26.6081 | 751 | 564001 | 27.4044 |
| 709 | 520681 | 26.6271 | 752 | 565504 | 27.4226 |
| 710 | 504100 | 26.6458 | 753 | 567009 | 27.4408 |
| 711 | 505521 | 26.6646 | 754 | 568516 | 27.4591 |
| 712 | 506944 | 26.6833 | 755 | 570025 | 27.4473 |
| 713 | 508369 | 26.7021 | 756 | 571536 | 27.4958 |
| 714 | 509796 | 26.7208 | 757 | 573049 | 27.5136 |
| 715 | 511225 | 26.7395 | 758 | 574564 | 27.5318 |
| 716 | 512656 | 26.7582 | 759 | 576081 | 27.5500 |
| 717 | 514089 | 26.7769 | 760 | 577600 | 27.5681 |
| 718 | 515524 | 26.7955 | 761 | 569121 | 27.5862 |
| 719 | 516961 | 26.8142 | 762 | 580644 | 27.6043 |
| 720 | 518480 | 26.8328 | 763 | 582169 | 27.6225 |
| 721 | 519841 | 26.8514 | 764 | 583696 | 27.6405 |
| 722 | 521284 | 26.8701 | 765 | 585225 | 27.6586 |
| 723 | 522729 | 26.8887 | 766 | 586756 | 27.6767 |
| 724 | 524176 | 26.9072 | 767 | 588289 | 27.6948 |
| 725 | 525625 | 26.9258 | 768 | 589824 | 27.7128 |

*Continued.......*

| Number $n$ | Square $n^2$ | Square root $\sqrt{n}$ | Number $n$ | Square $n^2$ | Square root $\sqrt{n}$ |
|---|---|---|---|---|---|
| 769 | 591361 | 27.7308 | 812 | 659344 | 28.4956 |
| 770 | 592900 | 27.7489 | 813 | 660969 | 28.5132 |
| 771 | 594441 | 27.7669 | 814 | 662596 | 28.5307 |
| 772 | 595984 | 27.7849 | 815 | 664225 | 28.5482 |
| 773 | 597529 | 27.8029 | 816 | 665856 | 28.5657 |
| 774 | 599076 | 27.8209 | 817 | 667489 | 28.5832 |
| 775 | 600625 | 27.8388 | 818 | 669124 | 28.6007 |
| 776 | 602176 | 27.8568 | 819 | 670761 | 28.6087 |
| 777 | 603729 | 27.8747 | 820 | 672400 | 28.6356 |
| 778 | 605264 | 27.8927 | 821 | 674041 | 28.6531 |
| 779 | 606841 | 27.9106 | 822 | 675684 | 28.6705 |
| 780 | 608400 | 27.9285 | 823 | 677329 | 28.6880 |
| 781 | 609961 | 27.9464 | 824 | 678976 | 28.7054 |
| 782 | 611524 | 27.9643 | 825 | 680625 | 28.7228 |
| 783 | 613089 | 27.9821 | 826 | 682276 | 28.7402 |
| 784 | 614656 | 28.0000 | 827 | 683929 | 28.7576 |
| 785 | 616225 | 28.0179 | 828 | 685584 | 28.7750 |
| 786 | 617796 | 28.0357 | 829 | 687241 | 28.7924 |
| 787 | 619369 | 28.0535 | 830 | 688900 | 28.9097 |
| 788 | 620944 | 28.0713 | 831 | 690561 | 28.9271 |
| 789 | 622521 | 28.0891 | 832 | 692224 | 28.8444 |
| 790 | 614100 | 28.1069 | 833 | 693889 | 28.8717 |
| 791 | 625681 | 28.1247 | 834 | 695556 | 28.8791 |
| 792 | 627264 | 28.1425 | 835 | 697225 | 28.8964 |
| 793 | 628849 | 28.1603 | 836 | 698896 | 28.9136 |
| 794 | 630436 | 28.1780 | 837 | 700569 | 28.9310 |
| 795 | 632025 | 28.1957 | 838 | 702244 | 28.9482 |
| 796 | 633616 | 28.2135 | 839 | 703921 | 28.9655 |
| 797 | 635209 | 28.2312 | 840 | 705608 | 28.9828 |
| 798 | 636804 | 28.2409 | 841 | 707281 | 29.0000 |
| 799 | 638401 | 28.2666 | 842 | 708964 | 29.0172 |
| 800 | 640000 | 28.2843 | 843 | 710649 | 29.0345 |
| 801 | 641601 | 28.3019 | 844 | 712336 | 29.0517 |
| 802 | 643204 | 28.3196 | 845 | 714025 | 29.0689 |
| 803 | 644809 | 28.3373 | 846 | 715706 | 27.0861 |
| 804 | 646415 | 28.3549 | 847 | 717409 | 29.1033 |
| 805 | 648025 | 28.3725 | 848 | 719104 | 29.1204 |
| 806 | 649636 | 28.3901 | 849 | 720801 | 29.1376 |
| 807 | 651249 | 28.4077 | 850 | 722500 | 29.1548 |
| 808 | 652864 | 28.4253 | 851 | 724201 | 29.1719 |
| 809 | 654481 | 28.4429 | 852 | 725904 | 29.1890 |
| 810 | 656100 | 28.4605 | 853 | 727609 | 29.2062 |
| 811 | 657721 | 28.4781 | 854 | 729316 | 29.2233 |

*Continued.......*

| Number $n$ | Square $n^2$ | Square root $\sqrt{n}$ | Number $n$ | Square $n^2$ | Square root $\sqrt{n}$ |
|---|---|---|---|---|---|
| 855 | 731025 | 29.2404 | 893 | 797449 | 29.8831 |
| 856 | 732736 | 29.2575 | 894 | 799236 | 29.8998 |
| 857 | 734449 | 29.2746 | 895 | 801025 | 29.9166 |
| 858 | 736164 | 29.2916 | 896 | 802816 | 29.9333 |
| 859 | 736881 | 29.3087 | 897 | 804609 | 29.9500 |
| 860 | 739600 | 29.3258 | 898 | 806404 | 29.9166 |
| 861 | 741321 | 29.3428 | 899 | 808201 | 29.9883 |
| 862 | 743044 | 29.3598 | 900 | 810002 | 30.0000 |
| 863 | 744769 | 29.3769 | 901 | 811801 | 30.0167 |
| 864 | 746496 | 29.3939 | 902 | 813604 | 30.0333 |
| 865 | 748225 | 29.4109 | 903 | 815409 | 30.0500 |
| 866 | 749956 | 29.4279 | 904 | 817216 | 30.0666 |
| 867 | 751689 | 29.4449 | 905 | 819025 | 30.0832 |
| 868 | 753424 | 29.4618 | 906 | 820836 | 30.0998 |
| 869 | 755161 | 29.4788 | 907 | 822649 | 30.1164 |
| 870 | 756900 | 29.4958 | 908 | 824464 | 30.1330 |
| 871 | 758641 | 29.5127 | 909 | 826281 | 30.1496 |
| 872 | 760384 | 29.5296 | 910 | 828100 | 30.1662 |
| 873 | 762129 | 29.5466 | 911 | 829921 | 30.1828 |
| 874 | 763876 | 29.5635 | 912 | 831744 | 30.1993 |
| 875 | 765625 | 29.5804 | 913 | 533509 | 30.2159 |
| 876 | 767376 | 29.5973 | 914 | 835396 | 30.2324 |
| 877 | 769129 | 29.6142 | 915 | 837225 | 30.2490. |
| 878 | 770884 | 29.6311 | 916 | 839056 | 30.2665 |
| 879 | 772641 | 29.6479 | 917 | 840889 | 30.2820 |
| 880 | 774400 | 29.6648 | 918 | 842724 | 30.2985 |
| 881 | 776161 | 29.6816 | 919 | 844561 | 30.3150 |
| 882 | 777924 | 29.6985 | 920 | 846400 | 30.3315 |
| 883 | 779689 | 29.7153 | 921 | 646241 | 30.3480 |
| 884 | 781456 | 29.7321 | 922 | 950084 | 30.3645 |
| 885 | 783225 | 29.7489 | 923 | 851929 | 30.3809 |
| 886 | 784996 | 29.7658 | 924 | 853776 | 30.3974 |
| 887 | 786769 | 29.7825 | 925 | 855625 | 30.4138 |
| 888 | 788544 | 29.7993 | 926 | 857476 | 30.4302 |
| 889 | 790321 | 29.8161 | 927 | 859329 | 30.4467 |
| 890 | 792100 | 29.8321 | 928 | 861184 | 30.4631 |
| 891 | 793881 | 29.8496 | 929 | 863041 | 304795 |
| 892 | 795664 | 29.8664 | 930 | 864900 | 30.4959 |

*Continued.......*

| Number $n$ | Square $n^2$ | Square root $\sqrt{n}$ | Number $n$ | Square $n^2$ | Square root $\sqrt{n}$ |
|---|---|---|---|---|---|
| 931 | 866761 | 30.5123 | 966 | 933156 | 31.0805 |
| 932 | 868624 | 30.5287 | 967 | 935089 | 31.0966 |
| 933 | 870489 | 30.5450 | 968 | 937024 | 31.1127 |
| 934 | 872356 | 30.5614 | 949 | 938961 | 31.1288 |
| 935 | 874425 | 30.5778 | 970 | 940900 | 31.1448 |
| 936 | 876096 | 30.5941 | 971 | 942841 | 31.1609 |
| 937 | 877969 | 30.6105 | 972 | 944784 | 31.1769 |
| 938 | 879844 | 30.6268 | 973 | 946729 | 31.1929 |
| 939 | 881721 | 30.6431 | 974 | 948676 | 31.2090 |
| 940 | 883600 | 30.6594 | 975 | 950625 | 312250 |
| 941 | 885481 | 30.6757 | 976 | 952576 | 31.2410 |
| 942 | 887364 | 30.6920 | 977 | 954529 | 31.2570 |
| 943 | 889249 | 30.7083 | 978 | 956484 | 31.2730 |
| 944 | 891136 | 30.7246 | 979 | 958441 | 31.2890 |
| 945 | 893025 | 30.7409 | 980 | 960400 | 31.3050 |
| 946 | 894916 | 30.7571 | 981 | 962361 | 31.3209 |
| 947 | 896809 | 30.7734 | 982 | 964324 | 313369 |
| 948 | 898704 | 30.7896 | 983 | 966289 | 31.3528 |
| 949 | 900601 | 30.8058 | 984 | 968256 | 31.3688 |
| 950 | 902500 | 30.8221 | 985 | 970225 | 31.3847 |
| 951 | 904401 | 30.8383 | 986 | 972196 | 31.6004 |
| 952 | 906304 | 30.8545 | 987 | 974169 | 31.4166 |
| 953 | 908209 | 30.8707 | 988 | 976144 | 31.4325 |
| 954 | 910116 | 30.8869 | 989 | 978121 | 31.4484 |
| 955 | 912025 | 30.9031 | 990 | 980100 | 31.4643 |
| 956 | 913936 | 30.9192 | 991 | 982081 | 31.4802 |
| 957 | 915849 | 30.9354 | 992 | 984064 | 31.4960 |
| 958 | 917764 | 30.9516 | 993 | 986049 | 31.5119 |
| 959 | 919681 | 30.9677 | 994 | 988036 | 31.5279 |
| 960 | 921600 | 30.9389 | 995 | 990025 | 31.5436 |
| 961 | 923521 | 31.0000 | 996 | 992016 | 31.5595 |
| 962 | 925444 | 31.0161 | 997 | 994009 | 31.5753 |
| 963 | 927369 | 31.0322 | 998 | 996004 | 31.5911 |
| 964 | 929296 | 31.0483 | 999 | 998001 | 31.6070 |
| 965 | 931225 | 31.0644 | 1000 | 1000000 | 31.6628 |

# REFERENCES

Chaplin, J.P. ( 1975 ) : *Dictionary of Psychology,* New York.

Evans, C ( 1978 ) : Dictionary of the Mind, Brain and Behaviour. Arrow Books Ltd. London.

Garrett, H.E. ( 2007 ) : *Statistics in Psychology and Education.* (Indian Reprint) Paragon International Publishers.

*Introduction to Information Technology.* ITL Education Solutions Limited, 2008

Khurana, C. R. ( 2008 ) : *Introduction to Information Technology,* ITL Education Solution Limited.

Kerlinger, F.N. ( 2002 ) : *Foundations of Behavioral Research,* Surjeet Publications, Delhi.

Mohsin, S.M. ( 1998 ) : *Experiments in Psychology,* Motilal-Banarsidas, Patna.

Peter Stratton and Nicky Hayes ( 1991 ) : *A student's Dictionary of Psychology Kent,* TN13 2YA, England.

Reber, A.S. and Reber, E.S. ( 2001 ) : *Penguin Dictionary of Psychology* published by Penguin Groups, London.

Siegel, S. ( 1959 ) : *Non-parametric Statistics for the Behavioral Sciences.*

Stevens, S.S. ( 1951 ) : Mc. Arant Hill, *Handbook of Experimental Psychology,* Printed in U.S.A.